O MUNDO DE ATENAS

A marca FSC® é a garantia de que a madeira utilizada na fabricação do papel deste livro provém de florestas que foram gerenciadas de maneira ambientalmente correta, socialmente justa e economicamente viável, além de outras fontes de origem controlada.

LUCIANO CANFORA

O mundo de Atenas

Tradução
Federico Carotti

COMPANHIA DAS LETRAS

Copyright © 2011, Gius. Laterza & Figli. Todos os direitos reservados.
Publicado mediante acordo com Marco Vigevani Agenzia Letteraria.

Grafia atualizada segundo o Acordo Ortográfico da Língua Portuguesa de 1990, que entrou em vigor no Brasil em 2009.

Título original
Il mondo di Atene

Capa
Claudia Espínola de Carvalho

Preparação
Cacilda Guerra

Índice onomástico
Luciano Marchiori

Revisão
Huendel Viana
Ana Maria Barbosa

Dados Internacionais de Catalogação na Publicação (CIP)
(Câmara Brasileira do Livro, SP, Brasil)

    Canfora, Luciano.
       O mundo de Atenas / Luciano Canfora ; tradução Federico Carotti. — 1ª ed. — São Paulo : Companhia das Letras, 2015.

       Título original : Il mondo di Atene

       ISBN 978-85-359-2540-1

       1. Atenas (Grécia) - História 2. Grécia - História - Até 146 a.C.
       I. Título.

14-13271   CDD-938

Índice para catálogo sistemático:
1. Atenas : Grécia : História   938

[2015]
Todos os direitos desta edição reservados à
EDITORA SCHWARCZ S.A.
Rua Bandeira Paulista, 702, cj. 32
04532-002 — São Paulo — SP
Telefone: (11) 3707-3500
Fax: (11) 3707-3501
www.companhiadasletras.com.br
www.blogdacompanhia.com.br

Sumário

Agradecimentos 9

INTRODUÇÃO — ATENAS ENTRE MITO E HISTÓRIA

1. Como nasce um mito 13
2. Luta em torno de um mito 25
3. Um mito entre os modernos 40
4. Uma realidade conflituosa 65
5. A democracia ateniense e os socráticos 79
6. Os quatro historiadores de Atenas 86

PRIMEIRA PARTE — O SISTEMA POLÍTICO ATENIENSE: "UMA GUILDA QUE REPARTE O BUTIM"

1. "Quem quer falar?" 95
2. A cidade em discussão no palco 105
3. Péricles *princeps* 128
4. Uma crítica não banal à democracia 146
5. *Demokratia* como violência 167
6. Igualitarismo antidemocrático 172

Segunda parte — O buraco negro: Melos

7. O terrível diálogo 183
8. A vítima exemplar 188
9. Eurípides em Melos 195
10. Isócrates demole a construção polêmica tucidideana
    sobre o episódio de Melos 206

Interlúdio

11. Efeitos imprevistos do "mal da Sicília" (415 a.C.):
    o que Tucídides *viu* 215

Terceira parte — Como perder uma guerra vitoriosa

Antecedentes 229
12. Escândalos e tramas obscuras (415 a.C.) *com uma compilação
    de documentos* 234
13. Luta política na grande potência do Ocidente: Siracusa, 415 a.C. 262
14. Internacionalismo antigo 269
15. A guerra total 272

Quarta parte — A primeira oligarquia: "Não era empreendimento
de pouca monta tirar a liberdade do povo ateniense"

16. Anatomia de um golpe de Estado: 411 281
17. Tucídides entre os "Quatrocentos" 289
18. O principal responsável 301
19. Frínico, o revolucionário 310
20. Frínico cai e se reergue: variações sobre o tema da traição 319
21. Morte de Frínico e o processo contra o cadáver 332
22. O processo de Antifonte 343
23. Os outros processos 361
24. A comédia diante de 411 370

Quinta parte — Entre Alcibíades e Terâmenes

25. Uma verdade por trás de dois versos 389
26. O regresso de Alcibíades 394
27. O processo dos estrategos 403
28. Terâmenes um e dois 411

Interlúdio

29. Os espartanos não exportaram a liberdade: Isócrates
    contra Tucídides 431

Sexta parte — A guerra civil

30. Atenas, ano zero. Como se sai da guerra civil 437
31. Depois da guerra civil: a salvação individual (401-399 a.C.) 447
32. Após a guerra civil: o debate constitucional 457

Sétima parte — Um olhar sobre o século IV a.C.

33. Corrupção política 471
34. Demóstenes 480
35. Epílogo. Da democracia à utopia 499

Bibliografia selecionada 513
Cronologia 529
Glossário 547
Mapas 552
Índice onomástico 559

Agradecimentos

Desejo demonstrar meu reconhecimento a Luciano Bossina, Rosa Otranto, Massimo Pinto, Claudio Schiano, Giuseppe Carlucci e Vanna Maraglino, por sua preciosa contribuição. Pelo trabalho editorial, agradeço a Maria Rosaria Acquafredda, Francesca De Robertis, Elisabetta Grisanzio, Stefano Micunco, Antonietta Russo, Maria Chiara Sallustio. Sou grato a Guido Paduano, diretor de *Dioniso*, por ter permitido a retomada, neste livro, do ensaio "Eurípides em Melos", publicado na nova série da revista (1, 2011).

INTRODUÇÃO
Atenas entre mito e história

The battle of Marathon, even as an event in English history, is more important than the battle of Hasting. If the issue of that day had been different, the Britons and the Saxons might still have been wandering in the woods.
[A batalha de Maratona, como parte da história inglesa, é mais importante que a batalha de Hastings. Se o desfecho daquele dia tivesse sido diferente, bretões e saxões talvez ainda vagassem pela floresta.]
John Stuart Mill, "Early Grecian History and Legend", resenha de *History of Greece*, de George Grote (*The Edinburgh Review*, out. 1846, p. 343)

1. Como nasce um mito

I

O "mito" de Atenas está contido em algumas frases do discurso fúnebre de Péricles parafraseado e, pelo menos em parte, recriado por Tucídides. São frases com pretensão de eternidade e que, de forma legítima, têm desafiado o tempo; mas são também fórmulas não de todo compreendidas pelos modernos, e é provável que por essa razão se apresentem e se demonstrem ainda mais eficazes, amiúde brandidas com fantasiosa presunção. E isso enquanto outras partes do discurso são ignoradas, talvez porque prejudiquem o quadro que os modernos, ao recortar as partes preferidas do original, tornam ainda mais monumental. Basta como exemplo a exaltação da violência imperial praticada pelos atenienses onde quer que fosse na Terra.[1]

Memorável e favorecida entre todas as demais, porém, destaca-se a série de

---

1. Tucídides, II, 41, 4 (πανταχοῦ δὲ μνημεῖα κακῶν τε κἀγαθῶν ἀίδια). Foi Friedrich Nietzsche quem compreendeu plenamente o significado dessas palavras, no 11º "fragmento" da *Genealogia da moral*, primeira parte (1887). Ao contrário de tantos filólogos anteriores e posteriores, ele traduziu corretamente as palavras μνημεῖα κακῶν τε κἀγαθῶν ἀίδια como "*unvergängliche Denkmale* [...] *im Guten und Schlimmen*" ("monumentos eternos no bem e no mal") e identificou naquelas palavras do Péricles tucidideano uma "volúpia de vitória e de crueldade".

avaliações referentes à relação de Atenas, considerada em seu conjunto, com o fenômeno do extraordinário florescimento cultural: "Em síntese, afirmo que a nossa cidade *em seu conjunto* constitui a escola da Grécia";[2] "Entre nós, todo cidadão pode desenvolver autonomamente sua pessoa[3] nos mais diversos campos com brio e desenvoltura";[4] "Amamos o belo, mas não a opulência, e a filosofia[5] sem imoralidade".[6]

Algumas dessas expressões ganharam engrandecimento adicional já na Antiguidade, como é o caso do epigrama fúnebre de Eurípides atribuído a Tucídides, em que Atenas, de "escola da Grécia", passa a ser "Grécia da Grécia".[7] Outras contribuíram para criar um clichê duradouro. Por exemplo: "Diante dos perigos, aos outros a coragem advém da inconsciência e o raciocínio lhes cria dificuldades",[8] enquanto nós, atenienses, enfrentamos os perigos de forma racional, com conhecimento e consciência; eles se esfalfam de disciplina e exercícios preparatórios, enquanto nós, nem por vivermos relaxados, somos mais fracos;[9] os espartanos nunca nos invadem sozinhos, mas vêm com todos os seus aliados, enquanto nós, quando invadimos os vizinhos, *vencemos*[10] (!) mesmo combatendo em geral sozinhos.

Se considerarmos a seguir o célebre capítulo que descreve o sistema político ateniense,[11] a contradição entre a realidade e as palavras do orador fica ainda mais evidente. Basta ver que Tucídides, o qual, sem circunlóquios melífluos ou edulcorantes, define o longo governo de Péricles como "democracia apenas nas

2. Id., II, 41, 1: τῆς Ἑλλάδος παίδευσιν.
3. Diz τὸ σῶμα: a referência também é física.
4. εὐτραπέλως: que se refere à argúcia, à agilidade física, à *mutabilidade*. As palavras foram escolhidas com muita perspicácia. E veremos por quê.
5. Diz até: φιλοσοφοῦμεν. Isso também deve ter contribuído para o curioso achado de Voltaire no *Tratado sobre a tolerância*, em que os vários juízes populares que votaram em favor de Sócrates, mas sem conseguir salvá-lo, são, todos eles, definidos *tout court* como "filósofos".
6. Diz: μαλακία. Tucídides, II, 40, 1.
7. *Anthologia Graeca*, VII, 45.
8. Tucídides, II, 40, 3: ἀμαθία/λογισμός.
9. Id., II, 39, 1: ἀνειμένως διαιτώμενοι οὐδὲν ἧσσον ἐπὶ τοὺς ἰσοπαλεῖς κινδύνους χωροῦμεν.
10. Id., II, 39, 2: κρατοῦμεν. É uma afirmação pretensiosa, em vista dos frequentes insucessos atenienses em batalhas terrestres.
11. Id., II, 37.

palavras, mas, de fato, uma forma de principado",[12] justamente nesse discurso fúnebre atribui a Péricles palavras tais que causam a impressão (a uma leitura superficial) de que o estadista, em suas vestes de orador oficial, está descrevendo um sistema político democrático e tecendo seu elogio. E isso nem lhe basta: ele faz com que Péricles louve o trabalho dos tribunais atenienses, em que, "nas controvérsias privadas, as leis garantem a todos um tratamento igual".[13] Para não falar da visão totalmente idealizadora do funcionamento da assembleia popular, como local onde falam todos os que tenham algo de útil a dizer para a cidade e são apreciados apenas com base no valor, sem que a pobreza seja impedimento.[14]

II

Algo que os intérpretes jamais podem esquecer é que Tucídides tem clara consciência de estar imitando um discurso de ocasião — com todas as falsidades patrióticas inerentes àquele gênero de oratória. Outro pressuposto igualmente necessário, para ler o célebre discurso sem se sentir desconcertado, é que Tucídides fez uma comparação intencional, a curta distância, entre a Atenas imaginária da oratória pericleana "cerimonial" e a verdadeira Atenas de Péricles. O primeiro, pelo que sabemos, a captar com clareza o caráter bastante mistificador do que Péricles diz nessa importante prédica foi Platão, que no *Menexeno* parodiou ferozmente tal texto, inventando o discurso fúnebre de Aspásia — a mulher amada por Péricles e perseguida pelo convencionalismo obscurantista ateniense —, o qual foi montado, diz Sócrates naquele diálogo, "colando os restos" do de Péricles.[15] E a *pointe* da invenção platônica, motivada talvez pelo recente surgimento da obra tucidideana, mostra-se ainda mais aguda se se considerar que o Péricles de Tucídides, no discurso, exalta a dedicação do ateniense médio à filosofia, enquanto Aspásia fora alvo de uma denúncia do comediógrafo Hermipo; enquanto Diópites apresentava e conseguia aprovar um

---

12. Id., II, 65, 9: λόγῳ μὲν δημοκρατία, ἔργῳ δ'ὑπὸ τοῦ πρώτου ἀνδρὸς ἀρχή.
13. Id., II, 37, 1.
14. Ibid., οὐδ'αὖ κατὰ πενίαν […] κεκώλυται.
15. Platão, *Menexeno*, 236b.

decreto, dirigido contra Anaxágoras, que "encaminhava a juízo em procedimento de urgência aqueles que não acreditam nos deuses ou que ensinam doutrinas sobre os fenômenos celestes";[16] enquanto Mênon e Glícon arrastavam Fídias ao tribunal e depois ao cárcere. Anaxágoras, Fídias, Aspásia: é o círculo de Péricles, em cujo centro estava Aspásia. Por isso é absurdo, ou melhor, plenamente condizente com as falsidades das orações fúnebres, atribuir justo a Péricles a afirmativa de que o ateniense ama o belo e a filosofia; e é sobremodo eficaz imaginar — como ocorre no *Menexeno* — uma paródia dessa oratória justamente por obra de Aspásia.

E como não pensar que a explicação orgulhosa e prepotente de Péricles nesse discurso sobre a supremacia dos atenienses nas guerras, mesmo sem se imporem aquele rigoroso treinamento guerreiro e totalizante que é típico de Esparta, também causa não menos estranheza ao leitor, o qual sabe muito bem, desde o primeiro momento, que a guerra de que se está falando, desejada pelo próprio Péricles, resultou em derrota para os atenienses (e, contra todas as suas previsões, precisamente no mar)?

Em suma, a Atenas do mito — mito fecundo, mas nem por isso menos mito — é aquela que se encontra delineada no discurso fúnebre pericleano-tucidideano.

III

Os caminhos da história e do mito, porém, estão estreitamente entrelaçados. O destino historiográfico-ideológico do discurso fúnebre é o exemplo mais esclarecedor. Se se examinarem em perspectiva as vicissitudes de sua recepção, pode-se observar que ela logo se tornou objeto de discussão e refutação. Isócrates (436-338 a.C.), Platão (428-347 a.C.) e Lísias (445/444?-370? a.C.) de imediato aparecem como protagonistas nessa história. Isócrates no *Panegírico*, Lísias na *Oração fúnebre* e Platão no *Menexeno*, mais ou menos contemporâ-

---

16. Sobre tudo isso, cf. Plutarco, *Vida de Péricles*, 32. Sobre a discussão surgida a partir desse informe muito bem articulado de Plutarco, que tem correspondência em Ateneu, XIII, 589e, escólio a Aristófanes, *Os cavaleiros*, 969, Pseudo-Luciano, *Amores*, 30, ver o comentário de Philip A. Stadter a Plutarco, *Pericle* (Chapel Hill: University of North Carolina Press, 1989, p. 297).

neos se se levar em conta que Isócrates trabalhou no *Panegírico* entre 392 e 380, constituem a primeira e reveladora reação à difusão da obra "completa" de Tucídides ocorrida naquele período. Isócrates defende o império e contesta Tucídides (e seu "editor" Xenofonte) por tê-lo questionado de maneira radical, e é exatamente por isso que ele *leva ao pé da letra tudo o que se lê em louvor a Atenas e seu império no discurso fúnebre pericleano* (aqui e ali repetindo-o e parafraseando-o).[17] Platão, crítico de toda a tradição democrática ateniense fundada no pacto entre senhores e povo, que lhe parece apenas fonte de corrupção e má política, não só não hesita em colocar Péricles entre os governantes que arruinaram a cidade (*Górgias*, 515), como também, no *Menexeno*, parafraseia com ferocidade alguns pontos cardeais do discurso para sepultá-los sob uma mortalha de sarcasmo. Um exemplo ilustrativo é a maneira como a célebre e tortuosa reflexão pericleano-tucidideana sobre a democracia ateniense[18] se transfigura de maneira grotesca nas palavras da Aspásia platônica:[19] "Há quem a chame de democracia e quem a chame de outra maneira, cada qual de acordo com sua preferência, mas na verdade é uma aristocracia com o apoio das massas".[20] E é extraordinariamente sugestiva a imediata sequência das palavras de Aspásia (dirigidas claramente ao Péricles *princeps* de Tucídides, II, 65, 9): "Mas os reis[21] sempre existiram entre nós!". E ainda assim, para que fique bem claro ao leitor que todo o discurso fúnebre de Aspásia é paródico, Platão não hesita em fazê-la dizer que a campanha da Sicília, conduzida "pela liberdade de Leontinos" (!), foi uma série de sucessos, mesmo tendo acabado mal (242e), que no Helesponto (Cízico) "tomamos num único dia toda a frota inimiga" (243a) e que a guerra civil de 404-3 acabou "de maneira magnificamente equilibrada" (243e), embora Platão saiba muitíssimo bem do traiçoeiro massacre de oligarcas efetuado pela democracia restaurada em 401, na emboscada de

---

17. Para *Panegírico*, 13, 39-40, 42, 47, 50, 52, 105, ver, por ordem, Tucídides, II, 35; 37; 38, 2; 40; 41, 1; 39, 1; 37. E poderíamos acrescentar alusões à "arqueologia" e ao diálogo mélio-ateniense.
18. Tucídides, II, 37, 1: "É chamada *demokratia* porque funciona em relação à maioria" etc.
19. Platão, *Menexeno*, 238c-d.
20. Daí a ideia de Plutarco (*Vida de Péricles*, 9) de tentar uma leitura dessas palavras e, de modo mais geral, do juízo de Tucídides sobre Péricles por meio de um filtro platônico: "Tucídides define o governo de Péricles como aristocrático".
21. Diz: βασιλῆς (238d).

Elêusis.[22] Platão tampouco deixa de ridicularizar a fórmula que faz fremir o âmago dos modernos ("Atenas, escola da Grécia"), tornando-a uma banalidade nas seguintes palavras de Aspásia: "Em Maratona e Salamina, ensinamos a todos os gregos [παιδευθῆναι τοὺς ἄλλους Ἕλληνας] como se combate em terra e como se combate no mar".[23]

Tampouco se deve esquecer que o verdadeiro antidiscurso fúnebre — da mesma época do monumento pericleano-tucidideano — é o opúsculo de Crítias *Sobre o sistema político ateniense*, no qual todos os pontos principais que Péricles menciona em sua oração cerimonial são invertidos e apresentados à luz crua da opressão cotidiana que, segundo o autor, forma a substância do sistema político-social ateniense.[24] Ele não se limita a mostrar que a democracia, na verdade, é violência de classe, mau governo, reino da corrupção e da opressão antes de mais nada no tribunal, reino do desperdício e do parasitismo, mas também enfatiza com veemência que as formas elevadas de arte (a ginástica e a música, em sua visão ostensivamente *ancien régime*) foram pisoteadas pela democracia com a própria eliminação dos homens que encarnam tais artes.[25]

Acrescente-se um dado que com frequência passa despercebido. Houve muitas obras de literatura e panfletística antiatenienses, mas se perderam. Plutarco (que escrevia na época de Nerva e Trajano) ainda as lia e utilizava em suas *Vidas* dos atenienses do século V. Aquele tipo de produção trazia acusações

---

22. Xenofonte, *Helênicas*, II, 4, 43; cf. Aristóteles, *Athenaion Politeia*, 40, 4, e Justino (Trogo), V, 10, 8-11.
23. Platão, *Menexeno*, 241c.
24. A meu ver, estavam certos aqueles (Carel Gabriel Cobet, *Novae Lectiones*. Leiden: Brill, 1858, pp. 738-40) que julgaram reconhecer um diálogo no panfleto contra a democracia, intitulado *Sobre o sistema político ateniense*, transmitido entre as obras de Xenofonte, porém não atribuível a ele. É um texto dos mais importantes da literatura antiga: curto, mordaz, muitas vezes verídico, sempre faccioso. Se, como também me parece, são dois os interlocutores, pode-se constatar sem dificuldade que o primeiro é tendencialmente crítico-problemático, ao passo que o segundo desempenha o papel "instrumental" do portador de certezas. Para a atribuição a Crítias, apresentada com sólido argumento por August Boeckh, veja-se E. Degani, *Atene e Roma*, 29, pp. 186-7, 1984. É decisivo o testemunho de Filóstrato em *Vidas dos sofistas*, I, 16, no qual se diz que Crítias, falando do ordenamento ateniense, "atacava-o ferozmente fingindo defendê-lo". (E, de fato, diversos intérpretes ingênuos, desde o *émigré* conde de Luzerne [Londres, 1793] a Max Treu [s.v. *Ps.-Xenophon, Re*, IX.A, 1967, col. 1960, linhas 50-60], se deixaram embair.) Cf. infra, Primeira parte, cap. 4.
25. [Xenofonte], *Athenaion Politeia*, I, 13 (em que καταλέλυκεν pode significar não só eliminação da política).

e informações (sem dúvida facciosas ou facciosamente apresentadas) de todos os tipos: inclusive a notícia, que Idomeneu de Lâmpsaco tomava como certa, de que o próprio Péricles mandara matar Efialtes, seu companheiro de luta.[26] Grande parte desse material acabou confluindo para *Sobre os demagogos atenienses*, o décimo livro das *Filípicas*, de Teopompo.[27] Mas o mito de Atenas, graças sobretudo à mediação das escolhas bibliotecárias de Alexandria e à força da cultura romana — que neutralizou a perigosa política de Atenas, mas enfatizou seu papel cultural universal e emblemático —, acabou por prevalecer. De outra forma, não seria possível compreender o esforço realizado nas escolas de retórica de todo o império, nas quais, sob a forma de *exercitationes*, narra-se repetidamente a grande história de Atenas, nem a gigantesca réplica de Élio Aristides (II d.C.) a Platão, em seu preciso, porém pedante, discurso *Em defesa dos quatro*, isto é, os quatro grandes da política ateniense do grande século que são objeto dos ataques de Platão em *Górgias*. Tampouco se explicaria o próprio empreendimento de Plutarco, as *Vidas paralelas*, que colocam Atenas e Roma (isto é, de um lado Atenas e do outro os donos do mundo!) em pé de igualdade. No entanto, esse historiador conhecia muito bem e, quando necessário, utilizava toda aquela literatura demolidora. Mas, para ele, o mito está consolidado de maneira irrevogável.

IV

A força desse mito reside na duplicidade de planos sobre os quais é possível e cabível ler o discurso de Péricles. Com efeito, é evidente que, desvinculada da situação concreta (a oração fúnebre como prédica falsa por excelência) e dos acontecimentos dos protagonistas (Péricles *princeps* em primeiro lugar), aquela imagem de Atenas, em todo caso, tem fundamento e foi por isso que resistiu e, ao final, venceu. Mas o paradoxo é que essa grandeza descrita pelo Péricles tucidideano — e que já na época era verdadeira — era essencialmente obra daquelas classes altas e dominantes que o "povo de Atenas" mantém sob sua mira e, quando possível, persegue e abate. E o Péricles "verdadeiro" sabia muito bem disso, tendo

---

26. Plutarco, *Vida de Péricles*, 10, 7.
27. *FGrHist* 115 F 85-100 (e 325-327?).

vivido e sofrido tal experiência na própria pele. A grandeza dessa classe consistiu no fato de ter *aceitado o desafio da democracia*, isto é, a convivência conflituosa com o controle obsessivo cerrado e não raro obscurantista do "poder popular": de tê-lo aceitado mesmo detestando-o, como se evidencia nas palavras de Alcibíades, exilado em Esparta pouco tempo antes, quando define a democracia como "uma loucura universalmente reconhecida como tal".[28]

A fuga de Anaxágoras, perseguido pela acusação de ateísmo, ou a humilhação extrema do pranto em público de Péricles, diante de um júri de milhares de atenienses (no louvável esforço para salvar Aspásia),[29] não foram suficientes para afastar essa extraordinária elite aberta de sua escolha de *aceitar a democracia para governá-la*. Uma elite "descrente" que escolheu se pôr à frente de uma massa popular "carola", mas bem-intencionada, com a qual contaria em termos políticos por meio do mecanismo delicado e imprevisível da "assembleia". Os dois lados, postos um diante do outro, modificaram-se de maneira recíproca, no embate dos conflitos concretos. O estilo de vida do "ateniense médio"[30] se deduz com veracidade da comédia de Aristófanes: a qual, pelo próprio fato de ter adotado aquela forma e obtido um sucesso não efêmero, demonstra por si só que aquele povo carola já era capaz de rir de si mesmo e de sua própria caricatura. O estilo de vida da elite dominante é o que Platão apresenta na ambientação de seus diálogos em que pululam, entre outras coisas, políticos engajados contra a democracia (Clitofonte, Cármide, Crítias, Mênon etc.): diálogos nem sempre necessariamente movimentados como *O banquete*, mas sempre animados por aquela curiosidade intelectual isenta de condicionamentos, por aquela paixão pela dúvida, pelo entretenimento da inteligência e pela liberdade dos costumes que se percebem por todas as partes desses textos, exceto nos *Nomoi*. Portanto, não são necessariamente a vida "imoral" de Alcibíades[31] nem o turvo desejo de profanação do "sacro" que entrevemos por trás dos escândalos de 415 a.C., mas sim a cena do *Fedro*, a cena do *Protágoras*, a cena tranquilizadora em que se desenvolve o diálogo talvez mais importante de todos: *A República*. The *people of Aristophanes* diante de The *people of Plato*.

28. Tucídides, VI, 89, 6.
29. Plutarco, *Vida de Péricles*, 32, 5.
30. "*Durchschnitts-Athener*" é uma expressão de Friedrich Nietzsche.
31. Sobre seu erotismo desenfreado e retorcido, cf. Lísias, fragmento 30 Gernet, e também Ateneu, XIII, 574 d.

A acrimônia com que, em *As nuvens*, Aristófanes representa aquele mundo elitista, tendo Sócrates no centro, diante do seu público, no qual decerto predominava o tipo do "ateniense médio", demonstra — como, aliás, o Sócrates platônico declara de maneira explícita na *Apologia* — que o "ateniense médio" detestava e olhava com suspeita aquele mundo, do qual provinham em geral as pessoas que estavam (em alternância e obtendo consenso em torno de si) no comando da cidade. Aristófanes fica suspenso entre esses dois importantes temas sociais: pela profissão que escolheu, é obrigado a se manter nessa posição; se assim não fosse, seu trabalho artístico teria simplesmente falido. Por isso é tão complicado tentar definir "o partido" de Aristófanes.

Os alvos dos cômicos — lê-se no panfleto dialógico de Crítias — quase nunca são pessoas "que estão com o povo ou pertencem à massa popular", e sim, em geral, "pessoas ricas, nobres ou poderosas",[32] isto é, pessoas em posição social elevada, engajadas na política. Mas ele acrescenta a seguir que também são atacados "alguns pobres ou alguns democratas",[33] quando procuram "aparecer demais ou se colocar acima do demo":[34] quando são eles os atacados, diz Crítias, o povo fica contente. Toda essa passagem é preciosa, não só porque demonstra que o teatro cômico é de fato o termômetro político da cidade, mas porque lança luz sobre as articulações no interior da classe dirigente. Esta é composta também por pessoas que se alinham de forma clara com a parte popular e atendem a suas aspirações e pulsões, ou seja, não numa atitude habilmente paidêutica (como Péricles ou Nícias): em suma, personagens como Cléon, para evocar um grande nome, ademais grande alvo de Aristófanes. As palavras do opúsculo parecem "recortadas" ao caso Cléon, ao feroz martelar de Aristófanes contra ele. E poderíamos lembrar também os ataques a Cleofonte nas comédias dos anos 10 e até a época de *As rãs*. Com a ressalva de que, ainda no caso de Cleofonte (chamado de "fabricante de instrumentos musicais" λυροποιός), o clichê da extração popular[35] deve ser visto com cautela, pois agora sabemos que seu pai era um Κλειππίδης

---

32. [Xenofonte], *Athenaion Politeia*, ii, 18.
33. É o que significa τῶν δημοτικῶν: cf. *LSJ*, s.v., ii, 2, em que há inúmeros exemplos extraídos da literatura política.
34. πλέον ἔχειν τοῦ δήμου: acusação terrível em regimes de predomínio popular direto, como tenta ser Atenas.
35. Passado depois para a tradição atidográfica conhecida por Aristóteles (*Athenaion Politeia*, 28, 3).

(Cleipides), talvez estratego em 428,[36] e, em todo caso, sua relevância é confirmada pela tentativa de atingi-lo com uma condenação ao ostracismo.[37]

De fato, seria um erro considerar a elite que aceita dirigir a democracia, enfrentando seus desafios, como um bloco unitário. Há em seu interior divisões de clã e de família, há rivalidades e artimanhas de todos os tipos. É emblemático o episódio do ostracismo de Hipérbolo (talvez 418 a.C.),[38] líder popular cuja liquidação política foi obtida graças a uma súbita e conveniente aliança entre os clãs opostos de Nícias e de Alcibíades, que por várias razões disputavam o legado de Péricles após a saída de cena de Cléon (421). Tais episódios também demonstram como era vulnerável e oscilante a "maioria popular" na assembleia e como a "massa popular" era manipulável pelos líderes "bem-nascidos" e seus agentes políticos.[39]

V

O "milagre" que aquela extraordinária elite conseguiu realizar, governando sob a pressão decerto pouco agradável da "massa popular", foi ter feito funcionar e prosperar a comunidade política mais importante no mundo das cidades gregas e, com isso, no calor do conflito, ter modificado, pelo menos em parte, a si mesma e ao antagonista. É possível entender bem esse aspecto examinando a oratória antiga, em que se pode observar como a palavra dos "senhores" — os únicos cuja palavra nos é conhecida[40] — vem impregnada de valores políticos que são básicos na mentalidade combativa e reivindicativa da "massa popular": antes de mais nada τὸ ἴσον, o que é igual e, portanto, justo. Já o vimos no início, ao repercorrer os pontos cardeais da oração fúnebre de Péricles, cujo

---

36. Cf. R. Meiggs e D. Lewis, *A Selection of Greek Historical Inscriptions* (Oxford: Clarendon Press, 1969, 1982², p. 41); D. Kagan, *The Fall of the Athenian Empire* (Ithaca/Londres: Cornell University Press, 1987, pp. 249-50).
37. G. Daux, "Chronique des fouilles et découvertes archéologiques en Grèce en 1966". *Bulletin de Correspondance Hellénique*, 91, 2, p. 625, 1967; E. Vanderpool, "Kleophon", *Hesperia*, v. 21, pp. 114-5, 1952; e id., *Ostracism at Athens*. Cincinnati: The University of Cincinnati, 1970, pp. 27-8.
38. Mas são possíveis outras datas entre 418 e 415.
39. "Retores menores", como os chamava Hipérides.
40. Através das obras dos historiadores e do corpus demostênico.

sentido captamos apenas em parte se nos limitamos a constatar o quanto se avizinha do discurso demagógico.[41]

O Péricles de Tucídides descreve com extraordinária eficácia o "estilo de vida" ateniense (ainda que reverberando sobre o demo características que, todavia, são próprias da elite),[42] mas é sumamente eficaz ao descrever — em antítese — *a falência do modelo de Esparta*.[43] Ele não está apenas redimensionando ou demolindo a imagem do inimigo: ao destroçar esse modelo, o Péricles tucidideano liquida como impraticável *o modelo idolatrado pela parcela das classes altas não disposta a aceitar* (como Péricles e seus antepassados Alcmeônidas) *o desafio da democracia*, a qual, sempre que possível, tentava com furor ideológico transplantar e instaurar em Atenas. (Coisa que, aproveitando a derrota de 404, benéfica para ela, essa parcela de fato tentou,[44] fracassando.) Tucídides, nisso, é como Zeus, que enxerga de cima os dois alinhamentos:[45] ele é capaz, ao mesmo tempo, de ver e de apontar (para quem tem olhos para ver) o caráter deformador e, todavia, substancialmente verdadeiro da exaltação de Atenas expressa na prédica. Mas o jogo — inerente à finalidade e à estrutura do gênero do discurso fúnebre — consiste justamente em que aquele que fala seja levado a dizer que essa grandiosidade nas obras e realizações "é obra vossa". Nisso consiste o jogo sutil entre o verdadeiro e o falso, que se encontram e, em certo sentido, coincidem. E é por isso que, de maneira análoga, para Tucídides, o império é necessário, inegociável, mas ao mesmo tempo intrinsecamente censurável e opressor e, portanto, pode-se dizer, fadado a sucumbir (embora o último Tucídides[46] não esteja de acordo com esse ponto e pareça quase optar pela não inevitabilidade da derrota).

Dessa duplicidade de planos derivam *os dois planos da história de Atenas*: de um lado, o tempo histórico e contingente, o tempo de uma experiência política

---

41. Daí a divergência diametral entre Platão e Tucídides no juízo sobre Péricles.
42. Φιλοσοφοῦμεν!
43. Tucídides, II, 39: deve-se considerar o capítulo inteiro construído na base nessa polaridade.
44. É emblemático que as heterias oligárquicas, em 404, não tenham nomeado dez próbulos (como se fizera em 411), e sim cinco éforos (Lísias, XII, 43-44): com isso, elas anunciam que querem adotar diretamente o modelo de Esparta.
45. É uma célebre imagem do ultratucidideano Luciano de Samósata (*Como se deve escrever a história*, 49).
46. II, 65 (sua última página, segundo uma bela, mas indemonstrável, hipótese de Maas).

que — tal como era em sua contingente historicidade — se autodestruiu;[47] de outro lado, um tempo longuíssimo, o tempo da permanência multimilenar das realizações daquela época frenética. E poderíamos ir além, observando que, se Atenas funcionou assim, se produziu tanto porque uma elite aberta aceitou a democracia, isto é, o conflito e o risco constante da opressão, isso significa que, por sua vez, *aquele mecanismo político*, cuja definição tanto tem atormentado e inquietado os intérpretes (de Cícero[48] a George Grote ou Eduard Meyer), *também trazia dentro de si dois tempos históricos*: o *ut nunc*, que encontra uma caricatura *apenas parcial* no opúsculo de Crítias, e, por outro lado, o valor inestimável do conflito como acionador de energia intelectual e criatividade duradoura,[49] que é talvez o verdadeiro legado de Atenas e o alimento legítimo do seu mito.

---

47. Como diz Filóstrato no início da *Vida de Crítias*, "ela teria se destruído por si" (*Vidas dos sofistas*, I, 16).
48. *Nimia libertas*, diz Cícero em *De Republica*, I, 68. Ver Ch. Wirszubski, *Libertas: Il concetto politico di libertà a Roma tra Repubblica e Impero* (trad. de Giosuè Musca; Bari: Laterza, 1957, p. 70, nota 2). Para Cícero, o modelo político da Atenas clássica é, de fato, um modelo negativo, enquanto o mito vivo, para ele, é o de "*Athenae omnium doctrinarum inventrices*" (*De oratore*, I, 13).
49. O que, certa vez, levou Voltaire a conjecturar que havia sido precisamente a ininterrupta guerra civil do mundo grego que potencializara sua força intelectual: "Como se a guerra civil, o mais horrível dos flagelos, alimentasse um novo ardor e novas energias para o espírito humano, era nessa época que floresciam todas as artes na Grécia" ("Pyrrhonisme de l'histoire", *L'Évangile du jour*, IV, 1769 = *Oeuvres complètes de Voltaire*, ed. Moland, v. XXVII, pp. 235-99. Aqui se trata do capítulo VIII, intitulado "Sobre Tucídides". Sem dúvida, Voltaire também está pensando na França do século XVI). Uma pergunta suscitada pela perfeição que a arte do discurso alcançou em Atenas é se esse refinamento estilístico, argumentativo, retórico tinha realmente como destinatário "o populacho da Pnyx", como certa vez Wilamowitz se expressou com deliberada dureza em *Die Griechische Literatur des Altertums* (Leipzig: Teubner, 1905², p. 75). O grande e talvez insuperado conhecedor da grecidade, quiçá movido por sua íntima desconfiança da democracia de qualquer época, não levava em conta que um povo — como o ateniense — continuamente exposto aos efeitos e às seduções da palavra fruída coletivamente — desde o teatro à assembleia, ao tribunal, à logografia — aos poucos se tornava um interlocutor sensível a tão grande perícia (a qual só era exibida na medida em que tinha um destinatário!). Pois não dirá Aristófanes ao seu público que "sois σοφώτατοι"? E, em *As rãs*, não põe ele na boca de Eurípides: "Àqueles [e aponta para o público] ensinei a falar" (v. 954)? Ademais, nunca se deveria esquecer o efeito da *recitação* (lembremos a oratória "tonitruante" de Péricles, assinalada por Plutarco com base em fontes da época — e é apenas um exemplo). Eis aí um ponto de vista que ajuda a compreender o que queremos dizer quando falamos de fecundidade do conflito: quase uma heterogênese dos fins.

2. Luta em torno de um mito

I

Como se sabe, o império ateniense se originou de uma iniciativa dos ilhéus que mais haviam contribuído, no limite de suas respectivas forças, para a vitória na guerra naval contra os persas (480 a.C.). A criação da frota, desejada pela clarividência de Temístocles, a construção apressada das "grandes muralhas" com o intuito de transformar Atenas numa fortaleza com excelente saída para o mar, o nascimento de uma liga de tipo de início paritário ("Atenas e os aliados", com o tesouro federal guardado na ilha de Delos) são ações concomitantes que marcam o início do século ateniense, que tivera na vitória de Maratona, dez anos antes, apenas um antecedente (passível, então, de outros desenvolvimentos). Tal como o século XX começa em 1914, o século V a.C., de maneira análoga, começa com Salamina e o nascimento do império ateniense: destinado a durar pouco mais de setenta anos, até a queda em 404 e a redução de Atenas, já privada de muralhas e de frota, a mero satélite de Esparta.[1]

Mas o estado de coisas criado pela derrota foi cada vez mais desmantelado. Os ideólogos extremistas, admiradores do modelo de Esparta, ficaram pouco

1. *Helênicas*, II, 2, 20-23.

tempo no governo, desgastados e depois derrubados pela guerra civil. Com o crescente empenho espartano contra a Pérsia, deu-se a inevitável mudança de estratégia da grande monarquia asiática ("regente" da política grega, segundo uma feliz intuição de Demóstenes)[2] e o pêndulo persa oscilou para o lado de Atenas: ao cabo de dez anos a contar de 404, um estratego ateniense, Conon (já protagonista da batalha vitoriosa nas ilhas Arginusas em 406), no comando de uma frota persa, destruía a frota espartana perto de Cnido e com o dinheiro persa ressurgiam as muralhas de Atenas (394-3). Assim se anularam os efeitos da derrota e da capitulação e se criaram as premissas para o renascimento de uma nova liga marítima encabeçada por Atenas, sob outra forma e sob outras condições estabelecidas no pacto de aliança. Ainda se conserva a lápide na qual foi entalhado o decreto, apresentado por um Aristóteles do demo de Maratona, bom orador segundo Demétrio de Magnésia,[3] que estipulava as condições para a nova liga.[4]

Entre as duas ligas, separadas pelo período exato de um século (478-378 a.C.), há diferenças substanciais no que se refere a condições nevrálgicas e pontos qualificadores. A primeira tinha um objetivo declarado, inerente à própria razão que lhe dera origem: prosseguir a guerra com o invasor persa e libertar os gregos da Ásia (objetivo que Esparta, mesmo sempre encabeçando a liga pan-helênica que derrotara os persas, deixava de lado); a segunda — que é posterior à "paz geral" ou "paz do rei" (386 a.C.) — estabelece que os gregos e o Grande Rei devem se manter em paz recíproca.[5] A primeira previa uma contribuição de todos os contratantes, a qual logo deixou de ser militar (em navios) e passou a ser financeira (em tributos);[6] a segunda, em seu ato constitutivo, rejeita de modo explícito o princípio do tributo.[7] A primeira liga logo vira proliferarem governos homólogos, isto é, democracias de tipo ateniense, nas cidades aliadas.

---

2. *Quarta filípica*, 51.
3. Cf. Diógenes Laércio, v, 35.
4. *Syll.*[3] 147 = *IG*, II[2] 43 = M. N. Tod, A. *A Selection of Greek Historical Inscriptions*. Oxford: Clarendon Press, 1948, 1968[3], v. II, n. 123.
5. *Syll.*[3] 147, linhas 12-4 (segundo a razoável reconstrução de Silvio Accame). É notável que essas linhas, contendo a aceitação da paz do rei, depois tenham sido deliberadamente apagadas!
6. Tucídides, I, 99, 3, que especifica: "Os primeiros responsáveis por isso foram os próprios aliados", que preferiram se livrar das obrigações da aliança pagando o tributo.
7. Linha 23: μήτε φόρον φέροντι.

(Crítias dava uma explicação lúcida para tal automatismo: "O demo ateniense bem sabe que, se os ricos e os 'bons' adquirissem força nas cidades aliadas, o império do povo de Atenas duraria pouquíssimo tempo".)[8] O documento fundador da segunda liga estipula de maneira clara que cada membro da aliança terá "o tipo de regime político que preferir".[9] Inversamente, quando em 431 já se precipitavam rumo ao conflito, que duraria por tanto tempo, o ultimato transmitido por Esparta a Atenas, e rejeitado por Péricles, era uma ordem formal para "libertar os gregos",[10] isto é, dissolver a liga e desmantelar o império; e em 404, quando venceram, os espartanos anunciaram "o início da liberdade para os gregos".[11] A segunda liga nasce sob o signo de uma firme exigência aos espartanos "de deixar os gregos em liberdade e autonomia".[12] Nesse ínterim houve a terrível década 404-394 de predomínio espartano total e direto sobre grande parte das cidades e ilhas que eram aliadas-súditas de Atenas, o fracassado conflito contra o Grande Rei conduzido por Agesilau, rei de Esparta, a "paz geral" de 386 que deixava a Esparta o livre controle da Grécia. Tal é, portanto, o sentido do apelo, dessa vez ateniense, à "liberdade dos gregos".

II

Como se explica que, um século depois e a despeito da ferocidade da guerra peloponésia e da dureza crescente do primeiro império, tantas comunidades (cerca de 75) tenham de novo convergido para Atenas, como eixo de uma aliança pan-helênica? O ideólogo dessa proposta foi Isócrates, bom amigo de Timóteo, que era o filho de Conon, isto é, aquele que, com dinheiro persa, "recolocara", como escreveu Plutarco, "Atenas no mar".[13] O "manifesto" dessa operação foi o *Panegírico*, no qual Isócrates trabalhou por mais de uma década e que pôs em circulação em 380. Nesse texto, decerto influente entre as elites não apenas atenienses, o uso político da história alcançou um de seus pontos

---

8. [Xenofonte], *Athenaion Politeia*, I, 14.
9. Linha 21: πολιτείαν ἣν ἂν βούληται.
10. Tucídides, I, 139, 3; cf. II, 8, 4 e II, 12. Cf. infra, cap. 29.
11. *Helênicas*, II, 2, 23.
12. Linhas 9-10: ὅπως ἂν Λακεδαιμόνιοι ἐῶσι τοὺς Ἕλληνας ἐλευθέρους καὶ αὐτονόμους κτλ.
13. Plutarco, *A glória dos atenienses*, 1.

mais altos: Atenas derrotou em sua época os invasores persas, o que legitimou seu império; o império foi violento apenas nos limites da estrita necessidade;[14] Esparta, em sua década de domínio inconteste, havia feito muito pior; agora trata-se de programar desde o início uma guerra para a liberdade dos gregos contra a Pérsia e, portanto, *naturaliter* é a Atenas que cabe ser o ponto de referência. Assim, a legitimação é, mais uma vez, a vitória sobre os persas alcançada um século antes. E esse ponto de alicerçamento, que no entanto não transparece na *letra* do decreto de Aristóteles, está na origem de uma interpretação do novo pacto de aliança que tem seu eixo em Atenas, como forma de reconhecimento de uma primazia em função da vitória com que, cem anos antes, a cidade "salvara a liberdade dos gregos".[15] O decreto de Aristóteles não o diz, mas alguém removeu daquele texto exatamente as linhas em que se reconhecia e se aceitava a "paz do rei", isto é, o acordo sancionando a renúncia das potências gregas a perseguir os objetivos para os quais nascera a primeira liga.

III

A justificativa do império em função da vitória sobre os persas teve uma longa história. Quando Isócrates a retoma, é pura ideologia: o ataque ao Oriente está fora do horizonte ateniense (e de qualquer outra potência grega). A segunda liga soçobrará trinta anos depois, numa desgastante guerra entre Atenas e os aliados (a "guerra social": 357-5); dali a alguns anos, conduzida por Demóstenes, Atenas buscará o auxílio persa contra a Macedônia, e por fim a própria Macedônia desencadeará o ataque decisivo ao Oriente, que em poucos anos resultará na dissolução do império persa (334-1). E, apesar de tudo, o mito de Atenas libertadora dos gregos *porque* vencedora dos persas ainda funcionava em 340/339, quando Demóstenes, com a desenvoltura própria de uma *realpolitik*, tentou jogar a cartada persa e se deparou na assembleia, ainda na véspera de Queroneia, com o enraizado mito do "inimigo tradicional dos gregos" e, por isso, "imutável adversário histórico de Atenas".[16]

14. *Panegírico*, 100-1.
15. Heródoto, VII, 139.
16. *Quarta filípica*, 31-34. Mas já em *Sobre as simorias*, 3 ele tentara abrandar o efeito condicionado do "grande inimigo comum dos gregos".

Aquele mito, que fora o elemento de coesão político-propagandístico do império, com a segunda liga não passava de um fantasma.

Em torno desse mito desenvolveu-se uma batalha historiográfica de tipo revisionista (como se costuma dizer hoje), cuja sucinta apresentação pode ser instrutiva. Os protagonistas são Heródoto e Tucídides. Heródoto, nascido em Halicarnasso e, portanto, súdito do Grande Rei, emigrou muito cedo, escolhendo Atenas: lá difundiu partes de sua obra em leituras públicas,[17] participou da fundação da colônia pan-helênica de Turi desejada por Péricles e adotou sua cidadania. Não se sabe onde e até que ano viveu. Mas conheceu e comentou a insatisfação crescente contra Atenas, aguçada nas vésperas de 431. Tudo leva a crer que ele presenciou o conflito, pelo menos no início. Sua opinião, ao mesmo tempo historiográfica e política, consiste em inserir uma página de polêmica atualíssima contra aquela insatisfação no exato ponto em que começa a narrar a terrível e destruidora invasão persa de 480: "Nesta altura", escreve ele, "sou obrigado a expressar uma opinião que me tornará *malvisto pela grande parte dos homens*".[18] Declaração muito comprometedora, que evidencia de maneira simples e direta a vasta extensão do ódio antiateniense e a vontade difundida, agora já entre uma grande maioria, de não ouvir mais uma vez que Salamina legitima o império. "Mas", prossegue Heródoto, "como me parece ser a verdade, não me censurarei." E expõe sem mais tardar a posição malvista "pela grande parte dos homens": se os atenienses tivessem se rendido a Xerxes, ninguém mais ousaria enfrentar o Grande Rei. Mas o raciocínio não se detém aí, sendo esmiuçado numa acurada casuística e culminando na hipótese de que até os espartanos, abandonados pelos aliados, "ou morreriam como valorosos, ou eles também fariam um acordo com Xerxes". Conclusão: "Ora, pelo contrário, se alguém afirmasse que os atenienses foram os salvadores da Grécia, acertaria na mosca". "Apenas os atenienses tinham a força de fazer a balança pender para um lado ou outro: escolheram que a Grécia sobrevivesse, e sobrevivesse livre, e em decorrência disso os atenienses impeliram à ação todo o restante do mundo grego que não

---

17. Deduz-se do que ele comenta sobre as reações do público (presumivelmente ateniense) à sua narrativa da tentativa democrática do persa Otanes (III, 80 e VI, 43). Diz: "Alguns gregos não acreditaram em mim".

18. Heródoto, VII, 139: ἐπίφθονον πρὸς τῶν πλεόνων ἀνθρώπων.

se passara para os persas: e foram eles, depois dos deuses, sem dúvida, que repeliram o Grande Rei." "Nem os oráculos provenientes de Delfos conseguiram assustá-los e levá-los a fugir. Ficaram e enfrentaram o agressor."

Mais do que para a posteridade, essa passagem parece escrita para leitura imediata. É a resposta a uma polêmica viva, atual. Não se pode negligenciar o fato mais evidente: a inclusão, no início de uma narrativa referente à epopeia de meio século antes, de uma página cujo objetivo expresso é responder à hostilidade que *hoje*, no momento em que Heródoto se põe a narrar aquela epopeia, atinge inevitável e quase "universalmente" (πρὸς τῶν πλεόνων ἀνθρώπων) aqueles que tais fatos pretendem reevocar.

O ataque é preparado, poucas linhas antes, por um quadro cruamente realista das reações das várias cidades gregas à invasão:[19] havia quem acreditasse que se salvaria cumprindo de imediato um gesto de submissão, "dando água e terra ao persa"; outros, que não pretendiam fazê-lo, estavam tomados de pavor "porque consideravam que não havia na Grécia navios em quantidade suficiente para enfrentar o invasor", e entre estes "a maioria não pretendia se empenhar em combate, mas estavam prontos a passar para o lado dos persas [μηδιζόντων δὲ προθύμως]; todos sabiam que a intenção anunciada por Xerxes era golpear Atenas, mas, na verdade, seu objetivo era toda a Grécia". Aqui há uma acusação que envolve inúmeros indivíduos que agora estão impacientes com Atenas e seu domínio; e há também uma avaliação militar: 1) era preciso uma frota adequada (e apenas Atenas conseguiu lançá-la ao mar; 2) a derrota de Atenas, objetivo anunciado, comportaria a submissão de todos os outros gregos.

De maneira indireta, extraímos das palavras de Heródoto mais um dado: a palavra de ordem espartana ("Que Atenas deixe os gregos em liberdade"),[20] circulando bem naquela época em que o historiador ateniense por adoção escrevia essa página, fazia muito sucesso: pois, como ele mesmo reconhece sem eufemismos, relembrar que "Atenas havia escolhido que a liberdade dos gregos sobrevivesse" despertava o ódio de quase todos os gregos. E não há quem não veja que "Foi Atenas que quis que a Grécia continuasse livre" soa como uma réplica direta à palavra de ordem "Que Atenas deixe os gregos em liberdade". Tampouco pode passar despercebido o tom assertivo e apaixonadamente polê-

---

19. Id., VII, 138.
20. Tucídides, I, 139, 3.

mico que impregna a página inteira, diferente do tom habitual, equilibrado e objetivo, de Heródoto. Nem escapará à atenção que o sacrifício, pouco mais que simbólico, dos espartanos nas Termópilas fica excluído do balanço geral contido nessa página.

Heródoto também sabe — e não o ocultou ao falar da primeira invasão persa detida pelos atenienses em Maratona — que, naquela ocasião, correram rumores inquietantes sobre o comportamento dos Alcmeônidas, isto é, da família de Péricles, suspeitos de cumplicidade com o inimigo.[21] E, antes ainda, Heródoto citará o passo dado pelo próprio Clístenes, após a expulsão de Iságoras (apoiado pelos espartanos) da acrópole e sua afirmação taxativa (508/507 a.C.): dirigir-se à Pérsia e "assinar uma aliança que continha as condições de praxe para quem pretendia estabelecer relações com ela: ofertar terra e água ao Grande Rei".[22] Esparta deu uma ajuda importante na caça a Hípias (510 a.C.), sucessor de seu pai, Pisístrato, na "tirania"; Hípias se refugiou na Pérsia e passou a ser visto pelos gregos como instigador da invasão persa. Na luta entre as facções atenienses, os espartanos se alinham com Iságoras contra Clístenes; o demo se insurge contra Iságoras e os espartanos, enquanto Clístenes se apoia na Pérsia. Em Maratona, os Alcmeônidas tinham enviado sinais de entendimento aos persas. Heródoto tenta inocentá-los da acusação infamante e sua argumentação apologética desemboca no grande nome de Péricles. A vitória contra aquela primeira invasão fora obtida pelo clã político-familiar (Milcíades, pai de Címon) por intermédio dos Alcmeônidas. Mas Péricles, muito jovem, pagará o coro para Ésquilo, para a tetralogia que inclui *Os persas*. Já no final do século VI a.C., portanto, a Pérsia é o "grande regente", para dizê-lo com Demóstenes, alterna invasões e trocas repentinas de alianças, no que é correspondida com igual desenvoltura pelos gregos: é com a ajuda persa que Esparta derrotará Atenas na longa "Guerra do Peloponeso".

E, mesmo assim, entrelaçado com esse andamento real dos fatos político-militares, vive e coexiste o mito: o mito da vitória sobre os persas, devida essencialmente a Atenas. E o império se funda sobre o pressuposto, sobre o prestígio e

---

21. Heródoto, VI, 115 e 121-124.
22. Id., V, 73. Cf. G. Camassa, *Atene, la construzione della democrazia*. Roma: L'Erma di Bretschneidert, 2007, p. 83; G. Nenci (org.), *Erodoto, Le Storie: Libro V. La rivolta della Ionia*. Milão: Fondazione L. Valla/Mondadori, 1994, pp. 267-8.

sobre a força militar que derivam dessa vitória. E é governado com mão de ferro por Péricles durante seu longo governo "principesco", no pressuposto de *realpolitik* de que "o império é tirania",[23] enquanto monta contra este a contestação mais radical e o próprio líder envia seus emissários a Esparta nas vésperas da grande guerra (432/431 a.C.), para declarar o direito ao império com estas palavras:

> Demo-nos conta de que existem duros ataques contra nós [...]. Pretendemos vos demonstrar que não sem razão temos aquilo que conquistamos e que nossa cidade merece toda a consideração. Quanto à história mais remota, que necessidade há de recordá-la? Demonstra-a a tradição. Os eventos que devem ser evocados, porém, são as guerras persas e os demais empreendimentos de que tendes conhecimento direto, por mais que vos incomode serdes relembrados a cada vez. Visto que, quando realizávamos tais empreendimentos, corriam-se riscos pelo bem dos outros, e se de tal bem também vos couberam os frutos, não é justo privar-nos da glória que nos cabe, se ela nos pode ser de proveito. Portanto, falaremos a esse respeito não como se tivéssemos algo de que nos desculpar, mas para deixar claro com que cidade estareis lidando se vossa decisão não for sábia. Assim, diremos que fomos os primeiros a enfrentar o bárbaro em Maratona; quando ele voltou e não estávamos preparados para enfrentá-lo numa batalha campal, embarcamos em massa e o enfrentamos com os navios em Salamina, o que impediu que, atacando com sua frota as cidades uma após a outra, ele saqueasse o Peloponeso,[24] pois decerto não tínheis condições, nem que formásseis uma coalizão, de fazer frente a uma frota tão grande. E a prova mais clara dessa verdade foi dada pelo próprio inimigo: derrotado no mar, não dispondo de outra frota igual àquela, logo bateu em retirada, com a maior parte do exército. Esta foi a importância de Salamina.[25]

Mitologia política e *realpolitik* se entrelaçam. No centro estão sempre os Alcmeônidas, não por acaso invocados de maneira direta pelos espartanos, na frenética troca de exigências cada vez mais inaceitáveis entre as duas potências, quando já estava decidido que haveria guerra. E a exigência foi expulsarem de

---

23. Tucídides, II, 63, 2.
24. Essas palavras são iguais às de Heródoto, VII, 139: é o slogan oficial ateniense para justificar o império.
25. Tucídides, I, 73.

Atenas os descendentes da família (os Alcmeônidas) que, dois séculos antes, massacrara o atleta golpista Cílon (636 ou 632 a.C.) — isto é, expulsar de Atenas o alcmeônida Péricles! Jamais houve um uso político da história mais intensivo e abertamente instrumental. Em todo caso, o mito não era mera criação ideológica. Atenas era de fato vista, mesmo pelo mais ferrenho adversário, como a cidade que salvara a liberdade dos gregos frente à invasão. E quando Tebas, Corinto e muitas outras, em abril de 404, já ocorrida a rendição de Atenas, pediram sua destruição, isto é, o mesmo tratamento que Atenas infligira a quem se rebelava contra o império, foram os espartanos que o vetaram com o memorável argumento: "Não se pode escravizar uma cidade grega que realizou grandes coisas no momento em que a Grécia correu o maior perigo".[26]

Pode-se com alguma razão pensar que Esparta adotou essa posição para impedir que seus aliados mais fortes (Tebas e Corinto) se fortalecessem demais, caso Atenas fosse eliminada, como pediam eles. Mas quem poderá algum dia separar o interesse político da oratória política e da mitologia histórico-política? Nunca nenhum desses fatores funciona por si só, em estado puro e desvinculado dos demais.[27]

IV

Tucídides combateu esse mito, ou melhor, considerou que fazia parte de sua busca da "verdade"[28] desvendar o sentido desse mito, sua força como instrumento de império e seu progressivo enfraquecimento.

E procede com grande habilidade, nunca falando em primeira pessoa, mas

---

26. *Helênicas*, II, 2, 20.
27. Basta lembrar Stalingrado: na época, com sacrifícios imensos, a Rússia soviética salvou toda a Europa da conquista hitleriana. E sobre essa base criou o império, que ruiu depois de cerca de meio século, mas sempre defendido e justificado em nome de Stalingrado. A esse respeito, é interessante o relatório do encontro e diálogo entre Helmut Schmidt e Leonid Brejnev (na presença de Willy Brandt) em Bonn, em maio de 1973, em H. Schmidt, *Menschen und Mächte* (1987), trad. ital. *Uomini al potere* (Milão: Sugarco, 1988, pp. 17-9). É surpreendente que o ex-chanceler alemão, relembrando aquele encontro quinze anos depois, declare ter enfrentado Brejnev falando-lhe como velho soldado da Wehrmacht.
28. É a palavra que serve de égide a toda a sua obra (I, 20, 3).

sempre por meio das palavras dos próprios atenienses. Eles discorrem no congresso de Esparta, já às vésperas do conflito, da maneira que acabamos de ver; mas, em dois outros momentos muito significativos, aparecem invocando aquele mito, com a desconcertante declaração de serem os primeiros a não acreditar nele. Isso ocorre em duas ocasiões em que os atenienses são apresentados como portadores de guerras "injustas": no colóquio a portas fechadas com os representantes de Melos pouco antes do ataque contra a ilha rebelde (v, 89) e no confronto dialético entre Hermócrates de Siracusa e o emissário ateniense Eufemo, quando está para se iniciar o cerco ateniense a Siracusa (vi, 83).

As palavras que Tucídides atribui aos representantes atenienses em Melos são especialmente dessacralizadoras do mito: "Não vos infligiremos uma quantidade de palavras não fidedignas [λόγων μῆκος ἄπιστον]", um longo discurso não crível, enganoso, "sustentando que nosso império é justo porque outrora derrotamos os persas". Eufemo é menos feroz, mas não menos claro: "Não estamos aqui para sustentar com frases elegantes [καλλιεπούμεθα] que exercemos o domínio imperial a justo título porque sozinhos enfrentamos e derrotamos o bárbaro". "Frases elegantes" é menos cortante do que "quantidade de palavras não fidedignas". Mas há também a diferença das circunstâncias, que explica a diferença de tons: Melos estivera entre os promotores da liga délio-ática em 478; a Sicília, em especial Siracusa, fora apenas muito remotamente atingida pelos eventos do conflito greco-persa no início do século.

Tucídides, nascido quando o mito já se enfraquecia, pode ser um frio "revisionista". Mas ainda se capta a força desse mito na censura que, na época de Augusto, Dionísio de Halicarnasso dirige àquela fala do diálogo mélio-ateniense: Tucídides, diz o historiador-retor, apresenta aqueles emissários falando "de modo indigno da cidade de Atenas".[29]

V

Até quando Atenas foi uma "grande potência", e até quando foi assim considerada? O fracasso do segundo império foi compensado, do ponto de vista das relações de força na península, pela mútua deterioração das duas potências

29. *Sobre Tucídides*, 38 (= i, p. 390, 16-17 Usener-Radermacher).

outrora aliadas e agora rivais, Tebas e Esparta, entre 371 (Leutra) e 362 a.C. (Mantineia). Naquele mundo grego "sempre mais desordenado" do qual Xenofonte se despede nas últimas frases das *Helênicas*,[30] Atenas ainda é a maior potência naval. E é sobre esse pressuposto material que se funda a política demostênica de contraposição à Macedônia, isto é, à monarquia militar governada por uma dinastia que, a partir de Arquelau, voltara seu olhar para a Grécia: para Atenas como farol da modernização e para Tebas como modelo a ser adotado para um aparato militar em essência terrestre, como o era, até então, o macedônico.

Para Filipe, Atenas ainda é a grande antagonista. Demóstenes repete com frequência: vencerá quando nos vencer, terá paz quando nos submeter. E depois da vitória de Queroneia, sobre a coalizão pan-helênica criada por Demóstenes (agosto de 338 a.C.), Filipe, "ébrio", improvisará uma cena histérica de *kōmos*,[31] análoga ao balé improvisado por Hitler à notícia da queda da França e imortalizado por cinegrafistas num filme que rodou o mundo todo. A cena de Filipe, que se põe a dançar descontrolado, batendo os pés ao ritmo da música e recitando de modo grotesco o decreto de Demóstenes que determinara a declaração de guerra, significa muitas coisas: em primeiro lugar, que a campanha de Queroneia não fora um passeio; mas também que Filipe contava com espiões suficientes em Atenas para poder dispor, já iniciada a guerra, de cópias de documentos do país inimigo; que, para ele, Demóstenes como personagem era não só *o inimigo*, mas, além disso, um antagonista que era tido de igual importância e relevo. Com efeito, Plutarco prossegue com seu relato após a embriaguez:

> Quando voltou a ficar sóbrio e compreendeu plenamente a enormidade da batalha que ocorrera, sentiu um arrepio[32] pensando na habilidade [δεινότητα] e na força [δύναμιν] de Demóstenes e considerando como ele o obrigara [ἀναγκασθείς] a arriscar tudo — a hegemonia e a sua própria vida — numa fração de um único dia.

---

30. *Helênicas*, VII, 5, 27: ἀκρισία δὲ καὶ ταραχὴ ἔτι πλείων μετὰ τὴν μάχην ἐγένετο ἢ πρόσθεν ἐν τῇ Ἑλλάδι.
31. Plutarco, *Vida de Demóstenes*, 20, 3.
32. Seria interessante descobrir a fonte que forneceu tal detalhe...

E mesmo um inimigo interno de Demóstenes e leal "quinta-coluna" de Filipe em Atenas — isto é, Ésquines —, no processo contra Ctesifonte, que foi de fato um processo à política antimacedônica implementada pelo político grego e ao final derrotada, teve de dizer que Filipe "sem dúvida não era nenhum tolo e não ignorava que arriscara toda a sua fortuna *numa pequena fração de um dia*".[33]

Assim, para todos os efeitos, Atenas continuava a ser, aos olhos de um adepto da *realpolitik* inigualável como Filipe, uma "grande potência".[34] E foi justo no plano da tática militar que ele extraiu as consequências necessárias de tal iniciativa. Daí a percepção do extremo risco de se ver forçado a uma grande batalha campal.[35] Daí toda a sua tática "oblíqua" empregada durante anos, desde o término da terceira "guerra sagrada" e da paz de Filócrates (346), de aproximação gradual a Atenas sem jamais chegar ao embate direto, sem jamais afrouxar o torniquete que devia se apertar cada vez mais em torno da cidade antagonista, única potência a ser temida na península. Era uma tática perfeita para adormecer a opinião pública ateniense e preciosa para fornecer argumentos a seus defensores dentro da potência adversária. E é por isso que Demóstenes martela sem cessar a tática inédita adotada por Filipe, o truque da "guerra não declarada",[36] o novo modo de fazer guerra, fundado essencialmente na "quinta-coluna", na recusa programática do confronto direto e na habilidade em usar tropas ligeiras para ações rápidas e sempre laterais em relação ao que de fato estava em jogo: uma guerra na verdade permanente, nunca declarada e nunca campal, nos antípodas das invasões espartanas periódicas do século anterior.[37] A genialidade tática de Demóstenes consistia em entender a mudança e em tentar uma espécie de estratégia de Péricles adaptada ao novo século: nada de batalha campal em que se arrisca tudo, mas levar a guerra "de incursão" direto ao interior do território inimigo.[38] E como Péricles em seu primeiro discurso,[39] Demóstenes enumera os recursos, os pontos fortes dos atenienses e os pontos

---

33. Ésquines, *Contra Ctesifonte*, 148: ἐν ἡμέρας μικρῷ μέρει.
34. Mesmo após o fim da segunda liga marítima e a "guerra social".
35. Ἀναγκασθείς, diz Plutarco.
36. *Terceira filípica*, 10 e passim.
37. Ibid., 48-52: um dos textos mais importantes sobre a história da arte militar.
38. Ibid., 51.
39. Tucídides, I, 141-142.

fracos do adversário.[40] E foi apenas quando formou uma grande aliança, uma temível (pelo menos nas premissas) coalizão pan-helênica que ele decidiu tentar a batalha. E perdeu.

Mas Filipe não invadiu a Ática, como também se temera no anúncio da derrota; tentou uma política de conciliação. Com o tratado de Corinto (336), deu corpo a uma "paz comum". Sabia que vencera, mas não tinha certeza se havia dobrado Atenas em definitivo. Assim, não admira que, algumas décadas mais tarde, quando o fim do império persa, por obra de Alexandre, já havia mudado a face do mundo, mesmo assim Atenas, à notícia da morte do grande conquistador, conseguiu de novo mobilizar uma coalizão pan-helênica, a qual foi capaz de pôr em risco o predomínio macedônio na Europa durante alguns meses (323-2: a chamada "guerra lamíaca"). É com o fim da guerra lamíaca, mais do que com Queroneia, que se encerra a história de Atenas como grande potência.

VI

O tema da "grandeza" e do "exemplo" dos antepassados é, claro, um ingrediente fundamental da oratória política ateniense, embora não fosse fácil desencavar muitas vitórias a celebrar, a não ser sobre os persas e aquelas batalhas míticas de Teseu contra as amazonas. Era um tema de oração fúnebre, e é sem dúvida um tema que por si só dá substância à oratória fictícia ou, melhor dizendo, à publicística histórico-política de Isócrates. Nos discursos de Demóstenes em assembleia, esse tema toma corpo de outra maneira: torna-se uma apresentação comparativa das várias "hegemonias" que se sucederam na península ao longo do século V, um panorama historiográfico desenhado em perspectiva, assestado como uma arma para a batalha que então se desenrolava. Eis um exemplo perfeito, à sua maneira, do uso político da história de Atenas:

> Atenienses! [...] Quero dizer-vos por que a situação me preocupa tanto: se minhas considerações forem corretas, adotai-as e pensai ao menos em vós mesmos, se não nos demais; se vos parecer que estou tresvariando, não me deis ouvidos, nem agora nem depois.

---

40. *Terceira filípica*, 52.

É desnecessário repetir que, de início, Filipe era um anãozinho e agora é um gigante; que os gregos lutam entre si e se olham com suspeita; que naquele então ninguém julgaria possível um crescimento desses, ao passo que agora — com as posições que ele adquiriu — é mais fácil pensar que também submeterá os demais: é desnecessário que eu vos apresente estas e outras considerações do gênero. Ao contrário: vejo que todos, a começar por vós, concederam a ele aquele privilégio que, no passado, sempre esteve na origem de todos os conflitos na Grécia. Qual? O de fazer o que quiser, depredar os gregos um a um, atacar e submeter as cidades. E no entanto tivestes a hegemonia na Grécia por 73 anos, os espartanos por 29,[41] por último, de certo modo, os tebanos também, após a batalha de Leutra. Mas nunca, nem a vós, nem aos tebanos, nem aos espartanos, jamais, ó atenienses, os demais gregos concederam que fizésseis o que quisésseis. Pelo contrário: quando parecia que vós, ou melhor, os atenienses de então, não estáveis agindo em certos casos com o devido equilíbrio, todos se sentiam na obrigação de fazer-vos combate, mesmo aqueles que não tinham o que vos censurar, em defesa de quem sofria a injustiça. O mesmo no caso dos espartanos, quando se tornaram hegemônicos e alcançaram um domínio igual ao que fora nosso: depois que começaram a cometer excessos e a violar sem freios o equilíbrio, todos se ergueram em guerra contra eles, mesmo os que não tinham do que se queixar. E por que falar dos outros? Pois nós mesmos e os espartanos, mesmo não tendo, na origem, nenhuma injustiça mútua da qual reclamar, ainda assim acreditamos que devíamos combater entre nós para reparar as injustiças infligidas aos outros. Todavia, todos os delitos cometidos pelos espartanos naqueles trinta anos e por nossos antepassados em setenta anos são menores, ó atenienses, do que os que Filipe tem cometido em nem sequer treze anos que está em ação, ou melhor, não chegam sequer à quinta parte deles![42]

A verdade histórica cede lugar à necessidade imediata, premente, de desenhar com nitidez o retrato do *inimigo*. A essa altura, a luta ferrenha pela hege-

---

41. Para a hegemonia espartana, os 29 anos parecem calculados a partir da vitória espartana de Egospótamos (verão de 405) até a vitória de Cábria em Naxos (376). Observou Henri Weil que, para um ateniense, essa vitória era mais marcante do que a vitória tebana em Leutra (371), chegando a assinalar uma época.
42. *Terceira filípica*, 20-5.

monia, que se prolongou por mais de um século, torna-se uma competição cavaleiresca em que as potências se enfrentavam, "mesmo não tendo, na origem, nenhuma injustiça mútua da qual reclamar", mas pelo dever de "reparar as injustiças infligidas aos outros". E nessa competição destaca-se Atenas: porque sua hegemonia foi mais longa, enquanto a tebana se desvanece quase em nada;[43] e porque Esparta, como já argumentava Isócrates no *Panegírico*, cometeu mais injustiças em sua breve hegemonia do que Atenas em seus mais de setenta anos.

O leitor corre o risco de acreditar. Nessa página, é como se a história conhecida começasse com a hegemonia ateniense, com o império, e não pela prolongadíssima fase anterior, quando fora Esparta a potência reguladora dos equilíbrios. Mas Esparta não soube, ou não quis, exportar seu "mito".

---

43. ἴσχυσαν δέ τι τουτουσὶ τοὺς τελευταίους χρόνους.

3. Um mito entre os modernos

I

Em 9 de janeiro de 1891, o *Times* de Londres noticiou a descoberta da *Constituição de Atenas* (ʾΑθηναίων Πολιτεία), de Aristóteles. Eram quatro rolos que o Museu Britânico adquirira de E. A. T. W. Budge, em sua campanha de compras de 1888-9. As cinco colunas iniciais do texto, escritas no verso do papiro, logo se tornaram conhecidas; em 30 de janeiro, ou seja, dez dias após o anúncio oficial, apareceu a *editio princeps* do fundamental tratado histórico-antiquário, aos cuidados de Sir Frederic George Kenyon. Em julho do mesmo ano de 1891, saía em Berlim a edição com amplo aparato crítico a cargo de Ulrich von Wilamowitz-Moellendorff e Georg Kaibel. Na mesma época, apareceram várias outras edições em outros países (Haussoullier em Paris, Ferrini em Milão etc.).

A partir daí, em grande parte, os livros sobre Atenas tiveram de ser profundamente atualizados, quando não reescritos. Mesmo o grande comentário de Johannes Classen a Tucídides, isto é, à obra mais importante sobre a história de Atenas, foi refeito — a reelaboração coube a Julius Steup — à luz dos novos conhecimentos. O fruto mais importante dessa estação foi *Aristoteles und Athen*, de Wilamowitz (1893).

Pela primeira vez, um livro proveniente da fornalha intelectual mais fecunda da Atenas clássica, a escola de Aristóteles, vinha preencher aquelas lacunas que Guicciardini lamentava serem habituais e quase inevitáveis em nosso conhecimento da Antiguidade, os dados de fato:

> Parece-me que todos os historiadores, sem exceção, erraram no seguinte: deixaram de escrever muitas coisas que eram conhecidas em sua época, tomando-as por sabidas; disso resulta que, nas histórias dos romanos, dos gregos e de todos os outros, *hoje desejam-se informações* em muitos assuntos; por exemplo, sobre a autoridade e diversidade dos magistrados, as ordens de governo, as modalidades da milícia, o tamanho das cidades e muitas coisas semelhantes, que na época dos autores eram fartamente conhecidas e, assim, omitidas por eles.[1]

De maneira jocosa, poderíamos dizer que, no que tange à Atenas clássica, a descoberta do tratado histórico-antiquário de Aristóteles veio bem ao encontro dessa oportuna constatação de Guicciardini.

II

Quanto ao nascimento e desenvolvimento do império ateniense, tínhamos uma descrição sintética e rigorosa no primeiro livro de Tucídides, no início de seu *excursus* sobre os "Cinquenta anos" transcorridos entre a vitória de Salamina (480) e a eclosão da longa guerra contra Esparta e aliados (431). Ali Tucídides explica em breves traços como se deu a guinada imperial da aliança nascida da onda do êxito ateniense contra a Pérsia.[2] Mas a atenção do historiador e do político está voltada sobretudo para a relação cada vez mais desigual entre Atenas e os aliados, e não à paralela e consequente transformação do "povo de Atenas" numa classe privilegiada dentro da realidade imperial, tomada em seu funcionamento unitário e conjunto.

Isso, para Tucídides, está subentendido. Quem o comenta, porém, é o autor do *Sistema político ateniense*, em muitos pontos de seu panfleto dialógico.

1. Guicciardini, *Ricordi*, 143.
2. Tucídides, I, 98-9.

Ele concentra a atenção no parasitismo do "povo ateniense" em relação aos recursos da cidade, e os aliados reaparecem com frequência como vítimas, sobretudo a propósito da máquina judiciária ateniense.[3] Não falta uma alusão ao tributo pago todo ano pelos aliados,[4] mas a vantagem nítida e concreta que resulta para o "povo ateniense" está subentendida, como dado óbvio.

Tem-se uma visão lúcida e extraordinária da desigualdade na distribuição entre elite e plebe do "butim" resultante da exploração dos aliados num longo trecho de *As vespas*, de Aristófanes (422 a.C.), uma verdadeira dissecação sociológica da Atenas imperial feita por Bdeliclêon (isto é, "Nauseaclêon").[5] A questão estivera no centro da comédia de Aristófanes intitulada *Babilônicos* (426 a.C.), que havia gerado um atrito público do autor com o então poderosíssimo Clêon, bem como alguns riscos pessoais. Os aliados ali estavam representados como os escravos do "povo ateniense". Não conhecemos os detalhes porque a comédia se perdeu. Em *As vespas*, a análise aparece *diversificada* de acordo com os diferentes graus de vantagem que o império traz aos grupos sociais: para o "povo ateniense" vão as migalhas, as vantagens maiores vão para os "gordos",[6] os já "ricos".

> BDELICLÊON Então ouça: você [isto é, o pai de Bdeliclêon, Filoclêon] poderia ser tão rico quanto todos os outros colegas seus; mas esses eternos aduladores do povo lhe tiram os meios. Você reina sobre uma porção de cidades, desde o mar Negro até a Sardenha, e sua única satisfação é esse salário miserável; e eles ainda lhe pagam avarentamente e gota a gota, como o óleo na mecha de um lampião; na realidade eles querem que você seja pobre, e vou lhe dizer a razão disto: é porque você conhece a mão que te alimenta, e ao menor sinal você se lança sobre o inimigo que ela escolhe para ser atacado por você. Garantir a subsistência do povo seria coisa fácil, se você quisesse. Mil cidades nos pagam tributos. Se se impuser a cada uma delas que sustente vinte cidadãos, 20 mil homens viverão uma vida de delícias. Eles terão todas as lebres que quiserem, coroas, o primeiro leite das mulheres

---

3. [Xenofonte], *Athenaion Politeia*, I,14-6.
4. Ibid., II, 1; III, 2; III, 5.
5. Aristófanes, *As vespas*, 698-712.
6. "Gordos" (παχύς) é exatamente o termo que Aristófanes utiliza com frequência para designar os ricos: *A paz*, 639; *Os cavaleiros*, 1139; *As vespas*, 287.

depois do parto, enfim, todas as coisas boas que nossa pátria e os vencedores da batalha de Maratona merecem. Longe disto, agora vocês seguem aquele que paga o salário, como os colhedores de azeitonas.[7]

É um trecho fundamental sob muitos pontos de vista. A mentalidade parasitária do "povo ateniense", sua férrea convicção de ter o direito de viver às custas do império, dos súditos, aqui se manifesta em toda a sua brutalidade: "Garantir a subsistência do povo seria coisa fácil, se você quisesse. Mil cidades nos pagam tributos. Se se impuser a cada uma delas que sustente vinte cidadãos, 20 mil homens viverão uma vida de delícias". É muito significativa também a ideia de que o cidadão ateniense individual "reina" sobre as cidades-aliadas-súditas: "Você reina sobre uma porção de cidades", bem como a concepção do salário, garantido como um direito, como efeito direto — embora, pela ganância dos ricos, reduzido ao mínimo de subsistência: "esse salário miserável". Persuasão profundamente enraizada em relação a um direito adquirido, homóloga à persuasão não menos enraizada de um emblemático representante da classe dos senhores, Alcibíades, em relação a seu direito natural ao comando. As primeiríssimas palavras que ele profere nas *Histórias* de Tucídides são: "A mim, mais do que a outros, cabe estar no comando [...] além do mais, considero-me digno dele".[8] E explica: "Os gregos consideraram que a nossa cidade era ainda maior do que é, ao ver a magnificência por mim ostentada no desfile de Olímpia [...]. O que me torna ilustre na cidade são as coregias e os outros meios". Ao fazê-lo proferir essas palavras, Tucídides apresenta o sistema político ateniense numa descrição melhor do que qualquer teoria geral sobre a "democracia"! Após sua intervenção, Alcibíades desfere um ataque frontal à pretensão de "igualdade", com um argumento brutal: "Quem passa por maus bocados não divide sua desventura em partes iguais com mais ninguém";[9] portanto, a *divisão igual* é um conceito errôneo desde sua raiz. E é exatamente sobre isso que fala Bdeliclêon, tentando abrir os olhos do pai, submisso seguidor do poderoso do

---

7. Aristófanes. *As vespas; As aves; As rãs*. Trad. de Mário da Gama Khury. Rio de Janeiro: Jorge Zahar, 2004, p. 43.
8. Tucídides, VI, 16, 1: Καὶ προσήκει μοι μᾶλλον ἑτέρων, ὦ Ἀθηναῖοι, ἄρχειν [...], καὶ ἄξιος ἅμα νομίζω εἶναι.
9. Id., VI, 16, 4.

momento (Cléon): "eles ainda lhe pagam avarentamente e gota a gota, como o óleo na mecha de um lampião". E explica: "eles querem que você seja pobre, e vou lhe dizer a razão disto: é porque você conhece a mão que te alimenta, e ao menor sinal você se lança sobre o inimigo que ela escolhe para ser atacado por você". É a lúcida descrição de um mecanismo, da circularidade senhores/povo que se verá em ação, quando Alcibíades empurrar o "povo" já entusiasmado ao empreendimento colonial-imperial contra Siracusa.[10]

Na frase de Bdeliclêon destaca-se um número: "*20 mil* homens viverão uma vida de delícias". É o mesmo número que se pôde ler, após a descoberta da *Constituição de Atenas*, de Aristóteles, justamente em relação ao uso do "tributo" dos aliados como alimento do "Estado social" ateniense: "Como sugerira Aristides, deram à maioria dos cidadãos [τοῖς πολλοῖς] um fácil acesso ao sustento [εὐπορίαν τροφῆς]. De fato, com os tributos e taxas provenientes dos aliados alimentavam-se mais de 20 mil pessoas [πλείους ἢ δισμυρίους ἄνδρας τρέφεσθαι]".[11]

Aristóteles prossegue fornecendo os detalhes que justificam e articulam esse número (20 mil): dos 6 mil juízes aos 1600 arqueiros, aos 1200 cavaleiros, aos quinhentos buleutas, aos quinhentos guardas dos arsenais, aos cinquenta guardas da acrópole etc. Esse memorável quadro do "Estado social" ateniense foi apresentado com a publicística antiateniense:[12] desde o habitual Estesimbroto de Tasos — que se tornou o autor-símbolo da crítica dos aliados ao sistema ateniense — ao décimo livro das *Filípicas*, de Teopompo. Mas não se pode prescindir da substancial coincidência com a passagem genial de Schifacleone. O nexo entre exploração imperial e bem-estar mínimo e geral do "povo ateniense" (isto é, a natureza de sujeito coletivo privilegiado daquilo que, na tradição antiga e moderna, também aparece como sujeito coletivo da "democracia") se apresenta confirmado em definitivo. "Uma guilda que reparte o butim", segundo a crua definição de Max Weber para a democracia antiga.[13]

---

10. Ao qual, no antidiscurso fúnebre do *Menexeno*, Aspásia se referira com escárnio, dizendo que foi uma cruzada pela "liberdade" (Platão, *Menexeno*, 242e-243a).
11. Aristóteles, *Athenaion Politeia*, 24, 3.
12. Amplas informações a respeito no comentário de Rhodes (Oxford, 1981), p. 301.
13. Ver mais adiante § v, p. 54.

III

Bem antes que reaparecesse a *Constituição de Atenas*, de Aristóteles, Alexis de Tocqueville formulara a definição mais antirretórica, em essência verídica e levemente irônica, do "sistema" ateniense. Ele partia apenas do dado demográfico: "Todos os cidadãos participavam dos assuntos públicos, mas eram apenas 20 mil cidadãos em mais de 350 mil habitantes: todos os outros eram escravos e executavam a maior parte dos ofícios e serviços que, em nossa época, cabem ao povo e às classes médias". É provável que esse quadro se funde em outro tipo de fonte, e não na colocação de Schifacleone. Tem como base a informação de Ateneu[14] sobre o censo ateniense realizado na época de Demétrio de Falero (316-06 a.C.), talvez filtrada por Hume ou mesmo pelas aulas de Volney na École Normale.[15]

Tocqueville deduz: "Atenas, portanto, com seu *suffrage universel*,[16] não passava, no fundo [*après tout*], de uma república aristocrática onde todos os nobres[17] tinham um direito igual ao governo".[18]

Essa apresentação de dados, original e fundamentada, de fato permitirá um importante ponto de encontro com uma parcela da historiografia de inspiração marxista que se desenvolveu sobretudo na segunda metade do século XX, atenta em especial a ressaltar, contra a idealização acrítica da Antiguidade, a natureza escravagista dessas sociedades. Era uma visão que ajudava a dar uma

---

14. *Deipnosofistas*, VI, 272b-d: "21 mil cidadãos, 10 mil metecos, 400 mil escravos [fonte Ctesicles: *FGHist* 245 F1]".
15. David Hume havia manifestado seu ceticismo quanto ao número de escravos (*Of the Populousness of Ancient Nations*), no que foi seguido por Letronne em seu *Mémoire sur la population de l'Attique* (1822) e muitos outros até Beloch, *Die Bevölkerung der griechisch-römischen Welt* (1866, pp. 89-90), mas não por August Boekh na *Economia pubblica degli Ateniesi* (1871¹), para a decepção de Moses Finley (*Ancient Slavery and Modern Ideology*, 1980, p. 79). Os números de Ateneu, confirmados inequivocamente pelo fragmento 29 Jensen de Hipérides sobre a proposta de libertação de 150 mil escravos depois de Queroneia, foram aceitos e utilizados com inteligência por Constantin François Volney em suas *Leçons d'Histoire* (1795) na École Normale de Paris (ver ed. Garnier, 1980, p. 141).
16. Espirituosa definição em termos oitocentistas da prática assembleísta.
17. É óbvio que a qualificação de *nobles* para os plebeus de Aristófanes é uma ironia, especialmente vinda da parte do conde de Tocqueville!
18. *De la Démocratie en Amérique*, 1840, v. II, parte I, cap. 15.

perspectiva correta à análise das dinâmicas sociais e políticas da "sociedade dos livres", evitando curtos-circuitos entre, por exemplo, "povo de Atenas", *plebs* urbana da Roma republicana e operariado europeu dos séculos XIX e XX.[19]

Tal abordagem crítica não recebeu acolhida favorável, sendo vista basicamente com sisuda arrogância entre a contemporânea antiquística ocidental, abalada em sua serenidade pelos efeitos da Guerra Fria, reanimada pelo escolasticismo dos "colegas soviéticos" (como diz um célebre escrito de Arnaldo Momigliano). A necessidade de fazer frente a essa historiografia levou, então, a um aprimoramento do nível crítico (os meritórios estudos de Moses Finley e tantos outros sobre as múltiplas articulações e os diversos estatutos da condição escrava no mundo greco-romano), mas levou também a vanilóquios sobre a intrínseca *humanitas* que teria abrandado inclusive a relação senhor-escravo. *Sklaverei und Humanität* é o título de um célebre livro do ex-racista Joseph Vogt, que pretendia ser a resposta alemã-federal à historiografia alemã-soviética; mas hoje está devidamente esquecido.

Não nos aventuraremos numa reconstrução analítica dessa apaixonante página da história da historiografia. Daremos de preferência um perfil esquemático das correntes e opções interpretativas mais fecundas. Essa história pode começar com os efeitos historiográficos da apropriação girondino-jacobina (e não apenas jacobina!) da Antiguidade clássica e, de maneira mais específica, com a opção jacobina pela cidade antiga como sede emblemática do *pouvoir social* (além, naturalmente, do aspecto ético: modelos de virtude, de eloquência etc.). A reação a tal recuperação — que nascia, entre outras coisas, por falta de outros modelos de igual força, capazes de dar um fundamento histórico remoto à prática e à mentalidade revolucionária — foi benéfica no plano historiográfico; levou a uma leitura não mitificadora e falsa daquele mundo. Podemos vê-lo nas lições de Volney, lembradas acima, e, em outra vertente, na historiografia britânica *tory*, cujo livro mais importante nessa área é *History of Greece*, de William Mitford (1784-1810). Para Mitford, a democracia ateniense se baseava no despotismo da classe pobre, que trazia insegurança até mesmo à proprieda-

---

19. E já Marx algumas vezes se mostrara sarcástico e alérgico aos habituais curtos-circuitos antigo/presente na retórica jacobina.

de e punha em risco o bem-estar e a serenidade individual. Tem-se um sintoma dos efeitos despistadores da recuperação jacobina, mas também da carga polêmica dos antagonistas, no paralelo que Mitford traçou entre o Comitê de Saúde Pública jacobino e o governo dos Trinta (de Crítias e companheiros, líderes da segunda oligarquia) em Atenas em 404-3.[20]

A reação mais importante ao livro de Mitford veio de uma obra que também marcou época, *History of Greece* de George Grote (1846-56: mas o impulso para empreender a alentada obra — doze volumes — remontava aos anos 1820). Grote pertencia a uma família de banqueiros e seu trabalho historiográfico — ainda hoje precioso para nós — seria julgado, pelos tacanhos parâmetros acadêmicos em voga na atualidade, como obra de um bom "amador".[21] Seu mundo intelectual era o da ala liberal mais avançada (os *whigs*): foi deputado na Câmara dos Comuns de 1832 até 1841 (nascera em 1794); mas tão importante quanto é sua proximidade com o pensamento utilitarista de Jeremy Bentham (e "reformadores sociais") e ter sido muito chegado aos dois Mill, pai e filho, James e John Stuart. São memoráveis suas batalhas para tornar o sufrágio de fato significativo — se não propriamente democrático. Batalhas perdidas se considerarmos a data tardia (1872) em que o voto se tornou efetivamente secreto na Grã-Bretanha. (Grote morreu em 1871.) Toda a reconstrução do autor, fundada num gigantesco domínio das fontes antigas, baseia-se numa orientação política favorável à democracia: a Atenas de Péricles, mas também a de Cléon, é sua materialização histórica mais significativa.

Os liberais radicais (na trilha, em certo sentido, da "reapropriação" jacobina) reivindicam Atenas, e seu modelo, *enquanto democrática*. Os conservadores como Mitford se opõem a ela *pela mesma razão*.

Em posição mais comedida estão os liberais antijacobinos, como o último Benjamin Constant, aquele do excessivamente celebrado discurso "Da liberdade dos antigos comparada à dos modernos" (1819). Seu pressuposto, como já se evidencia no título e em todo o aparato comparativo, é que a antiga ideia de liberdade, em qualquer forma que assumisse, foi restritiva dos direitos individuais (no centro dos quais Constant coloca, em posição totalmente proemi-

---

20. *History of Greece*, v, cap. 21.
21. Talvez porque muitas vezes os acadêmicos estudem sem "amor", apenas por titulografia compulsória.

nente, o direito à fruição da riqueza),[22] se não francamente liberticida. É famosa a página de conclusão sobre o embate que ele estabelece entre "governo" e "riqueza", e que culmina na profecia cumprida: "Vencerá a riqueza".[23] Mas Atenas lhe cria alguns problemas (é muito mais fácil "atirar" na Esparta-caserna do abade de Mably). Por um lado, Constant tem consciência da crítica ao estilo Volney: "Sem escravos, 20 mil atenienses não poderiam ficar deliberando diariamente em praça pública".[24]

Ao mesmo tempo, ele bem conhece a avaliação de Montesquieu (*O espírito das leis*, livro II, cap. 6) sobre Atenas, "república comercial", a qual, portanto, educa não para o ócio, como Esparta, mas para o trabalho. Assim, ela representa uma exceção no esquema traçado por Constant, pois lá circula riqueza e por isso, escreve ele, "entre todos os Estados antigos, Atenas é o que resultou mais semelhante aos modernos". Porém, Atenas é também a cidade que sentencia Sócrates à morte, condena "os generais das Arginusas e impõe a Péricles a prestação de contas (!)", e, ainda por cima, é a cidade onde vige o ostracismo. E aqui Constant lembra horrorizado:

> Recordo-me que em 1802, numa lei sobre os tribunais especiais, insinuou-se um artigo que introduzia o ostracismo grego na França; e sabe Deus quantos eloquentes oradores, para que se aceitasse tal artigo, que porém foi retirado, falaram-nos sobre a liberdade de Atenas![25]

---

22. É um ponto de contato notável com a crítica de Mitford à democracia ateniense.
23. "*On échappe au pouvoir en le trompant; pour obtenir les faveurs de la richesse, il faut la servir; celle-ci doit l'emporter*" [Escapa-se ao poder enganando-o; para obter os favores da riqueza, é preciso servi-la; ela *deve* vencer] (*Oeuvres politiques de Benjamin Constant*. Paris: Ch. Louandre, 1874, p. 281).
24. Ibid., p. 266. Sobre este ponto, Madame de Staël era mais jovial: "*Aristophane*", escreve no capítulo "De la Comédie" no tomo II *De l'Allemagne*, "*vivait sous un gouvernement tellement républicain, que l'on y communiquait tout au peuple et que les affaires publiques passaient facilement de la place publique au théâtre*" [Aristófanes vivia sob um governo tão republicano que tudo era comunicado ao povo e os assuntos públicos passavam facilmente da praça pública para o teatro] (Paris: Flammarion, v. II, p. 32). Cícero — ele também desconfortável diante do modelo de Atenas — deplora amargamente a liberdade de expressão da comédia ática; diz ele: "Plauto jamais teria se permitido nada do gênero com os Cipiões!" (*De Republica*, IV, 11).
25. *Oeuvres politiques de Benjamin Constant*, p. 275. Porém, em Grote (III, pp. 128-30), o tom vem atenuado quando se trata do ostracismo.

É a cidade onde se pratica a censura: e a vítima é ninguém menos que Sócrates. "*Défions-nous, Messieurs, de cette admiration pour certaines réminiscences antiques!*" [Desconfiemos, senhores, dessa admiração por certas reminiscências antigas!].[26] Enfim, a polaridade que ele gostaria de instituir entre uma *liberdade opressiva* (isto é, a democracia antiga) e a *liberdade livre* dos modernos (desejada por ele, que, de modo incauto, a considera por fim realizada na França de Luís XVIII) desmorona quando se trata de Atenas. É aí que seu teorema degringola, porque Atenas é as duas coisas ao mesmo tempo, aliás como se depreende do discurso fúnebre pericleano-tucidideano, se o soubermos ler.

Seria interessante, mas escapa a nosso tema, seguir em separado os destinos historiográficos dessas leituras opostas.[27] O paradoxo é que a opção a favor ou contra Atenas continuou a se manifestar como contraposição político-ideal entre "direita" e "esquerda". A crítica conservadora continuou a bater na tecla da periculosidade da democracia ateniense, apontando aspectos concretos como o funcionamento parasitário da soberania popular ateniense, mas nunca perdendo de vista o radicalismo político moderno como projeção atual daquele modelo e contraprova viva de sua negatividade — Eduard Meyer em *Geschichte des Altertums* [História da Antiguidade] (1884^1, 1970^2); Beloch em *Attische Politik seit Perikles* [Política ateniense desde Péricles] (1884) e depois em *Griechische Geschichte* [História grega] (1916^2); Wilamowitz em *Staat und Gesellschaft der Griechen* [Estado e sociedade dos gregos] (1923^2) e, porém, também em sua apaixonada adesão à concepção e crítica platônica da política.[28] A crítica progressista no estilo de Grote ou de Glotz (1929-38),[29] por sua vez, também operou o mesmo curto-circuito, mas num espírito contrário. E até um Max Pohlenz, recenseando *Platon*, de Wilamowitz, apontou no grande livro a

---

26. Ibid., p. 278. Uma advertência a que chega Max Weber, porém com outras motivações e mais profundas, na polêmica com Eduard Meyer: cf. M. Weber, *Il metodo delle scienze storico-sociali*. Turim: Einaudi, 1958, pp. 198-9.
27. Para uma orientação geral e o perfil de cada personalidade eminente, pode-se ver C. Ampolo, *Storie greche: La formazione della moderna storiografia sugli antichi Greci* (Turim: Einaudi, 1997).
28. Não apenas em *Platon*, mas também no mais popular *Der griechische und der platonische Staatsgedanke* (1919).
29. *Histoire grecque*, no âmbito de *Histoire générale* (Paris: PUF). Sobre Glotz e sua "simpatia pela democracia ateniense na linha de Duruy e Grote, a ponto de caracterizá-la com os ideais da Revolução Francesa", cf. Ampolo, *Storie greche*, p. 104.

falha de ter subestimado o "liberalismo pericleano":[30] fresta por onde se vê a incompreensão vitoriosa e consolidada do discurso fúnebre.

IV

No clima de Weimar, a bifurcação se acentua e se tinge de cores ainda mais atualizadoras. Hans Bogner, publicista de direita, que depois adere ao nazismo, publica em 1930 um livro sobre Atenas, *Die verwirklichte Demokratie* [A democracia realizada], com remissões frequentes a Wilamowitz (a fim de enobrecer a operação), e cujo sentido, em resumo — e nas pegadas do exemplo ateniense —, é que a democracia, em sua realização concreta, conduz à "ditadura do proletariado". No lado oposto, *Demokratie und Klassenkampf im Altertum* [Democracia e luta de classes na Antiguidade] (1921), de Arthur Rosenberg, expoente de ponta do socialismo de esquerda que depois confluiu para o Partido Comunista da Alemanha, traça um perfil da democracia ateniense em termos da vitória do "partido proletário" e consequente instauração de um Estado social muito avançado. É dele a observação de que o "proletariado" ateniense, uma vez no poder, optou pela linha de "ordenhar" (a imagem empregada é a da "vaca") os ricos mais pelas "liturgias" (financiamento, por particulares, de iniciativas de relevância e utilidade pública) do que pelo confisco de seus bens ("os meios de produção"). Pode-se até aventar que, em Rosenberg, essa releitura em termos positivos dos mesmos exatos elementos que levavam os historiadores de inspiração conservadora a falar — a propósito de Atenas — de antigo jacobinismo (Mitford), de antiga "*troisième République*" (Eduard Meyer ou também Drerup, *Aus einer alten Advokatenrepublik: Demosthenes und seine Zeit* [Uma antiga república dos advogados: Demóstenes e seu tempo], Paderborn, Schöningh, 1916) ou de antigo parabolchevismo (Bogner), tenha nascido também de uma reação deliberada contra suas próprias raízes de aluno de Meyer e, depois, livre-docente dentro de sua órbita na Universidade de Berlim.

Nessa reação, que é também um ajuste de contas com o próprio passado, Rosenberg realiza esforços notáveis para conseguir encaixar a visão positiva-

---

30. "Göttingische Gelehrte Anzeigen", 183, p. 18, 1921 (= *Kleine Schriften*. Hildesheim: Olms, 1965, v. I, p. 576).

mente progressista da democracia ateniense com a realidade, que decerto não lhe é desconhecida, da exploração imperial como fundamento do bem-estar e, portanto, também das "experiências sociais" da cidade. Não será supérfluo dar aqui uma ideia dessa tentativa de reconstrução, na qual é fácil apontar os pontos fracos, mas que vêm sempre entretecidos com sua competência e capacidade como obra de divulgação.[31]

> Também eram considerados despossuídos os níveis mais modestos da burguesia: artesãos pobres que ganhavam a vida sem ajudantes ou camponeses paupérrimos cuja propriedade era suficiente apenas para o sustento da própria família. Numa comédia da época, um vendedor ambulante de linguiças aparece como figura popular ateniense. Quem conhece as condições do sul atual sabe que ainda hoje, nessas cidades, proliferam tais vendedores e ambulantes. Na antiga Atenas, esses indivíduos eram sumariamente considerados despossuídos, embora não fossem obrigados a vender sua força de trabalho em troca de pagamento. Já ressaltamos antes que a divisão entre os despossuídos e os proprietários se fundava no princípio da possibilidade do cidadão de adquirir os apetrechos para prestar serviço no Exército. Pelo termo *proletariado*, no que se refere a Roma, e pelo correspondente *teti*, no que se refere a Atenas, os antigos entendiam não especificamente os trabalhadores braçais, e sim os despossuídos.
>
> Um escritor antigo nos informa à exaustão sobre as atividades da Atenas da época. Estamos nos referindo a Plutarco e à sua *Vida de Péricles*. Por esse biógrafo, sabemos que uma parte considerável do povo recebia proventos com as grandes construções surgidas na época de Péricles (445-32). Eram pedreiros, escultores, canteiros, fundidores, tingidores, ourives, entalhadores de marfim, pintores, decoradores, gravadores; além de todos os incumbidos de providenciar o material de construção, ou seja, mercadores, marinheiros e timoneiros para as vias aquáticas, e depois carreteiros, cocheiros, cordoeiros, tecelões de linho, curtidores, construtores de estradas. Cada uma dessas atividades por sua vez, como um comandante e seu exército, mobilizava o serviço de grandes massas de trabalhadores braçais e manuais, de forma que participava do trabalho gente de todas as idades e profissões, compartilhando o bem-estar resultante. E podemos imaginar, como se víssemos com nossos próprios olhos, essas "massas de trabalhadores

---

31. O opúsculo era concebido para as universidades populares. Daí o tom e o estilo.

braçais e manuais atenienses" aos poucos também despertando em termos políticos, sob o impulso do que fervilhava ao seu redor. O grau de instrução dos trabalhadores era relativamente alto. Já por volta de 500 a.C., quase todos os atenienses, mesmo os pobres, sabiam ler e escrever. É verdade que não existiam escolas públicas, mas as escolas particulares eram muito baratas e a baixo custo eles enviavam os filhos a um professor para ensiná-los a ler e a escrever. A participação nas assembleias populares, onde se discutiam com a máxima publicidade as questões políticas na ordem do dia, também contribuía para instruir os despossuídos e, quando os mestres artesãos, membros do Conselho ou de comissões, contavam em casa ou no barbeiro suas atividades ou impressões, os trabalhadores ficavam ouvindo e formavam suas próprias ideias. O desenvolvimento da frota também contribuiu muito para o crescimento da autoconsciência proletária. Na época da aristocracia, apenas os cavaleiros portavam armas, e a república burguesa também gerara um exército baseado nos proprietários. Ao longo dos anos, porém, passou-se a perceber cada vez mais que a força de Atenas se fundava na marinha e não no exército de terra. Sem o amparo da frota, o império teria ruído num único dia, e foi precisamente o império que trouxe o bem-estar. Os 30 mil remadores, indispensáveis para operar a frota, não podiam vir, todos eles, do proletariado ateniense. Não havia tantos proletários. Assim, a cada vez que utilizavam a frota, era preciso engajar um grande número de remadores não atenienses. Em todo caso, o núcleo central das tripulações era formado por milhares de cidadãos pobres e, em especial, por aqueles que, em tempo de paz, já trabalhavam no mar: marinheiros, timoneiros etc. Podiam-se considerar como os autênticos fundadores e esteios do império ateniense, visto que eram eles que, na paz, geravam o bem-estar dos ricos com o trabalho de seus braços e, na guerra, o defendiam. Assim, foi crescendo entre essas massas a aspiração de governar de maneira direta o Estado que lhes devia sua existência.

Nos anos 60 do século v, toda a população pobre de Atenas se congregou em torno de um partido unitário, com o objetivo de tomar posse do poder político. Na direção colocou-se Efialtes, um homem sobre o qual, infelizmente, pouco sabemos, mas que sem dúvida deve ser considerado uma das inteligências políticas mais notáveis da Antiguidade. No fundo, bastava uma única medida para derrubar a ordem existente e substituir o poder da burguesia pelo do proletariado: seria derrubar o princípio pelo qual a atividade desenvolvida no Conselho e nos tribunais era considerada apenas honorífica. Tão logo os membros do Conselho ou os juízes populares passassem a receber uma diária que lhes permitisse viver, cairiam todas as barreiras que, até então, haviam excluído os proletários de uma participação ativa na vida pública. Só assim se salvaguardaria efetivamente o princípio da eleição por sorteio introduzido pela república burguesa. Ora, em todas as circunscrições do Estado, os cidadãos pobres eram muito mais numerosos do que os ricos e, assim, a simples aplicação do sorteio determinaria uma maioria de pobres no Conselho e nos tribunais. Alcançado esse objetivo, todo o resto viria por si só.

Mas agora devemos expor imediatamente os conteúdos reais das aspirações políticas do proletariado ateniense; neste caso, não é possível pensar na vontade de implementar o socialismo. A exigência de um sistema socialista só pode nascer na presença da grande indústria empresarial, de todo inexistente em Atenas. Lá, as várias centenas de pequenas empresas, empregando até vinte operários, não podiam passar para as mãos da coletividade, pois seria impossível criar uma organização que fosse capaz de conduzir essas pequenas empresas, depois de serem transferidas para o Estado. E o que aconteceria com os inúmeros mestres artesãos que ficariam desempregados com tal medida? A ideia de uma socialização das empresas e das indústrias, portanto, seria impraticável em Atenas, e nunca foi excogitada por nenhum estadista ateniense. Apenas as minas eram, desde os tempos mais remotos, de propriedade do Estado, que as arrendava aos empreendedores. Assim, a conquista do poder político não podia levar direto à socialização, mas visava melhorar de forma indireta a situação econômica dos trabalhadores. Mais adiante, veremos quais foram as vias que o proletariado ateniense tomou para alcançar esse objetivo. Por fim, no que se refere à economia agrícola, a grande propriedade não era muito difundida no território do Estado ateniense; sem dúvida, predominavam a pequena e média empresas agrícolas. Nas condições específicas de Atenas, portanto, nem a socialização nem a repartição do latifúndio levariam a mudanças substanciais. Há, porém, outras condições que, na própria Antiguidade, muitas vezes despertaram um forte desejo de revolucionar as relações de propriedade nos campos.

Se os proletários atenienses não aspiravam ao socialismo, menos ainda pensavam na abolição da escravidão. Já ressaltamos que não existia sentimento de solidariedade, a não ser num nível insignificante, entre os gregos livres e os escravos importados dos países bárbaros. Em todo caso, tão logo chegou ao poder, o proletariado ateniense se empenhou em assegurar por lei um tratamento mais humano dos escravos, e essa medida permanece para sempre como a glória dos cidadãos pobres de Atenas. A abolição total da escravidão, porém, teria sido de pouca utilidade prática para os cidadãos despossuídos. No que se refere a Atenas, não temos notícia de que houvesse desemprego entre os livres, e, como exporemos mais adiante, os salários dos trabalhadores livres qualificados eram bem altos na época da ditadura do proletariado e, assim, não se supõe que aumentassem ainda mais com a abolição da escravidão.[32]

V

A interpretação menos modernizante de Volney e Tocqueville não teve sorte exatamente porque era de pouca utilidade, naquele momento em que a disputa sobre a interpretação do passado se tornara, devido à força sugestiva da experiência viva do presente, uma parte não secundária de um conflito atual, cultural e político ao mesmo tempo.

Quem retomou o caminho que Tocqueville havia indicado de passagem, e de forma muito ligeira, foi Max Weber. A cidade antiga retorna em toda a sua obra como um problema. E não é possível dissociar essa sua reflexão sobre a cidade antiga de sua polêmica contra Meyer e contra a duradoura invasão de certo classicismo arcaico. Com Weber, a democracia ateniense volta a ser o vértice de uma pirâmide fundada na exploração de recursos partilhada por toda a comunidade "democrática". Observa ele na póstuma *História geral da economia*:

> Tomada em seu conjunto, a democracia cidadã da Antiguidade é uma guilda política. Os tributos, os pagamentos das cidades confederadas eram simplesmente divididos entre os cidadãos [...]. A cidade pagava com os proventos da sua atividade política os espetáculos teatrais, as distribuições de trigo e as retribuições pelos serviços judiciários e pela participação na assembleia popular.[33]

32. A. Rosenberg, *Demokratie und Klassenkampft im Altertum*. Bielefeld: Velhagen & Klasing, 1921, trad. ital. de F. Lo Re em L. Canfora, *Il comunista senza partito* (Palermo: Sellerio, 1984, pp. 116-20).
33. M. Weber, *Storia econômica: Linee di uma storia universale dell'economia e della società*. Roma:

Em *Economia e sociedade*, sua obra mais significativa, também póstuma, esse lúcido diagnóstico é apresentado com maior amplitude. Citaremos um extenso trecho, em que o leitor pode ainda captar um tema que Wilamowitz, em contexto totalmente diferente (uma "conferência de guerra" na primavera de 1918), havia desenvolvido com um olhar que abrangia todas as sociedades antigas: a gênese militar da cidadania, isto é, o cidadão-soldado como fundamento da pólis e, de modo mais geral, da comunidade arcaica:[34]

> Retomando, podemos dizer que a antiga pólis, depois da criação da ordem dos hoplitas, constituiu uma corporação de guerreiros. Sempre que uma cidade queria adotar uma política ativa de expansão no continente, devia seguir em maior ou menor medida o exemplo dos espartanos, isto é, formar exércitos de hoplitas treinados, recrutando-os entre os cidadãos. Argos e Tebas, na época de sua expansão, também criaram contingentes de guerreiros especializados — em Tebas, ainda ligados pelos vínculos da fraternidade pessoal. As cidades que não dispunham desse tipo de tropa, como Atenas e a maioria das demais, em campo ficavam restritas à defensiva. Depois da queda das linhagens [γένη], por toda parte os hoplitas cidadãos constituíram a classe decisiva entre os cidadãos de pleno direito. Esse estrato não encontra nenhuma analogia na Idade Média ou em qualquer outra época. Mesmo as cidades gregas diferentes de Esparta tinham o caráter, com maior ou menor destaque, de um acampamento militar permanente. Por isso, no início da pólis dos hoplitas, as cidades tinham intensificado sempre mais o isolamento em relação ao exterior, em antítese com a ampla liberdade de movimentos da época de Hesíodo; e muito amiúde subsistiam restrições à alienabilidade dos lotes de guerra. Porém essa instituição com o tempo desapareceu na maioria das

---

Donzelli, 1993, p. 289. A expressão que Weber utiliza é "*Bürgerzunft*" (p. 284 do original). Weber desenvolve um conceito análogo na quinta parte de *Economia e sociedade*, em que descreve o funcionamento dessa corporação de cidadãos que é a democracia ática, bebendo em fontes de importância primária como Pseudo-Xenofonte (*Sobre o sistema político ateniense*, I, 16), a propósito dos processos dos aliados que se devem celebrar em Atenas, ou seja, Tucídides, I, 99, a propósito da substituição do tributo à participação paritária dos aliados na frota federal (*Max Weber Gesammtausgabe*. Tübigen: J. C. B. Mohr, 1999, parte I, v. 22.5, p. 290).

34. U. von Wilamowitz-Moellendorff, "Volk und Heer in den Staaten des Altertums". In: *Reden und Vorträge*. Berlim: Weidmann, 1926⁴, v. II, pp. 56-73; trad. de V. Cuomo em Wilamowitz, *Cittadini e guerrieri negli Stati dell'antichità* (Gorizia: LEG, 2011, pp. 25-49).

cidades e se tornou supérflua quando os mercenários contratados e, nas cidades marítimas, os navais assumiram importância predominante. Mas mesmo então o serviço militar se manteve em última instância decisivo para o domínio político na cidade, e esta conservou o caráter de uma corporação militar. Em relação ao exterior, foi precisamente a democracia radical de Atenas que apoiou aquela política expansionista que, abarcando o Egito e a Sicília, parecia quase fantástica em relação ao número limitado de habitantes. Em relação ao interior, a pólis, como grupo militarista, era absolutamente soberana. O corpo de cidadãos dispunha do indivíduo a seu arbítrio e sob todos os aspectos. A má administração doméstica, em especial o desperdício do lote de terra herdado (os *bona paterna avitaque* da fórmula de interdição romana), o adultério, a má criação dos filhos, os maus-tratos dos genitores, a conduta ímpia, a presunção — em suma, todos os comportamentos que punham em risco a disciplina e a ordem militar e cidadã, e que podiam despertar a cólera dos deuses em prejuízo da pólis — eram punidos com rigor, a despeito da famosa declaração de Péricles na oração fúnebre de Tucídides, assegurando que, em Atenas, cada qual podia viver como quisesse.[35]

O mais weberiano dos historiadores da Grécia antiga no século XX foi, sem dúvida, Moses Finley. A ele muito devemos, em quase todos os campos referentes à realidade econômica e social do mundo grego: desde a propriedade fundiária na Ática às várias e diversificadas formas de escravidão na chamada grecidade periférica, à plena compreensão da diferença entre escravidão-mercadoria (aquela vigente na "moderna" sociedade ática) e escravidão de tipo hilótico ("feudal"), à identificação dos vários status "a meio caminho entre liberdade e escravidão". Sem os ensinamentos de Weber, seria inconcebível a obra de Finley. E por isso surpreende ainda mais que ele se afaste substancialmente de Weber na leitura da *política* ateniense. O mito positivo dessa "democracia" também continua a operar em Finley nos vários escritos do período final de sua vida, dedicados ao aspecto político da Atenas clássica: acima de tudo em *Democracia antiga e moderna*. E se estende até uma releitura tranquilizadora das páginas mais embaraçosas daquela história:

---

35. Max Weber, *Wirtschaft und Gesellschaft* (1922) (trad. ital. de Paolo Rossi; Milão: Comunità, 1974, pp. 660-1).

O que ocorre com Atenas no final do século v não se repete em outros lugares, porque apenas ela oferecia a combinação necessária de elementos: soberania popular, um grupo amplo e ativo de pensadores vigorosamente originais e as experiências únicas causadas pela guerra. As próprias condições que atraíam para Atenas os melhores intelectos da Grécia podiam colocá-la, e a colocaram, por algum tempo numa situação singularmente precária. Atenas pagou um preço terrível: a maior democracia grega se tornou famosa sobretudo por ter condenado Sócrates à morte e por ter formado Platão, o mais vigoroso e mais radical moralista antidemocrático que o mundo conheceu.[36]

Não se pode deixar de pensar que em tais palavras, assim como na reavaliação finleyana geral do modelo de Atenas, ressoa a "caça às bruxas" dos Estados Unidos macarthistas, da qual o próprio Finley foi vítima.

VI

O mito de Atenas é, na verdade, inesgotável. Não seria supérfluo tentar indicar aqui os *livros* e as *orientações de pensamento* que o alimentaram, em contraste, talvez, com outros "mitos": o espartano-dórico, por exemplo, que foi declinado tanto na variante austero-igualitária (pelo abade de Mably e uma parte do jacobinismo culto)[37] quanto na variante "racial" (dos *Dorier* de Karl Otfried Müller ao *Píndaro* de Wilamowitz).[38] Mas não se pode esquecer outro, e embaraçoso, *mito de Atenas*: o dos teóricos sulistas americanos durante a Guerra de Secessão, o "modelo ateniense em Charleston",[39] que teve um inespe-

---

36. *The Ancient Greeks* (1963), trad. ital. Turim: Einaudi, 1965, p. 131.
37. Ver também o prefácio de G. F. Gianotti a *Le tavole di Licurgo* (Palermo: Sellerio, 1985).
38. Sem falar da formulação extrema dessa maneira de ver Esparta: "O mais luminoso exemplo de Estado com base racial da história humana", segundo uma definição hitleriana registrada no *Hitler's Table Talk, 1941-1942* (Londres: [s.n.], 1973², p. 116).
39. L. Canfora, *Ideologie del classicismo*. Turim: Einaudi, 1980, pp. 26-30. Sobre John Caldwell Calhoun, ver também M. Salvadori, *Potere e libertà nel mondo moderno. John C. Calhoun: Un genio imbarazzante* (Roma/Bari: Laterza, 1996). Sobre Haarhoff, citado aqui a seguir, cf. *Ideologie del classicismo*, p. 267.

rado *Nachleben* na África do Sul (Haarhoff: o mito da "*Graecia capta*" e a defesa "branda" do apartheid!).

VII

Caberia uma última consideração a respeito dos dois personagens que encarnaram o mito de Atenas e foram, por sua vez, eles mesmos mitificados e abusados em termos historiográficos: Péricles e Demóstenes. Numa síntese muito simplificadora, poderíamos observar uma diferença. O mito de Péricles teve como alimento a busca de uma origem remota para as formas políticas definíveis como "democráticas". O mito de Demóstenes, por seu lado, guardou (desde os tempos em que Fichte instigava a Alemanha, ou melhor, a Prússia, à guerra de libertação do opressor Bonaparte e Jacobs traduzia as *Olintíacas* e as *Filípicas* em alusão ao presente) uma estreita relação com o nacionalismo, no sentido de resgatar a nação da opressão externa. Isso deu vida à visão duradoura de um Demóstenes paladino da "liberdade" e gerou, por sua vez, uma indevida transformação do "herói" Demóstenes também em paladino da democracia ateniense enquanto regime de liberdade! Esta distorção entra em visível choque com sua ação política concreta, suas expressões de áspera intolerância diante de linhas políticas diferentes das suas e com sua declarada atração pela falta de peias de um autocrata como Filipe. Liberdade, para ele, é independência frente a hegemonias externas.

Apenas numa fase muito juvenil de sua carreira de *Berufspolitiker* — para usar um termo caro ao Wilamowitz de *Staat und Gesellschaft der Griechen* — Demóstenes brande a retórica tradicional sobre Atenas como líder das democracias: "Todas as democracias se voltam para nós etc." (*Pela liberdade dos ródios*). Mas na *Terceira filípica*, na passagem sobre as hegemonias, o predomínio ateniense está no mesmo plano do espartano: liberdade, para ele, é, portanto, autonomia frente a potências externas com um *surplus* de aspiração hegemônica.

Do equívoco entre as duas liberdades — a vigente no interior e frente ao predomínio de uma potência externa — cresceu e prosperou um mito no interior do mito: o de Demóstenes. Mas, a justo título e com uma interpretação substancialmente verdadeira, Clemenceau (no *Démosthène*, 1926) se identificou, enquanto líder da reconquista antialemã, com Demóstenes.

Demóstenes esteve entre os primeiros a pagar um preço pela "descoberta", essencialmente prussiana, do helenismo. Porém esse não foi, em sua totalidade, um processo linear. Por exemplo, poucas décadas antes de Droysen, a oratória demostênica fora usada como alimento (oratório) do renascimento, em sentido antifrancês, da "nação alemã" (Fichte, Jacobs). Naquele momento, e em tal perspectiva, Napoleão correspondia a Filipe da Macedônia, enquanto a Prússia, em luta contra ele, além de ser o epicentro de um renascimento nacional de *toda* (ou quase toda) a Alemanha, correspondia à Atenas de Demóstenes. Se, um século mais tarde (1914-5), Wilamowitz veio a exaltar justo a *Freiheitskriege* da época de Fichte e de Jacobs para convocar os alemães à luta contra o Tratado, tem-se aí mais uma das facetas da inesgotável "ironia da história". E, além do mais, foi exatamente uma nova geração de historiadores prussianos (K. J. Beloch em especial) que demoliu o livro de Droysen como "sentimentalismo".

A contraposição Demóstenes/soberanos macedônios tinha uma matriz bastante remota. Já estava presente na obra historiográfica de Teopompo de Quios, o grande historiador de Filipe, que havia atribuído a este a categoria e o papel de "maior homem que a Europa produziu", ao mesmo tempo enquadrando Demóstenes em uma luz muito negativa naquele décimo livro das *Histórias filípicas* que também ganhou circulação autônoma com o título de *Sobre os demagogos atenienses*.

Vitalidade de um mito acima de tudo ideológico: a polaridade Demóstenes/ soberanos macedônios ainda está viva na época nazista. Basta considerar as reações a *Demosthenes*, de Werner Jaeger (1938). Não se deve esquecer de que o título correto da obra é o inglês (*The Origin and Growth of His Policy* [Origem e desenvolvimento de sua política]): isso explica por que o livro se estende de maneira aprofundada até Queroneia (338 a.C.) e apenas brevemente examina a última fase, isto é, os quinze anos até a *morte* de Alexandre e do próprio Demóstenes.

Assim que foi lançado na Califórnia (1938) e em Berlim (1939), *Demosthenes* foi objeto de duas importantes resenhas, respectivamente da edição americana e da alemã: a de Kurt von Fritz (*American Historical Review*, v. 44, 1939) e a de Helmut Berve (*Göttingische Gelehrte Anzeigen*, v. 202, novembro de

1940). A primeira se alinha substancial e politicamente com o pensamento de Jaeger; a segunda é duríssima, por vezes sarcástica, mas muito analítica.

A tese central de Jaeger segue na contracorrente, escrevia Von Fritz, já exilado da Alemanha nazista fazia um bom tempo: de fato, ele está persuadido da essencial justeza da política demostênica ("os atenienses não seguiram suas sugestões, que teriam assegurado o sucesso"). Mas essa reavaliação do pragmatismo político de Demóstenes, com frequência apresentado como um sonhador ou mesmo como um vendido à Pérsia, afastava-se muito do diagnóstico dominante (Droysen, Beloch). Escreve Von Fritz:

> Beloch, representante insigne da visão positivista da história, na introdução à *Griechische Geschichte* ataca com veemência a opinião segundo a qual é o "grande homem" que faz a história. Segundo ele, as mudanças históricas são o produto de tendências subconscientes de massas anônimas. Por isso, um homem que se contrapunha à tendência geral de sua época (a qual — no caso da época de Demóstenes — levou da cidade-Estado grega à monarquia helenista) lhe aparecia como uma figura com carências precisamente no plano da inteligência política.

E acrescenta: na Alemanha de hoje, os historiadores pensam desde o início que é o grande homem ("*the hero, the leader*") que faz a história, "e o juízo sobre quem se opõe ao homem do destino (no caso de Demóstenes, o macedônio Filipe) tem se tornado cada vez mais severo" (p. 583). No entanto, ironizava ele, o herói, se não encontrar adversários, não tem como "*display his heroism*"!

A longuíssima intervenção de Berve, mais dedicado do que nunca a seu avanço na carreira acadêmica sob o Terceiro Reich, é um verdadeiro processo de acusação. Ele rebaixa o livro, definindo-o como "uma série de conferências", e ridiculariza a pretensão de Jaeger de seguir na esteira dos intérpretes de Demóstenes que também foram "homens de ação". O ataque visa, antes de mais nada, a demolir a imagem "demasiado positiva" da Atenas do século IV: admitir a presença de "forças morais" na Atenas do século IV significa, para Berve, pôr "as aspirações políticas" de Demóstenes numa perspectiva errada. Jaeger chega a ser acusado de aceitar a errônea visão demostênica dos macedônios como não gregos (pp. 466-7). Naturalmente, é Filipe que está no centro da demonstração, e Berve garante que a origem grega da "estirpe" do soberano estava, de modo irrefutável, ancorada "*in seinem Griechentum*". Jaeger está enleado ("*befangen*") "na ótica demostênica", apesar da "dura crítica" a que Droysen e Beloch haviam submetido a obra daquele político (p. 468). Os nomes de Droysen e Beloch reaparecem várias vezes, e a principal censura dirigida a Jaeger é de ter se afastado do estudo já consolidado da política demostênica, desenvolvido pela *Deutsche Geschichtswissenschaft* [História alemã] (p. 471). Não menos duro é Fritz Taeger na *Gnomon* de 1941, cuja resenha termina com certa aspereza, indagando — pergunta que Droysen já fizera em sua época — se Demóstenes, mesmo na sempre exaltada *Terceira filípica*, pode ser de fato definido como "patriota", em vez de simpatizante da política persa. Cabe lembrar que, no mesmo ano de *Demosthenes*, de Jaeger, saíra em Munique *Filipe*, de F. R. Wüst, alinhado com a avaliação "prussiana" do soberano.

A discussão sobre Demóstenes e Filipe, tomados quase como metáfora de conflitos atuais, desenvolvera-se também na Itália. O Demóstenes de Piero Treves (*L'orazione per la corona*, 1933) e o Filipe da Macedônia de Arnaldo Momigliano (*Filippo il Macedone*, 1934) apresentam de maneira nítida essa polaridade. Foi precisamente do ambiente do fascismo cultural italiano que veio o ataque mais severo contra Jaeger. Trata-se da longa e áspera resenha escrita por Gennaro Perrotta em *Primato*, revista do ministro da Educação Nacional, Giuseppe Bottai.[40] Ali se acusa o "classicismo", que consagrou "um culto heroico" a Demóstenes, define-se o livro de Jaeger como "prova da funesta imortalidade do classicismo", escarnece-se de Piero Treves como autor de um "incongruente livrinho sobre *Demóstenes e a liberdade dos gregos*", vilipendia-se o conceito de liberdade como autonomia, exalta-se a "necessidade e racionalidade da história" que se encontra na base do triunfo de Filipe contra a "liberdade mesquinhamente municipal de Atenas". Todo esse conjunto em nome de Droysen, de Beloch e da verdadeira política "que não sabe para o que serve a retórica". O tom é exaltado e transparentemente político: Treves, como judeu, tivera de se refugiar na Inglaterra devido às leis raciais de 1938, e a guerra hitleriana estava arrasando a "liberdade como autonomia". Não deixa de ser significativo que o autor da tradução italiana de *Demosthenes*, de Jaeger (Einaudi, 1942), bem como colaborador de Calogero, tenha ficado anônimo.

---

40. Ano III, n. 22, 15 nov. 1942.

IX

É correto perguntar sobre a gênese dessa polaridade. Em concomitância com a "descoberta", ou invenção, droyseniana do helenismo (justamente no volume de 1833, concentrado na figura de Alexandre), ocorrera a subversão do tradicional predomínio de Demóstenes sobre seu adversário histórico. Predomínio tradicional que se baseava na noção de "liberdade" como independência de um domínio estrangeiro. No momento em que Filipe ganhava prioridade historiográfica, o primado da liberdade cedia passagem à "nação" e depois, com o filho de Filipe, ao império-cosmópolis sustentado pelos dois povos "guias" (gregos e iranianos). Era uma nova maneira de ler os acontecimentos daquela época, mas passível de degenerações e até de desembocar em perigosas concordâncias "arianas". Em todo caso, pode-se dizer que, embora tenha tido antecessores, foi Droysen quem deu início a essa subversão; e não se pode negar que ela se ressente do clima subsequente à *Freiheitskriege*, com tudo aquilo que resultou em termos de centralidade prussiana. (O último Droysen se dedicou ao estudo da história prussiana.) Uma subversão drástica, portanto, e também bastante tardia. Por isso surge a pergunta: por que, embora os vencedores tenham sido os macedônios, e embora tenha sido justamente graças a eles e a suas instituições culturais (Alexandria etc.) que a cultura grega veio a se salvar nos séculos anteriores à hegemonia romana, mesmo assim o que prevaleceu ao final foi a imagem de Demóstenes, bem como a da Atenas clássica? A tal ponto que, depois de milênios, fora necessário um Droysen para subvertê-la e apresentar a visão do helenismo como uma época positiva, como longuíssima fase positiva da *Weltgeschichte*. (No jamais realizado projeto droyseniano, o helenismo seria tratado em seu desenvolvimento histórico pelo menos até o islã.)

> Não é Demóstenes que deve ser conhecido [nas escolas] com seus discursos efêmeros e suas demonstrações vazias contra Alexandre, o Grande, mas sim Alexandre, o fundador daquela civilização da qual derivaram o cristianismo e a organização estatal augustiana.

Lê-se essa reflexão não muito conhecida de Ulrich von Wilamowitz--Moellendorff em sua intervenção na *Schulkonferenz* berlinense (6-8 de junho de 1900), desejada por Guilherme II para o início de uma reforma radical do ensino.[41] Embora, na época, tal declaração tenha se afigurado "iconoclasta" ("não podemos renunciar a Demóstenes!", replicaram os professores de ginásio), ela corresponde a um clichê: o enaltecimento do helenismo e de seu verdadeiro fundador, Alexandre. Há, de fato, elementos destoantes nas palavras que acabamos de relembrar. Por exemplo: por que Wilamowitz, distante do cristianismo em termos intelectuais,[42] aqui exalta Alexandre porque teria "preparado" o cristianismo? Evidentemente é uma homenagem a Droysen. E ainda: como pode ele afirmar que a "organização" do império de Alexandre constituíra um modelo para o império de Augusto? Wilamowitz adota um enaltecimento radical de Alexandre como artífice espiritual e político destinado a um grande futuro — criador do helenismo — e desvaloriza Demóstenes ("discursos efêmeros e demonstrações vazias"!) como símbolo de tudo o que o helenismo varreu: antes de mais nada, a velha mentalidade mesquinha do estreito horizonte "citadino".

X

O restabelecimento da primazia da Atenas clássica deveu-se essencialmente aos romanos. Foram eles que, para dominar de fato o Mediterrâneo, tiveram de derrubar não apenas Aníbal, mas sobretudo a férrea e armadíssima monarquia macedônia, que "desqualificaram" o "inimigo" e — num misto de idealização literária e esterilização política — enalteceram Atenas, seu mito e sua centralidade. Desqualificaram os macedônios em favor de seu próprio papel imperialista e, pode-se dizer, inventaram o "classicismo", que tinha Atenas como *focus*: o contrário, portanto, do helenismo. A possibilidade de que Atenas também se tornasse um modelo perigoso em termos políticos, como quando o cesaricida Marco Júnio Bruto arrolava "republicanos", entre eles o pobre Horácio, entre a juventude estudantil que frequentava as escolas da cidade-

---

41. *Verhandlungen über Fragen des höheren Unterrichts*. Halle: Waisenhaus, 1901, p. 90.
42. Como afirma a autobiografia latina editada anos atrás por W. M. Calder, "Ulrich von Wilamowitz-Moellendorff: An Unpublished Latin Autobiography" (*Antike und Abendland*, v. 27, pp. 34-51, 1981) (= Id., *Studies in the Modern History of Classical Scholarship*. Nápoles: Jovene, 1984, pp. 147-64). Por outro lado, no *Griechisches Lesebuch* (1902), Wilamowitz reserva amplo espaço para o Novo Testamento.

-museu, não chegava a constituir um verdadeiro risco. Ademais, já se vira na época de Sila o que os romanos eram capazes de fazer a Atenas, se por acaso esta lhes parecesse incômoda do ponto de vista militar, como ocorrera no último soluço de autonomia política, quando ela se alinhou com Mitrídates. O mito museal-literário de Atenas, berço do classicismo, continuava a perdurar e florescer na época de Adriano. As opções de César e sobretudo de Antônio em favor da última monarquia helenista, a de Cleópatra, decerto não haviam conseguido afetar a escolha fundamental. Pelo contrário, se Cícero traduzia a *Coroa* demostênica, nas escolas de retórica elaboravam-se *declamationes* que esconjuravam Alexandre por não ter desejado transpor os limites do mundo.[43]

A cultura grega chegou a nós, como se sabe, por intermédio dos romanos, em certo sentido filtrada por eles. Isso ajuda a entender por que, na literatura remanescente, a maciça exaltação da Atenas clássica não encontra paralelo em nenhuma contracorrente remanescente que talvez louvasse o helenismo ou o papel fundamental dos macedônios na mescla oriental-ocidental, com todas as suas conhecidas consequências. Sem dúvida podemos entrever a alternativa historiográfica adotada por Trogo (*Historiae Philippicae*) por meio de seu compendiador; lemos o elogio de Filipe elaborado por Teopompo (*FGrHist* 115 F 27) por meio da áspera crítica de Políbio (VIII, 9 [11], 1-4). O qual, de fato, como bom ideólogo do papel imperial e referencial de Roma, desmonta, estraçalha e ridiculariza, considerando-o contraditório, aquele memorável juízo de Teopompo sobre Filipe da Macedônia, em que procurava conciliar, embora antitéticos, a alta avaliação histórico-política e o duro juízo moral sobre Filipe, "o maior homem que a Europa jamais gerou". Até Droysen, quem prevaleceu foi Políbio.

---

43. Sêneca, *Suasoriae*, I; cf., também, *Controversiae*, VII, 7, 19.

4. Uma realidade conflituosa

I

O conflito domina a vida ateniense em todos os seus aspectos. O teatro, por sua própria natureza, gênese, finalidade e estrutura, põe em cena o conflito. O tribunal — local, bem mais do que a assembleia, onde se exerce a democracia de forma direta e capilar — é, e não pode deixar de ser, conflito: *As vespas*, de Aristófanes, mordem como *sátira*, ao mesmo tempo que se referem a uma *realidade primária* da vida citadina. A assembleia é a sede oficial do embate, áspero e contínuo, se o contexto, claro, for a democracia. É a partir do conflito entre os valores opostos da aristocracia, de um lado, e do demo, de outro, que o pensamento ético se põe em movimento. Na pólis, espaço limitado, o bem mais cobiçado é a plena cidadania: quando o conflito degenera em guerra civil, a primeira medida é limitar a cidadania. E a guerra, como forma normal de resolução dos conflitos, unifica esse modo de ser como uma postura geral coerente.

"Ares traficante de corpos humanos que sustém a balança do embate", canta o coro de *Agamêmnon*, de Ésquilo, "[...] aos parentes devolve pó pranteado e carbonizado, de cinzas, em troca de homens, enchendo as urnas funerárias, carga fácil de manejar."[1] Segundo Platão, em *As leis*, os espartanos o sabem desde sempre: são criados segundo o axioma de "que, durante sua vida, todos devem conduzir uma guerra perpétua contra todas as cidades".[2]

II

A morte política domina a experiência ateniense desde o início. É uma característica cujas matrizes remotas encontramos na grecidade arcaica. O fato de que a *Ilíada*, isto é, a rude narrativa de uma guerra de represália com suas infinitas e minuciosas descrições de mortes, e a *Odisseia*, cujo auge é um massacre por vingança, tenham sido desde cedo os textos fundadores e formadores é sinal de uma visão soturna e conflituosa da convivência que marca aquelas sociedades de maneira duradoura. A centralidade da guerra, por outro lado, é inerente a essas sociedades enquanto instrumento primário para a captura de ouro e escravos, ou seja, as formas básicas e primárias de riqueza e de produção (a escravidão). A retórica da guerra, o dever da guerra, a prática da guerra como instrumento de seleção e aferição do valor e definição das hierarquias imbuem a poesia e a arte figurativa. Tirteu, Calino, Arquíloco com frequência falam dela como o hábitat óbvio do varão, isto é, na visão arcaica, o principal fator e agente da história. A educação parte do pressuposto de que "é belo [καλόν] morrer combatendo na linha de frente". Dar e receber a morte parece ser aqui a forma privilegiada de comunicação. Ao retornar da prolongada guerra ao redor de Troia, os guerreiros gregos são envolvidos numa série de "acertos de contas" de caráter político-passional, que se traduzem, no caso de Agamêmnon, por exemplo, numa sequência de homicídios e, no caso de Odisseu, numa verdadeira chacina.

Ademais, na cidade de Atenas, cuja história conhecemos com maior continuidade, a educação cívica coletiva se realiza no rito solene e sobretudo chocante da exposição dos esquifes [λάρνακας] dos mortos em guerra (todo ano os

---

[1]. Ésquilo, *Agamennone*, 438-42 (trad. ital. de Angelo Tonelli; Milão: Bompiani, 2011, p. 261). [Ed. bras: *Oréstia: Agamêmnon, Coéforas, Eumênides*. Trad. de Mário da Gama Khury. Rio de Janeiro: Jorge Zahar, 2010.]
[2]. *As leis*, I, 625e.

há), diante dos quais o político mais destacado fala à cidade, enumera as guerras remotas e recentes das cidades, louva os que morreram pela cidade e aponta tal desfecho da existência como o melhor possível para o bom cidadão. O rito se realiza na área onde, logo a seguir, têm início as representações trágicas, as quais aumentam ainda mais, se possível, o difuso sentimento de familiaridade com a morte encenando pela enésima vez (com variantes) os momentos mais sangrentos do ciclo tebano ou do ciclo troiano.

A conduta em guerra mereceria um discurso à parte. Tem-se uma distinção de fundo, concernente à maneira de tratar o inimigo não grego (contra o qual se pode tudo) e o inimigo grego. Mas, a certa altura, tal *distinguo* esmaece. Nesse campo, Atenas, que é também a sede de uma produção cultural e artística que encontra poucas comparações adequadas na história humana, deixou marcas sinistras de sua brutalidade: tanto ao controlar com mão de ferro a manutenção de seu império (que durou cerca de setenta anos) quanto ao adotar métodos bárbaros mesmo na guerra entre gregos. Foi o que se viu em sua forma mais desconcertante durante a guerra de quase trinta anos contra Esparta. Como se disse no início, no discurso fúnebre, Péricles, o grande estadista que ainda hoje representa no imaginário historiográfico médio o esplendor das artes e a supremacia cultural de Atenas, instiga os ouvintes lembrando-lhes que a cidade disseminou "por todas as partes na face da Terra monumentos de mal e de bem".[3] Apesar de estrênuos, os esforços em edulcorar essa brutal proclamação são apenas formalistas. O próprio Péricles, dez anos antes, na liderança de todo o colegiado dos estrategos, entre os quais também estava o "dócil" Sófocles, comandara a repressão contra a ilha de Samos por ter derrubado o governo democrático, filoateniense, e se afastado do império. Nessa ocasião, experimentara-se em larga escala um método de punição feroz e humilhante, o de marcar em brasa os prisioneiros. Os prisioneiros sâmios tiveram impressa na testa uma coruja ateniense. Perto do final do conflito, quando Atenas se viu diante das frotas peloponésias aguerridas (e financiadas pelo rei da Pérsia), os generais atenienses não hesitaram em decepar a mão direita dos marinheiros das naves inimigas: os quais eram, muitas vezes, marinheiros que tinham decidido se pôr a serviço de Esparta, visto que o ouro persa permitira a Lisandro, o criador do poderio marítimo espartano, oferecer soldos mais elevados.

---

3. Tucídides, II, 41, 4. Cf. supra, cap. 1, nota 1.

Mas tampouco os adversários tinham mão leve. Os siracusanos, derrotada a grande armada ateniense, jogaram nas masmorras centenas de prisioneiros atenienses, deixando-os à morte (413 a.C.). Lisandro, após a vitória decisiva contra Atenas em Egospótamos (405 a.C.), mandou atirar ao mar centenas e centenas de prisioneiros atenienses. Assim também se explica a ruína demográfica do mundo grego na passagem do século v para o iv. Para compreender o alcance e o custo de tudo isso, convém lembrar que, no mundo antigo, a norma nas relações internacionais é a guerra; a paz é anomalia: por isso os tratados de paz indicam a duração prevista. São pazes "por tempo determinado" e quase sempre o tempo vence muito antes do esperado; o tratado é rompido bem antes. A paz, portanto, em geral é uma longa trégua, e a palavra que designa paz é a mesma que significa trégua: σπονδαί.

É fácil compreender que décadas e décadas de uma situação conflituosa difusa, desembocando periodicamente em grandes "guerras gerais", tenham determinado um declínio demográfico irrefreável, para o qual a administração míope do direito de cidadania contribuiu em grande estilo, como bem diz o imperador Cláudio no expressivo trecho histórico que Tácito lhe atribui.[4]

Se Esparta é um caso semelhante, enquanto Estado abertamente racial, onde a comunidade "pura" dominante está em guerra permanente contra etnias-classes sociais subalternas, Atenas — mesmo na grande abertura devida ao comércio, em grande medida praticado por residentes não atenienses (os chamados *metecos*) — é igualmente hostil à extensão indiscriminada da cidadania. E isso porque a cidadania comporta privilégios políticos e econômicos que o "povo", sujeito principal da democracia, não pretende *compartilhar*. Elite e plebe — mesmo em conflito sobre todo o resto — estão de pleno acordo quanto a tais restrições, por usufruírem ambas (mesmo que em medidas diferentes) das vantagens práticas da riqueza proveniente do império.

III

O conflito ameaça todas as comunidades, em todos os lugares onde não haja uma estrutura militarizada como em Esparta (e lá também o conflito

---

4. Tácito, *Annali*, xi, 24.

latente acaba por explodir, não apenas nas cíclicas rebeliões dos hilotas, mas também no próprio interior da comunidade privilegiada dos esparciatas). Nas cidades onde as facções, que coincidem substancialmente com grupos sociais, estão em luta, a práxis é a anulação, quando não a eliminação, do adversário.

Nas sedes reservadas onde os oligarcas se reúnem e treinam para as lutas (é num contexto desse gênero que nasce e transcorre o diálogo em prosa *Sobre o sistema político ateniense*),[5] vigora o seguinte juramento: "Serei inimigo do demo e contra ele votarei as piores medidas que puder" (Aristóteles, *A política*, v, 1310a 9). Inversamente, depois do temporário sucesso oligárquico em Atenas (411), ou seja, o "Estado guia" da galáxia democrática, a democracia restaurada empenha todos os cidadãos num juramento prestado no sugestivo quadro das Grandes Dionisíacas de 409, entre a cerimônia pelos mortos e o início das representações teatrais:

> Matarei com a palavra, com a ação e com o voto e de minha própria mão, se me for possível, aquele que derrubar a democracia em Atenas e aquele que detiver um cargo após a derrubada da democracia e, ademais, quem tentar ser tirano ou quem colaborar para a instauração da tirania. E se outro matá-los, eu o considerarei puro diante dos deuses.[6]

O juramento dos buleutas, que conhecemos graças ao discurso demostênico *Contra Timócrates*, permite entrever sem sombra de dúvida que um dos direitos deles era *aprisionar* sem nenhuma formalidade específica qualquer um que fosse descoberto a conspirar a "traição da cidade" ou a "subversão da democracia".[7]

Aristóteles, que observa e estuda externamente o mundo das cidades gregas, como cientista da política, assim resume o conflito: as democracias são derrubadas pela desesperada defesa dos proprietários, pois os demagogos, tendo de adular a baixa plebe, ameaçam de maneira contínua a propriedade fundiária reivindicando a redistribuição das terras e os capitais impondo as *liturgias*; além disso,

---

5. O Pseudo-Xenofonte.
6. Devemos este precioso documento a Andócides, *Sobre os mistérios*, 96-8.
7. Demóstenes, XXIV, 144. Sobre eles, ver G. Busolt-H. Swoboda, *Griechische Staatskunde* (Munique: Beck, 1926, v. II, pp. 848-9).

perseguem os ricos tomando como eixo os tribunais (com sicofantismos e denúncias) para lhes subtrair o patrimônio (*A política*, v, 1304b 20-1305a 7).

IV

As oligarquias demonstravam em geral um acentuado espírito "internacionalista". Sob a égide de Esparta, ajudavam-se umas às outras na luta contra o demo.[8]

É aqui que, em toda a sua complexidade, aparece o fenômeno da tirania ateniense, com seu sucesso e sua derrubada, e do "nascimento da democracia" (evento que, na autorrepresentação ideológica de Atenas, tem, na verdade, muitos "nascimentos").

A tirania ateniense foi derrubada graças à intervenção espartana solicitada com força e habilidade pela poderosa família dos Alcmeônidas, a qual, porém, também colaborou por algum tempo com a tirania; Clístenes, protagonista de toda a ação que levará à perseguição dos filhos de Pisístrato, foi arconte sob o governo deste, antes de se pôr no papel de antagonista e acabar no exílio. Por outro lado, a base social da facção de Pisístrato é, segundo as fontes de que dispomos, uma base "popular". A conhecida formulação de Heródoto, segundo a qual Clístenes "tomou o demo em sua heteria", significa, em essência, que o clã familiar-gentílico, tendo Clístenes na liderança, tomou para si aquela mesma base social. Para entender melhor esses fenômenos, cabe lembrar que os "tiranos" em geral surgem colocando-se como *mediadores* em situações de conflito irredutível entre clãs familiares-gentílicos em luta.

Uma luta entre grupos aristocráticos desemboca na tirania, tanto em Atenas como em Lesbos e outros lugares. Contudo, um dos clãs rivais consegue se substituir à tirania, tendo-a apoiado de início, depois, com habilidade e eficácia, tomando-a como alvo e, então, derrubando-a com o apoio da grande potência propugnadora da εὐνομία, Esparta, ἀτυράννευτος por excelência. O ponto mais delicado nessa evolução é, portanto, tentar compreender o sentido da ação seminal realizada por Clístenes. Tratou-se apenas de extraordinária habilidade política? Ou havia muito mais em Clístenes e nos seus? Ou seja, a

---

8. Cf. infra, cap. 14, "Internacionalismo antigo".

intuição de que o pacto entre senhores e povo, experimentado por Pisístrato, poderia ser administrado de outra maneira, não mais paternalista e familiarista, como fizera Pisístrato, e sim de forma aberta e livremente competitiva e conflituosa, que é o que constitui o próprio cerne da democracia ateniense? A segunda explicação é a mais provável e, em todo caso, foi nessa direção que se deu a evolução posterior.

Assim, a guinada empreendida por Clístenes possibilitou e, em certo sentido, legitimou o que, à primeira vista, pode parecer uma operação ideológica: isto é, a autolegitimação da democracia como antítese radical da tirania e a recondução de toda ação política hostil à democracia para a órbita da "tirania". Coerente com tal ideologia é a consagração do atentado (514 a.C.) contra Hiparco, filho mais novo de Pisístrato, como ato fundador da democracia na Ática.

V

O perfil da história ateniense como conflito que não raro arrisca descambar para a guerra civil deve se iniciar por um olhar abrangendo um longo período. Desde o conflito social exacerbado que Sólon neutralizou, em 594/593, com a σεισάχθεια e a desvalorização da moeda (que cortava pela raiz o próprio volume das dívidas), à tomada do poder por Pisístrato (561/560), à ambígua posição dos Alcmeônidas — Cístenes arconte sob Pisístrato —, ao assassinato de Hiparco (514), à intervenção espartana (510), à invenção contextual da democracia e do ostracismo (508/507), à tentativa do golpe de Iságoras apoiado pelos espartanos contra Clístenes, à revolta popular que reconduz Clístenes ao poder.

O mecanismo que se pôs em movimento com Clístenes foi, muito depois, chamado de "democracia". Essa palavra, tendo passado por uma evolução em seu uso e significado concreto,[9] pode levar a alguns anacronismos. Vale lembrar que, em 411, quando se instaurou por breve tempo uma Boulé de quatrocentos membros, substituindo a clistênica, de quinhentos, Clitofonte, expoente da oligarquia que chegara ao poder, grande orador e amigo da família de Lísias, além de protagonista de diálogos platônicos,[10] propôs que se fizesse uma cuidadosa

---

9. Cf. mais adiante, cap. 5 (e, em parte, cap. 4).
10. Não apenas do *Clitofonte*, tendo seu nome como título, mas também de *A República*.

revisão das leis clistênicas com uma advertência precisa: "O ordenamento instaurado por Clístenes não era democrático, mas, pelo contrário, similar ao de Sólon".[11] Seria mais correto e historicamente fundamentado considerar a inovação clistênica como, acima de tudo, um grande reamalgamamento do corpo cívico: a verdadeira ruptura com a ordem tribal-gentílica anterior foi mesclar as dez tribos locais, nelas inscrevendo demos (isto é, "comunas") de várias regiões da Ática,[12] e alicerçar a representação no Conselho (a Boulé dos Quinhentos) nas dez tribos assim mescladas, na proporção de cinquenta buleutas por tribo. A reforma foi essencialmente "territorial" e de fato unificou a Ática.

Mas não se deve negligenciar os elementos de continuidade. O fato de que Clístenes tenha sido arconte sob Pisístrato é muito significativo; e é conhecida a controvérsia que surgiu ao ser lançada a segunda edição do tomo I, parte 2 de *Griechische Geschichte*, de Karl Julius Beloch (1913), sobre a possibilidade de que as reformas clistênicas, pelo menos em parte, já tinham sido realizadas por Pisístrato.[13]

Tampouco se pode esquecer o sintético diagnóstico de Aristóteles sobre a gênese do poder de Pisístrato, quando afirma que o ostracismo[14] foi inventado "pela suspeita gerada pelas personalidades econômica e socialmente poderosas [οἱ ἐν ταῖς δυνάμεσι], na medida em que Pisístrato, *sendo chefe popular* [δημαγωγός] e ocupando o cargo de estratego [στρατηγὸς ὤν], *tornara-se tirano*".[15] Há aqui uma visão concreta da continuidade entre *leadership* popular e tirania.[16]

---

11. Aristóteles, *Athenaion Politeia*, 29, 3. Essa consideração que lemos no precioso opúsculo aristotélico, e que ali vem claramente atribuída a Clitofonte, tem confundido os grandes intérpretes da história antiga: desde Wilamowitz em *Aristoteles und Athen* (Berlim: Weidmann. 1893, v. I, p. 102 e nota 8) a Jacoby em *Atthis* (Oxford, 1949, p. 384, nota 30) até Wade-Gery e Andrews. Muito sensatamente reforçou P. J. Rhodes, em *A Commentary on the Aristotelian Athenaion Politeia* (Oxford, 1981, p. 377), que o texto de Aristóteles é inequívoco: Clitofonte apresentou aquela emenda, justificando-a dessa maneira. Sobre as ligações familiares e profissionais de Clitofonte, ver D. Nails, *The People of Plato* (Indianapolis: Hackett, 2002, pp. 102-3).
12. Por essa razão J. G. Droysen falou corretamente em *Communalverfassung*.
13. K. J. Beloch, *Griechische Geschichte*. Estrasburgo: [s.n.], 1913, v. I 2², pp. 329-33. Cf. L. Pareti, "Pelasgica". *Rivista di Filologia e Istruzione Classica*, v. 46, pp. 160-1, 1918.
14. Sobre isso, ver mais adiante.
15. *Athenaion Politeia*, 22, 3.
16. Quem chamou minha atenção para a importância dessa passagem como diagnóstico da gêne-

O "reamalgamamento" clistênico conduzia de forma vigorosa a uma maior participação do corpo cívico na política. Nesse sentido, constituía um fator potencialmente "democrático", embora a efetiva e assídua participação de uma grande maioria dos habilitados a participar nos trabalhos da assembleia popular seja uma questão bastante controversa. E várias medidas tomadas ao longo do tempo para combater o absenteísmo fazem pensar num processo nada linear.[17]

A maior participação e o persistente conflito entre clãs familiares-políticos são visíveis desde cedo na Atenas clistênica. O conflito ao qual a "tirania" pusera um freio paternalista[18] agora desemboca em luta aberta com frequência e violência muito maiores.

Um instrumento utilizado desde muito cedo foi o ostracismo: uma votação secreta para indicar qual personalidade emergente deveria ser afastada por dez anos da cidade. Seu objetivo era desarmar o perigo representado por potenciais "figuras tirânicas", isto é, tentar canalizar o conflito para formas aceitáveis mesmo por quem fosse atingido por essa prática, muito diferente do exílio. Era na verdade uma remoção temporária, por vias "democráticas", de um adversário político.[19] Daremos apenas alguns exemplos da tensão permanente entre grandes famílias, que é o pano de fundo para se excogitarem tais mecanismos formalmente garantidores. Em 493, Milcíades, futuro vencedor na batalha de Maratona contra a invasão persa e pai de Címon (depois rival do alcmeônida Péricles) é acusado pelos Alcmeônidas de ter exercido a tirania na Trácia.[20] Em 489, isto é, logo após Maratona, é acusado por Xantipo, pai de Péricles, "de ter enganado os atenienses no cerco de Paros e condenado a uma multa enorme".[21] (Os Alcmeônidas, durante Maratona, deram um passo errado, de uma forma

---

se da tirania foi um genial helenista: Bertrand Hemmerdinger. Rhodes (p. 271) diz corretamente que aqui δημαγωγός equivale a προστάτης τοῦ δήμου.

17. Cf. infra, Primeira parte, cap. 2.
18. Tucídides, VI, 54, 6.
19. Embora a tradição atribua a instituição do ostracismo a Clístenes, junto com o início das reformas, muitos julgam que ele foi instaurado um pouco antes da primeira aplicação de que temos notícia (487 a.C.).
20. Heródoto, VI, 104.
21. Id., VI, 132-137; cf. Cornélio Nepos, *Milziade*, 7-8.

que nem o pericleano Heródoto consegue disfarçar: tinham se "medizado".)[22] Mas Xantipo, que assim retirara de campo um importante antagonista, por sua vez foi também afastado: não com a imposição de uma multa colossal, mas com o ostracismo (485-4).[23]

Discorrendo sobre o ostracismo de Xantipo, Aristóteles diz que esse foi o primeiro caso em que tal medida atingiu uma pessoa não ligada à família dos Pisistrátidas. Na verdade, a primeira notícia segura de um ostracismo se refere a um Hiparco (parente de Hípias, filho de Pisístrato).[24] Mas, depois de Xantipo, irão sucessivamente para o ostracismo: Aristides (482), seu rival e depois apoiador do nascente astro de Címon, filho de Milcíades; Temístocles (c. 470); Címon (461);[25] Tucídides, filho de Melésias (443);[26] estes últimos foram os principais antagonistas de Péricles e foram ambos liquidados *pro tempore* graças a esse instrumento mortífero. O último caso certo de condenação ao ostracismo foi o de Hipérbolo (a data oscila entre 417 e 415). Quanto a Hipérbolo, também sabemos como morreu: em 411, enquanto estava em Samos no ostracismo, foi morto por um grupo de oligarcas em combate com Pisandro e os demais organizadores da conspiração oligárquica em Atenas, que o liquidaram "para demonstrar sua lealdade à causa".[27] Tucídides, que narra os acontecimentos nos mínimos detalhes, entrega-se também a um juízo depreciativo sobre a vítima desse assassinato perpetrado a sangue-frio. Diz simplesmente: "Mataram um tal Hipérbolo ateniense, um canalha, que fora para o ostracismo não porque temessem sua força política e prestígio, mas por ser canalha e vergonha da cidade". Não parece um juízo pacífico, e Tucídides não ignorava como haviam chegado a enviar esse homem ao ostracismo. Sua maneira de se expressar também

---

22. Um belo neologismo é o verbo criado naquela atmosfera política para indicar quem se alinhava, de uma maneira ou outra, com os persas ("medizar": passar-se para os medas). Quando Xantipo apresentou essa denúncia, já era casado com a alcmeônida Agariste, sobrinha de Clístenes (Péricles nasceu por volta de 500-495 a. C.).
23. Aristóteles, *Athenaion Politeia*, 22, 6.
24. Ibid., 22, 4. Deveria ser o Hiparco, "o belo", que aparece em vasos áticos do século VI. Cf. J. D. Beazley, *Attic Black-figure Vase Painters*. Oxford: Clarendon Press, 1956, p. 667.
25. Plutarco, *Cimone*, 17, 3.
26. Id., *Péricles*, 14 e 16; cf. também Aristófanes, *As vespas*, 947 e escólio.
27. Tucídides, VIII, 73, 3.

tem o efeito de atenuar a perplexidade diante da obra executada por aqueles assassinos e da absurda motivação do assassinato.

VI

A eliminação do adversário político (desde a violência física ao ostracismo, ao exílio e à morte, numa espécie de *gradatio*: a cena política ateniense oferece exemplos dos três gêneros) parecia uma prática não desconcertante, mas sim uma dramática continuação da luta política. E ainda tinge, muitos e muitos anos depois, uma espantosa exortação demostênica que remonta a 341, quando já se aproximava o ajuste de contas com a Macedônia e a obsessão de Demóstenes era a "quinta-coluna" do soberano macedônio no interior da cidade: "A luta é de vida ou morte: é preciso entender. E é preciso odiar e matar os que se venderam a Filipe!".[28] A eliminação física do adversário como desfecho do conflito é uma possibilidade levada em conta, não uma situação estranha — pelo menos potencialmente — à prática da luta política cotidiana.

No cerne do primeiro discurso apologético diante do tribunal, Sócrates se delonga em justificar por que escolheu não se dedicar à política:

> Talvez pareça estranho que eu apresente minhas sugestões andando por aí e incomodando o próximo, ao passo que não ouso subir à tribuna e me expressar em público diante de vossa massa popular, dando conselhos à cidade [...]. Não vos indisponhais comigo se digo a verdade. O fato é que nenhum ser humano conseguiria *salvar a vida* se se contrapusesse com coragem a vós ou a qualquer outra massa popular e tentasse se opor às muitas injustiças e ilegalidades que se verificam entre nós; aliás, é uma lei universal que aquele que tenta realmente lutar em defesa do que é certo, ainda que resista por algum tempo, ao fim resigna-se a se retirar para a vida privada e renuncia a levar uma vida política [...]. Mas pensais mesmo que eu conseguiria *chegar a esta idade* se tivesse levado uma vida política, porém agindo sempre com a dignidade de uma pessoa de bem, isto é, alinhando-me ao lado da justiça e preocupando-me apenas com ela? Mas nem por sonho, atenienses! E não apenas eu, mas nenhum outro. Quanto a mim, se alguma vez

---

28. *Sobre os fatos do Quersoneso*, 61: μισεῖν καὶ ἀποτυμπανίσαι.

cheguei a fazer alguma coisa na vida pública, podeis facilmente notar que sempre fui assim, e o mesmo na vida privada.[29]

Como contraprova da sua reiterada afirmação, Sócrates reevoca no mesmo contexto a cena violenta da qual foi objeto na única vez em que "fez política":

> Ouvi, portanto, o que me aconteceu: assim vereis que não estou disposto, *por medo à morte*, a fazer concessões a quem quer que seja em violação da justiça e que também estou disposto a morrer por isso. Passo a vos dizer coisas pesadas e próprias de tribunal, mas verdadeiras. Nunca ocupei nenhuma magistratura na cidade, mas fui buleuta; e ocorreu que nossa tribo, a antióquida, tinha a pritania quando quisestes processar em bloco os estrategos que não haviam resgatado os náufragos da batalha:[30] em bloco, isto é, com um procedimento ilegal, como depois vos ficou claro a todos. Naquela ocasião, apenas eu, entre os prítanes, levantei-me contra vós, declarando que não faria nada que violasse as leis e votei contra. Os políticos ali já estavam prontos para me atacar com uma denúncia e me derrubar do assento; vós gritáveis incentivando-os a tal, mas preferi correr riscos mantendo-me ao lado do certo, em vez de, *por medo à morte* ou à prisão, alinhar-me convosco, que tomáveis decisões injustas. E tudo isso acontecia quando ainda era a democracia na cidade.[31]

Não se pode esquecer que o processo contra Sócrates foi, na verdade, um processo acima de tudo político, embora venha oleograficamente transfigurado na habitual leitura que se faz dele: basta considerar que o acusador principal, que teve papel decisivo para levar os juízes à condenação, foi um político de primeira grandeza como Anito, respeitável expoente da democracia restaurada. O próprio Sócrates, no segundo discurso diante do tribunal, aponta que o fato de Anito ter assumido em pessoa o papel de acusador teve um peso decisivo em sua condenação.[32]

29. Platão, *Apologia de Sócrates*, 31c-32a; 32e-33a.
30. Sócrates se refere ao episódio das Arginusas: cf. infra, cap. 27.
31. Platão, *Apologia de Sócrates*, 32a-c.
32. Ibid., 36a: "Está claro para todos que, se Anito não tivesse se erguido para me acusar, junto com Lícon, Meleto [o terceiro acusador] seria multado em mil dracmas, não alcançando sequer um quinto dos votos".

As mortes políticas que pontuam a história ateniense estão, talvez, na média das sociedades políticas que não são dominadas pelo segredo: de Efialtes (462/461) a Ândrocles (411), a Frínico (411), a Cleofonte (404). Mortes, todas elas, sobre as quais baixou um manto de mistério e sobre as quais, por isso, circularam diversas verdades: "mistérios da república" nunca resolvidos, que fazem parte da história de todas as *res publica*. E depois há as mortes "de Estado": Antifonte (410), os generais das Arginusas (406), a morte de Alcibíades "por encomenda" (404), a emboscada de Elêusis (401) e, por fim, Sócrates (399). Com a liquidação de Sócrates, a "fera" — para usar uma metáfora bem conhecida — se acalma.

Mas do conflito também nasce o direito, que por sua vez é filho das perguntas fundamentais sobre a "justiça" (τὸ ἴσον). De fato, o conflito nasce sempre da aspiração à *coparticipação* imediata, à *partilha em partes iguais*. E da noção de *igual/justo* derivam também as questões éticas e ainda a questão, tanto mais torturante porque insolúvel, do sofrimento do justo e da indiferença inexplicável do divino. Em Atenas, tudo isso desemboca na forma de comunicação de massa de maior influência: o teatro. O teatro de Dioniso, no qual, num contexto político e ritual muito sugestivo, são representadas as tragédias diante de toda a cidade, é o coração da comunidade. O que as pessoas pensam se apresenta em teatro, na constante fruição da dramaturgia, diretamente regulada pelo poder público — muito mais do que na própria assembleia popular. Aqui a palavra "política" assume quase sempre a forma da mediação suspeita, que visa ao resultado imediato, à obtenção do consenso contingente. E é dos mais aculturados. Não se pretende necessariamente avançar na direção do *verdadeiro*. E os políticos que sabem da importância do teatro não apenas o mantêm sob suas vistas, mas às vezes envolvem-se pessoal e diretamente como coregos. Temístocles arconte em 493/492 designa o coro ao tragediógrafo Frínico, que encena a *Tomada de Mileto* (a triste época da revolta iônica contra os persas); em 476 Frínico, ainda corego, põe em cena as *Fenícias* (o drama se referia à vitória ateniense em Salamina); em 472 Péricles, com apenas 25 anos, é corego de Ésquilo, que leva *Os persas* ao palco. Nem todas as implicações desse gesto são claras para nós: para além da óbvia escolha "litúrgica" a serviço da cidade, necessária para um político em crescimento,[33] há um sentido especial (um

---

33. Alcibíades, no entanto, se dedicava às corridas em Olímpia (e disso se gabava em seus discursos na assembleia: cf. Tucídides, VI, 16, 2).

Alcmeônida, com aquele passado suspeito, que contribui para a celebração das vitórias sobre os persas), e há também uma tomada de posição em favor de Temístocles (no ano seguinte condenado ao ostracismo). Tudo isso "funciona" em torno do teatro.

Mas a tragédia, antes de mais nada, é educação, catarse, como bem compreendeu e teorizou Aristóteles. No centro da tragédia ática do século V estão as duas categorias da *culpa* e da *responsabilidade*: categorias acima de tudo jurídicas, que fundam o direito e, ao mesmo tempo, impõem uma disciplina à violência latente, ao conflito que a culpa (verdadeira ou presumida) desencadeia; mas também têm uma implicação ético-religiosa, cujo escândalo é o inexplicável sofrimento do justo, que desperta a dúvida.[34]

O que, se não já uma longa experiência do conflito, teria levado Ésquilo a pôr na boca do coro no *Agamêmnon*: "Terrível é a voz dos cidadãos sob o peso da ira e salda a dívida da maldição lançada pelo povo"?[35] Sai-se do conflito codificando-se a *lei*, tratamento que impede a transformação da luta em guerra.

Porém a lei não basta: há esferas em que a norma é a "lei não escrita". Isso reabre o caminho em sentido inverso, não mais da ética à lei, mas da lei à ética, na hipótese — que tanto Antígona[36] quanto Péricles[37] invocam por razões diferentes — de que subsista um "direito natural". O pensamento ético-jurídico da Atenas que passou do governo paternalista dos "tiranos" para a conflituosa "democracia" é um pensamento que já nasce maduro.

---

34. Ésquilo, *Agamêmnon*, 369.
35. Id., *Agamennone*, 456-7 (trad. ital. de Angelo Tonelli).
36. Sófocles, *Antígona*, 454-5.
37. Tucídides, II, 37.

5. A democracia ateniense e os socráticos

Dois pensadores foram condenados à morte pelos tribunais atenienses: Antifonte e Sócrates. Ambos tinham mais de setenta anos quando tomaram cicuta. O primeiro foi acusado de ter traído a cidade conspirando com o inimigo; o segundo, de corromper os jovens e de não acreditar nos deuses da cidade. O primeiro se abstivera por muito tempo da política ativa e decidira se engajar apenas quando lhe pareceu chegado o momento e presente a possibilidade de instaurar uma ordem totalmente diferente da "democrática". O segundo nunca fez política, mas, em determinado momento da vida, devido aos mecanismos confiados ao acaso nos órgãos representativos da cidade, ocupou a "presidência da república" (o colégio dos prítanes): justo nos dias em que a assembleia, em função de juiz, decidia condenar à morte os generais vencedores nas Arginusas, ele foi o único a se opor ao procedimento ilegal e pouco faltou para que fosse fisicamente derrubado de seu assento.[1] Mas dedicara grande parte de sua extraordinária força crítica à política como problema.

Ambos poderiam ter se salvado com a fuga e, no entanto, permaneceram em Atenas, enfrentando o processo e a morte. Ambos, de modo muito diferente

---

1. Platão, *Apologia de Sócrates*, 32b.

um do outro, desafiaram a democracia ateniense e ambos aceitaram as consequências extremas de tal desafio.

Antifonte foi preso e processado imediatamente (411/410), tão logo perdera sua liderança. Sócrates foi processado em 399, pode-se dizer que de maneira inesperada: vários anos depois que a experiência oligárquica, criada por alguns de seus frequentadores, malograra e fora truncada em dois tempos (403 e 401).

Há em torno desses dois homens, por assim dizer, duas constelações. Quanto a Antifonte e a ação política que pôs em movimento, cabe citar vários nomes: Tucídides em primeiro lugar, mas também Terâmenes e Sófocles (e, em certo sentido, até Aristófanes, no que se refere à ação pública que decidiu desenvolver em defesa de quem se "comprometera" com o governo oligárquico em 411). Tucídides deixou em sua obra uma marca profunda de sua ligação com Antifonte.[2] Terâmenes foi o mais cioso colaborador do empreendimento iniciado por Antifonte e também seu (metafórico) apunhalador e acusador. Sófocles chegou a fazer parte, junto com o pai de Terâmenes e outros, do conselho dos anciãos ("prôbulos", como eram chamados) que deu início ao processo de deslegitimação da democracia que logo resultou no triunfo (efêmero) da trama de Antifonte.

Sócrates teve em torno de si um grande círculo de ouvintes: como ele mesmo diz na *Apologia*, também jovens muito ricos.[3] Alcibíades, Xenofonte, Crítias, Cármides e, na geração mais jovem, Platão; mas também Lísias, Fedro (profundamente envolvido no processo dos hermocópidas)[4] e muitos outros.

Além disso, existem relações, das quais temos alguns indícios, ligando ou ampliando as duas constelações. Crítias nos leva a Eurípides[5] (de quem se dizia, com malícia, que também tinha no próprio Sócrates um inspirador oculto). E Xenofonte, que sob o governo de Crítias esteve na cavalaria, mal-afamada por suas gestas, leva-nos a Tucídides, isto é, a uma parte importante da outra "constelação". Xenofonte pensa em pôr em forma de "comentários" muitos dos diálogos que Sócrates animara ou dirigira[6] (Arriano de Nicomédia, na época de

---

2. Tucídides, VIII, 68: cf. infra toda a Quarta parte e em especial o cap. 17.
3. Platão, *Apologia de Sócrates*, 33b.
4. Cf. infra, cap. 12.
5. Cf. infra, cap. 2, para a colaboração dramatúrgica ente os dois.
6. São os chamados *Ditos e feitos memoráveis*, de que Diógenes Laércio fala adequadamente (*Vidas dos filósofos*, II, 48).

Adriano, fez uma operação semelhante em relação a Epicteto, pondo-se de forma explícita sob a égide do modelo de Xenofonte), e foi também[7] o herdeiro do legado de Tucídides, que publicou, assim tornando acessível, e logo objeto de ardorosas polêmicas, a obra de história política mais importante e influente antes de Políbio. Por sua vez, os caminhos de Eurípides e de Tucídides se encontram no autoexílio macedônio: para ambos, a Atenas que retornara ao antigo regime tornara-se irrespirável.

Mas é sem dúvida Xenofonte o nexo mais evidente entre os dois círculos. Ele adotou a tática de inocentar Sócrates enfrentando (como veremos mais adiante) as tácitas acusações políticas que estavam na base do processo e, por isso, escolheu o caminho pouco convincente de *separar* — inclusive no plano biográfico — a imagem de Sócrates da de Alcibíades e Crítias. Mas Platão, que tem sempre Sócrates como protagonista em todo o seu corpus,[8] logo recoloca Sócrates em seu verdadeiro *milieu*: Crítias, Alcibíades, Cármides, Clitofonte, Mênon etc.

Xenofonte procede assim também por questão pessoal, já que Crítias é incômodo como "companheiro", não só para Sócrates, mas também para ele mesmo. Daí sua escolha de "socratizar" Terâmenes no *Diário da guerra civil*,[9] que coloca no final do legado tucidideano,[10] a seus cuidados: escolha à qual foi encorajado pela existência, na última parte da narrativa elaborada por Tucídides, de um extenso diário do historiador sobre a primeira oligarquia.[11] "Socratizar" Terâmenes, chegando a associá-lo aos acontecimentos de Leon de Salamina,[12] era a única maneira de se afastar de uma experiência — o governo de Crítias — com a qual a cidade jamais se reconciliaria.

Assim, Xenofonte contribui para salvar a obra de Tucídides, "esteriliza" o retrato político de Sócrates separando-o de Crítias, "socratiza" Terâmenes para anular seu envolvimento com Crítias. Também a ele devemos o resgate do cor-

---

7. Ignoramos as vias como isso se deu.
8. Exceto em *As leis*: o que sugere que foi justamente por isso que há tanto de Sócrates nos outros diálogos (assim pensava, por exemplo, Aristóteles).
9. *Helênicas*, II, 3, 10-II, 4, 43.
10. Ibid., I, 1, 1-II, 3, 9.
11. Tucídides, VIII, 47-98.
12. Sobre isso, cf. mais adiante, cap. 38.

tante diálogo de Crítias *Sobre o sistema político ateniense*:[13] mérito não menos relevante do que ele fez pelo legado de Tucídides (legado que, lia Diógenes Laércio em suas fontes, "pode ter roubado"!).[14]

Depois que Sócrates já desaparecera (399 a.C.), mas o eco do processo ainda não se extinguira, Polícrates, um orador adversário do ambiente dos socráticos, escreveu um panfleto no qual punha às claras as verdadeiras razões da condenação. A acusação, na essência, era diretamente política: Sócrates havia "criado" os dois políticos responsáveis pela ruína de Atenas, ou seja, Alcibíades e Crítias (que era também tio de Platão). Na Atenas da "restauração democrática", esses dois nomes por si só bastavam para indicar, de maneira emblemática, a má política. Podia-se recriminar Alcibíades, mesmo que de forma um tanto simplificada, pela derrota na longa guerra contra Esparta, bem como pela tentativa de adotar posição "tirânica" em relação ao funcionamento normal da cidade democrática (tentativa corroborada por seu estilo de vida "tirânico", isto é, excessivo); a Crítias devia-se a feroz guerra civil que dilacerara a Ática após a derrota militar (abril de 404-setembro de 403 a.C.).

Compreende-se assim todo o alcance do ataque de Polícrates: o mau mestre — era este o sentido do seu panfleto — devia pagar por ter causado, em última instância, com seus ensinamentos, a ruína de Atenas. Essa tese não teve sucesso na tradição moderna, *mas em Atenas* — exceto nos círculos dos socráticos e de sua descendência intelectual — *tornou-se senso comum*. Basta lembrar pelo menos dois episódios, ambos muito sintomáticos. Em 346, isto é, mais de cinquenta anos após a morte de Sócrates, num importantíssimo processo político em que se contrapunham dois líderes de grande peso — Demóstenes e Ésquines —, Ésquines, falando *contra Timarco* diante de um grande público

---

13. Se esse opúsculo se salvou junto com as obras de Xenofonte, é evidente que entrara em seu *Nachlass* (as cartas que deixou ao morrer). Levar em conta fenômenos desse gênero significa orientar-se na história dos textos. Max Treu [s.v. *Ps.-Xenophon*, *RE*, IX.A, 1966, col. 1980, linhas 16-20] leva em conta esse tipo de fenômeno e mesmo assim escreve: "A hipótese de que esta anônima *Athen. Republica* tenha sido encontrada no legado póstumo (*Nachlass*) de Xenofonte pode parecer plausível do ponto de vista da história da tradição, mas não há argumentos que se possam apresentar em favor dessa hipótese". Impagável.

14. Diógenes Laércio, II, 57.

(como era normal no caso de processos políticos importantes) e crendo dizer coisas bem-vindas e apreciadas pelo público, afirma na intenção de relembrar aos atenienses a sabedoria de seus vereditos processuais: "Lembrai, atenienses, que condenastes à morte o sofista Sócrates, que educara Crítias, o tirano" (parágrafo 173). Essa tirada de Ésquines vale mais do que qualquer testemunho indireto: ela significa que um orador de sucesso tomava por assente que tal era o juízo que o "ateniense médio" reservava sobre aqueles fatos ocorridos apenas meio século antes. O outro episódio, não menos sugestivo, aconteceu algumas décadas mais tarde. Trata-se do decreto que um certo Sófocles propôs e Demócares (sobrinho de Demóstenes e seu herdeiro político) apoiou, para o fechamento das escolas filosóficas em Atenas. A ideia predominante era que, no ambiente de tais escolas, "separado" da cidade (e, mais uma vez, trata-se da herança socrática), tramava-se contra a democracia.

O "renascimento" do mito positivo de Sócrates (fora da descendência filosófica) se deve ao "humanismo" ciceroniano, bem mais do que a exercícios apologéticos florescidos não sem motivo na cultura retórica tardo-antiga, como a *Apologia de Sócrates* de Libânio. É a Cícero que se deve a valorização do filósofo que trouxe a especulação filosófica "do céu para a terra" (por ter, justamente, concentrado suas reflexões na ética e na política). E é claro que, na mentalidade política romana, a *licentia*, a *nimia libertas*, característica da democracia ateniense, aparecia como o justo alvo da crítica socrática e, assim, Sócrates aparecia como vítima daquele regime de opressão.

E, de Cícero ao ciceroniano Erasmo (*o sancte Socrates ora pro nobis!*), o mito passa para o pensamento moderno. No *Tratado sobre a tolerância*, Voltaire dedica um capítulo quase "heroico" ao embaraçoso processo contra o filósofo: ali, tenta conciliar a devoção por Sócrates com sua visão favorável de Atenas e da "tolerância" dos atenienses; e a sua saída é dizer que, se quase trezentos jurados, embora vencidos por serem minoria, tinham votado pela absolvição de Sócrates, havia em Atenas, portanto, nada menos que "quase trezentos filósofos"! Escamoteamento pseudológico cujo pressuposto é, justamente, a configuração já consolidada de Sócrates como herói positivo no firmamento dos "grandes" gregos e romanos. Meio século depois, Benjamin Constant, o qual, ao recomendar que os modernos se despeçam de uma vez por todas das repúblicas antigas, também tenderia a colocar Atenas sob uma luz menos negativa entre o conjunto delas, mesmo assim aponta justamente o processo e a condenação de

Sócrates como o indício mais claro do inaceitável caráter opressor daquelas repúblicas (1819). Para ver ressurgir uma posição "à Ésquines", será preciso esperar o livro de um culto *radical* norte-americano, I. F. Stone, *O julgamento de Sócrates* (1990). Para além de certo extremismo neófito, a obra de Stone capta o problema, mas não o explora a fundo. Talvez lhe tenha passado despercebido que não se tratava de um caso individual, por desagradável que fosse. Apesar do retrato platônico, com efeito, hoje somos levados a pensar que o papel de Sócrates foi *politicamente central* naqueles anos, embora de uma politicidade negativa. Os próprios fatos de algumas das figuras políticas mais relevantes girarem em torno dele, de Aristófanes sentir necessidade de lhe desferir repetidos ataques frontais (as duas versões de *As nuvens*), de outros importantes comediantes o atacarem acusando-o de ser também o ghost-writer de Eurípides, outro personagem malvisto (Cálias, fragmento 15 Kassel-Austin), e de Platão decidir colocá-lo no centro de uma sociedade política em perene discussão, apresentando-o como a consciência crítica da cidade, são, todos eles, elementos que indicam sua *centralidade*. E dela não se pode prescindir ao se discorrer sobre as vicissitudes de sua vida e de sua morte.

E, com efeito, no que consiste a contínua discussão socrática maiêutica apresentada por Platão, se não na crítica constante aos fundamentos do sistema político vigente em Atenas e, de modo mais geral, aos fundamentos da política (não só democrática)? A questão retorna a cada diálogo e gira em torno dos dois temas cruciais da competência e do aprimoramento dos cidadãos. E a questão preliminar que reaflora com maior frequência é determinar o *objeto específico* da política e a *institutio* necessária para ela, e, caso se trate de *competências* que podem ser adquiridas, como se adquirem as competências necessárias para exercer outros ofícios. O aprimoramento dos cidadãos, por sua vez, comporta a questão do *conhecimento do bem* por parte de quem aspira a governar e até luta para conquistar esse papel. Aqui, impressiona a desinibição do Sócrates platônico ao julgar com severidade mesmo as figuras mais eminentes da política ateniense do "grande século", Temístocles e Péricles *in primis*. Impressiona — e foi objeto de contestação por parte dos retores tardios como Hélio Aristides — a avaliação de Péricles como grande corruptor, como aquele que tornou os cidadãos "piores do que os recebera" quando subiu ao poder (*Górgias*, 515e). Nada exclui que Platão, nesses casos, atribua a Sócrates juízos de fato proferidos por ele ou, pelo menos, habituais em seu entourage.

A réplica de Xenofonte à acusação de Polícrates contra Sócrates, como mau mestre de Alcibíades e Crítias, no início de *Ditos e feitos memoráveis de Sócrates*, é frágil e muito banalmente defensiva. Ele procura demonstrar que os dois entraram na política quando já não frequentavam Sócrates e inclusive, no que diz respeito a Crítias, enfatiza a oposição entre este e Sócrates, a qual decerto existia e corria o risco de se tornar mortal quando Crítias tomou o poder em 404. Isso, porém, em nada diminui a essencial verdade da imputação feita a Sócrates, de que esses dois expoentes, se não artífices, da dissolução da Atenas democrática tinham sido "formados" em seu círculo. É por isso que essa "apologia" é ineficaz: sobretudo se considerarmos que foi elaborada por alguém que havia combatido a serviço dos Trinta e, além do mais, no corpo seleto e perigosamente faccioso da cavalaria. E é justo por causa de sua adesão ativa ao governo dos Trinta (mais ativa do que a de Platão, como se depreende das primeiras páginas da *Carta VII*, e mais ativa, é evidente, do que a de Sócrates, que consistia apenas na escolha de "permanecer na cidade") que Xenofonte, em 401 (após o trauma da emboscada de Elêusis), preferiu sumir de circulação e se alistar com Ciro, o jovem. Assim, é na verdade pouco expressiva sua apologia de Sócrates, destinada a "purificá-lo" da má política de Crítias!

Não é fortuito que, entre os escritos sobreviventes de Xenofonte, apareça também, como sabemos, o duro e sarcástico panfleto antidemocrático *Sobre o sistema político ateniense*. Isso significa apenas que o autor tinha entre seus "papéis" o texto programático de quem, durante a ditadura dos Trinta, fora seu chefe.

Se o olhar dos socráticos em relação à cidade é crítico, diferentes são as atitudes: a opção de Crítias é agressiva e politicamente alerta e, se necessário, arrojada (como quando, a serviço de Terâmenes, ele se empenhou pela volta de Alcibíades); a opção de Sócrates é deixar que o "escândalo" de sua condenação à morte se consuma até o final (recusando a fuga); a platônica será tentar experiências de filosófico "bom governo" em outras partes (com efeitos desastrosos). Por outro lado, o olhar da cidade em relação aos filósofos é sumário e hostilmente confuso: para Aristófanes, em *As nuvens*, Sócrates é um monstruoso cruzamento de um sofista banal prestidigitador de palavras com um divulgador do ateísmo anaxagoriano. Essa simplificação não surpreende. Espanta mais que um tema desses parecesse, a um autor experiente e cuidadoso como Aristófanes, capaz de atrair o interesse de um público enorme, como o dos frequentadores do teatro.

6. Os quatro historiadores de Atenas

A história do grande século de Atenas chegou a nós por meio de quatro testemunhos atenienses fundamentais — Tucídides, Xenofonte, Platão, Isócrates —, três deles ligados, de uma maneira ou outra, ao socratismo. Platão e Xenofonte foram ambos frequentadores e ouvintes de Sócrates. Isócrates assume a postura de um novo Sócrates: não faz política, mas oferece conselhos sobre política; apresenta-se como perseguido pela cidade e socraticamente capaz de se opor a essa hostilidade; apresenta-se como inimigo dos sofistas. Todos os três descrevem ou dão a entender de maneira clara a renúncia pessoal à atividade política. Platão, na *Carta VII*, descreve com cautela e ironia sua única experiência política ateniense, no início do governo dos Trinta. Xenofonte não enveredou pela política senão quando Crítias subiu ao poder. Apenas então se engajou, na ilusão, é evidente, de que aqueles homens representavam a *eunomia*; depois disso, precisou se empenhar em tomar uma distância apologética dos piores aspectos daquele governo sob o qual militara. O único que tentou com convicção fazer política "na cidade democrática",[1] e depois com os Quatrocentos, foi Tucídides. Assim, entre os quatro, ele é o único verdadeiro historiador que também foi obstinada e ativamente político.

---

1. [Xenofonte], *Sobre o sistema político ateniense*, II, 20.

Em que sentido os outros três merecem o título de historiadores do grande século de Atenas? Isócrates e Platão disseminaram em suas obras referências ao funcionamento e à história da cidade e aos grandes políticos que a dirigiram; e Platão se divertiu em criar no *Menexeno* uma contra-história grotesca de Atenas. Mas Isócrates fez muito mais. Não só tratou reiteradamente da história de Atenas no *Panegírico* e no *Panatenaico* como também criou um objeto literário novo, o opúsculo político em forma de oratória fictícia, permeado de referências históricas. A invenção desse novo objeto literário, que demonstra que a assembleia popular enquanto tal tem cada vez menos importância, traz muitas implicações: significa, entre outras coisas, que o público de Isócrates não é mais apenas citadino. E, de fato, Isócrates estendeu sua influência a personagens não atenienses: de seu ponto de vista, não é descabido se dirigir como conselheiro voluntário a potentados externos, do tirano de Siracusa ao soberano da Macedônia. E fora de Atenas encontrou muitos de seus frequentadores, a alguns dos quais sugeriu um caminho mais específico, por exemplo, orientando Teopompo de Quios e Éforo de Cuma para a historiografia. Que tenha sido Isócrates a lhes dar um impulso rumo à historiografia, como Cícero repete diversas vezes com base em fontes que, como sempre, não revela, é um dado que, no início do século XX, foi posto em dúvida sem grandes motivos, talvez pelo fascínio que a hipercrítica costuma exercer sobre os doutos. Hoje pode-se tranquilamente afirmar que as informações tradicionais de que tinha notícia Cícero não foram abaladas até agora por nenhuma documentação em contrário.

O primeiro trabalho historiográfico ao qual Teopompo se atém, as *Helênicas*, é uma continuação de Tucídides. Segue-se à continuação que fora empreendida por Xenofonte, depois de voltar para a Grécia (394 a.C.), e se apresenta, com base nos remanescentes de que dispomos, como retificação deliberada do que este fizera. A marca mais macroscópica dessa obra de revisão-refutação está na extensão das *Helênicas* de Teopompo (onze ou, segundo Diodoro, doze livros à frente dos dois, ou três caso se siga o papiro Ranier, xenofonteanos confluídos nas *Helênicas*); a outra marca de divergência radical está na escolha de outro ponto de chegada: o renascimento de Atenas graças a Cónon (pai de Timóteo, amigo de Isócrates), e não à Pérsia, ou seja, 394 contra 404. Por seu lado, Isócrates não poupa estocadas a Xenofonte no *Panegírico*, quando fala daqueles que se tornaram "servos de um escravo", isto é, Lisandro, armosta em Atenas em 404, ou quando define os Dez Mil que se alistaram com Ciro como "rebotalhos das cidades gregas".

Xenofonte se tornara historiador por acaso. Tomando posse do legado tucidideano, trouxera-o a púbico. Também inventara um novo objeto literário ao escrever a *Anábase* — história memorialista de menos de três anos ocupando sete livros, repletos de hábeis reconstruções apologéticas — e apenas mais tarde elaborou a narrativa da guerra de Esparta contra a Pérsia, comandada por Agesilau, da qual também participara; na prática, uma continuação da *Anábase*.[2] E por fim, em idade muito mais adiantada, narrou o conflito espartano-tebano e a crise da hegemonia espartana no Peloponeso. Sua principal atividade literária, à qual pretendia ligar seu nome, era a de filósofo socrático e também de escritor técnico.

Em todo caso, sua iniciativa de colocar a obra de Tucídides em circulação, "em vez de se apropriar dela", como diz o antigo biógrafo, foi o principal acontecimento na história da historiografia grega. Não só pôs a salvo a mais imponente história política daquela época, mas deu operacionalidade a um modelo que se tornou decisivo, ao qual ele mesmo, porém, se adaptou muito mal. E, acima de tudo, criou um caso político-historiográfico, ao qual os outros dois, Isócrates e Platão, mais ou menos na mesma época, reagiram em grau variado. O que estava em jogo era a interpretação do grande século, da política de Péricles, da justiça ou iniquidade do império e das razões de sua derrota. Isócrates escolheu a linha de defender as razões do império ateniense até o fim (do *Panegírico* ao *Panatenaico*); Platão, ao contrário, optou por reconhecer a origem do mal já nos "grandes" que criaram aquele império, a começar por Temístocles, ou o transformaram em tirania, a começar por Péricles.

---

2. Diante de uma obra heterogênea como as *Helênicas*, um grande intérprete como Jacob Burckhardt soube pôr em primeiro plano justamente uma consideração genética e analítica. Mesmo nos limites de um sintético perfil de história cultural, ele notava a profunda diferença (e conjecturava uma diferente origem) dos primeiros dois livros das *Helênicas* em relação ao restante da obra. Nesses dois livros iniciais, observava, a matéria é exposta "de modo tão rico e cativante que se pôde pensar numa utilização de materiais tucidideanos". E acrescentava: "Do livro III em diante, encontramos um diário do quartel-general espartano" (*Griechische Kulturgeschichte* [1872--5], trad. ital. Florença: Sansoni, 1974, p. 179).

A difusão por obra de Xenofonte da obra tucidideana gerou reações quase imediatas. Em seu fictício discurso fúnebre, Lísias parafraseia as palavras do Péricles de Tucídides ("alcançamos todas as terras e todos os mares graças à nossa coragem, instaurando por toda parte monumentos eternos de males e de bens"):[3] "Não há terra, não há mar de que nós, atenienses, não tenhamos experiência: por toda parte, quem pranteia suas desventuras assim entoa um cântico a nossas virtudes bélicas".[4] E aqui é evidente a alusão às palavras do Péricles tucidideano, que logo antes dissera, de fato, que Atenas "não precisa de um Homero *que lhe cante louvores*". As correspondências entre os dois lugares — um no final, o outro no início — são tão densas e pontuais ("alcançamos todas as terras e todos os mares", "por toda parte onde deixamos marcas tão grandes quão dolorosas", "não é preciso um Homero que exalte nossas gestas"/ "o pranto de vossas vítimas é o canto que exalta nossas gestas") que parece assente a intenção alusiva de Lísias em reação ao discurso fúnebre pericleano-tucidideano.[5] Como a oração é objeto de alusão de Platão (*Menexeno*) e Isócrates (*Panegírico*) na mesma época, o que vem de Lísias é uma confirmação posterior de que a obra de Tucídides ficou conhecida por volta dos anos 390 e que seu discurso causou tal impressão que suscitou nada menos que três reações por parte dos escritores de maior destaque, por diferentes razões, no panorama político-cultural ateniense. Para eles, também era uma das partes mais significativas, e, talvez, o balanço de toda a obra que sairia postumamente e começava a circular graças a Xenofonte.

A experiência biográfica da qual nasce a historiografia ateniense ajuda a compreender algumas de suas características dominantes. Devido ao fato de estarem na "oposição" diante do poder democrático e, portanto, na situação de precisar a cada vez interpretar (senão desmascarar) o discurso político, esses autores adotaram uma dupla orientação imputável sempre ao *habitus* mental atento em separar palavras e coisas e em enxergar as coisas sob e para além das

---

3. Tucídides, II, 41, 4.
4. Lísias, *Epitáfio*, 2.
5. Ver o detalhe em M. Nouhaud, *L'Utilisation de l'histoire par les orateurs attiques*. (Paris: Les Belles Lettres, 1982, p. 113).

palavras. É uma visão substancialmente realista das dinâmicas históricas (e, ainda mais, da política). É um trabalho analítico empenhado em descobrir a *necessidade* dos fatos históricos (e, ainda mais, dos políticos). Dessas duas decorre uma terceira característica: um hábito mental revisionista em relação aos *idòla* da narrativa tradicional e consolidada da história citadina (o equivalente historiográfico do que acabou por ser a *patrios politeia*, controverso fetiche, no plano constitucional). Nesse terreno, Isócrates é tortuoso: no *Areopagítico*, consegue tecer ao mesmo tempo o elogio ao ordenamento político espartano (parágrafo 61), "ótima Constituição" porque democrática, e o elogio ao magnífico equilíbrio demonstrado pelos atenienses no momento da expulsão da segunda oligarquia (403), tudo no quadro de uma proposta decididamente restauradora, como a restituição ao Areópago, arrasado pela reforma de Efialtes, de seus poderes anteriores.

Embora influenciados por simpatias políticas ou mais genericamente ideológicas, esses historiadores procuram adotar o ponto de vista do observador, que dá a cada um o que é de direito, que sabe repartir erros e acertos, mas sobretudo que pretende — e sabe — enxergar sob os fatos. Um legado que a historiografia moderna, humanista, de explícita e deliberada inspiração clássica, não dissipou.

Aí reside a força deles. Faz parte desse realismo a atenção reservada ao conflito entre as classes sociais como fator de história. Esta era uma característica que os historiadores antigos não tinham motivos para ocultar, não havendo, na época, o receio de serem censurados por isso. Aliás, historiadores modernos da Antiguidade muito familiarizados com as fontes não hesitaram em tomar esse ponto de vista tão importante às fontes que, de maneira tão notável, frequentavam. Quando um Fustel de Coulanges em sua *thèse* sobre Políbio (1858) começa dizendo que "Em todas as cidades gregas havia duas classes: os ricos e os pobres", está apenas tomando como base para sua reconstrução aquilo que Platão e Aristóteles em suas obras políticas e Demóstenes em algumas orações (*Quarta filípica*, por exemplo) colocam em primeiro plano.

A descoberta das causas profundas e decisivas, embora não sempre visíveis, dos fatos históricos se assenta, por sua vez, no pressuposto de que na base deles há uma concatenação "necessária" de causas que não podem ter senão esses efeitos. Com Tucídides, a noção de "necessidade" histórica entra em cena com papel preponderante; desde o prólogo, em cujas frases finais aparece aquela assumida declaração enunciada na primeira pessoa: "Considero que a causa verdadeira, mas rigorosamente tácita, da eclosão da guerra foi que a força crescente dos atenienses, provocando inquietação nos espartanos, *obrigou-os à guerra*".[6] Essa ideia de "necessidade" também reaparece no novo prólogo que prenuncia o reinício do conflito e a "inevitabilidade" da ruptura da paz de Nícias ("obrigados [ἀναγκασθέντες] a romper a paz, retomaram guerra aberta").[7] E o próprio Péricles, no discurso que Tucídides o faz proferir logo antes do início das hostilidades, diz: "É preciso saber que a guerra é inevitável".[8] E Xenofonte, no "diário" da guerra civil, apresenta as palavras de Crítias, empenhado em explicar por que os Trinta, depois de tomarem o poder, estão mandando tantos homens à morte, dizendo que "é inevitável [ἀνάγκη] que a mudança política, numa cidade como Atenas, comporte tal hecatombe: porque Atenas é a cidade mais populosa da Grécia e porque o povo esteve no poder por tempo demasiado".[9]

Tucídides também elabora a teoria de que é possível estudar os "sintomas" dos fatos históricos. Comenta-o a propósito da reconstituição do passado mais remoto, na chamada "arqueologia"; comenta-o a propósito da rigorosa concatenação, em qualquer lugar onde haja um conflito, entre guerra externa e guerra civil;[10] reafirma-o, quase nos mesmos termos, ao explicar o grande espaço que reserva para os sintomas da peste. Na base está a ideia, tomada de empréstimo à sofística, da substancial imutabilidade da natureza humana.[11]

---

6. Ἀναγκάσαι ἐς τὸ πολεμεῖν (Tucídides, I, 23, 6).
7. Id., V, 25, 3.
8. Id., I, 144, 3: εἰδέναι δὲ χρὴ ὅτι ἀνάγκη πολεμεῖν.
9. Xenofonte, *Helênicas*, II, 3, 24.
10. Tucídides, III, 82, 2.
11. Id., I, 22, 4; II, 48; III, 82, 2.

PRIMEIRA PARTE
O sistema político ateniense:
"Uma guilda que reparte o butim"

Was ihr den Geist der Zeiten heißt
Das ist im Grund der Herren eigner Geist,
In dem die Zeiten sich bespiegeln.
[O que chamais de espírito de outrora
É o espírito que em vossas testas mora,
No qual o outrora está se refletindo.]
Goethe, *Fausto*, 577-9*

---

* Trad. de Jenny Klabin Segall. São Paulo: Ed. 34, 2004.

1. "Quem quer falar?"

I

Em teoria, na assembleia popular falam todos os que quiserem. Todos têm o direito de vir à frente, respondendo de modo afirmativo à pergunta formulada pelo apregoador quando se inicia a sessão: "Quem quer falar?".

Mas o funcionamento concreto da assembleia é totalmente diferente. Falam sobretudo os que sabem falar, que têm a formação necessária que lhes permite o domínio da palavra. A visão idealizada é a que Péricles apresenta ao público na oração fúnebre: "É-se objeto de consideração com base no mérito, a pobreza ou ser desconhecido não constituem impedimento caso se tenha a dar uma contribuição positiva para a cidade".[1] Mas não se deve descurar que Péricles diz de modo genérico e prudente "dar uma contribuição", em lugar de se referir de maneira explícita a *falar à assembleia*. A realidade, como tantas vezes ocorre, é a descrita pela comédia.

A comédia mais antiga de Aristófanes que se conservou, *Os acarnianos* (425 a.C.), constitui também a mais antiga descrição remanescente do mecanismo da assembleia. E o quadro que traça o protagonista, Diceópoles, um

---

1. Tucídides, II, 37, 1: ἔχων τι ἀγαθὸν δρᾶσαι τὴν πόλιν.

pequeno proprietário do demo de Acarne, é totalmente diferente daquele que, com consciente demagogia, desenhou o Péricles tucidideano. "A assembleia está deserta. Eles estão conversando na praça e passeiam, mas se mantêm bem distantes da corda vermelha.[2] E não se veem nem os prítanes[3] chegarem."[4] Diceópoles, que quer apenas decisões claras em favor da paz, está sozinho, "olha para os campos, odiando a cidade",[5] e descreve de maneira cômica como passa o tempo à espera de que a assembleia enfim se povoe. "Mas desta vez", diz ele, "vim bem preparado, pronto para *gritar, interromper* e *insultar* os oradores se alguém falar de outra coisa que não seja a paz."[6] "Gritar, interromper, insultar": com certeza, não intervir com argumentos opostos aos dos políticos profissionais (*rhetores*). Seu direito à palavra é o *grito*, o insulto, a interrupção violenta da palavra dos outros, da palavra, justamente, daqueles que dominam esse instrumento e por isso são os protagonistas habituais da tribuna. Os quais, é óbvio, não enfrentam a assembleia sozinhos e "desarmados": não são ingênuos a ponto de se expor sem nenhuma proteção à agressividade dos diversos Diceópoles; contam com a legião de seus ajudantes, os "retores menores", que um político e advogado experiente da época demostênica, Hipérides, de maneira espirituosa chamava de "os senhores do grito e do tumulto", cuja tarefa era, precisamente, permitir que se ouvisse bem o chefe e impedir as súbitas intervenções dos cidadãos que não falam (mas gritam). Diceópoles tem consciência — e com ele o público de Aristófanes — de que um "pobre" não se permite falar na assembleia: exatamente o contrário da oleográfica demagogia de Péricles. Quando, após vãs tentativas de se fazer ouvir (é o próprio apregoador, ou seja, o mesmo que deveria solicitar as intervenções, a calá-lo!),[7] Diceópoles fala — dirigindo-se, é evidente, aos espectadores[8] —, como primeira coisa pede que lhe perdoem tal ousadia: "Espectadores! Desculpai-me se eu, *mesmo sendo um*

---

2. Era um método drástico para bloquear as vias que levavam a Pnyx, a planície a oeste da acrópole onde ocorria a assembleia, e obrigar os cidadãos a participar dela.
3. Que deveriam presidir.
4. *Os acarnianos*, 20-3.
5. Ibid., 32-3.
6. Ibid., 37-9.
7. Ibid., 58.
8. Que funcionam como assembleia.

miserável, ponho-me a falar e até a tratar dos assuntos públicos".[9] Mas o coro já o advertiu: "O que vais fazer? O que vais dizer? Saibas que és mesmo um descarado [...]. Tu, que queres expor, só tu, opiniões contrárias às de todos!".[10] E, com um efeito cômico certeiro, Diceópoles — isto é, alguém que poderia no máximo se manifestar com o *grito* e com o protesto indecoroso — começa a falar como faria um grande mestre da tribuna. Abre com um exórdio de grande orador: "Falarei e direi coisas terríveis, certo, mas corretas".[11] Imita o típico preâmbulo com que o orador, contando com seu consolidado prestígio de político profissional e reconhecido enquanto tal,[12] anuncia ele mesmo o duro e doloroso, mas necessário, teor desagradável das palavras que está para dizer. O político consolidado sabe que não se arrisca ao se pronunciar assim, sabe que tem força suficiente e está protegido por uma área de consenso entre os frequentadores da assembleia, o que lhe permite antecipar pessoalmente, num hábil movimento "pedagógico", a impopularidade que pretende enfrentar. Assim, a atitude adotada por Diceópoles é de imediata comicidade, pois sem dúvida um "pobre", ou melhor, um "miserável", como ele próprio se define antes de se lançar ao discurso, jamais falaria com o tom de superioridade e desprezo às possíveis reações do público, típico dos que dominam a tribuna.

É claro que o discurso soa totalmente irregular. Diceópoles muda de registro quase que a cada frase. Mas o exórdio, irresistível, indica uma colossal inversão dos papéis. Diceópoles não só fala (o que não lhe seria conveniente pelas razões que sabemos e ele próprio reconhece), mas fala até como se fosse um Péricles ou um Cléon.

E já que, de toda maneira, tomou a si o papel de homem político que dá conselhos à cidade, que estão na contracorrente, mas são corretos, Diceópoles chega à ousadia extrema: põe em discussão as próprias razões pelas quais a cidade se encontra em guerra, nega sem rodeios que a responsabilidade possa recair sobre os espartanos, ridiculariza o decreto com que Péricles impôs o bloqueio comercial contra Mégara, provocando a previsível reação de Esparta.

---

9. *Os acarnianos*, 496-9: περὶ τῆς πόλεως.
10. Ibid., 490-3.
11. Ibid., 501: Ἐγὼ δὲ λέξω δεινὰ μέν, δίκαια δέ.
12. O termo que o designa, como sabemos, é *rhetor* (o próprio Diceópoles o utiliza no início do prólogo).

O político solidamente enraizado no jogo das assembleias pode ir muito avante ao "dizer coisas desagradáveis, mas corretas"; porém é pouco provável que ponha em discussão os pressupostos basilares, as escolhas fundamentais. A comédia, à sua maneira, e não sem alguns riscos, pode fazê-lo.

II

Quanto aos limites de ousadia política permitidos à comédia, sabemos alguma coisa pelo próprio Aristófanes. No ano anterior à encenação de *Os acarnianos*, em 426, ele chegara a apresentar *Os babilônios* — e parece que com grande sucesso — no concurso mais prestigioso, as Grandes Dionisíacas, comédia em que atacava um ponto nevrálgico vital: a exploração que Atenas exercia sobre os aliados. Discutia-se o próprio fundamento do império, isto é, o pagamento do tributo, pelos aliados, ao tesouro federal, havia tempo transferido de Delos para Atenas. Na comédia (que infelizmente não se conservou), os aliados apareciam como escravos agrilhoados (*PCG*, III.2, p. 63, VII). O próprio Cléon reagiu ingressando com uma acusação contra Aristófanes junto ao conselho dos Quinhentos (*Os acarnianos*, 379): a acusação, ao que parece, questionava não tanto o realista diagnóstico político projetado pela comédia, e sim o fato de que, ao tratar das Grandes Dionisíacas, o espetáculo comportava também a presença de cidadãos estrangeiros, vindos, justamente, das cidades aliadas. As consequências desse gesto do importante político não foram graves. No ano seguinte (425), Aristófanes concorria de novo, e com êxito, com *Os acarnianos*, em que atacava de maneira direta a escolha de prosseguir com a guerra. E isso enquanto o andamento da beligerância era favorável à cidade: tratava-se, além do mais, de um ataque que envolvia o próprio Péricles, em cuja esteira se colocava Cléon, sem deixar de obter consenso eleitoral.[13] E no ano seguinte (424) ele apresentaria *Os cavaleiros*, isto é, um ataque frontal contra Cléon.

Naturalmente, a cena política daqueles anos é movimentada: ninguém tem a posição dominante que Péricles ocupara em sua época. Enquanto Cléon ganha força crescente, não se pode esquecer que Nícias, o riquíssimo e modera-

---

13. Em 425, ocupa o comando (como 11º estratego sobressalente?) do cerco de Esfactéria. E a partir de 424 é reeleito todos os anos.

do Nícias — que, comparado a Cléon, representa uma linha bem diferente e muito menos "pericleana" —, é reeleito estratego todos os anos, desde 428 até o fim da guerra (421) e além. Assim, não faltam correntes de opinião e líderes políticos com os quais Aristófanes esteja numa sintonia muito diferente. O que, para quem produz comédias com o fito de obter a aprovação do público, é tranquilizador. Decerto a sensível tecla do tratamento infligido aos aliados, de sua progressiva redução à "escravidão", não podia agradar nem a um Nícias, e grande parte do público devia se sentir insatisfeita por se colocar em discussão a principal fonte de prosperidade do "povo ateniense", isto é, a exploração econômica dos aliados. Igualmente claro é que o império, para um Diceópoles, pequeno proprietário prejudicado pela interminável guerra contra Esparta, era uma necessidade menos vital do que para a massa dos despossuídos que gravitavam em torno da frota e dos arsenais, concentrada sobretudo no Pireu.

E, de todo modo, há uma fonte de grande importância e notável expressividade que fala sobre uma espécie de cumplicidade entre comediógrafos e "povo": a *Athenaion Politeia* transmitida como se fosse de Xenofonte. Diz esse autor, que por convenção erudita é chamado de "o velho oligarca",[14] que o povo não suporta ser posto a uma luz negativa nas comédias, mas tem o hábito de *exigir* aos comediógrafos que façam ataques pessoais contra figuras emergentes, mesmo de extração popular, e sobretudo contra ricos e nobres.[15] Aliás, o autor especifica que os ataques a populares emergentes "não desgostam" de forma alguma o público, visto que essas figuras, em todo caso, despertam desagrado ou suspeita. Quem escreve dessa maneira decerto tem uma boa e direta experiência do mundo do teatro. Podemos também suspeitar que, por facciosidade, ele exagere alguns comportamentos, mas parece confiável no que tange ao principal dado de fato: o contato direto do público com o comediógrafo em atividade e a interferência em sua "oficina", portanto na convicção — partilhada por ambos — de que o teatro cômico tem uma eficácia diretamente *política*. Esse dado ajuda a entender melhor certas "ousadias" de Aristófanes (o comediógrafo que de fato podemos dizer que conhecemos, em meio ao naufrágio de todo o restante da "comédia antiga"): ousadias que, no entanto, sempre deviam poder contar com o consenso de uma parte do "povo ateniense", para além do

---

14. Mas nenhum elemento interno do texto faz pensar num "velho".
15. *Sobre o sistema político ateniense*, II, 18.

divertimento em si, em fustigar também seus "ídolos". Esse laivo de malícia, mesmo entre os mais fiéis, é típico do fenômeno de "liderança".

Em conclusão, a comédia pode dizer muito mais do que o que pode ser dito na assembleia, mas, *exatamente porque fala de maneira explícita*, e não por metáforas, *da política* citadina, ela não pode deixar de levar em conta os vínculos e limites inerentes ao funcionamento da máquina política, não pode pisotear aquelas "cláusulas de segurança" (ou de garantia, como se diz na linguagem constitucional moderna) com que o sistema, no caso a democracia assemblear, defende a si mesmo. Há um fundo de verdade, para além do tom de excessiva admiração, no que Madame de Staël escreve a respeito de Aristófanes, e seu juízo pode se aplicar a toda a comédia ática "antiga": "Aristófanes", escrevia a filha de Necker, "vivia sob um governo tão republicano que *tudo* era partilhado com o povo, e os assuntos públicos passavam com facilidade da praça das reuniões[16] para o teatro".[17]

E é inegável que o teatro em Atenas, ao lado da assembleia e dos tribunais, se constitui um dos pilares do funcionamento político da comunidade. São essas as três sedes em que a comunidade se reconhece como tal e nas quais a comunicação é de fato geral e imediata. E trata-se de um traço específico de Atenas. Sem dúvida, no mundo grego esse é o lugar onde mais amplamente se consome cultura, e aqui recorremos de novo às palavras de Madame de Staël: "Uma terra onde a especulação filosófica era quase tão familiar ao comum das pessoas quanto as obras-primas artísticas, onde as 'escolas' se mantinham *en plein air*". *En plein air*, isto é, no teatro, chegava-se a discutir, saborear e talvez até ridicularizar a hipótese radical de uma sociedade comunitarista (Aristófanes, *A revolução das mulheres*), a qual, porém, Platão discutia em ambiente fechado. A propósito, é digno de nota o juízo convergente do Péricles tucidideano na oração fúnebre ("somos o local de educação de toda a Grécia")[18] e de Isócrates no *Panegírico*, que em tantos outros pontos se opõe àquela prédica ("quis demonstrar, com esse discurso, que nossa cidade está na origem de todas as realizações positivas para os outros gregos").[19] Atenas, aliás, é o lugar de maior alfabetização: basta pensar no absoluto predomínio de epígrafes áticas em relação às de outras procedências para o período em

16. A Pnyx.
17. *De l'Allemagne*, cap. XXVI (*De la Comédie*).
18. Tucídides, II, 41.
19. Cf. Isócrates, *Sobre a troca*, 58 (síntese de autor do *Panegírico*).

que Atenas foi também cidade líder (480-322 a.C.). Em Atenas muitos *escrevem*: mesmo o rústico Diceópoles, enquanto espera que a assembleia enfim se povoe, *escreve* ("e, enquanto isso, passo o tempo reclamando, bocejando, esperando aflito, peidando, escrevinhando e fazendo minhas contas").[20]

III

Fazer teatro em Atenas é uma atividade pública, uma atividade estrita e formalmente ligada ao funcionamento da cidade, uma atividade contínua, portanto, que não admite paradas, interrupções, silêncios. O comitente, que para os poetas líricos corais (Píndaro, Simônides) eram os ricos ou os "tiranos", é agora, para os autores teatrais atenienses, a cidade enquanto comunidade política. Em comparação com a idade arcaica e as formas de arte então dominantes, a relação se inverteu: é a cidade que deve providenciar seus dramaturgos. O teatro é um rito primário da cidade. Isso pode soar aos historiadores liberais modernos como um dos aspectos liberticidas da antiga democracia (Constant, em "Da liberdade dos antigos comparada à dos modernos", de 1819, deplora "a obrigação de todos de participar de todos os ritos da cidade"). Mas tem também entusiasmado grandes historiadores, tanto conservadores quanto socialistas (Wilamowitz: "A arte não devia mais ser o bem de uma classe privilegiada, mas do povo"; Arthur Rosenberg: "Os espetáculos teatrais em Atenas eram abertos de forma gratuita a todos os cidadãos").

Quando Platão, em *O banquete* (175e), fala em mais de 30 mil espectadores que aplaudiram Ágaton em 416, ele fornece uma ordem de grandeza que não faz sentido ignorar ou subestimar.

IV

A contrapartida de tal empenho estatal é o controle sobre os conteúdos. Mas dentro de quais limites ele era possível? E por meio de qual instrumento?

---

20. *Os acarnianos*, 30-1: "*scribble* [...], *do sums*" (*Acharnians*. Trad. de J. Henderson. Cambridge [MA]: Harvard University Press, 1998).

Sem dúvida a "concessão do coro", isto é, o sustento organizacional da apresentação, já era um afunilamento. Quem "concedia o coro" era um magistrado, isto é, o arconte epônimo (o arconte pelo qual era nomeado o ano),[21] ou seja, *um cidadão qualquer* que, justamente, fora escolhido ao acaso como arconte. Portanto, não era necessariamente um "competente" (mas um especialista ou mesmo outro autor também podia ser arconte: porém as listas dos arcontes, bastante conhecidas, não parecem indicar que tenha ocorrido tal eventualidade). Para um cidadão "normal" consciente de sua função de magistrado, os parâmetros de avaliação seriam em essência os da moralidade política, da conformidade com os valores fundamentais da cidade. Assim, devemos considerar fidedigno o testemunho, infelizmente isolado, de Platão em *As leis*, na passagem em que o interlocutor ateniense do diálogo afirma que o controle sobre os textos teatrais submetidos a exame preliminar consiste em avaliar "se são dramas *que podem ser representados, adequados para ser levados a público*" (VII, 817d).

No mesmo contexto, fala-se acima de tudo em partes líricas ("Começai por submeter ao crivo dos arcontes as partes líricas de vossos dramas"). Em suma, era preciso apresentar o enredo e as "partes líricas". Nesse meio-tempo, o autor continuava a trabalhar e é provável que o burilamento continuasse quase até o final. Portanto, era possível escapar a um controle prévio minucioso. De qualquer forma, o insucesso, o desagrado do público, era o outro fator decisivo: adaptar-se ao gosto e às predileções mentais do "ateniense médio" era outro crivo, e fatal.

Sabemos melhor como se dava o julgamento ao final das representações. O júri era formado por dez cidadãos sorteados, um por tribo. O arconte epônimo extraía um nome das urnas (uma por tribo), cada qual contendo muitos nomes. Os dez prestavam juramento. No final das apresentações davam seu veredito em tabuinhas; dentre essas, eram sorteadas apenas cinco. Quase uma loteria. O verdadeiro problema, porém, era a pressão do público sobre os jurados, que era muito forte,[22] a tal ponto que, durante uma disputa bastante acirrada, quando se enfrentavam Sófocles iniciante e Ésquilo velho, o arconte, não conseguindo controlar o tumulto do público, confiou diretamente o papel de juiz aos dez estrategos, sendo Címon o mais "pesado" deles. E Sófocles venceu. Comenta

---

21. Aristóteles, *Constituição de Atenas*, 56, 3.
22. Diz com inquietação Platão, *As leis*, II, 659a.

Plutarco: "A disputa, até por causa do alto cargo ocupado pelos juízes, pôde superar o conflito das paixões".[23] O sentido é claro: sobre os estrategos, isto é, sobre o cargo político mais alto da cidade, foi menos fácil exercer as violentas pressões habituais que recaíam sobre os jurados habituais.

V

O teatro trágico muito raramente tratava de temas histórico-políticos que pudessem ser considerados atuais. Quando Frínico, em 493 (ou 492) a.C., encenou *A tomada de Mileto*, o público teve uma forte reação emocional e muitos explodiram em lágrimas. O poeta foi punido por ter levado ao palco aquela desventurada história da revolta iônica (além do mais, com um apoio pouco eficaz dos atenienses) e foi proibido de reencená-la.[24] No entanto, vinte anos mais tarde, Ésquilo, com *Os persas*, que põe em cena a derrota dos persas em Salamina e a grande vitória ateniense que esteve na base do nascimento do império, teve grande êxito: e o corego foi Péricles, então com apenas 25 anos. Nada poderia ilustrar com maior clareza o mecanismo de controle sobre os conteúdos. Pôr em cena a vitória sobre os persas era algo muito semelhante à pedagogia histórico-política ministrada com o rito quase anual das "orações fúnebres" pelos mortos em guerra. Mesmo nesses discursos, Atenas sempre aparecia vitoriosa nas guerras do passado, sempre defensora das causas justas, contra inimigos que também eram déspotas ou tiranos.

Mas, precisamente, o tema histórico-político no teatro trágico não era usual. Muito mais usual era o mitológico, que tinha a enorme vantagem de ser compreendido de imediato pelo público, por se tratar de repertório conhecido e tradicional, bem como a vantagem, para os autores, de um eventual caráter alusivo de acontecimentos remotos e indiscutíveis (portanto, a salvo de qualquer censura), se fossem oportunamente revividos, retrabalhados segundo uma liberdade, característica da religiosidade grega, em relação à bagagem mítico-religiosa. "As obras deviam ser de grande fôlego e com cores fortes para

---

23. Plutarco, *Címon*, 8, 7-9. Creio que essa é a tradução exata, e não a corrente "a disputa foi mais acesa por causa do cargo dos juízes".
24. Heródoto, VI, 21, 2.

impressionar as massas", escreve Rosenberg,[25] que tem o mérito de lançar luz sobre a íntima vinculação existente entre a grande, enorme, massa de espectadores e a consequente necessidade de um tema simples e conhecido, além de fortemente emocional.

A mediação oferecida pela bagagem mitológica livremente repensada permitia *exprimir valores* e, portanto, conversar com a cidade num plano político, em acepção elevada, chegando a tomadas de posição e até a questionamentos muitíssimo radicais. Isso escapava a todo controle preventivo de qualquer zeloso arconte epônimo, por mais dotado de senso cívico e por mais ardoroso defensor da "moral média" que ele fosse. Uma reação negativa podia vir do público, o qual, ao recusar o prêmio (como quase sempre recusava a Eurípides), assim mostrava que repelia essa "política" indireta, altamente problemática e não raro angustiante, proveniente do palco.

---

25. *Democrazia e lotta di classe nell'antichità*. Palermo: Sellerio, 1984, p. 124.

2. A cidade em discussão no palco

I

Expoentes das classes elevadas que, mesmo dotados do preparo necessário para a política, desertavam da assembleia, escolhiam dar a ouvir sua voz crítica por meio do teatro, no palco. Assim atingiam um público muito mais numeroso, em vista do endêmico absenteísmo assemblear, e corriam menos riscos (à parte, naturalmente, o de não obterem o prêmio).

Tucídides atesta que, em 411 a.C., quando os "oligarcas" — enfim saídos às claras e ativos nas assembleias aterrorizadas por uma série de assassinatos políticos misteriosos — tentavam impingir a proposta de reduzir a cidadania a apenas 5 mil pessoas, o argumento deles era que, na democracia, mesmo uma assembleia lotada nunca alcançava os 5 mil participantes.[1] Em comparação aos (discutidos) 30 mil espectadores (também estrangeiros) presentes nas Dionisíacas de 416, de que fala Platão em *O banquete*, a participação citadina na atividade assemblear parece, em todo caso, muito inferior e decididamente escassa. Assim, não é por acaso que expoentes conhecidos por sua participação ativa nos dois governos oligárquicos — em 411 e em 404-3 — sejam também conhecidos

---

1. Tucídides, VIII, 72, 1.

como tragediógrafos: Antifonte, Crítias, Teógnis.² Uma testemunha de primeira grandeza como Tucídides, muito próximo do ambiente onde nasceram a conjuração e a tomada do poder em 411, traçou um perfil de Antifonte centrado justamente em sua escolha de não enfrentar o "regime democrático" na assembleia, mas de esperar o momento propício para desfechar o golpe e, nesse ínterim, usar em outros locais suas extraordinárias capacidades.

O retrato de Antifonte traçado por Tucídides vai direto ao cerne da questão; revela o historiador: "Foi ele o artífice de toda a trama, foi ele que *por muitíssimo tempo* trabalhou nela".³ E prossegue: "Entre os homens de seu tempo, não se igualava a ninguém na virtude; era extraordinário tanto em idear quanto em expor o que havia concebido", porém, acrescenta, "não se apresentava para falar na assembleia" e, se possível, desertava também de "todas as outras formas de embate":

> Pela fama de sua grande habilidade e capacidade, era visto com suspeita pela massa popular, mas mesmo assim dispunha de sua obra para ajudar quem [evidentemente de seu círculo] enfrentava a luta no tribunal ou diante do povo — e nisso era sem dúvida o mais capaz.

O entusiasmo de Tucídides com o "verdadeiro idealizador e artífice" do golpe de Estado oligárquico é irrestrito. Ele chega a elogiar com a maior ênfase e admiração até o discurso em autodefesa que Antifonte proferiu quando foi processado, após a queda do efêmero regime. Pode-se dizer que foi um ato de coragem inserir esse elogio na sua obra histórica. Mas é óbvio que Tucídides não escreve para ser lido na praça. Escreve ele:

> Depois, quando retornou a democracia e se chegou aos processos, a ação dos Quatrocentos, agora caídos em desgraça, foi espezinhada pelo povo. Então Antifonte foi acusado e processado exatamente pelo que havia feito naquele episódio e proferiu um discurso em defesa própria — o melhor, em ações capitais, entre todos os proferidos até minha época.⁴

---

2. É o Teógnis que fez parte dos Trinta (cf. Xenofonte, *Helênicas*, II, 3, 2). Aristóteles o cita várias vezes como tragediógrafo.
3. Tucídides, VIII, 68. Voltaremos a esta página, infra, caps. 16 e 17.
4. Sobre a chamada "apologia de Antifonte" que nos teria chegado em fragmentos, cf. infra, cap. 22.

Esse homem, estranho aos malabarismos da assembleia, mas também pronto — depois de ter se envolvido na revolução — a pagar com a própria vida, escrevia e encenava tragédias, além de ser, como ficamos sabendo por meio de Xenofonte,[5] um frequentador pouco amigável de Sócrates. Sem dúvida, "Antifonte" era um nome bastante difundido em Atenas,[6] e não poucos defendem uma distinção entre o tragediógrafo, o sofista e o promotor da revolução oligárquica de 411. Há um problema na identificação do tragediógrafo com os outros dois (os quais, em todo caso, são a mesma pessoa): uma tradição, já conhecida por Aristóteles, coloca o tragediógrafo, agora idoso, na Sicília, na corte do tirano Dionísio (que o foi desde 405 a.C.) e atribui sua morte justamente ao tirano. É evidente que isso seria inconciliável com a morte de Antifonte em 411, em consequência da condenação por alta traição.[7] Mas é talvez a mudança para a Sicília que seja anedótica — e moldada sobre ilustres precedentes —, assim como a abundância de motes e versões contrastantes em torno da presumida *morte por obra do tirano*, antecedida por uma colaboração artística com ele. Não é produtivo enveredar por esse terreno, escorregadio pela falta de dados. Enquanto não surgir uma explícita indicação em contrário (se aparecerem novos documentos), é razoável considerar que o Antifonte ateniense, do demo de Ramnunte, foi não só o homem cuja história política e corajosa morte Tucídides descreve com admiração, mas também o homem que deixou traços não desprezíveis como defensor extremado, no tratado *Sobre a verdade*, das implicações da antítese sofista entre "natureza" e "lei",[8] e ainda o tragediógrafo de quem conservamos alguns títulos e esporádicos fragmentos.

Um fragmento constituído por um único trímetro jâmbico, de um drama não especificado que chegou a nós por intermédio de Aristóteles, na primeira página dos *Problemas mecânicos*, não pode deixar de ser associado ao sofista:

---

5. Xenofonte, *Ditos e feitos memoráveis*, I, 6, 1-15.
6. Havia cerca de trinta Antifonte registrados na *Prosopographia attica*, de Kirchner, e o material epigráfico descoberto mais tarde aumentou essa lista. Noventa anos após Kirchner, no repertório de John Traill (II, 94) chegaram a 84.
7. *Retórica*, II, 6, 1385a 9. O que não impede o Pseudo-Plutarco de *Vidas dos dez oradores* (833b) de enviar à Sicília para lá morrer, como sendo tragediógrafo por obra de Dionísio e também orador, esse mesmo oligarca executado em 411.
8. Como coloca muito oportunamente Wilamowitz em *Der Glaube der Hellenen* (Berlim: Weidmann, 1932, v. II, p. 217).

"Onde a natureza é mais forte do que nós, mesmo assim conseguimos prevalecer graças à técnica" (847a).[9] É interessante levar em conta todo o contexto do pequeno tratado. Em comparação a nós, Aristóteles tinha a vantagem de dispor da tragédia completa:

> Não se deve esquecer que a natureza às vezes produz efeitos que estão em oposição ao que nos é útil: isso deriva do fato de que a natureza procede sempre do mesmo modo linear, enquanto o útil é multiforme e pode assumir diversos aspectos. Assim, quando é necessário realizar algo que ultrapassa os limites postos pela natureza, a dificuldade cria problemas e é necessário recorrer a uma técnica. Por isso definimos como *mekhané* [que significa ao mesmo tempo *experimento, estratagema, dispositivo*] aquele elemento que nos socorre quando somos presas de tais aporias. As coisas, em suma, são exatamente como se exprimiu Antifonte, o poeta, quando disse *onde a natureza é mais forte do que nós, mesmo assim conseguimos prevalecer graças à técnica* [*tékhne*].

Há nessas palavras, entre outras coisas, uma inversão do que Péricles sustenta no célebre discurso que Tucídides o faz pronunciar, quando o líder exalta a natural habilidade dos atenienses: os quais, mesmo sem o árduo e diuturno treinamento característico dos espartanos, realizam (em todos os campos, inclusive na guerra) mais e melhor do que estes. Ademais, é evidente que, também neste caso, a oração fúnebre aparenta aquilo que Tucídides quer que ela seja (e que teve de ser na realidade): uma retórica "de cerimônia" autocomemorativa que, pelo intuito demagógico, chegava a desafiar o bom senso.

II

Os exemplos que Aristóteles aduz logo a seguir, para melhor ilustrar o pensamento contido no trímetro de Antifonte, ajudam a entender e talvez nos restituam algo do contexto em que o tragediógrafo inseria essa sentença. A *mekhané* (isto é, a *tékhne*), prossegue Aristóteles, "permite ao menor derrotar o maior e aos objetos que comportam uma pequena oscilação mover grandes

---

9. Cf. *Tragicorum graecorum Fragmenta*, ed. Snell, I, p. 196 (55 F 4).

pesos". (Exemplo: o peso menor desloca um peso bem superior, desde que se possa fazer alavanca sobre uma barra, μοχλός, cada vez mais longa.)

Pois bem, em 411, Antifonte fez com a *tékhne* aquilo que a todos (inclusive Tucídides) parecia um empreendimento *impossível*: retirar a democracia aos atenienses, após cerca de um século de prática ininterrupta desse regime político especialmente caro ao demo (isto é, à "maioria", ao mais forte).[10] Assim, o Antifonte que, naquele trímetro, enaltece a *tékhne* e seus prodígios contra a superioridade da *natureza* está em plena sintonia com o Antifonte tucidideano, que, "preparando-se por muito tempo",[11] conseguiu fazer o que a todos pareceria impossível e que a ciência política moderna definiu como "força irresistível das minorias organizadas".[12]

Em tudo isso, pode-se reconhecer uma confirmação da *unicidade* dos supostos três Antifonte: o político, o pensador, o orador/tragediógrafo. Infelizmente, sabe-se pouco sobre sua produção como tragediógrafo, e dos três títulos conhecidos, *Andrômaca, Jasão, Meleagro*, não se pode deduzir senão, e no máximo, um enredo. Mas, para *Andrômaca*, mais uma vez é Aristóteles que vem em nosso auxílio. Ele fornece uma informação precisa na Ética a Eudemo: diz que na *Andrômaca* de Antifonte a protagonista tinha de cuidar da ὑποβολή[13] ou, talvez melhor, cuidar de um recém-nascido de outra pessoa. Na Ética a Nicômaco, Aristóteles retoma o mesmo fenômeno, para demonstrar sua tese (o amor consiste mais em amar do que em ser amado) — e de novo apresenta o exemplo das mães que confiam seus recém-nascidos a outras mulheres, para alimentá-los, mas continuam a amá-los sem ser correspondidas nem reconhecidas.[14] Decerto está pensando nos mesmos comportamentos e talvez no mesmo drama ao qual faz referência explícita na outra Ética. Têm sido tentadas, sem muito sucesso, algumas reconstruções da *Andrômaca* de Antifonte.[15] Claro que não se deve esquecer que Eurípides levou ao palco uma *Andrômaca*, drama que abordava o mesmo tema. Ali, Hermíone, esposa de Neoptólemo, agride Andrômaca, escrava predileta dele que lhe deu também dois filhos; Andrômaca

---

10. Tucídides, VIII, 686, 4.
11. Ἐπιμεληθεὶς ἐκ πλείστου: *meléte* é justamente o exercício, o treinamento, a preparação.
12. G. Mosca, *Scritti politici*, org. G. Sola. Turim: Utet, 1982, p. 162.
13. Substituição do recém-nascido (*suppositio*), Ética a Eudemo, 1239a 37.
14. Ética a Nicômaco, 1159a 27.
15. Snell apresenta informações essenciais no aparato crítico (p. 194).

reage recordando que, na época em que era rainha e não escrava, amara e amamentara também os "pequenos bastardos" nascidos das uniões extemporâneas de Heitor com outras mulheres, "quando Cípris o desviava para outros lugares" (vv. 222-5). Pela menção de Aristóteles, podemos ser levados a pensar que também havia uma situação similar na *Andrômaca* de Antifonte.

Condição do escravo — que tem clara lembrança de si quando era livre —, não inferioridade do bárbaro, condição feminina, aporias da monogamia: esses eram temas que corroíam de maneira profunda as certezas éticas e sociais da cidade, do "ateniense médio" bom democrático. E Antifonte se exprimia com veemência sobre o exato tema do caráter fictício da distinção grego/bárbaro (isto é, livre/escravo), em seu tratado *Sobre a verdade*. Escreveu Wilamowitz em seu grande livro póstumo sobre *Der Glaube der Hellenen* [A fé dos gregos]: "A *verdade* do sofista Antifonte dissolvia todos os vínculos do direito e da moral (dos costumes) enquanto extraía as consequências mais radicais e extremas do contraste entre o que é *certo segundo a natureza* e o que é *certo segundo a convenção* (a *lei*)".[16] "Somos mais bárbaros do que os bárbaros", escreve Antifonte naquele fragmento, que um papiro trouxe até nós, porque colocamos um abismo "entre gregos e bárbaros", quando *por natureza* somos iguais, "todos respiramos pelo nariz e todos pegamos o alimento com as mãos".[17]

III

"É estranho", comenta Wilamowitz, "que alguém que escrevia dessa maneira não tenha sido incomodado e não tenha precisado ir embora." A questão é correta, mas talvez sua resposta se encontre precisamente na hipótese de um único Antifonte. Com efeito, quem fala dessa maneira não precisa ser um paladino da igualdade entre todos os homens, e até "precursor" da mentalidade revogacionista que se afirmou na América de Jefferson ou na França de Robespierre:[18] tal interpretação dessas linhas seria um grande ofuscamento

---

16. *Der Glaube der Hellenen*, II, p. 217.
17. Fragmento 44 B, col. 2, Diels-Kranz.
18. Assim pareceu a I. F. Stone em *Il processo a Socrate* (Milão: Rizzoli, 1989, p. 51). [Ed. bras.: *O julgamento de Sócrates*. São Paulo: Companhia de Bolso, 2005.]

anacrônico. Por mais limitado que seja o contexto que chegou até nós, é bastante claro que estamos diante de um exercício sofista bem-sucedido, que consiste em pôr em crise as certezas consolidadas da cidade que se reputa democrática — e a alavanca para abalar tais certezas é sempre a descoberta da alteridade entre lei e natureza. Um argumento desnorteador como o da *identidade física* ("natural") dos homens pode se tornar destrutivo em relação aos privilégios do demo (ao poder em nome da igualdade: igualdade falha numa cidade cheia de escravos) e é também uma excelente premissa para valorizar outras formas políticas de hierarquia, como aquelas — fundadas na competência[19] — que os oligarcas pensantes e aguerridos reivindicam e propugnam. E que tentarão realizar duas vezes no final do século v: em 411 sob a liderança de Antifonte e em 404 sob a condução de Crítias.

É surpreendente como os estudiosos modernos estão prontos a acreditar que Antifonte renegou a si mesmo e às suas ideias no processo que lhe custou a vida (e dão por válida a chamada *Apologia*),[20] mas não estão dispostos a entender que ele, por provocação, pode ter desviado a atenção do demo e de seus defensores mais ou menos interessados, levando às últimas consequências — no plano filosófico — a noção de igualdade.

A reflexão sobre as várias formas possíveis de hierarquia política "justa", sobre os critérios de competência que deveriam estar na base de uma hierarquia saudável, sobre as formas não "aritméticas", mas "geométricas", de justiça (ἴσον, que também significa ao mesmo tempo *justiça* e *igualdade*) concilia-se bem com o desmantelamento do abismo que a própria democracia ateniense — a partir de Sólon — interpusera entre o livre e o escravo. O alvo é o poder de *todos desde que livres*: porque esses *todos* não são de maneira nenhuma selecionados pelo critério da competência e usufruem o bem que advém do status de cidadão *pleno iure* pela única razão de estarem do lado certo (isto é, de não terem caído no campo daqueles outros, os escravos, que a cidade democrática relega para o campo de não homens!). É assim que o trecho aparentemente simplista da *Verdade* de Antifonte, longe de ser um "manifesto" *ante litteram*, liga-se às premissas políticas e filosóficas daqueles que apontam na raiz o defeito da cidade

---

19. O termo preferido para indicá-la é γνώμη: é desse modo que aparece frequentemente na *Athenaion Politeia* atribuível a Crítias.
20. Sobre o qual cf. infra, cap. 22.

democrática e não aceitam o compromisso com o "povo soberano", que permite aos notáveis "guiar" e "ser guiados" pela massa incompetente (para usar a imagem cara a Tucídides no retrato de Péricles).

Porém, não deve passar despercebido que essa crítica à raiz do *igualitarismo privilegiado* do demo sobre a qual se baseia a cidade democrática não é peculiar de alguns — e Antifonte e Crítias sem dúvida estão entre eles —, mas é a essência do socratismo. Toda a ação perturbadora, ininterrupta e incansável, de Sócrates, filósofo *en plein air*, para dizê-lo com Madame de Staël, ou seja, benéfico "morrinha" da cidade, como ele mesmo se define na *Apologia* (30 e), gira em torno da pergunta nevrálgica sobre a *competência* do político e das massas que tomam as decisões políticas. E não é uma pergunta que se exorcize com facilidade. Não se explicaria aquele cáustico monumento à insensatez do modelo democrático ateniense que é o livro VIII de *A República*, de Platão, sem aquelas premissas sobre a identidade biológica dos homens que, no entanto, não bastam para fazer deles "animais políticos". Se, para Aristóteles, o homem é por natureza um "animal político", o ponto fraco em seu raciocínio (aparentemente mais aberto, também por não ser ateniense, em relação à cidade democrática) é a necessidade, teorizada por ele, de relegar a massa dos escravos ao plano dos não homens, das máquinas falantes.

Sócrates e Antifonte aparecem, de fato, em mútua rivalidade, por exemplo, no estranho colóquio citado por Xenofonte nos *Ditos e feitos memoráveis*, mas têm em comum aquela preconcebida reserva em relação ao *igualitarismo privilegiado* da cidade democrática. Crítias é frequentador assíduo de Sócrates, e os modestos raciocínios de Xenofonte não bastam para pôr em dúvida esse dado. E Platão, sobrinho de Crítias, além de principal intérprete do socratismo, declara, no começo da *Carta VII*, que aderiu de início ao governo dos Trinta, liderado por seus familiares, como Crítias ou Cármide, um dos "Dez do Pireu", que foi levado justamente por Sócrates a fazer política. Tampouco bastará a Sócrates, independente demais para aceitar com docilidade a dureza do regime de Crítias, ter entrado em choque com seu discípulo, agora no poder de uma férrea oligarquia de pretensos "melhores": será igualmente enviado à morte pela cidade democrática que de maneira vaga percebia (e não se enganava nisso) que a crítica socrática fora um dos fatores desagregadores da "mentalidade democrática", periódica e demagogicamente alimentada, no entanto, pela oratória dos discursos fúnebres, manipuladora da verdade.

IV

Também Crítias recorreu ao teatro: escreveu e encenou tragédias e dramas satíricos. E também em seu caso, como no de Antifonte, é fácil imaginar (e possível demonstrar de modo pontual) que se entregou a essa atividade quando estava longe, intencionalmente longe, da política. Também para ele o palco foi um expediente, um importante e eficiente expediente, por ter renunciado a apresentar suas visões radicais à assembleia popular, ou, como alternativa, a fazer uma política de compromisso, tão usual para os senhores que aceitam encabeçar o "sistema".

A descoberta mais importante sobre o Crítias tragediógrafo se deve a Wilamowitz, em idade muito precoce: isto é, um estudioso que, além de ser o insuperado intérprete de toda a grecidade em seu desenvolvimento completo, teve uma acentuada sensibilidade para a ininterrupta, e amiúde malvista, tradição de "reservas" em relação à democracia. Ademais, muito jovem, Wilamowitz havia definido a *Athenaion Politeia* atribuível a Crítias como *aureus libellus*.[21] E foi ainda nos juvenis *Analecta Euripidea* (1875) que ele fez a observação decisiva: que algumas tragédias circularam com o nome ora de Eurípides, ora de Crítias como autor.[22] Por quê? Muitos anos depois, em *Einleitung in die Griechische Tragödie* [Introdução à tragédia grega], ele deduziu a conclusão mais plausível: Eurípides levara ao palco uma tetralogia de Crítias, fizera-lhe um gesto de amizade (*Freundschaftsdienst*). E comentava esse detalhe — que em essência devemos ao fato de que o mesmo trecho importante do drama satírico *Sísifo* é citado por Sexto Empírico como de autoria de Crítias e por Aécio como de autoria de Eurípides — com uma observação pertinente e sempre rápida: "Isso abre novas perspectivas sobre os círculos com que Eurípides tinha familiaridade". Depois especifica: "Mas também é possível que as didascálias tenham preservado o nome de Crítias e que a *damnatio* caída sobre a memória do 'tirano' tenha determinado, junto com dúvidas referentes ao estilo e aos pensamentos expressos nesses dramas, o erro da geração seguinte [de atribuir a totalidade a Eurípides]". E reforça de modo conclusivo que Crítias foi

---

21. Ver supra, Introdução, cap. 1, nota 24.
22. *Analecta Euripidea*; Wilamowitz contava então 27 anos. A dedicatória é a Mommsen, "*vir summe*".

figura "tão significativa" que se é levado a crer sem margem de dúvida "que houve um convívio entre os dois".[23]

O fragmento mais longo provém de *Sísifo*, drama satírico que, segundo a hipótese formulada por Wilamowitz, concluía uma tetralogia cujos três primeiros dramas eram *Tenes*, *Radamanto* e *Pirítoo*. Em *Pirítoo*, merece atenção pelo menos um fragmento (22 Diels-Kranz), em que um personagem demole sem hesitar a figura do político profissional (*rhetor*) dominador das assembleias; diz o personagem: "Um caráter nobre[24] é coisa mais sólida do que a lei; pois a lei qualquer político demole e inverte em todas as direções com suas lorotas, mas o caráter não o poderá jamais abater". Se pensarmos no juízo severíssimo, inapelavelmente condenatório, que é o cerne da *Athenaion Politeia* ("Um político que aceita operar numa cidade regida pela democracia é decerto um canalha que tem algo a esconder"),[25] não é possível sintonia mais evidente com a passagem de *Pirítoo*.[26] Em *Sísifo*, o ataque, que se tornou mais desenvolto pela natureza burlesca do gênero satírico, é dirigido contra a religião, apresentada como invenção humana do sobrenatural tendo como objetivo a disciplina social.

Os dois pensadores a quem devemos esses importantes 42 versos mostram-se ambos conscientes — um pensando que se trata de Crítias, o outro de Eurípides — de que, a despeito da criação teatral, em que o falante é sempre um personagem e não o autor, aqui é o autor que fala e manifesta, como diz Sexto Empírico, seu "ateísmo". Aécio, que conhecia esses versos como de Eurípides, é, se possível, ainda mais explícito: "Eurípides não quis se revelar por medo do Areópago e então deu a conhecer seu pensamento da seguinte maneira: levou Sísifo ao palco como defensor dessa teoria e *exaltou*

---

23. *Einleitung in die Griechische Tragödie*. Berlim: Weidmann, 1889, reed. 1921, p. 15. Sobre o prosseguimento polêmico, em correspondência particular, dessa intuição wilamowitziana, cf. G. Alvoni, "Ist Critias Fr. 1 Sn.-K Teil des 'Peirithoos' Prologs?" (*Hermes*, v. 139, pp. 120-30, 2011). Trata-se das réplicas privadas de Wilamowitz às críticas levantadas por Kuiper. Também para *Pirítoo*, a tradição dá como autor "Eurípides ou Crítias" (Ateneu, XI, 496).
24. E utiliza χρηστός, ou seja, o conceito mais caro ao autor da *Athenaion Politeia*.
25. *Sobre o sistema político ateniense*, II, 20.
26. Não sabemos qual tratamento do mito de Pirítoo Crítias adotava em sua tragédia, mas cabe lembrar que as histórias pouco edificantes de Pirítoo também dizem respeito a Teseu, fetiche da retrodatação ad infinitum do nascimento da democracia ateniense.

essa sua opinião". Esse modo de se expressar pode parecer curioso, mas, com tais palavras, Aécio pretende apenas reforçar que, segundo ele, esse expediente de Eurípides não era suficiente para ocultar que eram exatamente essas ideias irreligiosas que o autor pretendia difundir.[27] (E foi pela acusação de "não acreditar nos deuses da cidade" que Sócrates recebeu a morte das mãos da cidade democrática.)

É cabível indagar sobre o sentido de tais escolhas — por exemplo, como neste caso, difundir a partir do palco uma crítica da religião (de toda religião). É evidente a intenção de desafiar: desafiar a moral comum, corroer os pilares mentais do cidadão médio.

Na cena política, Crítias irá à frente duas vezes: ao lado do pai, Calescro, na primeira oligarquia (411) e depois como líder, doutrinário e desapiedado, da segunda oligarquia (404). Ele não vai à assembleia discutir ou enfrentar uma massa pela qual não tem nenhum apreço e que descreve em trechos mordazes no opúsculo *Sobre o sistema político ateniense*, mas espera o momento oportuno para desferir o golpe, como aliás sugere sem rodeios em várias ocasiões nesse escrito;[28] nesse meio-tempo, enquanto aguarda, ele também recorre àquele extraordinário recurso, difícil de "normalizar" completamente, que é o teatro. Como Antifonte, como Eurípides.

V

Eurípides não pode ser posto em relação direta com as convulsões políticas da cidade, mas sua história pessoal — nos limites em que a conhecemos — confirma aquela proximidade com os ambientes onde surgiram tais convulsões. Os dados que podemos tomar como certos e sobretudo indicativos são dois: um negativo e um positivo. Ao contrário de Sófocles, empenhado em se eleger estratego e ocupar cargos de grande peso (estratégia, helenotamia), Eurípides foi inflexível ao se abster de qualquer atividade política. Como no caso de Antifonte, é importante o que ele *não* fez. A atitude que toma ao final, sair de

---

27. É estranho que Wilamowitz, em *Aristoteles und Athen* (v. I, p. 175), insista na importância de distinguir autor (Crítias) e personagem (Sísifo).
28. *Sobre o sistema político ateniense*, II, 15; III, 12-3.

Atenas depois de 408,[29] é pelo menos igualmente indicativa da sistemática defecção da vida pública: ele vai embora quando, com o retorno de Tarsílio e da frota de Samos e com o fim do regime "moderado" (terameniano) dos "Cinco Mil", é restaurada a democracia. Se a isso acrescentarmos o bom relacionamento com Crítias e o fato de ser alvo constante, não menos do que Sócrates, da comédia — bom indicador das pulsões do "ateniense médio" —, o retrato fica mais nítido. E compreende-se tanto sua obstinação em pôr em debate os pilares ético-político-sociais da cidade democrática quanto o insucesso sistemático diante do público. Não é fortuito que a última de suas cinco vitórias, alcançada postumamente, tenha sido conquistada na espectral Atenas governada pelos Trinta em 404-3.[30]

Mas deve haver um sentido no fato de que os dois críticos da cidade mais visados, Sócrates e Eurípides, tenham acabado um executado por crimes ideológicos, o outro voluntariamente exilado na Macedônia e decidido a não voltar. Ambos podiam ser considerados e definidos como amigos de Crítias; ambos, com meios diferentes e, em todo caso, estranhos aos "locais da política", exerceram sua crítica de maneira constante. E a cena cômica denunciava a ligação entre ambos: Eurípides era "inspirado por Sócrates", segundo o cômico Teleclides.[31] Falatórios: como aquele, registrado por Diógenes Laércio (IX, 54), de que Protágoras fez uma leitura de seu tratado *Sobre os deuses* "na casa de Eurípides".

Costuma-se falar com certa *levitas* desse exílio voluntário de Eurípides na Macedônia, na corte de Arquelau: como se fosse muito natural que alguém de quase oitenta anos, num período de plena guerra, com Deceleia ocupada e as contínuas incursões espartanas em solo ático, se pusesse em viagem para alcançar a distante capital da Macedônia e lá fosse iniciar uma nova vida — tendo Eurípides percebido apenas à beira dos oitenta anos que o público não lhe concedia o prêmio e trazendo às costas uma carreira iniciada quase cinquenta anos antes,[32] com mais de setenta (ou talvez noventa) dramas quase sistematicamente derrotados. Por outro lado, não podemos deixar de considerar a mudança polí-

---

29. A biografia literária, de matriz alexandrina, relaciona essa decisão com a derrota de *Orestes*. É óbvio que tal combinação pseudoerudita não faz muito sentido.
30. Sobre isso, cf. "I drammi postumi di Sofocle e di Euripide". In: L. Canfora, *Antologia della letteratura greca*. Roma/Bari: Laterza, 1994, pp. 137-41.
31. Fragmento 41 Kassel-Austin.
32. O 455 é o exórdio habitualmente reconhecido.

tica radical, que ocorrera em Atenas um ano antes, como explicação plausível de uma escolha tão drástica e extrema. O fato de que também Tucídides tenha se aproximado de Arquelau da Macedônia naqueles mesmos anos,[33] ele também sobrevivente da experiência de 411[34] e da rápida deterioração do "governo dos Cinco Mil", por considerá-lo ótimo,[35] vem a confirmar que intelectuais cuja relação com a "democracia realizada"[36] agora já era insustentável preferiram o exílio quando ela retornou sobre os escudos dos homens de Tarsílio.

Em todo caso, o argumento apresentado na biografa de Eurípides (Γένος Εὐριπίδου) é interessante por invocar os contínuos ataques dos cômicos, que teriam levado o próprio poeta à decisão de romper com o mundo ateniense. É evidente que se trata de uma dedução dos literatos e gramáticos alexandrinos ou de escola erudita-peripatética, que raciocinaram em termos esquemáticos próprios da biografia literária, que em geral é extemporânea: um literato só pode agir por razões "literárias"! (Talvez esses gramáticos estivessem pensando nas disputas e rivalidades do mundo literário-erudito alexandrino.)[37] Obviamente não é muito plausível um Eurípides que toma essa decisão existencial tão grave para reagir a um fenômeno que se prolongava por décadas (já em 425, Eurípides é alvo em *Os acarnianos*). Portanto, há mais: mas não se exclui que os cômicos se tenham feito intérpretes de imputações, acusações, insinuações relativas a Eurípides *em relação aos acontecimentos dramáticos de 411-9*. Não se deve esquecer que também Sófocles, mesmo em tal harmonia com seu público, de início foi incluído no anômalo conselho dos próbulos (que já aparecem em cena na *Lisístrata*, escrita ainda durante a incubação do golpe de Estado),[38] e depois se vê acusado de ter favorecido o golpe oligárquico e a tomada do poder por Antifonte, Frínico e companheiros.[39]

---

33. Praxífanes, fragmento 10 Brink = Marcelino, *Vida de Tucídides*, 29-30.
34. Cf. Aristóteles, fragmento 137 Rose e infra, cap. 17.
35. Tucídides, VIII, 97, 2.
36. É a feliz fórmula adotada por Hans Bogner, no ensaio comentado na Introdução (3, IV).
37. Telquines contra Calímaco etc.
38. "Deviam restaurar o espírito pericleano e no entanto, por fraqueza, passaram a mão para a oligarquia" (Wilamowitz, *Einleitung in die Griechische Tragödie*, p. 14).
39. Aristóteles, *Retórica*, 1419a 25-9: trata-se de uma síntese dos "autos" do interrogatório ao qual Sófocles foi submetido, pressionado (talvez como corréu) por Pisandro: autos prodigiosamente conhecidos por Aristóteles, excelente conhecedor dos arquivos atenienses.

Se a crise de 411-9, que Tucídides considerou um marco de época, teve efeitos sobre a vida de Sófocles e sua tranquilidade pessoal, no momento da restauração democrática, é razoável supor que para Eurípides, amigo de alguns dos responsáveis pelos acontecimentos, o clima se tornara irrespirável — talvez também pelas flechadas dos cômicos, em geral implacáveis e de grande efeito. Daí a decisão gravíssima, extrema, de se exilar por iniciativa própria e mudar tudo: teatro, relações humanas etc.

Aqui também a tradição biográfica permite entrever algo, com todos os conhecidos riscos inerentes à fabricação extemporânea da biografia antiga (referente aos autores em atividade antes de Alexandria). O fato de estabelecer uma relação entre Tucídides e Eurípides e também Ágaton, na estada com Arquelau em Pelas,[40] e até de atribuir a Tucídides a redação do epigrama fúnebre de Eurípides,[41] pode, para além da técnica combinatória sempre à espreita, indicar um núcleo de verdade: o autoexílio de personagens *em ruptura com a democracia e já inconciliáveis com ela*. O próprio Ágaton — para celebrar alguém com lugar n'*O banquete* platônico — deve ser reconsiderado do ponto de vista de suas amizades políticas, quando menos por causa da cena dessa obra. Platão não cria o cenário de seus diálogos de modo meramente fictício: o que põe em cena tem sempre um sentido; não raro, reivindica a memória dos personagens por diversas razões perseguidos, *condenados*, removidos ou envolvidos (como Fedro) em "escândalos" que a cidade enfrentara brandindo o machado em todas as direções.

VI

Mas quais eram, então, as temáticas euripidianas capazes de gerar uma tradição tão compactamente malévola?

Há um amplo levantamento, *für ewig*, feito pela implacável veia satírica de Aristófanes em *As rãs*, drama que *agride Eurípides já morto*: confirmação de uma hostilidade que não se abrandou. Para Aristófanes, é ponto assente que a família, o papel da mulher, a inferioridade do escravo, a fé nos deuses eram

---

40. Marcelino, *Vida de Tucídides*, 29 (= Praxífanes).
41. *Vida de Eurípides* (Γένος) = *TrGF* V.1, T 1, IA, 10.

postos em jogo pela dramaturgia euripidiana. Para ele, proclama uma célebre afirmação de Ésquilo justamente em *As rãs*, o poeta deve ser o educador da cidade. E aí está a principal razão da derrota de Eurípides naquele memorável ágon que se desenrola no submundo na presença — e com a participação ativa — do deus do teatro. Não devemos esquecer que, no final, a prova decisiva a que Dioniso submete os dois antagonistas é diretamente política, pedindo a ambos um "bom conselho" para a cidade. E então Ésquilo será o vencedor com um "bom conselho" que repropõe, em forma aforística, a estratégia pericleana de se entrincheirar atrás dos muros e considerar os navios como único "verdadeiro recurso" (vv. 1463-5), enquanto Eurípides — que é derrotado — formula uma proposta não muito enigmática que pretende favorecer o recurso aos políticos "que agora não utilizamos" (vv. 1446-8), isto é, pede uma mudança de pessoal político em favor "daqueles que de hábito não utilizamos". Não poderia ser mais clara a referência àqueles que normalmente não intervêm nas decisões políticas. Compreende-se melhor a expressão "aqueles que de hábito não utilizamos" se pensarmos naquela divisão — da qual já falamos — entre políticos que aceitam o sistema e, em constante conciliação com a assembleia, a "conduzem", e aqueles que, pelo contrário, ficam fora dela (e que em 411 vieram à luz). Aristófanes é coerente defensor de uma anistia dos que foram "enganados por Frínico" (v. 689), mas, justamente, considera a iniciativa deste e dos outros chefes da efêmera oligarquia um "engano". Quer a pacificação, não a reavaliação política daqueles "enganadores", que, ao contrário, vem sugerida pelo responso de Eurípides.

Portanto, não nos deteremos na crítica euripidiana dos pilares éticos e sociais (família, escravidão, religião) que sustentam a cidade, mas examinaremos com alguma atenção um caso concreto de *crítica política*: uma discussão sobre o próprio fundamento da democracia ateniense (ou da democracia em geral) que Eurípides introduz no meio de uma tragédia, *As suplicantes* (datável por volta de 424 a.C.), construída mais uma vez em torno do mito bem conhecido do público, o da saga tebana e do destino dos sete atacantes de Tebas, com o respectivo corolário do fratricídio.

A cena se passa em Elêusis: ali se reuniram, no altar de Deméter, as mães dos argivos tombados diante de Tebas. Com elas está o rei de Argos, Adrasto; pedem a ajuda de Atenas e do rei Teseu para recuperar os corpos de seus mortos. No começo Teseu hesita; depois, convencido pela mãe, Etra, cede ao pedido de intervenção direta na controvérsia. A história se conclui com uma batalha (puramente fantasiosa do ponto de vista histórico) entre tebanos e atenienses, na qual estes últimos logram vitória e obtêm a restituição dos despojos. Mas o desenrolar da ação apresenta de repente uma espécie de "interlúdio": um debate dialético entre Teseu e um arauto tebano, que chegou a Atenas, *sobre a melhor forma de governo*. O rei enaltece as virtudes da democracia, o arauto denuncia seus defeitos estruturais. A arbitrariedade desse interlúdio não pode passar despercebida, tanto mais por vir no interior de um drama que amplifica livremente a saga tradicional, chegando a criar uma guerra tebano-ateniense como pressuposto da sólida reaproximação entre Argos e Atenas.

Fala-se — e também com grande autoridade — em dramas "patrióticos" de Eurípides.[42] Seriam os três dramas que têm, com pesos variados, Teseu como protagonista: *Héracles*, *Heráclides* e sobretudo *As suplicantes*. É uma visão oleográfico-tradicional que não convence. Deve-se sempre partir da premissa, à qual já nos referimos várias vezes, da natural ductilidade da "política" no palco. Não se trata de comício (como às vezes pode ser a parábase de uma comédia, com uma interrupção intencional tempestiva da ficção cênica), nem de propaganda explícita.[43] A força da *política no palco* reside justamente em sua ductilidade e em sua problematicidade, não apenas aparente, mas sim efetiva: aí reside sua eficácia; nem poderia ser de outra forma, num teatro ligado de maneira tão direta à vida pública e "vigiado" de maneira tão direta pelos voluntariosos magistrados encarregados do funcionamento dessa instituição. E essa sua politicidade é tão dúctil, e no entanto imanente à atividade teatral em Atenas, que, a uma imensa distância de tempo e quando o contexto concreto histórico-político já se diluiu e inevitavelmente se apagou, os intérpretes se interrogam sobre diversas leituras, às vezes opostas, desses textos tão intencional e fecundamente "abertos". O dado macroscópico é que, mesmo assim, a despeito da distância temporal, todos nós percebemos que esses dramaturgos, por intermédio de um enredo quase sempre tomado ao mito, não fazem outra coisa além de *falar de política*: no sentido elevado, dos valores e de seus efetivos

---

42. Com maior autoridade entre todos, W. Schmid, no volume III de sua monumental obra *Geschichte der Griechischen Literatur* (reelaboração da obra de O. Stählin) (Munique: Beck, 1940, pp. 417-62).
43. Ao estilo de um certo teatro "revolucionário" do século XX (Piscator).

fundamentos, e não apenas da cotidianidade imediata, que também às vezes transparece.[44]

A saga sobre Teseu, em especial *As suplicantes*, sem dúvida permite de imediato uma fruição patriótica, mas também possibilita uma tomada de consciência dos problemas não resolvidos, e capitais, da política. Desde o final do século VI a.C., em Atenas, Teseu se tornou um mito político: uma figura necessária à retórica de discurso fúnebre, enquanto "*primus inventor*" da democracia ou, mais cautelosamente, da *patrios politeia*, isto é, do chamado "ordenamento original", apresentado como característico dos atenienses. Mas tudo consiste no entendimento da noção de *patrios politeia*: mesmo os oligarcas que destroçam por algum tempo o poder popular (em 411 e também em 404) pretendem retornar à autêntica *patrios politeia*. Assim, colocar Teseu no centro é uma operação hábil, quando menos ao abrigo de reações negativas. Teseu, de fato, ingressou no rol dos lugares-comuns de oração fúnebre, isto é, no repertório de base da educação cívica ministrada ao demo por seus dirigentes — os quais sabem que, em tais circunstâncias e nesse gênero de oratória, devem dizer as coisas que o demo espera, deseja e aprecia, e graças às quais se consolida.

VII

Mas o Teseu de *As suplicantes* fala muito e se revela mais do que comporta seu papel icônico. E aqui deixamos de lado outro aspecto que, no entanto, ajudaria a compreender as habilidades de Eurípides ao recriar esse personagem, que, para alguns intérpretes modernos influenciados pelo clima de sua época, é entendido ora como "Führer",[45] ora como "rei constitucional", ou então como líder popular etc., quando não até como dublê de Péricles, numa Atenas da qual Péricles, de todo modo, já havia desaparecido muitos anos antes. Do *princeps in re publica* falaremos no próximo capítulo.

Voltemos, pois, a esse loquacíssimo Teseu politólogo que Eurípides pôs em

---

44. E bem fez V. di Benedetto em seu livro euripideano de mais de quarenta anos, *Euripide* (Turim: Einaudi, 1971), ao se dedicar a uma pesquisa pontual nesse sentido.
45. Por exemplo A. Meder, *Der athenische Demos zur Zeit des Peloponnesischen Krieges* (Lengerich: Lengericher Handelsdruckerei, 1938).

cena. Ele desenvolve uma primeira intervenção de teoria política na primeira parte do drama, quando ainda mantém uma posição desfavorável aos pedidos de ajuda de Adrasto: naquele momento, Teseu se expressa de forma dura contra os demagogos e, de modo mais geral, contra os políticos egoístas ("os jovenzinhos que gostam de colher glórias e, por isso, aumentam as guerras sem consideração pela justiça").[46] Adiante, lança-se a uma *summa* de caráter sistemático; na cidade, explica ele, há três classes sociais: os ricos, que "desejam ter sempre mais"; os pobres, que são perigosos porque cedem à inveja, não fazem nada além de tentar atacar a riqueza dos possuidores e sempre caem presa de demagogos[47] πονηροί ("chefes malévolos"); os médios ("a facção média"), que é a única fonte possível de salvação da cidade e de sua "ordem" (vv. 238-45).

Nessa passagem, Teseu fustiga o demo ávido e feroz perseguidor da riqueza e os chefes políticos que o apoiam e, ao mesmo tempo, o corrompem numa perversa relação de cumplicidade. Na segunda parte do drama, ao contrário, quando Teseu mudou de linha e decidiu intervir em favor de Argos e enfrentar Tebas (comandada por Creonte, que, inflexível, se nega a permitir o sepultamento dos rebeldes), a música muda. Tem-se o confronto, totalmente dissociado do desenvolvimento dramatúrgico da *pièce*, e Teseu, provocado pela pergunta do arauto tebano ("Quem é aqui o τύραννος?", que significa em essência "Quem manda aqui?"), reage ministrando-lhe uma lição sobre a perfeita democracia ateniense, que reproduz *ad verbum* as passagens mais conhecidas (e mais inverossímeis) do discurso fúnebre de Péricles (vv. 399-510).

Aqui, o primeiro e principal abalo ao espectador consiste em se pôr em discussão *a própria legitimidade* do sistema democrático. Nada do gênero seria concebível diante da assembleia popular. É hábil fazer com que o problema seja levantado por um personagem, o arauto tebano, que aos espectadores deve parecer odioso — pela agressividade e por ser tebano —, mas o fato principal que se dá no palco é que esses argumentos pesados e tópicos da crítica radical à democracia (a incompetência do demo e a péssima qualidade do pessoal político) "*ficam sem réplica e sem refutação*".[48]

---

46. Eficaz tradução dos vv. 229-37 de Giovanni Cerri (*Aion* seção filológica, n. 26, p. 109, 2004).
47. Diz exatamente προστάται (que é um termo quase oficial para indicar um líder de facção que aspira a ser líder de toda a cidade).
48. Como bem argumenta H. Bogner em *Die verwirkliche Demokratie* (Hamburgo/Berlim/Leip-

À crítica radical e penetrante do arauto tebano, Teseu contrapõe a imagem da democracia como reino da lei escrita. O que Teseu diz é um amálgama dos *topoi* de Otanes no debate mencionado por Heródoto[49] (nada é pior do que o tirano e a descrição convencional dos crimes "tirânicos") e da idealização pericleana[50] da práxis democrática (na assembleia, pode falar todo aquele que tenha algo a dizer; nos tribunais, o rico e o pobre são iguais perante a lei). Não passa despercebido que, num drama em que *o objeto da disputa é o sepultamento dos mortos em guerra*, Teseu reúne temas de oração fúnebre e o arauto os destroça. E levantando, precisamente em tal contexto, a questão da parca competência do demo e da egoísta velhacaria do pessoal político na democracia, Eurípides consegue que se diga diante do grande público, graças ao jogo cênico, o que os intelectuais que divergem do sistema vigente conseguem dizer, no máximo, em seus círculos ou conventículos, ou heterias.[51] Teseu, em sua primeira réplica, entre outras coisas dramatiza a situação assemblear: "Esta é a liberdade: *Quem quer dar algum conselho útil à cidade?*" (vv. 436-7). É a retomada quase literal do "Quem quer falar?" da práxis assemblear, mesclada com a frase pericleano-tucidideana do discurso fúnebre "*Se tem algo de bom para a cidade*, não é impedido pela pequena notoriedade".[52]

Não se exclui a possibilidade de que Péricles tenha mesmo dito palavras desse gênero alguns anos antes (429 a.C.).[53] Pode-se captar outra vaga reminiscência pericleana, logo após a retirada de Teseu, na qual se fala da juventude que

---

zig: Hanseatische Verlagsanstalt, 1930, p. 87). Hans Bogner (1895-1948) foi filólogo clássico, docente primeiro em Friburgo e depois em Estrasburgo (até 1944), expurgado após a queda do Terceiro Reich. Seus escritos foram proibidos na República Democrática Alemã. Permanece digno de nota o fato de ter cunhado a fórmula "democracia realizada" (no sentido do que é, *na realidade*, uma democracia) e que uma fórmula análoga tenha sido cunhada apologeticamente na época do declínio da experiência socialista-soviética: "socialismo realizado", para significar que aquele era o único socialismo concretamente possível e sugerir, por conseguinte, a necessidade de se satisfazer com aquele efetivamente existente, para além das possíveis construções ideais.

49. Heródoto, III, 80.
50. Tucídides, II, 37.
51. Platão, Crítias, o próprio Tucídides.
52. Tucídides, II, 37,1.
53. Sabe-se por Lísias, VI, 10 que ele de fato falou das leis "não escritas" (e estamos no mesmo contexto de II, 37).

foi ceifada "como as flores de um campo de primavera".[54] É como se Eurípides tivesse se empenhado em fazer com que Teseu falasse por meio de uma colagem de discursos de Péricles, para depois expô-los ao virulento desmascaramento feito pelo tebano. Além do mais, o Teseu de *As suplicantes* é de fato uma figura paradoxal: é rei, mas invectiva contra cidades que sejam eventualmente governadas por reis (vv. 444-6: "Um rei considera inimigos e mata justamente os melhores [...]"). Mas este é o mesmo paradoxo que invalida a figura de Péricles: "príncipe" segundo Tucídides e, portanto, artífice de um benéfico esvaziamento da democracia e sua redução a mero *flatus vocis*, e ainda assim enaltecedor — em oração fúnebre — da mesma.[55]

Portanto, quem pensou (Goossens)[56] que, na altercação entre o arauto e Teseu, Eurípides tinha em mente uma identificação Péricles-Teseu provavelmente não se equivocava na análise. Mas não se apercebeu de que uma operação sutil dessas *não era* de forma nenhuma um monumento a Péricles por meio das palavras de Teseu; muito pelo contrário. Era uma hábil desmistificação das verdades consoladoras dos discursos fúnebres com que a classe política educa e constrói seu público e consolida o consenso, confrontadas com a efetiva natureza do poder operante na cidade "democrática".

Para completar o quadro das alusões, e dessa vez com a habilidade de um político consumado, Eurípides põe na boca do arauto, em sua segunda intervenção, uma apaixonada filípica contra a guerra: "Quando a guerra vai à votação do povo, ninguém pensa em sua própria morte, mas prevê a ruína para os outros. Porém se a morte estivesse diante dos olhos durante a votação, a loucura da guerra não teria arruinado a Hélade!" (vv. 482-5). Difícil negar que aqui o arauto expressa o pensamento do próprio Eurípides. Tem razão Hans Bogner quando, a propósito da passagem anterior do arauto, escreve que Eurípides não fez Teseu apresentar nenhuma refutação efetiva dessas críticas à democracia, pela razão de que as compartilha: são *suas* críticas.

---

54. Aristóteles, na *Retórica* (1365a 31), atesta que Péricles disse algo do gênero "no discurso fúnebre" (talvez aquele relativo à guerra contra Samos: 441-0).
55. É a contradição patente entre Tucídides, II, 37 e II, 65 (retrato de Péricles como *princeps* e caráter apenas aparente da democracia sob seu governo). Em II, 65 fica mais claro que as palavras de Péricles no discurso (II, 37) são mero repertório de oração fúnebre. A verdadeira natureza das coisas está descrita justamente em II, 65.
56. "Périclès et Thésée". *Bulletin de l'Association Guillaume Budé*, n. 35, pp. 9-40, 1932.

Nessa segunda intervenção, agora contra a guerra, o alvo é também uma escolha que fora muitíssimo desejada por Péricles (lembremos a longa fala assemblear de Diceópoles em *Os acarnianos*, de Aristófanes) e que agora é a dos novos líderes, Cléon *in primis*. E, além disso, por meio das eficientíssimas palavras do arauto, Eurípides lança luz sobre o caráter *irresponsável* das decisões assembleares[57] (ninguém pensa que pode ser ele a morrer; preveem apenas a morte dos outros!), ou seja, daquele mecanismo de votação que Teseu acaba de enaltecer com uma retórica extremamente convencional.

O arauto tebano é mortífero ao ridicularizar Teseu: "Cuidado para que, irado com minhas palavras e exaltado por tua 'cidade livre', não me respondas com empáfia" — para ser exato, "Cuidado para não colocares a força de teu braço na resposta" (vv. 476-9). Depois disso, desfere a ofensiva contra as assembleias belicistas, que culmina num outro tema pungente para o ateniense médio, o do nexo entre guerra e escravos: "Estultos! Escolhemos a guerra em vez da paz e assim escravizamos os mais fracos, homens e cidades" (vv. 491-3); "Um capitão ou um marinheiro audaz é um grave risco para o navio".

Que dramas "patrióticos" que nada. Aqui a política a partir do palco, a política que não pode ser dita em assembleia, celebra seus fastos.

VIII

A ambientação que Eurípides dá ao enfrentamento entre Teseu e o arauto não foi escolhida ao acaso. E tampouco a máscara de Teseu como chefe de uma democracia.

Ambas são escolhas que remetem a estereótipos. A história encenada em *As suplicantes* é, de fato, uma daquelas recorrentes nas orações fúnebres periodicamente pronunciadas em Atenas, naquela parte quase inevitável do discurso em que o orador procede à exaltação das antigas benemerências da cidade.[58] O tema também é recorrente em textos estritamente afins, como o *Panegírico* e o *Panatenaico*, de Isócrates.[59] Mesmo a antecipação da democracia ateniense para

---

57. É um tema caro a Crítias, *Sobre o sistema político ateniense*, II, 17.
58. Lísias, II, 7-10; Demóstenes, LX, 8; Platão, *Menexeno*, 239 b (caricatural).
59. *Panegírico*, 58; *Panatenaico*, 168-71.

a época de Teseu é um traço característico da oratória pedagógica: encontramos uma ampla corroboração dessa transformação de Atenas numa "democracia *ab origine*", mais uma vez, no *Panegírico* (126-9) e, já meio século antes, na *Helena*, do próprio Isócrates (35-7). Aqui Isócrates pareceria também sugerir uma aproximação entre Teseu e Péricles, ambos *monarcas democráticos*: "O povo, mesmo soberano, pediu-lhe para continuar monarca". O mesmo *topos* de Teseu fundador do direito de palavra igual para todos (*isegoria*) — um mérito que sobressai, como veremos, no início da oração fúnebre pericleana — se reencontra na prédica de Demóstenes para os mortos em Queroneia (28) e até num discurso judicial como o enfático *Contra Neera*, em que se imagina uma eleição de Teseu "com base numa lista de candidatos".[60]

Portanto, no embate entre Teseu e o arauto, em que o primeiro não refuta as pontuais contestações de seu antagonista, Eurípides toma como alvo temas característicos da oratória pedagógica oficial ateniense e, em especial, o mais delicado (além do mais, mistificador) deles: o elogio do sistema político vigente na cidade. Vontade demolidora da retórica democrática, que é bem visível também na outra tragédia euripidiana, *Heráclides*, centrada em outro episódio predileto dos discursos fúnebres: a ajuda que Atenas deu aos filhos de Héracles perseguidos e expulsos do Peloponeso pelo cruel Euristeu.

Não que desapareça o papel de Teseu e de Atenas, mas é apresentada uma versão insólita do episódio,[61] que redimensiona os méritos da cidade e expõe à luz suas fraquezas e hesitações nas circunstâncias históricas. Com efeito, será uma mulher não ateniense que, no decorrer da tragédia, demonstrará aquela coragem que, a certa altura, os valorosos atenienses e o próprio filho Teseu parecem ter perdido.

Para apreciar o peso e o uso também diretamente político de tais tradições, basta considerar que, segundo Heródoto, os atenienses se valeram desses precedentes, ou méritos, de fato mitológicos para reivindicar para si uma posição de respeito na formação das tropas coligadas nas vésperas da batalha de Plateia[62]

---

60. Demóstenes, *Contra Neera*, 74-5: ἐκ προκρίτων.
61. É a típica liberdade da religiosidade grega que permite introduzir variantes do mito.
62. Heródoto, IX, 27.

— tal como, cinquenta anos depois, reivindicarão para si o direito ao império em nome das vitórias obtidas sobre os persas.[63]

Portanto, investir contra o arsenal das orações fúnebres é um gesto que denota um distanciamento da cidade e de sua autorrepresentação ideológica, alimentada com assiduidade pelo pessoal político (mesmo o mais sofisticado em termos intelectuais, mas, naquela ocasião, pronto a falar por fórmulas). Compreendemos o peso desse jogo demolidor quando lemos o discurso fúnebre "de Aspásia" no *Menexeno*, de Platão. O de Aspásia é descaradamente recheado de falsidades hiperbólicas, e Sócrates quase se envergonha, no quadro do diálogo, por tê-lo recitado a seu atônito interlocutor.

O discurso fúnebre é a repetição anual, fraca e formular dos temas e mitos que fortalecem o espírito cívico: instrumento de educação política de massa. É exatamente esse instrumento fundamental de coesão da cidade que Eurípides submeteu à crítica no palco. E o fez com habilidade, inserindo no meio do episódio usualmente relembrado nessas prédicas o exame crítico de seu ingrediente primário: o elogio do ordenamento democrático.[64]

---

63. Tucídides, I, 73, 4.
64. Nem pode ser mero acaso que tudo transcorra no interior de um drama centrado na *vitória ateniense sobre Tebas* ligada à disputa pela restituição dos corpos dos tombados, mas encenado logo após uma duríssima *derrota de Atenas por obra de Tebas* (Délion, 424), seguida por uma negociação nada fácil para a entrega dos corpos (cf. Tucídides, IV, 97-8: com uma intensa troca de mensageiros).

3. Péricles *princeps*

I

Quando Agariste, a mãe de Péricles, estava para ter o filho, "teve uma visão durante o sono e lhe pareceu que dava à luz um leão"; poucos dias depois nasceu Péricles, relata Heródoto.[1] A menção a esse animal, o leão, é rica de significados: é o animal de referência da tirania.

A fonte que a cita, Heródoto, não poderia ser mais favorável a Péricles; contudo, registra essa cena arquetípica quase como um sinal da história posterior desse extraordinário personagem. Péricles desapareceu no meio da epidemia de peste em Atenas, em 429 a.C. Já estava bem idoso (nascera provavelmente pouco depois do ano 500 a.C.). Sua vida se estende por quase todo o século v, um dos séculos decisivos da história antiga: inicia-se sob o signo daquele leão e se encerra numa cena de tragédia, a da cidade que ele levou à guerra e o vê sair de cena quando o conflito mal acabava de começar.

A epidemia de peste foi tão pavorosa para a cidade que o historiador que narrou tais acontecimentos, Tucídides, decidiu dedicar páginas e páginas à descrição da peste e dos sintomas do contágio, "para que, se retornar no futuro,

1. vi, 131.

saiba-se como se apresenta essa calamidade";[2] e ele descreve a cidade tomada pela devastação moral e material: pilhas de cadáveres queimados pelas ruas, degradação moral, corrosão dos freios que regulam o convívio.

Nesse cenário terrível, Péricles desaparece. Levou a cidade à guerra e esta intensificou a epidemia, porque a tática sugerida por ele era encerrar-se dentro dos muros: os espartanos que devastem os campos, dizia ele, depois irão embora; Atenas domina o mar e, portanto, é invencível.[3] E nisso consiste a viga mestra de sua estratégia, impopular sobretudo junto aos camponeses, que veem seus bens em constante perigo.

Sobre ele, recém-desaparecido, Tucídides formula o juízo que marcou o desenvolvimento da historiografia:

> Por todo o período que dirigiu a cidade em tempo de paz, governou sempre com moderação, garantiu a segurança da cidade, que alcançou sob ele o máximo esplendor. Após a eclosão da guerra, viveu mais dois anos e seis meses, e só depois de sua morte as previsões que formulara sobre o enfrentamento foram plenamente compreendidas. Pois sempre dissera aos atenienses que, se mantivessem os nervos firmes, preparassem a frota e não tentassem ampliar o império com a guerra, não correriam riscos. Mas, após sua morte, eles fizeram exatamente o contrário. No governo da cidade, por ambições pessoais, tomaram outras iniciativas que se mostravam de todo alheias ao conflito e tiveram um desfecho negativo para si e para os aliados.[4]

E prossegue explicando por que Péricles conseguira dirigir a cidade, ao passo que os demais, vindos depois dele, não foram capazes.

> A razão era que ele era um personagem poderoso, por prestígio e lúcida capacidade de juízo, absolutamente transparente e incorruptível, governava o povo com firmeza, mas sem violar a liberdade, e não se deixava guiar por ele, e sim ele o guiava, pois não procurava obter o poder com meios impróprios e, assim, não precisava falar para agradar à audiência. Seu poder se fundava na consideração de

---

2. II, 48, 3.
3. I, 142-3.
4. II, 65, 5-7.

que gozava. Quando percebia que eles — a assembleia — se entregavam a uma intrepidez leviana, atingia-os com suas palavras, levando-os à perplexidade para reconduzi-los depois a um ânimo de renovada coragem, se os visse tomados por um medo irracional. Em nome, nas palavras, era uma democracia, de fato era o poder do primeiro cidadão.[5]

Tucídides diz: "*arkhé tou pròtou andròs*", "do primeiro". E também em outro lugar, quando fala dele, diz: na época, Péricles "era o primeiro".[6]

Um dos criadores da ciência política, Thomas Hobbes, que por muito tempo não escreveu e, quando começou a fazê-lo, traduziu Tucídides para o inglês, antepondo uma admirável introdução, observa a esse respeito que o historiador grego tinha uma visão política profundamente monárquica; de fato, os dois personagens positivos de sua história são Pisístrato, o chamado tirano, e Péricles, o monarca. Essa imagem da "democracia apenas nas palavras, mas de fato governo do príncipe", preserva imensa vitalidade. Pode-se dizer que a própria ideia de *princeps* na realidade política da Roma tardo-republicana se inspira em Péricles. O nome que cabe lembrar é o de Cícero, que, teórico da política, crítico da decadência da República romana, quatro séculos depois de Péricles, sonha com o *princeps*: considera que é possível sair da dificuldade estrutural da república por meio de um *princeps* e o descreve em *Da república*, a julgar pelos fragmentos que temos, exatamente com as mesmas palavras que Tucídides usara para descrever o poder de Péricles: "*Pericles ille, et auctoritate et eloquentia et consilio, princeps civitatis suae*".[7]

Princeps pela *auctoritas*, pela capacidade de falar e se fazer ouvir, e pelo *consilium*, isto é, pela *gnome*, pela inteligência política. Em suma, ao descrever Péricles e seu poder, Tucídides fundou a noção de *principado*, desmascarando, por assim dizer, o contexto democrático no qual esse líder se insere; daí a crua expressão ("nas palavras era uma democracia"), que é muito forte: quando se diz que algo λόγῳ ("nas palavras") se chama de uma maneira, mas ἔργῳ, de fato, é outra, pretende-se *desmascarar* o que está por trás das palavras.

Não é a única imagem de Péricles que temos. Do lado oposto situa-se sua

---

5. II, 65, 8-9.
6. I, 139: κατ'ἐκεῖνον τὸν χρόνον πρῶτος Ἀθηναίων.
7. *Da república*, I, 25.

mais célebre representação, que se encontra em *Górgias*, de Platão. Péricles nasceu no ano 500 a.C.; seu admirador e historiador Tucídides nasceu por volta de 454 a.C.; Platão nasceu cerca de trinta anos depois. As gerações se entrecruzam: Platão descende de uma família cujo eixo central era Crítias. De Crítias, remontando pelos ramos da árvore genealógica, chega-se a Crítias Maior, que era parente de Sólon. Foi Sólon quem enfrentou, nos limites do possível, Pisístrato. Pisístrato foi afastado pelos Alcmeônidas, antepassados de Péricles: essas grandes famílias atenienses se entrelaçam, se combatem e se confrontam.

Em *Górgias*, quem fala é Sócrates; é ele quem descreve os grandes corruptores da política. Segundo seu juízo, há quatro na história ateniense: Milcíades, Temístocles, Péricles e Címon. Platão, como sempre, é impiedoso em sua crítica radical do sistema político ateniense. Os personagens que aqui condena em bloco também foram rivais entre si; no entanto, condena a todos eles como corruptores do povo. Pois fizeram o que Tucídides nega que Péricles tenha feito: falar *pròs hedonén*, "para agradar" ao povo. Platão censura em Péricles justamente a oratória demagógica, o agradar à assembleia, e por isso, diz o Sócrates de *Górgias*, "tornou os atenienses piores do que eram". Não só o condena por essa oratória demagógica, por esse agradar ao povo, mas também porque foi o primeiro a introduzir um salário para as tarefas públicas.[8] O salário para ocupar um cargo, que é a viga mestra do mecanismo democrático ateniense.

II

O ordenamento ateniense, como toda democracia antiga, tem seu fundamento na assembleia de todos. Mas o que é exatamente a assembleia de todos? Quando Heródoto relatou que, à morte de Cambises, alguns pensaram em instaurar a democracia na Pérsia, "alguns gregos" não acreditaram nisso. "Não acreditaram em mim", diz Heródoto, "e, no entanto, assim foi."[9] Dizer, por exemplo em Atenas, que alguém queria instaurar a democracia no império persa, imensa realidade geográfica, significava imaginar uma assembleia de todos num grande Estado territorial: algo impossível. Mas também em Atenas

---

8. *Górgias*, 515d-e.
9. III, 80, 1.

a assembleia *de todos* é uma ideia-força. Muitos anos mais tarde, os oligarcas, quando vierem a derrubar o sistema político ateniense e a revogar o salário para os cargos públicos, declararão — como bem sabemos — que afinal, mesmo no regime assemblear, no máximo 5 mil pessoas compareciam à assembleia. Atenas, em meados do século v, tem 30 mil cidadãos adultos do sexo masculino em idade militar. A realidade concreta da democracia assemblear é uma realidade móvel, em que o corpo cívico ativo pode mudar, como agora veremos, em razão das relações de força.

III

Péricles, diz Plutarco, por muito tempo tivera dúvidas sobre a posição com que se alinharia. Pertencia a uma família importante riquíssima e era um grande proprietário de terras. Além do mais, os velhos, quando o viam na juventude, consideravam-no fisicamente parecido com Pisístrato;[10] e isso era uma desvantagem, visto que o tirano continuava a ser o pesadelo da democracia. Assim, Péricles estava inseguro sobre a posição que adotaria e por fim, "forçando sua natureza", escolheu o povo, diz Plutarco.[11] Em suma, entre as duas opções possíveis — aceitar o sistema político democrático assemblear, apoiando-o e guiando-o, ou rejeitá-lo —, por algum tempo a segunda lhe pareceu preferível.

Em 462 a.C. — ano crucial na história de Atenas — ocorre uma reviravolta. Quem dirige a cidade, ou pelo menos é um líder reconhecido, é Címon. Seu pai era Milcíades, o vencedor de Maratona. Címon é um cidadão leal que aceita o sistema; ele também pertence a uma grande família — a família de Milcíades tinha até origens reais. Címon, a pedido de Esparta, engaja-se numa campanha no Peloponeso contra os hilotas, que tinham se rebelado. É a terceira guerra messênica. Címon é amigo de Esparta e deu a seus filhos nomes condizentes: a um chamou Lacedemônio (espartano), ao outro Téssalo, o que levava seu inimigo Péricles a dizer: "Mas nem sequer são atenienses!".[12] Engaja-se naquela

10. Plutarco, *Péricles*, 7, 1.
11. Ibid., 7, 4: τὰ τῶν πολλῶν καὶ πενήτων ἑλόμενος παρὰ τὴν αὑτοῦ φύσιν ἥκιστα δημοτικὴν οὖσαν.
12. Ibid., 29, 2.

campanha, levando 4 mil hoplitas, um corpo de expedição de fato notável. Os hoplitas, pode-se dizer, também constituem um grupo social e são a base da democracia hoplita, são os que vão à assembleia e aplaudem Címon. Mas, nesse meio-tempo, a partir de 478, Atenas criou um império marítimo; os marinheiros se tornaram essenciais para o funcionamento do império e, como diz um inimigo da democracia, são eles que "movem os navios" e, portanto, "comandam". Hoplitas no exterior, engajados em Messene, marinheiros na assembleia. A assembleia, sob o impulso de dois líderes, Efialtes e Péricles, decide retirar poderes decisivos ao conselho até então dominante, o Areópago. Na *Constituição de Atenas*, Aristóteles diz que Efialtes retirou ao Areópago "os poderes excedentes", aqueles que haviam sido "acrescentados" após as guerras persas (chama-os de *epiteta*), em essência a maioria dos poderes judiciários.[13] Assim, esses poderes passam do Areópago para os tribunais populares. O Areópago é um órgão de cooptação, como o Senado romano. Aqueles que ocupam o cargo de arconte ingressam de direito no Areópago, que é um conselho vitalício. Destituir o Areópago significa romper o domínio de um grupo social elevado, que regula o elemento mais importante da cidade, os tribunais: é no tribunal que desembocam todos os tipos de conflito, em especial os referentes à riqueza. O tribunal popular, por outro lado, significa que a cada ano são sorteados 6 mil cidadãos, entre os quais são tomados quinhentos nomes, que constituem a *Helieia* e outros tribunais. Esses "cidadãos quaisquer" — entre eles, populares, marinheiros, tetas (despossuídos) etc. —, escolhidos por sorteio, decidem. É por isso que Aristófanes, crítico acerbo, apresenta *a mania ateniense do tribunal* em *As vespas*. Rimos ao ler esta comédia, mas ela é séria: o tribunal é o centro nevrálgico em torno do qual se desenrola a luta de classes. Transferir os poderes do Areópago para os tribunais populares significava transferir o peso decisivo para outra classe. Essa é a reforma de 462. E ela ocorre porque na assembleia *havia outros*. Quatro mil hoplitas estavam em Messene combatendo sob as ordens de Címon; Efialtes e Péricles, com o apoio de outra massa de cidadãos, realizam uma reforma que marcou época.

Para maior clareza, arrisquemos uma comparação. Trata-se de uma realidade muito semelhante, sob alguns ângulos, à realidade ateniense da democracia direta: a Paris do ano II da República, a Paris das Seções. Nas Seções estão os

---

13. Aristóteles, *Constituição de Atenas*, 25, 2.

sectionnaires, isto é, os frequentadores habituais, os *sans-culottes*. Morto Robespierre, os *sans-culottes* deixam as Seções e chegam os burgueses. As Seções continuam a funcionar e assim, formalmente, o mecanismo é o mesmo, mas é como se corresse outro sangue nas veias. É o mesmo que acontece em 462: ausentes os hoplitas, decidem os tetas, os despossuídos. Entre Salamina e a terceira guerra em Messene, Atenas se transformou numa grande potência marítima, cuja força reside em seus navios; dessa forma, *o sujeito social decisivo passou a ser aquele ligado ao poder naval*, e Péricles precisa acertar as contas com os tetas.

Efialtes é morto logo após a reforma. Não se pode dizer que algum dia se tenha esclarecido quem foi o mandante. Plutarco, em sua imensa doutrina, segue, entre outros, Idomeneu de Lâmpsaco, amigo de Epicuro, que julgava saber que o mandante tinha sido o próprio Péricles.[14] Embora tenha vivido quinhentos anos depois, Plutarco leu à exaustão sobre aquela época remota e às vezes conhece mais a respeito dela do que Tucídides. Sim, Lâmpsaco é uma das cidades do império, e os intelectuais, as pessoas com destaque nas cidades do império, não gostavam de Atenas e, acima de tudo, não gostavam dos líderes atenienses. Poderíamos fazer uma lista: Estesimbroto de Tasos, Íon de Quios, Idomeneu de Lâmpsaco. Tasos, Quios, Lâmpsaco, todas elas cidades "súditas". As obras não nos chegaram, mas Plutarco as leu por nós; assim, vemos que todos esses gostavam de colocar os líderes da cidade "tirana" a uma luz sinistra. Assim, tenhamos cautela com essa notícia da execução de Efialtes por obra do próprio Péricles. Efialtes, de todo modo, era como um corpo estranho, era um *pobre*: isso as fontes dizem claramente. "Pobre": coisa rara entre os políticos atenienses. Por quanto tempo Péricles se resignaria a ser seu "segundo"? (sobre isso, ver adiante, *Epimetron*).

Na *Constituição de Atenas*, Aristóteles apresenta outra versão, repleta de anacronismos, segundo a qual Efialtes foi morto por um certo Aristódico de Tanagra (Beócia):[15]

> Temístocles, querendo que o conselho areopagítico fosse derrubado, fez saber a Efialtes que o Areópago estava prestes a prendê-lo; ao mesmo tempo, fez saber aos

---

14. Plutarco, *Péricles*, 10, 7 (= *FGrHist* 338 F 8).
15. *Constituição de Atenas*, 25, 4: ἀνῃρέθη δὲ καὶ ὁ Ἐφιάλτης δολοφονηθεὶς μετ' οὐ πολὺν χρόνον δι' Ἀριστοδίκου τοῦ Ταναγραίου.

areopagitas que lhes revelaria os nomes dos que conspiravam para derrubar o ordenamento da cidade. Assim, levou alguns membros do conselho areopagítico, escolhidos por ele, até a residência de Efíaltes, para mostrar os conspiradores aos areopagitas; e falava aos areopagitas de modo muito ardoroso. Então Efíaltes, vendo a cena, foi tomado de medo e, vestindo apenas uma túnica leve, refugiou-se no altar. À surpresa geral diante dessa cena, a Boulé dos Quinhentos se reuniu de imediato: lá Efíaltes e Temístocles apresentaram uma denúncia contra os areopagitas e repetiram-na tal e qual diante da assembleia popular, até conseguirem que se retirasse a força do Areópago. E Efíaltes foi morto à traição, não muito depois, por Aristódico de Tanagra. Dessa maneira, o Areópago foi privado de seu poder de supervisão. Depois disso, o costume político se degradou ainda mais, devido ao livre curso que tiveram os demagogos.

Aqui cabe assinalar o que consta em outra fonte, extraordinariamente importante: Antifonte, o "cérebro" do golpe de Estado de 411. Antifonte nascera em 480 e, portanto, tinha cerca de quinze anos a menos do que Péricles; em suma, era quase coetâneo.

Antifonte era advogado, escrevia discursos para amigos que iam ao tribunal pelos mais variados problemas, talvez também mediante remuneração (não desdenhava em absoluto o dinheiro). Muito bem, ele redigiu para um cliente um discurso (*Sobre a morte de Herodes*) que chegou até nós; o cliente estava sendo acusado de ter matado um camponês da cleruquia ateniense, um ateniense que possuía terras em Mitilene (Lesbos). O problema era que não se encontrava o cadáver da vítima, Herodes. A certa altura de seu discurso, Antifonte relembra a morte de Efíaltes e diz:

> Muitos, acusados de crimes cometidos por terceiros, morreram antes que se fizesse luz [πρὶν τὸ σαφὲς αὐτῶν γνωσθῆναι]. Por exemplo: no caso de Efíaltes, vosso concidadão, nunca se soube quem o matou. Muito bem, se alguém tivesse pedido a seus companheiros de facção que se empenhassem em descobrir, talvez formulando hipóteses, quem matara Efíaltes, sob pena de serem implicados no assassinato, sem dúvida não teria sido agradável para eles.[16]

---

16. *Sobre a morte de Herodes*, 67-8.

Carregada de alusões essa argumentação — embora, é obvio, Antifonte tenha em vista o processo no qual está trabalhando. Surpreende a insistência sobre o que teria acontecido se os mandantes (ou os assassinos) de Efialtes tivessem sido procurados entre as fileiras de sua própria facção. E Antifonte sabe o suficiente a respeito, pois continua a lembrar que, então, os assassinos "não haviam feito a tentativa de sumir com o cadáver". Não sabemos o ano exato em que ele está falando, mas sem dúvida estamos por volta da década de 420; Efialtes fora morto quarenta anos antes e, assim, Antifonte fala de coisas ocorridas quando tinha vinte anos e apela à memória dos mais velhos. Esse testemunho vale talvez até mais do que o de Aristóteles e é um sintoma de que aquele episódio permaneceu como um buraco negro, um episódio obscuro. De modo análogo, o historiador da época cesariana Diodoro Sículo (talvez nos passos de Éforo) considera que o enigma da morte de Efialtes não foi resolvido:[17] a fonte de Diodoro é especialmente hostil ao líder e vê em seu assassinato uma justa punição pelo que havia feito. Não esqueçamos que Efialtes não só transferira à Boulé, à *Helieia* e à própria assembleia popular poderes que estavam concentrados nas mãos do Areópago, como também chegara a mandar transportar as tábuas de madeira que continham os textos das leis da sede do Areópago, embaixo, para a sede da Boulé.[18] Gesto simbólico, de grande eficácia. Diodoro, utilizando epítetos bastante ásperos, insiste sobre a justa punição que coube a Efialtes, mas mesmo assim conclui que sua morte continuou obscura.[19] Aristóteles deve ter recorrido a um documento. Infelizmente, isso não basta para considerar sua informação, dada 130 anos depois dos fatos, como a mais pertinente, também em vista da declaração de Antifonte, que, quarenta anos depois dos fatos, afirma com toda a clareza que o mistério em torno do nome do mandante e do autor do atentado ainda não foi revelado. Quanto a isso, temos de levar em consta o conhecido fenômeno da fabricação de falsos documentos de teor histórico que floresceu no século IV.[20] Que fique claro: não se pretende afirmar que o crime deva ser atribuído a Péricles, ou seja, que ele tenha resolvido dessa maneira a

---

17. Diodoro, XI, 77, 6.
18. Arpocrácion, s.v. ὁ κάτωθεν νόμος.
19. ἄδηλον ἔσχε τὴν τοῦ βίου τελευτήν.
20. Estudados com abundância de exemplos por Christian Habicht (*Hermes*, 1961).

rivalidade com um político mais velho como Efialtes. Mas é apressado demais descartar esse informe rotulando-o como "tola mentira" (Busolt).

IV

É fato inegável que, morto Efialtes, Péricles *protéuei* é o primeiro. E conduz uma política, admirada por Tucídides, centrada em dois eixos: as obras públicas e a agressividade imperial.

Quando se diz *a Atenas de Péricles*, pensa-se naquela grande política de edificações: o Partênon, a Atena *Parthènos* são, sem dúvida, sinais duradouros. Extraordinária política de obras públicas que consistia em empregar massas de trabalhadores assalariados a dois óbolos por dia, que não é um custo elevado demais para uma política de construção que mudou a face de Atenas. Crátino, o grande "mestre" de Aristófanes, faz dizer a um personagem seu em cena: "Estão construindo o Partênon e nunca terminam".[21] Ele quer dizer que os trabalhos se prolongam, ad infinitum, para continuar a obter consenso com o prolongamento indefinido das obras públicas. Uma política que é de prestígio e, ao mesmo tempo, socialmente direcionada. O homem que dirige toda essa operação é Fídias, o grandiosíssimo arquiteto. Diz Plutarco na *Vida de Péricles* que Fídias era o intelecto de todas as obras públicas que se realizavam em Atenas, não apenas o artífice controverso da Atena *Parthènos*. Ictino de Mileto, arquiteto muito famoso, projetou o Partênon, mas o comando de tudo estava com Fídias. Muito próximo a Péricles, fazia parte de seu círculo restrito: o círculo que girava em torno dele e de Aspásia.

Figura extraordinária era Aspásia, uma milésia, não uma ateniense oprimida que fica em casa, que não sabe ler, que não é uma "pessoa". Aspásia era uma pessoa, e o era no mais alto nível, uma *hetera*. Péricles tinha uma esposa, da qual se separou, poderíamos dizer, com cavalheirismo e firmeza: passou-a para outro marido, que era talvez Clínias, o pai de Alcibíades. Aspásia foi mulher de muita cultura e grandes amizades — entre seus amigos estava Anaxágoras, por exemplo, o alvo dos cômicos. Hermipo, cômico, lançou-lhe uma acusação de impiedade, acrescida das mais infamantes acusações: ensinar

---

21. Crátino, fragmento 326, Kassel-Austin.

prostitutas em casa etc. Mas ao redor de Péricles há homens como Heródoto, Hipódamo de Mileto, Protágoras...

V

Quando Péricles, mirando o Ocidente, cria — e com isso passamos à política imperial — a colônia pan-helênica de Turi, põe em campo uma equipe formidável: Protágoras como legislador, Hipódamo como urbanista, Heródoto.

Atenas não era uma cidade fácil. Aquela frase muito bem calibrada de Tucídides, "Guiava-os, mais do que era guiada por eles", deve ser lida em sua verdade literal, isto é, como a focalização de um ponto de equilíbrio. Platão podia estar desabafando ao dizer que "ela os corrompeu, apoiando-os". Talvez Tucídides esteja certo ao indicar um difícil ponto de equilíbrio entre guiar e ser guiado. Mas, entre guiar e ser guiado, há em meio o imprevisto de um processo e a vontade de atacá-lo, ao que Péricles sempre consegue reagir, opondo aos ataques adversários a capacidade de criar consenso. De outra forma, não se explicaria que ele tenha sido reeleito por trinta anos para a *estratégia*, que é o cargo eletivo mais alto.[22] Escreveu Eduard Meyer: "Ideia genial, esta, de conseguir se reeleger a cada ano, porque isso impossibilitava o pedido de prestação de contas"; ao expirar a magistratura, era preciso passar por um processo, o de prestação de contas, mas, como ele já era magistrado para o ano seguinte, ela era sempre adiada.

No entanto, para obter consenso, não compulsório, era necessário conciliar dois elementos: o salário para todos e o impulso contínuo para ampliar o império, que significava guerra. Em termos militares, poderíamos dizer que Péricles não teve uma capacidade extraordinária. A única guerra em que foi vitorioso se deu contra a ilha de Samos, um aliado rebelde, e foi feroz, durante dois anos, com a utilização de um impressionante contingente de forças. Depois dessa terrível repressão, Samos se torna o aliado mais fiel de Atenas.

Péricles tentou várias direções, e é sintomática a maneira como Tucídides redimensiona os erros e as derrotas. É paradoxal o quase ocultamento do mais catastrófico dos empreendimentos de Péricles, o ataque ao Egito. Foi uma guer-

---

22. E é o que fará Augusto *princeps*, ocupando ano após ano a *tribunicia potestas* e o consulado.

ra que durou seis anos (459-4), terminou com a perda de duzentos navios e milhares de homens.[23] O Egito fora conquistado pelo império persa sob o reino do "louco" Cambises. Cambises, o rei louco — Heródoto o representa assim —, conquista o Egito interrompendo a última dinastia faraônica, a saíta. Mas o Egito se rebelou em várias ocasiões: uma primeira vez quando morreu Dario, uma segunda quando morreu Xerxes. Então um personagem notável, talvez um dos últimos da dinastia saíta, Ínaro, encabeça a rebelião e pede auxílio a Atenas. Péricles desvia os navios que estão engajados na guerra em Chipre e envia esse corpo de expedição para o Egito. O empreendimento termina numa catástrofe. A aventura imperial em direção ao sul fracassa, como fracassará a revolta a ocidente de Alcibíades na Sicília. Antes de sua definitiva saída de cena, o Péricles tucidideano diz: "Temos uma frota que pode fazer muito mais do que costumamos fazer"; dominamos o império, mas podemos dominar a Etrúria, Cartago, a Sicília,[24] temos em mãos uma arma imbatível para o domínio mediterrâneo. Mas qual é a finalidade do impulso de aumentar o império? Serve para ampliar as receitas e ter mais recursos para alimentar o demo. Essa é a ligação entre consenso político e política imperialista. Não por acaso, durante as Grandes Dionisíacas exibiam-se as listas dos tributos.

É uma contradição que se enreda em si mesma. Essa política de expansão desmente a teoria de Tucídides segundo a qual a linha pericleana era "não ampliar o império com a guerra";[25] não é verdade, ele fez exatamente o contrário. E ao fim, na prestação de contas, ele chegou ao conflito com outra grande potência, que politicamente é Esparta, mas em termos econômicos é Corinto. Em 431, a grande guerra que se prolongará por quase 27 anos, com várias interrupções, explode porque os comércios atenienses colidem com as atividades da outra grande potência comercial, Corinto, e a luta tem como objetivo o controle dos mercados. Um dos pontos fortes de Corinto é Mégara; Péricles faz com que a assembleia promulgue um decreto, fechando todos os mercados atenienses às mercadorias dos megarenses: estes não têm direito a vender nos mercados controlados por Atenas. É aí que começa o conflito: os coríntios instigam Esparta para que entre em guerra e ao final Esparta aceita, pois se dá conta de

---

23. Isócrates, *Paz*, 86; *IG*, I² 929 = *IG*, I³ 1147.
24. Tucídides, II, 62, 2; cf. Plutarco, *Péricles*, 20.
25. Tucídides, II, 65, 7.

que a única saída dessa impossível coexistência de dois impérios concorrentes na mesma área geopolítica consiste no fim de um dos dois.

A estratégia de Péricles, como dissemos no início, consistiu numa decisão que parecia previdente, a saber, a diretriz segundo a qual "fechamo-nos na fortaleza de Atenas, que é protegida por muros inexpugnáveis, e dominamos com a frota. Os espartanos que se contentem em devastar nossos campos". Uma das razões pelas quais Plutarco fez uma comparação entre a figura de Péricles e a de Fábio Máximo, "o contemporizador", reside exatamente na estratégia militar comum a ambos. Fábio Máximo não aceita a batalha campal contra os cartagineses; quando, ao contrário, seus sucessores a aceitam, vão ao encontro da catástrofe de Canas. De modo análogo, Péricles queria evitar um embate direto, frontal, por terra, contra a grande potência adversária, ao passo que seus sucessores assim o fazem e são derrotados. Péricles sai de cena a tempo, morre antes que sua estratégia fracasse. Seu herdeiro político, Alcibíades, apenas repete a tentativa de Péricles em relação ao Egito: no Ocidente, tentando a conquista da Sicília.

Naturalmente, a diferença entre os dois, mais uma vez, está na capacidade de granjear consenso. É este o segredo do *princeps* Péricles.

VI

Péricles morre como foi dito, deixando a cidade em situação de calamidade. Depois dele emerge outro líder, Cléon, que ficou ferido para sempre pela imagem que Aristófanes, de maneira cruel, traçou a seu respeito. Mas Cléon pertencia à classe dos cavaleiros, isto é, ocupava um lugar muito alto na escala social.

O primeiro Cléon, o Cléon que surge na política nos últimos anos de Péricles, inicia atacando Péricles. Percebe que o único insucesso deste em toda a sua carreira, a não reeleição após trinta anos, deriva da política bélica errada: a decisão de sacrificar os camponeses de modo tão prejudicial. E por isso ataca. Nós o sabemos pelas *Moirai* de Hermipo, cuja famosa apóstrofe parece espelhar o que Cléon dizia contestando Péricles: "Ó rei dos sátiros [Péricles, rei dos sátiros!], por que não tomas a lança, mas oferece-nos para a guerra apenas palavras? Desde que afias a espada na dura pedra, arreganhas os dentes mordido pelo fogoso Cléon".[26]

26. Fragmento 47 Kassel-Austin.

É assim que Cléon abre seu caminho, vindo a se tornar, depois da peste que eliminou o velho estadista, o mais convicto defensor da política da guerra.[27]

"A história não deve se cansar de repetir que nela vige um critério de medida em tudo diferente da moralidade e da virtude privada", escrevia Droysen (1808-84) em 1838. Assim começa sua reavaliação radical do juízo hostil dos contemporâneos e dos pósteros sobre o ateniense Cléon, líder da democracia ateniense depois da morte de Péricles. Já conhecido pelo grande público por seu extraordinário *Alexandre, o Grande*, Droysen repensava a Atenas do final do século V por meio da fonte de época mais importante: as onze comédias de Aristófanes, amorosamente traduzidas por ele.

Aristófanes divide, como todo grande sectário. Não quer agradar a todos. Durante anos, no início de sua carreira, teve um enorme inimigo, mesmo em termos pessoais: Cléon; e odiou-o com todas as suas forças. E se vingou em sua comédia mais política, *Os cavaleiros*, que está na base da imagem tradicional do demagogo, que perdurou por séculos. Droysen não pretende de forma nenhuma revalorizar a antiga democracia e seu chefe mais execrado. Mas, como grande historiador, abomina os "livros negros". Escreve ele:

> Ninguém se prestará a tecer os louvores do sanguinário Robespierre ou do selvagem Mário; mas em sua obra eles encarnaram os sentimentos e receberam a aprovação de milhares de homens, dos quais estavam separados apenas por aquela infausta grandeza, ou violência de caráter, que é capaz de não se horrorizar diante da ação.

27. "As correntes democráticas na história são como o bater contínuo das ondas, quebram-se como contra um rochedo, mas são incessantemente substituídas por outras. Oferecem um espetáculo entusiasmante e ao mesmo tempo entristecedor. Assim que a democracia alcança determinada etapa na evolução, é submetida a uma espécie de processo de degeneração. Assume o espírito e as formas aristocráticas de vida contra os quais antes combateu. Depois insurgem-se em seu interior vozes que a acusam de oligarquia, mas, após um período de lutas gloriosas de ingloriosa participação no poder, os mesmos que a acusaram agora sobem, por sua vez, à classe dominante para permitir a novos defensores da liberdade que se insurjam em nome da democracia. Esse jogo cruel entre o incurável idealismo dos jovens e a incurável sede de domínio dos velhos nunca terá fim. Sempre novas ondas se quebrarão contra o mesmo rochedo" (do final de Robert Michels, *Sociologia del partito politico* [Turim: Utet, 1912]).

E acrescenta, voltando a Cléon, que há momentos em que esses homens são necessários: "Trata-se de ferir direitos, de abater antigas instituições veneráveis; contudo, louva-se a mão ousada e firme que abriu o caminho à nova época e esquece-se a culpa, que é inseparável da ação humana".

EPIMETRON SOBRE O "POBRE" EFIALTES

Que Efialtes era "pobre", como concordam Plutarco (*Címon*, 10, 8) e Eliano (*Várias histórias*, II, 43; XI, 9; XIII, 39), foi contestado por Georg Busolt, qualificando essa notícia como pura "lenda" com base (na verdade, hipotética) na aproximação da figura de Efialtes à de Aristides, também de imaginária "pobreza" (*Griechische Geschichte bis zur Schlacht bei Chaeroneia*, Gotha: Perthes, 1897, v. III, parte 1, p. 246, nota 1), e mais tarde por Heinrich Swoboda, apoiando-se no fato de que Efialtes seria estratego (o que é deduzido de um confuso fragmento de Calístenes, parafraseado por Plutarco, *Címon*, 13, 4). A eleição como estratego desmentiria por si só a "lenda" de sua pobreza (verbete *Ephialtes*, em *RE*, V, 1905, col. 2850, 29-31). Também para Charles Hignet (*A History of the Athenian Constitution to the End of the Fifth Century B.C.*, Oxford: Clarendon Press, 1952, p. 194) a "lenda" é refutada pelo fato de que Efialtes teria ocupado o cargo de estratego.

É evidente que, antes de afirmar que Efialtes foi de fato estratego, seria preciso consolidar a informação um tanto confusa que Plutarco (*Címon*, 13, 4) extrai de Calístenes.[28] As palavras de Plutarco contêm singulares anacronismos e talvez fosse mais prudente não se servir delas de maneira irrefletida. Seu autor, na verdade, cita um raciocínio desenvolvido por Calístenes em suas *Helênicas*, com vistas a demonstrar a inexistência da "paz de Cálias": Calístenes teria afirmado que essa paz jamais foi formalizada e que, pelo contrário, tratou-se de uma desistência do Grande Rei em enviar navios para o Egeu, intimidado pela vitória ateniense no Eurimedontes, "como demonstrado pelas incursões não repelidas de Péricles com cinquenta navios e de Efialtes com apenas trinta para

---

28. Traill, em *Persons of Ancient Athens* (v. VII, p. 566), apresenta-o como estratego, sem maiores delongas. Kirchner (*PA* 6157) é mais prudente. Swoboda, na reelaboração da *Griechische Staatskunde*, de Busolt, adota a curiosa fórmula "Efialtes ocupou a estratégia *de tempos em tempos* (*zeitweise!*)" (Munique: Beck, 1926, v. II, p. 292).

além das ilhas Quelidônias". Como a missão de Cálias na Pérsia se deu em 449, o Eurimedontes é de vinte anos antes e Efialtes foi morto em 462, esse raciocínio é incongruente e a notícia não se sustenta. (A começar pelo fato de que o documento do acordo obtido por Cálias — como se queira defini-lo — estava incluído na *Coletânea de decretos*, de Cratero, enquanto os argumentos sobre o uso do alfabeto iônico no decreto, adotados por Teopompo [*FGrHist* 115 F 154] contra sua autenticidade, não provam nada.)[29] Além do mais, não se saberia em que ano situar esse "comando" juvenil de Péricles com cinquenta navios zanzando pelas ilhas Quelidônias, diante da costa da Panfília, que não é mencionado por Plutarco na biografia do líder (e tampouco por Tucídides na *pentecontaetia*). "Uma perplexidade" sobre essas missões de "reconhecimento" na Panfília, realizadas em anos distantes (e, portanto, necessariamente em 464 e 463) por Péricles e por Efialtes — adversários de Címon, mas executores da sua política! — sobressaltou Wilhelm Judeich.[30]

Permanece uma pergunta fundamental: basta essa confusa e frágil informação para fazer de Efialtes um estratego no comando de uma frota? E por que não poderia ele comandar, *enquanto taxiarca*, trinta trirremes a título de perlustração? Uma alternativa dessas é em tudo compatível com a paráfrase plutarquiana das palavras de Calístenes. Assim se desfaz a cadeia dedutiva que diz mais ou menos o seguinte: foi estratego, portanto era rico, portanto a "lenda" sobre sua "pobreza" deve ser descartada. Caindo a sustentação, tudo cai, inclusive a "certeza" de Swoboda de que Efialtes, enquanto líder, pertencia a uma "família nobre" (*RE*, v, col. 2850, 3-4). (Misteriosa e reservadíssima "família", vem-se a pensar, visto que o nome de seu pai, *Sofônides*, é um absoluto hápax.)[31]

Enfim, a promoção de Efialtes à categoria de estratego não tem fundamento sólido e, portanto, deve ser deixada de lado. Porém permanece a qualificação de sua condição econômica atestada por Plutarco e por Eliano.

---

29. Sobre a *vexata quaestio*: W. E. Thompson, "Notes of the Peace of Callias". *Classical Philology*, Chicago, v. 66, n. 1, pp. 29-30, 1971; cf. K. Meister, "Die Ungeschichtlichkeit des Kalliasfriedens", *Palingenesia*, Wiesbaden, n. 18, 1982.
30. *Hermes*, v. 58, p. 12, nota 2, 1923.
31. Conhecemos milhares de atenienses, mas ele é o único que tinha esse nome. "*A name not found on any ostraca*", notou J. P. Rhodes (em seu belo capítulo sobre a reforma de Efialtes na *CAH*, v², 1992, p. 70), que, prudente, jamais define Efialtes como "estratego", mas, corretamente, limita-se a registrar que "*he once commanded a naval expedition* [Plut. *Cim.* 13]" (ibid.).

Mas o que documenta, propriamente falando, o nexo automático entre estratégia e riqueza? A questão dos requisitos necessários para a estratégia merece um esclarecimento. Lâmaco, o estratego zombado com mais assiduidade em *Os acarnianos*, morto alguns anos depois combatendo na Sicília e, apesar disso, destinatário de uma importante homenagem póstuma por parte do próprio Aristófanes (*As tesmoforiantes*, 830-45), é repetidas vezes definido como "pobre" por Plutarco (*Nícias*, 15, 1; *Alcibíades*, 21, 6). A reserva do cargo de estratego às duas classes patrimoniais mais altas era uma *prática* consolidada, não uma lei codificada. Dispomos a respeito de várias informações que, como sempre, merecem ser entendidas. Uma passagem controvertida do orador Dinarco fala de requisitos explícitos para a elegibilidade como estratego, requisitos estes, porém, que se resumiriam a ter contraído matrimônio legítimo e ser proprietário de terras em solo ático (*Contra Demóstenes*, 71). Mas um Diceópoles também se encaixaria nesses requisitos! Aristóteles em *A política* (livro III) diz que, "enquanto a assembleia é uma reunião de pessoas das mais diversas idades que têm o direito de votar e deliberar, por mais modesto que seja seu patrimônio", por outro lado, "no que diz respeito aos tesoureiros, aos estrategos e aos outros magistrados mais importantes, eles são escolhidos entre os ricos [ἀπὸ μεγάλων]" (1282a 28-33). E reafirma de maneira reiterada que esse princípio foi estabelecido por Sólon e permaneceu em vigor como "democracia original (tradicional, *patrios*)" (1273b 35-42; 1281b 32).

A aprofundada descrição aristotélica ajuda a compreender melhor o mecanismo e a "divisão de papéis" vigente em Atenas. Vigente sobretudo como prática, consolidada e alimentada pelo próprio fato de que, para conquistar um cargo eletivo, a *riqueza* é veículo determinante.[32] O diálogo *Sobre o sistema político ateniense* nos fornece, em relação ao quinto século maduro, um testemunho precioso, e, como sempre, faccioso. Com efeito, esse autor escreve que o povo, composto em grande parte por "pobres", conquistou em Atenas o direito de ocupar todos os cargos, *também os eletivos*; porém, acrescenta ele, sendo o povo consciente de seus próprios limites, compreende que cargos eletivos como a estratégia e a hiparquia se mostrariam desastrosos "para todo o povo" se fossem mal administrados e, portanto, prefere se abster de tais cargos,

---

32. Já na Atenas "democrática" e depois na longa história do parlamentarismo, com exceção dos breves intervalos marcados pelas fases de revolução social.

deixando-os como apanágio dos senhores ou, como se costuma dizer, dos "bons" ([Xenofonte], *Athenaion Politeia*, I, 2-3). Aqui tudo é esclarecido à perfeição e se compreende com clareza que a eleição dos ricos para esses cargos é em essência uma prática consolidada. A justificação da renúncia dos "pobres" a aspirar a esses cargos é aqui fornecida com cru realismo e viva antipatia em relação "ao povo dos pobres", mas há, no diagnóstico do oligarca, um elemento de verdade substancial: a hesitação em se arriscar em cargos de extrema responsabilidade (sem contar, naturalmente, a dificuldade em obter o consenso eleitoral).[33]

Mas o trecho é importante também por outros elementos informativos que ele contém. Por exemplo, a alusão à possibilidade puramente teórica de um "pobre" aspirar também à hiparquia. O que levaria até a pensar, visto que é obrigatório que o hiparco seja um cavaleiro, em cavaleiros "indigentes". Trata-se de um caso-limite, visto que os cavaleiros são *por si próprios uma classe de patrimônio*, mas, é evidente, não está excluído em caráter puramente hipotético. Portanto, é preciso entender a noção ateniense de "pobreza" no âmbito — não se deve esquecer — da "guilda que reparte o butim", isto é, uma realidade em que qualquer pobretão, como escreve Lísias (v, 5), possui pelo menos um escravo (o "paupérrimo" Crêmilo de *Pluto ou Um deus chamado dinheiro*, de Aristófanes, tem vários [v. 26]), em que inúmeros não ricos são proprietários de um pedaço de terra, de vários escravos para trabalhá-la, além de escravos domésticos (como é o caso de Cnêmon, pobre e intratável protagonista do *Misantropo* menandreu), e na qual um Lâmaco e um Efialtes, por não pertencerem aos μεγάλοι, para dizer como Aristóteles, são considerados — com escândalo ou com admiração, segundo o ponto de vista — "estrategos pobres".

As razões pelas quais muitos estudiosos modernos têm se empenhado em anular esse dado a respeito de Efialtes não vêm ao caso. O fato é que essa desigualdade social deve ter pesado na relação entre Péricles e Efialtes.

---

33. Uma reflexão análoga deve ser feita a propósito da ascensão de *homines novi* (isto é, pertencentes a famílias obscuras) ao cargo de estratego nos últimos trinta anos do século v: sobre isso, ver J. Hatzfeld, *Alcibíades: Étude sur l'histoire d'Athènes à la fin du Vème siècle* (Paris: PUF, 1940, p. 2), que zomba com elegância (nota 3) de Swoboda por suas ilações esquemáticas sobre a imaginária "nobre família" de Efialtes.

4. Uma crítica não banal à democracia

Escreve Aristóteles que a reviravolta no sistema político ateniense do século anterior é representada pelo pós-Péricles, quando homens como Cléon e Cleofonte passam a ocupar a direção do Estado.[1] Aristóteles mostra também "visualmente" essa reviravolta, realçando a mudança de tom, de estilo, com o surgimento de novos líderes populares: a deterioração de fato ocorre — para ele — justamente no lado democrático. Até Péricles, mesmo os líderes populares são "honrados" (*eudokimountes*); depois surge um Cléon, isto é, aquele que, mais do que qualquer outro, contribuiu para corromper o demo, aquele que foi o primeiro "a gritar na tribuna, a vomitar injúrias, a falar descobrindo-se de modo indecoroso". Nessa representação depreciativa e caricata — que, aliás, é quase um estereótipo na tradição sobre Cléon —, Aristóteles enfoca de modo emblemático os sinais externos dessa guinada. No lugar da política dos senhores entrara a política dos populares. Assim, logo a seguir, quando cita Cleofonte, o líder do povo nos últimos anos da guerra peloponésia, Aristóteles o chama com desdém de "o fabricante de liras".[2]

A essa periodização corresponde a distinção teórica, desenvolvida em *A*

---

1. *Athenaion Polieia*, 28, 3.
2. Epíteto depreciativo habitual a respeito de Cleofonte: cf. Ésquines, II, 76.

política,³ entre "boa" e "má" democracia, sendo a primeira aquela que assegura "igualdade" a todos, e não o predomínio dos "pobres" sobre os "ricos", ao passo que a segunda consiste na descontrolada hegemonia do demo, como ocorrera precisamente a partir de Cléon.

Temos uma avaliação em tudo análoga da "guinada" representada pelo pós-Péricles, dada no século anterior por um protagonista como Tucídides, que viveu tal reviravolta e explicou sua centralidade num dos capítulos mais elaborados e talvez mais recentes de sua obra (II, 65). Para Tucídides, a principal diferença entre Péricles e seus sucessores consiste essencialmente na diferente relação com as massas: Péricles as "guiava mais do que se deixava guiar", enquanto os posteriores escolheram o caminho de agradar aos "gostos" do povo, confiando-lhe até as coisas públicas.

Tal tipo de evolução demagógica da política ateniense, imputada pessoalmente a Cléon, é descrita nesses exatos termos, voltados, é óbvio, para o burlesco, por Aristófanes no início de *Os cavaleiros* (do ano 424). Aqui Demos, o velho patrão, é o protótipo do idoso ateniense intratável, irritadiço, meio surdo, mas no fundo simplório e manipulável: seu novo escravo, o maldito Paflagônio — isto é, Cléon —, esperto e tratante, corteja-o, engana-o, atende-o em tudo, ou melhor, antecipa seus desejos, oferece-lhe o tríobolo, um bom banho depois do trabalho de heliasta e assim por diante.⁴

Ao tentar definir esse novo estado das coisas que se produziu com a morte de Péricles, Tucídides recorre a uma fórmula ("Confiar o Estado aos caprichos do demo"), que, alterada ou estilizada,⁵ representará, para os políticos e os teóricos do século seguinte, o maior desvalor, a "súmula" do que o bom político precisa impedir e — quando ocorre — combater.⁶ É a *paideia* demostênica, tanto quanto isocrática. E é o exato oposto daquela que, no final do século V, em

---

3. *A política*, IV, 1291 b 30-1292 a 7.
4. *Os cavaleiros*, 40-52.
5. Χαρίζεσθαι τῷ δήμῳ, "agradar ao gosto do povo", é a correspondente fórmula corrente no século IV.
6. Além de *Einwände gegen die Demokratie in der Literatur des 5./4. Jahrhunderts*, ver o ensaio de Max Treu, que assim justamente se intitula, em *Studii Clasice*, n. 12, pp. 17-31, 1970. Pode ser interessante assinalar que uma observação da *Athenaion Politeia* (II, 17: o demo acusa os políticos

pleno predomínio do demo, parece ser a principal reivindicação "popular": que "o demo faça o que quiser".

"O povo", lê-se no opúsculo *Sobre o sistema político ateniense*, "excogita 10 mil pretextos para não fazer aquilo que não quer."[7] Após uma introdução na maior parte teórica contra os fundamentos da democracia, esse opúsculo leva em consideração alguns aspectos salientes: em primeiro lugar, a excessiva licença concedida aos escravos, a humilhação dos aliados sobretudo no plano jurídico, a função central para o império de um contínuo treinamento dos atenienses na arte naval. Passa-se daí ao ordenamento militar, defensivo em terra, ofensivo e quase imbatível no mar; adiante, são avaliados alguns aspectos particulares da política democrática, desde o comércio à mescla linguística, à política externa pouco confiável e à censura do teatro cômico; aqui cabe uma primeira conclusão: piores do que o demo são aqueles aristocratas que aceitam seu sistema; depois disso, o desenrolar parece concluir, de modo circular, com a retomada da fórmula inicial (a democracia é condenável, mas em Atenas funciona em plena coerência com seus pressupostos). Seguem-se outros desdobramentos: sobre a lentidão da máquina burocrática ateniense em relação à multiplicidade de funções do Conselho e à infinita série de cerimônias religiosas, festividades etc., sobre a inevitável corrupção do sistema judiciário, sobre a impossibilidade de produzir mudanças benéficas ao sistema democrático sem o desnaturar. Após essa nova etapa conclusiva, aborda-se o tema da aliança internacional: para o demo, é indispensável apoiar as forças afins também nas outras cidades; quanto aos oligarcas, entre os quais se dá esse debate, a questão é se, para "derrubar a democracia em Atenas" (que parece ser o tema concreto em discussão, tão óbvio que vem quase subentendido), será adequado, além de suficiente, recorrer àqueles que foram privados dos direitos (aos *atimoi*); a conclusão, com a qual se encerra o debate, é que tais forças são totalmente insuficientes.

Corre-se o risco de não captar ou de entender mal a característica desse escritor político, caso não se preste atenção a uma distinção necessária entre sua personalidade e a dos personagens que ele "põe em cena". Trata-se, portanto, de especificar a orientação do autor, para além dos personagens que dão vida ao

---

quando as coisas vão mal, de outra forma atribui-se todo o mérito) ecoa mais de uma vez em Demóstenes.
7. *Athenaion Politeia*, II, 17.

diálogo. Entre estes, é fácil identificar um detrator do demo rigorosamente "tradicionalista" e outro "inteligente". Esses dois personagens emergem durante todo o diálogo: mesmo perto do final (III, 10), o segundo explica ao primeiro as escolhas de política internacional do demo. Mas eles se enfrentam às claras, por assim dizer, sobre questões de princípio, já desde os primeiros parágrafos do opúsculo.

É a oligarquia "inteligente" que abre a discussão e conduz o debate, e é legítimo identificá-la com as posições do autor. Ela começa esclarecendo que não pretende de maneira nenhuma fazer uma apologia do sistema democrático e logo esclarece sua hostilidade, aliás previsível, em relação à democracia. O que lhe interessa é desenvolver sua tese original, encerrada na fórmula: "A partir do momento em que assim decidiram, pretendo mostrar que defendem bem seu sistema político". Por isso, em sua primeira intervenção, detém-se numa longa explicação de que o demo "compreende muito bem" o que é de seu interesse (a ponto de deixar a pessoas mais experientes cargos tecnicamente exigentes como os militares). Todo o seu discurso tende a explicar dessa maneira aquilo que, no comportamento do demo, costuma causar espanto. A insistência na *gnome* do demo é o fio condutor de todas as intervenções desse interlocutor-protagonista, o qual se coloca, portanto, nos antípodas da arcaica visão teognídea do povo animal e *agnomon*.[8] O protagonista concede ao interlocutor, é óbvio — pois ele também participa do mesmo mundo de valores —, que "sobre toda a face da Terra o melhor elemento está em antítese com a democracia" (I, 5), que nos "melhores" há o mínimo de desregramento e iniquidade, que no demo há o máximo de ignorância, desordem e maldade. Ele concede, como bem se observou, "o plano ético aos seus interlocutores, não a si mesmo".[9] Suas análises versam não tanto sobre a óbvia condenação dos desvalores democráticos, e sim sobre a coerência do odiado sistema e seu funcionamento.

O outro interlocutor, por sua vez, levanta as objeções do princípio: por que permitir que qualquer um fale na assembleia, se o demo é desprovido de qualidades tão essenciais (I, 6)? O que pode entender o demo — que é *amathes*[10]

---

8. O interlocutor principal é quem normalmente enfatiza a *gnome* do demo: cf., antes de mais nada, I, 11 e II, 10 (*gnome*) e I, 3; I, 7; I, 13; I, 14; II, 9; II, 16; II, 19; III, 10 (*gignosko*) e também II, 14.
9. G. Serra, *La forza e il valore*. Roma: L'Erma di Bretschneider, 1979, p. 25.
10. A crítica do demo como não habilitado à plenitude dos direitos políticos (e, de todo modo, ao governo da cidade) por causa de sua imperícia/ignorância/estupidez (*agnomosyne*) é um *topos* cuja história seria longa demais para esboçarmos aqui. Um texto capital é, habitualmente, o de-

— sobre o que é bom, talvez até para si mesmo (I, 7)? Essas perguntas se movem num plano em tudo diferente da análise estritamente política, estabelecida pelo personagem que falou em primeiro lugar: quem abriu o debate disse com toda a clareza que se absteria do juízo sobre a democracia e pretendia descrever, colocando-se do ponto de vista democrático, sua coerência e funcionalidade.

A característica de oposição entre esses dois interlocutores é esboçada por Hartvig Frisch (que, no entanto, hesita em falar propriamente em diálogo) nas páginas em que reconduz o horizonte mental do autor ao relativismo protagoreano:[11] as duas "almas" — assim diz ele — desse autor são a "idealista e ética" (que funda suas certezas sobre valores absolutos) e a "realista e materialista" (que recorre com frequência aos conceitos de "utilidade", "necessidade", "força"). Nesse opúsculo, escreve Henry Patrick, "*quasi duae personae colloquuntur*".[12] A discussão se torna mais cerrada quando se aborda o tema da *eunomia* e do governo da cidade. Poderíamos observar, diz o antagonista, que alguém do demo nunca é capaz de compreender o útil nem sequer para si mesmo; pelo contrário, diz o protagonista, "eles" compreendem que precisamente sua *amathia* e *poneria* são de extrema funcionalidade para manter seu predomínio. Ou seja, ele retoma de maneira polêmica as palavras do interlocutor e lhe explica que aqueles não são valores e desvalores em absoluto: precisamente a *amathia* do povo favorece o sistema democrático muito mais do que a *sophia* e a *areté* dos "bons". É claro, acrescenta ele, que de tal sistema não nasce o

---

bate herodoteano (III, 81, em que Megabizo se pergunta: "Como o demo poderia entender, se não foi instruído e não tem noção do belo?", cf. *Athenaion Politeia*, I, 5 e I, 7: "Como pode um tipo desses entender o que é bom para si ou para o povo?"). Deste ponto de vista, aliás, o demo, na crítica oligárquica, está abaixo do tirano: "Ele, pelo menos", prossegue Megabizo, "age sabendo o que faz, mas o povo não é sequer capaz de entender". A contradição entre o demo e o "belo", apontada por Megabizo, é enfatizada in *Athenaion Politeia*, I, 13. Mas a tradição sobre a *agnomosyne* do demo remonta a muito antes (cf. Sólon, além da passagem do arauto tebano em Eurípides, *As suplicantes*, 417-8). O interlocutor rigidamente tradicionalista, ou, se se quiser, "teognídeo", considera as qualidades intelectuais inatas a determinadas condições sociais. O desprezo pela *amathia* é tipicamente aristocrático, diríamos heracliteano: pense-se no F 1, sobre os homens *axynetoi*, e no F 95. Também em Demócrito (F 185 Diels-Kranz) há a oposição πεπαιδευμένοι-ἀμαθεῖς (mas nessa passagem a *amathia* se refere aos ricos).
11. *The Constitution of the Athenians*, Copenhague: Gyldendal, 1942, pp. 108-13.
12. H. N. Patrick, *De Critiae operibus: Pedestri oratione conscriptis*. Glasgow: William Mackenzie, 1896, p. 48.

melhor governo, mas, em contrapartida, esse é o melhor sistema para defender a democracia. Replica, rígido, o teognídeo: "O que o povo quer não é ser escravo numa cidade dirigida pelo bom governo, e sim ser livre e comandar: pouco se importa com o mau governo!". Ao que responde o outro:

> Mas é exatamente disso que consideras mau governo que o povo extrai sua força e sua liberdade. Visto que, se é o bom governo (*eunomia*) que tu[13] estás buscando, então verás [...] que os bons farão os maus pagarem, serão os bons a decidir a política da cidade e não permitirão que uns loucos se sentem no Conselho ou tomem a palavra na assembleia. E assim, com tais sábias providências, rapidamente o povo seria reduzido à escravidão.

Aqui, o protagonista descreve um cenário totalmente diferente do vigente em Atenas, um cenário que comporta — como se disse de modo explícito — a exclusão do demo da assembleia e sua literal "sujeição".

Portanto, está claro que o protagonista não é de forma nenhuma um "moderado" (conotação que às vezes se pretendeu aplicar a todo o opúsculo), nem lhe é estranho, em absoluto, o mundo dos valores e das axiologias de seu interlocutor. Pelo contrário, ele as relativiza e por isso pode tranquilamente utilizar γιγνώσκειν, γνώμη, εὖ, δίκαιον etc. mesmo a propósito das escolhas do demo.[14] Esta é a complexidade do personagem: ele não pode ser classificado entre os extremistas obtusos, mas nem por isso é um moderado, de maneira nenhuma. O cenário que traça como consequência de uma eventual restauração da *eunomía* não é nada suave ou conciliador. Antes disso, um extremista que tem suficiente agilidade intelectual (uma mentalidade que, nisso, pareceria

---

13. Quem, diante dessa apóstrofe direta, negaria que estamos diante de um diálogo? Com estas palavras, observa Kalinka em *Die Pseudoxenophontische Athenaion Politeia* (Leipzig/Berlim: Teubner, 1913, p. 118), fica evidente que se evoca não uma pessoa qualquer, mas o representante de uma concepção de *eunomia* muito determinada. Ele prossegue observando que a ideia que "o interpelado" (*der Angeredete*: isto é, aquele a quem é dirigida essa apóstrofe direta) mostra ter acerca da *eunomia* vem expressa em I, 9; assim, se a *Athenaion Politeia* era uma "réplica", pode-se conjecturar que o *Angeredete* expressava precisamente uma concepção desse gênero e fazia referência ao ideal eunômico-espartano, tão enraizado na nobreza ateniense.
14. Sobre esta relativização dos conceitos político-morais, cf. Frisch, *The Constitution*, pp. 110-4 (também na eventual relação com Protágoras), e M. Treu, *RE*, 1966, s.v. *Xenophon*, col. 1968,65--1969,20.

influenciada pela sofística) para entender a relatividade dos valores pelos quais, é óbvio, também se bate, mas sem a cegueira de seu interlocutor rígido e mentalmente inerte.

E parece também querer apresentar-se como proprietário de navios, como empresário muito experiente no setor, alguém que sabe onde e como encontrar linho, tecido, cera, madeira para construção de "seus" navios (II, 11-2). Fala na primeira pessoa e fala de seus negócios, isso é inegável. Diz, com efeito: "É exatamente desse material que são feitos os meus navios" e, pouco depois: "E assim, sem mover um dedo, tenho tudo isso vindo de terra firme graças ao mar". É ainda um dos dois interlocutores imediatamente identificáveis no início? Pode ser o mesmo que, em I, 19-20, fala dos atenienses que, "com seus servos", adquiriram tal familiaridade com o mar "como se lá fossem treinados durante toda a vida"? O mesmo que, na própria abertura, vê a base social da democracia "naqueles que fazem mover os navios" e que, de modo mais geral, considera a propensão marítima dos atenienses, o domínio que obtiveram no mar, a inconteste talassocracia como o principal pressuposto da democracia? Sem dúvida, é difícil escapar à impressão de que quem fala em II, 11-12 se sente, de certa forma, como parte integrante desse sistema talassocrático. Devemos talvez pensar que o crítico "inteligente" protagonista do diálogo (que em geral fala em primeira pessoa e se dirige ao primeiro interlocutor tratando-o por "tu") é também um proprietário (ou construtor) de navios, alguém cuja riqueza se funda nessas bases.[15]

Assim se esclarece, à luz do que se disse até agora, que é sua própria capacidade de entender as razões do adversário, para além da lógica intrínseca do sistema de poder democrático, que o leva à mais drástica das conclusões: que não é possível corroer o sistema democrático de forma apenas marginal e, se se quiser uma boa *politeia*, é preciso derrubá-lo (III, 8-9). Assim, nesse sentido, o projeto de "buscar o bom governo" — que em I, 9 atribui ao seu interlocutor — também é seu. Ele também "busca a *eunomia*"; só que, com sensatez política muito maior, apercebe-se da dificuldade operacional de um projeto desses. E demonstra-o quando, na parte final, dissuade o interlocutor da ilusão de poder confiar nos *atimoi*, isto é, quando se opõe ao projeto, emergente na heteria à

---

15. Que o autor do opúsculo seja ele mesmo um armador, e, portanto, beneficiário da talassocracia ateniense, é uma hipótese, por exemplo, de Wilhelm Nestle (*Hermes*, v. 78, p. 241, 1943).

qual esse texto se destina, de tentar derrubar a democracia confiando nas pessoas atingidas pelo demo, que as privou de seus direitos de várias maneiras.

Conhece-se o epíteto com que em geral se define esse autor, o de "velho oligarca" — uma definição cunhada por Gilbert Murray.[16] Mas não faltou quem destacasse que, pelo contrário, talvez estejamos diante de um jovem político recém-convertido à oligarquia radical.[17]

Mas "velho oligarca" tende a indicar, sobretudo no uso corrente, quão superada é a posição política expressa por esse escritor, quão velhas são suas aspirações e idiossincrasias. "*Aspera atque incompta Catonis cuiusdam Atheniensis oratio*" — assim esse opúsculo foi definido pelo ótimo Marchant, editor oxoniense, em 1920. A definição implica também uma avaliação da qualidade dos pontos de vista desse político;[18] avaliação evidentemente simplificadora, para a qual contribuiu, entre outras coisas, o estilo ríspido, arcaico, por vezes obscuro (outro sintoma, pensou-se, de "decrepitude"), além do confronto — ora explícito, ora implícito — com Tucídides, em geral visto, e por mais de um motivo, como o termo de comparação natural, bem como ponto de referência obrigatório.[19]

Apesar de tudo, essa característica negligencia por completo o interesse nada superficial desse autor pelo comércio de sua cidade e pela arte que é seu instrumento precípuo, a náutica. É esse talvez o único texto remanescente que descreve, com propriedade e mostras de uma experiência direta, a relação existente entre o enorme fluxo comercial, cujo centro é ocupado por Atenas, e a produção de

---

16. *A History of Ancient Greek Literature*. Londres: W. Heinemann, 1898, p. 167. A expressão ganhou uso corrente sobretudo após o ensaio de Gomme, que levava esse título.
17. R. Sealey, "The Origins of *Demokratia*", *California Studies in Classical Antiquity*, v. 6, p. 262, 1973.
18. Wilamowitz, em *Aristoteles und Athen* (v. I, p. 171), pensava deduzir a efetiva "velhice" do escritor do fato de que sua "memória histórica" remonta aos anos 50 (III, 11). Mas é um argumento discutível.
19. Tampouco faltou quem, vez por outra — a partir de Wilhelm Roscher (*Leben, Werk und Zeitalter des Thukydides*, p. 252), para demolir Wilhelm Nestle (*Hermes*, v. 78, p. 232, 1943) —, tentasse impingir diretamente a Tucídides esse escrito como "obra de juventude", talvez pela compreensível tendência de agrupar os acontecimentos, ao máximo possível, em torno de nomes conhecidos, mas também por algumas convergências de opinião certamente não negligenciáveis.

navios (II, 11-12); a única fonte que relaciona o domínio político-militar de Atenas sobre a liga e a inevitável e total dependência comercial dos aliados de Atenas (II, 3). Aliás, em sua concepção, o comércio é a atividade primária de toda cidade. De fato, não se sustenta o clichê do velho aristocrata proprietário de terras, isto é, detentor de um "velho" tipo de riqueza: basta pensar em II, 11 ("É precisamente desse material que são feitos os meus navios").[20] Tampouco bastam as observações sobre o ecletismo linguístico dos atenienses, ou sobre a disposição deles em assimilar usos e costumes dos outros gregos e dos bárbaros (II, 8), para se reconhecer, como se quis, o desprezo do oligarca em relação a esses fenômenos de "abastardamento". Ademais, por outro lado, nem se entenderia de que maneira os oligarcas podem ser apresentados como os "tutores" de uma pureza ática da língua e dos costumes, se por muito tempo foi característico da aristocracia ateniense contrair matrimônio com pessoas de estirpes não gregas, "nórdicas", e até residir fora da Ática. Sob esse aspecto, são emblemáticos os casos de Milcíades, Címon e do próprio Tucídides, que encontra maneira de alardear, numa passagem de sua obra, que mantém boas relações com os "primores" da terra trácia.[21]

Na realidade, a imagem do *Cato quidam Atheniensis* é enganosa, não só porque obscurece a lucidez e a atualidade da análise, mas porque tolda um dado essencial para a compreensão desse opúsculo, a saber — como se disse —, o fato de ser percorrido por duas linhas diferentes de leitura da realidade ateniense, que se chocam do início ao fim, entre as quais é a primeira — "teognídea" — que pode ser rotulada como asperamente "catoniana". Aliás, se há no texto uma característica saliente, de todo original, e que em certo sentido constitui sua singularidade, é precisamente o esforço constante de replicar à mera negação da democracia, colocando-se em seu ponto de vista e constatando a cada vez que a democracia de Atenas é uma forma política coerente e funcional, ainda que antitética ao nobre e caro ideal da *eunomia*. Essa dialética se resolve e se exprime numa verdadeira alternância dialógica. O não reconhecimento dessa característica — intuída por Cobet desde 1858, retomada por Forrest (1975), e da qual os estudiosos se aproximaram várias vezes ao longo de mais de um século de análises obstinadas e recorrentes — fez com que, na interpretação

---

20. Por mais forte razão, os que veem nesse opúsculo uma única intervenção, enunciada pelo autor em primeira pessoa, deveriam renunciar à imagem do "velho proprietário rural".
21. Tucídides, IV, 105, 1.

geral, para não dizer sumária, do opúsculo, prevalecesse a impressão de estarmos diante de um velho *laudator temporis acti*.

Velhas podem parecer as inclinações culturais do "velho oligarca". Da nova Atenas desagradam-lhe os monumentos, os novos e grandes edifícios de utilidade pública, as academias de ginástica e os banhos,[22] de que "se favorecem mais as massas do que os poucos e ricos" (II, 10). Para ele, é aceitável a política de prestígio de um Címon,[23] que torna a cidade "bela e grande" com seu mecenato, que personifica aqueles ricos — muito admirados pelo autor — que têm condições de adquirir a suas próprias expensas vítimas e recintos sagrados e de ser os proprietários particulares dos locais de ginástica e banhos (II, 9-10). Desagrada-lhe a política de obras de Péricles,[24] que constrói tudo isso com dinheiro do Estado: vê um interesse privado nesses serviços que o demo constrói "para si".[25] O que o deixa indignado é justamente o uso de dinheiro público para obras de uso coletivo, o que, para ele, significa em benefício do demo. Ele capta o espírito da política de obras pericleana: seu aspecto assistencial, uma maneira de garantir salário aos que o autor chama de "a ralé". Escreve Aristóteles:

> Címon, porém, como dispunha de riquezas como tirano, cumpria as liturgias de forma esplendorosa, além disso alimentava muitos habitantes de seu demo [...]: suas propriedades agrícolas não eram cercadas, todos podiam aproveitar seus frutos. Péricles, tendo recursos muito inferiores para poder se permitir tal munificência, aceitou a sugestão de Damônides de Oia [...] de distribuir ao povo o que era do povo, não sendo capaz de gratificá-lo com seus próprios meios.[26]

---

22. Entre os afagos que Paflagônio-Cléon oferece ao Demo há também um banho após o dia passado no tribunal (*Os cavaleiros*, 50).

23. Plutarco, *Címon*, 13, 6-7.

24. Id., *Péricles*, 12-3. Sobre a política das obras públicas em Atenas — comentada no capítulo anterior —, ver, em geral, G. Bodei Giglioni, *Lavori pubblici e occupazione nell'antichità classica* (Bolonha: Pàtron, 1974, pp. 39-40). Também Tucídides nota, numa passagem famosa, que é tão grande a disparidade entre edifícios públicos e estrutura urbana em Atenas que, se esta fosse destruída e reduzida a uma necrópole, os pósteros suporiam, a partir dos edifícios públicos remanescentes, que a cidade tinha sido muito maior do que realmente fora: o exato contrário do caso de Esparta (I, 10, 2).

25. Por isso acredito que em II, 10 o texto ὁ δὲ δῆμος αὐτὸς αὑτῷ οἰκοδομεῖται ἰδίᾳ παλαίστρας não foi modificado.

26. *Athenaion Politeia*, 27, 3-5.

Outra acusação que o autor move contra o demo é ter "liquidado os que cultivam a ginástica e a música" (I, 13). Essa passagem já foi devidamente comparada à conhecida definição aristofaniana da educação dos *kaloi kagathoi*: "criados entre locais de ginástica, danças e música" (*As rãs*, 729). Não se trata de uma lamúria genérica, que então poderia parecer obscura (e, de fato, deu trabalho aos críticos); talvez seja uma referência pontual, embora alusiva, à liquidação política de Tucídides de Melésia, mandado para o ostracismo em 443 e mantido à distância de Atenas por mais de uma década. Esse obstinado adversário de Péricles era filho do maior mestre de luta de sua época e seus filhos também se destacavam em tal arte. A ginástica era o "símbolo heráldico" dessa grande família.[27] O golpe desferido a uma família tão representativa do modo de praticar a velha *paideia* é, portanto, visto pelo autor como sinal da liquidação de um grupo social. Além disso, Melésias, filho do adversário de Péricles, esteve entre os protagonistas do golpe de Estado de 411.

A velha educação aristocrática é aqui ressaltada de maneira nostálgica em contraste com a recente onda sofista. Mas isso não deve induzir ao erro. Quem não capta, na própria tendência relativizante do interlocutor principal, um procedimento típico da nova cultura, a sofística? O autor, como sabemos, emprega εὖ e δίκαιον em referência ao demo, assim como para Trasímaco, no primeiro livro d'*A República* platônica, justo é "o que é útil a alguém". E, ademais, até que ponto o próprio Aristófanes, *flatteur* dos carolas admiradores da educação à antiga, além de fustigar comicamente a nova educação, não está ele também imbuído dela?

Outra característica desse autor, aliás acolhida de maneira unânime, é que se trata de um exilado, de um *émigré*, como se costuma dizer pensando nos nobres expulsos ou fugidos durante a Revolução Francesa. Além disso, seu tom hostil aos bem-nascidos que se resignam a atuar numa cidade dominada pelo demo é tão ríspido, o conhecimento dos problemas dos *atimoi* tão aprofundado, o costume de falar dos atenienses em terceira pessoa tão insistente que se afigurou óbvio enxergar o autor a essa luz, como um exilado que fala com pleno

---

27. H. T. Wade-Gery, "Thucydides the Son of Melesias". *Journal of Hellenic Studies*, Cambridge, v. 52, pp. 209-10, 1932.

conhecimento e com a devida dureza sobre a cidade que o expulsou por causa de suas ideias políticas.[28]

A imagem de exilado desiludido e lúcido, capaz, a despeito da evidente e inegável hostilidade, de examinar com objetividade as qualidades e os defeitos do sistema político que o excluiu, afigurou-se, pois, especialmente adequado a dar um rosto a esse escritor. Um rosto totalmente apropriado ao clima e aos mecanismos políticos da Grécia das cidades. Os que fugiram, escreveu Burckhardt, são figuras bem conhecidas e já familiares no mito,

> mas as palavras que os trágicos põem em suas bocas são extraídas das medonhas experiências de seu quinto século. Em Sófocles, tanto Édipo quanto Polinices, em Colono, permitem-se lançar maldições contra sua pátria, como provavelmente o próprio poeta ouvira [...]. A pólis já começara a remover membros vivos de seu corpo e, nos meados do século, a Grécia central fervilhava de exilados; em Coroneia (447 a.C.) todo um grande partido de fugitivos [...] trouxe seu auxílio para derrotar os atenienses. O que sustentava o exilado era a esperança, muitas vezes vã, mas sua vida era sem alegria, e Teógnis, que por isso se compadece dele, mesmo assim aconselha seu Cirno a não travar amizade com nenhum exilado.[29]

Por essa sua condição, os exilados também se tornavam, inevitavelmente, "políticos profissionais": a transformação política se resolvia para eles em vantagem pessoal imediata. E se era mesmo verdade — como sustenta Demóstenes no século seguinte — que a opção de ingressar na vida política se faz apenas uma vez, em definitivo, e quem adota essa vida não a abandona mais,[30] isso tanto mais vale para o exilado, cuja única razão de existir é derrotar quem o expulsou, razão pela qual precisa tecer, muitas vezes inutilmente, uma trama política por toda a vida. O exilado é, na Grécia das cidades, um homem de uma

---

28. É praticamente desnecessário, talvez, lembrar que um dos candidatos à paternidade desse escrito foi Tucídides de Melésia, posto no ostracismo em 443, e outro, no extremo oposto, foi o próprio Xenofonte, que assim se dirigiria — segundo Emile Belot, em *La République d'Athènes: lettre sur le gouvernement des Athéniens adressée en 378 avant J. C. par Xénophon au roi de Sparte Agésilas* (Paris: Pedone-Lauriel, 1880) — a seu Agesilau.
29. *Griechische Kulturgeschichte* (sequência de aulas proferidas entre 1872 e 1885), trad. *Storia della civiltà greca* (Florença: Sansoni, 1955, 1974², v. I, pp. 326-7).
30. Demóstenes, XIII, 35: "Mesmo que quisessem, não poderiam se retirar".

só dimensão, com um só objetivo, que tece e retece sua teia de ligações, de relações, que mantém contatos pessoais com quem ficou na cidade, que sofre mil reveses e mil vezes tenta de novo. É raro que o exilado volte a pôr os pés na cidade como vencedor, mas, nesse caso, seu primeiro cuidado é provocar novos exilados, novos perseguidos, novos *atimoi*, num ciclo incessante, que coincide com a própria forma da luta política. Tal é, desde seus albores, a luta de exilados que tentam retornar. São os Alcmeônidas derrotados por Leipsídrion, que "cantavam após a derrota nos cantos dos banquetes:

> *Ai de mim, Leipsídrion, traidor de amigos,*
> *que homens destruiu,*
> *valorosos na luta e nobres*".[31]

Imagem característica — embora a tradição democrática se tenha apropriado do episódio[32] — de uma heteria de eupátridas que tenta todas as vias possíveis para voltar e que nos dias sombrios da derrota reproduz, fora da cidade, o ritual ático do banquete e reencontra uma forma de solidariedade coletiva no rito dos cantos dos convivas; que no exílio pratica de modo obstinado os ritos característicos dos eupátridas, o diálogo, o canto do banquete, o "Esporte da nobreza".[33]

E decerto essa é a dimensão cultural, esse é o horizonte no qual surge um texto como a *Athenaion Politeia*. Isso ajuda a compreender por que o autor é em essência um "animal político", unidimensional, que remete tudo à "política". Raras vezes, creio, a capacidade de enxergar tudo por uma ótica política — característica dos fanáticos e dos doutrinários, mas também de quem se sente portador de uma verdade explosiva e totalizante — teve uma expressão tão completa na literatura antiga: desde o ecletismo linguístico à variedade e fartura de alimentos, à decadência do esporte, à construção civil demagógica, tudo isso o anônimo atribui ao odiado predomínio do demo, à circunstância de que, como diz, "é o demo que impulsiona os navios" e conta mais do que os bons.

---

31. Aristóteles, *Athenaion Politeia*, 19, 3.
32. Os velhos atenienses que se encorajam mutuamente no coro da *Lisístrata* se definem como "nós, que fomos a Leipsídrion quando ainda éramos nós mesmos!" (vv. 664-5).
33. R. Hirzel, *Der Dialog*. Leipzig: [s.n], 1895, v. I, p. 29.

* * *

A completa imersão no momento, na luta concreta, faz com que, entre outras coisas, o autor jamais se refira a um tempo passado, quando as coisas eram melhores. Como o oligarca do homônimo personagem teofrastiano, que remonta os males de Atenas até mesmo a Teseu, culpado de ter promovido o sinecismo "que deu mais peso ao demo",[34] este oligarca não relembra nem lamenta um "passado positivo", não parece recuar para uma memória consoladora, exatamente porque se lança de modo exclusivo à ação, a um jogo que está em andamento aqui e agora. Até uma iniciativa patrocinada por Címon, como a intervenção ateniense na terceira messênica — uma das raras alusões em todo o opúsculo —, é mencionada com destaque (III, 11). Nas esporádicas vezes em que se permite algum vislumbre, é sempre "perspectivado", em direção ao futuro, como quando traça o quadro cru de uma Atenas dirigida pela *eunomia* (I, 9). Mas a *eunomia* está no futuro, justamente, ainda a ser conquistada, implacável se for dado alcançá-la.

Com essa sua perspectiva imediata e de luta, tal "animal político" não se assemelha aos numerosos intelectuais atenienses bem aclimatados em sua "doce" cidade,[35] que vivem sonhando com a *eunomia*, isto é, a "ordem" espartana. Um exemplo, em certa medida, é Aristófanes, cáustico ao encenar a *politeia* democrático-radical de sua cidade, a qual é impensável fora dela, e extremamente sério ao recomendar, depois das Arginusas, a convocação de Alcibíades para enfrentar a derrota.[36] Para nosso autor, tais indivíduos se encaixariam provavelmente entre os bem-nascidos, que devem ser vistos com suspeita, pois se dispuseram a viver numa cidade dominada pelo demo (II, 19).

Ele não parece isolado. Outro opúsculo — em forma de discurso aos larisseus, da Tessália, contra Arquelau da Macedônia e a favor de Esparta — transmitido entre os escritos de Herodes Ático, mas que remonta talvez aos últimos meses da Guerra do Peloponeso,[37] invoca um rigor análogo. Invoca a opção filoesparta-

---

34. *Caracteres*, XXVI, 6. Aqui o oligarca-tipo ataca um tema fixo dos discursos fúnebres.
35. É o adjetivo com o qual Platão define a democracia (*A República*, VIII, 558 c).
36. *As rãs*, 1431-2.
37. Não é o caso de enfrentar aqui a disputa sobre a época de composição desse escrito. Embora ressurja de vez em quando a tendência a restituí-lo ao século II d.C. (cf. ed. a cargo de U. Albini, Florença, 1968 e *Geschichte*, de A. Lesky [Berna/Munique, 1971³, p. 934, nota 1]), a opinião de

na com um tom que quer dar a entender que as escolhas políticas, uma vez realizadas, são compromissos sérios e não podem ser mero *verbiage*. Aos que hesitam em apoiar Esparta, de fato o autor responde que não se pode acusá-la de "instalar oligarquias por todas as partes", pois se trata justamente "daquela oligarquia que sempre desejamos e sempre auguramos e que, pouco tempo depois de desfrutá-la, nos foi tirada" (*Peri Politeias*, 30). Esse autor sabe o que quer, sabe exprobar a distância entre os fatos e as palavras. Assim, temos aqui mais uma denúncia daquela duplicidade de postura: a de quem "sonha" Esparta, mas se adaptando a realidades totalmente diferentes, e a de quem busca a *eunomia* a sério. O dito "velho oligarca" e o autor de *Peri Politeias* se assemelham muito.

O primeiro é um doutrinário. Mas sua ilusão doutrinária não consiste tanto em não saber reconhecer o predomínio democrático concreto; nisso, aliás, ele é muito mais clarividente do que outros eupátridas malvistos por ele, aquiescentes e prontos a conviver com o demo. Tem consciência muito maior de que a democracia radical representa uma situação forçada (e, portanto, frágil) e, confiante, aguarda sua ruína, mesmo que não saiba se ela se dará por obra de inimigos externos, por alguma benéfica traição ou por um golpe de Estado. Sua ilusão consiste antes na ideia de que o império possa sobreviver apenas se trocar de "sinal". Por isso estigmatiza o apoio sistemático do demo ateniense aos "piores" nas cidades (*in primis* aliadas) afligidas por lutas civis (III, 10); e por isso se apressa em denunciar as taxas abusivas de que os aliados são vítimas por obra do demo — obrigados a vir a Atenas para celebrar seus processos, obrigados a adular os heliastas que têm assento nos tribunais atenienses, obrigados a sofrer com a interminável morosidade da máquina estatal ateniense (I, 16 e III, 1-2). Em suma, conclui ele, os aliados se tornaram os "escravos" do demo de Atenas (I, 18).

---

quem o atribui ao final do século V parece sensata, como também uma data por volta de 404 (Drerup; em favor dessa data "alta" expressaram-se, entre outros, Beloch e Eduard Meyer). H. T. Walde-Gery (*The Classical Quarterly*, n. 39, pp. 19-33, 1945) propôs, com argumentos dignos de nota, que o autor poderia ser Crítias, cujos escritos foi precisamente Herodes quem recolocou em circulação (cf. Filóstrato, *Vidas dos sofistas*, II, 1, 14 = *VS*, 88 A 21). Portanto, é lícito pensar que o discurso aos larisseus se conservou justamente por ter sido confundido com um discurso de Herodes, entre cujas orações se transmitiu.

* * *

Não surpreenderá, pois, que o problema da luta política, que para esse autor é essencialmente guerra civil, coloca-se, para ele, numa perspectiva de alinhamento "supranacional". Assim, quando analisa o comportamento de Atenas em relação aos aliados, em especial o vexatório sistema judiciário (I, 14-6), logo capta o alinhamento de classe que se dá nesse terreno: o demo oprime e despoja os "bons" das cidades aliadas, enquanto os "bons" de Atenas "tentam salvá-los de todas as maneiras, sabendo que, para eles, é bom proteger em todas as circunstâncias os melhores nas cidades". E, na parte final, quando se levanta o problema do apoio que os atenienses infalivelmente garantem aos "piores" em qualquer cidade dividida por lutas civis, a resposta é que a opção pelos "melhores" seria contra a natureza, na medida em que levaria o demo a se alinhar em favor de seus próprios inimigos e a sofrer — como às vezes aconteceu — desilusões atrozes. E aqui são apresentados os exemplos daquelas raras vezes em que Atenas quis apoiar a causa dos bons e só sofreu reveses: na Beócia, em Mileto, na terceira messênica.

Em sua visão simplificada, todas as democracias são parecidas entre si, ainda que, é evidente, seu epicentro seja Atenas: "Em toda a Terra, a democracia se opõe ao elemento melhor". Portanto, o fato de que se apoiem umas às outras não exige nenhuma demonstração especial; "pelas razões vistas", o demo "escolhe os piores nas cidades divididas por lutas civis" e, assim, é igualmente evidente que ao democrático se oponha um alinhamento internacional das oligarquias, dos "bons". O problema da derrubada da democracia (apresentado de forma concreta pouco depois: III, 12) comporta exatamente esse tipo de coligação.

Uma sensibilidade tão aguçada ao aspecto "internacionalista" da luta política é induzida — e também exasperada — pela guerra. Em sua habitual busca de uma fenomenologia política, Tucídides se inspira, como se sabe, num caso específico, o das lutas civis na Córcira, para extrair algumas "leis" gerais sobre o entrelaçamento entre guerra civil e guerra externa; escreve ele: "O mundo grego inteiro foi abalado pelos conflitos explosivos por toda parte, entre os chefes do demo que procuravam abrir as portas aos atenienses e os oligarcas que procuravam abrir as portas aos espartanos". Em tempo de paz, prossegue Tucídides, o fenômeno não podia se dar em formas tão agudas e exasperadas, porque não havia um pretexto tão fácil para recorrer a ajudas externas; "na guerra, porém, torna-se mais fácil e corrente, para quem queira provocar revoluções numa cidade, a prática de recorrer às respectivas alianças potenciais".[38] O caso da Córcira representou um início e "por isso imprimiu-se com mais força na consciência dos homens". A intuição de fundo é que a guerra civil representa a continuação da guerra externa e na guerra externa encontra as condições ideais de desenvolvimento.

O autor do opúsculo vive essa situação por experiência própria e, como saída para os oligarcas atenienses, prevê justamente a medida de abrir as portas aos espartanos e "deixá-los entrar" (II, 15). É por isso que, na parte final do opúsculo, do tema das coligações internacionais da luta civil nasce a reflexão sobre como "atacar a democracia em Atenas", bem como a discussão — que se conclui negativamente — sobre a confiança que se pode ou não depositar numa ação conduzida pelos *atimoi*. É este o nexo entre III, 12-3 e o precedente, sobre o qual os modernos tanto se indagaram em vão, conjecturando lacunas ou outras razões.[39] Naturalmente, num debate entre pessoas com tantos pressupostos em comum, que por tantos motivos sobre muitas coisas se calam e a outras apenas aludem, não é necessário seguir todo o explícito trajeto de raciocínio para chegar às deduções posteriores (e operacionais). A convicção de que só é possível vencer fazendo-se uma coligação com o Estado guia do alinhamento está tão enraizada (para Platão, em *A República*, é norma que a forma do Estado mude quando um dos dois adversários recebe auxílio externo)[40] que Tucídides não esconde sua surpresa diante do sucesso dos Quatrocentos, capazes, apenas com suas forças, de "retirar a liberdade ao demo ateniense" passados cem anos desde o fim dos Pisistrátidas.[41]

---

38. Tucídides, III, 82, 1.
39. Cf. Frisch, *The Constitution*, p. 375: "*The transition is impossible to explain*". Uma lacuna, foi a hipótese de Schneider e K. I. Gelzer. No caminho dessa explicação em termos "políticos" da passagem de III, 11 a III, 12 estava Hermann Fränkel, em "Note on the Closing Sections of Pseudo-Xenophon's *Constitution of the Athenians*" (*American Journal of Philology*, v. 68, n. 3, p. 31, 1947) (ele nota que a ajuda ateniense às cidades aliadas produz *atimoi* e que é por isso que, em III, 12 passa-se a falar de *atimoi*). Cf. também E. Schütrumpf, "Die Folgen der Atimie für die Athenische Demokratie: Ps.-Xenophon, 'Vom Staat der Athener' 3,12f", *Philologus*, v. 117, p. 153, nota 5, 1973; e W. Lapini, *Commento all'Athenaion Politeia dello Pseudo-Senofonte* (Florença: Universidade de Florença, 1997, p. 288): "Supor uma lacuna não resolve nada."
40. VIII, 559 e.
41. Tucídides, VIII, 68, 4.

* * *

A ideia de que esse texto guarde referências concretas com a ação a ser empreendida contra o Estado ateniense é uma intuição de Eduard Meyer, que rejeitava a imagem do opúsculo como "estudo teórico": é evidente, observou ele, que aqui está em primeiro plano o objetivo "de uma ação política concreta".[42] E, de fato, a própria conclusão extraída em III, 8-9 — segundo a qual uma democracia é derrubada, mas não transformada, pois ela não comporta modificações nem aprimoramentos —, essa própria concepção tem como saída operacional de tantos debates "o ataque armado contra a democracia ateniense" (III, 12).

São palavras em que se dá por assente que o objetivo a ser buscado é a ação violenta, a qual ilumina o opúsculo todo, seu andamento dialógico, bem como o entrechoque de diversas linhas de ação ou hipóteses políticas. A divisão não se dá entre emigrados e colaboracionistas.[43] A divisão, como sabemos, reside antes de mais nada na análise — entre aquele que ataca frontalmente a democracia sem conseguir enxergar suas razões e aquele que, mesmo sem as compartilhar de forma alguma, esforça-se em entendê-las —, e sobretudo nas conclusões: entre aquele que aposta numa ação de força e aquele que, com uma visão mais clara das relações de força, mostra a escassez dos recursos disponíveis, esclarecendo que nem todos os *atimoi* são confiáveis.

Sem dúvida, a pergunta mais delicada e para a qual não é fácil arriscar uma resposta é se esse diálogo é a ata, por assim dizer, de uma reunião de heteria ou uma discussão fictícia, o desenvolvimento de um raciocínio teórico-político em forma de diálogo. Chama a atenção que não se cite nenhum nome, mesmo entre tantas referências concretas à política cotidiana. E talvez nem se possa

---

42. *Forschungen zur alten Geschichte*. Halle: M. Niemeyer, 1899, v. II, p. 402. Já era a tese — um opúsculo "projetado" para a ação — de H. Müller-Strübing (*Philologus*, supl. IV, pp. 69-70, 1884), retomado depois também por H. Bogner, *Die verwirklichte Demokratie* (Hamburgo: Hanseatische, 1930, p. 109), e por M. Kupferschmid, *Zur Erklärung der pseudoxenophontischen Athenaion Politeia*, diss. (Hamburgo: J. J. Augustin, 1932). Max Treu (*RE*, s.v. *Xenophon*, col. N1964, 60--1965, 2) alude à "situação concreta" à qual esse escrito deve se referir. Segundo Wilamowitz, no entanto, o anônimo prega à "*stürmische Jugend*" oligárquica a "resignação" (*Aristoteles und Athen*, I, p. 171, n. 72).
43. Os que são atacados em II, 20.

excluir que, neste texto em particular, os dois aspectos coexistam. Talvez isso seja confirmado pelo próprio fato de que o debate prossegue, mesmo depois daquilo que parece ser a conclusão.[44]

Há, em todo caso, uma progressão na análise. A conclusão de III, 8-9 (a democracia é imodificável) parece posterior em termos conceituais à conclusão de III, 1 (o demo é iníquo, mas de seu ponto de vista o que faz é bem-feito, pois coerente com a defesa da democracia). E a discussão operacional sobre os *atimoi* surge precisamente da constatação a que se chegou, quanto à impossibilidade de tentar reformas. Há aí, portanto, não sem passagens bruscas, uma progressão conceitual nas três conclusões: a) a democracia é inaceitável, mas coerente e bem defendida, b) não é reformável, c) para derrubá-la, não bastam os *atimoi*. Conclusões a que se chega numa progressão de tipo dialógico — talvez a mais adequada aos objetivos. O que não se pode deixar de observar é que o debate e as conclusões da primeira parte têm um aspecto em grande parte teórico, enquanto o debate final (em que as intervenções do segundo interlocutor se tornam mais cerradas e engajadas) e as conclusões têm um aspecto predominantemente operacional.

A aversão ao demo, para esse autor, faz parte da ordem natural das coisas e, se tanto, desperta considerações frias, como sobre a "racionalidade", do ponto de vista do demo, de determinada política. O alvo a ser condenado inapelavelmente são, pelo contrário, os bem-nascidos que "escolheram *oikein* numa cidade dominada pelo demo" (II, 20). Muito depende, é evidente, da compreen-

---

44. III, 1, onde é retomado por inteiro o parágrafo inicial. Ali, é evidente, conclui-se a *apodexis* anunciada na abertura. É legítimo pensar, após aquela "conclusão", que alguma coisa tenha mudado, que o que vem a seguir pode ser algo diferente. Os desdobramentos posteriores — além disso, mais cerradamente dialógicos — espelhariam uma discussão efetiva? Tal sugestão só pode ser formulada com cautela. Na tradição manuscrita, como também no diálogo mélio-ateniense no Códex Palatino de Heidelberg gr. 252, perdeu-se a divisão dialógica. Em todo caso, a interrupção representada pela conclusão de III é inequívoca e isso deveria ser um conselho para se reconsiderar o todo, ainda mais porque nunca foi apresentada nenhuma explicação satisfatória para a retomada do discurso, após a conclusão circular de III, abordando novos temas com renovado alento. A hipótese de um diálogo "aberto", em que realmente — sobretudo na parte final (III, 12--3) — se chocam linhas políticas diferentes, parece prevalecer em especial no que se refere ao desfecho.

são da palavra *oikein*. O termo pode ter aqui o sentido mais pleno de "agir, exercer atividade política" e, assim, a frase significaria "adaptar-se a ter uma vida política numa cidade dirigida pelo demo".[45] Crítias lembrava meticulosamente, num escrito seu, como um Temístocles ou um Cléon foram capazes de aumentar seu patrimônio pessoal.[46]

Surge, então, o problema de quem está sob a mira. Aventa-se com frequência um nome, e talvez não erroneamente, em vista do grande destaque do personagem: Alcibíades.[47] A doce Atenas fora o teatro mais apropriado para a vida desregrada e fascinante do belíssimo eupátrida, maníaco por cavalos e festas, não estranho a orgiásticas brincadeiras. Ademais, o que Alcibíades diz a Esparta, depois de escolhido o caminho do autoexílio, parece uma detalhada resposta à insinuação acusadora que lemos neste opúsculo:

> Se alguém me julgou mal por me ter inclinado para o demo, saiba que me move uma censura injusta. Pois sempre fomos hostis aos tiranos, e tudo o que se opõe ao poder despótico se chama demo. E desde então a liderança da massa se manteve junto a nós. Ao mesmo tempo, quando a cidade passou para o domínio do demo, era inevitável, de modo geral, adequar-se às circunstâncias. Mas, na política, tentamos ser mais equilibrados em relação ao desregramento vigente. Outros — em tempos distantes e ainda agora — impeliam a massa aos piores comportamentos, e foram exatamente eles os responsáveis por minha expulsão. Estávamos no comando da cidade em seu conjunto e consideramos correto conservar a fórmula política tradicional com a qual a cidade se tornara grandiosa numa condição de máxima liberdade, visto que sabíamos muito bem, pelo menos nós, os reflexionantes, o que era a hegemonia do demo (*demokratia*), e eu mais do que qualquer

---

45. Este é o valor de *oikein*, por exemplo no discurso fúnebre de Péricles (Tucídides, II, 37, 1: chama-se democracia διὰ τὸ [...] ἐς πλείονας οἰκεῖν) e em Tucídides, VIII, 67, 1 (καθ'ὅτι ἄριστα ἡ πόλις οἰκήσεται). Assim entende o melhor comentário moderno (Kalinka: Teubner, 1913, p. 253).
46. *VS*, 88 B 45.
47. A história da identificação desse personagem é um tanto singular. A hipótese de que era Péricles (apresentada por Wachsmuth em 1884) surgiu quase na mesma época daquela que reconhece, ao contrário, seu adversário Tucídides de Milésia (Moritz Schimdt). Não faltou quem pensasse em Cléon, que também era cavaleiro ateniense (H. Diller, rec. a Gelzer em *Gnomon*, v. 15, 1939). Sobre o precocíssimo início de Alcibíades — um "predestinado" de nascença à grande política — já em 428, cf. V. Di Benedetto, *Euripide: teatro e società* (Turim: Einaudi, 1971, p. 183).

outro, na medida em que era seu alvo. Em todo caso, sobre essa notória forma de loucura não há nada de novo a dizer; tentar derrubá-la [μεθιστάναι αὐτήν] não nos parece seguro, sob o iminente perigo que pesa sobre vosso Exército.[48]

E assim, graças a essa apologia de Alcibíades, estamos mais uma vez diante de uma autêntica divisão. Alcibíades manifesta sua aversão à *demokratia*, a essa "notória loucura", com a mesma dureza do "velho oligarca", mas — ao contrário dele (ou de um Frínico, ou de um Antifonte) — está convencido de que é a guerra e a iminente ameaça militar do inimigo que impossibilitam qualquer tentativa de subverter essa "ditadura do demo". Enquanto os oligarcas promotores do golpe de Estado contarão abertamente com a ajuda espartana, enquanto o autor desse opúsculo apresenta como única hipótese séria de salvação a clássica medida de "abrir as portas" e permitir a entrada dos inimigos, para Alcibíades o problema político (a mudança de regime) é postergado para o momento em que a ameaça da guerra deixe de existir; por ora, é preciso continuar à frente "da comunidade em seu conjunto". E nisso Alcibíades é de fato pericleano, pois a distinção de fundo para ele, como bom alcmeônida, se dá entre a ordem tradicional (demo como contrário da tirania), que deu imensa grandeza e liberdade a Atenas, e a *demokratia*, isto é, o predomínio descontrolado do demo. O primeiro deve ser defendido e é um valor duradouro, o segundo é transitório e imodificável enquanto não houver guerra. E pericleano Alcibíades também o é, por saber que muitas vezes esteve contra o demo e seus inspiradores, assim como Péricles também fora por certo tempo derrotado, quando o demo se pôs em oposição aberta contra ele. É sobretudo com a fórmula "Estávamos no comando da comunidade em seu conjunto [τοῦ ξύμπαντος]" que Tucídides deixa clara a linha que une Péricles a Alcibíades, ambos como idealizadores de uma liderança forte que se pretende, *super partes*, comando de "toda a comunidade" (da ξύμπασα πόλις, como se expressa Tucídides no balanço póstumo de Péricles).

---

48. Tucídides, VI, 89, 4-6.

5. *Demokratia* como violência

Quando justifica seu passado perante os espartanos, Alcibíades distingue entre o "esquema tradicional", isto é, a antiga constituição nascida com a queda dos tiranos que garantira a grandeza e a liberdade de Atenas, e a posterior hegemonia do demo (*demokratia*), a ser aceita como uma fatalidade, que "nós, os reflexionantes" — como se exprime — sabíamos ser, por reconhecimento universal, uma verdadeira loucura.[1] Este é um dos textos em que aflora com maior clareza a distinção entre demo como valor positivo enquanto antítese da tirania e "democracia" como forma degenerativa e, para usar a imagem de Alcibíades, "enlouquecida" do regime popular. É um texto no qual *demokratia* traz de forma clara toda a sua carga de negatividade original.

Na verdade, tudo leva a pensar que *demokratia* nasce como um termo polêmico e violento, cunhado pelos inimigos do demo.[2] Não será por acaso

---

1. Tucídides, VI, 89.
2. Ver os ensaios de A. Debrunner, "Δημοκρατία" (*Festschrift für E. Tièche*, Berna: H. Lang, 1947, pp. 11-24); V. Ehrenberg, "Origins of Democracy" (*Historia*, v. 1, pp. 515-48, 1950 [= *Polis und Imperium*, Zurique: Artemis, 1965, pp. 264-97]); Ch. Meier, "Drei Bemerkungen zur Vor- und Frügeschichte des Begriffs Demokratrie" (*Discordia concors: Festschrift für Edgar Bonjour*, Basileia: Helbing & Lichtenhahn, 1968, pp. 3-29, depois em *Enststehung des Begriffs Demokratie*, Frankfurt am Main: Suhrkamp, 1977³, pp. 7-69); R. Sealey, "The Origins of *Demokratia*" (*Califor-

que, no século v, as atestações mais numerosas do termo sejam as que, hostis e depreciativas, repetem-se na *Athenaion Politeia* e no discurso de Alcibíades em Esparta, ou as cautelosas e restritivas do discurso fúnebre de Péricles.[3] Pode-se também observar que *demokratia* é uma palavra relativamente recente — antes do anônimo, aparece umas duas vezes em Heródoto[4] — e que o uso do termo continua também em autores que, como Aristóteles, por exemplo, não se põem numa ótica rigidamente oligárquica. Portanto, o valor pleno de ambos os termos que a compõem, *demos* e *kratos*, não se enfraqueceu com o uso. Estamos falando, é claro, de *demokratia* como palavra já formada, não do uso separado, talvez dentro do mesmo contexto, de seus dois termos constitutivos. A famosa "mão dominante do povo" de *As suplicantes*, de Ésquilo (v. 604), faz parte da "pré-história" de *demokratia*, e se refere ao escrutínio soberano de levantar a mão na assembleia popular. *As suplicantes* foi encenada não muito antes da reforma de Efialtes.[5]

Assim, *demokratia* nasce não como termo de convivência política, mas como palavra de ruptura, exprimindo antes a predominância de uma parte do que a participação paritética de todos indistintamente na vida da cidade (que é mais designada como *isonomia*). A democracia nasce, segundo Platão, até mesmo com um ato de violência: "Quando os pobres vencem e matam alguns dos ricos, expulsam outros e aos restantes permitem participar de forma paritária na vida política e nos cargos, e ademais os cargos são confiados por sor-

---

nia Studies in Classical Antiquity, v. 6, pp. 253-95, 1973); K. H. Kinzl, "Δημοκρατία" (*Gymnasium*, v. 85, pp. 117-27 e 312-26, 1978).

3. Tucídides, II, 37, 1.

4. VI, 43, 3 e 131, 3. No primeiro caso, trata-se da iniciativa de Mardônio de instaurar "democracias" nas cidades gregas nas primeiras fases da invasão persa. No segundo caso (Clístenes instituiu τὰς φυλὰς καὶ τὴν δημοκρατίην), é provável — como notou Kinzl ("Δημοκρατία", pp. 312-3) — que se trate mais do ordenamento da Ática em tribos e demos, instaurado justamente por Clístenes. No conhecido F 5 West de Sólon, a citação aristotélica (*Athenaion Politeia*, 12, 1) restabeleceu o texto mais confiável: δήμωι μὲν γὰρ ἔδωκα τόσον γέρας (não κράτος, como se lê na citação de Plutarco). Sobre a formulação recente do termo, deve-se ver também Von Schoeffer, *Demokratia*, *RE*, supl. 1, 1903, col. 346, linhas 44-50.

5. De que se falou acima, Primeira parte, cap. 3. Enquanto se acreditou que *As suplicantes*, de Ésquilo, remontava aos anos 490, supunha-se que essa formulação do v. 604 era uma das primeiras atestações do conceito, se não do termo, "democracia" (ou melhor, da ligação, em sentido político, dos elementos que o compõem). Mas em 1952 foi publicado um papiro que trazia uma legenda que deslocou definitivamente a data de *As suplicantes* para 467-3 (P. Oxy. XX, n. 2256, fragmento 3).

teio";[6] e ele prossegue observando que essa instauração violenta se realiza diretamente com as armas ou por uma autoexclusão espontânea do partido contrário, "que se retira tomado de pavor". *Demokratia* tampouco encerra em si a legitimação implícita derivada do conceito de "maioria", conceito este bem mais presente em *plethos* do que em *demos*. Não por acaso Otanes, no debate constitucional que, segundo Heródoto, teria ocorrido na corte persa durante a crise que se sucedeu à morte de Cambises, diz que *plethos archon*, isto é, "o governo da maioria", tem um nome mais bonito do que *isonomia*.[7] Aristóteles é muito claro e explícito sobre este ponto:

> Não se deve definir a democracia, tal como hoje alguns o fazem, como o predomínio dos mais numerosos, nem a oligarquia como o regime em que poucos são os senhores do Estado. Se, com efeito, para dar um exemplo, houvesse um total de 1300 cidadãos, entre os quais mil fossem ricos e não dessem acesso a cargos aos trezentos não ricos, mas igualmente livres e de resto iguais, ninguém diria que é um regime democrático. De modo análogo, se os pobres fossem poucos, mas hegemônicos em relação aos ricos, mais numerosos, ninguém definiria esse regime como uma oligarquia, só porque todos os demais, que nesse caso seriam os ricos, estariam excluídos dos cargos públicos.[8]

Aristóteles sabe que, no *exemplum fictum* dos 1300 cidadãos, está descrevendo um caso-limite; de fato, acrescenta logo a seguir que o demo, "isto é, os pobres", é na realidade mais numeroso do que os ricos, e por isso "tem-se democracia quando os livres pobres, sendo mais numerosos, são donos das magistraturas, enquanto tem-se oligarquia quando comandam os ricos e os nobres, que em geral constituem uma minoria".[9] Assim, se ele formula o exemplo-limite dos 1300 cidadãos, é para mostrar o *conteúdo* da democracia: ela consiste na hegemonia dos mais pobres. A terminologia que utiliza é inequívoca: "Ser mais fortes, ser donos das magistraturas" etc. Trata-se de uma predominância ligada às relações de força, de um *domínio*, cuja eficácia também pode se estender às

---

6. *A República*, VIII, 557 a.
7. Heródoto, III, 80.
8. *A política*, IV, 1290 a 30-40.
9. Ibid., IV, 1290 b 18-20.

manifestações artísticas e intelectuais.[10] Quem questiona a política da cidade no palco pode ter problemas, como aconteceu a Aristófanes depois do sucesso de *Os babilônios*, ao passo que o pensamento crítico independente, o ceticismo, a irrisão típica das classes altas em relação "aos deuses da cidade" são perseguidos com meios políticos, justamente por causa de seu efeito desagregador (desde o processo de Anaxágoras ao de Sócrates, à repressão da paródia dos mistérios, à acusação cleoniana de "impiedade" contra Eurípides: são outros tantos sinais da intolerância liberticida da *demokratia*).[11] E de fato, na classificação tipológica das constituições, a democracia (como a oligarquia ou a tirania) é para Aristóteles uma forma degenerada, cujo correspondente positivo é a *politeia*. Portanto, *demokratia* equivale em essência a domínio de um grupo social — o demo —, não necessariamente da maioria; e demo são "os pobres entre os cidadãos", segundo a definição xenofonteana,[12] ou melhor, como especifica Aristóteles, "agricultores, artesãos, marinheiros, trabalhadores braçais, comerciantes".[13]

Mas se *demokratia* começa a aflorar com mais frequência no final do século V, quando de fato, para nós, começa a ser atestado e então é utilizado sobretudo em seu significado etimológico de "domínio", isso tem uma raiz concreta no fato de que é nesses mesmos anos, no quartel de século que decorreu entre a morte de Péricles (429) e o advento dos Trinta (404), que tal domínio efetivamente toma corpo e caracteriza a vida política de Atenas. Sem dúvida, o termo já circula antes disso, mas sempre como espelho da tensão oligárquica (ou moderada) em relação ao demo. E, com efeito, Péricles, no discurso fúnebre, apressa-se em esclarecer que a forma política original de Atenas, "que não se parece com nenhuma *politeia* das cidades vizinhas", é, sim, denominada *demokratia*, mas isso não implica de forma nenhuma um predomínio dos "pobres": o rico e o pobre contam da mesma maneira, pelo que intrinsecamente valem, não pelo que socialmente são.[14] E por isso Platão, no *Menexeno*,

---

10. *Sobre o sistema político ateniense*, II, 18.
11. O fenômeno da repressão intelectual é objeto de discussão e nunca faltam atenuantes: cf. K. J. Dover, "The Freedom of the Intellectual in Greek Society" (*Talanta*, v. 7, pp. 24-54, 1976).
12. *Ditos e feitos memoráveis*, IV, 2, 36-7.
13. *A política*, IV, 1291 b 17-29. Preciosa atestação sobre o conceito de "pobreza", sobre o qual cf. supra, o *epimetron* no cap. 3.
14. O sentido das palavras de Péricles é que, embora o termo usual para designar esse regime seja

quando vem a definir o regime vigente em Atenas, diz que sempre foi uma "aristocracia": "Alguns a chamam de democracia, outros de outra maneira; na verdade, é um governo dos melhores com a aprovação da massa";[15] e prossegue reproduzindo de maneira fiel o pensamento pericleano, com uma passagem que se encerra no nome da *isonomia* ("A fraqueza, a pobreza ou o nascimento humilde não é causa de exclusão de quem quer que seja", a única "regra" é que "quem se mostra sábio e útil tem autoridade e governa").

O Péricles tucidideano, portanto, coloca a ênfase na igualdade (τὸ ἴσον), entendida precisamente — e o *Menexeno* o reflete com fidelidade — em antítese ao domínio de uma só parte. Pois τὸ ἴσον é, ao mesmo tempo, "o que é igual" e "o que é justo". Aquilo que podia parecer o elogio pericleano, então imputado ao próprio Tucídides, da "democracia" ateniense é, pelo contrário, um dos textos que mais "tomam distância" de tal forma política.[16] No famoso diálogo xenofonteano entre o velho Péricles e o jovem Alcibíades sobre a violência e a lei, a conclusão é que, quando a massa legisla predominando sobre os ricos, isso é violência, não é lei.[17]

---

demokratia (termo que ele mostra utilizar pela única razão de que o sistema político que quer descrever não é limitado a "poucos"), mesmo assim o poder popular não deixa de ter contrapesos. A oposição fundamental, instituída por Péricles, é: "Chama-se *demokratia* [...], porém, nós vivemos num sistema político *livre* [ἐλευθέρως δὲ πολιτεύομεν]" — precisamente, oposição entre democracia no sentido pleno do termo e liberdade. Uma acurada paráfrase e explicação desta famosa passagem está em G. P. Landmann, "Das Lob Athens in der Grabrede des Perikles" (*Museum Helveticum*, v. 31, pp. 80-2, 1974), o qual esclarece devidamente que ἐλευθέρως πολιτεύομεν por fim se expressa como "*das wichtigste Stichwort: Freiheit*". Também outros pontos do texto provocaram discussão: por exemplo, onde Péricles observa que, no sistema político ateniense, quem "emerge" o faz por suas próprias capacidades, não "por pertencer a determinada parcela social" [οὐκ ἀπὸ μέρους]. Esta última expressão, que o escólio entendia mal, explica-se adequadamente com as palavras de Atenágoras siracusano, segundo o qual, justamente, os oligarcas constituem um *meros* da *politeia* (VI, 39). Cf. mais adiante, cap. 13.
15. *Menexeno*, 238 d: ἔστι δὲ τῇ ἀληθείᾳ μετ'εὐδοξίας πλήθους ἀριστοκρατία.
16. O uso pericleano de "*demokratia*" é circunspecto e depreciativo, ou melhor, visa a esvaziar seu conteúdo. É quase como se o termo, tal qual observou Landmann (p. 80), fosse introduzido "como palavra indicadora de outra realidade".
17. *Ditos e feitos memoráveis*, I, 2, 45.

6. Igualitarismo antidemocrático

Na origem, "igualdade" se opõe à tosca concepção aristocrática, de tipo teognídeo, da desigualdade natural entre os homens. Assim como Teógnis afirma com clareza que "uma cabeça de escravo jamais nasceu direita", "de uma cila [uma cebola marinha] jamais nasceu um jacinto ou uma rosa e de uma escrava jamais nasceu um filho livre",[1] da mesma forma, para o autor da *Athenaion Politeia*, as qualidades inatas do demo são a ignorância, a rusticidade, o desenfreamento, todos eles dotes contrários aos dos bons e que o tornam absolutamente inadequado para governar (I, 5).

A reivindicação dos direitos dos "ricos" em nome da igualdade é, portanto, fruto de uma reflexão mais meditada, posterior à afirmação de impulsos isonômicos mesmo em determinados ambientes aristocráticos. Aqui também a figura central é Clístenes, que introduziu, como diz Heródoto, o demo em sua heteria:[2] uma visível abertura a exigências inovadoras, absorvidas num quadro de predomínio persistente das grandes famílias. Sabemos como isso determinou uma fratura dentro da aristocracia. Assim, as duas linhas, a isonômica e

---

1. I, 535-8.
2. Heródoto, v, 66. Sobre o significado dessa expressão, cf. P. Lévêque, "Formes des contradictions et voies de développement à Athènes de Solon à Clisthène" (*Historia*, v. 27, p. 538, nota 47, 1978).

a paleoaristocrática, continuam a se enfrentar, antes de mais nada, no interior da aristocracia; e isso enquanto a aristocracia esclarecida — que manteve o controle da cidade até Péricles — brande o ambíguo dúplice conceito de "igualdade" também como freio da vertente democrático-radical.

Mas a evolução mais interessante se dá, por influência da sofística e da descoberta do contraste entre natureza e lei,[3] numa ala oligárquico-radical que também se tornou responsável, no plano político, pelas mais clamorosas tentativas de subversão da ordem democrática. Em sua crítica extrema aos privilégios do demo, mais de um teórico oligárquico parece assumir como ponto de referência exatamente aquilo que, para um Teógnis, era o desvalor absoluto, isto é, o escravo. O escravo, ou seja, a prova "viva" do fundamento genético da desigualdade e das diferenças de casta (o filho de uma escrava será, ele também, um escravo). Pois muito bem, é essa própria certeza que um Antifonte, o temível, o agastadiço, o Antifonte "demasiado valoroso" — como Tucídides o apresenta a nós em seu apaixonado retrato — ataca no tratado *Sobre a verdade*:

> Respeitamos e veneramos o que é de origem nobre, mas quem é de nascimento obscuro rechaçamos e nos comportamos uns em relação aos outros como bárbaros, pois por natureza somos absolutamente iguais, tanto gregos quanto bárbaros. Basta observar as necessidades naturais de todos os homens [...]. Nenhum de nós pode ser definido como bárbaro nem como grego. Todos, de fato, respiramos pela boca e pelas narinas.[4]

Na geração seguinte, Alcidamantes, discípulo de Górgias, no *Messeniakos* proclamará sem rodeios o direito dos messenos de se rebelarem contra a escravidão espartana, porque "a divindade nos fez todos livres, a natureza não gerou nenhum escravo".[5] Aqui se questiona o tradicional "portão" da igualdade, o que divide o livre e o escravo. Eurípides, quando quer sustentar que não existem diferenças de natureza, também recorre ao exemplo do escravo (que, desse

---

3. Clássica a formulação de Cálicles no *Górgias* platônico (482 e-483 d).
4. *VS*, 87 B 44, fragmento B, col. 2. Sobre a unicidade do personagem Antifonte, cf. supra, Primeira parte, cap. 2, I.
5. Citado de um escólio a Aristóteles, *Retórica*, 1373b 18 (= *Commentaria in Aristotelem Graeca*, XII.2, p. 74, linhas 31-2).

ponto de vista, está no mesmo plano do bárbaro): "Um escravo de natureza nobre não é inferior em nada a um livre".[6] A divisão se dá, portanto, entre quem considera a não igualdade um fenômeno da natureza, como pensava Teógnis, e quem a vê como um produto histórico, convencional, fruto da "lei". A orientação sofista, pelo menos em alguns de seus representantes, segue nessa direção. No entanto, na ciência da natureza afloram posições — como a democritiana — que pretendem instituir uma relação de analogia entre microcosmo humano e macrocosmo universal, ambos regulados por hierarquias objetivas[7] (ainda que seja a Demócrito que se deve uma das raras atestações de *demokratia* no século v: "A pobreza na democracia é preferível à chamada riqueza sob os príncipes").[8] A orientação naturalista, com efeito, tende a aceitar as diversidades e a procurar explicações externas ao homem, como o clima, a natureza do solo etc. É uma linha explicativa que vai desde o tratado hipocrático *Sobre os ares, as águas e os lugares* (cap. 12) até Possidônio, e que se entrevê, banalizada, no espúrio proêmio dos *Caracteres* teofrásticos.

Na vertente sofista, no entanto, condutas políticas ultraoligárquicas (Antifonte, Crítias), de total oposição ao sistema democrático ateniense, conjugam-se de maneira muito singular com uma reflexão teórica avançadíssima — é o caso do fragmento antifonteano sobre a igualdade[9] — ou com experiências políticas extra-atenienses (Amínias antes e Crítias depois, alinhados com os

---

6. *Ione*, 855-6; cf. *Frisso*, fragmento 831 e *Melanippe*, fragmento 495, 41-3 Kannicht, onde nem sequer excluiu que um escravo possa ser *eugenes*.
7. *VS*, 68 B 34.
8. Ibid., 68 B 251.
9. Escreve Antifonte no já citado fragmento do tratado *Sobre a verdade*: "Nisso comportamo-nos mutuamente como bárbaros: pois por natureza nascemos todos iguais, tanto bárbaros quanto gregos". Palavras no mínimo inequívocas, universalmente interpretadas assim, de maneira correta. Quase inexplicável a advertência que se lê num copioso comentário recente a este papiro: "A tradução da passagem não é simples, como poderia parecer à primeira vista [...]. É necessário evitar expressões ambíguas, que podem levar a perceber declarações de uma ideia de igualdade indiscriminada do gênero humano" (*Corpus dei papiri filosofici greci e latini*. Florença: Olschki, 1989, parte I, p. 189). O aspecto enganoso dessa tentativa de subverter uma interpretação palmar e de evidência imediata consiste em apontar um dedo sobre a palavra "nascemos", assumida *ex silencio* como premissa para atribuir a Antifonte o óbvio, isto é, a consciência da posterior diversificação das classes sociais. Vem à mente uma comparação óbvia: as cartas de Sêneca (31, 11; 47, 10), em que o filósofo esclarece a ausência de qualquer razão que justifique em termos de nascimento a distinção entre escravos e livres. Todos sempre elogiaram a amplitude da visão, tão radi-

penestes na Tessália), que parecem em total antítese com tal orientação oligárquica. Temos notícia de Amínias como instigador de *penestes* na Tessália por uma alfinetada de Aristófanes em *As vespas* (vv. 1270-4: "Dava-se com os *penestes* na Tessália, sendo ele próprio *peneste* como nenhum outro").[10] O amadurecimento que levou Crítias (o qual "armara os *penestes* contra os senhores" na Tessália, como o censura Terâmenes) a instaurar em Atenas uma ferocíssima ditadura antipopular tinha origem, como é evidente, na recusa, hereditária em sua família, do sistema dominado pelo demo e se fortaleceu com a consciência do caráter *excludente* da democracia ateniense. Consciência que fica mais do que evidente, por exemplo, num escrito como a *Athenaion Politeia*, centrada precisamente na denúncia do fenômeno mais gritante: que a democracia funciona para o demo e só para ele.

Sempre na *Athenaion Politeia* destaca-se a notação, polêmica, segundo a qual os escravos em Atenas também levam uma vida boa, mas isso para dar relevo contextual à afirmação de que o demo não se distingue exteriormente dos escravos (I, 10). Aqui, na afirmação de que escravos e demo nem sequer se distinguem em Atenas, estão as premissas para um passo seguinte: por que o demo, que é em tudo igual aos escravos, concentra a *politeia* em suas mãos? Ao fundo está, é evidente, o reconhecimento da igualdade "de natureza" entre os homens, que é a descoberta explosiva da sofística. Mas essa descoberta — que acabava por questionar os próprios privilégios do demo — traduziu-se, em termos políticos, em experiências ultraoligárquicas. Por exemplo, no caso dos Trinta, ela constituiu a premissa não para experiências "utopistas", mas, pelo contrário, para a tentativa de rebaixar o demo ao nível dos escravos, expropriando-o do "espaço político". Com os Trinta, é quase como se se realizasse em experiência concreta a idealização de um sofista "igualitário" como Faleia da Calcedônia, teórico que viveu na passagem do século V para o IV, de um rígido nivelamento das propriedades e dos patrimônios, e ao mesmo tempo propugnador da redução de todos os trabalhadores manuais (artesãos etc.) ao nível de

---

calmente antecipadora, dessa reflexão senequiana. Como não compreender o efeito realmente explosivo da análoga formulação antifontiana, "nascemos todos iguais, em tudo e para tudo"?

10. A brincadeira consiste no fato de que Amínia, na verdade, pertencia a uma nobre e rica família proprietária: J. K. Davies, *Athenian Propertied Families 600-300 B.C.* (Oxford: Clarendon Press, 1971, p. 471); mas ver também o comentário de W. M. J. Starkie a *As vespas* (Londres: Macmillan, 1897, p. 122).

"escravos públicos" (*demosioi*)[11] — uma antecipação, sob alguns aspectos, do chamado "comunismo" platônico.

Naturalmente, fica a pergunta se estamos diante de uma crítica aristocrática da democracia mais arguta e mais bem fundamentada (análoga às críticas de um Nietzsche ou de um Maurras à democracia moderna) ou se, pelo contrário, esses fermentos ideais também produziram orientações de sinal contrário, transcendendo o nível de mero jogo ou paradoxo intelectualista. É este, talvez, o ponto mais delicado a ser avaliado, inclusive em relação à efêmera experiência dos Trinta, em cujo centro está uma personalidade contraditória como a de Crítias.

Sem dúvida, é pelo próprio tema da relação com os escravos que a democracia é atacada por seus adversários. Pode-se dizer, aliás, que o tema da maior licença concedida aos escravos em regime democrático é quase um *topos*. Segundo Platão, tem-se o sinal mais extremo de degeneração na cidade comandada pelo demo "quando os escravos e as escravas são livres tanto quanto seus senhores e quando há igualdade e liberdade entre homens e mulheres".[12] E Terâmenes, quando quer definir os ideais da democracia radical, diz: "Sempre combati os que prezam a democracia apenas quando quem comanda são os escravos e os paupérrimos que venderiam a cidade por um dracma"![13]

No século IV, os oradores lamentavam até a "liberdade de palavra" concedida aos escravos. E em certos casos comprova-se a presença ou, melhor dizendo, a pressão dos escravos "às margens" da democracia: é muito conhecido o episódio do processo de Fócion (318 a.C.), quando há até a presença de vários escravos na assembleia e alguns oligarcas se arriscam a observar que "isso não é bonito" e que escravos e estrangeiros deviam se retirar, mas a multidão responde aos brados que "os inimigos do povo, eles, sim, é que devem ser postos para fora".[14]

Segundo Platão, na cidade democrática nem os cavalos e asnos, que circu-

---

11. Aristóteles, *A política*, II, 1266 a 39 e ss., 1276 b 15 e ss. Sobre tudo isso, cf. mais adiante o cap. 35.
12. *A República*, VIII, 563 b.
13. Xenofonte, *Helênicas*, II, 3, 48.
14. Plutarco, *Vida de Fócion*, 34, 5.

lam livres pelas ruas, cederiam passagem aos seres humanos.[15] Sinal dessa intolerável *akolasia* é, para o autor da *Athenaion Politeia*, que não se possa espancar os escravos em Atenas (I, 10). Sabe-se, pelos primeiros versos de *As nuvens*, de Aristófanes, que se evitava espancar os escravos na guerra (vv. 6-7), claro que por medo de que fugissem e se bandeassem para o inimigo.[16] A rigor, podemos nos perguntar se, no caso dessa peça, está-se falando de escravos agrícolas. É fato que os agrícolas eram tratados de maneira pior, portanto mais propensos a fugir e, assim, sujeitos a castigos corporais mais frequentes. Mas não faltam exceções. Em 413, segundo Tucídides, fugiram mais de 20 mil escravos, na maioria operários especializados. Mas talvez o historiador aponte o fato justamente por ser excepcional. De outro lado, espancar os escravos citadinos (em particular os trabalhadores especializados, encarregados de serviços etc.) devia ser bem menos usual do que espancar os escravos menos tutelados dos campos ou das minas. Quanto ao testemunho da *Athenaion Politeia*, a própria motivação apresentada — vestem-se como o demo, portanto não se diferenciam dele e assim corria-se o risco, ao querer espancá-los, de espancar um homem livre — parece confirmar que se está falando de escravos urbanos, que circulavam à vontade na cidade, mesclados com os cidadãos e podendo ser facilmente confundidos com eles.

Porém, à diferença dos políticos do século seguinte, que brandem em formas instrumentais o tema da permissividade em relação aos escravos — a tal ponto que Demóstenes sustenta a inverossímil tese de que os escravos em Atenas teriam maior liberdade de expressão do que os cidadãos de outras cidades[17] —, a *Athenaion Politeia* apresenta também dados concretos sobre a condição e o peso social dos escravos na Ática. Menciona-se, entre outras coisas, uma estratificação no interior da classe servil, em diversas condições de riqueza:

— Se alguém se impressiona também que lá deixem apascentar [τρυφᾶν] os escra-

---

15. *A República*, VIII, 563 c.
16. B. Hemmerdinger, "L'Émigré", *Revue des Études Grecques*, Paris, v. 88, p. 72, 1975. Para a legislação ateniense que proibia a violência física contra os escravos, deve-se ver Demóstenes, XXI, 47, e Ésquines, I, 16-7, além de J. H. Lipsius, *Das attische Recht und Rechtserfarhen* (Leipzig: [s.n.], 1905-15, pp. 421-2).
17. IX, 3.

vos e alguns até viver no luxo [μεγαλοπρεπῶς],[18] pode-se mostrar que mesmo isso fazem por uma boa razão. De fato, onde há uma potência naval, é inevitável, por razão econômica, ser escravos dos escravos, para que me seja permitido receber o que me cabe sobre suas atividades [a *apophorà*].[19] Em suma, é inevitável deixá-los praticamente livres.[20] Pois onde os escravos são ricos, não convém mais que meu escravo tenha medo de ti; em Esparta, porém, meu escravo teve medo de ti.

— Se, no entanto, teu escravo estivesse na condição de me temer, então também estaria disposto a entregar seu dinheiro para não correr riscos em sua pessoa![21]

Neste que é também um dos locais dialógicos mais claros do texto descreve-se uma rede econômico-social entre a grande frota e *apophorà*: é a guerra, evidentemente, que "produz" *apophorà*. Mais uma razão, talvez decisiva, em favor da cronologia "de guerra" desse opúsculo. Pois é a própria escassez de mão de obra, tanto livre quanto escrava, devido à guerra, que generaliza o sistema da *apophorà* e dá necessariamente uma mobilidade ainda maior à mão de obra escrava com o sistema de aluguel. A guerra modifica de forma profunda o mercado de trabalho na Ática. O fenômeno se agrava com a ocupação espartana de Deceleia, quando, como atesta Tucídides, "todos os atenienses estavam em armas, alguns nos muros, outros nos postos de guarda":[22] é evidente que o engajamento militar maciço e, pela primeira vez, contínuo absorveu homens numa enorme medida e em tempo integral, somando-se a isso o engajamento ininterrupto da frota. Ao mesmo tempo, a guerra provoca a fuga de escravos. A fuga como forma de luta é normal,[23] e ainda mais no caso da Ática abandonada aos espartanos, com massas de escravos agrícolas e mineiros à mercê dos invasores, e seus senhores quase estavelmente nas cidades ou nas ilhas, para onde

---

18. A. W. Gomme, em "The Old Oligarch" (*Athenian Studies*, org. W. S. Ferguson, Cambridge Mass.: Harvard University Press, 1940, p. 41), pensa que há nelas exageros no mesmo plano de Aristóteles (*Athenaion Politeia*, 24, 3), que fala de εὐπορία τροφῆς a propósito da diobelia.
19. Ἀποφορά é o dinheiro que os escravos cedidos em aluguel entregam a seus senhores, por seus proventos recebidos pelo trabalho feito para terceiros.
20. Isto é, permitir que trabalhem para terceiros.
21. I, 11.
22. Tucídides, VIII, 69, 1.
23. Em *Os cavaleiros*, a primeira reação dos escravos ao clima violento que se instaurou com a chegada de Paflagônio é: tomemos a estrada habitual, "fujamos"!

transferiram parte de seus bens.[24] Com a ocupação espartana de Deceleia, mesmo os escravos operários especializados fogem. Disso deriva a maior valorização do trabalho servil. Os escravos que restam na cidade se tornam mão de obra cada vez mais preciosa, pois cada vez mais escassa: passam a trabalhar cada vez mais por conta própria pagando a *apophorà* ao senhor, e com frequência cada vez maior torna-se necessário alugá-los, permitir que trabalhem para terceiros.[25] É isso que a *Athenaion Politeia*, em sua usual linguagem caricata e polêmica, chama de "deixar livres os escravos" (I, 11).

Assim, a democracia radical, que é a principal beneficiária da guerra, é também responsável por essa condição mais "livre" e de bem-estar assegurada aos escravos. É, por assim dizer, um sistema escravocrata imperfeito. No século seguinte, quando o demo vier a perder a hegemonia política e a se tornar economicamente empobrecido, quando a pressão dos escravos se intensificar e os ricos não conseguirem mais se defender sozinhos, o esforço de impedir "exílios, confiscos de bens, subdivisões de terras, perdão de dívidas, libertação de escravos para fins sediciosos" será sancionado com a máxima evidência num tratado internacional, que após Queroneia foi imposto por Filipe, desenvolto protetor das facções oligárquicas nas cidades gregas.[26]

---

24. Como sabemos por Tucídides (II, 14) e como confirma a *Athenaion Politeia* (II, 16).
25. Para essa interpretação de I, 11 e da relação guerra-*apophorà*, devo agradecer a Carmine Ampolo por suas iluminadoras observações. Talvez também caiba perguntar para qual tipo de trabalho tais escravos eram alugados. R. L. Sargent, em "The Use of Slaves by Athenians Warfare" (*Classical Philology*, v. 22, p. 272, nota 3, 1927), crê que eram usados como operários nos portos, carreteiros, carregadores etc. Frisch, ad loc., cita Andócides, I, 38, em que um dono vai receber a *apophorà* de um escravo seu que foi utilizado nas minas de Láurion. E Xenofonte nos *Poroi* lembra que Nícias arrendou uns mil escravos para Sósias por uma *apophorà* de um óbolo ao dia, e Hipônico arrendou seiscentos por uma *apophorà* de uma mina ao dia. Assim, parece excluído que fossem habitualmente utilizados como remadores (embora o fossem em momentos excepcionais, mas após a concessão da liberdade).
26. Cf. Demóstenes, XVII, 15, e H. H. Schmitt, *Die Staatsvertäge des Altertums* (Munique: Beck, 1969. v. III, p. 10, linhas 31-2).

SEGUNDA PARTE
O buraco negro: Melos

César Borgia era considerado cruel; no entanto, sua crueldade recuperou, uniu e pacificou a Romanha [...]. Portanto, um príncipe não deve preocupar-se com a má fama de cruel se quiser manter seus súditos unidos e fiéis [...].

Nicolau Maquiavel, *O príncipe*, cap. 17

7. O terrível diálogo

O cerco de Melos (verão de 416) é precedido, na narrativa tucidideana, pelo relatório em forma de diálogo das negociações entre embaixadores atenienses e magistrados de Melos (v, 85-113). Esse diálogo, de tamanho insólito, confere enorme relevo ao episódio.

Insólita é também a forma literária: "Em vez de um discurso, ousou compor um diálogo", nota o escólio em v, 85. A singularidade do diálogo entre mélios e atenienses consiste na sucessão dramática das intervenções como num texto teatral. A didascália normal antecede as duas primeiras intervenções (v, 85-6), as 25 posteriores se sucedem como num texto dramático (87-111). Há depois um segundo colóquio, com duas breves intervenções conclusivas (112--3): estas são antecedidas por didascálias.

Não escapou aos modernos a "maior arte" desse diálogo mesmo em comparação às mais complexas demegorias (Blass) e destacou-se seu caráter sofista: "*Eine Diskussion peri diakaiou*", segundo Wolf Aly; "*Antilogie zwischen logos dikaios und adikos*", segundo Wilhelm Schmid.

Concluindo o capítulo sobre os anos da paz de Nícias, George Grote não apenas considerava o diálogo "*at surprising lenght*" [de extensão surpreendente], mas o definia como "*the Thucydidean dramatic fragment* — Melou halosis *if we may parody the title of the lost tragedy of Phrynichus* The capture of Miletus" [o fragmento dramático tucidideano — *Melou halosis*, se pudermos parodiar o título da tragédia perdida de Frínico, *A tomada de Mileto*].[1] Tal intuição não escapou a Georg Busolt, para quem o diálogo "poderia ser definido como um fragmento de *Melou halosis*".[2] Em 1916, Karl Julius Beloch, segundo o qual o diálogo foi composto sob a impressão dos acontecimentos, observou que "Tucídides ou seu editor" depois inseriram o diálogo "*in das Gesamtwerk*".[3] Em 1968, Henry Dickinson Westlake apresentou outra vez a hipótese de que o diálogo não havia sido originalmente escrito para seu contexto atual, mas fora concebido como "*a separate minor work*" [uma obra menor independente].[4] No ano anterior, Kurt von Fritz apontara a discrepância entre o diálogo e o quadro narrativo circunstante. E decerto, observou Antony Andrews, "*to record a conversation at such lenght was an isolated Thucydidean experiment*" [registrar uma conversa em tal extensão foi uma experiência tucidideana isolada].[5]

Os representantes enviados pelos estrategos para conferenciar com os mélios falam como filósofos da história e como habilidosos teóricos da *realpolitik*. Mas eles são apenas sujeitos *anônimos*, como os que falam ao Congresso de Esparta no primeiro livro. (E ali também é curiosa a invenção: a que título os embaixadores atenienses de passagem[6] intervêm numa reunião da liga peloponésia?) Tal invenção "protege" os estrategos: não são eles que desenvolvem aqueles raciocínios, aquela extrema dureza não pode ser imputada a eles. Mas há mais. Os emissários tinham sido enviados com outra incumbência: deviam falar perante *o povo*, sem dúvida para desenvolver raciocínios completamente diferentes e adotar um tom totalmente oposto. Assim, *aquela espetacular guinada oratória numa direção totalmente diversa*, com que os enviados atenienses,

---

1. G. Grote, *History of Greece*. Londres: J. Murray, 1862², v. v, p. 102.
2. *Griechische Geschichte*. Gotha: Perthes, 1904, v. III, parte 2, p. 674.
3. Ibid., v. II, parte 2, p. 14.
4. *Individuals in Thucydides*. Cambridge: Cambridge University Press, 1968, p. 317, nota 1.
5. *A Historical Commentary on Thucydides*. Oxford: Clarendon Press, 1970, v. IV, p. 159.
6. "Estavam ali por acaso", escreve Tucídides (I, 72, 1).

em vez de "sedutores", passam a adotar a atitude de maquiavélicos dessacralizadores da moral corrente, devia ser *uma iniciativa exclusiva deles*! Claro que é difícil acreditar nisso. É justo aqui, nessa inverossímil iniciativa autônoma dos legados, que *a invenção* tucidideana se revela com mais clareza, a qual, portanto, há de ter um objetivo preciso.

Assim, não só *o diálogo enquanto tal* é fruto da fantasia, como ainda mais a possibilidade de que tenha ocorrido *daquela forma* (uma vez que os enviados atenienses se viram diante da inesperada contingência de ter de falar a alguns poucos oligarcas [ἐν ὀλίγοις] e em local fechado, em vez de se dirigir ao povo em praça aberta) e, além do mais, que os enviados tenham tomado *sozinhos*, perante a nova situação, a iniciativa de imprimir uma mudança total de *teor* e *registro*.

A invenção fica menos desconcertante, ou menos incongruente, em relação ao programa de "verdade" que Tucídides expõe desde o início, ao se considerar que o diálogo — ainda hoje facilmente removível do contexto em que foi inserido e, aliás, enxertado de maneira imperfeita — é na verdade *outra obra* (em relação à narrativa que o enquadra e, portanto, em relação à obra historiográfica), outra obra com outra finalidade, outra gênese e outra fruição (bem como outra função).

Com efeito, *exatamente por ser um verdadeiro diálogo*, isto é, construído com técnica dramatúrgica (as falas se sucedem sem didascálias preparatórias e se diferenciam *apenas por serem enunciadas por vozes diferentes*), ou seja, por causa de sua própria natureza estrutural evidente, o diálogo mélio-ateniense é obra *destinada à representação*. Prova disso, mesmo se fosse necessária, é que o diálogo — uma vez incorporado na obra historiográfica e *lido* como prosa, não mais recitado — sofreu subdivisões e atribuições de falas errôneas, da mesma forma que ocorreu com os textos cênicos. Demonstra-o o extenso comentário de Dionísio de Halicarnasso (*Sobre Tucídides*, 38), em cujo exemplar tucidideano a fala dos atenienses "Se viestes aqui para fantasiar com as hipóteses [...]" (v, 87) era atribuída aos mélios e, por conseguinte, a posterior "É compreensível que quem se encontra em tal situação [...]" (v, 88) era atribuída aos atenienses, em lugar dos mélios. E é precisamente essa peculiaridade macroscópica que nos permite entender que seu destino enquanto diálogo era outro, tratava-se de outra obra, inserida pelo editor póstumo das cartas tucidideanas, isto é, por Xenofonte, no local onde a lemos. O enxerto se deu com dois simples conectivos sintáticos, o segundo deles revelando de maneira explícita essa sua natureza.[7] Tucídides, por seu lado, diz com toda a clareza e presteza (I, 22) que sua obra *não* se destina à representação (ἀγώνισμα ἐς τὸ παραχρῆμα). E é essa própria declaração que nos garante a diferença de finalidades da narrativa historiográfica de um lado e do diálogo de outro.

Não sabemos como (e quando) Xenofonte entrou na posse desse *Nachlass* tucidideano, ou quanto dele lhe foi confiado: assim, jamais saberemos se a escolha de inserir o diálogo — criado para outra finalidade e fruição — no contexto da breve notícia, muito sumária e fria, da tomada de Melos remonta talvez a uma decisão do próprio Tucídides. Se a insistência, nas *Helênicas*, II, 2-3; 10, sobre o temor dos atenienses sitiados, em 404, de "ter o fim dos mélios", de "sofrer o que eles haviam infligido à pequena cidade, cuja única culpa foi não querer combater ao lado deles" etc. traz à tona conceitos que remontam ao *Nachlass* tucidideano publicado por Xenofonte, poderíamos também deduzir que a escolha de valorizar com dramaticidade de alto teor expressivo a história de Melos, como "mácula" pela qual agora teriam de pagar, foi do próprio Tucídides e, assim, a decisão de incorporar o diálogo, *nascido como obra autônoma*, à narrativa poderia ser sua. Mas esta não é uma dedução muito convincente: bastaria, em todo caso, *ter escrito* aquele diálogo no calor dos acontecimentos, sob o impacto da repressão exercida contra os mélios, e depois assumir e adequar, no relato da capitulação de Atenas, o motivo do inevitável e merecido *châtiment* que vinha acertar as contas entre carnífices e vítimas. De fato, a decisão editorial bem pode ser atribuída a Xenofonte, cuja familiaridade com o gênero do diálogo político era testada pelo longo trato com Sócrates, bem como pelo sodalício com Crítias.

Dessa forma, Tucídides e Crítias foram ambos autores de diálogos políti-

---

7. V, 114, 1: Καὶ οἱ μὲν Ἀθηναίων πρέσβεις ἀνεχώρησαν ἐς τὸ στράτευμα. Οἱ δὲ στρατηγοὶ αὐτῶν (sic!) κτλ. É risível dizer "os estrategos dos legados", como, porém, é inevitável traduzir tal sequência de palavras. Tampouco cabe optar por "seus estrategos" (isto é, dos atenienses), toscamente tautológico, visto que são os únicos estrategos no local.

cos, um "gênero" muito praticado nos ambientes oligárquicos e pela elite ateniense. E é apenas quando se reconduz Tucídides a tais ambientes que se compreendem de maneira plena o sentido e a finalidade de sua obra.[8]

---

8. Entre os inumeráveis autores que enfrentaram o problema da "política de Tucídides" desponta Wilhelm Roscher (1817-94), aluno em Berlim de Ranke, Niebuhr e Carl Ritter, além de fundador, mais tarde, da *Nationalökonomie* na Alemanha. Ele começou em 1842 com um magnífico (e esquecido) livro sobre Tucídides, seu "mestre" e seu "autor" na divisa dantiana do frontispício: *Leben, Werk und Zeitalter des Thukydides*. Como se disse (supra, Primeira parte, cap. 4, nota 19), nesse estudo, denso de experiência política da época, Roscher adota quase sem rodeios a sugestão de que Tucídides pode ter sido o autor da *Athenaion Politeia*, asperamente antidemocrática, que se salvou entre os papéis de Xenofonte (p. 252), e no mesmo contexto rechaça com vigor o mito da "imparcialidade" tucidideana. Esta última consideração — que está estreitamente ligada à outra — também pode se aplicar, como veremos no próximo capítulo, ao modo como Tucídides apresentou a história da repressão ateniense contra Melos. Quem, no entanto, reduz o diálogo criado por Tucídides essencialmente a um desconcertante exercício sofista *peri dikaiou* (Wolf Aly, lembrado neste capítulo, em seus "Formprobleme der frühgriechischen Prosa", *Philologus*, supl. XXI, pp. 95-6, 1929) se atém à forma e perde de vista o conteúdo.

8. A vítima exemplar

O antecedente distante do ataque ateniense a Melos é apresentado por Tucídides de modo um tanto obscuro. O historiador dá a entender que Atenas não tolerava que Melos, mesmo sendo uma ilha do Egeu, não aderisse à liga délio-ática como faziam as outras ilhas. Tucídides cita duas vezes esse episódio: no livro III (ano 426) e no final do livro V (ano 416). O *status quaestiones* é apresentado *quase* com as mesmas frases: a) "Tentavam atrair para seu lado os mélios, que são ilhéus, mas não queriam obedecer nem entrar na aliança" (III, 91); b) "Os mélios não queriam obedecer aos atenienses, como os outros ilhéus" (V, 84, 2). Em nenhum dos casos ele comenta que, até pouco tempo antes, os mélios faziam parte da liga. Pode-se observar que há coerência entre os dois relatos sumários do antecedente, no que se refere à história do ponto de vista do "direito internacional":

1) Nas duas passagens, de fato, Tucídides quer fazer crer que Atenas *pretende obter o alinhamento* de Melos só porque *não tolera que uma ilha ouse ficar fora da liga délio-ática.*

2) E é esse mesmo conceito que ele introduz repetidas vezes no discurso dos emissários atenienses (V, 99): "Preocupam-nos os ilhéus autônomos [ἄναρκτοι], tal como vós sois [ὥσπερ ὑμᾶς]". Cf. também V, 97 e 95 ("Vossa amizade nos prejudica mais do que a hostilidade!").

É, portanto, uma distorção facciosa e intencional da realidade, que será retificada por Isócrates (*Panegírico*, 100) com a especificação de que os mélios desertaram (tem-se uma confirmação indireta na lista dos tributos).

Há, porém, uma divergência sobre um ponto fundamental no plano militar. De III, 91 deduz-se que o que houve em 426 foi *uma* incursão, ineficaz e isolada. De V, 84, 3 deduz-se, todavia, que, *desde quando* se iniciaram as pilhagens atenienses no território mélio (portanto, desde 426), os mélios, "obrigados pelas devastações atenienses em seu território, decidiram *passar à guerra aberta* contra Atenas [ἐς πόλεμον φανερὸν κατέστησαν]". Portanto, atendo-nos a essa segunda apresentação dos fatos:

a) o conflito mélio-ateniense é prolongado e tem sua origem muito antes da expedição de 416;

b) os mélios, neutros (ao que parece) desde sempre, são *obrigados* pelas incursões atenienses (ἠνάγκαζον αὐτούς os atenienses!) a passar da negativa em participar na liga para a opção pela "guerra aberta" [ἐς πόλεμον φανερὸν κατέστησαν];

c) a "guerra aberta" já está em curso bem antes da chegada do corpo de expedição de 416 e foi precedida, é evidente, por uma fase de guerra não declarada ou de facto. Isso parece confirmado sem margem de dúvida pela retomada da mesma expressão em V, 25, 3 sobre um conflito bem mais importante, aquele entre Atenas e Esparta. Com efeito, ali se afirma que, após a estipulação (421) da paz de Nícias e seu crescente descumprimento, as duas potências "se golpeavam mutuamente em outros lugares, evitando ataques diretos no território adversário, num estado de *trégua insegura*", mas que depois, "*obrigadas* [ἀναγκασθέντες] a romper formalmente a paz, entraram em guerra aberta [ἐς πόλεμον κατέστησαν]". A expressão inteira é idêntica, bem como o nexo lógico de que as incursões e formas similares de guerra de desgaste "obrigam" a "entrar em guerra aberta". Aliás, no caso dos mélios, a opção da "guerra aberta" é ainda mais "obrigatória", visto que as incursões atenienses não ocorrem "em outros lugares", mas dentro do próprio território mélio!

Cabe perguntar o que isso significa em termos concretos. As palavras de Tucídides são muito claras: os atenienses, em vista da relutância mélia em entrar na liga, escolheram a linha "terrorista" de devastar seu território, e isso, repetindo-se com insistência e constância, *obrigou* os agredidos (note-se como todo o relato se alinha ao lado dos mélios) a "passar à guerra aberta". É provável que Tucídides tenha se esquecido de que disse outra coisa em III, 91 (ali Nícias usa a devastação do território mélio como arma de pressão, mas em vão; os mélios ficam fora da liga e a frota de uns sessenta navios vai embora). Agora a pergunta é: como Melos poderia concretamente mover guerra contra Atenas? Em si, a expressão pode parecer inverossímil, tomada ao pé da letra. No entanto, é muito provável que essas palavras se refiram à evolução de uma situação que Tucídides nunca expõe de maneira explícita, mas que é atestada por um documento epigráfico (*IG*, v, 1): a passagem ativa de Melos para o lado de Esparta, com auxílio financeiro para sustentar o esforço bélico espartano. Talvez seja isso que se deva ler por trás das palavras "passaram à guerra aberta".

Mas dizê-lo com todas as letras significaria admitir que o desembarque ateniense em 416 em Melos tinha uma intenção e uma justificativa específicas. (Além do mais, em 416 os atenienses desembarcam em Melos com uma pequena frota, metade da de Nícias dez anos antes, e pretendem mais negociar do que atacar.) Dizer com todas as letras que Melos passara a apoiar a guerra espartana contra Atenas retiraria muito valor e uma grande parte do efeito emocional do diálogo mélio-ateniense (imaginado por Tucídides), em que os papéis estão estabelecidos de modo muito claro: o carnífice que teoriza sem reservas sobre o "direito do mais forte" e a vítima inocente e intrépida que combate, mesmo ao risco de sucumbir, porque sabe e sente "que está ao lado do justo". Uma manipulação esquiva do efetivo estado de coisas, que vem acrescentar outra grave reticência: nunca ter dito, nem em III, 91 nem em v, 84, que Melos aderira à liga e com ela contribuíra até poucos anos antes, mas que a certa altura deixara de cumprir seus compromissos e, em suma, "desertara". A "deserção" e o "apoio ativo em favor do inimigo" eram, portanto, as duas pesadas imputações que estavam na origem da intervenção ateniense contra Melos, como diz Isócrates claramente em evidente polêmica com Tucídides (*Panegírico*, 100-2).

O relato de Tucídides é, pois, sem dúvida faccioso e pretende pôr a intervenção ateniense a uma luz negativa. É verdade que ele não esconde que, quando os atenienses desembarcam em Melos em 416, já existe um estado de guerra entre Atenas e Melos, mas não esclarece de que maneira esse estado de "guerra aberta" (cuja iniciativa, reconhece, foi dos mélios) se desenrolava concretamente. (Com efeito, ele silencia sobre o auxílio de Melos a Esparta.) E, para colocar Melos a uma luz positiva, Tucídides afirma que ela foi "obrigada" a tal escolha por causa das contínuas incursões atenienses: um detalhe que pareceria totalmente inventado caso se considerasse apenas o outro relato (III, 91). Mas o que transforma um episódio de guerra numa injustificável e escandalosa subjugação de um Estado neutro por Atenas, exercida a sangue-frio e reconhecida como tal pelo próprio opressor, é *o diálogo*, a invenção completa de algo inverossímil — a saber, que os emissários incumbidos por seus comandantes de executar uma tarefa precisa tenham tomado a iniciativa de dizer algo totalmente diferente do que lhes competia e até se tenham posto a doutrinar com brutal cinismo para *épater* não mais *le burgeois*, e sim *les Méliens*, além do mais aceitando que a contraparte representasse sua posição de modo totalmente falso! Foi esse incrível diálogo, visivelmente destinado à récita e introduzido sem muita sutileza no contexto narrativo dos acontecimentos bélicos, que criou de uma vez por todas, e a despeito das sensatas especificações de Isócrates, *o mito de Melos*. Foi uma vitória da propaganda sobre a verdade por obra do maior historiador ateniense, enaltecedor um tanto autólatra do "valor perene" da "trabalhosa busca da verdade"[1] — em certo sentido, uma autêntica obra-prima.

Como e por que isso se deu? Poderíamos nos orientar melhor se soubéssemos com certeza *quando* Tucídides compôs essa sua obrazinha menor que é o diálogo mélio-ateniense. Na verdade, o próprio fato de que tudo leva a concluir que se trata de uma obra independente, como, aliás, bem notaram intérpretes tão diferentes entre si como George Grote e Karl Julius Beloch, inclina-nos para a razoável hipótese de que o diálogo foi composto no calor do momento, na onda e sob a emoção dos acontecimentos. Difícil imaginar um Tucídides que, terminada a guerra (assim creem aqueles[2] que identificam no diálogo uma série de profecias *ex eventu* da derrota ateniense em 404), abandonasse o relato — que ficou incompleto — da guerra, "voltasse atrás" e compusesse outra obra, um diálogo sobre os eventos de 416, em que cabe aos mélios o papel de profetas da queda de Atenas.

Além do mais, algumas dessas supostas profecias *ex eventu* não se encaixam totalmente nos fatos posteriores. Por exemplo, os atenienses replicam aos

---

1. Tucídides, I, 20-2.
2. Por exemplo, entre muitos outros, Gaetano de Sanctis, em "Postille tucididee" (*Rendiconti Lincei*, Roma, p. 299, 1930) e Jacqueline de Romilly, em *Thucydide et l'impérialisme athénien* (Paris: Les Belles Letres, 1951, p. 231).

mélios (que haviam prenunciado que "poderia caber-vos um amanhã"): "Tememos mais os ex-aliados do que os espartanos".[3] Mas, em 404, não foram os ex-aliados que pediram a destruição de Atenas, e sim os coríntios e os tebanos, contestados por Esparta com o argumento de que "não se pode destruir uma cidade que tem grandes méritos em relação a toda a Grécia".[4]

Houve algum movimento de opinião em torno do episódio de Melos, pelo menos nos meios onde o império era objeto de crítica. Restaurada a informação correta sobre os antecedentes do evento (Melos desertou e, com o tempo, passou a apoiar em segredo o esforço bélico espartano), resta o fato macroscópico da decisão ateniense de acertar as contas com Melos justamente em 416, *isto é, cinco anos após a estipulação da paz com Esparta*. É nessa punição atrasada que reside o motivo do escândalo. Era usual (atesta-o Isócrates, *Panegírico*, 100) censurar Atenas pela feroz repressão de Scion e Melos: os dois episódios são citados em conjunto (confirmação, entre outras coisas, da afinidade entre os dois eventos), mas Scion desertara depois de Anfípolis, portanto em plena guerra (424-3), e fora punida de forma exemplar por Cléon tão logo quanto possível (422/421). No entanto, para Melos, passaram-se anos antes de intervir. A intervenção se desenvolveu em três fases distintas: a) desembarque e tentativa de negociação; b) malogro da negociação e cerco; c) rendição e punição de extrema dureza dos mélios, por vontade de Alcibíades (circunstância esta omitida por Tucídides).

É evidente que foi essa última medida, o massacre dos homens adultos e a escravização de todos os demais, que causou escândalo, ainda mais em se tratando de um acerto de contas tão tardio! E a pergunta pertinente seria, pois, não "por que Atenas quis normalizar a situação de Melos", e sim "por que Alcibíades recomendou e, portanto, assim quis a mais dura das represálias". Sobre esse ponto, porém, só é possível tecer conjecturas. Pode-se pensar, por exemplo, que a operação nascera da convicção de que a guerra estava para recomeçar (o ataque a Siracusa, desejado com ardor por Alcibíades, ocorre poucas semanas depois) e, portanto, seria indispensável o controle completo do Egeu e que uma dura lição infligida aos obstinados mélios seria uma eloquente advertência para todos. E assim por diante.

3. Tucídides, v, 91.
4. *Helênicas*, ii, 2, 20.

Sobre a emoção daquele massacre a sangue-frio, sempre aflora o caso de Melos e se cria o mito da vítima exemplar. Se Tucídides compõe um diálogo filosófico-político sobre os acontecimentos simplificando e radicalizando as respectivas posições dos contendores a ponto do completo falseamento dos dados de fato, Eurípides, numa fase de preparação de *As troianas* (primavera de 416), introduz atualizações que aludem com clareza ao massacre que acabara de ocorrer. E é lícito perguntar se o enredo de *Andrômaca* (drama cuja cronologia é desconhecida, com conjecturas tenteadoras dos modernos) não é afetado precisamente pelas atitudes "escandalosas" de Alcibíades. Tal como Netolemos pretende e obtém um filho de Andrômaca, transformada em escrava e concubina, da mesma forma Alcibíades, promotor do massacre dos mélios, quisera um filho de uma escrava mélia que havia adquirido.[5] Foi um episódio que causou rebuliço e é relembrado com aspereza pelo autor, quem quer que ele seja, do discurso *Contra Alcibíades*, transmitido entre as orações de Andócides. O orador censura o "belo filho de Clínias" por querer um filho da mulher da qual "matou o pai e os parentes" (parágrafo 23).

Aqui não importa estabelecer se o orador que ataca Alcibíades nesse discurso é mesmo Andócides (o que parece bastante improvável) ou Feácio (o adversário de Alcibíades no momento do ostracismo de Hipérbolo) ou algum retor não muito hábil que o criou partindo de informações autênticas.[6] O que merece atenção é a corroboração do efeito explosivo provocado pela operação realizada em Melos por vontade do líder. Para o orador de *Contra Alcibíades*, Melos e Alcibíades são uma coisa só. E Plutarco dispunha de fontes, talvez documentais, que especificavam o papel de Alcibíades na assembleia que deliberara passar ao massacre dos prisioneiros (*Vida de Alcibíades*, 16). Tucídides oculta por completo as responsabilidades de Alcibíades no episódio,[7] ao mesmo tempo que, inventando as circunstâncias e o conteúdo do célebre diálogo, cria as premissas para se tomar a carnificina dos mélios como símbolo do rumo

---

5. Sobre as reações de Eurípides aos acontecimentos de Melos, ver o capítulo seguinte.
6. Ele está também bem informado sobre o aumento da carga tributária sobre os aliados, pretendido por Alcibíades (parágrafo 11).
7. Contudo, no mesmo contexto (v, 84, 1) há muitas notícias sobre a ação que ele desenvolvera na mesma época em Argos, com vistas a eliminar os elementos filoespartanos residuais presentes na cidade.

tirânico que vinha tomando o império ateniense, o qual é um dos fios condutores, talvez o mais relevante, de toda a sua obra.

Seu relato do final do cerco é extremamente sucinto. A decisão mais grave não foi recuperar Melos para a liga délio-ática, mas infligir uma punição exemplar e mesmo impiedosa. Mas, quanto à responsabilidade por essa decisão, Tucídides apenas a atribui de maneira genérica aos "atenienses", enquanto enfatiza ao máximo, construindo toda uma reflexão teórica em torno dela, a decisão de (tornar a) submeter Melos à disciplina imperial. Ou seja, realiza uma operação que anula as responsabilidades subjetivas dos comandantes.

Pode-se dizer que ele empreende uma diametral inversão da conduta habitual do "povo" nas cidades regidas pela democracia. Enquanto o povo — sustenta o Pseudo-Xenofonte — faz recair as responsabilidades, sobretudo em política externa, no político individual que se expôs de maneira direta numa decisão e não no sujeito coletivo que aprova ou rejeita tais decisões em assembleia (*Athenaion Politeia*, II, 17), Tucídides, por seu lado, reconduz as responsabilidades sempre e exclusivamente aos "atenienses". Para ele, este é o ponto de constante polêmica.[8]

E assim, no caso da intervenção militar em Melos (além da escolha de adotar, no encontro com os mélios, o tom de mais *realpolitik* de todos, fechado a qualquer possibilidade de mediação), o que resulta ao final é que são sempre e exclusivamente "os atenienses" que decidem, agem, assolam.

---

8. Cf. VIII: "Como se não tivessem decidido eles mesmos!" (a expedição contra Siracusa).

9. Eurípides em Melos

I

No verão de 416, quando acabara de se decidir o envio de uma frota contra Melos ou, no mais tardar, quando a frota acabara de desembarcar na ilha, Eurípides solicitou o coro para uma tetralogia dedicada ao ciclo troiano: *Alexandre, Palamedes, As troianas* e o drama satírico *Sísifo*. A tetralogia foi apresentada nas Dionisíacas de 415 (março), quando Melos já fora conquistada, uma clerúquia ateniense sitiada, os habitantes exterminados, as mulheres escravizadas. Até então, a grande expedição contra Siracusa ainda não fora levada a discussão perante a assembleia.

Assim, é mais do que legítimo supor — como já se tentou demonstrar algumas vezes — que a tetralogia culminante no drama (*As troianas*) dedicado ao duro destino das prisões troianas fora concebida na onda da campanha contra Melos. O que pode parecer problemático é a conexão, estabelecida por alguns, entre *As troianas* e o surgimento de uma psicose de massa em Atenas, favorável à expedição contra Siracusa: Tucídides situa, aliás de maneira muito sumária, tal "vontade difusa" no inverno de 416-5 (VI, 1, 1), isto é, quando a tetralogia já vinha sendo encenada.

A conexão entre *As troianas* e a surpreendente campanha ateniense contra

Melos sempre se afigurou de imediato plausível para os grandes conhecedores do corpus euripidiano remanescente, como Gilbert Murray[1] e Gilbert Norwood,[2] que escreveu muito sensatamente: "*No spectator could doubt that 'Troy' is Melos*" [Nenhum espectador duvidaria de que 'Troia' é Melos] (p. 244). A objeção de que os espectadores nas Dionisíacas, ou seja, algumas semanas após a queda de Melos, bem podiam fazer tal associação, mas que o autor não pensara nisso,[3] é bastante infantil. Ou melhor, pode-se reconduzir tal objeção ao fenômeno mais geral de fabricação de uma tese na contracorrente com o fito de se impor à atenção do público erudito.

Na verdade, o raciocínio adotado para pôr em questão o nexo entre *As troianas* e a escravização de Melos tem como eixo uma cronologia muito inflada dos acontecimentos conclusivos do cerco e da capitulação da ilha, bem como uma interpretação imperfeita do capítulo tucidideano (v, 116) que narra o desfecho do episódio. A inflação da cronologia consiste em alongar os tempos dos acontecimentos, preenchendo um "vazio" (que não existe) do relato de Tucídides. Para sermos exatos, trata-se do suposto vazio narrativo entre "os mélios retiraram aos atenienses uma parte do controle do muro, aproveitando a exígua vigilância" e o imediatamente posterior "chegando a Atenas outro corpo de expedição" (116, 2-3). A imaginação de Van Erp Taalman se pôs à solta ao postular (p. 415) embaixadas, deliberações, armação de uma nova frota, nova viagem, novo desembarque em Melos etc., para postergar ao máximo possível sua queda e permitir a Eurípides terminar a redação de *As troianas* antes da rendição, do massacre e da escravização dos habitantes. Para completar seu esforço de dilatamento, a estudiosa se livra de forma sorrateira, por assim dizer, das palavras subsequentes, ὡς ταῦτα ἐγίγνετο, com o argumento de que muitos editores, a partir de Ernst Friedrich Poppo, consideraram-nas suspeitas (por causa do imperfeito ἐγίγνετο). Mas o sentido delas não é "*assim que* ocorreu isso" (neste caso, o cabível seria o aoristo ἐγένετο), e sim, mais provavelmente, "*enquanto* ocorria isso". Os exemplos de ὡς nessa função se encontram em João e na Epístola aos Gálatas (Liddell-Scott, s.v. ὡς, A.d.). Nada exclui a priori que se trata de uma glosa, mas mesmo assim o sentido seria (e nesse caso

---

1. *Euripides and His Age*. Londres/Nova York: Oxford University Press, 1946², p. 83.
2. *Greek Tragedy*. Londres: Methuen, 1948⁴.
3. Como A. M. van Erp Taalman Kip, em "Euripides and Melos" (*Mnemosyne*, v. 40, p. 415, 1987).

tratar-se-ia da observação de um leitor antigo) "*enquanto* ocorria isso". O que assinalaria — como notação do próprio Tucídides ou como observação de um leitor cujas palavras tiveram a chance de penetrar no texto no local adequado — que a chegada dos reforços, evidentemente visando a encerrar logo o embaraçoso prolongamento do cerco, ocorreu enquanto os atenienses sofriam um xeque dos mélios, numa surtida dos sitiados que foi coroada de sucesso. Resumindo: a razão pela qual Atenas enviou reforços [ἄλλη στρατιά] não se estriba necessariamente num cerrado (e, ademais, lento) vaivém de embaixadas e numa sucessão de assembleias a serem integrados de modo fantasioso no texto tucidideano, mas mais simplesmente na necessidade de encerrar logo uma campanha que, de simples "expedição punitiva" de sólido desfecho, estava se transformando num embaraçoso cerco sem fim. E para tal decisão não havia a menor necessidade de todo aquele vaivém, destinado sobretudo a deixar Eurípides trabalhar em paz, sem incomodá-lo... Além disso, a ideia de que as comunicações navais entre Atenas e Melos se davam com exasperante lentidão é fruto de pura desinformação. Basta olhar o mapa do Egeu: se o trajeto entre Tassos e a foz do Estrimão se faz em cerca de meio dia de navegação,[4] entre o Pireu e Melos faz-se em pouco mais de um dia. E, ainda, quem leu a crônica do vaivém entre Atenas e Mitilene nos dias das dramáticas decisões entre punir e poupar os responsáveis da defecção,[5] ou do pedido a Atenas para o envio de novos navios *no decorrer* da batalha naval nas Arginusas,[6] pode ter uma ideia bem mais concreta e precisa dos tempos desse gênero de operação.

Por fim, tais argumentos pseudotécnicos não têm valor e conduzem, se tanto, a deduções opostas. O problema sério e que merece atenção é o próprio fato do ataque a Melos *em pleno período de paz* (primavera de 416). Quanto aos efeitos dessa escolha político-militar ateniense, retornaremos adiante. Aqui diremos desde já que, de todo modo, o drama euripidiano mostra de maneira flagrante uma atualização de última hora, influenciada pelo brutal desfecho do cerco de Melos.[7] Com efeito, há uma cena no início de As troianas — o diálogo

---

4. Para a flotilha comandada por Tucídides: IV, 104, 4.
5. Tucídides, III, 31-50.
6. Xenofonte, *Helênicas*, I, 6, 21-2.
7. A solução cirúrgica — expurgar os vv. 48-97 — adotada por J. R. Wilson em "An Interpolation in the Prologue of Euripides' *Troades*" (*Greek Roman and Byzantine Studies*, v. 8, pp. 205-23, 1967) talvez nem merecesse ser mencionada.

entre Posêidon e Atena (vv. 48-97) logo após as palavras de prólogo de Posêidon (vv. 1-47) — que pode ser plausivelmente considerada como um acréscimo de último instante: é estranha ao desenrolar do drama e seus desdobramentos, supérflua e quase incômoda entre o anúncio da presença em cena de Hécuba (v. 37: πάρεστιν Ἑκάβη), isto é, da personagem com que se inicia a ação dramática, e as palavras desta (vv. 98 ss.). O diálogo Posêidon-Atena não tem incidência alguma no desenvolvimento subsequente do drama; ele versa sobre a futura vingança que se abaterá sobre os aqueus vitoriosos, sobre seus penosos e trágicos "retornos". A partir dele, tomamos conhecimento de que Atena está encolerizada com seus protegidos (os aqueus) e que Posêidon, antes rival, agora está muito contente em apoiar a deusa nessa sua nova orientação. Mas nada do que é prenunciado nesse diálogo acontecerá no decurso do drama: ao que parece, a cena serve apenas para que Posêidon enuncie a sentença mais geral de que "louco é o mortal que abate as cidades", visto que prepara infalivelmente "sua própria ruína", "ele mesmo está destinado a morrer em seguida" (vv. 95-7). É uma "profecia" que os mélios anunciam, nas primeiras frases do diálogo com os generais atenienses que Tucídides põe em cena, ao preverem que, após uma eventual derrota dos atenienses, sua enorme punição iria servir de modelo e advertência para todos (v, 90). É bastante provável que circulasse esse tipo de motivo; que, por exemplo, os contrários ao ataque a Melos e à posterior subjugação dos vencidos tenham desenvolvido justamente esse tipo de consideração: algum dia Atenas iria pagar de maneira implacável pela violência desproporcional desse seu gesto de força. Assim, é difícil descartar a hipótese de que tenha sido exatamente o tratamento impiedoso infligido ao mélios que induziu Eurípides a inserir a inequívoca referência e advertência, no início de um drama que, em vista do tema, sem dúvida se prestava a isso.

II

O ataque à ilha de Melos foi desfechado, como já dito, *em tempo de paz*, isto é, enquanto vigorava a paz estipulada em 421, que se costuma definir como "paz de Nícias", por ter sido enfaticamente desejada e ratificada por ele. Tal aspecto, no exame moderno desses fatos, costuma ficar à sombra por causa da própria estrutura da narrativa tucidideana, que arrola os anos de paz também como "anos de guerra". Acrescente-se a tendência de toda a narrativa tucidideana de redimensionar essa paz como uma "trégua não confiável" e considere-se ainda que veio a prevalecer a formulação tucidideana, totalmente original, segundo a qual houve entre 431 e 404 apenas uma única guerra, razão pela qual a ideia de uma guerra ininterrupta durante 27 anos se tornou senso comum. Foi isso que levou a classificar os acontecimentos de Melos como um episódio da *guerra*. Isso diminuiu enormemente a gravidade da iniciativa ateniense, a qual, no entanto, é reexaminada e encontra confirmação no longo e encarniçado debate sobre as responsabilidades atenienses naquele episódio, que reaparece de maneira esporádica na reflexão política ateniense (nos limites em que a conhecemos) até as vésperas de Queroneia, no final do século seguinte.

A visão unitária da guerra espartano-ateniense considerada como um único conflito, ainda que legítima e ao mesmo tempo arrojada, não foi adotada nem pelos contemporâneos, nem pelos oradores políticos atenienses do século seguinte. Esse aspecto já foi observado várias vezes, mas não custa repeti-lo aqui. Vê-se que os contemporâneos (ou, pelo menos, uma parte deles) se sentiam, após 421, de volta a uma condição de paz e a suas respectivas vantagens, por exemplo, nos argumentos expostos por Nícias no debate assemblear sobre a proposta apresentada por Alcibíades de intervir na Sicília em grande estilo,[8] argumentos estes que de forma nenhuma passaram em branco entre o público da assembleia. O reflorescimento de Atenas "em consequência da paz de Nícias" é descrito em cores muito vivas e com abundância de detalhes por Andócides, ao reevocar esses anos em seu discurso *Sobre a paz com Esparta* (parágrafo 8) de 392/391. E um arguto leitor renascentista desse episódio emblemático — Maquiavel — extraiu, não erroneamente, a conclusão de que Atenas vencera a guerra decenal (431-21).[9] Portanto, na época existia e continuou a existir por muito tempo outra visão da história da guerra, que levava a enxergar a intervenção contra Melos sob uma luz se possível ainda mais negativa e, ao menos para os contemporâneos, mais verídica.

Como se mostrou no capítulo anterior, Tucídides oculta vários dados: a) que Melos saíra da liga com Atenas, da qual participava desde o início (e ainda em 425), deixando de pagar os tributos enquanto a guerra estava em curso; b)

---

8. Tucídides, VI, 12.
9. *Discursos sobre a primeira década de Tito Lívio*, III, 16, 1.

que muito provavelmente ajudara Esparta (cf. *IG*, v, 1); c) que a proposta de infligir aos mélios derrotados o mais feroz dos tratamentos fora apoiada por Alcibíades.[10] Tucídides, que tem em relação a Alcibíades uma atitude tão favorável a ponto de ocultar ao máximo possível sua responsabilidade nos escândalos de 415, "transfigura" o episódio de Melos: transforma-o no ataque da grande potência ao pequeno Estado que quer se manter neutro *enquanto a guerra está em curso* (v, 98: "Fortalecei os inimigos que já estão em campo e atraireis contra vós os que nem pensavam em se tornar inimigos"): Estado neutro que em vão oferece aos agressores a proposta de compromisso de se manter de fora das duas alianças em luta (v, 94).

Mas, para os contemporâneos, a agressão apareceu a uma luz muito diferente, a saber, como um acerto de contas de Atenas, já em período de paz, contra um ex-aliado que se retirara da aliança aproveitando-se do esforço de guerra da grande potência e que agora, a frio, via-se solicitado a voltar a se alinhar, sob pena de sofrer uma punição exemplar. Punição que, após um cerco mais longo do que o previsto, de fato não deixou de recair sobre os mélios, e da forma mais dura. Esse "escândalo" foi o *primum movens* que levou Tucídides a compor uma obra insólita, o diálogo mélio-ateniense, isto é, o diálogo entre o carnífice e a vítima, e levou Eurípides a inserir, no próprio início de *As troianas*, encenada pouco tempo depois do massacre dos mélios e da escravização de suas mulheres, aquele curto diálogo entre Atena e Posêidon sobre a punição que se abaterá sobre os aqueus vitoriosos, culminando na sentença de Posêidon: μῶρος δὲ θνητῶν ὅστις ἐκπορθεῖ πόλεις/ [...]/ αὐτὸς ὤλεθ᾽ ὕστερον (vv. 95-7). E acima de tudo não se pode negligenciar, quando se pensa na enorme ressonância do episódio em Atenas, que o homem de maior destaque e influência naquele momento, Alcibíades, decidira, em seu ostensivo e irritante imoralismo, comprar uma mélia recém-escravizada e gerar um filho com ela[11] — que é exatamente o que, em *As troianas*, ocorre com Neoptólemo, filho de Aquiles e destruidor de Troia, e Andrômaca, viúva de Heitor e escravizada pelo jovem conquistador: "Depois de ser capturada", diz Andrômaca a Hécuba, "o filho de Aquiles quis me tomar como esposa, e assim serei escrava em casa de assassinos" (vv. 658-60).

---

10. Plutarco, *Alcibíades*, 16, 6; [Andócides], IV, 22-3.
11. [Andócides], IV, 22.

III

O drama das prisioneiras troianas escravizadas e, pelo direito do vencedor, submetidas a novos vínculos é um tema que retorna na dramaturgia euripidiana (*Hécuba*, *Andrômaca*). Em *Andrômaca*, cuja data de encenação ignoramos, Hermione, com ciúme do destino sexual de Andrômaca, escrava e rival, junto a Neoptólemo, faz a crua acusação: "Chegas a tal ponto de inconsciência que te atreves a deitar com o filho daquele que matou teu marido e gerar filhos dele, o assassino" (vv. 170-3). Em *As troianas*, Andrômaca — depois de lamentar que "o filho de Aquiles quis me tomar como esposa, e assim serei escrava em casa de assassinos" — reflete, numa mescla de curiosidade e repulsão, sobre "o que dizem" (para induzir à submissão): "que basta uma noite para apagar a aversão de uma mulher pelo leito de um homem" (vv. 665-6). Numa sociedade escravista, às voltas com uma guerra destrutiva e produtora de escravos em larga escala, o problema está na ordem do dia: e Eurípides detém o olhar, sem o desviar, na ambiguidade da condição escrava quando é também dependência entre os sexos. O público reagia. Sabemos disso por *Contra Alcibíades* — de autor desconhecido, mas transmitido como de Andócides —, que denuncia a enormidade da prevaricação cometida por Alcibíades (*Contra Alcibíades*, 22-3) e relaciona essa conduta de Alcibíades *com "as tragédias" que o público bem conhece* (pensa-se, é óbvio, no ciclo troiano, talvez até nas próprias tragédias euripidianas sobre o tema). "E vós", diz ele dirigindo-se aos juízes e ao público em geral, "vendo tais coisas nas tragédias, considerais que são terríveis, ao passo que, vendo acontecerem concretamente na cidade, nem prestais atenção!"

O comportamento de Alcibíades, por isso, é definido como temerário. Ele quis ter filhos de uma mulher a quem privara da liberdade, cujo pai e parentes matara, cuja cidade mandara destruir. Desse modo, fez com que o filho dela nascido fosse inimigo seu e da cidade, visto que — assim prossegue a invectiva — tudo obrigará esse filho ao ódio. E a passagem culmina na descrição de Alcibíades como aspirante à tirania: são indivíduos que cometem tais excessos que dão vida às tiranias (parágrafo 24). Plutarco, ao reevocar os acontecimentos, deixa entrever uma discussão sobre o grau de envolvimento de Alcibíades na repressão de Melos e diz que "teve a máxima responsabilidade no massacre dos mélios", especificando que se apresentou em pessoa à assembleia, discursando em favor do decreto que estabelecia o mais feroz tratamento para os oponentes.[12]

É sintomático que, aos olhos do acusador de Alcibíades, seu crime (moral) consiste não em ter mandado infligir um tratamento tão severo aos vencidos, mas em ter agido depois, no plano privado, daquela maneira reprovável. Assim, não está em questão a repressão contra Melos: exatamente porque se configura — para o acusador de Alcibíades, como depois para Isócrates no *Panegírico* — como uma "punição". Essa fonte contemporânea também considera muito natural que se reservasse aos mélios o tratamento habitual infligido aos aliados "desertores". Assim são os mélios, também segundo a tradição, com toda a probabilidade atidográfica, conhecida pelos antigos comentadores de Aristófanes (cf. escólio a *Os pássaros*, 186). Inversamente despontam, isolados da tradição restante, Tucídides e Xenofonte (*Helênicas*, II, 2, 3: "Os atenienses agora temiam ter de sofrer o mesmo que haviam infligido aos mélios"), artífices — em especial Tucídides com a criação do "terrível diálogo", como o definiu Nietzsche — do "mito" de Melos. E Eurípides com *As troianas*.

IV

Que não pareça imprópria, agora que se firmou uma datação anterior dessa tragédia, a evocação de *Andrômaca* nesse contexto, a que antes aludimos de maneira sucinta. Os elementos que dão base para adotar, para *Andrômaca*, datas que variam entre 431 e 424 são frágeis: da conexão com Argos (à qual fez justiça Wilamowitz)[13] à identificação de Δημοκράτης, a quem Calímaco (frag-

---

12. Observe-se aqui *per incidens* que a dureza do tratamento infligido aos mélios não deve ser entendida como resultado de um acesso de sadismo por parte da assembleia popular ateniense. Ela é, pelo contrário, a confirmação mais clara do que Isócrates (*Panegírico*, 100-14) afirma com meticulosa precisão: que Melos foi tratada *segundo as modalidades adotadas em relação aos aliados que desertavam*. Não fora outra a proposta de Cléon para Mitilene. O tema da ferocidade com que Atenas manteve sob controle o império é central na reflexão tucidideana e a réplica de Isócrates é impecável apenas no plano formal. É claro que Isócrates não cita explicitamente Tucídides (tampouco, mais adiante, Xenofonte), mas alude a eles, não sem aversão, com as palavras "quanto alguns de nós nos imputam" (100). Cf. infra, cap. 10.
13. "Göttingische Gelehrte Anzeigen", 1906, p. 628 [= *Kleine Schriften*, v. 1, p. 394].

mento 451 Pfeiffer) viu atribuída a tragédia nas didascálias, com o poeta argivo Timócrates (hipótese superada por P. Tebt. 695, col. II, que atesta um tragediógrafo Demócrates de Sicione). O próprio fato de que o escólio a *Andrômaca*, 445 registrava com prudência [φαίνεται] uma datação *genérica* ("nos primeiros tempos da guerra peloponésia": ἐν ἀρχαῖς τοῦ Πελοποννησιακοῦ πολέμου) demonstra apenas que *não se dispunha*[14] *de nenhuma datação* nos documentos relativos ao teatro ático. Nesse assunto — as didascálias das representações teatrais — ou há uma data exata ou há apenas conjecturas incontroláveis (e amiúde formuladas com base em critérios e raciocínios muito hipotéticos). O único dado seguro foi fornecido por Calímaco nos *Pínakes* (fragmento 451): a tragédia figurava sob o nome de Demócrates (ἐπιγραφῆναί φησι τῇ τραγῳδίᾳ Δημοκράτην). Isso só pode significar, como observou Wilamowitz, "que Eurípides dera o drama a um certo Demócrates para encená-lo".[15] Coisa não insólita para ele.[16] August Boeckh[17] preferiu pensar em 418/417. Não faltou quem sugerisse o ano de 411.[18]

Méridier, por seu lado, não descartava a possibilidade de relacionar a passagem incrivelmente ríspida de Andrômaca contra a perfídia e a deslealdade hipócrita espartana (vv. 445 ss.) com o descumprimento, por Esparta, da cláusula da paz de Nícias relativa à restituição de Anfípolis (421/420).[19]

Um dado macroscópico, porém, merece atenção. Se a ausência de "restituição" de Anfípolis pode ser uma explicação apropriada, mas apenas até certo ponto, visto que foram os anfipolitanos *in primis* que se recusaram a voltar ao controle ateniense, por outro lado é a omissão em auxiliar os mélios — os quais, porém, no diálogo tucidideano, declaram-se absolutamente seguros de que

---

14. Nem o escólio nem suas fontes.
15. Wilamowitz ainda não conhecia P. Tebt. 695, editado em 1930.
16. Para *Pirítoo*, cf. Ateneu, XI, 496b ("quer se trate de Crítias, o tirano, quer se trate de Eurípides"). Para *Sísifo*, Sexto Empírico cita-o como de Crítias (IX, 54), Aécio (I, 7, 2) como de Eurípides. Que *Tennes, Radamanto* e *Pirítoo* constituíssem uma trilogia fica claro em *Vita Euripidis* (linhas 28-9: *TrGF* V.1, T 1, I A). Sobre a troca de tragédias entre Crítias e Eurípides, cf. Wilamowitz, *Einleitung in die Griechische Tragödie* (Berlim: Weidmann, 1921, p. 15, nota 22).
17. *Graecae Tragoediae principium... nu mea quae supersnt et genuine Omnia sint et forma primitive seervata*, Heidelberg, 1808, pp. 189-90.
18. Registra-o L. Méridier em *Euripide* (Paris: Les Belles Letres, 1927, v. II, p. 101. Collection Budé).
19. Mas, depois de muitas "circunvoluções" mentais, fixa-se na data "alta" (427/425).

Esparta intercederá em favor deles — que constitui a grande traição espartana: motivada hipocritamente (é plausível supô-lo) com o argumento de que o estado de guerra contra Atenas findou em 421 e que, aliás, desde aquele ano Atenas e Esparta são *aliadas*. E se, em *Andrômaca*, a situação cênica de Andrômaca em relação a Netolemos é de uma mélia escravizada e, tornando-se propriedade de Alcibíades, obrigada a lhe dar um filho, sua fala (de troiana e "mélia" ao mesmo tempo) contra a hipócrita deslealdade espartana torna-se uma alusão atual ainda mais dolorosa. "Espartanos, a raça mais odiosa do mundo, conselheiros de fraudes, príncipes da mentira, tecedores de tramas perversas, *tortuosos, oblíquos em todos os pensamentos*, nunca límpidos e assim injustamente afortunados na Grécia [ἀδίκως εὐτυχεῖτ' ἀν' Ἑλλάδα]" (vv. 445--9).[20] É este o desabafo de Andrômaca. Que sua atualidade transparece de maneira explícita demonstra-o o último verso: "afortunados demais na Grécia". Por qual razão Andrômaca, na situação em que se encontra no drama homônimo, isto é, anos depois do fim da guerra troiana e após desastrosos *nostoi* dos vencedores (Agamêmnon *in primis*), falaria de uma posição hegemônica de Esparta sobre a Grécia, hegemonia além do mais usurpada com o engano e a hipocrisia? É evidente que, ali, Andrômaca está falando do presente.

Quem examina o sarcasmo com que os atenienses no diálogo tucidideano estraçalham a confiança dos mélios numa salvadora intervenção espartana (v, 105) não pode deixar de reconhecer a congruência entre situação, motivações e emoções. Os mélios haviam afirmado: "Confiamos na aliança com Esparta, *que não pode não se manifestar*". Replicam os atenienses: "Quanto à vossa opinião sobre os espartanos, isto é, que, temendo a vergonha,[21] eles acorreriam em vosso auxílio, alegramo-nos com vossa ingenuidade, mas não invejamos vossa loucura". E aqui acrescentam um detalhado e mortífero juízo sobre a hipocrisia espartana: "Em geral os espartanos praticam a virtude apenas em casa; haveria muito o que dizer sobre sua conduta em relação aos outros. Limitamo-nos, em poucas palavras, a vos dizer o seguinte: os espartanos *são aqueles que*, segundo nosso conhecimento, *de maneira mais descarada do que qualquer outro julgam belo o que lhes agrada e justo o que lhes é conveniente*". E concluem a longa e áspera passagem, que se destaca no centro do diálogo, qualificando de puro

---

20. Eurípides. *Andromaca, Troiane*. Trad. ital. de Umberto Albini. Milão: Garzanti, 1993.
21. Isto é, "de não correr em vosso socorro".

"desvario" a confiança dos mélios em ser salvos pelos espartanos, em nome da afinidade das estirpes.

É claro que Esparta não intervém, o que, aliás, seria muito estranho num momento em que, apesar de tudo, Esparta e Atenas continuavam ligadas pelo tratado de *aliança* estipulado em 421, logo após o tratado de paz.[22]

Para os mélios, foi fatídica essa escolha da grande potência em que haviam confiado. Mas em 404 Lisandro, por ordem dos éforos, levou os mélios sobreviventes (muito poucos, é óbvio) de volta para sua ilha,[23] talvez ainda ocupada pelos quinhentos clerucos atenienses instalados após o massacre.[24] E assim Esparta, lugar privilegiado da *eunomia*, pôde, mais uma vez, estabelecer a equivalência entre potência e virtude. Andrômaca não se enganara.

---

22. Tucídides, v, 23-4.
23. Xenofonte, *Helênicas*, ii, 2, 9.
24. Tucídides, v, 116.

10. Isócrates demole a construção polêmica tucidideana sobre o episódio de Melos

Os atenienses, sitiados por terra e por mar, não sabiam o que fazer: não tinham mais navios, nem aliados, nem trigo. Pensavam que não havia escapatória, ou seja, que agora era inevitável sofrer o mesmo que haviam feito — e não para puni-los por alguma afronta sofrida, mas por puro espírito de dominação — a habitantes de pequenas comunidades cuja única culpa fora [não] querer combater ao lado deles.[1]

I

Essa passagem das *Helênicas* tem uma relevância notável. É, num curto trecho de poucas linhas, a terceira referência ao "remorso" dos atenienses pelo que haviam feito aos mélios (e também a Cione). Aqui Melos não é citada às claras, mas é fácil identificá-la por trás da fórmula mais abrangente "habitantes de pequenas comunidades" [ἀνθρώπους μικροπολίτας].

Tem-se a confirmação, se ainda assim fosse necessária, na insistente e apologeticamente antitucidideana[2] referência de Isócrates ao episódio de Melos e

---

1. *Helênicas*, II, 2, 10. Para a inserção do "não", cf. infra, cap. 28, nota 30.
2. Cf. L. Canfora, *Tucidide e l'impero* (Roma/Bari: Laterza, 1992, pp. 19, nota 5; 80-2; 130-2).

às polêmicas instrumentais antiatenienses que dele derivaram: no *Panegírico* (392-80 a.C.) ele nomeia de modo explícito os mélios e os inclui entre "os que combateram contra nós";[3] no *Panatenaico* (342-39 a.C.), depois de mencionar mais uma vez Melos, Cione e Torone, fala em "ilhotas" [νησύδρια],[4] e logo a seguir em "Melos e cidadezinhas semelhantes".[5] Assim, está claro que os μικροπολῖται das *Helênicas*, II, 2, 10 são os mélios, também porque é precisamente contra a constante reabertura instrumental do caso Melos (devido, entre outras coisas, à difusão por Xenofonte da obra tucidideana completa com essas páginas ainda inéditas sobre a tomada a Atenas) que Isócrates polemiza de modo implacável. E utiliza verbos inequívocos no que se refere aos adversários aos quais contrapõe a versão correta dos fatos ("combatiam contra nós", "haviam nos traído"):[6] "Alguns de nós [τινὲς ἡμῶν: são, portanto, autores atenienses] nos acusam [κατηγοροῦσι], [...] nos censuram [προφέρουσι]",[7] ou "tentarão acusar nossa cidade", "insistirão [διατρίψειν] ao máximo nos sofrimentos dos mélios", "os que nos censuram as desventuras dos mélios" etc.[8] Ele não está polemizando contra um panfletista desconhecido, como imaginava Wilamowitz.[9] O alvo é Tucídides (amplificado, por assim dizer, pela edição completa feita por Xenofonte), como se entende a partir de uma alusão sarcástica a uma célebre frase do diálogo mélio-ateniense. Ali Tucídides fizera os emissários atenienses, empenhados em justificar a subjugação que estavam para cumprir, declarar que a lei do mais forte, ao que parece, vigora também entre os deuses.[10] E Isócrates, com eficaz sarcasmo, nesse exato contexto em que justifica a punição infligida aos mélios e ressalta que Esparta cometeu crimes muito maiores, faz uma hábil alusão àquela frase infeliz: "Há pessoas que pensam que *nem os deuses, deste ponto de vista, são isentos de pecado* [e isso os atenienses dizem no diálogo para se justificar]; eu, mais modestamente, tentarei demonstrar que jamais, em nenhuma circunstância, nossa comunidade política

---

3. Isócrates, *Panegírico*, 100-1.
4. *Panatenaico*, 70.
5. Ibid., 89.
6. *Panegírico*, 101-2.
7. Ibid., 100.
8. *Panatenaico*, 62; 63; 89 (ὀνειδίζουσι).
9. *Aristoteles und Athen*. Berlim: Weidmann, 1893, v. II, pp. 380-90.
10. Tucídides, V, 105.

cometeu opressões".[11] Para não falar da estocada que ele reserva aos "Cireus" (os mercenários que se aventuraram a soldo de Ciro, o jovem), ou seja, *in primis* a Xenofonte, no *Panegírico* (146: "gentalha incapaz de viver no próprio país"), e diretamente a Xenofonte, quando diz, categórico, que os que brandem a questão Melos não hesitaram em "chamar os traidores de benfeitores" e em "se fazer escravos de um hilota" (*Panegírico*, 111): aí, a referência é ao cavaleiro Xenofonte, que serviu sob as ordens de Lisandro (definido de maneira brutal como "hilota" devido à sua origem pouco espartiata), quando este se fez nomear diretamente "armosta" de Atenas.[12]

Werner Jaeger soube captar a trama profunda que liga a colossal encenação tucidideana sobre os acontecimentos de Melos e esse "final de partida" das *Helênicas*, totalmente concentrado no remorso por Melos. E escreveu, numa rápida e inteligente anotação oculta num canto de um livro não muito bem-sucedido como *Demosthenes*, que Xenofonte perseguiu "uma unidade intrínseca [*Einheit der inneren Haltung*]" em relação a Tucídides.[13] É mais razoável pensar que se trata simplesmente de Tucídides, tanto num caso quanto no outro. Além do mais, compreende-se ainda melhor a história editorial da herança tucidideana considerando-se a proximidade política entre Tucídides e Xenofonte,[14] cimentada, pode-se dizer, pela experiência de ambos nas duas oligarquias.

II

Na base da ênfase tucidideana sobre o episódio de Melos, deformada nos pressupostos para representá-la como injustificável agressão ateniense contra uma cidade neutra, e da ênfase com que os atenienses, em estado de sítio após Egospótamos e já privados da última frota, são apresentados nas *Helênicas*

---

11. *Panatenaico*, 64. No mesmo contexto (parágrafo 63) Isócrates replica evidentemente [Crítias], *Sobre o sistema político ateniense*, I, 14-6 (os aliados obrigados a vir a Atenas para os processos).
12. *Helênicas*, II, 4, 18. Sobre este ponto, Wilamowitz, em *Aristoteles und Athen* (v. II, p. 389), engana-se quando escreve que apenas Calíbio era armosta de Atenas.
13. W. Jaeger, *Demosthenes*. Berlim: De Gruyter, 1939, p. 204, nota 12.
14. Fora sumariamente assinalado por E. Delebecque em *Essai sur la vie de Xénophon* (Paris: Les Belles Lettres, 1957, pp. 40-1).

como obcecados pela lembrança ardente "do que fizeram aos mélios", tem-se o mesmo entendimento. A unidade de inspiração é inegável, visto que — além do mais — nas *Helênicas* atribui-se aos atenienses tomados pelo remorso uma visão do problema Melos (neutros agredidos de modo injustificado) condizente em tudo com aquela outra errônea, ou melhor, facciosa, avalizada por Tucídides. Se não se tratasse de uma deformação deliberada, na intenção de apresentar uma visão especialmente violenta do império ateniense ("o império é tirania", atribui Tucídides a Péricles[15] e faz também com que Cléon o repita *ad abundantiam*),[16] poderíamos falar de maneira eufemística de uma "coincidência no erro"; mas aqui se trata de erro intencional, isto é, de uma distorção dos termos do problema com vistas a favorecer determinado juízo histórico-político.

Assim, é sensato supor que o autor da narrativa sob tantos aspectos salteada e incompleta, ou melhor, desigual dos últimos anos de guerra incluída nos dois primeiros livros das *Helênicas*,[17] seja o próprio Tucídides. O que, aliás, era fato sabido por uma parte da erudição antiga: de Cícero[18] a Diógenes Laércio,[19] e foi sensata *opinio communis* junto aos modernos, até o momento em que começou a se afirmar certa descrença preconcebida, esnobe e paralisante, que recua perplexa até diante dos dados de fato.

---

15. II, 63, 2.
16. III, 37, 2.
17. I-II, 2, 23.
18. *Brutus*, 29 ("Como falava Terâmenes, pode-se extrair de Tucídides!"). É claro que ele considera também a narrativa da guerra civil (único texto que contém um *discurso* de Terâmenes) como obra de Tucídides.
19. *Vidas dos filósofos*, II, 57 (τὰ Θουκυδίδου βιβλία λανθάνοντα [...] αὐτὸς εἰς δόξαν ἤγαγεν). Mas já Dionísio de Halicarnasso transmitia a mesma notícia quando escrevia que Xenofonte compusera a "história helênica [τὴν ἑλληνικὴν, *scilicet* ἱστορίαν] e a que Tucídides deixara *não terminada* (= não finalizada, não inteiramente redigida) καὶ ἣν ἀπέλιπεν ἀτελῆ Θουκυδίδης" (*Carta a Pompeu Gemino*, 4). É muito interessante que, para Dionísio, esta parte definida como "Tucídides imperfeito [ἀτελής]" abrangia também a guerra civil ateniense: o que coincide com o testemunho ora lembrado de Cícero no *Brutus* (29). Tampouco se deve esquecer aquela parte da tradição manuscrita que dá às *Helênicas* o título de *Paralipômenos da história de Tucídides*. Sobre isso, cf. *Quaderni di storia*, n. 6, p. 35, nota 12, 1977.

III

A formulação mais elegante da óbvia ideia de que Tucídides com certeza deixou uma exposição incompleta dos anos 411-04, a qual, mais ou menos retocada, lemos nos dois primeiros livros das *Helênicas*, deve-se a Christoph Friedrich Ferdinand Haacke:

> res maxime memorabiles ad illud bellum pertinentes, atque ab ipso Thucydide, ut videtur, in commentariis [ὑπομνήμασι] adumbratas, aut ipse [= Xenofonte] leviter concinnavit, aut commentarios illos, quales ab auctoris familia acceperat, paucis adiectis vel mutatis, in fronte Historiae Graecae collocavit.[20]

Mais tarde, foi Franz Wolfgang Ullrich quem argumentou que a herança tucidideana compreendia rascunhos referentes precisamente aos anos 411-04.[21] Ele também falou de ὑπομνήματα [*commentarii*]. A hipótese pareceu depois *veri simillima* a Ludwig Breitenbach: "*praesertim cum in scriniis Thucydidis collectam reliquorum, quae hic scripturus erat, materiam illum* [=Xenofonte] *invenisse veri sit simillimum*".[22] Depois da intervenção precursora de Haacke, houve a importante tomada de posição de Niebuhr, centrada na correta intuição da diversidade estrutural, e também política, dos dois livros em relação aos outros cinco.[23] A eficácia e a importância dessa intervenção no desenvolvimento posterior dos estudos sobre as *Helênicas* são especificadas com clareza por Breitenbach na primeira página de seu *Praefatio*, de 1853.

O bom, mas nem sempre brilhante, Ludwig Dindorf, que publicou em Oxford, no mesmo ano de Breitenbach, uma *Xenophontis Historia Graeca* em segunda edição *auctior et emendatior*, não compreendeu o peso da intuição de Niebuhr. Acreditou, pelo contrário, que o genial artigo de George Cornewall Lewis,[24] centrado na correta visão da editoria antiga como *work in progress*,

---

20. *Dissertatio chronologia de postremis belli Peloponnesiaci annis secundum Xenophontis historiam Graecam digerendis.* Stendal: Franzen und Grosse, 1822, p. 3.
21. *Beiträge zur Erklärung des Thukydides.* Hamburgo: Perthes-Besser und Mauke, 1846, pp. 132-3.
22. *Xenophontis Opera omnia.* Gotha/Leipzig: Hennings und Teubner, 1853, v. IV, parte III contendo *Xenophontis Hellenica*, p. x.
23. "Über Xenophons Hellenika", *Rheinisches Museum* für Philologie, v. 1, pp. 194-8, 1827.
24. "The Hellenics of Xenophon and Their Division into Books", *Classical Museum*, v. 2, 1833.

havia "eliminado" as questões colocadas por Niebuhr. Dindorf não se deu conta de que a percepção concreta, verídica e historicamente fundamentada de Lewis sobre a "editoria" arcaica permitia aperfeiçoar, e não deixar de lado, a questão da progressiva formação das *Helênicas* xenofonteanas a partir de um núcleo de base: a herança tucidideana (i-ii, 2, 23). Uma herança enriquecida quase contextualmente com o relato *de diário* da guerra civil (ii, 3, 10-ii, 4, 43) e depois acrescida (não sem uma lacuna cronológica preenchida de modo sumário com a remissão à *Anábase*: iii, 1, 1-2) com a descrição do auge e decadência da hegemonia espartana até a "paz do rei" (iii, 1, 3-v, 1, 36), para depois recuperar altitude com os inesperados acontecimentos do conflito espartano-tebano, da chamada hegemonia tebana a partir de Leutra (371) e da inédita aliança entre Esparta e Atenas, até a não conclusiva batalha de Mantineia (362), com que Xenofonte manifesta não só sua desilusão diante da persistente desordem da cena política grega, mas também sua firme decisão de não prosseguir: de deixar de retomar em mãos e dar andamento à narrativa da história contemporânea, como fizera a partir da meritória iniciativa de resgatar e difundir a herança tucidideana. Aquela herança em cujo desaparecimento creem os cultores demasiado sutis do agnosticismo do século xx, esquecidos do rápido, mas pertinente, juízo de Eduard Schwartz,[25] segundo o qual esse desaparecimento, sim, é que seria *ein Rätsel*: um enigma!

---

25. *Charakterköpfe aus der antiken Literatur*. Leipzig: Teubner, 1960^2, p. 28.

INTERLÚDIO

11. Efeitos imprevistos do "mal da Sicília" (415 a.C.): o que Tucídides *viu*

Foi um tal frenesi para zarpar que Tucídides, usando uma palavra que jamais utiliza em nenhum outro lugar, fala em "eros" ou também em "desejo desenfreado":[1]

> Queriam ir para a Sicília para subjugá-la. Na verdade, a maioria não sabia sequer as dimensões da ilha, que povos a habitavam, quantos eram os bárbaros e quantos eram os gregos; não entendiam que embarcavam numa guerra tão grande quanto a que haviam travado contra Esparta e seus aliados.[2]

E aqui, em orgulhosa polêmica contra as escolhas impulsivas de seus concidadãos, ele traça como experiente geógrafo e etnógrafo um perfil da Sicília e de seu povoamento. Depois, comenta: "É contra uma ilha de tais dimensões que os atenienses queriam se mover: seu verdadeiro desejo era conquistá-la inteira, mas diziam que queriam proteger as populações de linhagens afins e seus aliados recentes".[3] Porém havia quem concebesse projetos até mais ambiciosos:

---

1. Tucídides, VI, 24, 3.
2. Id., VI, 1, 1.
3. Id., VI, 6, 1.

Alcibíades, que ingressara muito jovem na política e se escolara num infeliz exórdio diplomático e militar nos dois anos anteriores, pensava, para além da Sicília, na própria Cartago — na verdade, a conquista da Sicília era, para ele, "a premissa para a conquista de Cartago".[4]

Na assembleia popular, o debate foi acirrado. Alcibíades, embora visto com suspeita — alguns reconheciam em sua livre vida privada e nos gastos que se permitia como criador de cavalos uma vocação para a tirania —, mesmo assim prevaleceu: soube se fazer intérprete eloquente e tranquilizador daquele "mal da Sicília" que já dominava a todos. (Plutarco, parafraseando Tucídides, dirá que foi Alcibíades quem "ateou fogo àquele eros".)[5] Tucídides analisa por categorias o público da assembleia popular que decidiu a expedição e, para cada grupo, aponta uma razão psicológica específica que levava à aventura:

> Em todos penetrou em igual medida a vontade de zarpar: os mais velhos pensavam que submeteriam a ilha ou, de todo modo, a frota, em vista de suas proporções, ficaria incólume; os mais jovens eram movidos pelo desejo ardente de conhecer uma terra distante e, por outro lado, confiavam que retornariam sãos e salvos.[6]

Assim, enquanto os velhos contemplam também a eventualidade de um insucesso, os jovens parecem a Tucídides, na análise dessa crucial assembleia, ansiosos e ao mesmo tempo otimistas, mas, em todo caso, movidos por objetivos não estritamente militares: o atrativo para eles é conhecer terras distantes. Depois, no interior da segunda e decisiva assembleia, Tucídides discerne um terceiro grupo, que define como "a grande massa dos soldados", para os quais a vantagem da expedição consistia na possibilidade de aumentar as entradas de Atenas, de onde derivaria, para eles, assalariados e despossuídos engajados como marinheiros, "um salário eterno".

Mesmo em meio a tanto entusiasmo, nota Tucídides, a assembleia não foi

---

4. Id., VI, 15, 2; cf. 90, 1 (Alcibíades em Esparta: "Era nosso propósito pôr à prova também o império cartaginês"). Dúvidas não persuasivas sobre esses projetos são expressas por M. Treu em "Athen und Karthago" (*Historia*, v. 3.1, pp. 42-9, 1954).
5. *Alcibíades*, 17, 2.
6. Tucídides, VI, 24, 3.

livre de todo em suas decisões: a desmesurada vontade da maioria paralisava a eventual discordância de alguns. Se alguém não estava de acordo, ficava calado, temendo, se votasse contra, fazer parte dos "inimigos da cidade" (e aqui Tucídides zomba de uma desgastada fórmula do jargão democrático).[7] Aliás, como nota logo a seguir, o próprio Nícias — o antagonista de Alcibíades na cena citadina — foi por fim obrigado a dizer o contrário do que pensava. Contrário à aventura, quase obstruíra as duas assembleias esforçando-se em expor os riscos; acuado pela intervenção de alguém que o questionou de maneira direta, dizendo-lhe "para não tergiversar, mas dizer sem rodeios, diante de todos, qual corpo de expedição desejaria", no fim, "contra a vontade", foi obrigado a se manifestar e pediu "não menos de cem trirremes e 5 mil homens".[8] A assembleia aprovou de imediato e concedeu plenos poderes aos três comandantes designados, Alcibíades, Nícias e Lâmaco.

Arrastando a assembleia à decisão de se lançar ao empreendimento siciliano, Alcibíades, na verdade, granjeara um segundo sucesso: comprometer, enfim, a autoridade política de Nícias, o artífice da vantajosa paz de 421, que não apenas estava relutante com qualquer aventura militar que rompesse o equilíbrio alcançado, mas, além de guardião escrupuloso de sua diretriz pericleana de não pôr em risco a segurança de Atenas em empreendimentos imperialistas, sem dúvida aspirava afirmar-se como o verdadeiro herdeiro e continuador de Péricles. A ele se opunha, praticamente desde o instante em que voltara a paz, o pupilo de Péricles.

É notável como Tucídides parece incoerente diante da figura de Alcibíades, ou mais provavelmente como veio a modificar pouco a pouco seu juízo sobre o último "grande ateniense" do século v: o último, mas também quase uma figura bifronte, metade voltada para o século v (seu plano siciliano-cartaginês se inspirava em desígnios ambiciosos e impetuosos, como o anterior de Péricles no Egito), metade voltada para o século iv, se pensarmos em sua humilhante relação com o sátrapa Tissafernes (que já antecipa a dependência, no século seguinte, das diretrizes e do dinheiro de um Cónon e, mais tarde, de um Demóstenes). Mas, para Tucídides, que nos deixou uma página de análise psicológica sobre as relações entre Alcibíades e Tissafernes, na qual não se exime de manifestar sua

---

7. Id., vi, 24, 4: κακόνους τῇ πόλει.
8. Id., vi, 25, 1-2.

dúvida se teria de fato compreendido a mentalidade de um sátrapa (VIII, 46, 5), é Alcibíades, apesar da enormidade do desastre siciliano, quem ainda teria conseguido salvar Atenas da derrota, caso os concidadãos não tivessem preferido dar crédito aos inimigos pessoais dele e afastá-lo por duas vezes: "Embora tivesse reerguido da melhor maneira os destinos da guerra", assim escreve Tucídides ao apresentá-lo, mas pensando no que viria a acontecer nos últimos anos do conflito, "no plano pessoal todos odiavam seu modo de viver e assim confiaram a cidade às mãos de outros e, pouco depois, levaram-na à ruína".[9] Entende-se que aqui quem está escrevendo é um Tucídides que já amadureceu seu juízo definitivo e assistiu também à queda de Atenas.

Em outras partes, porém — aquelas compostas mais ou menos na época em que a expedição estava em gestação, ou em andamento, ou quando seu desfecho catastrófico fizera crer que Atenas, privada da nata de seus homens e de todos os navios, não se reergueria e, de um momento para outro, espartanos e siracusanos desembarcariam no Pireu —, em suma, sob a viva impressão dos acontecimentos, Tucídides parece se inclinar para o diagnóstico de Nícias, a saber, que o ataque contra Siracusa era uma grave imprudência, que afastava Atenas da sábia conduta de Péricles ("não correr riscos para aumentar o império") e, acima de tudo, logo colocaria a cidade entre dois fogos, quando Esparta, mais cedo ou mais tarde, iria se aproveitar do engajamento militar ateniense em terras distantes — e foi exatamente o que aconteceu. Essas duas avaliações que Tucídides apresenta quanto ao papel do empreendimento siciliano na ruína de Atenas se sucedem, de modo muito curioso, em outro lugar de um mesmo capítulo, numa longa digressão, que se inicia com a notícia da morte de Péricles e parece redigida em momentos distintos, uma parte sob a impressão da derrota siciliana e a outra parte após o fim da guerra.[10]

O corpo expedicionário ateniense zarpou do Pireu num clima de festa popular. Tucídides se detém longamente sobre o estado de ânimo dos que partiam e dos que se despediam. A psicologia de massa dos atenienses é um dos

---

9. Id., VI, 15, 3-4.
10. Id., II, 65, 11 ("A expedição para a Sicília não foi, em si, um erro") mal se concilia com II, 65, 7 (em que se elogia a estratégia pericleana: "Não tentar ampliar o império com a guerra").

objetos que o historiador perscruta com maior insistência e espírito analítico. Os atenienses enquanto protagonistas das escolhas políticas, ou seja, sob o peso de um enorme poder concedido pelo sistema democrático, estão entre os sujeitos coletivos que Tucídides mais examina. Observa-os quando, acometidos pelo "mal da Sicília", decidem de modo irrefletido pela ruinosa expedição, observa-os no momento em que, na despedida, seu entusiasmo decresce.

> As pessoas desceram até o Pireu junto com os homens que se preparavam pra zarpar: naquele momento, estavam presentes quase todos os atenienses e também os estrangeiros. Um acompanhava um amigo, outro acompanhava parentes, outro os próprios filhos; e se perguntavam se voltariam a vê-los e ponderavam consigo mesmos a vastidão marinha que estava para separá-los de sua própria terra.[11]

É um instante contraditório que Tucídides não deixa escapar:

> Naquele momento, no momento da separação e na iminência dos perigos, os riscos se apresentavam a suas mentes muito mais do que quando haviam decidido zarpar; e, contudo, diante de tal alinhamento de forças e da grande massa de preparativos *que viam*, àquela visão recobravam a coragem.[12]

Há, nessa parte da crônica tucidideana, como que uma insistência deliberada na "visão": *o historiador observa os outros que veem* e percebe que a visão lhes dá alento, assim como a visão dos parentes de partida os perturbava. Há também o subentendido de que a visão é o menos enganoso dos sentidos: os atenienses tinham tresvariado sobre a Sicília em sucessivas assembleias, mas nada sabiam dela, como Tucídides faz questão de declarar na abertura ("ignorantes até das dimensões da ilha"!); a visão os traz de volta à terra e é ainda a visão, a visão do gigantesco aparato bélico, que os tranquiliza.

Os estrangeiros e todos os que desceram ao Pireu sem que os impelisse qualquer interesse familiar direto, observa Tucídides, foram como que a um "espetáculo" extraordinário e ao mesmo tempo quimérico. A esplêndida "visão" dessa frota causava alvoroço — assim Tucídides conclui a cena da partida —,

---

11. Id., vi, 30, 1-2.
12. Id., vi, 31, 1.

mais do que a própria grandiosidade do empreendimento em questão.[13] O historiador delonga-se sobre os instantes que antecederam a partida, sobre os pensamentos de cada um, sobre os gestos como a libação coletiva sobre os navios e a prece, repetida em terra como um eco da prece que todos os que partiam, em uníssono, recitavam em todos os navios (e não de navio em navio, como era o costume). A atenta observação desses detalhes ganha significado especial quando posta ao lado da desesperada constatação, logo em breve, da catástrofe:

> Desprovidos, não só a cidade em seu conjunto, mas cada um individualmente, de muitos hoplitas e cavaleiros e de uma leva de jovens sem igual, e ao mesmo tempo não vendo navios suficientes nos arsenais, nem dinheiro nos caixas, nem pessoal auxiliar para os navios, estavam desesperados e convencidos de que não teriam escapatória.[14]

Após a catástrofe, o que os atenienses procuram com o olhar e não encontram é exatamente aquilo cuja vista aplacara sua momentânea inquietação na hora da partida. A analogia entre as duas passagens é evidente, entre outras coisas pelo recurso, também aqui insistente, ao elemento visual, dessa vez na forma negativa ("não viam mais navios, não viam mais jovens").[15]

Mais uma vez domina a psicologia coletiva:

> Por muito tempo não acreditaram nos sobreviventes que anunciavam uma derrota tão completa. Quando se deram conta, quando adquiriram consciência, irritaram-se com os políticos que os haviam persuadido ao empreendimento, como se eles mesmos não o tivessem aprovado; enfureceram-se contra os adivinhos e todos os que, antes, haviam nos incentivado à conquista da Sicília trazendo os deuses à baila.[16]

---

13. Id., VI, 31, 6: ὄψεως λαμπρότητι. Seria bastante estranho sustentar que Tucídides conta tudo isso por ouvir dizer, e não por seu testemunho ocular direto.
14. Id., VIII, 2.
15. Ibid.: ἅμα μὲν γὰρ στερόμενοι καὶ ἰδίᾳ ἕκαστος καὶ ἡ πόλις [...] ἡλικίας οἵαν οὐχ ἑτέραν ἑώρων ὑπάρχουσαν [...] ἅμα δὲ ναῦς οὐχ ὁρῶντες...
16. Tucídides, VIII, 1, 1.

Já imaginavam a frota siracusana desembarcando no Pireu, temiam que, nesse meio-tempo, os inimigos da Grécia, como que dotados de força redobrada, iriam acossá-los ainda mais por terra e por mar, na companhia dos aliados desertores. Mas a noção da catástrofe também provoca um sobressalto, uma desesperada retomada psicológica:

> Apesar de tudo — naquelas condições —, decidiram que não precisavam se dar por vencidos. Decidiram construir navios, arrumando de algum modo a madeira, levantar fundos, consolidar os aliados, em especial Eubeia. Estabeleceram que seguiriam uma política econômica mais prudente e criariam um conselho de anciãos, que em ocasião oportuna examinasse preventivamente os problemas políticos.[17]

Essa febre de iniciativas e bons propósitos desperta uma consideração adicional sobre o ânimo dos atenienses naquele momento, que se amplia como uma consideração psicológica da multidão: "Em suma, no terror do momento, estavam cheios de boas intenções, como costuma fazer o povo".[18]

Quando a cidade descera em massa ao Pireu para se despedir da grande armada, aquele momento de festa e de dor fora, apesar de tudo, um lenitivo para a angústia em que a cidade se encontrava fazia algum tempo, por causa do misterioso atentado contra as hermas e as trabalhosas investigações subsequentes (VI, 27-9).

Tucídides entrelaça com destreza o relato do escândalo e o da festiva e inquieta partida. Segundo ele, as pessoas tomaram a coisa "um pouco a sério demais",[19] não apenas porque tinham visto um presságio sinistro para a partida, mas também porque imaginaram de imediato uma conspiração oligárquica. Agudiza-se nessa ocasião o crônico medo a um golpe de Estado que é típico do ateniense médio e que tanto sarcasmo desperta nos políticos afastados. Um sentimento tenaz e preconcebido, incômodo em seu alarmismo. Alarmismo

---

17. Id., VIII, 1, 3.
18. Id., VIII, 1, 4.
19. Id., VI, 27, 3.

que costuma se mostrar infundado, mas que dessa vez, embora Tucídides se esforce em trazer à luz a obtusidade do democrático médio afeito à mania da conspiração ("iam inflando as coisas e vociferando que o objetivo era derrubar a democracia"),[20] tinha alguma base e era talvez indicador de faro político das pessoas, caso seja verdade que, dali a poucos anos, os rebentos das melhores famílias, os deprecantes da *canaille*, iriam tentar seriamente o *Putsch*. E então o próprio Alcibíades, agora mais suspeito do que nunca de ser o motor oculto da conspiração, teria ficado até o último instante em dúvida se aderiria ou não ao *Putsch* — talvez se queimando em definitivo — ou se se apresentaria depois, ele, justo ele, o fanático por cavalos ao modo dos "tiranos", como o vingador da democracia.

Mas tudo isso aconteceria mais tarde, quando ficou patente que a frota enviada ao combate contra Siracusa fora destruída e dos homens, dos chefes, dos navios não havia restado nada. Claro, na hora as suspeitas logo se voltaram contra Alcibíades e seus amigos.

> Alguns metecos e alguns escravos apresentaram denúncias. Sobre a ocorrência das hermas, não tinham nada a dizer, mas sustentavam que, antes disso, outras estátuas também tinham sido mutiladas por jovenzinhos com vontade de fazer arruaça, entupidos de vinho, e que na casa de alguns imitavam-se por brincadeira as cerimônias dos mistérios. Também apontavam Alcibíades entre os responsáveis.[21]

Num clima tão envenenado, a única linha que Alcibíades podia seguir era querer ser processado de imediato, para ser absolvido. Chegava a ponto de quase provocar os adversários, dizendo que não lhe poderiam confiar um exército como o que estava para zarpar para Siracusa, se suspeitavam de delitos tão graves por parte dele. Mas era bem isso o que seus adversários não queriam: com as tropas já prontas para partir, todas favoráveis ao brilhante e jovem comandante que as conduzia à aventura, o processo seria um triunfo para ele. Assim, fizeram com que ele partisse, deixando atrás de si uma ambígua incerteza. A conclusão foi "que partisse agora: não se podia segurar a partida. Marcariam um dia para o processo e então ele retornaria". "A intenção deles",

---

20. Id., VI, 28, 2.
21. Id., VI, 28, 1.

observa Tucídides, "era chamá-lo de volta à pátria na época certa, sob o peso de acusações mais graves, que esperavam alinhavar com mais facilidade em sua ausência."[22]

Num escândalo tão obscuro, mas em relação ao qual é bastante difícil acreditar que Alcibíades fosse de todo estranho, Tucídides toma partido. Sua narrativa pretende desqualificar os acusadores do comandante, isso quando não denuncia pura e simplesmente a má-fé deles. Todo o andamento da investigação lhe pareceu comprometido pelo crédito dado a denúncias indiscriminadas, cujo único resultado foi que, "prestando fé a gente da ralé, prenderam-se pessoas que, na maioria, eram de bem".[23] É um modo de falar insolitamente esquemático, em Tucídides, que nos lembra o rude classismo do "velho oligarca" e mostra como aqui se acentua a parcialidade tucidideana. Para ele, Alcibíades é vítima de seus inimigos pessoais, favorecidos pelo ressentimento popular.

Em todo caso, a investigação sobre a mutilação das hermas foi encerrada porque Andócides, um dos jovenzinhos mais conhecidos das grandes famílias atenienses, entregou a si mesmo e a outros pelo ímpio delito. Seguiram-se algumas condenações à pena capital. Alguns fugiram. Foi um desfecho cujo fundamento desperta dúvidas em Tucídides, mas ele não nega que aliviou a tensão. O que não se podia prever é que, esclarecida de alguma maneira a primeira investigação, "o povo de Atenas" ia se voltar com desconfiança ainda maior contra Alcibíades, cujo nome, de toda forma, viera à tona acerca da profanação dos mistérios. Naquele momento, aliás, como nota Tucídides, havia em Atenas um aguçamento das suspeitas contra Alcibíades ausente, de modo que qualquer coisa que acontecesse era tributada a ele: desde a movimentação de tropas espartanas junto do istmo a uma misteriosa conspiração antidemocrática na aliada Argos. A psicose coletiva chegou a tal ponto que, à espera do imaginário ataque de surpresa do inimigo, que devia ter em Alcibíades seu promotor oculto, "passaram uma noite de vigília em armas no templo de Teseu dentro dos muros"[24] — notação sarcástica, que visa a ridicularizar a emoção coletiva do "povo de Atenas".

22. Id., vi, 29, 3.
23. Id., vi, 53, 2.
24. Id., vi, 61, 2.

A condenação do comandante já estava estabelecida mesmo antes do processo: "A suspeita cercava Alcibíades por todos os lados. Queriam matá-lo levando-o perante o tribunal".[25]

Tucídides conhece os bastidores, os estados de ânimo, as tramas: deixa transpirar sem demasiada cautela uma verdade sua — a inocência de Alcibíades. Desqualifica todo o procedimento que conduzira às condenações sumárias dos supostos mutiladores das hermas. Denuncia o modo preconceituoso com que tinham envolvido Alcibíades. Expressa-se como alguém que viveu todo o episódio, um episódio intricadíssimo, sobre o qual nenhum dos protagonistas tinha interesse em revelar tudo o que sabia; a despeito disso, ele tem uma verdade sua a apresentar. E também se permite, quando considera necessário, um tom alusivo e silêncios singulares. Não se rebaixa, por exemplo, a dar o nome de um personagem abjeto como Andócides; diz apenas que, quando se estava em pleno terror e as prisões de "gente de bem" se multiplicavam dia após dia, "um dos prisioneiros que parecia implicado no assunto até os cabelos" — justamente o orador Andócides — "foi persuadido por um companheiro de prisão a dar com a língua nos dentes, fosse verdade ou mentira".[26] Tudo se baseia, em suma, na confissão dele. Para desqualificá-la, basta a Tucídides insistir nas razões e raciocínios desenvolvidos no segredo do cárcere, que levara a tal confissão: em essência, que para ele era melhor também se acusar injustamente, mas assim, saciando a voracidade do povo com uma mancheia de nomes ilustres, ao menos devolveria a tranquilidade a todos os outros. Tucídides não deixa de repisar o incrível procedimento, com o qual o povo se agarra feliz a uma verdade: "O povo de Atenas acolheu com alegria isso que credes ser a verdade".[27]

Para Tucídides, a verdade permaneceu desconhecida. Ele é peremptório e pormenorizado sobre esse ponto: distingue entre o que se conseguiu entender e saber "no momento", quando o episódio estava em curso, e o que se pôde saber depois. (Que esse "depois" não confunda. O episódio, sobretudo nas relações entre as pessoas, não se encerrou por ali. Os protagonistas do embate político continuaram a ser os mesmos ainda por muito tempo: Ândrocles, demagogo, que será morto pela *jeunesse dorée* nas vésperas do golpe de Estado

---

25. Id., VI, 61, 4.
26. Id., VI, 60, 2. Sobre isso, ver os detalhes infra, cap. 12.
27. Id., VI, 60, 4.

de 411, é um dos que mais tinham se agitado contra Alcibíades no momento do escândalo.) O balanço que Tucídides extrai de sua experiência é, portanto, que "ninguém pôde chegar à verdade em relação aos responsáveis, nem então nem depois".[28] E o próprio silêncio sobre o nome de Andócides, bem como sobre o nome de quem o induziu à confissão, faz parte desse balanço. Tal reticência é, talvez, um traço de facciosidade ou talvez de prudência. É, em todo caso, um silêncio que se ressente do clima do momento. Um silêncio decerto deliberado, que se afigura tanto mais singular se se pensa que, no entanto, Tucídides apresenta um relato minucioso do diálogo entre os dois não nomeados. E nem se trata de algum meteco ou escravo qualquer, mas de aristocratas cujos casos continuaram a ocupar Atenas por vários anos seguidos.

Quanto ao clima dominante durante os meses da investigação, o traço que Tucídides frisa com uma insistência quase repetitiva é a suspeita. A frase "Tudo acolhiam com suspeita" é repetida várias vezes num breve contexto e é a primeira notação a que Tucídides recorre, ao retomar o fio da narrativa logo após a digressão sobre os tiranicídios. Aqui também, mais do que as ações dos indivíduos, ele estuda o comportamento daquele sujeito coletivo de sua história que é "o povo de Atenas". A suspeita, o entusiasmo crédulo diante da primeira confissão de culpa, a obstinação em querer ligar os escândalos a supostas conspirações oligárquicas e inclusive a episódios militares externos, até a cena da noite em armas à espera de um inimigo imaginário são as peças dessa psicologia tucidideana da multidão. Uma psicologia emaranhada, em que se mesclam faro político e mitomania. "O povo sabia bem, por tradição, que a tirania de Pisístrato e de seus filhos acabara sendo muito dura e fora derrubada, aliás, não por mérito deles ou de Harmódio, mas dos espartanos. Por isso tinham medo e olhavam tudo com suspeita."[29]

Para confirmar como era opressivo o pesadelo dos tiranos, "o cheiro de Hípias", Tucídides insere na narrativa uma douta reconstituição sua do fracasso de Harmódio e Aristogíton [VI, 54-9], tal como de fato se deu. Talvez o *excursus* não seja pertinente ali e menos ainda é necessário para a narrativa, e talvez não esteja bem amarrado ao contexto, mas, para Tucídides, atende a uma finalidade essencial: enfocar o pesadelo dos atenienses em meio ao escândalo. Assim,

---

28. Id., VI, 60, 2.
29. Id., VI, 53, 3.

depois de ter narrado o antigo episódio de que fora vítima Hiparco, aquele que havia lotado a Ática de hermas (talvez essa ligação não seja alheia à decisão tucidideana de fazer tal *excursus* nessas alturas), ele prossegue tentando "raciocinar com a cabeça" do demo:

> O povo de Atenas, pensando outra vez em tudo isso e lembrando o que sabia por tradição a respeito do evento, era extremamente severo e desconfiado contra os que estavam envolvidos no episódio dos mistérios: parecia-lhe que tudo fora feito em função de uma trama oligárquica e tirânica.[30]

Palavras de jargão, estas últimas, e portanto ditas *ex ore Atheniensium*, como fica evidente, entre outras coisas, pela aproximação "oligarquia-tirania", que não é muito sensata, mas é própria da linguagem democrática.[31]

O desfecho do episódio, segundo Tucídides desastroso, foi que os atenienses chamaram Alcibíades de volta, logo após o início da campanha na Sicília. Enviaram o navio *Salaminia* a Siracusa, com a incumbência de trazer Alcibíades de volta a Atenas, para o processo-farsa, cujo desfecho já estava determinado desde o início: "Queriam matá-lo". Tucídides se mostra em condições de expor (e insiste muito nisso) as instruções secretas dadas aos encarregados de trazer de volta Alcibíades a Atenas sem lhe despertar suspeitas de uma armadilha:

> A ordem dada aos homens encarregados de trazê-lo de volta era lhe dizer que os seguisse e viesse se desculpar em Atenas, mas sem prendê-lo de maneira nenhuma, e tratá-lo com todas as atenções para não inquietar os soldados do corpo expedicionário, em especial os mantineus e os argivos, que se consideravam induzidos sobretudo por ele a tomar parte na expedição.[32]

Mas já em Turi Alcibíades fugirá, ludibriando seus gentis carcereiros.

---

30. Id., vi, 60, 1.
31. Aristófanes, *Lisístrata*, 618-9. Cf. infra, cap. 24.
32. Tucídides, vi, 61, 5.

TERCEIRA PARTE
Como perder uma guerra vitoriosa

Antecedentes

À diferença de seus contemporâneos, bem como dos historiadores e políticos do século seguinte, Tucídides, como já dissemos, captou a unidade essencial do conflito que se instaurou na primavera de 431 a.C., com o ultimato espartano, e se encerrou com a capitulação de Atenas em abril de 404. Essa visão unitária encontra um paralelo adequado na avaliação das duas guerras mundiais ocorridas na primeira metade do século XX como fases de um único conflito.[1] Em ambos os casos, trata-se de dois períodos bélicos prolongados, em cujo intervalo produzem-se conflitos menores e tensões em outras áreas, tanto que o próprio tratado que encerra o primeiro período (a paz de Nícias no primeiro caso, a paz de Versalhes no segundo) é visto como algo provisório.

Deve-se notar, porém, que a consciência dessa unidade se forma, necessariamente, *a posteriori*. É o desenrolar dos acontecimentos que, de modo gradual, confere maior força à ideia de que foi apenas na aparência que o primeiro confli-

---

1. Essa analogia está bem presente para Moses Finley na introdução à tradução tucidideana editada na coleção Penguin Books, Londres, 1972, pp. 22-3. Finley observa com muita pertinência que, nas duas décadas do entreguerras, diferentes concepções das causas da Primeira Guerra Mundial foram prevalecendo entre os estudiosos de história contemporânea, a cada vez mudando a versão dos pródromos do conflito. Tucídides muda de ideia sobre a verdadeira causa da Guerra do Peloponeso quando descobre a unidade do conflito como um todo.

to se encerrou, vindo inevitavelmente a se reabrir, para prosseguir até que um dos dois grandes sujeitos em luta sucumba em definitivo. Isso não impede, em todo caso, que a própria percepção de se ter chegado a um epílogo de fato conclusivo não raro se torne questionável, à luz do desenrolar posterior dos eventos: confirmação de que qualquer periodização histórica é provisória. Não por acaso, Teopompo prosseguiu a obra de Tucídides, continuando até 394 a.C., isto é, até a reconstrução dos muros de Atenas, derrubados na capitulação de 404.

No caso da reflexão histórico-política de Tucídides sobre a grande guerra da qual foi testemunha, vemos aflorar paulatinamente em sua obra a *descoberta* da unidade do conflito inteiro. De outro lado, Lísias, Platão e Éforo, por sua vez, continuaram a raciocinar em termos de três guerras distintas: a guerra arquidâmica (431-21 a.C.), concluída com um tratado muito exigente como a chamada "paz de Nícias", a guerra siciliana (415-3 a.C.) e a guerra deceleia (413-04 a.C.). Estava bem claro para esses intérpretes dos acontecimentos atenienses que a paz de Nícias assinalara o final de um período e que, como Nícias temera, foi o próprio ataque de Atenas a Siracusa em 415 que levou à reabertura do conflito entre Esparta e Atenas, principais signatários do pacto. E como o ataque ateniense contra Siracusa não era uma ação inevitável, daí decorre que a reabertura do conflito, catastrófica para Atenas, era apenas uma das possibilidades em jogo. A própria grande discussão na assembleia popular entre Nícias, que desaconselha o empreendimento siciliano, e Alcibíades, que o defende aproveitando uma onda de opinião pública inflamada pela conquista presumidamente fácil do Ocidente, significa precisamente que havia esses dois caminhos possíveis e que a guinada belicista não era uma escolha inevitável.[2]

Assim, quando Tucídides concede tanto relevo ao fato de que havia dois caminhos e que se enveredou pelo errado, ele demonstra com isso que ainda não amadurecera sua visão, em certo sentido determinista, de um conflito unitário, destinado inevitavelmente a se reabrir e a se encerrar com a aniquilação de uma das duas potências em luta. Ele amadureceu essa visão aos poucos, quando pôde constatar que Esparta e Corinto se inseriam na guerra entre Atenas e Siracusa e reabriam o conflito na Grécia, denunciando a paz de Nícias. A formulação dessa visão unitária gerou integrações importantes no primeiro livro de sua obra, como o rápido perfil do cinquentenário entre as guerras per-

---

2. Tucídides, VI, 8-26.

sas e a eclosão do conflito com Esparta,[3] além do breve e memorável comentário que coloca no final do congresso de Esparta, em que declara que os espartanos acederam às solicitações coríntias em prol de uma resposta militar à crescente hegemonia ateniense, "não porque fossem persuadidos pelos coríntios e os outros aliados, mas porque agora temiam o crescimento constante da potência ateniense e viam que grande parte da Grécia estava sujeita a Atenas".[4] A descoberta da unidade do conflito como um todo, a intuição da "verdadeiríssima causa"[5] (a inquietação espartana diante da crescente potência imperial ateniense), a necessidade de traçar um rápido perfil da gênese e crescimento do império ateniense são, portanto, fenômenos estreitamente relacionados entre si e constituem o traço subterrâneo para desenrolar, pelo menos em linhas gerais, a estratigrafia compositiva da narrativa de Tucídides.

Mas os efeitos dessa descoberta, que reinterpretava originalmente toda uma fase histórica, trouxeram como consequência — na mente do historiador — um processo de desvalorização da importância de algumas etapas do conflito, que de início ele próprio considerara de grande relevo: por exemplo, os incidentes (Córcira, Potideia, o embargo contra Mégara) que antecederam em alguns anos a deflagração do conflito e de início pareceram a Tucídides causas tão relevantes que demandaram uma exposição analítica ocupando grande parte do primeiro livro. Assim também se explica a exposição minuciosamente analítica da campanha siciliana, que antes tivera de ser concebida como narrativa de outro conflito, com uma introdução etnográfica própria, e depois se tornou parte de um relato muito mais amplo, cujos anos de guerra vêm incluídos na mesma numeração progressiva dos 27 anos. É evidente por si só que essa modificação em curso, no juízo tucidideano, da visão geral do conflito acarretou desequilíbrios narrativos, os quais pareceram inconvenientes a um crítico detalhista, mas não profundo, como Dionísio de Halicarnasso.[6]

---

3. Id., I, 89-118.
4. Id., I, 88.
5. Id., I, 23, 6.
6. Uma de suas páginas nas quais mais maltrata o texto é aquela em que se empenha em "reordenar" o primeiro livro tucidideano numa ordem expositiva mais correta (*Sobre Tucídides*, 10-2).

Muito bem, no quadro da visão unitária do conflito assim adquirida, é evidente que a paz de Nícias acaba por parecer e ser apresentada como pouco mais do que uma trégua. Mas não foi essa a percepção dos contemporâneos e talvez, em certo momento, nem do próprio Tucídides, como se evidencia pelas palavras que coloca na boca de Nícias no início do livro VI, quando o político descreve a retomada econômica que acaba de se iniciar graças à paz, depois do decênio de invasões espartanas na Ática. Tal avaliação do significado da paz de Nícias implica que a narrativa de Tucídides mantenha na sombra o resultado mais macroscópico da paz: o reconhecimento por fim formalizado do império ateniense por parte dos espartanos e a aceitação de sua consistência "territorial".[7] Basta considerar que o próprio nascimento da aliança estreitada em torno de Atenas representara uma ruptura efetiva da aliança pan-helênica encabeçada por Esparta, surgida com a invasão de Xerxes (480 a.C.), para se compreender a momentosa envergadura do reconhecimento espartano da existência e legitimidade do império ateniense. Tal reconhecimento é confiado ao texto da paz de Nícias, que o próprio Tucídides conservou e nos legou.

Assim, quem pensa, como Maquiavel, que Atenas "vencera a guerra", não está enganado. A frequentação maquiaveliana dos textos gregos foi indireta, mas sempre à altura de sua penetrante capacidade de ler o passado em termos políticos. No terceiro livro dos *Discursos sobre a primeira década de Tito Lívio*, Maquiavel toca nesse assunto quase por acaso e chega mais uma vez a uma de suas drásticas formulações geniais. Ele parte de um problema refinadamente político, a saber, o maior peso que as *elites* adquirem em caso de guerra. Como sustentação dessa sua tese, apresenta o caso de Nícias frente à campanha siciliana e insere, coisa um tanto insólita para ele, uma ampla referência à narrativa tucidideana. E é aqui que ele solta quase *per incidens* uma afirmação que, para o leitor moderno, parece quase extravagante e, no entanto, é profundamente verdadeira, qual seja, Atenas vencera a guerra — a guerra decenal, claro, que se concluiu com a paz de Nícias, cuja envergadura política e diplomática lhe é perfeitamente clara:

Assim foi e sempre será: os homens grandes e raros numa república, nos tempos

---

[7] Basta pensar que os contratantes atenienses assinam em nome de "Atenas e os aliados" (Tucídides, V, 18-9).

de paz, são negligenciados; porque, devido à inveja que acompanha a reputação que granjearam por sua virtude, em tais épocas há muitos cidadãos que querem ser não seus iguais, mas seus superiores. E sobre isso há uma boa passagem em Tucídides, historiador grego, o qual mostra como, tendo a República ateniense se mantido superior na guerra peloponésia, tendo refreado o orgulho dos espartanos e submetido quase todo o restante da Grécia, aumentou tanto sua reputação que pensou em ocupar a Sicília. Esse empreendimento foi discutido em Atenas. Alcibíades e alguns outros cidadãos aconselhavam que ele fosse realizado, como aqueles que, pouco pensando no bem público, pensavam em sua honra, pretendendo estar à frente de tal iniciativa. Mas Nícias, que era o primeiro entre os reputados de Atenas, queria dissuadi-los; e a principal razão, dirigindo-se ao povo, para que lhe dessem fé foi a seguinte: ao aconselhar que não fizessem essa guerra, aconselhava algo que não fazia para si, pois, estando Atenas em paz, sabia que havia inúmeros cidadãos que desejavam estar à sua frente; mas, em guerra, sabia que nenhum cidadão seria igual ou superior a ele (cap. 16).

12. Escândalos e tramas obscuras (415 a.C.)
com uma compilação de documentos

I. OS FATOS

Ao acordar, os atenienses encontraram as hermas de pedra — as colunas de base quadrangular com a cabeça e o falo de Hermes que se espalhavam por todas as partes da cidade — mutiladas. Era o final da primavera de 415 e a grande armada destinada a derrotar Siracusa e conquistar a Sicília estava pronta para partir.

Talvez fosse uma bravata, ou talvez alguém quisera tramar uma provocação política de vastas proporções. Também ficaram sabendo que havia quem arremedasse em casa alguns dos mistérios eleusinos. "Iam inflando as coisas", diz Tucídides, "e sustentavam que o objetivo era derrubar a democracia."[1] Tiveram início as delações e as prisões. Começou a aparecer o nome de Alcibíades, que alguns queriam atingir. Assim se montou, alcançando enormes proporções, o maior "escândalo da república" que jamais explodira em Atenas.

Àquela altura instaurou-se tal clima de suspeita que, segundo uma testemunha decerto interessada, como Andócides, as pessoas não frequentavam mais sequer a ágora: "Fugiam da ágora", diz ele, "cada qual receando ser pre-

---

1. Tucídides, VI, 27, 3.

so".[2] Alcibíades pediu em vão para enfrentar logo um processo; mas preferiram deixá-lo partir, para depois chamá-lo de volta e processá-lo em posição de fragilidade. Houve muitas denúncias e, dentre elas, algumas eram cabíveis. Por denúncia de um certo Dióclides, prenderam, entre outros, Andócides e boa parte de sua família. Se é difícil estabelecer o grau de seu envolvimento pessoal na mutilação das hermas, por outro lado fica claro, a partir de suas palavras muito calculadas, que o clã de que ele fazia parte (a "heteria" de Eufileto) estava envolvido na linha de frente daquela ocorrência. Isso significa que, entre as inúmeras prisões feitas, não poucas acertaram o alvo.

O que desobstruiu a situação foi a delação de Andócides. No que propriamente consistiu tal delação é um problema em aberto. Mas, uma vez presos e punidos os que ele delatou, acabou-se o grande medo. Como prêmio, Andócides ganhou a impunidade. Logo a seguir, porém, um decreto que parecia feito sob medida contra ele, apresentado por um certo Isotímides, sancionou a proibição de atividades na vida pública "para os réus confessos de impiedade". Andócides, sentindo-se alvo, preferiu se exilar voluntariamente.

A partir daquele momento e até a anistia geral de 403, levou uma vida errante, mas sempre pretendendo conseguir o retorno. No entanto, a anistia não foi resolutiva. Deixou amplo espaço para vinganças e acertos de antigas contas. Em 399, enquanto se celebravam em Elêusis os "grandes mistérios" e o próprio Andócides, com os outros iniciados, ainda ali se encontrava, deu-se entrada a uma acusação contra ele junto ao aronte rei. Os denunciantes eram um tal Cefisio e também Meleto (que poderia ser o mesmo que, naquele ano, acusou Sócrates) e Epicares. Recorriam ao decreto de Isotímides e exigiam que Andócides, como sacrílego, continuasse proibido de participar da vida pública.

Dessa vez, à diferença de 415, chegou-se ao processo. Passados nada menos que dezesseis anos, por fim cada uma das partes reconstituiu, à sua maneira, os episódios do escândalo. Desse processo restou um documento importante: o discurso composto por Andócides em defesa própria, tradicionalmente intitulado *Sobre os mistérios*, porque, na primeira parte, trata dos mistérios profanados, enquanto uma parte muito mais extensa e menos persuasiva ainda refere-

---

2. *Sobre os mistérios*, 36. A oração *Sobre os mistérios*, escrita para um processo celebrado dezesseis anos depois dos fatos, discorre amplamente sobre tais acontecimentos. É tão apologética que desperta suspeitas em quase todas as passagens.

-se à mutilação das hermas. Conservou-se também um dos discursos de acusação. Está na coletânea com o nome de Lísias: é o discurso VI, *Contra Andócides*.

Mas a reconstituição presente no discurso *Sobre os mistérios* não é a única reconstrução dos fatos que Andócides forneceu. Há outra, um tanto diferente, embora sumária, num discurso que ele proferiu entre 411 e 407, quando tentou, sem êxito, retornar a Atenas aproveitando a crise que se abrira com o golpe de Estado de 411. É o discurso *Sobre o retorno*, que, por uma ironia da história da tradição, encontra-se junto com o discurso *Sobre os mistérios* na minúscula coletânea (decerto reunida não pelo autor) das orações de Andócides.

Os três nomes em torno dos quais gira a interpretação dos acontecimentos são os de Andócides, aprisionado, pois logo parecera suspeito, mas absolvido como recompensa pela delação, de Alcibíades, valiosa presa para seus adversários, e de Tucídides, que se fez historiador desses espinhosos eventos contemporâneos; mas talvez também pretenda expor, na nobre moldura de uma obra historiográfica, uma tese muito definida sobre a inconsistência das acusações feitas contra Alcibíades. Seu tom não guarda nenhum distanciamento, é muitas vezes sarcástico, como quando descreve a noite de vigília que os atenienses, superexcitados, passaram à espera de um ataque espartano de surpresa, cujo oculto promotor, segundo insistentes "revelações", teria sido Alcibíades, e que nunca ocorreu. No entanto, a serem verdadeiras as palavras que Andócides atribui a Dióclides ("Disseram-me: Se conseguirmos o que queremos, serás um dos nossos"), algum projeto subversivo por trás da dessacralizante encenação deveria haver.

II. OS DOCUMENTOS

A) *O relato de Dióclides*

> Eu tinha um escravo que trabalhava nas minas do Láurion. Precisava ir até ele para receber a cota de seu salário [*apophorà*] que me era devida. Levantei muito cedo, aliás, por engano, muito antes do previsto, e me pus a caminho. Quando cheguei perto do pórtico do teatro de Dioniso, vi muita gente descendo do Odeon para a orquestra. Fiquei com medo; escondi-me num canto escuro entre uma

coluna e a estela do estratego. Eram cerca de trezentos, divididos em grupos de cinco, dez, vinte, enxerguei bem o rosto deles ao luar, posso reconhecê-los. Foram embora e eu prossegui para o Láurion. No dia seguinte, ouvi dizer que as hermas tinham sido mutiladas; entendi na hora que o crime tinha sido obra daqueles que vi de noite.

Voltando à cidade, descobri que já tinham designado os investigadores e haviam oferecido cem minas como recompensa para as denúncias. Sentado na oficina de um ferreiro, vi Eufemo, irmão de Cálias; levei-o ao templo de Hefesto, disse-lhe que o tinha visto naquela noite, com os outros, e acrescentei: "Se quisermos nos tornar amigos, não prefiro o dinheiro da cidade em relação ao teu". Eufemo me respondeu: "Fizeste bem em nos dizer" e marcou encontro comigo na casa de Leógoras, o pai de Andócides, e me disse ao se despedir: "Lá encontrarás Andócides e os outros, que é bom que vejas". No dia seguinte fui até a casa de Leógoras, bati e na entrada me deparei com ele, que estava saindo naquele exato momento e me disse: "É a ti que esperam? Melhor não rechaçar amigos assim!", e depois disso foi embora. Os outros me ofereceram dois talentos de prata, em vez das cem minas oferecidas pelo Estado. E me prometeram: "Se conseguirmos o que queremos, serás dos nossos". Respondi que pensaria a respeito e eles marcaram um encontro comigo na casa de Cálias, filho de Télocles, para que ele também estivesse presente no acordo.

Fui até Cálias, entrei num acordo com eles, trocamos uma promessa solene sobre a acrópole; eles me prometeram o dinheiro para o mês seguinte, mas não se viu nada, nem sombra dele. Razão pela qual os denunciei [Andócides, *Sobre os mistérios*, 38-42].

Dióclides denunciou 42 pessoas diante da Boulé; os dois primeiros nomes de sua lista eram Mantiteu e Apsefíon, eles próprios buleutas. Assim que Dióclides terminou sua denúncia, Pisandro se levantou e propôs revogar o decreto de Escamândrio, que proibia o uso de tortura em cidadãos atenienses. Os presentes se puseram a bradar que Pisandro tinha toda a razão. Mantiteu e Apsefíon se refugiaram no altar dos suplicantes, imploraram que não os pusessem sob tortura e lhes permitissem oferecer fiadores e só assim fossem julgados. Foi-lhes consentido. Mas, tão logo seus fiadores foram indicados, montaram em dois robustos cavalos e fugiram para o inimigo, sem se importar que — por lei — pesavam sobre os fiadores as mesmas penas que pesavam sobre quem os nomeara.

Terminada a sessão, o Conselho determinou que se procedesse em grande sigilo à prisão dos 42 denunciados por Dióclides (entre os quais Andócides). Os prisioneiros foram acorrentados. Dióclides foi conduzido em triunfo, coroado, até o pritaneu, como benfeitor da pátria. Muitos dos prisioneiros eram parentes de Andócides. Eis a lista, fornecida pelo próprio Andócides: Leógoras, Cármides, Táurea, Niseu, Cálias, Eufemo, Frínico, Eucrates, Crítias (Andócides, *Sobre os mistérios*, 43-7). É a nata da nata da elite, enquanto Pisandro, que aqui se mostra feroz, em menos de quatro anos estará junto com eles no golpe oligárquico.

B) O relato de Dióclides segundo Andócides

(Trata-se da reconstrução dos fatos de 415 fornecida por Andócides em 399.)

[36] [Após a primeira denúncia dos Hermocópidas apresentada por Teucro][3] Pisandro e Cáricles, que estavam entre os encarregados da investigação e naquele momento eram considerados os paladinos da democracia, andavam dizendo que o ocorrido não podia ser obra de poucos, mas que tinha como objetivo a derrubada da democracia, e que por isso era preciso intensificar as investigações e não baixar a guarda. Na cidade, era tal o estado de ânimo que, quando o arauto convidava o Conselho para entrar na sala das assembleias e dava o sinal, no mesmo instante os seus integrantes entravam na sala e os cidadãos fugiam da ágora, cada qual temendo ser preso.

[37] Exaltado pelos males da cidade, Dióclides apresentava uma acusação por crimes em flagrante na Boulé, sustentando saber quem mutilara as hermas e especificava que eram cerca de trezentas pessoas; explicava também como os tinha visto e por que fora testemunha dos acontecimentos. Neste ponto, cidadãos, peço-vos que presteis atenção ao que digo e vos esforceis em recuperar

---

3. Teucro para as hermas denunciou: Euctêmon, Glaucipo, Eurímaco, Volieucto, Platão, Antidoro, Caripos, Teodoro, Alcístenes, Menestratos, Eurixímaco, Eufileto, Eurimedonte, Férecles, Meleto, Timante, Arquidamo, Telênico (Andócides, *Sobre os mistérios*, 35).

vossas lembranças e assim comprovar se digo a verdade e, além disso, que vos ajudeis uns aos outros nesse esforço reconstrutivo da memória: tais discursos, de fato, foram proferidos em vossa presença e, assim, sois vós que deveis ser testemunhas deles.

[38] Eis seu relato. Disse ele que tinha um escravo que trabalhava nas minas do Láurion e, por isso, precisara ir até esse escravo para receber a *apophorà*. Levantando-se muito cedo, até antes do previsto, colocara-se a caminho — era lua cheia. Quando chegou ao pórtico do teatro de Dioniso, vira um grande grupo de pessoas que descia do Odeon em direção à orquestra; tomado pelo temor à visão daquelas pessoas, escondera-se na sombra, sentando-se entre uma coluna e a estela sobre a qual está representado o estratego de bronze. Disse ter visto cerca de trezentas pessoas, divididas em grupos de cinco, dez, vinte; conseguira vê-las com nitidez à luz do luar e assim pôde reconhecer o rosto de grande parte deles.

[39] Considerai, cidadãos, como ele combinou de modo hábil e temível as coisas: dessa maneira, podia dizer livremente a qualquer um que o vira ou não o vira, conforme lhe apetecesse.

Mas prossigamos. Tendo então visto aquele espetáculo, prosseguiu rumo ao Láurion e no dia seguinte ouviu dizer que as hermas tinham sido mutiladas: entendeu na hora que o delito fora obra daqueles tais que tinha visto.

[40] Voltando à cidade, soube que haviam sido designados os investigadores e oferecidas as recompensas para as denúncias, na importância de cem minas. Vendo Eufemo, o irmão de Cálias, sentado na oficina de um ferreiro, levou-o ao templo de Hefesto e disse o que acabei de relatar, isto é, que nos vira[4] naquela noite; acrescentou que não preferiria de maneira nenhuma o dinheiro da cidade em lugar do nosso, se quiséssemos nos tornar amigos dele.[5] Disse que Eufemo lhe respondera "Fez bem em nos dizer" e marcara um encontro com ele na casa de Leógoras.[6] "Assim", acrescentara, "encontrarás Andócides e os outros, que é bom que vejas."

[41] Contou que foi no dia seguinte e bateu à porta; que viu meu pai, que estava saindo naquele exato momento e lhe disse: "É a ti que esperam? Melhor não

---

4. Têm início as notícias dadas ou reveladas por acaso: aqui apenas começamos a entender que Andócides também está entre as pessoas vistas na noite de lua cheia.
5. Cálias era cunhado de Andócides.
6. Pai de Andócides.

rechaçar amigos assim!". Depois disso, meu pai saiu. Eis aí as bases em que ele pretendia arruinar meu pai, sustentando que era cúmplice do episódio. Depois afirmou que decidimos lhe oferecer dois talentos de prata em vez das cem minas do tesouro público, avisando-o que, se obtivéssemos o que queríamos, ele seria um dos nossos mediante uma solene promessa mútua.

[42] Acrescentou ele que respondera que ia pensar a respeito e que nós o convidamos a ir à casa de Cálias, filho de Téocles, para que ele também estivesse presente no acordo. E assim também enredava meu cunhado em problemas. Declarou então que se dirigira à casa de Cálias, firmara acordo conosco e trocara uma promessa solene sobre a acrópole, que lhe prometemos dinheiro para o mês seguinte, mas que o enganamos e não lhe pagamos. Razão pela qual se apresentou para nos denunciar.

[43] Eis aí, cidadãos, qual foi a acusação armada por Dióclides. Junto com a acusação, ele apresentou também a lista das pessoas que declarava ter reconhecido: ao todo 42 nomes, em primeiro lugar Mantiteu e Apsefíon, que eram buleutas e estavam presentes no Conselho perante o qual expunha sua denúncia, e outros também. Nesse ponto, Pisandro se levantou e disse que era preciso revogar o decreto aprovado sob Escamândrio[7] e submeter ao suplício da roda os indivíduos que Dióclides citara: antes da noite, disse ele, era preciso ter todos os nomes. A Boulé bradou que Pisandro tinha toda a razão.

[44] Ouvindo isso, Mantiteu e Apsefíon correram para se refugiar no altar, suplicando que não os colocassem sob tortura, que lhes permitissem indicar fiadores e só assim fossem julgados. Com dificuldade conseguiram; mas, assim que os nomearam, montaram a cavalo e fugiram para junto dos inimigos, deixando seus fiadores, embora estes fossem, por lei, passíveis das mesmas penas que caberiam àqueles para os quais se ofereciam como tais.

[45] Ao final da sessão, o Conselho mandou prender todos nós em segredo e determinou que fôssemos postos no tronco. Além disso, convocaram os estrategos e deram ordens para se reunirem os atenienses em armas: os que moravam na cidade deviam ir à ágora, os que estavam em serviço nos longos muros deviam se reunir no Theseion, os habitantes do Pireu na praça de Hipodamos; aos cavalei-

---

7. O decreto que sancionava a proibição de infligir a tortura aos cidadãos atenienses. As aclamações que acolhem a proposta denotam a gravidade da situação: a tortura era infligida apenas aos escravos. O nome Escamândrio não figura entre os arcontes de 480-15: Traill (*Persons*, v. xv, 2006, n. 823460) conjectura em 510/509.

ros, era preciso ordenar ao som das trombetas que se reunissem na Anakion; o próprio Conselho tinha ordens de subir à acrópole e dormir ali; os prítanes, na Tholos. Os beócios, ao saber dos acontecimentos, apresentaram-se em armas nas fronteiras. E Dióclides, o responsável por todos esses males, como se fosse o salvador da cidade, seria escoltado sobre um carro, e coroado, até o Pritaneu, e lá se banquetearia (como um benfeitor da pátria).

[46] Muito bem, cidadãos, dentre vós os que estáveis presentes a esses fatos esforçai-vos em lembrar e informai aos outros. E agora chamemos os prítanes que estavam em exercício naquele momento, Filócrates e os demais. [Aqui seguiam-se os testemunhos.]

[47] E agora vos lerei os nomes da lista fornecida por Dióclides para que vejais quantos parentes meus ele tentava prejudicar: em primeiro lugar, meu pai e meu cunhado, sobre o primeiro declarando que estava a par dos acontecimentos, sobre o segundo afirmando que o encontro se deu em sua casa. Eis os nomes dos outros: ouvi.

Cármides,[8] filho de Aristóteles. Trata-se de meu primo: o pai dele é irmão de minha mãe.

Táureas, um primo de meu pai.

Niseu, o filho de Táureas.

Cálias, filho de Alcméon, primo de meu pai.

Eufemo, o irmão de Cálias, filho de Télocles.

Frínico, dito "o bailarino", primo.

Eucrates, irmão de Nícias,[9] além de cunhado de Cálias.

Crítias, ele também primo de meu pai: as respectivas mães eram irmãs[10] [Andócides, *Sobre os mistérios*, 36-47].

C) *O delator da lua nova (isto é, Dióclides?)*

Perguntaram a alguém como conseguira reconhecer o rosto dos que mutilaram as hermas. Respondeu: "À luz do luar". Com isso, toda a delação desmoronou, pois

---

8. Não se trata de Cármides filho de Gláucon, um dos líderes dos Trinta.
9. É o líder político morto na Sicília.
10. O futuro chefe dos Trinta (404-3 a.C.), filho de Calescros, coparticipante do "golpe" de 411.

na noite em que se cometera o delito era lua nova. As pessoas de bom senso ficaram desconcertadas, mas o povo não se acalmou nem diante das calúnias mais grosseiras e continuou a deter e jogar na prisão qualquer um que fosse denunciado [Plutarco, *Vida de Alcibíades*, 20, 8].

Plutarco parece atestar que alguns tentaram refutar Dióclides, mas em vão.

D) *O primeiro relato de Andócides*
(Datável entre 411 e 407)

Cidadãos, creio que tinha plena razão aquele primeiro a dizer que os homens nascem para ser felizes ou infelizes, e que errar é a maior infelicidade e que os mais felizes são os que erram menos e os mais sábios os que mais prontamente se corrigem. Não está absolutamente predeterminado que alguns venham a agir de uma maneira e outros de outra: errar ou ser feliz pode caber a todos. Portanto, atenienses, se me julgardes levando em conta a natureza humana, sereis os mais sábios entre os homens.

Assim cheguei a tal ponto de desventura, não sei se devo dizer por culpa de minha juventude ou minha leviandade, ou por culpa daqueles que me levaram a uma loucura tal que acabei por me ver diante da escolha entre dois males: recusar-me a revelar os responsáveis, correndo perigo e no perigo envolvendo meu pai (que era inocente), ou desvendar tudo e assim obter a salvação da vida, obter a libertação e evitar ser o assassino de meu pai. O que não teria feito para evitar tal crime?

E escolhi. Fiz o que a mim causou os problemas que tenho continuado a sofrer por tanto tempo, mas que a vós trouxe a imediata libertação do pesadelo que vos oprimia. Lembrai como estava a situação na cidade naquele momento: era tão grande o pavor que ninguém se arriscava a se mostrar na ágora, porque todos temiam ser presos. Muito bem, se se reconheceu que minha culpa no ocorrido teve papel bem pequeno, o mérito de ter posto fim a tal situação cabe apenas a mim [...].

E então eu, consciente de minhas desventuras, das quais naquela época nada me foi poupado, em parte por loucura minha, em parte pela fatalidade das circunstâncias, pois bem, compreendi então que vós gostaríeis que eu me subtraísse a vossos olhos, que me retirasse para algum lugar. E parti [Andócides, *Sobre o retorno*, 5-10].

E) *Os fatos segundo a acusação de 399 a.C.*

Considerai, pois, a vida de Andócides desde o momento em que cometeu a impiedade e vereis se há outro como ele. Andócides, depois do crime, foi levado ao tribunal e, por assim dizer, condenou-se com as próprias mãos à prisão: era a pena que havia proposto para si, caso não entregasse seu escravo; e, de fato, sabia que não poderia entregá-lo à justiça, pois ele mesmo mandara matá-lo para impedir que se tornasse seu acusador. [...] Depois disso, ficou cerca de um ano na prisão e foi no cativeiro que denunciou seus parentes e amigos, obtendo em troca a impunidade. Que alma podeis pensar que tem essa pessoa, se chegou a denunciar os entes queridos em troca de uma incerta salvação?

Todavia, quando mandara à morte as pessoas que dizia estimar acima de todas as outras, revelou-se — ou aparentou ser — delator verídico e foi libertado. Mas vós de pronto deliberastes com um decreto sua exclusão da política e dos locais sagrados, de forma que, mesmo no caso em que sofresse injustiças da parte de seus inimigos, ele não pudesse obter reparação [Pseudo-Lísias, *Contra Andócides*, 21-4].

A omissão em entregar o escravo era uma autoacusação. Por isso Andócides não a menciona.

F) *O segundo relato de Andócides [399 a.C.]: o que ocorreu no cárcere, na noite da prisão*

[48] Quando estávamos todos na mesma prisão, firmemente amarrados, e desceu a noite, e a prisão tinha barras, e alguém estava com a mãe ao lado, o outro com a irmã, outro com a esposa e os filhos, e por toda parte ouviam-se gritos e lamentos, então Cármides, meu primo, meu coetâneo e criado comigo na mesma casa desde que éramos crianças, dirigiu-se a mim e me disse:

[49] "Andócides! Vês a enormidade dos problemas em que caímos. No passado, nunca precisei te dizer coisas desagradáveis nem te trazer danos. Mas agora sou

obrigado a fazê-lo, dada a desventurada situação. Teus amigos mais próximos (não falemos dos parentes), devido às acusações pelas quais agora estamos neste transe, foram executados ou fugiram, com isso reconhecendo a própria responsabilidade.

[50] "E então, se sabes alguma coisa sobre os acontecimentos, fala! E salva, assim, antes de mais nada a ti mesmo, depois a teu pai, a quem deverias amar mais do que a qualquer outro, então teu cunhado, marido de tua única irmã, e depois todos os outros, parentes e familiares, em tão grande número aprisionados, e, enfim, também a mim, que nunca te fiz mal na vida e sempre fui solícito contigo e tuas coisas, quando podia fazer algo por ti."

[51] Enquanto Cármides assim falava e todos os outros me faziam rogos prementes e me suplicavam, cada um individualmente, eu pensava: "Acabei de fato na pior das desventuras. Posso mesmo não me importar com a injusta ruína de tantos familiares meus, com sua morte, com o confisco de seus bens, ver seus nomes expostos em público, tachados como sacrílegos, eles, que não são responsáveis por nada? Posso ignorar que trezentos atenienses estão para ser injustamente condenados, que a cidade se encontra dominada pelos mais graves males e campeia a suspeita de todos contra todos? Ou devo dizer aos atenienses *o que ouvi com meus ouvidos de Eufileto, o verdadeiro responsável?*".

[52] Além disso, pensava também no seguinte, cidadãos, e ruminava comigo mesmo: que os responsáveis pelo crime ou já haviam sido enviados à morte, depois da denúncia de Teucro, ou tinham fugido de Atenas e foram condenados à morte à revelia, de modo que, ao todo, restavam impunes quatro responsáveis pela mutilação, os quais não tinham sido denunciados por Teucro: Panécio, Queredemo, Diácrito e Lisístrato.

[53] Era mais do que presumível que eles estivessem na lista de Dióclides, visto que eram amigos daqueles que já haviam sido executados. Para eles, eu pensava, a salvação estava em risco, ao passo que o perigo para meus parentes era certo, se ninguém revelasse a verdade aos atenienses. E por isso me pareceu mais justo privar, com todas as razões, quatro cidadãos da pátria (que, aliás, ainda estão vivos, voltaram para a cidade e recuperaram seus haveres) do que deixar outros morrerem injustamente.

[54] Assim, se alguma vez no passado algum de vós ou dos demais cidadãos pensou que fiz a denúncia contra meus companheiros de heteria para lhes trazer a morte e salvar minha pele — acusação que meus inimigos estão difundindo

para me pôr sob uma luz negativa —, muito bem, julgai agora com base na verdade dos fatos.

[55] Se pensarmos bem, a situação é esta: devo fornecer uma explicação do que fiz, de plena verdade, na presença daqueles que eram culpados e, por isso, fugiram de Atenas, e que sabem muito bem se estou mentindo ou dizendo a verdade e, se eu estiver mentindo, podem me refutar até aproveitando, pois eu lhes concedo, o tempo à minha disposição.

[56] Para mim, cidadãos, o ponto capital desse processo é o seguinte: se eu for absolvido, ficará claro que meu comportamento foi honesto; que jamais participei dessa história, nem por maldade nem por vileza; que, pelo contrário, devido à imensa desventura que ocorreu antes de mais nada à cidade e depois à minha família, contei *o que ouvira de Eufileto* por amor a meus parentes e amigos e por amor a toda a cidade; e isso por virtude, não por malícia, segundo meu modo de ver. Se, portanto, as coisas estão de fato nestes termos, peço-vos que me absolvais e deixe de parecer a vossos olhos como um malvado.

[57] E depois, vejamos: o que teríeis feito, cada um de vós, em minha situação? Faço esta pergunta porque considero que as ações humanas devem ser sempre julgadas de maneira humana, cada um adotando o ponto de vista que teria se estivesse naquela mesma situação. Sem dúvida, caso se tratasse de escolher entre uma morte gloriosa e uma salvação torpe, alguém poderia condenar meu comportamento. Não me oculto, porém, que mais de um teria escolhido viver preferindo a vida à morte.

[58] Mas a escolha era exatamente o contrário: calando, morreria desonrado, embora inocente, e arrastaria para a ruína meu próprio pai, cunhado e muitos outros parentes, com o que eu mesmo me mostraria funesto, com meu silêncio sobre os verdadeiros culpados; com efeito, Dióclides lhes causara a prisão com a mentira, e para eles a única salvação era que os atenienses soubessem toda a verdade; e eu seria o assassino deles se não tivesse trazido a vosso conhecimento *aquilo que ouvira*; e ademais outros trezentos atenienses seriam executados e a cidade se precipitaria no desastre. Eis, portanto, o que aconteceria se eu não falasse. Se, pelo contrário, contasse a verdade, salvaria não apenas a mim, mas também a meu pai e os outros parentes, e livraria a cidade do medo e de problemas terríveis.

[59] É verdade: quatro pessoas culpadas foram, por minha responsabilidade, desterradas; mas todos os outros foram exilados ou mandados à morte pela denúncia de Teucro, não decerto por minha causa.

[60] Considerando tudo isso, cidadãos, decidi que o mal menor era *contar a verdade o mais cedo possível*. Refutar as mentiras de Dióclides e punir aquele que injustamente nos mandava à ruína, enganava a cidade e, com tudo isso, aparecia como o benfeitor público e era recompensado em dinheiro. Por isso declarei ao Conselho que conhecia os responsáveis e revelei o que acontecera [Andócides, *Sobre os mistérios*, 48-61].

Martela-se com insistência o nome de Eufileto, que era o chefe da heteria de Andócides.

G) *Como Andócides denunciou Eufileto (e criou um álibi para si)*

Um dia, enquanto bebíamos, Eufileto nos expôs seu plano. Fui contrário e, graças à minha oposição, a coisa não seria feita. Mas aconteceu que, poucos dias depois, no Cinosarges, montando um potro, caí e quebrei a clavícula, ferindo também a cabeça; naquelas condições tive de ser transportado para casa numa maca.

Ao saber de minhas condições, Eufileto disse aos outros que eu me deixara convencer a colaborar e lhe prometera mutilar a herma que se encontra junto ao santuário de Forbantes. Assim disse, enganando-os. É por isso que a herma que todos vós vedes, que fica perto de nossa casa paterna, ali erigida como uma doação da tribo egeida, foi a única entre todas as hermas de Atenas a não ser mutilada; o boato divulgado por Eufileto, porém, era que eu me encarregara de mutilá-la.

Os outros se enfureceram contra mim, porque, de um lado, eu estava a par do empreendimento, mas, por outro, não fizera nada. No dia seguinte apresentaram-se a mim e disseram:

"Andócides, fizemos o que fizemos. Tu escolhes: ou fica calado, e continuaremos amigos como no passado; ou fala, e nos terá como inimigos muito mais mortíferos do que os amigos que poderás ganhar nos traindo."

Respondi que, em minha opinião, Eufileto era culpado pelo que fizera e que não era eu o perigo (pelo fato de estar a par dos acontecimentos), e sim o delito enquanto tal, pela própria razão de ter sido cometido.

Que o que vos digo é verdade demonstra-o o fato de que eu mesmo ofereci meu escravo à tortura, para que assim se pudesse estabelecer com clareza que, no momento do delito, eu estava doente e não me levantava da cama [...] e os prítanes puseram sob tortura as escravas da casa de onde tinham saído os malfeitores [Andócides, *Sobre os mistérios*, 61-4].

Mas, pelo acusador (Lísias, VI, 22), ficamos sabendo que Andócides mandou matar o escravo antes que fosse submetido à tortura.

H) O relato de Tucídides

Os atenienses estavam empenhados nos preparativos para a expedição [à Sicília]. Naquele grave momento, grande parte das hermas de pedra que se encontravam na cidade de Atenas (existem em grande número tanto nas entradas das casas particulares como nos templos) foi mutilada numa única noite. E ninguém sabia quem eram os autores do delito; mas eles passaram a ser procurados com a oferta de grandes recompensas. E, além disso, decretou-se que qualquer pessoa que tivesse conhecimento de algum delito sacro — cidadãos, estrangeiros, escravos — apresentasse denúncia sem receio. Levavam o fato a sério demais: parecia um presságio desfavorável para a expedição; insinuava-se que o objetivo era uma conspiração para derrubar a democracia. Assim, alguns metecos e seus servos denunciaram algumas mutilações de outras estátuas, realizadas em ocasião anterior por alguns jovens fazendo arruaça e embriagados; e, além disso, que, em algumas casas particulares, celebravam-se os mistérios eleusinos com intenção paródica blasfema. E, entre outros, acusavam também Alcibíades. E, assim, aqueles mais contrários a Alcibíades, porque se impunha a eles no papel de guia do povo, arrojavam-se sobre tais notícias. E considerando que, se conseguissem expulsá-lo, enfim obteriam a primazia, exageravam as informações e bradavam que a derrocada da democracia era o verdadeiro objetivo da paródia dos mistérios e das mutilações das hermas, e que ele não estava alheio a nenhum desses delitos. E aduziam como prova a imoralidade que ele mostra em seus outros comportamentos, tipicamente antidemocrática.

No mesmo momento, Alcibíades se defendia e se declarava pronto para ser julgado antes de partir. E insistia que não queria sofrer acusações quando estivesse ausente; pedia para ser julgado de imediato e, se culpado, que fosse punido; ou, do contrário, que o deixassem no comando depois de absolvido. Mas seus adversários, receando que, caso Alcibíades enfrentasse logo o processo, teria o corpo de expedição a seu lado e o povo lhe seria favorável, pois, graças a ele, recuperara-se a aliança de Argos e Mantineia, tentavam por todos os meios que sua proposta fosse recusada, fazendo com que se dissesse na assembleia que, de momento, ele precisava partir e não se devia reter a expedição. Pensavam em inflar as acusações contra ele durante sua ausência. Assim decidiu-se que Alcibíades partiria [...].

Já havia muita gente de prestígio no cárcere, mas não parecia que se tivesse chegado ao fim e todos os dias exacerbavam sua conduta e prendiam outras pessoas. Então um dos prisioneiros, que parecia o mais culpado, viu-se convencido por um dos companheiros de prisão a apresentar denúncia, verídica ou não: há hipóteses nos dois sentidos, mas ninguém, nem então nem depois, foi capaz de dizer a verdade sobre os responsáveis. Com seu discurso, aquele [companheiro de prisão] o convenceu de que lhe seria conveniente — embora não fosse responsável pelo fato — se pôr a salvo obtendo a imunidade e desfazendo na cidade o presente estado de suspeição: de fato, disse ele, sua salvação seria mais certa se se reconhecesse culpado, com a garantia de receber imunidade, do que se se recusasse a fazê-lo e acabasse enfrentando processo.

E assim aquele tal indivíduo denunciou a si e aos outros como responsáveis pelo delito das hermas. E o povo ateniense ficou contente em acolher o que acreditava ser a "verdade", [...] de forma que libertaram de pronto o denunciante e os outros companheiros que não acusara, enquanto os denunciados foram executados ou condenados à morte à revelia. Assim, numa tal situação, não ficou claro se as vítimas foram injustamente punidas, mas o resto da cidade, naquele momento, obteve um benefício evidente [Tucídides, VI, 27-9 e 60].

I) O relato de Plutarco

Entre os detidos que estavam no cárcere à espera do processo, encontrava-se também o orador Andócides, que o historiador Helânico inclui entre os descendentes de Odisseu. Conhecido como inimigo do povo e defensor da oligarquia, foi suspeito de ter participado na mutilação das hermas sobretudo porque a grande herma, erigida como oferenda votiva pela tribo egeida, nas proximidades de sua casa, foi praticamente a única a ficar ilesa entre as poucas de destaque. Ainda hoje, ela é chamada de "herma de Andócides" e todos lhe atribuem esse nome, embora a inscrição diga outra coisa. Entre os que estavam na prisão pelo mesmo motivo,

Andócides travou amizade e entrou em confidência com um em especial, chamado Timeu, o qual, se não era tão célebre quanto ele, em compensação possuía extraordinária sagacidade e ousadia. Ele induziu Andócides a acusar a si mesmo e mais alguns outros, expondo-lhe o seguinte raciocínio: caso se confessasse réu, o povo lhe daria imunidade; ao contrário, o resultado de um processo, que já é incerto para quem quer que seja, era muito arriscado para indivíduos poderosos como ele. Assim, não seria preferível mentir e se salvar, em vez de morrer infamado sob a mesma imputação? E além disso, se se olhasse o bem da coletividade, não conviria abandonar a seu destino alguns poucos indivíduos, sobre os quais pesavam pelo menos algumas suspeitas, para subtrair à ira popular muitos inocentes? Andócides se deixou persuadir pelas palavras de Timeu e denunciou a si mesmo e alguns outros. A ele pessoalmente o povo concedeu imunidade, mas todos os demais citados foram executados, exceto os que conseguiram fugir. Para dar credibilidade ao ocorrido, Andócides acrescentou alguns servos de sua casa [Plutarco, *Vida de Alcibíades*, 21].

Atenção: Timeu, não Cármides.

III. SOBRE O RELATO DE EUFILETO AOS ETEROS

Se isolarmos o relato de Eufileto do contexto de Andócides e dos juízos que este expressa a seu respeito e, além disso, considerarmos que, ao apresentar Eufileto e suas palavras, Andócides é necessariamente faccioso, teremos mais ou menos a seguinte reconstituição dos fatos (vistos e reconstruídos da perspectiva de Eufileto): Eufileto expôs o plano do atentado durante um banquete da heteria, da qual tanto ele quanto Andócides (e uma boa parcela dos personagens listados no "documento" de Teucro) faziam parte. Encontrou a oposição inicial de Andócides, mas depois, em sua ausência, tranquilizou os companheiros de heteria assegurando-lhes que Andócides também fora conquistado para o plano. Andócides sustenta que Eufileto teria dito: Andócides deixou-se convencer a colaborar e prometeu que também mutilaria uma herma, a do templo de Forbantes.

Deve-se notar que, a rigor, a única diferença entre o relato de Andócides e o de Eufileto está na interpretação da queda do cavalo: para Andócides, é o evento que o retira de cena e permite que Eufileto minta em seu prejuízo, inventando uma adesão sua ao plano; para Eufileto, é o álibi que permitiu a Andócides não participar da mutilação, como afinal havia prometido. É impossível dirimir essa divergência; já a Tucídides parecia impossível estabelecer se Andócides se acusara de crimes de fato cometidos ou não.

Eufileto, em todo caso, precisa apresentar Andócides aos eteros como cúmplice do delito, para então poder apresentá-lo como traidor, caso se abstivesse de mutilar as hermas. Quanto a Andócides, seu relato deve necessariamente encontrar um ponto de cruzamento com o relato de Eufileto. Ele não pode negar que foi de algum modo cúmplice do empreendimento dos Hermocópidas: de fato, sabia seus nomes (tanto é que fez sua delação, "para o bem") e só os citou premido pela necessidade; é o que basta para avaliar a opinião de Eufileto, o qual afirmava que Andócides era cúmplice efetivo do empreendimento; para se declarar inocente, mesmo não desmentindo esses dados irrefutáveis, Andócides precisa não só sair de cena com a providencial queda do cavalo como explicar seu silêncio culpado invocando uma chantagem de Eufileto.

É por isso que assim prossegue: "Ouvido isso" — ou seja, o relato de Eufileto, o qual assegurava que Andócides se comprometera a também mutilar uma herma —, "os outros se enfureceram contra mim, pois, de um lado, eu estava a par do desígnio e, por outro lado, não fizera nada", isto é, não havia cometido nenhum crime. Daí se infere que Eufileto falou com os eteros depois de ocorridas as mutilações e se constata que a herma "destinada" a Andócides estava intacta — esse dado também será "controvertido": os eteros pensam que assim Andócides os enganou, deixando uma marca de sua inocência; já Andócides, na sequência do discurso, afirma que isso tinha sido uma armadilha infame, com vistas a colocá-lo sob uma luz desfavorável, parecendo um traidor. "No dia seguinte se apresentaram a mim e disseram: 'Andócides, fizemos o que fizemos. Tu escolhes: ou ficas calado, e continuaremos amigos como no passado; ou falas, e nos terá como inimigos muito mais mortíferos do que os amigos que poderás ganhar nos traindo.'" Aqui aparece para Andócides uma nova dificuldade expositiva: explicar por que aceitou a chantagem, mesmo sabendo o quanto seria prejudicial para a cidade. Por isso recorre à argumentação parafilosófica da "periculosidade" da culpa enquanto tal. Aqui está quase acuado e tergiversa com habilidade: "Respondi que, em minha opinião, Eufileto era culpado pelo que fizera e que não era eu o perigo" por estar a par dos acontecimentos, "e sim o delito enquanto tal, pela própria razão de ter sido cometido".

IV. SOBRE A CONFISSÃO DE ANDÓCIDES

Por que Andócides foi induzido a falar?

Segundo Andócides, foi o primo Cármides que o levou à delação com um discurso emocional-familiar. Segundo Tucídides, foi "um companheiro de prisão", e com argumentos exclusivamente utilitaristas ("sua salvação seria mais certa se se reconhecesse culpado, com a garantia de receber imunidade, do que se se recusasse a fazê-lo e acabasse enfrentando processo"). Segundo Plutarco, esse companheiro de prisão se chamava Timeu, e os argumentos que o historiador lhe atribui são os mesmos registrados por Tucídides. Que o primo Cármides era apenas o fruto do desejado emocionalismo de Andócides (que em sua apologia apenas repete o primado do clã sobre todos os demais vínculos) é o que parece se inferir de Plutarco, que conhece também uma descrição precisa desse Timeu: "Homem de grande destaque, sobretudo pela sabedoria e coragem". Plutarco sabe também, por sua mesma fonte, que não foi já na primeira noite na prisão, e sim depois de algum convívio no cárcere, que o sábio Timeu conseguiu estabelecer uma relação de confiança com Andócides e o persuadiu a confessar. Segundo o acusador (Pseudo-Lísias), foi depois de um ano preso que Andócides se decidiu a delatar.

O Timeu do relato de Plutarco (que é evidentemente a mesma pessoa do relato tucidideano) não menciona em absoluto a salvação dos parentes como elemento decisivo para persuadir Andócides à autoacusação. Nas palavras do acusador, os parentes chegam inclusive a estar entre as vítimas da "confissão" de Andócides. Insistir tanto na salvação do clã familiar, portanto, faz parte da estratégia de defesa de Andócides. É por isso que ele faz seu primo aparecer como interlocutor decisivo.

O primo Cármides — é essa a reconstituição de Andócides — instigara-o a falar, e a delação se referia apenas a quatro cúmplices do delito, até aquele momento isentos das investigações (na verdade, o que Andócides fazia era algo muito diferente: avalizava a veracidade da denúncia de Teucro apontando a heteria inteira de Eufileto); pelo contrário, nada — é o que sustenta Andócides em 399 — revelara sobre sua participação e, aliás, repete com frequência que está alheio por completo aos acontecimentos. (O álibi é a queda do cavalo.) Esse ponto lhe é muito caro, pois a acusação levantada contra ele em 399 visava proibir suas atividades na vida pública justamente enquanto sacrílego. Por isso Andócides precisa se declarar inocente.

Como defesa, escolhe a hábil via de pôr como centro da questão a licitude ou não, no plano ético, da delação em prejuízo dos companheiros de heteria. A partir das suas palavras, é como se seu tormento interior se referisse em especial à denúncia dos companheiros, já que estava notoriamente alheio aos fatos, o que também sabia Eufileto. E, no entanto, era precisamente seu alheamento dos fatos que ele deveria tentar demonstrar.

Mas sua argumentação corre o risco de se mostrar um castelo de cartas diante do relato de um contemporâneo como Tucídides, que declara que: a) Andócides acusou a si mesmo tendo prévia garantia de imunidade; b) não se pôde estabelecer, "nem no momento nem depois", se Andócides dissera a verdade. (Para Plutarco, é redondamente falso.)

Mas se o que ele disse se acusando em 415 não era verdade, será verdade aquilo que, em 399, diz ter dito em 415? E se é verdade o que diz em 399 (seu alheamento do crime), por que admite, apesar disso, que recebeu impunidade? Por um delito que diz não ter cometido?

Se, no discurso *Sobre o retorno*, ele reconhece sua "loucura juvenil" como causa da coparticipação no "erro" e atribui a si "uma parte bem pequena" da culpa, tal modo de falar sugere uma corresponsabilidade bem mais séria do que a descrita no discurso *Sobre os mistérios*.

Se o decreto de Isotímides o levou a "se subtrair aos olhares" dos atenienses e a deixar a cidade, como relembra no discurso *Sobre o retorno*, perguntamo-nos como pode declarar no discurso *Sobre os mistérios* que o decreto de Isotímides "não lhe diz respeito em absoluto" (parágrafo 71) e depois se derrama numa longa demonstração da finda vigência do decreto. Se o decreto não lhe diz respeito, por que na época ele concluiu que deveria deixar Atenas? E por que agora, no processo, se empenha em demonstrar que esse decreto não tem mais valor, que deixou de vigorar depois das várias medidas sucessivas de anistia? Se o decreto não diz respeito a ele, essa demonstração é supérflua.

Se, portanto, em 415 Andócides declarara também a si mesmo culpado, pelo menos no que diz respeito à sua pessoa Dióclides não estava errado. Mas se

Dióclides denunciou Andócides entre outros, isso significa que considera tê-lo visto no inquietante grupo que vagava pela cidade na noite do atentado. O que acabaria por tirar o valor também do álibi da queda do cavalo.

Por outro lado, Andócides não contesta um ponto essencial do depoimento de Dióclides: que a noite do atentado era de lua cheia (ou, em todo caso, uma lua que permitia reconhecer os rostos). E, por fim, dá a entender que os quatro nomes mencionados por ele estavam também entre os citados por Dióclides!

Quantas pessoas ele denunciou?

Andócides se obstina em repetir que citou apenas quatro nomes, os dos quatro componentes da heteria de Eufileto não incluídos na denúncia de Teucro. Trata-se de um sofisma. Com seu depoimento, envolvendo toda a heteria de Eufileto, não apenas acrescenta outros nomes como avalia a veracidade da denúncia de Teucro no que concerne a todos os outros denunciados. E visto que, entre eles — como o próprio Andócides reconhece —, alguns tinham fugido e, portanto, ainda estavam vivos, suas palavras comprometiam de maneira decisiva a sorte desses acusados.

Que fim levou o escravo de Andócides?

Esse parece ser um problema insolúvel. Não só porque a acusação sustenta que Andócides o mandou matar para que não falasse, ao passo que Andócides sustenta tê-lo "oferecido", posto à disposição, dos investigadores; mas porque, na exata passagem em que talvez Andócides dissesse algo sobre a versão do fato apresentada pela acusação, o texto do seu discurso nos chegou avariado.

Outra questão estreitamente ligada a essa é a duração do encarceramento de Andócides. Ele tem interesse em resolver tudo na noite de sua prisão; a acusação chega a falar, com exagero, em um ano de detenção e especifica que Andócides teve de sofrer o cárcere justamente porque não queria pôr seu escravo à disposição dos investigadores.

Para quem trabalhava Dióclides?

Segundo Andócides, um dos efeitos imediatos de suas revelações foi a prisão de Dióclides. Este teria então declarado que mentira (o que é estranho, se considerarmos que Andócides, acusando a si mesmo, confirma pelo menos num ponto a veracidade da acusação de Dióclides) e revelara ter feito a denúncia instigado por Alcibíades de Fegunte (primo do grande Alcibíades) e de um certo Amianto de Egina. Os quais — especifica Andócides —, tomados de pavor, logo fugiram de Atenas, enquanto Dióclides era encaminhado a um tribunal e condenado à morte (*Sobre os mistérios*, 65-6).

Se o clã de Alcibíades quis, através de Dióclides, atingir a heteria de Eufileto, pode-se observar que, de todo modo, o depoimento apresentado por Andócides, mesmo tão funesto para Eufileto e os seus, também piorava a posição de Alcibíades: isso a crermos, como Andócides pretende, que desacreditava as revelações de Dióclides. O qual, em todo caso, foi condenado à morte "por ter enganado o povo".

V. O JUÍZO DE TUCÍDIDES

A narrativa tucidideana mostra que a decisão de convocar Alcibíades (que já partira para a Sicília), a fim de processá-lo e condená-lo, só foi tomada depois que Andócides afinal falou (VI, 61, 1-4). É sintomático que Tucídides, que considera Alcibíades vítima de um complô, mostre, ao mesmo tempo, desconfiança em relação a todas as declarações prestadas por Andócides. Não só apresenta de imediato a dúvida de que as declarações prestadas por Andócides em 415 pudessem também ser falsas ("induziu-o a fazer revelações, não importa se verdadeiras ou falsas") como mostra não acreditar tampouco na versão dos fatos fornecida no processo de 399. "A verdade ninguém soube dizer, nem no momento *nem depois*": estas últimas palavras parecem se referir à reabertura do "caso" em 399.[11]

A suspeita amplamente difundida, escreve Tucídides, era de que se estivesse perante uma conspiração oligárquica. E como o ânimo popular estava atiçado por tal suspeita, muitos personagens respeitáveis acabaram no cárcere e aquela onda de prisões parecia não ter fim; pelo contrário, todos os dias recrudescia e mais pessoas eram presas. Naquela altura, um dos detidos (é dessa maneira anônima que Tucídides designa Andócides), que parecia totalmente envolvido nos acontecimentos, é persuadido por um companheiro a apresentar denúncia, verídica ou não.

Assim prossegue Tucídides:

---

11. Esta hipótese pressupõe a morte de Tucídides em data posterior a 398. Ver infra, cap. 18.

Ele o convenceu, portanto, dizendo que era necessário, embora na verdade não tivesse feito nada, se pôr a salvo garantindo a impunidade e tirar a cidade da rede sufocante de suspeitas em que se encontrava; sua salvação seria mais certa se ele se reconhecesse culpado, com a garantia de receber imunidade, do que se se recusasse de fazê-lo e acabasse enfrentando processo.[12]

Como se observou, o discurso do persuasor é em tudo diferente do atribuído por Andócides ao primo Cármides. Continua Tucídides: "E ele denunciou a si mesmo e outros pela mutilação das hermas". Para Tucídides, portanto, não há dúvida de que Andócides se acusou (ademais, a confissão foi feita diante da Boulé); a dúvida é se porventura falou a verdade. Que até a própria figura do primo Cármides seja inventada é o que parece indicar outra fonte: mais uma vez Plutarco, que reproduz toda a exposição de Tucídides do diálogo no cárcere, mas especifica — e, portanto, sabe por outra fonte — que o persuasor se chamava Timeu e era "homem de grande destaque, em especial pela sabedoria e pela coragem".[13] Em vão os modernos procuram conciliar as duas informações. Eduard Meyer diz, por exemplo, que Andócides foi persuadido por um companheiro de cárcere "que o próprio Andócides chama de Cármides e Plutarco chama de Timeu".[14] Formulação infeliz a partir do momento em que a diferença está não apenas no nome, mas também na característica dos dois personagens. E Blass concilia os dois dados de outra maneira, observando que no fundo o próprio Andócides fala de vários outros encarcerados que "lhe imploravam e lhe dirigiam súplicas" e, portanto, Timeu podia ser um desses outros;[15] mas negligencia o dado principal, a saber, que Timeu, no relato de Plutarco, desenvolve exatamente a função de Cármides no relato de Andócides e, no entanto, é caracterizado de modo totalmente diferente — o que desencoraja qualquer tentativa de pôr em acordo as duas notícias.

Tucídides declara que, já na ocasião, tentou captar a "verdade" dos acontecimentos. Ele nos dá testemunho do que se pensou e se pôde dizer naquele

---

12. VI, 60, 3.
13. *Vida de Alcibíades*, 21.
14. Eduard Meyer, *Geschichte des Alterthums*. Stuttgart: Cotta, 1901, v. IV, p. 506, nota; v. IV.2[4], ed. E. Stier. Stuttgart: Cotta, 1956, p. 215, nota 1.
15. *Die Attische Beredsamkeit*. Leipzig: Teubner, 1887, v. I[2], p. 285, nota 3.

próprio momento (sua linguagem parece incompatível com a ideia de um Tucídides remoto exilado narrando fatos distantes). Muito bem, entre os dois trechos citados antes consta uma frase que merece atenção. Depois de ter lembrado que o companheiro de cela induziu "aquele tal" (isto é, Andócides) a fazer revelações "verdadeiras ou mesmo falsas", Tucídides comenta: "De fato, consideram-se ambas as hipóteses, mas a verdade sobre aqueles fautores do crime ninguém soube dizer, *nem no momento nem depois*". São palavras bem ponderadas, que denotam o esforço cognoscitivo do historiador, tanto no momento quanto nos anos posteriores.

Ele prefere dizer: "Induziu-o a dizer o que era, ou talvez não era, verdade: consideram-se ambas as hipóteses". Às palavras que deveriam ser as do persuasor anônimo, entrelaça-se de maneira inextricável a dúvida de Tucídides, a dúvida sobre a veracidade das revelações feitas na época por Andócides. Uma dúvida que, a rigor, pode comportar que a confissão "verídica" seja a que, dezesseis anos mais tarde, Andócides quer fazer crer, mentindo, que apresentara naquela outra época! Neste caso, teremos de sua parte uma "verdade" protelada, mas falsamente apresentada em lugar daquilo que de fato dissera (e era falso). Mas tudo volta a recair na escuridão total, se considerarmos que num discurso de alguns anos antes, *Sobre o retorno* (datável dos anos 410-05), Andócides falava, ainda que de modo genérico, de sua "loucura juvenil" e se atribuía "uma pequena parcela de culpa".

Talvez Tucídides tenha colocado de modo intencional as palavras "fosse ou não fosse a verdade" em posição muito ambígua, isto é, uma posição que sugeria (e assim entendeu Plutarco: "Melhor se salvar mentindo") que o persuasor já incentivara Andócides a falar de uma ou outra maneira, não necessariamente verídica. Isso é reafirmado também pelo posterior "embora não tivesse cometido o fato". Assim, ele deixa aberta a possibilidade de que aquela confissão estivesse comprometida desde a origem, mas, a propósito de Andócides, acrescenta, de sua parte, "que parecia extremamente envolvido [αἰτιώτατος] nos acontecimentos".

Todo o sarcasmo que Tucídides verte sobre o alarmismo ateniense-democrático diante dos escândalos de 415, que o leva até a inserir um *excursus* inteiro sobre o "verdadeiro" motivo do tiranicídio de 514, é na verdade uma vibrante apologia polêmica contra a interpretação política dos atentados, a qual, no entanto, era *justa na essência*. Esse *excursus* é parte integrante de uma estratégia argumentativa cujo objetivo é demolir a interpretação política dos acontecimentos. Os dois pontos que importam a Tucídides são: 1) não está provado de maneira nenhuma que Alcibíades tivesse relação com os acontecimentos; 2) portanto, a interpretação política segundo a qual há por trás dos atentados uma "conspiração oligárquica e tirânica" é ridícula (a partir do momento em que o acusado revel Alcibíades era também o principal suspeito de aspirações tirânicas). Não esqueçamos que, no entanto, poucas semanas depois da decisão de fugir, Alcibíades proferirá em Esparta aquelas terríveis palavras sobre a democracia como loucura, e que seu primo e homônimo estava envolvido.

Colocar em cena, *nas mesmas circunstâncias*, Atenágoras siracusano, que — como veremos no capítulo seguinte —, enquanto os atenienses estão chegando, *denuncia como conspiração oligárquica a notícia da chegada dos atenienses*, responde à mesma estratégia: destinada a desqualificar, tanto em Atenas como em Siracusa, o alarmismo democrático, os diagnósticos políticos dos líderes democráticos, sua capacidade de avaliar os fatos políticos e mostrar as consequências práticas aberrantes e graves que a democracia no poder pode produzir.

A chave para a compreensão do crime das hermas é fornecida pelo próprio Tucídides numa parte totalmente diferente de sua obra, na passagem na qual observa que, nas sociedades secretas — as heterias operantes em qualquer lugar do mundo grego onde houvesse regimes dominados pelo povo —, os eteros se ligavam uns aos outros num pacto de fidelidade a uma causa comprometendo-se todos num mesmo crime.[16] O demo de Atenas sabia muito bem disso e, assim, de pronto entendeu que por trás daquele crime espetacular, que só podia ter sido cometido por muitos indivíduos ligados entre si, como ação simultânea realizada numa única noite e, portanto, por *conjurados*, havia uma ameaça política. Essa constatação não só confirma o caráter intencionalmente reticente

---

16. Tucídides, III, 82, 6. Notou-o, com seu pertinente entendimento habitual das coisas atenienses, Henri Weil, em "Les Hermocopides et le peuple d'Athènes" (*Études sur l'antiquité grecque*. Paris: Hachette, 1900, p. 287). Sobre o caráter político de toda a provocação, o excelente D. Macdowell, *Andokides: On the Mysteries* (Oxford: Claredon Press, 1962, p. 192): "*The fact that the mutilation was planned in advance* [*Myst. 61*] *shows that it was not just the aftermath of a drunken party*" [O fato de que a mutilação foi previamente planejada mostra que não era resultado de uma ocasião de bebedeira].

e apologético da exposição tucidideana como demonstra que, de fato, havia uma conjuração em andamento; e que, portanto, é provável que a onda de processos e a "queda" dos conjurados mais fracos, como Andócides, tenha truncado a operação. Como não pensar que Alcibíades estivesse na origem do empreendimento? Todos os passos seguintes cumpridos por ele — desde a fuga para Esparta, passando por sua contribuição ativa à guerra espartana contra Atenas, até a proximidade inicial com os golpistas de 411 — o confirmam amplamente. Não por acaso, a primeira coisa que fizeram as heterias que estavam prontas para a ação em 411 foi eliminar Ândrocles, o grande acusador de Alcibíades quatro anos antes.

VI. EPIMETRON: DOCUMENTOS DESAPARECIDOS (REFERENTES A ANDÓCIDES)

Não se pode esquecer que nosso conhecimento sobre o episódio grave e jamais esclarecido da mutilação das hermas é inevitavelmente influenciado e, portanto, contaminado pela massa de informações tendenciosas que Andócides dissemina no discurso *Sobre os mistérios*. A falsa impressão de que devemos nos libertar é que Andócides frequentava de forma quase lúdica a heteria que tinha Eufileto como líder. Pelo contrário, o clima da heteria de Eufileto à qual estava filiado Andócides, com muitos parentes seus, fica mais claro para nós graças a uma citação feita por Plutarco (*Temístocles*, 32, 3) de um discurso, *Aos eteros*, em que o próprio Andócides "instigava os eteros contra o demo", inventando uma versão inverossímil do furto e dispersão dos ossos de Temístocles (sepultado em Magnésia, na Ásia) pelos democráticos atenienses. E também outro trecho oratório de Andócides, de tom particularmente exacerbado contra os efeitos da guerra e da estratégia de Péricles (conservado no escólio de *Os acarnianos*, 478), parece se dirigir também à heteria, dificilmente à assembleia, que Andócides não frequentava. Atiçar-se mutuamente contra o "maldito demo" (pacata expressão que se repetia na lápide colocada na tumba de Crítias)[17] era, portanto, a atividade predominante e a forma predominante de comunicação vigente naquelas reuniões em constante treinamento para a subversão. Saberíamos mais se dispuséssemos das orações de Andócides que Plutarco

17. Escólio a Ésquines, I, 39.

ainda lia (I d.C.), mas que não chegaram ao erudito compilador um pouco confuso que reuniu as *Vidas dos dez oradores* no grande receptáculo dos *Moralia*, de Plutarco (835A).

E sem dúvida seria muito interessante para nós ter uma ideia mais concreta dos "discursos à heteria" (em geral e de Andócides em especial): aquele único fragmento aguça o desejo, mas não o satisfaz. E deveríamos nos perguntar por que tais intervenções eram redigidas por escrito, como eram conservadas, a cargo de quem, e em que tipo de coletânea circulavam quando nelas se abeberavam os comentadores alexandrinos de Aristófanes (de quem derivam as coletâneas de escólios remanescentes) e, mais tarde, Plutarco, entre Neva e Trajano. Também os escritos de Crítias, cuja *damnatio* foi ainda mais drástica do que a que apagou Andócides, após uma vida de aparições esporádicas, ressurgiram na época de Herodes Ático (meio século mais jovem do que Plutarco). O problema é sempre entender, quando possível, a quais ambientes se deve a conservação, quem cuidou, e por quê, de determinada herança literária. No caso de Andócides, a pergunta parece destinada a continuar sem resposta; apesar de tudo, o próprio fenômeno da conservação desse material pelo menos confirma o que se intui por outras vias: a grande capacidade de conservação da documentação escrita por parte do mundo de Atenas.

Andócides, mesmo falando muito de si, gosta de redimensionar não apenas sua responsabilidade como também suas vicissitudes. Há, porém, com toda a probabilidade, vestígios de um documento referente, relacionado com o episódio das hermas mutiladas, que se salvou *incorporado* na já lembrada vida de Andócides pseudoplutarquiana (834C-D). Nós o encontramos com a ajuda do capítulo que Fócio, na *Biblioteca*, dedica a Andócides (cap. 261), visto que Fócio apresenta a mesma notícia biográfica, mas desprovida daquelas dez linhas (cf. 488a 25-7).

A hipótese que se pode formular (descartando as fantasias modernas de interpolações em várias camadas) é que, assim como para a vida de Antifonte (833E-834B) — imediatamente precedente —, também para a de Andócides utilizou-se (por meio de Cecílio de Calacte: 833E) material documental proveniente da *Coletânea dos decretos áticos*, de Cratero.[18]

---

18. Cratero, em seu comentário ao decreto que dizia respeito a Andócides, também citava um detalhe que encontrava no erudito Cratipos (a matriz coríntia do atentado e a sábia escolha dos ate-

É útil assinalar um detalhe que não parece ter recebido a devida atenção. Nessa densa notícia sobre Andócides, cuja origem talvez seja a que acabamos de mencionar, consta uma informação: ele já praticara "uma mutilação *anterior* de *outras estátuas* durante uma pândega noturna" [διὰ τὸ πρότερον ἀκόλαστον ὄντα νύκτωρ κωμάσαντα θρῶσαί τι τῶν ἀγαλμάτων τοῦ θεοῦ] e fora, portanto, objeto de uma "denúncia" [καὶ εἰσαγγελθέντα] (843C). A notícia encontra confirmação indireta, mas clara, numa frase do relato de Tucídides que, até o recente comentário de Simon Hornblower (Oxford, 2008, p. 377), passara despercebida (VI, 28, 1): alguns metecos e seus escravos, interrogados sobre a questão das hermas mutiladas, "denunciaram que *nada sabiam das hermas*, mas que, *anteriormente* [πρότερον], tinham ocorrido mutilações de *outras estátuas* [ἄλλων ἀγαλμάτων] por obra de jovens entregues a uma pândega noturna e sob efeito do vinho [ὑπὸ νεωτέρων μετὰ παιδιᾶς καὶ οἴνου]".[19] Os dois locais, o tucidideano e o confluído para o Pseudo-Plutarco, coincidem quase literalmente. Esse detalhe está ausente da apologética oratória de Andócides, mas talvez seja um elemento que completa de maneira significativa o retrato do grande delator.

*

Uma questão terminológica, em data recente, arriscou introduzir um elemento de confusão. Foi levantada de maneira totalmente superficial por um estudioso da religião grega sob outros aspectos notável, Fritz Graf, no ensaio "Der Mysterienprozes", incluído no volume coletivo *Grosse Prozesse im antiken Athen* [Grandes processos na Atenas antiga] (Beck, 2000), organizado por Leonhard Burckhardt e Jürgen Ungern-Sternberg. Graf afirmava sem justificativa que "Tucídides e Plutarco chamam as hermas de ἀγάλματα" e remetia a VI, 28, 1 e *Vida de Alcibíades*, 19, 1 (p. 123 e nota 47). Talvez não se tenha dado conta de que, nos dois contextos (VI, 27 etc. e *Vida de Alcibíades*, 18, 6 e passim), quando se fala das hermas mutiladas por Andócides e companheiros, diz-se

---

nienses). Cratero comentava os decretos (Plutarco, *Aristide*, 26, 2) e provavelmente o que foi acabar no *Andócides* do Pseudo-Plutarco é uma parte do comentário que dedicara ao decreto de absolvição de Andócides como prêmio pela delação.

19. Plutarco, *Alcibíades*, 19, 1, copia quase literalmente essa passagem e, portanto, não pode ser utilizado como fonte independente.

sempre "hermas" (Ἑρμαῖ), e apenas em relação *a outro atentado ocorrido anteriormente* fala-se em "outras estátuas" [ἄλλα ἀγάλματα]. Sabe-se que ἄγαλμα, além de "estátua", pode indicar uma oferenda aos deuses (desde um trípode a um touro preparado para o sacrifício), ou seja, é o equivalente a ἀνάθημα, objeto dedicado à divindade, *ex voto*. Não se pode, porém, negligenciar que o valor principal de ἄγαλμα é *estátua* (*em honra a uma divindade*: enquanto representa aquela divindade), ao passo que εἰκών é a estátua que representa um ser humano. Assim, é inútil se propor a demonstrar que as hermas eram *ex voto*.

Todavia, pode ser útil observar, para descartar hipóteses supérfluas, que a única outra ocorrência do termo ἄγαλμα em Tucídides está em II, 13, 5, e diz respeito à gigantesca *estátua de Atena Parthenos* colocada no Partênon, revestida de ouro puro num peso total de quarenta talentos. Tampouco é supérfluo olhar Xenofonte, por exemplo naquela passagem do *Hipárquico* (3, 2) sobre os ἱερά e os ἀγάλματα que estão na ágora de Atenas.

Portanto, parece frágil a proposta de Graf de que essa passagem de Tucídides (VI, 28, 1) fale em *ex voto*. É o próprio contexto que desaconselha seguir tal caminho: "Das *hermas* disseram não saber nada, mas revelaram que *outros* ἀγάλματα foram anteriormente mutilados por jovenzinhos entregues a pândegas [...]". Aqui há uma clara oposição entre as hermas, por um lado, e "as outras estátuas", por outro, agredidas *anteriormente*. Como não consta que tenha havido um "escândalo prévio" das hermas, está claro que esses ἀγάλματα eram coisa totalmente diferente. Em todo caso, o dado a ser destacado é a referência cronológica "*anteriormente*", ou seja, a referência a um incidente semelhante (mas tendo outro alvo) que ocorrera *anteriormente*.[20] É esse o dado que encontramos *apenas* em Tucídides, VI, 28, 1 e no *Andócides* do Pseudo-Plutarco (843C), que falam, é evidente, do mesmo episódio. E pelo Pseudo-Plutarco — ou melhor, por suas fontes documentais — sabemos que Andócides também estava envolvido no episódio anterior [πρότερον].

---

20. "*Earlier mutilations of statues*" [mutilações anteriores de estátuas] (sem maior aprofundamento): Gomme, Andrews e Dover, em *Historical Commentary on Thucydides*, v. IV, p. 272.

13. Luta política na grande potência do Ocidente: Siracusa, 415 a.C.

I

Da oratória política das cidades gregas do Ocidente resta apenas um debate, e de importância crucial, que é narrado, ou melhor, dramatizado de forma direta: o embate entre Atenágoras e Hermócrates às vésperas do ataque ateniense contra Siracusa. Ele é mencionado por Tucídides (vi, 32, 3-41) com a habitual pretensão — anunciada no início do primeiro livro — de reproduzir a essência das intervenções oratórias que aparecem no decorrer de sua obra.[1] Atenágoras, expoente popular, se opõe ao alarme de Hermócrates sobre a iminente invasão e até contesta de forma radical a possibilidade de uma invasão ateniense, e identifica nesse alarme apenas uma manobra oligárquica.

A tensão político-social em Siracusa e a aspereza do embate são tais que mesmo uma circunstância dramática como o ventilado perigo de invasão não chega a ser reexaminada, mas é inserida de imediato no contencioso entre as facções: é *ipso facto* o sintoma de um complô que visa a permitir que os inimigos da democracia se armem às claras (com o "pretexto" de enfrentar uma invasão).

1. Tucídides, I, 22, 1: τῆς ξυμπάσης γνώμης τῶν ἀληθῶς λεχθέντων.

Esse é um aspecto, o mais imediato, o que atraiu mais atenção. Em geral os estudiosos se dividem entre os que invectivam contra Atenágoras e definem suas palavras como "uma regurgitação de brutal arrogância, de cega inconsciência, de vociferante e perniciosa vulgaridade",[2] e os que se limitam a observar que ele estava talvez "pouco informado".[3]

Temos, por parte de Atenágoras, uma reflexão sobre o conteúdo do sistema democrático: o que é, em que consiste, de que inimigos se deve proteger e como. Tucídides, na sábia dosagem dos discursos que faz seus personagens proferirem, cria a polaridade Péricles/Atenágoras: um na oração fúnebre descreve a democracia vista por Atenas, o outro, a democracia vista por Siracusa. Péricles acentua o lado da tolerância e garantia dos direitos individuais, Atenágoras, o lado da prevenção e repressão preventiva dos inimigos da democracia. Péricles fala numa situação que parece pacificada em termos sociais, Atenágoras acena a específicos sujeitos hostis, ameaçadora e obstinadamente hostis, ao sistema democrático. Eis suas palavras:

> Não pela primeira vez, mas desde sempre sei que eles pretendem vos aterrorizar para vos dominar. Porém receio que, de tanto tentarem, vez por outra conseguirão. Não somos capazes de prevenir antes de estarmos no calor da prova, nem somos capazes de perseguir os crimes após descobertos. Por conseguinte, nossa cidade raramente está em paz e precisa enfrentar sedições e conflitos, talvez até mais contra si mesma do que contra os inimigos externos [VI, 38, 2-3].

Essa declaração é muito significativa. Indica que o conflito civil é a norma em Siracusa. Assim, cabe dizer que a imagem conflituosa traçada por Atenágoras se põe nos antípodas da "cidade pacífica", como é Atenas no discurso pericleano. E acrescenta que às vezes esses inimigos "internos" assumem a forma de "tiranias e potentados iníquos" [τυραννίδας [...] καὶ δυναστείας ἀδίκους], onde ἀδίκους se refere aos dois termos precedentes.

---

2. Cf. por exemplo H. Stein, "Zur Quellenkritik des Thukydides" (*Rheinisches Museum*, v. 55, p. 547, 1900): "*Eine ins Thersitische spielende Figur*".
3. E. A. Freeman, *History of Sicily* (Oxford: Clarendon Press, 1892, v. III, p. 121): "*A patriotic man, but a man not well informed as to the facts*". Também Grote, Holm e Busolt estabelecem que sim, sem dúvida, Atenágoras não estava bem informado...

"Mas tentarei", prossegue Atenágoras, "se quiserdes me seguir [ἕπεσθαι], não permanecer inerte diante da possibilidade de que, sob minha autoridade,[4] ocorra algo do gênero." E explica como se realizará esse seu propósito:

> Convosco, que sois o povo, a maioria, exercendo a persuasão; contra aqueles que urdem tais tramas, exercendo a repressão: não apenas contra os flagrados no ato — é bem difícil surpreendê-los! —, mas punindo-os também por aquilo que ora apenas concebem, mas não conseguem realizar.

E aqui, depois de uma formulação tão dura, Atenágoras deixa explícita sua ideia de luta política. "O adversário", diz ele, "é preciso não apenas atingi-lo pelo que *faz*, mas também *impedi-lo*, defender-se preventivamente *pelo que pensa* [pelos planos que concebe]."[5] A repressão preventiva é o eixo ao redor do qual gira a ideia de democracia, ilustrada por Atenágoras nessa sua intervenção.

Toda a linguagem de Atenágoras é combativa e inspirada na hipótese do complô: "Há pessoas que fazem esses anúncios [alarmistas] e querem apenas aterrorizar-vos. Não me surpreende sua audácia, surpreende-me sua estupidez: a partir do momento em que mostram não entender que foram desmascarados".[6]

Essa é a premissa do ataque frontal que se segue logo depois e é o cerne da intervenção. Aqui tudo fala de um conflito contínuo: "Querem assustar a cidade para dominá-la: de tanto tentarem, conseguirão, [...] por isso a cidade raramente está em paz e precisa enfrentar lutas e revoltas contínuas". Por fim a "receita": "Puni-los antes que sejam apanhados em flagrante: então é tarde demais".[7]

Como pode Freeman identificar no discurso de Atenágoras um análogo das palavras de Péricles (sobre a garantia a todos, abastados ou não, de contarem "segundo o próprio valor")[8] ou das teorizações de Isócrates no *Areopagítico*, não sabemos. Na base dessa idílica visão das palavras de Atenágoras, Freeman coloca a frase que o líder democrático pronuncia pouco depois (vi, 39, 1): "Afirmo que o

---

4. ἐφ'ἡμῶν: cf. infra, nota 10.
5. Tucídides, vi, 38, 4.
6. vi, 36, 1.
7. Tucídides, vi, 38.
8. Id., ii, 37.

demo é tudo, enquanto a oligarquia por si é facção [μέρος]", com a especificação de que, em todo caso, os ricos estão tranquilos porque ele os considera "os melhores tutores da riqueza". Mas nessas palavras não há o propósito conciliador que Freeman identifica. Ademais, após as duríssimas formulações sobre a necessidade preventiva, o próprio tom conciliador tem um significado totalmente diverso! Há, por um lado, a pretensão "totalitária" ("o demo é tudo", "é inteiro") que joga também com o duplo sentido de δῆμος (comunidade em seu conjunto ou "parte democrática") e, por outro lado, a liquidação da pretensa superioridade oligárquica (a oligarquia é "facção" por definição). E quanto à concessão tranquilizadora, quer simplesmente dizer que "não procederemos a desapropriações"! É isso que significa a frase "Os ricos são os melhores guardiões [φύλακες] das riquezas".[9] Na prática das cidades democráticas significa também: sabemos a quem nos dirigir quando precisamos.

II

No ordenamento político siracusano, ao líder (ou líderes) cabia uma posição formal na cidade e na assembleia.[10] Esse elemento, entre outros, ajuda a

---

9. Tanto Freeman quanto Grote são como que galvanizados pela frase de Atenágoras sobre os ricos ἄριστοι φύλακες χρημάτων. Grote (*History of Greece*, v. v, p. 163) polemiza contra Arnold (Oxford, 1830-5), o qual sugerira entender que os ricos se voltaram para as magistraturas financeiras. E criou um hino a essa concepção da contribuição dos ricos à comunidade. Eles são "*the guardian of his own properties*" enquanto as necessidades estatais não demandem maior despesa; "*in the interim*", usufruem de suas riquezas a seu bel-prazer, e até por interesse próprio cuidam para que as posses não se dissipem. Aqui Grote insere uma consideração mais geral: é nisso que consiste o serviço que um proprietário presta ao Estado "*quatenus rich man*"; e conclui: "Este é um dos fundamentos da defesa da propriedade privada contra o comunismo"! Todavia Grote não esconde — sempre refletindo sobre as palavras de Atenágoras — que o rico, de todo modo, tende a "ter mais peso" na vida pública por causa, precisamente, de sua força econômica e por isso enxerga nas palavras de Atenágoras, que limitam as faculdades de βουλεῦσαι aos συνετοί, uma proposta de limitação das "*perpetually unjust pretensions to political power*" por parte dos proprietários.

10. Se Atenágoras diz "ἐφ᾽ ἡμῶν [sob a minha autoridade] não permitirei que ocorra" etc. é porque fala enquanto magistrado; assim, entendeu corretamente K. O. Müller em *History of the Literature of Ancient Greece* (Londres: Baldwin & Cradock, 1842, v. II, p. 149), ao perceber em sua qualificação de προστάτης τοῦ δήμου uma carga formalizada muito definida. Sobre isso, cf. S.

explicar por que o poder pessoal em Siracusa continua a ser, na passagem do século V para o IV, um desaguadouro "natural" da predominância do demo, ou, como se exprime Diodoro, ao narrar a ascensão de Dionísio (XIII, 92, 3), do δημοτικὸς ὄχλος.

Não retraçaremos aqui a carreira de Dionísio. Ele começa como adepto de Hermócrates, mas, à sua queda, muda de lado e abre caminho na parte popular, desacreditando os estrategos.[11] Se utiliza uma escolta, é para prevenir (diz ele) tramas e conspirações oligárquicas: ele se move segundo a ótica da prevenção exaltada com tanto ardor por Atenágoras.

Se agora considerarmos as palavras de um político ateniense que tinha todos os requisitos e todas as pulsões para instaurar um poder pessoal (uma "tirania", como diziam os seus adversários), isto é, Alcibíades, um político que, precisamente por ser ativo em Atenas, tivera de abrir caminho segundo as ideias-base da política de sua cidade — portanto, como amigo da democracia e, portanto, como inimigo da tirania —, vemos com que lucidez ele reconduz essas suas escolhas e esses seus comportamentos aos "preconceitos" vigentes, às ideias em geral aceitas do éthos público ateniense.[12] É o ato de nascimento da democracia ateniense (Clístenes, que, derrotado na luta contra Iságoras [508 a.C.], "faz entrar o demo em sua heteria", como se exprime Heródoto)[13] que explica como a democracia de Atenas nasce antitirânica. Totalmente diferente é o caso da grecidade ocidental, que não deixou de influenciar certas convulsões da República romana.

Este é o balanço. Enquanto na Sicília continua a funcionar (segundo o modelo arcaico) o circuito democracia-tirania, em Atenas a democracia foi absorvida pelas classes altas, que a adotaram como ideologia. E, com efeito, não é um acaso que tais palavras sejam proferidas pelo alcmeônida Alcibíades. Assim como não é fortuito que Atenágoras forneça uma característica da

---

Sherwin-White, *Ancient Cos: A Historical Study From the Dorian Settlement to the Imperial Period* (Göttingen: Vandenhoeck und Ruprecht, 1978, p. 199 e nota 147), e, a propósito de Siracusa, D. P. Orsi, "Atanide, Eraclide e Archelao prostataidella città" (*Chiron*, v. 25, pp. 205-12, 1955).
11. Diodoro Sículo, XIII, 92, 1.
12. É o discurso de Alcibíades em Esparta em que define com desdém (diante de um público espartano!) a democracia ateniense como "uma notória loucura": cf. supra, p. 166.
13. Heródoto, V, 66.

democracia, de seus conteúdos em relação aos direitos individuais (à ἐλευθερία), que está nos antípodas do "liberalismo" de Péricles.

III

Em Atenas (e na área influenciada pelo modelo ateniense), a retórica antitirânica, ou seja, ao estilo de Alceu, envolveu e impregnou também a parte democrática. Se observarmos bem, estranhamente o jargão político democrático ateniense prevê uma identificação tirânico-oligárquica.[14] O elemento antitirânico se tornou patrimônio, bagagem lexical ideológica e propagandística da democracia ateniense. Isso não ocorre na Magna Grécia e na Sicília. A tradição democrática ateniense é antitirânica, a sículo-magnogrega, não.

Disso deriva — na Magna Grécia e na Sicília — uma tradição de democracia totalitária que costuma desembocar na "tirania", isto é, num grande poder pessoal repressivo em relação às classes altas e, necessariamente, mesmo que em diversas formas, em relação à sociedade inteira. Do ponto de vista da imagem consolidada pela historiografia grega sobrevivente e posterior, esse tipo de democracia totalitária foi derrotado.

A interpenetração entre democracia e tirania na Magna Grécia e na Sicília explica, ou ajuda a entender, por que a "tirania" ocidental perdura por tanto tempo. Ela prolonga sua existência nos séculos V e IV a.C. (e em certos casos até a conquista romana) justamente porque é a forma que ali assume a democracia. Na Grécia, ao contrário, a "tirania" desaparece por um longo período.

O cenário ateniense é totalmente diferente. Aqui, a democracia se impregna com o individualismo das classes altas, defensoras, como se sabe, da ἰσονομία e muito pouco inclinadas, em geral até hostis, à δημοκρατία ("poder popular").[15] O princípio que dá forma à concepção aristocrática da ἐλευθερία/ἰσονομία, e que é teorizado de maneira ampla no discurso fúnebre pericleano-

---

14. Cf. Tucídides, VI, 60, 1: "[na época dos hermocópidas] temiam uma conspiração oligárquica e tirânica". E assim na parábase da *Lisístrata*, de Aristófanes, os velhos atenienses adotam a atitude de tiranicidas ("estou com a espada no mirto" etc.), para mostrar que estão prontos para enfrentar uma conspiração oligárquica.

15. Sobre isso, cf. S. Mazzarino, *Fra Oriente e Occidente: Ricerche di storia greca aracia* (Florença: La Nuova Italia, 1947, cap. V), na esteira de Ehrenberg: "Isonomia como igualdade perante a lei e,

-tucidideano, é: *todos, ricos ou não, sejam livres para manifestar suas respectivas potencialidades, mas que vença o melhor.*[16]

É óbvio que os inimigos da democracia ateniense — como o autor da *Athenaion Politeia* pseudoxenofonteana — se esforçam em mostrar que a democracia de tipo pericleano também é totalitária. Mas, justamente, são os *extremistas* laconizantes que sonham acima de tudo em reduzir o corpo cívico. Fazem uma representação da Atenas democrática que, pelo menos em parte, é caricata e facciosa, se não francamente caricatural. De resto, com o século IV, depois da guerra civil, a evolução (ou degeneração) da democracia ateniense seguirá outros caminhos: acabará por gerar o predomínio de uma classe política profissional de extração social alta, dividida em grupos, irremovível e corrupta.

Na Magna Grécia e na Sicília, ao contrário, não parece ter havido uma interpenetração de impulso democrático e "liberalismo" individualista (para usar a classificação sugerida por Pohlenz).[17] Provavelmente também por outro desenvolvimento do pensamento político.

Essa divisão entre Magna Grécia e Sicília, de um lado, e democracia de tipo ateniense, de outro, explica também a hostilidade propagandística e ideológica de algumas vozes da democracia ateniense em relação à tirania ocidental. Entre essas vozes destaca-se a do siciliano Lísias, que, porém, do ponto de vista cultural, é um ateniense (pense-se também na frequentação pericleana de seu pai, Céfalo). Lísias fustiga retoricamente a "tirania" de Dionísio. No entanto, os que procuram saídas do modelo ateniense — Isócrates e Platão, acima de todos — não hesitam em olhar com interesse a experiência siciliana.

---

ao mesmo tempo, equidade da lei é concepção de origem aristocrática". Ver também a essencial concordância de Momigliano na resenha a Mazzarino, *Rivista storica italiana*, 60, p. 128, 1948.
16. É o mesmo princípio que Teseu explica ao arauto tebano em Eurípides, *As suplicantes*, 406-8.
17. Resenha a *Platon*, de Wilamowitz, *Göttingische Gelehrte Anzeigen*, v. 183, p. 18, 1921.

14. Internacionalismo antigo

I

Por que Atenágoras considerava inverossímil um ataque ateniense contra Siracusa? Suas motivações (ou melhor, as que Tucídides lhe empresta) são expressas apenas em termos de utilidade militar: "Não é verossímil [εἰκός] que, deixando às costas os peloponésios ainda não destruídos de todo, os atenienses vêm a enfrentar aqui outra guerra de não menores proporções" (VI, 36, 4: palavras quase coincidentes com as de Nícias, que procura desaconselhar a expedição em VI, 10, 1). Atenágoras, líder democrático, naquele momento ocupa o poder; mas não lhe ocorre argumentar em termos de alinhamento político. Evita dizer: por que o Estado-guia das democracias, Atenas, deveria atacar a potência democrática ocidental (Siracusa)?

Toda a história recente e menos recente das relações de Atenas com o Ocidente (já Péricles havia planejado um ataque ao Ocidente) se caracteriza pela pura política de potência. Ainda poucos anos antes do ataque em grande estilo de 415, Atenas tentara, com a missão de Feácio (422/421), criar uma coalizão de pequenas potências contra Siracusa, independentemente dos regimes políticos. E os próprios siracusanos não pegaram leve na contenda com Leontino, dividida por intensos conflitos civis. Depois que os atenienses desocuparam a Sicília após os acordos de 426, os leontinos — narra Tucídides — tinham registrado muitos novos cidadãos e o demo projetava uma redistribuição das terras. Os ricos reagiram pedindo ajuda a Siracusa, que interveio em favor deles, dispersando a parte popular. Mas a seguir os ricos de Leontino, pelo menos em parte, romperam com os siracusanos. Reacendeu-se o conflito em Leontino e, àquela altura, os atenienses tentaram retornar e intervir nos conflitos sicilianos com a missão de Feácio, de objetivos totalmente antissiracusanos, a qual, porém, fracassou (v, 4).

É quase supérfluo lembrar, ademais, que, uma vez derrotada a grande armada ateniense (com a ajuda determinante dos coríntios e dos espartanos), os siracusanos reforçaram ainda mais seus ordenamentos em sentido democrático-radical. É o momento da hegemonia política de Diocles (Diodoro, XIII, 34-5) e de suas reformas, que impuseram o sorteio para todas as magistraturas e potencializaram o papel da assembleia contra o dos estrategos. Aristóteles, no quinto livro de *A política*, descreve o ocorrido numa eficiente síntese: "Em Siracusa, o demo, tendo sido o principal artífice da vitória contra os atenienses, transformou o regime político de *politeia* em *demokratia*" (1304a 25-9). Em termos de politicologia aristotélica, a definição é plenamente compreensível: da democracia equilibrada por contrapesos constitucionais Diocles passou para a predominância incontrolada do demo [*demokratia*]. E isso como consequência da vitória contra os atenienses. Nessa página, Aristóteles aduz outros exemplos: sua tese geral, em que enquadra o caso de Siracusa, é que a classe (ou o grupo de poder entrincheirado numa magistratura) que leva uma cidade a uma importante vitória militar amplia seu poder depois dessa vitória. Assim, exemplifica ele, o Areópago ampliou seu poder pelo papel decisivo desempenhado durante as guerras persas e, assim, "a massa dos marinheiros, a quem cabia o mérito da vitória de Salamina e, portanto, da hegemonia marítima de Atenas, potencializou a *demokratia*". Dessa forma, o caso de Siracusa se explica de modo análogo: o fato de que dois "demos" (siracusano e ateniense) tenham vindo, naquele caso, a se enfrentar num combate mortal não o surpreende.

O quadro resultante é, portanto, muito articulado, e a *realpolitik* demonstra toda a sua força predominante em relação à ideologia e aos teoremas fundados na ideologia. É mais convincente e realista do que o quadro esquematicamente ideológico que encontramos na última parte do diálogo *Sobre o sistema político ateniense*, que gira em torno da "lei geral" que o autor crê ter descoberto, fundada no automatismo das alianças: "Toda vez que o demo ateniense escolheu se alinhar com os *bons*, intervindo em conflitos surgidos em outros lugares, teve um resultado ruim" (III, 11).

II

Mas, na avaliação que Aristóteles desenvolve nessa página do quinto livro de *A política*, há um caso, evocado de modo muito sumário, que revela outra face da questão. "Em Argos", escreve ele, "os senhores [*gnòrimoi*], tendo assumido maior peso após a batalha de Mantineia contra os espartanos, tentaram derrubar a democracia." A batalha à qual ele se refere é a de 418, em que a coalizão criada por Alcibíades, tendo como eixo central a aliança entre Atenas e Argos (única potência "democrática" do Peloponeso), foi derrotada pelos hoplitas espartanos num memorável confronto em terra. Os "senhores" de Argos (os chamados "mil") prevaleceram na cidade exatamente porque os espartanos, seu ponto de referência, haviam vencido e eles puderam — com um automatismo admirável — derrubar o poder popular e governar por alguns meses. O exemplo se encaixa, ao fim e ao cabo, com a tese geral que Aristóteles está expondo, mesmo que como contraprova negativa: o demo, com suas escolhas, levou Argos à derrota e, portanto, perde o poder dentro da cidade.

Mas o episódio tem relevância também pelo aspecto relativo ao automatismo das alianças: os senhores, tão logo a cidade é derrotada, derrubam o demo *graças à vitória espartana contra sua própria cidade*. No caso dos "senhores", esse automatismo funcionou sem abalos nem incertezas.

Atenas, seguindo sua política de potência (que é o seu principal objetivo), também pode se bater contra cidades que não são comandadas por oligarquias. Esparta, desde que eclodiu o conflito com Atenas pela hegemonia, nunca veio a apoiar regimes populares. A ajuda a Siracusa é dada em nome da origem comum "dórica", mas, é óbvio, tem sua razão de ser na política de potência. Pode-se arriscar, portanto, um diagnóstico de caráter geral: no mundo grego, na época dos conflitos pela hegemonia, são os oligarcas os verdadeiros "internacionalistas".

15. A guerra total

I

Entre as guerras do século v a.C., a chamada Guerra do Peloponeso foi a única que não se decidiu com uma ou duas batalhas ("com duas batalhas navais e duas terrestres" decidira-se a maior das guerras anteriores, a guerra contra Xerxes, como notava Tucídides no último capítulo de seu longo proêmio). Mas isso se evidenciou depois. Ou melhor, ficou cada vez mais claro conforme a guerra foi assumindo um aspecto novo do ponto de vista militar: o de *um estado de beligerância* que podia durar anos, apesar da ocorrência de confrontos que, em outros contextos, teriam rápida solução. Nem a captura em Esfactéria de tantos espartiatas num único combate nem a derrota ateniense em Délion bastaram para pôr fim ao conflito. Conflito que se desenrola, nos anos da guerra decenal e depois, outra vez, durante a chamada "guerra deceleia" (413-04 a.C.), numa sucessão de combates marginais sem grande empenho de forças que, a certa altura, desembocam em eventos militares mais exigentes, logo a seguir se interrompem temporariamente numa conflitualidade mais limitada e assim por diante. É como se os beligerantes se estudassem, talvez se empenhando em confrontos de porte modesto, aguardando o momento em que se possa impor ao adversário o enfrentamento decisivo nas condições mais desfavoráveis a ele. Daí o andamento do conflito, que nisso se assemelha bem mais às guerras modernas do que às guerras arcaicas, que os gregos conheciam até aquele momento (à exceção, subentende-se, do longo e remoto cerco de Troia).

II

A razão pela qual os espartanos depois de Esfactéria e os atenienses depois de Délion prosseguem o jogo, em vez de encerrá-lo, é provavelmente a consciência do caráter destrutivo do conflito em andamento. Agora combate-se até a "vitória total", porque cada um dos dois lados (e sobretudo Esparta, após a vitória na Sicília) pretende não só simplesmente humilhar a potência adversária, mas sim reduzi-la à impotência, derrubá-la. Pela primeira vez esboça-se, nas relações entre os Estados gregos, a noção e a finalidade política da guerra total. Isso porque não se combate apenas a potência adversária, mas também o sistema político-social antagonista: como bem viu Tucídides (III, 82-4), guerra de classe e guerra externa se entrelaçam. Depois de Esfactéria, Esparta deu alguns passos (melhor seria dizer que fez algumas sondagens) na direção de uma possível paz, mas sem a disposição de chegar de fato a um acordo a qualquer preço. Conduta que encontrou obstáculo e alimento na escolha ateniense de impor condições de paz tão exorbitantes que induziu Esparta a retomar as hostilidades. Chegarão à paz em 421, com o desaparecimento simultâneo de Brásidas e Cléon, mas, mesmo após o gesto inicial de boa vontade ateniense de restituir os prisioneiros de Esfactéria, essa paz virá com tais reservas mentais em ambientes influentes de ambas as cidades que logo se deflagrará um processo de crescente provocação recíproca. Nesse seu caráter peculiar de guerra total, a Guerra do Peloponeso se mantém por muito tempo como um caso único: não se torna o modelo dos conflitos posteriores, os quais, aliás, voltam a apresentar no século IV um andamento tradicional (Coroneia, 394, Leutra, 371, Mantineia, 362). Talvez se deva buscar a causa disso no surpreendente fato, que logo se tornou claro: a guerra total que, em 404, parecia ter aniquilado a potência naval ateniense não se demonstrou de maneira nenhuma definitiva. Depois de 404, passada uma década, Atenas voltava ao mar e tinha novos muros. Em poucos anos se anulara o resultado do conflito de 27 anos. Mais uma vez, prevaleceram as razões da geopolítica.

III

Tucídides dedica à campanha de Esfactéria uma das mais acuradas e admiráveis descrições de operações militares em toda a sua experiente obra de historiador militar. Mesmo um crítico severo como Dionísio de Halicarnasso lhe reconhece isso. Em Dionísio nota-se uma especial atenção ao célebre episódio daquela singular batalha que foi naval e terrestre ao mesmo tempo, em especial à ativa e intrépida participação de Brásidas na batalha (*Segunda carta a Ameu*, 4, 2).[1]

Brásidas, que cai combatendo em Pilos, antecipa, mesmo que sem sorte, a inverossímil inversão estratégica que, ao final, verá o espartano Lisandro derrotando Atenas no mar. Com efeito, para vencer, Esparta se reconverteu em potência marítima e venceu no terreno em que Atenas se considerava (veja-se o primeiro discurso de Péricles em Tucídides) imbatível. Isso ocorreu graças a homens como Brásidas, que foi também o primeiro a levar um exército espartano a combater por longo tempo distante de suas bases de partida; ou como Lisandro. Homens vistos com suspeita devido a seu arrojo, que talvez lembrasse a alguns o inquietante episódio do "regente" Pausânias e, no caso de Lisandro, considerados também "impuros" como espartanos. Eles revolucionaram o modo de fazer guerra até então característico de suas cidades: consequência também — e talvez a mais importante — da decisão de travar uma guerra "total".

IV

A definição de "guerra total" tenta responder à pergunta: por que, em toda a história milenar dos gregos, apenas a "guerra peloponésia" durou tanto tempo? Não nos referimos apenas à original concepção tucidideana de um único conflito de 27 anos, mas também aos dois conflitos "parciais", ambos com

1. A *aristeia* de Brásidas retornará, com valor exemplar, em Plutarco (*Apotegmas de reis e generais*, 207 F) e em Luciano (*Como se escreve a história*, 49). Em especial o episódio narrado por Plutarco, que chama em questão Brásidas por seu arrojo em Esfactéria, é curioso porque mostra que a *aristeia* dele podia até ser invocada como "prova" num processo entre gregos notáveis (um dos quais descendente distante do general) ainda em época augustiana.

duração de dez anos, a guerra chamada "decenal" (431-21) e a guerra chamada "deceleia" (413-04). Tucídides, cujo relato é sabiamente seletivo por trás da aparência de uma totalidade quase irretocável e fechada (mas aparente), guia-nos na compreensão de um andamento bélico em que o "estado de guerra" perdura não importa a frequência com que ocorrem confrontos terrestres e navais e não importa seu grau de destrutividade. Não que se combata de maneira ininterrupta, mas os dois principais contendores procuram incessantemente os pontos e os momentos de atacar. Cada um pretende infligir golpes com as armas em que se considera mais forte e no terreno que considera mais favorável. Daí a descontinuidade do confronto direto mesmo na continuidade do estado de guerra, e daí também a ampliação constante do palco de operações. Um fato sintomático, que ajuda a compreender o fenômeno, é que, já no caso da guerra decenal, Atenas tenha tentado várias vezes intervir na Sicília (em 426 e depois em 422), bem antes da intervenção em grande estilo de 415, que transformará em definitivo, até o momento da capitulação de Atenas, a guerra "peloponésia" em *guerra mediterrânea*, de Siracusa ao Bósforo e às ilhas do Egeu na frente da Ásia.

Desde o primeiro momento, Péricles parece ter entendido (se não tiver sido Tucídides a verter nele sua visão amadurecida das coisas) que o conflito seria uma prolongadíssima guerra de desgaste e de aniquilação. É por isso que Tucídides, em seu discurso, concede tanto espaço à economia, à enumeração que Péricles faz dos recursos com que Atenas pode contar (II, 13): desde o fluxo constante dos tributos pagos pelos aliados aos quarenta talentos de ouro puro que revestem a estátua de Atena Parthenos colocada no Partênon. Esse crucial relatório é o indício mais claro do tipo de guerra que Péricles prevê.

Um brilhante e discutido historiador militar americano, Victor Davis Hanson, escolheu um título muito pertinente para seu livro sobre a guerra peloponésia, *Uma guerra sem igual* (2012), mas os elementos com que tentou dar corpo à intuição contida no título são em parte decepcionantes. A guerra lhe parece "sem igual" porque se assemelha mais "ao pântano do Vietnã, onde acabaram os franceses e americanos, ao caos infindável do Oriente Médio ou às crises balcânicas dos anos 1990 do que às batalhas convencionais da Segunda Guerra Mundial, caracterizadas por inimigos, teatros, frentes e resultados bem definidos".[2] Não é bem assim: também o segundo conflito mundial viu o envolvimento crescente de novos beligerantes, a ampliação da área atingida pelos combates, a coexistência e complementaridade de um prolongado estado bélico e batalhas colossais, cada vez mais incisivas, precedidas e seguidas por ataques terroristas, insídias, tentativas de "avaliar" o inimigo antes de decidir onde atingi-lo. Por ter trazido tudo isso em si, mesmo que em pequena escala, a guerra redutoramente chamada de "peloponésia" é uma guerra "moderna" (como a de Aníbal).

O outro motivo apresentado por Hanson para sustentar a *originalidade* é o caráter de "guerra civil" daquele longuíssimo conflito:[3] guerra civil porque se travou entre gregos, entre "povos de língua helênica". Como sabemos (e lembramos na Introdução), essa visão da guerra peloponésia como uma imensa guerra civil intergrega já era exposta por Voltaire no oitavo capítulo de seu ensaio sobre o "pirronismo". Tal elemento, que foi notado pelos próprios protagonistas — os quais se recriminaram uns aos outros, a certa altura, por fazerem aos gregos o que deveriam reservar exclusivamente aos bárbaros, isto é, aos não gregos —, sem dúvida está presente na consciência dos contemporâneos, ainda mais porque as "alianças" criadas pelos alinhamentos opostos surgiram com a motivação básica de prosseguir a guerra contra o "bárbaro" (e não de formar fileiras contra outros gregos).

Mas isso não é suficiente para tornar esses 27 anos de guerra diferentes de todos os outros: foram duras as guerras intergregas, ou, se quisermos, "civis", travadas na primeira metade do século IV, pelo menos até Mantineia (362 a.C.).

E sobretudo guerra *civil* deveria ser tomada em outro sentido, não o que Hansen extrai da experiência da Guerra de Secessão americana. Foi guerra civil, como se disse (supra, § II, p. 273), porque estavam em jogo ao mesmo tempo a hegemonia e *os modelos políticos*: pela simples e macroscópica razão de que a hegemonia que Atenas vinha adquirindo era *coessencial a seu sistema político* (a democracia imperial) e se fundava na exportação/importação desse modelo para as cidades aliadas/súditas. É por isso que Lisandro, no momento da vitória final, também pretende que se efetue contextualmente a mudança de regime na

---

2. Ed. ital. *Una guerra diversa da tutte le altre*. Milão: Garzanti, 2008, p. 9.
3. Ibid., p. 24.

cidade afinal derrotada, embora essa mudança não figurasse formalmente entre as cláusulas da rendição.

O fato de terem as coisas tomado outro rumo, pouco tempo depois da vitória, em nada diminui a lucidez da intuição do vencedor.

Mas como não lembrar, a esse respeito, que também o segundo conflito mundial, embora quase todas as decisões dos oponentes em luta tenham sido ditadas mais por cálculos de *realpolitik* do que por opções ideológicas e de princípio, foi, de todo modo, uma gigantesca *guerra civil*? É por isso que a analogia diagnóstica mais útil para compreender o interminável conflito 431-04 continua a ser a do conflito que ocupou a primeira metade do século XX. É por isso que a única definição apropriada para caracterizá-lo é "guerra total".

QUARTA PARTE
A primeira oligarquia: "Não era empreendimento de pouca monta tirar a liberdade do povo ateniense"

Digo constatar-se nas histórias que todas as conspirações são feitas por homens importantes ou muito próximos ao príncipe.

Nicolau Maquiavel,
Discursos sobre a primeira década de Tito Lívio, III, 6:
Sobre as conspirações

16. Anatomia de um golpe de Estado: 411

I

Desde que se tomara consciência em Atenas da catástrofe siciliana, o clima político mudara. Um primeiro sinal foram os propósitos de "boa administração" sobre os quais Tucídides estende um véu de ironia.[1] É inegável que, para os inimigos da democracia, aqueles que sempre se opuseram a ela considerando-a o pior dos regimes, tal catástrofe era a prova de quão ruinoso era esse regime, uma forma de governo em que "o primeiro a chegar pode tomar a palavra" e, assim, a cidade pode ser levada à ruína pela impulsiva decisão de um dia. Além do mais, a democracia é um sistema exasperante: "O povo sempre pode debitar a responsabilidade das decisões àquele que apresentou e pôs em votação a proposta, e os outros podem recuar dizendo: eu não estava presente!".[2] É a mesma irresponsabilidade política denunciada por Tucídides, quando lembra a indignação das pessoas contra os políticos que haviam exaltado a expedição siciliana: "Como se eles mesmos não a tivessem aprovado!".[3]

1. Tucídides, VIII, 1, 4: "Dada a situação de pânico, estavam prontos para a disciplina: assim se comporta o povo".
2. [Xenofonte], *Sobre o sistema político ateniense*, 2, 17.
3. VIII, 1, 1.

Em suma, parecia chegado o momento da prestação de contas. A catástrofe era demasiado grande, a emoção e o medo, demasiado fortes, e a ocasião, portanto, demasiado favorável para que os círculos oligárquicos, a oposição oculta, os velhos recrudescidos e os jovens "dourados" da antidemocracia não passassem à ação. A nomeação de dez "anciãos tutores" da política citadina — a outra providência tomada sob o peso da derrota — era apenas um primeiro sinal do novo clima que vinha amadurecendo. Um clima em que devagar os papéis se invertem. Se no predomínio popular e assemblear são os senhores, os "inimigos do povo" que costumam se calar, agora começa a ocorrer o contrário. Agora os oligarcas anunciavam em assembleia um programa que era a negação do princípio basilar da democracia pericleana do salário mínimo para todos: defendiam que apenas quem servia nas Forças Armadas poderia ter salário e que não mais de 5 mil cidadãos deviam ter acesso à política. Em tempos normais, ninguém teria sequer ousado aventar tais hipóteses sem cair sob a perigosa acusação de "inimigo do povo". A assembleia e o Conselho continuavam a se reunir, mas não decidiam a não ser o que estabeleciam os conjurados, "e agora quem falava na assembleia eram apenas eles e exerciam a censura prévia sobre todas as intervenções dos outros".[4] A crise política de Atenas nesses meses cruciais da primavera de 411 consiste inteiramente nesta mudança: os oligarcas tomaram o poder utilizando nada mais, nada menos que os instrumentos próprios do sistema democrático.

Foi a própria assembleia popular ateniense que decretou seu fim, num clima em que os oligarcas se reapropriaram da palavra e o povo e seus líderes sobreviventes se calaram num silêncio voluntário (VIII, 67). Os veículos dessa inversão de papéis não são apenas a consternação e a paralisia da vontade decorrentes da derrota, mas também, e não menos, o horror desencadeado pela *jeunesse dorée*.

Tucídides fez uma descrição e uma análise psicológica desse clima que ocupam um grande espaço na ordenação de sua narrativa. Foi essa, de fato, a realização ideal do escândalo das hermas e dos mistérios conspurcados: aquela necessidade de tirania que então alguns sentiam e outros temiam enfim encontrava sua consumação na primavera subsequente à catástrofe siciliana. Os envolvidos foram em boa medida os mesmos. Ândrocles, antes inflexível acusador de Alcibíades, agora será uma das primeiras vítimas da juventude oligárqui-

4. VIII, 66, 1.

ca (VIII, 65, 2). O próprio Alcibíades corre o risco de ser atingido pela trama: embora tenha conseguido se manter à distância e depois tenha chegado à beira de aderir (a ponto de se tornar o potencial fiador e estandarte), com uma de suas típicas guinadas inesperadas, ou se preferirmos, uma de suas intuições iluminadoras, saltou sobre o cavalo democrático e se pôs como protetor da frota estacionada em Samos, vingador da democracia e agora em luta com a mãe-pátria dominada pelos oligarcas (VIII, 86, 4).

Então os organizadores do golpe "agiram sozinhos". Sua experiência terminará com outra catástrofe militar: a defecção de Eubeia, a preciosa ilha que fica diante da Ática, cuja queda em mãos espartanas depois de quatro meses de regime oligárquico[5] se afigurou a todos bem mais grave do que a própria catástrofe siciliana. Essa defecção assinalou o fim do novo regime já dilacerado por ferozes lutas personalistas entre os líderes (VIII, 89, 3). Debruçar-se sobre esses eventos, em si efêmeros, é para Tucídides como conceber e compor um manual de fenomenologia política, cujos temas são: como o povo perde o poder; como o terror branco consegue paralisar a vontade popular e torna inócua a "maioria", induzida até a decretar a própria decapitação política; como os oligarcas são incapazes de manter o poder depois de conquistá-lo, porque logo eclode a rivalidade entre eles e o impulso ao domínio de um só; como a política externa determina, em última instância, a interna, de modo que a perda de Eubeia leva ao rápido fim da oligarquia, tal como a derrota na Sicília enterrara a já conturbada democracia.

Mas, além de nos oferecer essa espécie de manual de teoria política, Tucídides também nos apresenta a dissecação da psicologia das massas perante o golpe de Estado mais aguda que nos foi legada pela historiografia antiga. O que lhe interessa acima de tudo é o silêncio do demo: como a mais loquaz e ruidosa das democracias perdeu a voz. Silêncio que comporta outra consequência, relevante para o político estudioso das mutações constitucionais: a permanência das instituições características da democracia, mas, ao mesmo tempo, seu esvaziamento total.

A assembleia popular e o Conselho continuavam a se reunir com regularidade, mas tomavam-se apenas as decisões preferidas pelos conjurados; e os únicos que

---

5. Aristóteles, *Constituição de Atenas*, 33, 1.

tomavam a palavra eram eles ou, em todo caso, davam eles o assentimento prévio para qualquer intervenção. Entre os demais, ninguém ousava expressar discordância, tomados de terror, vendo que os conjurados eram tantos [VIII, 66, 1-2].

Tucídides observa as reações e os comportamentos dos atenienses, levados a tais comportamentos justamente pelo que "veem". Mas, como ele conhece a conspiração "por dentro", sabe que os atenienses estão enganados quanto à envergadura da conspiração: "Imaginando-a muito maior do que era na verdade, estavam com o ânimo como que já derrotado" (66, 3). Por outro lado, acrescenta, não era fácil ter uma ideia exata do tamanho da conspiração em uma cidade como aquela, onde decerto nem todos se conheciam.

O que os atenienses "veem", é evidente, são os efeitos da conjura. Se, por exemplo, alguém erguia uma voz divergente nas mudas assembleias dominadas pelos conjurados, logo "era encontrado morto de alguma maneira apropriada" (66, 2): é o caso de Ândrocles, um dos líderes democráticos mais destacados, morto, revela Tucídides, "por alguns jovens", e não se abria nenhuma investigação "mesmo quando se sabia para onde dirigir as suspeitas". O povo "estava tão aterrorizado que já considerava um grande ganho o mero fato de não sofrer violência, embora o preço fosse não poder se expressar" (66, 2). Tucídides capta um ponto crucial da psicologia da derrota: concentrar-se em objetivos elementares e óbvios (não sofrer violência visto como "grande ganho", sem importar se era pago com o silêncio). Silêncio que não se limita apenas ao momento propriamente político e eloquente (a assembleia):

> Não podiam confiar nem desabafar com outrem num momento de exasperação, nem se aconselhar sobre uma represália, pois estavam perante desconhecidos ou conhecidos, porém não confiáveis. As pessoas suspeitavam de todos e por toda parte viam conspiradores. E, de fato, havia envolvidos que ninguém jamais suspeitaria que estivessem junto com os oligarcas. E foram justo estes, acrescenta ele, que difundiram ao máximo a desconfiança entre as pessoas e foram úteis aos oligarcas, assegurando-lhes a desconfiança do povo em si mesmo [66, 4-5].

Essa desconfiança é, aos olhos de Tucídides, o fator de maior sucesso da conspiração oligárquica. Por isso ele insiste tanto nessa modificação psicológica das pessoas, examina suas nuances, compara o que as pessoas "veem" (e deduzem) com o que ele mesmo sabe e vê por dentro do mundo dos conjurados.[6] E é a própria análise psicológica dos comportamentos e das reações das pessoas que lhe permite explicar a renúncia à palavra e, em termos mais gerais, a relativa facilidade com que os conjurados cumpriram "o difícil empreendimento de tirar ao povo de Atenas a liberdade, cem anos depois da expulsão dos tiranos" (68, 4).

II

A reflexão sobre a perda, na maioria, da vontade de resistir e a penetrante ilustração dos sintomas que denotam essa perda visam a explicar, na organização da narrativa tucidideana, a incrível facilidade com que os conjurados tinham vencido.

É por isso que Tucídides parece acompanhar quase numa crônica, dia após dia, assembleia após assembleia, o desenrolar dos acontecimentos. O andamento da narrativa como uma crônica se acentua justamente quando o protagonista é a psicologia de massa, tanto no momento da rendição quanto no do redespertar. Assim, viemos a saber dos progressos que a conspiração realiza dia a dia, as concessões que dia a dia os conspiradores arrancam às assembleias que eles mesmos já convocam repetidas vezes, sabendo que podem contar com a paralisia dos possíveis adversários (67, 1-68, 1). E assim, quando a narrativa de Tucídides retorna do palco extracitadino (Samos, Iônia) para os acontecimentos de Atenas, ela volta a ser pontual e quase cotidiana, chegando a momentos de crônica dramática como o do atentado mortal contra Frínico, recém-retornado de uma missão secreta em Esparta (92, 2).

Vemos Frínico sair da sede do Conselho, dar alguns passos até a ágora; alguém o apunhala; Frínico morre na hora e o autor do atentado desaparece na multidão; é preso um cúmplice que, de imediato posto sob tortura, não revela nenhum nome, diz apenas que na casa do chefe da guarda e também em outras casas "aconteciam contínuas reuniões secretas".[7] O dia seguinte é repleto de convulsões e reviravoltas, e transcorre entre o alarme de um imprevisto desem-

---

6. Quanto à grande atenção de Tucídides ao que ele *vê* que os outros *veem*, cf. sua descrição da partida da frota do Pireu em 415, supra, cap. 11.
7. Cf. infra, cap. 21.

barque espartano e o risco recém-evitado de confrontos entre facções adversárias na cidade. Os soldados estacionados no Pireu suspeitavam que alguns oligarcas estavam preparando um desembarque espartano de surpresa, mesmo porque não conseguiam entender a razão de um estranho muro que tinham recebido ordens de construir bem no promontório de Eezioneia, uma faixa de terra a noroeste do Pireu (92, 4). Os rumores de um desembarque espartano se intensificavam, e até Terâmenes, sempre como um dos líderes da oligarquia, lhe dava (ou fingia dar) crédito. "Não era mais possível ficar imóvel", concluíram e, como que em advertência, prenderam Aléxicles, um estratego estreitamente ligado às sociedades secretas oligárquicas. Logo informados, os oligarcas se dirigem, ameaçadores, contra Terâmenes. Este se mostra mais indignado do que eles e corre para o Pireu; mas os oligarcas não o deixam em paz e põem em seu encalço Aristarco "com alguns jovenzinhos tomados à cavalaria" (92, 4-6). "A confusão", observa Tucídides, "era enorme e aterradora" (92, 7). Aqui, sua crônica chega a ponto de narrar não só os fatos, mas também as convicções errôneas de alguns e os equívocos, mesmo que passageiros, surgidos entre as pessoas: "Os que haviam ficado na cidade agora estavam convencidos de que o Pireu fora ocupado e o estratego prisioneiro fora executado; no Pireu, ao contrário, pensavam, aterrorizados, que viriam em massa da cidade para puni-los" (92, 7).

Tucídides também expõe detalhes dispensáveis: por exemplo, informa que Tucídides de Farsalo, próxeno de Atenas em sua cidade, "estava presente" e também interveio (92, 8). Chega a apresentar as palavras que ele bradou para separar os contendores prontos para o confronto físico. Nesse clima caótico, Terâmenes, o virtuose da ambiguidade, exibe-se num de seus papéis mais adequados: censura os soldados por terem prendido o estratego, mas ao mesmo tempo, após um dramático diálogo com a multidão que Tucídides relata textualmente, acata o pedido de derrubar o misterioso muro. A destruição do muro se inicia de imediato e todos os que pretendem manifestar sua oposição ao novo regime se unem no empreendimento. É a sanção pública da derrota dos oligarcas.

"No dia seguinte", os líderes da oligarquia voltam a se reunir no mesmo local de onde Frínico, no dia anterior, saíra — insciente — junto com seu assassino, "mas estavam tomados por uma profunda perturbação" (93, 1). Assembleias contínuas de soldados se sucediam no Pireu, estabelecendo condições a que os oligarcas deviam se curvar, fazendo promessas e chegando a pactos. A maior concessão foi convocar para dali a poucos dias uma assembleia popular (o que não acontecia desde que o regime mudara), no teatro de Dioniso. Único tema da pauta: "a pacificação" (93, 3). Concessão gravíssima, que oficializava o renascimento de uma oposição antioligárquica. No dia previsto reuniram-se no teatro de Dioniso. A assembleia acabara de começar, quando se espalhou a notícia de que uma frota espartana, comandada por Agesândrida, fora avistada ao largo de Salamina (94, 1). Todos recearam que fosse o ataque surpresa que temia Terâmenes e a reação foi a mobilização geral. Sobre o efetivo móvel da aparição de Agesândrida, Tucídides se mostra incerto e se limita a formular conjecturas: não exclui que o comandante espartano estivesse agindo em efetivo entendimento com alguém em Atenas, mas, observa, pode-se também imaginar que ele estivesse na área por causa do conflito que ocorria em Atenas, esperando para intervir no momento certo (94, 7).

O dia que se iniciara com a tentativa assemblear de uma "pacificação" iria se encerrar com a mais calamitosa derrota. Tucídides parece acompanhar de perto os movimentos impulsivos dos atenienses: do teatro se precipitam em armas para o Pireu, do Pireu, nos primeiros navios disponíveis, para Erétria, até entenderem que o verdadeiro objetivo da frota espartana era Eubeia (94, 3). Em Erétria, os atenienses caem numa armadilha. De acordo com os espartanos, os erétrios fecham o mercado, de forma que, para comer, os atenienses são obrigados a sair da cidade. Quando, a um sinal dado pelos erétrios, os espartanos atacam, muitos soldados ainda estão bastante longe dos navios. A batalha é uma catástrofe e, acima de tudo, Eubeia inteira, exceto Oreo (no extremo norte da ilha), opta pela defecção. Assim termina a crônica daquela terrível jornada.

Com a notícia da perda de Eubeia, nota Tucídides, difundiu-se em Atenas um terror como jamais existira. Nem na época da derrota siciliana nem em nenhuma outra ocasião tinham sido tomados por tanto pânico (96, 1). Pânico mais do que justificado, observa ele, considerando-se a total ausência de navios e de homens (a frota de Samos se recusara a reconhecer a autoridade do governo oligárquico), a total ausência de defesas no Pireu e, sobretudo, sem Eubeia, para eles mais vital do que a própria Ática. O temor imediato e mais torturante era que os espartanos pensassem que poderiam desembarcar impunemente no Pireu; aliás, a maioria "estava convencida de que praticamente já estavam lá" (96, 1-3).

O regime oligárquico não sobreviveu a essa *débâcle*. Assim que chegaram as notícias de Eubeia, realizou-se logo uma primeira assembleia em que os líderes da oligarquia, os chamados "Quatrocentos", foram depostos e todo o poder passou aos "Cinco Mil" (cuja lista, aliás, jamais fora feita e só então foi definida); nos dias subsequentes, houve uma série de assembleias que levaram à eleição de nomotetas e outras decisões relativas à Constituição (97, 2).

17. Tucídides entre os "Quatrocentos"

I

O relato de Tucídides sobre a tomada do poder, o breve governo e a queda dos Quatrocentos pulula de revelações de *arcana*. Não apenas revela quem fora o verdadeiro idealizador do extraordinário empreendimento,[1] mas também as verdadeiras dimensões da conjura,[2] bem como a identidade (em breve alusão) dos assassinos de Ândrocles,[3] os contatos secretos de Frínico com Astíoco[4] e assim por diante. É razoável pensar que todo esse jogo de revelações sabiamente dosadas, isto é, feitas de maneira a não "desvelar" quem ainda estivesse vivo, torna-se claro e compreensível se pensarmos na possibilidade de que Tucídides fosse, na realidade, um dos Quatrocentos. Apenas assim se compreende como ele seria capaz de expor não só pequenos detalhes cotidianos, impressões, estados de ânimo dos indivíduos e das multidões, mas também — e sobretudo — as discussões que se desenvolviam dia a dia dentro da sala do Conselho

---

1. VIII, 68, 1.
2. VIII, 66, 5.
3. VIII, 65, 2.
4. VIII, 50-3.

(Bouleuterion). Até o caso limite, de fato admirável, da descrição minuciosa e dramática do dia dos confrontos no Pireu aplacados (e mesmo agora perguntamo-nos com que autoridade) pelo próxeno Tucídides de Farsalo,[5] ou da longa jornada que se inicia com a sessão no Bouleuterion, no dia seguinte ao desmascaramento da operação eezioneana,[6] ou daquela bem mais dramática que se inicia com a assembleia "sobre a concórdia", reunida no teatro de Dioniso, e termina com a malograda tentativa de proteger Eubeia contra o ataque espartano.[7] Não se deve subestimar a precisão com que ele narra frases pontuais ditas no Bouleuterion: por exemplo, quando Terâmenes observa que "é inverossímil que nossa frota em rota para Eubeia tenha contornado Egina".[8] São detalhes minúsculos, são momentos, íntimos também, de um entretecimento de ações, iniciativas, intervenções que só a anotação direta e cotidiana poderia conservar.

Ao expor o desenrolar diário dos acontecimentos, Tucídides assinala também uma passagem crucial. Depois do atentado mortal contra Frínico, Terâmenes e seus acólitos se convencem da fraqueza do outro lado, *porque não veem se esboçar nenhuma reação*: "Visto que numa circunstância daquelas não surgira nenhum fato novo a partir do ocorrido, tanto Terâmenes, *agora cada vez mais ousado*, quanto Aristócrates e todos os outros, entre os Quatrocentos e também externos ao Conselho, que pensavam como eles, *passaram diretamente à ação*".[9] *Passaram à ação porque o atentado contra Frínico deu certo!* Quem se expressa dessa maneira sugere que Terâmenes poderia não ter sido estranho ao atentado e que, em vista do inesperado sucesso — a eliminação de Frínico que não desperta nenhum contra-ataque —, tornou-se "cada vez mais ousado" e, com seus companheiros mais próximos, decidiu avançar outro passo, *passar à ação*.[10]

Não falta um recurso narrativo: é o longuíssimo período, sabiamente construído, que une e liga em concatenação lógica o atentado e a decisão de Terâmenes de "passar à ação". Nesse elaborado relatório, não escapará à atenção o detalhe, do qual Tucídides também se mostra informado, referente aos *elementos externos* à Boulé, que mantinham relações com aqueles que, entre os

---

5. VIII, 92.
6. VIII, 93.
7. VIII, 94-5.
8. VIII, 92, 3.
9. VIII, 92, 2: ἦσαν ἐπὶ τὰ πράγματα!
10. ἰέναι ἐπὶ τὰ πράγματα.

Quatrocentos, se identificam com Terâmenes e Aristócrates. Mas dito sempre de modo prudente [καὶ τῶν ἔξωθεν].

No dia seguinte aos incidentes junto ao muro de Eezioneia, o Conselho dos Quatrocentos se reúne de novo no Bouleuterion, "embora estivessem transtornados":[11] outra observação de dentro do Conselho. A ela devem-se somar as outras medidas tomadas pelo Conselho, inclusive a de enviar pessoas escolhidas para irem falar com os hoplitas, agora na retaguarda (tinham acabado de prender Aléxicles e o haviam "aprisionado em casa"),[12] "dirigindo-se a cada um pessoalmente" (ad hominem).[13] E prometendo, nessas conversas individuais e próximas, que "apresentarão a lista dos Cinco Mil".[14]

II

Nesse relato, a cada vez que entra em cena, Terâmenes fala; a cada vez, suas palavras são registradas em detalhada paráfrase.[15] Quando Terâmenes faz sua primeira aparição, depois de ter sido "apresentado" várias páginas antes (68, 4), suas palavras são secamente desmascaradas por Tucídides: "Essas palavras eram apenas um anteparo político",[16] com vistas a encobrir consideráveis ambições. Terâmenes "ia repetindo" que era preciso tomar cuidado com Alcibíades e a frota de Samos, que era preciso tornar o governo "mais igual" e nomear de fato, não só em palavras, os Cinco Mil. (Nas semanas seguintes, Terâmenes tentará e conseguirá um acordo com a frota de Samos e apresentará um decreto para o retorno de Alcibíades e de outros exilados.) Mas Tucídides usa precisamente essa tomada de posição do versátil "coturno" como ocasião para descrever o que lhe parece ser a típica dinâmica que leva à derrota "as oligarquias que nascem da queda de um regime democrático":[17] "Favorecendo *suas ambições pessoais*

---

11. VIII, 93, 1: τεθορυβημένοι.
12. VIII, 92, 4.
13. ἀνήρ ἀνδρί.
14. VIII, 93, 2.
15. VIII, 89, 2; 90, 3; 91, 1-2; 92, 2-3 e 6-9; 94, 1.
16. VIII, 89, 3: σχῆμα πολιτικὸν τοῦ λόγου. Para o apelido "coturno" afixado a Terâmenes, cf. infra, cap. 21, nota 28.
17. VIII, 89, 3.

[κατ'ἰδίας φιλοτιμίας], a maioria deles [dos Quatrocentos] estava propensa a perseguir esses objetivos que constituem a principal causa de ruína de uma oligarquia nascida da democracia". Palavras que indicam o *conhecimento próximo e profundo* das "ambições pessoais", para além do calamitoso desenrolar de seus efeitos.

Cabe perguntar a que outras experiências estaria se referindo essa regra geral da política, aqui formulada e ilustrada quase de passagem. Mas conhecemos tão pouco a *verdadeira* biografia de Tucídides que esse vislumbre de sua experiência política concreta há de continuar necessariamente como mero vislumbre. Talvez o que ele pretenda dizer é que, num grupo de oligarcas que conseguiram tomar o poder liquidando um regime democrático, vem à tona um tal espírito anti-igualitário que logo se desencadeia a rivalidade entre eles para conquistar a primazia.[18] Esse tema da competição dentro do grupo ou da classe dirigente é desenvolvido por Tucídides também na página de balanço sobre todo o desenvolvimento do conflito, que colocara, por contraste, como comentário do perfil de Péricles.[19] Mas ali o tema do dano decorrente do ímpeto de cada político em conquistar a primazia *assume um valor geral*, não se refere mais ao caso específico dos oligarcas enfim chegados ao poder e incapazes de se manter num mesmo plano de igualdade. Ali se torna um critério geral, válido para todos os sistemas políticos (não monárquicos), e é apontado como principal causa da derrota de Atenas e da perda do império.[20] Se considerarmos que essa ampliação do diagnóstico é situada em contraste logo após a exaltação de Péricles como *princeps*,[21] felizmente capaz de reduzir a democracia a mero nome, a pura fachada [λόγῳ], então fica evidente que o comentário de Thomas Hobbes, em sua fundamental *The History of the Grecian War Written by Thucydides* [História da guerra grega escrita por Tucídides] (1648), não era uma audácia intelectual, e sim um juízo penetrante, ao deduzir dessa e de outras páginas do historiador que o ideal político ao qual Tucídides por fim chegou é o "monárquico".

---

18. VIII, 89: οὐχ ὅπως ἴσοι ἀλλὰ καὶ πολὺ πρῶτος αὐτὸς ἕκαστος εἶναι. Aristóteles, *A política*, v, 1305a 20-30 meditou sobre essa página.
19. II, 65, 10-2.
20. II, 65, 13: κατὰ τὰς ἰδίας διαφορὰς [...] ἐσφάλησαν.
21. τοῦ πρώτου ἀνδρὸς ἀρχή.

E é possível apreender uma linha de desenvolvimento: o próprio fato de que, na página sobre o pós-Péricles (II, 65), a crítica ao caráter destrutivo da rivalidade nascida dentro de uma elite política assume *um caráter geral* em comparação a VIII, 89 (a rivalidade que explode numa oligarquia nascida de uma democracia) *demonstra que estamos diante do amadurecimento de um pensamento*. Enquanto está imerso na experiência empolgante e inesperada da oligarquia de Atenas, Tucídides chega a uma conclusão que está ainda imediatamente centrada nessa experiência. Além disso, sua crônica a partir do interior do golpe de Estado é escrita em simultâneo com os fatos, dia a dia, e espelha de modo imediato *essa* experiência. Mas o Tucídides que avalia retrospectivamente todo o andamento da guerra e o desfecho final da derrota (II, 65) já deu um grande passo à frente: chegou à visão substancialmente negativa da disputa política enquanto tal, corroída de maneira irreparável pela ambição individual. E é por isso que retorna, de certo modo convertendo-a em mito, à solução pericleana como única solução do problema político: a hipótese do *princeps* incorruptível, antidemagógico e por isso detentor de grande prestígio, dominando, não se subjugando, a democracia.

Por vias próprias, também Platão, de 25 a trinta anos mais jovem do que ele, depois de viver a experiência dos regimes políticos que se seguiram na cidade-laboratório por excelência, Atenas, recusou tanto a experiência democrática em qualquer forma que fosse (a do último período da guerra e a restaurada) quanto a oligárquica. Embora atraído, num primeiro momento, pelo governo dos poucos que se proclamavam também "melhores", retirou-se; e procurou outro caminho em outro lugar — junto ao poder de tipo monárquico vigente em Siracusa; dessa desilusão chegou por fim à sua complicada e exigente utopia dos "reis-filósofos". Abordagem projetada num problemático futuro, não menos utópico do que o que, inversamente, Tucídides projeta no passado, na idolatria do modelo pericleano: um modelo transfigurado — como Platão não deixou de lhe censurar no *Górgias* — em relação ao que de fato havia sido o longo governo de Péricles. Assim, é problemático estabelecer qual desses dois grandes pensadores — Tucídides ou Platão — merece realmente a nobre qualificação de "realista político".

Um se formara com Sócrates, o outro, com Antifonte.

III

Também no caso de Frínico, cada aparição sua na narrativa de Tucídides é marcada pela *anotação de suas palavras*.[22] É óbvio que Frínico não fala no momento do atentado,[23] e tampouco quando Tucídides traça seu papel decisivo no capítulo-revelação em que fornece as informações mais reservadas e indica os três verdadeiros líderes.[24]

Parece evidente que Tucídides anotou, vez a vez, os momentos em que — em segredo ou em público — os dois maiores líderes, Frínico e Terâmenes, intervieram e registrou o conteúdo essencial de suas intervenções. Nem todos esses esboços iriam se transformar em discursos plenamente elaborados; talvez apenas aquele de Frínico, citado várias vezes, no início dos acontecimentos.[25] Sem dúvida, diante de tal material, é difícil imaginar que tudo fosse obra de um intermediário-repórter, cujas anotações Tucídides teria transcrito ou revisado.

Sobre o terceiro líder "supremo", isto é, Antifonte, Tucídides fala apenas duas vezes. A primeira, para revelar que fora ele o verdadeiro idealizador de todo o extraordinário empreendimento e para render homenagem à grandeza e à coragem de sua apologia diante de seus juízes.[26] A segunda, para informar que Antifonte (o qual, é óbvio, jamais acreditara que a mudança de regime serviria para vencer a guerra) promovia contínuas missões diplomáticas a Esparta a fim de obter, de alguma maneira, uma conclusão do conflito; o que o levou mais tarde, quando a situação — ocorrida a ruptura com Samos — tornou-se insustentável, a ir em pessoa a Esparta com uma delegação muito qualificada.[27] E foi o começo do fim. Alguém organizou e realizou o atentado contra Frínico. Depois disso, fica evidente a fraqueza do vértice oligárquico e a oposição oculta se faz cada vez mais aberta. E no momento do ajuste de contas é a própria embaixada que Antifonte em pessoa conduziu a Esparta que se torna a base judicial para um processo em grande estilo "por alta traição". (Terâmenes

---

22. VIII, 25, 1; 27, 1 e 5; 48, 4; 50-1; 54, 3; 90, 1-2.
23. VIII, 92, 2.
24. VIII, 98.
25. VIII, 48. Sobre o qual ver infra, cap. 19.
26. VIII, 68, 1.
27. VIII, 90, 1-2.

era um mestre nesse campo: também com os estrategos das Arginusas, terá êxito fulminante em eliminar os adversários políticos por vias judiciais.)

As duas menções de Antifonte, ambas muito significativas e, como está claro, estreitamente ligadas entre si, permitem a Tucídides revelar, findos os acontecimentos, a relação muito próxima com o grande velho, já na casa dos setenta anos, quando foi condenado à morte. As palavras que utiliza, de fato, trazem um perfil que recua muito no tempo: ele é capaz de especificar não apenas que Antifonte era o artífice do "plano *todo*",[28] mas que "há muito tempo"[29] o esperava. Com essas palavras (ἐκ πλείστου) Tucídides mostra que estava a par dos projetos secretos de Antifonte *desde muito antes de 411*: assim como, quase *per incidens*, faz a mesma revelação iluminadora sobre suas relações com Aristarco, quando o define como "homem sumamente inimigo da democracia e *há muitíssimo tempo*" (ἐκ πλείστου aqui também).[30] Tudo isso evidencia que esse é seu ambiente. São esses os personagens com que teve maior familiaridade. De outra maneira não se explicariam a precisão e a segurança com que aponta ao leitor as verdadeiras razões que levaram Antifonte, *durante grande parte de sua vida*, a se manter distante da tribuna, mas, apesar disso, a oferecer os préstimos de sua competência aos amigos em dificuldades. Uma política indireta, portanto, praticada essencialmente na trincheira dos tribunais, porque um engajamento mais direto seria contraproducente: "A própria fama da sua grande habilidade [δεινότητος] tornava-o suspeito aos olhos da massa popular".[31] Lorenzo Valla traduzia "*propter opinionem facultatis in dicendo*". E sem dúvida a forma *externa e visível* da "temível habilidade" de Antifonte era justamente a fala, o domínio da palavra e a força do raciocínio. Mas naquela δεινότης, naquela "fama de ser δεινός [capaz, temível]" e, por isso, "suspeito à massa popular" há muito mais do que a capacidade de falar, de raciocinar. Há a ideia, confusamente percebida pelo πλῆθος, de que a palavra poderia se trans-

---

28. ἅπαν τὸ πρᾶγμα.
29. ἐκ πλείστου.
30. VIII, 90, 1: ἀνὴρ ἐν τοῖς μάλιστα καὶ ἐκ πλείστου ἐναντίος τῷ δήμῳ.
31. VIII, 68, 1: ὑπόπτως τῷ πλήθει διὰ δόξαν δεινότητος διακείμενος. Como, portanto, Antifonte operou desde *sempre* num nível *reservado* e em posição de superioridade em relação aos outros líderes, isso *torna ainda mais importante a revelação* de VIII, 68, 1 sobre o verdadeiro papel de Antifonte.

formar em ação: bem mais do que a vaidosa fala autolátrico-demagógica de Alcibíades.

Tucídides está muito atento à maneira como falavam os políticos que põe em cena. Não apenas faz Péricles falar muitas e muitas vezes,[32] mas também se detém bastante em descrever *como* Péricles falava e os *efeitos* de suas palavras. Que "trovejava" como Zeus Olímpico também o diziam, entre escárnio e admiração, os comediógrafos contemporâneos.[33] Tucídides diz que ele era capaz tanto de "aterrorizar" quanto de "reanimar" o povo reunido em assembleia.[34]

Sobre Cléon, quando está para lhe dar a palavra, Tucídides diz que era "violentíssimo também no resto" e, acrescenta, "naquele momento era de longe a palavra em que o povo mais acreditava [πιθανώτατος]".[35] Mais tarde, esse retrato, também por efeito da violenta caricatura de Aristófanes, ficou muito pesado. Isso desde que a *voz* petulante e violenta do demagogo foi apresentada por Aristófanes como o requisito principal do líder popular: "voz repugnante".[36] Aristóteles, em sua história constitucional de Atenas, dirá que Cléon foi o maior "corruptor do povo" com seus "impulsos"[37] e foi o primeiro a "gritar e injuriar" na tribuna.[38] Tucídides, por seu lado, deteve-se mais na "violência" e na "plena confiança" do povo nele. Não menos hábil do que Lísias em dar voz própria a cada um, Tucídides faz emergir os diferentes tipos de oratória de Nícias e de Alcibíades, em especial a arrogância sardônica deste último espicaçado pela referência indireta de Nícias à sua "juventude" (como sinônimo de leviandade).[39] E quando faz falar Brásidas em Acanto, no início de sua afortunada campanha na Trácia, apresenta-o com um discurso breve e eficaz, dizendo

---

32. Mais do que qualquer outro, mesmo tendo Péricles visto somente um ano da longuíssima guerra.
33. Plutarco, *Péricles*, 8, 4: "Trovejava e fulminava, tinha como que um raio na língua". A caricatura dessa conotação da oratória pericleana está em *Os acarnianos*, 531, cujo valor de juízo técnico sobre essa oratória foi plenamente entendido por Cícero (*Orator*, 29).
34. II, 65, 9.
35. III, 36, 6: καὶ ἐς τὰ ἄλλα βιαιότατος τῶν πολιτῶν τῷ τε δήμῳ πιθανώτατος.
36. *Os cavaleiros*, 213-9.
37. ὁρμαῖς.
38. *Athenaion Politeia*, 28, 3: πρῶτος ἀνέκραγε καὶ ἐλοιδορήσατο.
39. VI, 12, 2; 17, 1. Alcibíades, num debate de política, começa por enumerar de maneira esnobe suas vitórias desportivas (VI, 16, 2).

que o general, "nos limites próprios de um espartano, era tudo menos incapaz de falar".[40]

O controle e a eficácia da palavra estão, portanto, no centro da atenção de Tucídides: não só por sua profunda convicção, e do mundo clássico em seu conjunto, de que em geral a palavra "política" não é um som vazio, e sim *ação*,[41] no mesmo plano das batalhas ou dos atentados, mas também porque ele tem em mente aquele circuito árduo, delicado e decisivo *orador-público* que é o principal veículo do consenso, bem como da recusa e do confronto. Um circuito cujos limites e insídias são muito claros.

É um circuito no qual não basta a habilidade: é necessário também aquele grau de demagogia que é indissociável do consenso. Antifonte tem toda a sua admiração porque não ia à tribuna, porque sua palavra era eficaz demais para não se afigurar suspeita. Antifonte, portanto, não concedeu sua palavra à "massa popular", hostil e desconfiada, assim como Tucídides alardeia com orgulho sua decisão de não escrever história para as leituras públicas, nas quais se disputa o sucesso. Como destinatário, basta-lhe uma elite política à qual a busca da verdade não há de desagradar,[42] tal como a Antifonte bastou, durante a longa espera que antecedeu a inesperada ocasião de 411, reservar sua palavra aos "eteros", à espera de que essa palavra, verídica mas rejeitada, pudesse se converter em ação.

Há um nexo profundo entre Tucídides e Antifonte (nem sempre os modernos captam seu alcance): Tucídides o diz, porém no fundo também o declara, na página da primeira aparição de Antifonte. Mas vem expresso de

---

40. IV, 84, 2.
41. Hegel, nas páginas introdutórias a sua *Filosofia da história*, observou: "Os discursos que lemos em Tucídides [...] nunca foram proferidos daquela forma. Mas, entre homens, os discursos são ações e, na verdade, ações muito eficazes"; apesar de tudo: "Embora mesmo discursos como o de Péricles [...] fossem apenas obra de Tucídides, ainda assim não são estranhos a Péricles" (*Lezioni sulla filosofia della storia*, trad. ital. de Bonacina-Schirollo, Roma/Bari: Laterza, 2003, p. 4). E Wilhelm Roscher, em seu ensaio inicial em *Leben, Werk und Zeitalter des Thukydides* (p. 149), escarnecia dos que levam a sério "Crátipos" e sua teoria apresentada por Dionísio de Halicarnasso (*Sobre Tucídides*, 16), segundo a qual Tucídides deixara de inserir discursos em sua obra devido ao crescente desapreço do público. "Que belo continuador de Tucídides é aquele capaz de imaginar tais motivações!", comenta ele.
42. I, 22, 4.

modo talvez ainda mais refinado no paralelismo entre a renúncia de Antifonte ao sucesso assemblear e a renúncia de Tucídides ao sucesso agônico-popular.

IV

Tucídides, aos poucos, especifica com precisão os nomes dos estrategos instalados pelos Trinta.[43] Em VIII, 92, 6 menciona outro estratego, mas curiosamente sem citar seu nome e o define como "alguém que estava de acordo com Terâmenes" [isto é, em querer ir libertar Aléxicles, o estratego sequestrado pelos guardas de fronteira]: "levando consigo *um dos estrategos* que estava de acordo com ele, lançou-se ao Pireu". Estavam em sessão no Conselho quando chegou aos presentes a notícia do sequestro. Tucídides descreve as ameaças que, naquela sessão, são dirigidas a Terâmenes, claramente por parte da "facção" de Aristarco e companheiros; informa sobre a iniciativa de Terâmenes, que, para deter o ataque, promete ir ao Pireu e libertar Aléxicles, e leva outro estratego que julga de confiança ou que, em todo caso, manifestou a mesma intenção. A partir daí, o relato de Tucídides segue Terâmenes passo a passo naquela intrépida iniciativa e descreve em minúcias os incidentes que ocorrem à saída dos dois do Bouleuterion, além da intervenção de Tucídides de Farsalo, que se interpõe quando os dois lados estão para chegar às vias de fato e grita (ἐπιβοωμένου) para "não matar a pátria enquanto o inimigo está às portas". A crônica prossegue e acompanha Terâmenes ao Pireu, contando como ele finge repreender os hoplitas enquanto Aristarco e seus adeptos se fazem cada vez mais ameaçadores. E chega a narrar o diálogo cerrado entre Terâmenes e os hoplitas, que resultou na adoção do slogan pelas duas partes: "Quem quer que os Cinco Mil de fato governem, que ajude a derrubar a muralha do quebra-mar" (VIII, 92, 10-1). Esses detalhes, como Tucídides os conheceria? Quem foi o "repórter" que lhe forneceu a crônica minuto a minuto do dia dos incidentes? O outro estratego que seguiu Terâmenes naquelas horas não seria o próprio historiador? É legítima a suspeita. Esse singular silêncio sobre o nome do "outro" estratego foi apontado tanto no comentário de Gomme-Andrews-Dover[44] quanto no

---

43. VIII, 89, 2; 92, 4 e 9; 98, 3.
44. *A Historical Commentary on Thucydides*, v. v, p. 312: "*But it is curious that the majority allowed*

comentário mais recente e ainda mais explícito de Hornblower,[45] que observa corretamente que "Tucídides decerto sabia o nome" desse inominado.

Tucídides teve alguma prudente hesitação em dizer às claras que foi um deles, em tal cargo? E, mais especialmente, em reconhecer que, no momento da guinada em que o grupo recém-chegado ao poder se rachou, colocou-se ao lado de Terâmenes, sobre o qual tem um juízo geral decididamente negativo?

Um caso em parte análogo poderia ser o do relato xenofonteano da guerra civil, em que a guerra é relatada quase que só do ponto de vista da cavalaria e, no entanto, apenas um dos dois hiparcos é citado, Lisímaco, para creditar apenas a ele as torpezas cometidas pelos cavaleiros. E surge a pergunta: por que Xenofonte cala rigorosamente o nome do outro hiparco? Tratando-se, em ambos os casos, de relatos de protagonistas, esses silêncios não são fortuitos e devem ser ao menos assinalados.

v

Densidade narrativa. Esse é o elemento distintivo daquele *unicum* que é a crônica dos menos de quatro meses de governo oligárquico em 411, que lemos no livro VIII de Tucídides e ocupa metade dele. Nenhum episódio tem tanto espaço em sua obra. Talvez apenas Esfactéria (mais de dois meses) — e Tucídides provavelmente estava lá e *viu* de perto o cerco.

Não basta dizer: "Ele se informava". Nenhuma informação obtida interrogando testemunhas é capaz de gerar uma narração praticamente *diária*, ou seja, capaz de reproduzir o desenvolvimento cotidiano dos eventos. Quem oferece um termo de comparação obrigatório e iluminador é Heródoto. Ele narra fatos que sem dúvida *não viu* (as guerras persas) com uma densidade narrativa ilusória: a *densidade* de seu relato, também para a segunda guerra persa, é bem mais frouxa. Abordei, há cerca de quarenta anos, a questão do caráter aparentemente

---

him to take a sympathetic colleague, with no safeguard but Aristarchos and his cavalrymen, who proved insufficient".
45. S. Hornblower, *A Commentary on Thucydides*. Oxford: Oxford University Press, 2008, v. III, p. 1021: "*Thucydides, who surely knew the name of the like-minded general, keeps him anonymous, thus maintaining the primary focus on Theramenes*". Classen e Steup ignoram o problema.

total (sem "vazios"), mas na verdade seletivo, da narrativa historiográfica em geral e antiga em particular, em *Totalità e selezione nella storiografia classica* (Laterza). E continuo a considerar que esse critério é válido: a "densidade narrativa" como instrumento que pode nos orientar na avaliação da *gênese* do que lemos nas obras historiográficas dos antigos. O ponto de partida continua sendo a intuição de Eduard Schwartz, nas primeiras páginas de seu ensaio sobre as *Helênicas* xenofonteanas.

18. O principal responsável

I

Se for verdade que "a verdadeira história é a secreta", na feliz formulação de Ronald Syme,[1] tanto mais o é no caso de uma conspiração e, de modo mais geral, sempre que a ação política seja desenvolvida ou promovida por sociedades secretas. As "heterias" atenienses sem dúvida o eram, ainda que, como não raro acontece em tal tipo de organização, algo vazasse para o exterior. Havia com certeza um nível mais aberto, que se manifestava e se exprimia no contexto lúdico do banquete. E havia um nível muito mais delicado e muito menos aberto, no qual planejavam, tramavam, rivalizavam entre si e, se fosse o caso, traíam, como aconteceu nos convulsivos dias das delações e contradelações que se seguiram aos escândalos "sacrais", mas na verdade políticos, de 415. Não se deve subestimar a precisão terminológica de Tucídides: por um lado, ele fala de "eteros", por exemplo ao descrever a reunião dos conjurados quando Frínico expôs suas dúvidas que iam na contracorrente;[2] por outro lado, quando fala de

---

[1] "Livy and Augustus". *Harvard Studies in Classical Philology*, v. 64, p. 69, 1959.
[2] Tucídides, VIII, 48, 3: "Depois que fizeram seus comunicados à massa [τῷ πλήθει], reuniram-se para avaliar a situação em sessão fechada [ἐν σφίσιν αὐτοῖς] e com a maioria dos adeptos da heteria [τοῦ ἑταιρικοῦ τῷ πλέονι]".

Pisandro em ação, já dedicando-se à organização concreta do complô, diz que ele visitou em Atenas, uma por uma, "as conjuras em andamento".[3]

Diga-se de modo mais geral que os grupos políticos de todas as épocas têm como característica a organização em círculos concêntricos; assim, as decisões mais importantes partem do nível mais restrito, único local onde ocorre, em máximo sigilo (sobretudo quando são heterias), a discussão que leva às escolhas operacionais. É bem conhecida a preciosa informação que Sêneca nos fornece a esse respeito, sobre Caio Graco e Lívio Druso, e sobre a estrutura em círculos concêntricos de seus grupos políticos. A expressão que Sêneca utiliza é "dividir em grupos" [*segregare*]: "*Alios in secretum recipere, alios cum pluribus, alios universos*".[4]

O aspecto mais fascinante e mais significativo, embora costume ser ignorado pelos estudiosos modernos, da narrativa tucidideana da crise política ateniense consiste no pleno conhecimento demonstrado por Tucídides sobre o que se dizia *nos diversos níveis da conspiração* e também no mais alto de todos; e é daí que provém a revelação do verdadeiro artífice-idealizador da conjura, isto é, Antifonte. (E ele faz tal revelação porque, quando escreve, seu "herói" já morreu, por obra de Terâmenes.) Conhece a comunicação dos oligarcas com o exterior, conhece a discussão no círculo mais restrito, conhece e aponta os três "verdadeiros líderes" e revela, por fim, que foi Antifonte, e com certeza não um Pisandro, embora apontado na gestão do *golpe*, "quem concebera toda a trama e levara à sua concretização, e que por muitíssimo tempo pensara nela".[5] Na sequência, e em grau decrescente de peso específico, indica antes Frínico (ele também morto quando Tucídides lhe atribui esse papel primário),[6] e enfim Terâmenes. Sobre Frínico, Tucídides se manifesta, não sem alguma surpresa por parte do leitor atento, de maneira muito comprometedora: "Uma vez engajado no perigoso empreendimento, *foi o mais leal*".[7] A tradução mais pertinente dessa frase é de Denis Roussel (1964): "*Une fois qu'il fut associé au mouvement,*

---

3. Id., VIII, 54, 4: τάς τε ξυνωμοσίας αἵπερ ἐτύγχανον πρότερον ἐν τῇ πόλει οὖσαι.
4. Sêneca, *De beneficiis*, 34, 2.
5. Tucídides, VIII, 68, 1.
6. Um eco desse papel está na expressão do corifeu em *As rãs*, de Aristófanes (v. 689: "Se alguém pecou, extraviado pelas intrigas de Frínico").
7. Tucídides, VIII, 68, 3: φερεγγυώτατος ἐφάνη. A apreciação não foi negligenciada por Hornblower (p. 958).

il apparut qu'on pouvait, devant le danger, compter absolument sur lui".[8] Se consideramos que a acusação tópica contra Frínico era a de ser um "enganador",[9] fica claro que sua definição como "leal mais do que qualquer outro" é o mais claro desmentido desse clichê, por parte de Tucídides. Como veremos, Tucídides se faz intérprete, de modo aprofundado e com plena concordância, do pensamento expresso por Frínico na crucial reunião preparatória dos conspiradores, realizada em Samos.[10] Ademais, Tucídides é também a única fonte confiável sobre o obscuro episódio do atentado mortal contra Frínico. E aqui — no capítulo-revelação (VIII, 68) — coloca-se como vingador da honra de Frínico definido como conjurado "profundamente leal", em evidente oposição ao terceiro personagem de ponta da conjura, mencionado logo a seguir, Terâmenes. A ele Tucídides reserva um tratamento bem diferente, mesmo reconhecendo seu papel de protagonista, papel este que Terâmenes decerto tentará após cair no esquecimento. Se é o único de quem fornece o patronímico ("o filho de Hágnon"), talvez não seja por acaso, pois Hágnon foi, enquanto próbulo, um dos "pais inspiradores" da operação montada e realizada pelos conjurados. É como dizer que Terâmenes estava ali — e subira direto ao "vértice" — também por causa da autoridade paterna no mundo dos oligarcas, do mesmo modo que Crítias se encontrou *naturaliter* entre os Quatrocentos pelo próprio fato de ser filho de Calescro, um dos líderes de destaque do novo regime.

Mas é o juízo sobre a pessoa de Terâmenes que merece atenção. Tucídides o formula de modo a fazer entender que ele conhece bem seu papel primário, mas que fique clara a distância do historiador em relação a ele e à sua pessoa: "Na linha de frente [πρῶτος] estava também Terâmenes, o filho de Hágnon, entre os que se preparavam para derrubar o governo popular".[11] E por πρῶτος ἦν decerto entende "mais obstinado". E acrescenta: "Pessoa não incapaz de falar nem de avaliar".[12] Juízo muito mais frio e redutor, em comparação ao que disse

---

8. Cf. *Thucydide: La guerre du Peloponnèse*, pref. de P. Vidal Naquet (Paris: Gallimard, 2000, p. 642, Folio Classique). Igualmente pertinente é a notação do bom e velho comentário de Ammendola (Nápoles: Loffredo, 1928, p. 175): "É φερέγγυος precisamente quem dá plena fiança e caução [ἐγγύη]: o fidelíssimo".
9. Tecedor de παλαίσματα segundo Aristófanes.
10. Tucídides, VIII, 48.
11. Id., VIII, 68, 4: ἐν τοῖς ξυγκαταλύουσι τὸν δῆμον πρῶτος ἦν.
12. οὔτε εἰπεῖν οὔτε γνῶναι ἀδύνατος.

pouco antes sobre Antifonte: "Pessoa que não fica atrás de ninguém entre os atenienses de sua época no campo da *areté* [*virtù* como qualidade moral], capaz, mais do que qualquer outro, de conceber e expressar suas concepções em palavras".[13]

Terâmenes, portanto, não passa de uma pálida cópia do grande Antifonte. E Tucídides, que os coloca em explícito confronto, sabe também — pois acabou de falar do processo em que Antifonte foi condenado e se defendeu com insuperada maestria — que foi o próprio Terâmenes quem o acusou e quis que fosse condenado à morte de maneira exemplar, para salvar a si mesmo.

II

A página sobre Antifonte é talvez, como aquela em que Péricles é julgado (II, 65), uma das mais importantes de toda a obra tucidideana. Uma página fundamental, sobre a qual meditaram tanto Platão[14] quanto Aristóteles,[15] bem como, em sua esteira, Cícero,[16] mas que é malvista, aliás maltratada, pelos modernos[17] porque revela, como se fosse necessário, que Tucídides foi testemunha do processo contra Antifonte, além de participar de todos os acontecimentos do governo oligárquico.

Essa página é crucial pela revelação com a qual se inicia, mas também, em igual medida, pelo *retrato moral* de Antifonte.

Qualquer um que entenda a língua e o estilo gregos não pode deixar de pensar — diante dessas palavras, com valor de verdadeira epígrafe, "pessoa que não fica atrás de ninguém entre os atenienses de sua época no campo da *areté*", e das subsequentes [κράτιστος ἐνθυμηθῆναι] — na epígrafe com que se encerra o *Fédon* platônico: "Este foi o fim de nosso companheiro, o melhor [ἀρίστου],[18] poderíamos dizer, entre os que conhecemos, e sob todos os outros aspectos o

---

13. Tucídides, VIII, 68, 1: ἀνὴρ Ἀθηναίων τῶν καθ' ἑαυτὸν ἀρετῇ τε οὐδενὸς ὕστερος καὶ κράτιστος ἐνθυμηθῆναι γενόμενος καὶ ἃ γνοίη εἰπεῖν.
14. *Fédon*, 118 a.
15. Fragmento 137 Rose (= 125 Gigon).
16. *Brutus*, 47.
17. Por último, Hornblower, *A Commentary on Thucydides*, v. III, pp. 50-3.
18. Isto é, na *areté*.

mais sábio e o mais justo".[19] E é provável que essa epígrafe seja também uma réplica à "epígrafe" de Tucídides sobre Antifonte: ou seja, que Platão continue a desenvolver no *Fédon* sua contraposição às avaliações tucidideanas, que se percebe em vários diálogos, desde o *Górgias* (515e) — em que são "condenados" os dois grandes do "Panteão" de Tucídides, Temístocles e Péricles — ao *Menexeno*.

No já distante ano de 1846, Franz Wolfgang Ullrich, o fundador, nas pegadas de Karl Wilhelm Krüger, da "questão tucidideana", lançou uma hipótese. Examinou a possibilidade de que o juízo de Tucídides, que aparece nessa mesma passagem, sobre a apologia feita por Antifonte em seu processo por alta traição ("o melhor discurso de defesa numa processo do gênero até minha época"), era uma alusão polêmica à apologia de Sócrates.[20] Entende-se que, contra a opinião dominante, Ullrich tomava por certo que Tucídides morrera após 399 (ano do processo e da morte de Sócrates). De resto, o tom com que o historiador grego, no livro II, descreve a obra civilizatória do soberano da Macedônia, Arquelau (morto em 399), parece um balanço *póstumo* da obra daquele grande soberano. Mas quem acredita na "lenda tucidideana" (isto é, em sua morte violenta no momento do retorno a Atenas em 404 ou 403)[21] não pode acolher tal sugestão de Ullrich.

Agora um documento mostra que Tucídides ainda estava vivo após 398[22] e, portanto, não subsistem impedimentos cronológicos insuperáveis à proposta, formulada por Ullrich e acolhida com preconcebido embaraço por alguns modernos, de que ele teria feito uma polêmica alusão à apologia de Sócrates. Mas se essa hipótese, tomada em si, só pode continuar como hipótese (e é, no entanto, muito atraente e persuasiva caso se pense na oposição entre Sócrates e Antifonte, atestada por Xenofonte nos *Ditos e feitos memoráveis*),[23] ela ganha força à luz da observação inversa, a saber, que o final do *Fédon* ("o melhor

---

19. *Fédon*, 118a.
20. *Beiträge zur Erklärung des Thukydides*. Hamburgo: Perthes-Besser und Mauke, 1846, p. 137, nota 160.
21. É o eixo, mas totalmente conjectural, da biografia antiga.
22. J. Pouilloux; F. Salviat, "Lichas, Lacédémonien, archonte à Thasos et le livre VIII de Thucydides", *Comptes rendus des séances de l'Académie des Inscriptions et Belles-Lettres*, pp. 376-403, 1983. Cf., erroneamente, J. e L. Robert, *Revue des Études Grecques*, v. 97, pp. 468-70, 1984.
23. I, 6.

homem, o mais sábio, o mais justo") tenha em vista e pretenda refutar a drástica afirmação de Tucídides sobre a superioridade moral de Antifonte ("não ficando atrás de ninguém quanto à virtude") *em relação a todos os atenienses de sua época.*

III

No discurso *Contra Erastótenes, que foi um dos Trinta*, datável entre 403 e 401, Lísias define Terâmenes sem rodeios como "o *principal responsável* [αἰτιώτατος] da primeira oligarquia".[24] Mas em que sentido ele foi o principal agente do golpe de Estado?

Tal juízo, decerto enfatizado por Lísias com fins advocatícios, não afeta o juízo tucidideano sobre o papel de Antifonte. O próprio Tucídides diz que Terâmenes era "o primeiro" entre os que se movimentavam para derrubar o regime democrático. E sem dúvida não pretende desmentir o que acabou de dizer na mesma página sobre a inconteste primazia de Antifonte na concepção e condução de todo o memorável empreendimento. Pelo contrário, o sentido dessa expressão em Tucídides é outro: trata-se de uma réplica à mentirosa reconstituição dos fatos que Terâmenes teve de avaliar e enaltecer no período de seu poder em Atenas entre o final dos Quatrocentos e o retorno de Alcibíades. É a refutação, polêmica ("ele estava na linha de frente"!), do que Terâmenes desejava que se afigurasse sua contribuição ao golpe de Estado: que no fundo ele fora acima de tudo o opositor interno e, pouco depois, seu demolidor. Tucídides não nega que, a partir de certo momento, as coisas tenham seguido por esse rumo — aliás, ele é nossa principal fonte precisamente sobre esse aspecto —, mas não pretende que a manipulação da verdade passe despercebida. Ele quer que fique claro que, de início e na primeira fase, Terâmenes estava "na primeiríssima linha" e, além disso, era um dos três mais importantes artífices da revolução oligárquica. Se então, à luz de tudo isso, relermos o elogio concedido logo antes à "lealdade" de Frínico, bem se compreenderá que a ênfase de Tucídides em afirmar que Terâmenes esteve "na linha de frente" da operação que visava a extirpar a democracia significa estigmatizar sua habili-

---

24. Lísias, XII, 65.

dade e confirmar aquilo que, por motivos opostos, os adversários do filho de Hágnon afirmavam a seu respeito e seu excesso de desenvoltura: um oportunista vira-casaca que trouxe consequências fatídicas para seus colegas de aventura política.

Tucídides, Lísias, Crítias, não com grande distância entre si, dizem a mesma coisa. Lísias inseriu no discurso de acusação contra Eratóstenes — um dos Trinta, que matou seu irmão Polemarco quando aqueles decidiram acabar com alguns dos metecos ricos — uma digressão fatal sobre o efetivo comportamento de Terâmenes nos meses cruciais do final da guerra e do imediato pós-guerra. E assim faz porque seu adversário (aliás, como outros também) tentava se salvar proclamando-se "terameniano". Com análoga dureza expressa-se Crítias no discurso que Xenofonte lhe atribui no início do relato da guerra civil ateniense. É o momento de acerto de contas entre os dois, após algumas semanas de governo em comum, sendo ambos expoentes de ponta do Conselho dos Trinta. Estamos em 404. Crítias ataca o rival de surpresa e logo depois ordena sua prisão e execução. E o auto de acusação se concentra na traição que Terâmenes perpetrou sete anos antes, em 411, em prejuízo dos amigos. "Estava na primeiríssima linha entre eles": ἐπρώτευεν ἐν ἐκείνοις.[25] E são as mesmas palavras de Tucídides no capítulo-revelação (VIII, 68): "Estava na linha de frente" [πρῶτος ἦν]. "Mas", prossegue Crítias na transcrição feita por Xenofonte, "quando se deu conta de que se estava formando um bloco de oposição à oligarquia, ele foi o primeiro [πρῶτος] a se pôr à frente da reação popular contra ela. É por isso que tem o apelido de *o coturno* [...]."

Naturalmente Crítias toma bastante cuidado em não lembrar que ele mesmo ajudou (para se salvar!) Terâmenes na obra de demolição da primeira oligarquia, prestando-se ao papel de acusador do finado Frínico e, portanto, de Aristarcos e Aléxicles (testemunhas em seu favor) e até de promotor, *suffragante Theramene*,[26] do retorno de Alcibíades. Mas não é isso que surpreende. Todo político dia a dia cria para si uma coerência própria, num esforço — diria Lucrécio — semelhante ao de Sísifo. Na situação de sua maior força e de confronto decisivo, sem excluir golpes de vida ou de morte, Crítias não pode nem quer ser ameno. Pelo contrário, pode-se notar com alguma surpresa que, na

---

25. Xenofonte, *Helênicas*, II, 3, 30.
26. Cornélio Nepos, *Vida de Alcibíades*, 5, 4.

réplica de Terâmenes em Xenofonte,[27] não há a menor menção àquela óbvia e embaraçosa referência. Terâmenes, no discurso que Xenofonte lhe atribui, contra-ataca sacando uma página "negra" de Crítias que remonta aos anos (407-4) em que se refugiou na Tessália, pois não era mais admitido na Atenas novamente democrática; acusa-o até de ter "sujado as mãos" confraternizando-se com certos grupos de escravos ou servos agrícolas rebeldes a seus senhores. Mas cala sobre a coisa mais óbvia e que Terâmenes decerto teria falado: que o próprio Crítias esteve a seu lado na guinada mortífera de 411, no momento de liquidar os oligarcas mais propensos a salvar a si mesmos.

Por que Xenofonte, que decerto parafraseou as palavras de Crítias com bastante fidelidade, aqui recria as palavras de Terâmenes com maior liberdade, permitindo-se uma omissão bastante curiosa, que enfraquece o contra-ataque terameniano? Há uma explicação possível. Xenofonte está aqui narrando feitos e malfeitos nos quais está diretamente envolvido e comprometido. E sabe muito bem que seus leitores estão a par disso. E assim ele também, tal como Eratóstenes contra o qual se lança Lísias, quer se "salvar" pondo-se sob a luz terameniana. Sem dúvida, ele o faz de modo *indireto*, narrando esses fatos, e construindo nessa narrativa um Terâmenes heroico e vítima, modelo de retidão, amigo apenas da verdade e da justiça mesmo às expensas da própria vida. Por isso seu Terâmenes, cujo final no relato xenofonteano é quase socrático, não pode se lançar a um discurso de cúmplice em relação a Crítias, não pode lhe dizer: mas essa traição dos amigos para nos salvarmos, fizemos juntos e tu foste meu instrumento! Se assim falasse, a imagem do corajoso paladino da justiça e da verdade sairia prejudicada. Por isso o Terâmenes de Xenofonte desmonta as acusações que lhe são dirigidas, contra-ataca falando do que Crítias fez na Tessália, mas sem se referir ao que fizeram juntos naquela turva passagem, quando estavam estreitamente ligados para se salvar eliminando os outros. Embelezar Terâmenes e condenar Crítias serve a Xenofonte para salvar a si mesmo.

Ele imitou Tucídides no esforço de pôr a verdade na boca dos protagonistas de sua história; e aqui o esforço não lhe seria muito grande, pois estava lá, cavaleiro com os Trinta, presente no Conselho[28] protegido por ameaçadores

---

27. *Helênicas*, II, 3, 35-49.
28. Que Xenofonte reproduza fielmente o discurso de Crítias é o que sem dúvida admite S. Usher em "Xenophon, Critias and Theramenes" (*Journal of Hellenic Studies*, v. 88, pp. 128-35, 1968),

guardas de extrema lealdade enquanto se desenvolvia o duelo oratório. Mas se Xenofonte nos deu uma boa paráfrase das palavras de Crítias (que quase poderia se inserir entre seus fragmentos), nas palavras de Terâmenes ele, pelo menos em parte, trapaceou, ou melhor, pecou por omissão.

---

mas recorre à supérflua hipótese de que o texto lhe tenha sido passado por um dos presentes, enquanto Xenofonte, com pouco menos de trinta anos, não podia fazer parte da Boulé. A remissão, a esse propósito, a C. Hignett, *A History of the Athenian Constitution* (p. 224), é imprópria, pois ele se refere à Boulé clistênica, e decerto não à revolucionária dos Trinta, cuja seleção terá sido feita com desenvoltura. Além do mais, Xenofonte provavelmente já tinha trinta anos (como constava para a biografia antiga), visto que, logo depois de Cunassa, foi eleito estratego junto com os novos líderes dos Dez Mil (*Anábase*, III, 1, 47).

19. Frínico, o revolucionário

I

Em 412 Frínico, filho de Estratônides, do demo de Diriádites, era estratego. Atacara com sucesso inicial a frota espartana entrincheirada em Mileto, mas depois tivera de se retirar "com uma meia vitória", diz Tucídides.[1] Eram os meses em que vinha amadurecendo a mais grave crise política de Atenas. Os oligarcas saíam a descoberto depois de décadas de abstinência da política e pensavam que enfim chegara seu momento. Seus clubes secretos (as "heterias") haviam se posto em movimento, não mais como locais de estéreis lamúrias a portas fechadas, mas como possíveis núcleos de ação: começavam a se ligar entre si com vistas a uma ação unitária para a derrubada do sistema democrático.[2] Nos inícios do complô, pensava-se que Alcibíades poderia desempenhar um papel, por exemplo trazer o rei da Pérsia, com a ajuda do sátrapa Tixafernes, para o lado de Atenas. O retorno do exilado Alcibíades para a cidade e a derrubada da democracia pareciam etapas necessárias de um mesmo plano.

1. Tucídides, VIII, 27.
2. Id., VIII, 54, 4: uma passagem de grande relevância para entender como funcionava esse mundo quase invisível.

Frínico já participava das reuniões secretas.³ Mesmo assim, suas origens sociais eram objeto de malevolência. A crermos na hostilidade oratória do discurso judicial *Em defesa de Polístrato* (que se conservou, pois foi incluído no corpus dos discursos de Lísias), Frínico seria "o guardião de rebanhos",⁴ e depois, em idade adulta, vindo para a cidade, iria se dedicar à política, frequentando os tribunais e escolando-se como "sicofanta" — o que, se levarmos ao pé da letra esse termo que costuma ser uma injúria genérica, devia significar que vivia de acusações discutíveis, talvez falsas, mas rentáveis.⁵ Esse defensor de Polístrato tem todo o interesse em apresentar Frínico sob uma luz desfavorável. Estando ele morto, podia até trapacear, diante dos juízes, quanto ao delicado aspecto da presumida origem social baixa (chamava-o até de "*pobre* [πένης]") de um personagem mesmo assim notável. O fato de que foi estratego nos permite entender que, em todo caso, Frínico não devia estar socialmente mal situado. Merece atenção a definição com que Lísias coloca Pisandro e Frínico no mesmo plano: "demagogos".⁶ É fato que Tucídides, que dedica grande atenção a Frínico, registra seus movimentos, relata seus pensamentos e até suas opiniões expressas também em círculos restritos, jamais faz alusão a essas suas origens humildes nem a um "infamante" passado. E em *As vespas* (422 a.C.) Aristófanes fala de Frínico como líder do grupo presumivelmente político, designado com a fórmula "os de Frínico" (v. 1302), embora num contexto grotesco, o da pândega final em que Filoclêon, já livre de suas manias, se comporta como louco. Para Tucídides, Frínico não apenas é homem de grande discernimento, mas assim se conduziu "em todas as circunstâncias em que se empenhou",⁷ e portanto, é evidente, também na mais importante delas, o golpe de Estado contra a democracia. A seu respeito, Tucídides também narra uma verdadeira "lição sobre as relações de força" que ministrou aos outros comandantes atenienses⁸ — lição em que ecoam alguns temas que os legados atenienses haviam expressado com dureza no diálogo com os mélios, em particular uma

---

3. Id., VIII, 48.
4. [Lísias], XX, 11.
5. Id., XX, 12: ἐσυκοφάντει.
6. Lísias, XXV, 9.
7. Tucídides, VIII, 27, 5.
8. Id., VIII, 27, 1-3.

dessacralizante refutação do "senso de honra" que pode levar a escolhas desastrosas.[9]

Mas as palavras decisivas que constituem também um diagnóstico sobre o funcionamento do império ateniense e sua base social, essas palavras Frínico profere — e Tucídides as reproduz pontualmente — quando começam em Samos, pouco tempo depois, os encontros secretos dos conjurados. Ali o historiador parece quase estar redigindo a "ata" de uma sessão de heteria.[10]

Os temas em discussão parecem ser dois: firmar os destinos da iminente ação subversiva chamando de volta Alcibíades, portanto reconhecendo ao incômodo exilado um papel de protagonista; contar que nas cidades aliadas, uma vez tomado o poder em Atenas, haveria uma automática mudança de regime. Em ambos os pontos, nota Tucídides com admiração e concordância, Frínico enxergava mais longe do que os demais. E falava claro (como, aliás, é normal entre os oligarcas, quando não precisam manipular a retórica demagógica). Aos outros parecia plausível e aceitável a proposta de Alcibíades: um acordo com a Pérsia em troca de seu retorno a Atenas, desde que esta não fosse mais uma democracia.[11] Frínico, porém, advertia — conta Tucídides[12] como alguém que esteve ali presente — que a ele Alcibíades não parecia de maneira nenhuma propenso mais a um regime do que a outro; a única coisa que pretendia era poder retornar, de um modo ou de outro, "chamado por sua heteria [ὑπὸ τῶν ἑταίρων παρακληθείς] depois de reconduzida a cidade de sua situação atual de volta à ordem". E aqui Tucídides insere um comentário seu: "O que era verdade!". Acrescentava Frínico que o argumento relativo aos entendimentos com o Grande Rei também lhe parecia errôneo:

> Agora que os peloponesos estavam no mar e tinham tão numerosas cidades sob seu domínio, era improvável que o Grande Rei desse seu apoio ao lado dos atenienses, nos quais, de todo modo, não confiava, podendo até, muito pelo contrário, fazer-se amigo dos peloponesos, que nunca lhe haviam causado nenhum dano.

---

9. Cf. de fato as palavras dos legados atenienses em Tucídides, v, 111, 3.
10. Tucídides, VIII, 48, 4-7.
11. Id., VIII, 47, 2.
12. Id., VIII, 48.

Palavras muito significativas, que evocam o rancor jamais aplacado na Pérsia contra Atenas, pelo papel que desempenhara na revolta da Iônia noventa anos antes. Então Frínico passou a explicar — e Tucídides assegurava que usou exatamente aquelas palavras[13] — que as cidades aliadas oprimidas pelo governo popular ateniense não escolheriam de forma nenhuma continuar de bom grado com Atenas depois do golpe e da instauração de um governo oligárquico ali na cidade: não iam querer "continuar a ser servos, agora da oligarquia" [δουλεύειν μετ᾽ὀλιγαρχίας], queriam se libertar e só; e aqui acrescenta o que Moses Finley depois definiu como "o paradoxo de Frínico":[14] "Não esqueçamos", disse o estratego, "que o império é cômodo também para nós e que grande parte de nossas vantagens materiais provém justamente dele". E disse ainda algo mais percuciente, em vista das circunstâncias e do ambiente em que falava: que a hostilidade dos aliados-súditos continuaria inalterada mesmo depois da mudança de regime, pois estes sabiam muito bem que os crimes do regime democrático contra eles tinham sido instigados e promovidos precisamente pelos "senhores" (os *kalokagathoi*).[15]

Esse debate em que os participantes não têm nenhuma necessidade de praticar a sedução oratória (não tendo matéria-prima humana a quem destiná-la), mas encaram a realidade com firmeza, talvez com uma distribuição de papéis que se forma no curso do próprio debate, é muito semelhante ao que ocorre no diálogo, relembrado com mais frequência, *Sobre o sistema político ateniense*. Reproduzimos algumas frases finais do diálogo:

"Alguém poderia observar que ninguém em Atenas foi atingido pela *atimia*[16] injustamente."

"Digo, pelo contrário, que há alguns que foram atingidos pela *atimia* injustamente, mas são poucos, e não é de poucos que se precisa para derrubar a democracia em Atenas."[17]

---

13. Id., VIII, 48, 5: εὖ εἰδέναι, ἔφη, κτλ.
14. "The Fifth-Century Athenian Empire: A Balance Sheet", no volume organizado por P. D. A. Garnsey e C. R. Whittaker, *Imperialism in the Ancient World* (Cambridge: Cambridge University Press, 1978, p. 123).
15. Tucídides, VIII, 48, 6: τούς τε καλοὺς κἀγαθοὺς ὀνομαζομένους [...] ποριστὰς καὶ ἐσηγητάς.
16. Privação dos direitos políticos.
17. [Xenofonte], *Sobre o sistema político ateniense*, III, 12. Cf. supra, Primeira parte, cap. 4.

E, pouco depois, a conclusão, por obra, diríamos, do interlocutor que abriu a questão ("Sobre quantos *atimoi* podemos contar?") é a seguinte: "À *luz desse cálculo* [ταῦτα λογιζόμενον] é inevitável concluir que os *atimoi* não constituem uma séria ameaça ao regime democrático".[18] É o mesmo procedimento racional que preside ao debate entre Frínico e os outros conspiradores sobre duas questões cruciais: o que fará Alcibíades, o que farão os aliados. É o tom dos diálogos postos em cena por Platão (em que se procura a verdade, não se tenta arrancar a concordância); é o tom das discussões na heteria nas vezes em que é preciso passar à ação, e não apenas instigar os "eteros" ao ódio contra o poder popular, talvez inventando detalhes históricos falsos, como fizera Andócides no *Discurso à sua heteria*.[19]

II

Mas Frínico vai ainda além nesse "jogo de verdade" que é a discussão entre oligarcas. Chega a dizer que tinha por certo que a opinião predominante nas cidades súditas era: "Se dependesse apenas dos 'senhores', podiam esperar apenas violência e condenações sumárias sem processos regulares", ao passo que, por outro lado, o demo ateniense constituía pelo menos um freio em relação aos senhores [ἐκείνων σωφρονιστήν] e (até) um "refúgio protetor" [καταφυγήν!].[20] E concluía assegurando aos presentes, depois de uma declaração tão perturbadora: "Tenho por certo que assim pensam os aliados porque a experiência concreta os levou à clara compreensão desse estado de coisas".[21] Difícil imaginar um debate mais desinibido, no qual se podem dizer *também as verdades* mais desagradáveis. No diálogo *Sobre o sistema político ateniense*, o interlocutor principal (em última análise, o próprio Crítias) defendia outra

18. Também Frínico incentiva que *se calcule a relação de forças* quando detém os outros comandantes, após o semifracasso do ataque ateniense a Mileto (Tucídides, VIII, 27, 2).
19. Ele inventara que os atenienses da época profanaram a tumba de Temístocles, mesmo sepultado em terras asiáticas. Plutarco, *Vida de Temístocles*, 32, comenta: "Mente com o fito de atiçar os oligarcas contra o demo".
20. Tucídides, VIII, 48, 6.
21. Id., VIII, 48, 7.

tese: que o "povo soberano" reinante em Atenas é o principal explorador e opressor dos aliados-súditos. O autor desse diálogo se concede a liberdade intelectual de reconhecer a coerência, ainda que retorcida, do poder popular, mas não pode renunciar à sua visão esquemática e facciosa segundo a qual apenas os "senhores" encarnam a *eunomia*, o "bom governo". Frínico se aprofunda muito mais e escava sem reservas o ponto mais doloroso e constrangedor: o império e a exploração dos aliados são cômodos também para nós. É um diagnóstico muito mais desencantado e também (segundo Tucídides) mais produtivo em termos políticos. Um diagnóstico que, expondo a comunhão de interesses imperiais entre senhores e povo, explica também por que esse compromisso pôde durar tanto tempo.

Tucídides está de pleno acordo com esse diagnóstico, o qual, porém, saiu derrotado na discussão entre os conjurados. E é por isso que, algumas páginas mais adiante, em sua acuradíssima crônica do golpe de Estado, confere relevo a um episódio à primeira vista marginal, mas que lhe serve como contraprova da exatidão da análise de Frínico. Quando os conjurados, ainda antes de passar à ação diretamente em Atenas, derrubam os regimes democráticos em algumas cidades aliadas, tem-se como efeito, em pouco tempo, a pura e simples defecção. E ele apresenta o exemplo de Tasos, em que, decorridos apenas dois meses após a mudança de regime, a cidade se passa para o inimigo. E Tucídides comenta:

> Portanto, em Tasos ocorreu o exato contrário do que esperavam os fautores da oligarquia; e, a meu ver, ocorreu a mesma coisa em muitas outras cidades súditas. Uma vez *reconquistada a sabedoria* [fórmula oligárquica para dizer: *derrubada a democracia*],[22] as cidades, entendendo que podiam agir impunemente [em outros momentos, Atenas interviria militarmente para devolver pela força os democratas ao poder], *moveram-se sem hesitação rumo à liberdade*, obviamente muito preferível a uma ambígua *eunomia* concedida por Atenas.[23]

Essa é uma passagem tucidideana de extraordinária importância. É, além do mais, uma das passagens em que Tucídides apresenta de maneira direta seus

---

22. σωφροσύνην λαβοῦσαι. Para σωφροσύνη = governo não democrático e, portanto, bom governo, cf. Platão, *Górgias*, 519a.
23. Tucídides, VIII, 64, 5.

pontos de vista políticos: o que lhe ocorre com mais frequência do que o normal precisamente nesse longo diário da crise de 411. (Pense-se na avaliação nitidamente positiva do governo terameniano dos Cinco Mil, como "primeiro verdadeiro bom governo em Atenas".) Mas essa passagem é extraordinária também em outro plano mais profundo, inerente à própria concepção da historiografia que Tucídides materializa na empiria da escrita. O estudo da política viva é para ele a única verdadeira forma de conhecimento histórico: daí a ênfase no valor exemplificativo dos eventos considerados em seu próprio desenvolvimento em relação aos diagnósticos e prognósticos de que o verdadeiro e, portanto, clarividente político se mostra capaz. Frínico viu o que os outros não quiseram entender, mesmo tendo sido alertados. E por isso irão de encontro ao fracasso: a experiência de um governo enfim não dominado pelos humores populares e pela necessidade de atender a eles (isto é, a democracia) malogrará quando até Eubeia vier a se separar do império, e então tentarão se proteger liquidando o governo de Antifonte, Aristarco e companheiros. Desfecho que representa uma grande, mas estéril, vitória póstuma de Frínico (que nesse ínterim foi assassinado em circunstâncias jamais de todo esclarecidas).

Tucídides participou diretamente dessa discussão em que Frínico enxergou as coisas com clareza, mas saiu vencido. De outra maneira, não se entenderia por que o historiador, entre todo o debate e as opiniões expressas naquela sessão decisiva em que tiveram início as operações que, pouco tempo depois, levaram os oligarcas ao poder, concede espaço quase exclusivamente ao discurso de Frínico, com o qual se identifica. Tal seleção é uma escolha inteiramente sua e muito significativa. Diante de um fenômeno desse gênero, afigura-se bastante ingênua a invenção, à qual alguns intérpretes se veem obrigados, de um solícito "informante", uma espécie de "duplo", a quem Tucídides deveria tudo o que sabe a respeito da crise de 411.[24] (Invenção que deriva da ideia preconcebida do isolamento do historiador de 424 a 404, num exílio de vinte anos, impedido assim de ter acesso aos locais e às circunstâncias decisivas dos acontecimentos que narra, tão visivelmente, em primeira mão.) Além do mais, seria

---

24. Como Dover em A. W. Gomme, A. Andrews, K. J. Dover, *A Historical Commentary on Thucydides*, v. v (livro VIII), p. 310: "*Thucydides' Informant Left Athens at the Fall of the Four Hundred*". Na verdade, foi o próprio Tucídides que deixou Atenas, depois de se expor demais nessa aventura, que a certo momento o arrebatou (cf. VIII, 68, 4).

preciso criar na imaginação bem mais do que um "duplo": um "informante" dotado das mesmas predileções intelectuais e políticas e da mesma sensibilidade de Tucídides. Em suma, uma "sombra", um segundo Tucídides, mas por sorte não exilado e, portanto, com liberdade de movimento no coração do império ateniense (nesse caso específico, junto à frota de Samos). Ou, pior, teríamos de imaginar que o Tucídides "visível" e por nós conhecido era, na verdade, e ainda por cima em páginas entre as mais importantes de toda a obra, não mais do que um subalterno repetidor do que o duplo lhe passava, bem como — na falta de conhecimentos diretos e de primeira mão — necessariamente alinhado com as escolhas, opiniões políticas, juízos e predileções daquele duplo. Em suma, o Tucídides mestre, há uns dois milênios, de historiografia política seria apenas o signatário da obra que chegou até nós, enquanto o verdadeiro autor seria um desconhecido (seu "duplo", justamente), cujo pensamento histórico-político diante do fato gigantesco da crise da democracia ateniense, "depois de cem anos de poder popular ininterrupto",[25] foi, para nossa sorte, levado muito a sério pelo Tucídides "visível" e por nós conhecido, a quem, em todo caso, caberia o mérito de ter sabido escolher seus colaboradores. Esse formidável desconhecido nos faz pensar naquele napolitano "Don Michele" — prazerosamente apresentado por Benedetto Croce — que pretendia ser o verdadeiro artífice do plano de batalha e, portanto, da vitória de Austerlitz: "O bom gênio de Napoleão"![26]

III

As propostas, as análises e as sugestões de Frínico saíram derrotadas naquele debate secreto. Mas, como observa Tucídides, tendo tido a sorte de presenciar de perto a obra desse punhado de homens "de valor" (como os define),[27] os oligarcas têm um ponto fraco: são incapazes de concórdia, em especial quando tomam o poder sobre os escombros de um regime democrático.[28]

---

25. Tucídides, VIII, 68, 4.
26. *Curiosità storiche*. Nápoles: Ricciardi, 1921, p. 204.
27. Tucídides, VIII, 68, 4: ἀπ'ἀνδρῶν πολλῶν καὶ ξυνετῶν πραχθὲν τὸ ἔργον οὐκ ἀπεικότως καίπερ μέγα ὂν προυχώρησεν.
28. Id., VIII, 89, 3: um pensamento que agradou, como já observado, a Aristóteles, *A política*, V, 1305b 22-30.

Iniciou-se entre eles uma rivalidade que se traduziu numa grave discórdia operacional.

E talvez Frínico também tivesse subestimado a ativa e hábil presença, no topo da conspiração, de um ex-líder democrático cinicamente bandeado para o outro lado, Pisandro, do demo de Acarnes. Claro, um tirocínio tão movimentado rende frutos. Pisandro deu o xeque em Frínico.

20. Frínico cai e se reergue: variações sobre o tema da traição

I

Guillaume Guizot, o hábil ministro de Luís Filipe, definia o marquês de Lafayette como "ornamento de todas as conspirações", pois seu nome, por cerca de meio século, aparecia pontualmente em todas as conspirações, e ainda durante a Restauração, quando grupos de carbonários pululavam nos ambientes militares bem depois do retorno dos Bourbon ao trono da França.

Alcibíades, em relação à crise crônica e às convulsões políticas desde a paz de Nícias (421) ao governo dos Trinta (404), poderia parecer o Lafayette da República ateniense. Com apenas trinta anos, em 421, era ele quem tramava para fazer cair a paz recém-estipulada; dois anos mais tarde, foi o grande articulador da fracassada coalizão derrotada em Mantineia; em 415, era o principal suspeito no temporal dos escândalos sacros, aos quais decerto não esteve alheio, e que, apesar do sarcasmo de Tucídides sobre o alarmismo patológico da mentalidade democrática, encobriam uma conspiração política. No período que passou em Esparta e, depois, no entourage do sátrapa Tissafernes, Alcibíades conseguiu despertar as suspeitas de todos. Em 411, ocupou o centro de todas as manobras em ação, mais como potencial ou presumível cúmplice do que como promotor. E apareceu como o homem sem o qual não se podia vencer, sem o qual a Pérsia continuaria a ser hostil, mas que só retornaria à cidade após uma mudança de regime ou, pelo menos, não — como mandou dizer aos conspiradores — "sob a democracia, culpada por me ter expulsado".[1]

Para os mais ativos entre os conjurados — mas não para Frínico —, Alcibíades era o eixo que deveria nortear toda a ação. Por isso enviaram Pisandro a Atenas, para que preparasse o terreno para o retorno de Alcibíades e a mudança do regime.[2] Mas subestimaram Frínico.

O movimento feito por Frínico foi mortal. Informou o navarco espartano Astíoco, estacionado em Mileto,[3] sobre a iminente troca de posição de Alcibíades: este, escreveu Frínico a Astíoco, preparava-se "para vos atingir promovendo a aliança de Tixafernes com os atenienses". Acrescentava, para explicar seu gesto aos olhos do inimigo, que não podia deixar de tentar bloquear um adversário pessoal seu e prejudicial para a cidade.[4] Astíoco informou de imediato Alcibíades, que logo informou os comandantes atenienses estacionados em Samos. Frínico, em grave dificuldade, escreveu mais uma vez a Astíoco, lamentando muito que o segredo tivesse sido violado de forma tão clamorosa, mas não se rendeu; pelo contrário, aumentou a aposta em jogo. Disse-lhe que estava disposto a trair toda a frota de Samos e chegou a lhe fornecer detalhes militares preciosos para um eventual ataque surpresa contra a ilha, "naquele momento totalmente indefesa [ἀτείχιστος]"; e também dessa vez explicava que não poderia aceitar (caso Alcibíades vencesse a partida) cair nas mãos de seus piores inimigos. Astíoco, também dessa vez, contou tudo a Alcibíades. Mas Frínico conseguiu reconhecer a tempo que Alcibíades se preparava para denunciar tudo isso aos atenienses; assim, num golpe de surpresa, antecipou sua jogada e se precipitou a Samos, anunciando com o máximo alarme que os espartanos se preparavam para atacar, aproveitando a falta de defesas, e a altos brados sugeriu que era necessário erguer depressa uma muralha defensiva. E de fato os atenienses a providenciaram com extrema rapidez. Nesse ponto chegou a carta de Alcibíades, que denunciava Frínico e dizia textualmente: "Frínico está traindo o Exército e os inimigos se preparam para atacar". Mas, naquela altura,

---

1. Tucídides, VIII, 47, 2.
2. Id., VIII, 49.
3. Poucas semanas antes, combatera contra eles justamente em Mileto.
4. Tucídides, VIII, 50, 2.

foi a carta de Alcibíades que despertou suspeitas: como, perguntavam-se, podia ele saber de antemão dos planos do inimigo? Claro, disseram, fora por pura inimizade que ele havia inventado que Frínico era cúmplice dos espartanos (enquanto tinha era o mérito de ficar sabendo a tempo dos planos do inimigo[5] e se apressara em dar o alarme!). Portanto — conclui Tucídides, que conhece nos mínimos detalhes os pensamentos e as jogadas de Frínico, mas também dos comandantes atenienses em Samos —, a carta de Alcibíades foi um fracasso: não prejudicou Frínico em nada, mas, pelo contrário, serviu para confirmar a veracidade do alarme que ele lançara. Em suma, no fim foi Alcibíades que pareceu "não crível".[6]

II

Enquanto Alcibíades, ignorando o malogro de sua contramanobra, se empenhava em corroer a confiança de Tixafernes nos espartanos,[7] Pisandro desembarcava com seus homens em Atenas. Apresentava-se como enviado da frota de Samos e falou diante da assembleia popular — continuava a ser, na opinião corrente, um "demagogo" de longo curso. Em síntese, seu discurso foi: era-lhes oferecida a possibilidade de ter o Grande Rei como aliado e, assim, de derrotar os espartanos; as condições: a) determinar o retorno de Alcibíades, b) e, por isso, "fazer a democracia *funcionar de outra maneira*".[8] Essa fórmula é uma joia, um ápice da mistificação linguística da palavra "política". Pisandro está preparando a trama cujo objetivo é a derrubada do regime democrático, mas precisa ganhar o consenso e, assim, inventa a fórmula "é preciso *outra democracia*", "não podemos continuar a praticar a democracia à maneira habitual", se quisermos que "Alcibíades retorne e nos traga a aliança com a Pérsia".

Tucídides relata com grande precisão de detalhes o andamento dessa assembleia e os esforços de habilidade e de dialética que Pisandro continuou a prodigalizar no agitado curso da sessão. É bastante curioso (note-se aqui *per*

---

5. A espionagem foi um instrumento permanente no decorrer do conflito.
6. Tucídides, VIII, 51.
7. Id., VIII, 52: προθύμως τὸν Τισσαφέρνην θεραπεύων προσέκειτο.
8. Id., VIII, 53, 1: μὴ τὸν αὐτὸν τρόπον δημοκρατουμένοις.

incidens) que, à diferença do que lhe é costumeiro, Tucídides, ao introduzir Pisandro em cena, também descreve com vivacidade suas ações e comportamentos, mas não o "apresenta" ao leitor e não fala de seus antecedentes, o mais importante dos quais fora seu papel, enquanto líder democrata-radical, na comissão de investigação dos escândalos sacros, em 416-5. Ele tinha sido essencialmente um dos principais acusadores de Alcibíades, cujo retorno agora defendia com tenacidade. Talvez trate-se aí da sabida relutância de Tucídides em falar com clareza sobre aquele episódio.[9] Mas é mais provável que se trate de um indício compositivo. Com efeito, essas páginas[10] constituem seu "diário" do golpe de Estado, escrito dia a dia, seguindo os fatos; daí a imediaticidade com que os personagens entram em cena, sem o distanciamento perspectivo com que o historiador, na redação definitiva, *adota o ponto de vista do leitor* e, em consequência, a distância cronológica dos fatos (como fica claro em fórmulas como "o qual na época era [...]"). Mas voltemos à assembleia de Pisandro.

A reação a suas propostas, embora hábeis, foi áspera e muito negativa. Não agradou em absoluto aquela alusão lançada com desenvoltura a "outra democracia". "A grande parte intervinha neste preciso ponto: a democracia",[11] que, é evidente, corria o risco de deixar de sê-lo, uma vez imposta a condição de "dirigi-la de outra maneira". Além disso, havia os vários inimigos pessoais de Alcibíades, que "gritavam" [διαβοώντων] que era inadmissível que ele retornasse à cidade depois de ter "violado as leis" [βιασάμενος τοὺς νόμους]. E havia também os grupos sacerdotais, os Eumólpidas e os Kerykes, que se puseram a relembrar de ponta a ponta quais tinham sido os crimes contra a religião, pelos quais Alcibíades decidira se exilar. Então Pisandro, habilidoso manipulador de assembleias, subiu de novo na tribuna e, diante desse fogo cerrado de objeções e protestos, adotou uma tática insólita para um líder, mas típica do grande acumpliciador: fazia com que cada opositor[12] se aproximasse — chamando-os um a um pelo nome — e a cada um individualmente colocava a mesma pergunta:

---

9. Cf. supra, cap. 12.
10. Tucídides, VIII, 45-98.
11. Id., VIII, 53, 2: περὶ τῆς δημοκρατίας.
12. Ibid.: ἠρώτα ἕνα ἕκαστον παράγων τῶν ἀντιλεγόντων.

> Os peloponesos já têm no mar frotas não inferiores às nossas, podem contar com cidades aliadas muito mais do que nós, o Grande Rei os financia junto com Tixafernes, enquanto nossas finanças estão a seco; assim, que outra esperança de salvação tem a cidade, a não ser tentar que o Grande Rei passe para nosso lado?[13]

O outro não sabia o que responder à pergunta se havia *outra* via de salvação. E nesse momento Pisandro acossava:

> Mas isso não poderá ocorrer se não decidirmos tornar nosso sistema político *mais sábio* e transferir o comando para os poucos:[14] apenas assim o Grande Rei confiará em nós. Neste momento, o que está em jogo não é o sistema político, mas a própria salvação; mais adiante, se a coisa não nos agradar, poderemos novamente mudar. E façamos retornar Alcibíades, que hoje é o único capaz de realizar isso.[15]

Mestre na negociação direta e nas promessas enganosas, pois empenhado em obter resultados, Pisandro é perfeito em seu papel de ex-demagogo passado a serviço dos oligarcas e, por isso, precioso para eles enquanto capaz de se fazer ouvir pelo povo e de tocar as cordas certas. Solta a palavra mais pesada ("os poucos") e, logo a seguir, a mais indigesta para a mentalidade democrática: "Um sistema político *mais sábio* [σωφρονέστερον]". Conhecemos esse uso de σωφροσύνη.[16] Mas de imediato concede, bem sabendo que estava mentindo: "Se algum dia a coisa não nos agradar, podemos mudar tudo de novo". E derruba as resistências. De início o povo mal suportava "a referência à oligarquia" (Pisandro pronunciara a expressão mais odiada, "os poucos"), mas, persuadido pelo líder de que não havia outra via de salvação, "teme e espera ao mesmo tempo". Assim se expressa Tucídides, bom conhecedor da psicologia de massas.[17] O povo está temeroso porque entrevê a derrota militar e só pode receá-la, mas também porque conhece o espírito opressor e vingativo dos oligarcas. Porém tem também uma

---

13. Ibid. Diante desse relatório, fica realmente difícil acreditar na existência de um "informante" como fonte sobre tudo isso a respeito do exilado Tucídides.
14. ἐς ὀλίγους μᾶλλον τὰς ἀρχὰς ποιήσομεν.
15. Tucídides, VIII, 53, 3: diz sem circunlóquios, quando falam do golpe oligárquico em Tasos, "recuperada a sabedoria". Cf. supra, cap. 19.
16. Id., VIII, 64, 5.
17. Desde que não seja preciso atribuir também essas qualidades ao "informante"…

autoilusão à qual se agarrar (foi-lhe presenteada por Pisandro com seu ignóbil "algum dia sempre se pode mudar") — por isso Tucídides não diz "esperavam" [ἤλπιζον], mas utiliza ἐπελπίζω, que significa propriamente "manter-se à tona alimentando uma esperança". E assim, conclui ele, o povo "cedeu" [ἐνέδωκεν].

É sábia a construção dessa frase, que se fecha com a declaração de um *desmoronamento* de resistências que, para o demo, constituíam um reflexo condicionado: recusa do predomínio dos "poucos", recusa do perene *acusado* de aspirar à tirania, isto é, Alcibíades. Aqui Tucídides registra a primeira *capitulação* da assembleia à pressão oligárquica; outras se seguiram nas semanas seguintes até a liquidação, por obra da própria assembleia popular, já enfraquecida, dos pilares garantidores do mecanismo democrático. Mas por ora votaram um decreto que colocava tudo nas mãos de Pisandro (afinal, não fora ele, até alguns anos antes, um predileto do povo?): que se incumbisse ele, da melhor maneira possível, com uma comissão de dez, de tratar as duas questões, que no fundo se reduziam a uma só, Tixafernes e Alcibíades.

Obtido esse sucesso, Pisandro — verdadeiro político que não esquece nada — pensou em liquidar Frínico. Antes de deixar a assembleia, fortalecido pelo êxito, pediu e obteve a deposição de Frínico do cargo de estratego com a acusação (inventada) de traição: entregara, assim afirmou ele, Iaso ao inimigo. (Era uma meia verdade: Tixafernes pôde tomar Iaso de surpresa porque Frínico sugerira aos outros comandantes atenienses que não enfrentassem as forças opressoras dos espartanos em Mileto.[18] Mas Frínico, segundo seu avaliador Tucídides, não errara ao dar esse conselho, visto que as relações de força eram de fato desfavoráveis.) Por que esse ajuste de contas entre oligarcas? Tucídides explica, com sua habitual lucidez: porque Frínico era, segundo Pisandro, um sério elemento de perturbação na manobra em curso para a reaproximação com Alcibíades.

III

Isso Pisandro fez às claras. Mas havia também outra realidade submersa, invisível, da qual, porém, Tucídides está a par.[19] Antes de deixar Atenas para se

---

18. Tucídides, VIII, 27-8 (sobretudo 28, 2-3).
19. Id., VIII, 54, 4.

desincumbir da missão que lhe foi confiada pelo povo, Pisandro percorre "todos os grupos secretos que desde antes eram ativos na cidade pelas exigências eleitorais e judiciárias".[20] Visita *todos* eles, incentivando-os a "se unir e tomar decisões em conjunto para derrubar a democracia".[21] A trama oligárquica é dupla: de um lado, os conjurados que se encontraram em Samos e pensam ter Alcibíades como principal trunfo; de outro lado, as heterias, "os vários grupos secretos operantes desde sempre". E, de fato, quando Pisandro voltar a Atenas para a culminância final, descobrirá que o grosso da "tarefa" já foi feito. Tucídides o diz clara e repetidamente: "Naquela época e já desde antes a democracia em Atenas estava sob ataque";[22] "Pisandro e os seus chegam a Atenas e descobrem que *o grosso da tarefa* já foi realizado pelos eteros".[23] Linguagem alusiva: "o grosso da tarefa" [τὰ πλεῖστα προειργασμένα]. E logo a seguir explica de que "tarefa" se trata: de fato, haviam matado Ândrocles, um dos chefes populares que mais se bateram pela expulsão de Alcibíades. Os eteros tinham recebido instruções de Pisandro em sua parada anterior em Atenas e assim entenderam que deviam favorecer o retorno de Alcibíades. Daí a decisão de eliminar aquele obstinado defensor da legalidade, acusador público de Alcibíades. Não sabiam que, nesse ínterim, a posição em relação a Alcibíades mudara, mas, em todo caso, com o terrorismo descaradamente impune conseguiram paralisar o povo, ou a parte mais ativa dele, e enfraquecer as veleidades de reação. Mas não antecipemos os acontecimentos.

Pisandro conhece aquela estrutura secreta fragmentada em vários grupos, normalmente com a finalidade de garantir a vitória dos amigos nas eleições e de aparar nos limites do possível os golpes dos tribunais, em geral perseguindo os ricos. Também Platão, sobrinho de Crítias, conhecia bem essa realidade. Em *Teeteto*, menciona a influência das "heterias" nas eleições (173d) — além de seu costume de fazer algazarra em alegres banquetes com as flautistas — e, em *A República*, fala das heterias como organizações secretas (365d). Um discurso judiciário que veio a ser incluído entre os de Demóstenes se detém com detalhes

---

20. [...] τάς τε ξυνωμοσίας αἵπερ ἐτύγχανον πρότερον ἐν τῇ πόλει οὖσαι ἐπὶ δίκαις καὶ ἀρχαῖς (VIII, 54, 4).
21. [...] ξυστραφέντες καὶ κοινῇ βουλευσάμενοι καταλύσουσι τὸν δῆμον (VIII, 54, 4).
22. Tucídides, VIII, 63, 3. É isso que significará κατελέλυτο. A narrativa segue paralelamente outros teatros de operação. Quando a narrativa se desloca, a cronologia recua.
23. Id., VIII, 65, 2: καταλαμβάνουσι τὰ πλεῖστα τοῖς ἑταίροις προειργασμένα.

no mecanismo de fabricação de falsos testemunhos, utilizado pelas heterias para salvar seus adeptos em apuros diante de um tribunal.[24]

IV

Até aqui, Pisandro parece vitorioso em todas as frentes: Alcibíades será aprovado; a assembleia, mesmo relutante, o engoliu Frínico está liquidado, as heterias foram alertadas e conduzidas à unidade de ação, e ele, ex-demagogo, passará para a história como o artífice da mais impensável mudança.

Mas nem tudo segue conforme o previsto. A grande política reserva surpresas. E Alcibíades era um elemento imprevisível. Para Tixafernes, o objetivo era desgastar os dois; para Alcibíades, era comandar sozinho o jogo, deixar de ser usado pelos oligarcas, que agora pareciam atiçados com seu retorno. Para indicar sua posição de vira-casaca, Tucídides utiliza uma expressão que se refere precisamente à mudança de aparência: "Adota essa outra cara!".[25] Mas ele quer se aprofundar ainda mais na compreensão das dinâmicas mentais desses inquietantes protagonistas do novo e inédito jogo a três (não só Atenas-Esparta-Pérsia, mas também oligarcas-Alcibíades-Tixafernes). E arrisca que Alcibíades escolheu, sim, a linha de sugerir a Tixafernes pretensões cada vez mais inaceitáveis a fim de malograr as negociações com os atenienses, pois no fundo não estava nem um pouco persuadido de que conseguiria de fato trazer Tixafernes para seu lado; e que Tixafernes, por sua vez, tinha o mesmo objetivo de Alcibíades, embora por razões diferentes.[26] De fato, as pretensões de Tixafernes — no colóquio com os atenienses, na presença de Alcibíades — fizeram-se tão exorbitantes que os emissários atenienses liderados por Pisandro abandonaram as conversações tomados de cólera.[27] E Tixafernes naquele ponto pôde logo estipular o terceiro acordo com os espartanos.[28] Com isso, a manobra que ligava o retorno de Alcibíades à mudança de regime em

---

24. [Demóstenes], LIV, 31-7.
25. Tucídides, VIII, 56, 2: τρέπεται ἐπὶ τοιόνδε εἶδος. A expressão com nuances semelhantes aparece também no discurso de Hermócrates em Camarina (Tucídides, VI, 77, 2).
26. Id., VIII, 56, 3.
27. Id., VIII, 56, 4: δι'ὀργῆς.
28. Id., VIII, 58 dá o texto integral, em ático.

Atenas e à passagem da Pérsia para o lado de Atenas (sobre a qual se apoiava o complô) fracassava em definitivo.

Assim, Alcibíades evitava *in extremis* o erro de voltar a Atenas na onda de um *golpe* oligárquico; Frínico retornava à cena em grande estilo, como aquele que havia entendido tudo desde o começo; mesmo assim, a máquina do golpe de Estado, já em movimento, prosseguia da mesma forma, irrefreável (e talvez irresistível, dado o desgaste das resistências internas em Atenas), mas com outro equilíbrio de forças no topo da conspiração. Tucídides aponta o fato, mais uma vez mostrando-se plenamente atualizado sobre os entendimentos secretos, os temores e os projetos de Frínico. É sempre Pisandro quem aparece exteriormente: é ele quem volta a Atenas após a malograda missão junto a Tixafernes e Alcibíades e descobre "que o grosso da tarefa já foi realizado pelas heterias", às quais ele mesmo, na primeira estada, dera as instruções operacionais; é ele quem "se encarrega de concluir a tarefa";[29] é ele quem, na assembleia realizada em Colono (ou seja, local insólito), apresenta e consegue aprovar as propostas que anulam os dois eixos da democracia (as acusações por ilegalidade e o salário para os cargos públicos); é ele quem implanta o procedimento pseudoeletivo (na verdade, de cooptação) do qual nascem os Quatrocentos e faz com que lhes concedam plenos poderes, inclusive o de depor o Conselho dos Quinhentos, esteio e símbolo da democracia clistênica.

E, apesar de tudo, revela Tucídides, Pisandro era apenas quem operava a descoberto[30] (precioso para enfrentar e manobrar uma assembleia), mas o verdadeiro idealizador e estrategista de toda a trama era Antifonte, desde muito tempo antes.[31] E é a Antifonte que Tucídides dedica, como se sabe, o retrato mais admirador que se lê em toda a obra (afora o de Péricles).[32] Ele quer completar o retrato dos *verdadeiros* líderes e completa o tríptico Antifonte, Frínico, Terâmenes, concluindo com o célebre comentário:

> Em suma, tal empreendimento, precisamente por ter sido realizado por homens de tanto valor, teve necessariamente, por maior que fosse, um bom final. Pois era

---

29. Id., VIII, 67, 1: τῶν λοιπῶν εἴχοντο.
30. Id., VIII, 68, 1: ἐκ τοῦ προφανοῦς.
31. Ibid.: ἐκ πλείστου.
32. Tucídides, II, 65.

obra árdua pôr freio à liberdade do povo ateniense, passados cem anos desde a expulsão dos tiranos — um povo não só jamais submisso a outros, mas, pelo contrário, habituado a comandar outros por mais da metade daquele século.[33]

(Um verdadeiro condensado de fraseologia oligárquica: "Pôr freio [παῦσαι] à liberdade do povo".) Sobre Terâmenes, filho de Hágnon[34] — nomeado aqui pela primeira vez —, diz sem reservas que "*era o primeiro*[35] entre os que derrubaram a democracia".[36] E quanto a seu valor, é muito sucinto: "Decerto não incapaz de falar nem de planejar". Mas faz questão de incluí-lo entre os três *maiores responsáveis* pelo empreendimento.

Logo a seguir, porém, acrescenta Frínico. Este fora liquidado — ou melhor, Pisandro se iludira pensando que o liquidara, conseguira sua deposição do cargo de estratego com a acusação de traição, por ter cedido Iaso ao inimigo. Dessa forma, pensava Pisandro, sua ascensão ficava bloqueada em definitivo, agora que se instaurara o novo regime. Mas todos os cálculos caíram por terra depois que Alcibíades virou a casaca. Claro que, nesse momento, Frínico reentrava em cena: fora ele quem preconizara desde o primeiro momento, em meio à incredulidade geral, que Alcibíades não tinha nenhum interesse em voltar com a ajuda deles. E como não se dera por vencido após o golpe infligido por Pisandro, agora podia retomar a posição de primeiro plano que, segundo Tucídides, tivera desde o primeiro momento: "*Ostentava mais do que todos os outros* seu zelo pela instauração de uma oligarquia". Era a via mais direta para retomar altura. Agora ele temia sobretudo Alcibíades: "Sabia, de fato", explica Tucídides, "que Alcibíades tinha conhecimento do que ele fizera em Samos com Astíoco",[37] mas tinha certeza de que agora, num regime oligárquico, não conseguiria retornar.

Paradoxal entrelaçamento de verdades e falsidades. A acusação contra Frínico, lançada sem rodeios por Pisandro, fora de *traição*. Mas era uma acusação falsa, porque Frínico não "cedera Iaso ao inimigo" de maneira nenhuma; no máximo, demonstrara aos outros comandantes que aceitar de novo uma

---

33. Id., VIII, 68, 4.
34. O fundador de Anfípolis, certamente bem conhecido a Tucídides também por esse fato.
35. πρῶτος ἦν.
36. Sobre isso, cf. supra, cap. 18, § III, p. 306.
37. Tucídides, VIII, 68, 3.

batalha em Mileto não era sábio, o que trouxe como consequência a perda de Iaso. No entanto, Frínico de fato traíra — mas não naquele momento, e sim quando revelara os planos atenienses a Astíoco, chegando a lhe sugerir que atacasse Samos ainda desguarnecida. E no entanto se salvara, antecipando-se a Alcibíades, que estava para desmascará-lo; aliás, até conseguira dar a impressão de que tinha salvado Samos a tempo do iminente ataque inimigo. Traíra, portanto, mas não pelas falsas razões alegadas por Pisandro, e, de todo modo, apenas Astíoco e Alcibíades tinham conhecimento da coisa. Por outro lado, protegera-se oportunamente contra as possíveis consequências de sua traição inconcluída.

Para quem se encontra no topo, a traição está sempre ao alcance da mão. O próprio Alcibíades fora e continuava a ser um exemplo imponente e indecifrável: ainda não se conseguia entender de que lado ele estava naquele momento. Se a isso se acrescentar o espírito de facção, desaparece todo e qualquer escrúpulo ético. Pois não é Crítias a teorizar que, por sorte, Atenas não é uma ilha, porque em tal caso "seria impossível abrir as portas ao inimigo"?[38]

V

Após a ascensão, a veloz curva descendente (nem quatro meses)[39] dos Quatrocentos desembocou na "traição", mas de modo desastroso. Tinham partido da ideia, que parecera decisiva, de que "apenas estando nós no governo Alcibíades retornará e venceremos a guerra". Esse fora o argumento com que Pisandro vencera as resistências da assembleia durante sua primeira missão em Atenas. E continuara a repetir esse lema. Mas, no momento decisivo, Alcibíades

---

38. [Xenofonte], *Sobre o sistema político ateniense*, II, 15. Para sermos exatos, diz: "Aos atenienses falta apenas uma coisa. Se, senhores do mar como o são, habitassem numa ilha, poderiam causar, mas não sofrer, danos [...], além disso, também estariam livres de outro receio, caso habitassem numa ilha: a cidade jamais poderia ser traída pelos oligarcas [ὑπ' ὀλίγων], nem se poderiam abrir as portas ao inimigo para deixá-lo entrar. Pois como poderia acontecer algo do gênero se habitassem numa ilha? E, se habitassem numa ilha, tampouco seria possível provocar uma revolução contra a democracia". Considerando que quem aqui escreve é totalmente favorável aos oligarcas e considera o poder popular nefasto, é evidente que se trata de um claro e insistente louvor da traição como recurso político.
39. Aristóteles, *Constituição de Atenas*, 33, 1.

recuara e eles prosseguiram da mesma maneira. Todavia, os verdadeiros idealizadores da trama não queriam *vencer a guerra*, queriam, até pelo contrário, sair do conflito chegando a uma paz honrosa com Esparta. Como bons ideólogos, estavam convencidos de que então seriam ouvidos em Esparta, agora que eles *estavam* no poder: eles que sempre haviam idolatrado (à distância) o modelo espartano. E, de fato, a primeira providência que tomaram tão logo alcançaram o poder foi enviar uma embaixada ao rei de Esparta, Ágides, que naquele momento estava em Deceleia, em solo ático, que dois anos antes se tornara, por sugestão de Alcibíades, uma sólida praça-forte espartana em terra ática. A mensagem enviada dizia: "Queremos chegar a um acordo de paz e estamos convencidos de que, conosco, desejareis chegar a um acordo, não mais com a inconfiável democracia que já saiu de cena".[40]

O desfecho foi catastrófico. Ágides, longe de acolher a proposta, intensificou a guerra. Não confiava na duração do novo governo oligárquico e, aliás, pensava que o povo "não renunciaria com tanta facilidade à sua antiga liberdade".[41] Ágides tinha uma visão mais concreta e realista do que os ideólogos atenienses recém-chegados ao poder. Sabia que o modelo democrático-assemblear estava enraizado demais na mentalidade dos atenienses para desaparecer num passe de mágica. E, além disso, a longa guerra já tinha coisas demais em jogo, disputadas de maneira cruenta por anos e anos a fio; não podia acabar *in piscem* com uma acomodação de compromisso.

Esse xeque aos oligarcas recém-chegados ao poder em Atenas era grave: foram obrigados a prosseguir a guerra contra sua adorada Esparta, a conduzi-la como derrotados, e sem Alcibíades. A sequência de insucessos, a explícita defecção da frota de Samos que se colocou como contrapoder a eles, como uma espécie de "cidade em exílio", levaram com rapidez os líderes coerentes (Antifonte, Aristarco) ou aqueles que num retorno da democracia não encontrariam salvação (Pisandro) a tomar um caminho sem volta: abrir as portas ao inimigo. Foi para tal finalidade que empreenderam com grande pressa a construção de muros no molhe de Eezioneia (no Pireu), para que ali desembarcasse em segredo uma frota espartana.[42]

Para acelerar a velocidade dessa desesperada e temerária solução, envia-

---

40. Tucídides, VIII, 70, 2.
41. Id., VIII, 71, 1.
42. Id., VIII, 90, 3.

ram a Esparta uma embaixada altamente qualificada, que incluía os dois líderes máximos Antifonte e Frínico,[43] para estabelecer as modalidades concretas da entrada espartana na cidade. Mas nesse momento foi a secessão de Terâmenes que fez o plano falhar. Terâmenes denunciou abertamente a manobra, apelou a muitos, também da "base hoplita" da oligarquia, que não aceitariam essa solução extremista e, por assim dizer, francamente "internacionalista" e, acima de tudo, pôde se fortalecer com a exclusão de fato dos Cinco Mil, que os Quatrocentos até tinham lembrado, mas nunca chegaram a efetivar na função.[44] Na luta de rua que se desencadeou quando Terâmenes e Aristócrates quiseram interromper as obras em curso no molhe de Eezioneia, os líderes radicais se deram conta de que levariam a pior.

Além do mais, Antifonte e Frínico voltaram de Esparta sem resultados palpáveis: o pretexto para se encarregarem da missão era uma nova tentativa de firmar um acordo de paz, o que, porém, é óbvio que não aconteceu. E, ao voltar de Esparta, Frínico foi apunhalado mortalmente em plena ágora.

Dali a pouco, sob a pressão da frota espartana, não interessada numa paz improvisada, Eubeia desertou. Para os líderes dos Quatrocentos foi o fim. Para Terâmenes, o triunfo. Agora era ele o dono da situação.

---

43. Id., VIII, 90, 2.
44. Id., VIII, 92, 11: talvez a lista dos Cinco Mil nem existisse.

21. Morte de Frínico e o processo contra o cadáver

I

Mas quem matara Frínico?
Tucídides descreve a cena do atentado como testemunha ocular:

Frínico, que retornara da missão em Esparta, foi golpeado à traição por um homem dos guardas de fronteira, na hora em que a ágora estava cheia de gente. O atentado foi fruto de um complô. Frínico deu ainda alguns passos afastando-se da sede do Conselho,[1] mas tombou logo a seguir.

A dinâmica do atentado é descrita com extrema precisão, assim como as dramáticas cenas que se seguiram:

1. Em geral, as traduções correntes mesclam os dois momentos (a punhalada e os passos de Frínico antes de tombar), mas a sintaxe é inequívoca. A tradução mais apropriada é a de Charles Forster Smith (Loeb Library): "[*Frínico*] *was stabbed in full market* [...] *and before he had gone far from the Senate-chamber suddenly died*" [(Frínico) foi esfaqueado no mercado lotado (...) e antes que se afastasse do Senado estava morto]. Ademais é preferível a variante προελθών, atestada pelo notável Additional 11727: Frínico, mesmo golpeado, consegue ainda dar alguns passos e então tomba. Está claro que o atentado ocorreu nas proximidades do Bouleuterion, de onde Frínico consegue se afastar pouco antes de cair.

Aquele que o atingira conseguiu fugir, o cúmplice, que era de Argos, foi preso e submetido à tortura por ordem dos Quatrocentos; não deu nenhum nome como mandante do atentado, disse apenas que sabia que muitos se reuniam na casa do chefe dos guardas de fronteira e que também em outros locais ocorriam reuniões.[2]

Tucídides não negligencia nenhum detalhe: os incríveis acontecimentos de um governo oligárquico em Atenas eram o fato mais imprevisível e mais importante que podia presenciar, como político e como historiador. É por isso que dedica enorme espaço ao episódio, sem se preocupar com os chamados equilíbrios narrativos. E é por isso que "estoura" numa exclamação ao dizer que apenas homens de grande envergadura podiam realizar um empreendimento do gênero.[3] É curioso que nos obstinemos em negar valor ao testemunho de Aristóteles,[4] segundo o qual Tucídides assistiu em pessoa ao processo contra Antifonte, realizado algumas semanas mais tarde, sob o governo "dos Cinco Mil".

Tucídides é a principal fonte sobre o atentado que custou a vida ao personagem que tanto apreciava e tinha em tão alta conta, e a quem seguira de perto ao longo desses acontecimentos.

Mas a verdade oficial, mais de um ano depois, foi outra. O autor do atentado se tornou Trasíbulo de Cálidon.[5] E por isso foi-lhe concedida a cidadania ateniense, rara preciosidade ciosamente saboreada, por proposta de Erasínides.[6] O decreto se conservou[7] e data de 409, isto é, na iminência da proclamação formal e solene do retorno à democracia; 409 é o ano da restauração, do solene juramento coletivo de fidelidade à democracia, das Grandes Dionisíacas quando foi vencedor *Filoctetes*, de Sófocles, que era também um apelo indireto ao retorno do grande exilado, mais do que nunca tido como o único e verdadeiro trunfo sobre o qual podiam contar. O decreto, proposto por Erasínides, previa

---

2. Tucídides, VIII, 92, 2: conhece também o conteúdo do interrogatório desse argivo que realizou o atentado!
3. Id., VIII, 68, 4.
4. Fragmento 137 Rose (= Cícero, *Brutus*, 47).
5. Cidade da Etólia.
6. O qual em breve será condenado à morte, no processo contra os generais vitoriosos nas Arginusas, cf. infra, cap. 27.
7. *IG*, I² 110 = *ML*, 85 = *IG*, I³ 102.

que, por ocasião dessas mesmas Dionisíacas, se outorgasse a Trasíbulo de Cálidon uma coroa de ouro no valor de mil dracmas.

Esse decreto, razoavelmente bem conservado,[8] é muito instrutivo. Em sua terceira e última parte (linhas 38-47), lê-se que um certo Eudico fez instalar uma comissão de inquérito para averiguar se teria havido mesmo corrupção na origem do decreto, que também homenageara um certo Apolodoro, como participante, ele também, do atentado. Na verdade, o nome desse Apolodoro (um Apolodoro de Mégara, citado em 399 por Lísias no discurso *Contra Agorato*) não está incluído no decreto entre os que cometeram o ato criminoso: os citados como "benfeitores do povo", por terem contribuído para organizá-lo, são Agorato (o personagem contra o qual se lança Lísias), Comones, Simos e Filino. (Nas linhas 26 e 27 há espaço para outros dois nomes, mas, em todo caso, o espaço disponível não permite que se inclua *Apolodoro*.) O fato de Lísias, dez anos depois, no duríssimo discurso *Contra Agorato*, dar como certo que os realizadores do atentado foram Trasíbulo de Cálidon e Apolodoro de Mégara significa apenas que a comissão de inquérito arquivara a pesada acusação de *atribuição comprada* do mérito do delito também a Apolodoro.

Não era necessariamente verdade. Agorato também pretendia ter matado Frínico. E Lísias se esforça em negá-lo fornecendo uma reconstituição própria do atentado, na qual não há espaço para Agorato. Este ostentava tal mérito "democrático" — talvez inventado ou exagerado — para ofuscar os crimes que cometera sob os Trinta, pelos quais Lísias o ataca. Mas algum apoio Agorato tinha, visto que seu nome, de todo modo, conseguiu entrar no decreto de 409 (linha 26), incluído entre os que "haviam feito bem ao povo de Atenas" (onde *povo*, é óbvio, também significa *democracia*). Mas, justamente, sabemos muito bem que essa "verdade" foi se formando ao longo dos onze/doze meses decorridos entre o atentado e o decreto, e que o depoimento de uma testemunha ocular como Tucídides diz coisas muito diferentes. Tucídides fala de um *perpetrador do atentado* (ὁ πατάξας, aquele que atingiu a vítima), que era um guarda de fronteira (portanto, um ateniense), e de seu cúmplice [συνεργός], que era de Argos. No entanto, assim relata Lísias:

---

8. Pode-se integrar quase totalmente. São 47 linhas e apenas nas linhas 26-8 restam umas duas lacunas.

Juízes! O atentado a Frínico foi preparado em conjunto por Trasíbulo de Cálidon e Apolodoro de Mégara. Tendo-o encontrado a passear, Trasíbulo o ataca e o joga ao chão, enquanto Apolodoro nem encosta nele.[9] No momento explodiram gritos e *os dois perpetradores do atentado conseguiram fugir*. Como podeis ver, Agorato não só não participou do complô como nem estava presente e não viu absolutamente nada![10]

Aqui há dois pontos fracos: 1) o atentado ocorre quase por acaso, enquanto Frínico "passeava" [βαδίζοντι]; 2) desconcertante notícia, *os dois perpetradores conseguiram fugir*. Difícil aceitar essa versão: de outra maneira o argivo capturado, torturado e réu confesso, cujas palavras sob tortura inclusive são de conhecimento de Tucídides, torna-se um fantasma. Sobre o primeiro ponto, o relato ou, melhor dizendo, o *filme* do atentado, como é narrado por Tucídides, é muito mais aceitável, mais correspondente a uma situação concreta e fornido com a indicação exata do local do episódio. Quanto ao segundo ponto, fica evidente que alguém foi capturado no próprio momento do atentado ou nos instantes logo a seguir, falou e indicou, sob tortura, uma pista precisa: o chefe dos guardas de fronteira (um corpo militar não combatente e, portanto, marginal, no qual, é claro, os Quatrocentos não puderam efetuar a necessária "depuração" quando tomaram o poder). O preso era um argivo, e com certeza não conseguiu provar que era estranho aos fatos; aliás, a própria presença de um argivo em Atenas naquele momento, sendo Argos a aliada democrática de Atenas no Peloponeso, é digna de nota e põe o prisioneiro a uma luz que deve ter parecido ainda mais suspeita aos investigadores.

Plutarco confirma o relato de Tucídides e é também capaz de dar o nome do guarda de fronteira que golpeou Frínico "na ágora": Hérmon.[11] É evidente que ele extrai o nome de uma fonte que, por sua vez, se baseava em algum documento. E essa fonte indicava (supõe-se) que foram precisamente Hérmon (e não Trasíbulo de Cálidon) e seus cúmplices que ganharam uma

---

9. Claro que depois surgiram contestações dessa frágil premissa.
10. *Contra Agorato*, 71.
11. Plutarco, *Vida de Alcibíades*, 25, 14. Nesse capítulo Plutarco utiliza largamente o que Tucídides escreveu sobre Frínico (VIII, 48-54), mas extrai esse detalhe de outra fonte.

coroa por terem matado o traidor Frínico: "Instaurado um processo, condenaram o finado Frínico por traição e premiaram com uma coroa Hérmon e seus cúmplices".[12] Isso, inclusive, levanta a questão se não haveria também outros decretos, que foram surgindo com o passar do tempo.[13] Em todo caso, tal elemento compromete ainda mais a versão dos fatos apresentada por Lísias. Além disso, cumpre observar que o decreto concedendo honra e cidadania a Trasíbulo de Cálidon, que está completo, não diz em momento algum que ele matou Frínico: diz que "beneficiou o povo de Atenas". É Lísias quem o apresenta como "aquele que desferiu o golpe". E utiliza como "prova" justamente o decreto de Erasínides. De fato, para refutar a pretensão de Agorato de ter ele *matado* Frínico, objeta que isso não é possível, visto que o decreto[14] diz: "Que Trasíbulo e Apolodoro sejam cidadãos atenienses", e não "Que Agorato seja cidadão ateniense"![15] É um raciocínio bastante singular, na medida em que, além do mais, Agorato é citado, em todo caso, como "benfeitor do povo de Atenas". Na verdade, Lísias *não encontra* no decreto a notícia de que foi Trasíbulo quem *matou* Frínico; ele o deduz do fato de lhe terem concedido a cidadania. Se assim não fosse, poderia, para refutar a pretensão de Agorato, ter-lhe apontado que o decreto citava não ele, e sim *outro* como praticante do atentado (mas isso o decreto não diz!). Mesmo assim, ele força uma visível distorção quando cita o decreto à sua maneira e inclui o nome de Apolodoro, o qual, porém, ali aparece por uma razão menos honrosa e bem diferente. Mas Lísias não usa de sutilezas. Seu objetivo é demonstrar de uma maneira ou outra que não foi Agorato o realizador do atentado.

---

12. Ibid.
13. Pseudoepigrafia da qual Atenas não ficou incólume. Pense-se no caso mais conhecido: o chamado "decreto de Temístocles", estudado criticamente por C. Habicht em "Falsche Urkunden zur Geschichte Athens im Zeitalter der Perserkriege" (*Hermes*, v. 89, pp. 1-35, 1961). Sem provas convincentes, no entanto, aquilo que poderia ser no máximo uma hipótese tornou-se entre os modernos uma certeza: que Plutarco, encontrando na sequência do relato tucidideano o nome Ἕρμων, convenceu-se ou caiu no erro de crer que era ele o autor do atentado. Mas ficaria por explicar por que considerava saber também que fora concedida uma coroa a Ἕρμων.
14. Do qual pressupõe a leitura, mas que obviamente não é reproduzido no corpo da oração.
15. *Contra Agorato*, 72.

II

Aqui neste ponto, porém, há outra voz que coloca seriamente em questão o que afirma Lísias. É o orador ateniense Licurgo, sessenta anos mais tarde. Na acusação *Contra Leócrates*, proferida após o desastre de Queroneia (338 a.C.) contra um certo Leócrates, acusado de deserção, Licurgo não é testemunha nem fonte; o que ele faz é evocar tradições patrióticas. E evoca da seguinte maneira:

> Como sabeis, Frínico foi morto em plena noite [sic] junto à fonte dos cestos[16] por Apolodoro e Trasíbulo. Os quais foram dominados, capturados e lançados ao cárcere pelos amigos de Frínico. Mas o povo, percebendo o que ocorria, fez libertar os encarcerados. Depois disso, determinou que se abrisse uma investigação para examinar o ocorrido também com recurso à tortura,[17] e, investigando bem, descobriu que Frínico traíra a cidade e que os que o mataram tinham sido encarcerados injustamente. Nesse momento, o povo emitiu um decreto, por proposta de Crítias [...].[18]

(Veremos a seguir de que decreto se trata.)

É evidente nessa evocação o alto grau de mistura dos fatos. O que, claro, não impediu que os modernos trilhassem o caminho combinatório e colocassem a desconhecida fonte em algum lugar da ágora, visto que Tucídides (mesmo considerado fonte ruim, pois ausente!)[19] situa o atentado na ágora, mas, em verdade, nas proximidades do Bouleuterion. A noite e a fonte combinam entre si, pelo menos no plano paisagístico, e assim Licurgo não tem a menor hesitação em desenhar um cenário desse tipo. Ele parece não ter muita ideia se Apolodoro e Trasíbulo eram ou não atenienses e, prudente, abstém-se de especificar nem sequer quem eram ou de onde vinham, mas transforma-os numa espécie de dupla Harmódio-Aristogíton. Tampouco tem muita ideia da situação concreta em que se deu o atentado e, por isso, imagina um povo alerta que

---

16. (κρήνη) ἐν τοῖς οἰσύοις, "*in the basket-market*" LSJ, s.v. οἴσυον.
17. A essa altura não se entende mais *quem* foi torturado.
18. Licurgo, *Contra Leócrates*, 112.
19. Diversamente de Licurgo, que em 411 ainda nem sequer nascera.

manda libertar os dois (os quais, aliás, nunca foram encarcerados, se de fato estivermos falando de Trasíbulo de Cálidon e Apolodoro de Mégara) depois de se ter "apercebido" da prisão (ocorrida em sigilo!). E a tortura aparece aí como um fiapo de informação sobrevivente sobre o efetivo andamento do episódio; mas, nesse relato achavascado de Licurgo, não dá para entender quem teria sido torturado. Aliás, se levarmos Licurgo a sério, é de temer que ele subentenda que Apolodoro e Trasíbulo, postos sob tortura, tenham enfim esclarecido que Frínico era um traidor. (Mas não foi por causa disso que o mataram? E haveria necessidade de torturá-los para que o dissessem?)

Enfim, é evidente que a tradição sobre o obscuro assassinato de Frínico veio se contaminando de modo irreparável desde o começo e que as distorções aumentaram como uma avalanche, até o nível quase aberrante da versão de Licurgo. O único relato embasado é, claro, o tucidideano; todo o resto é, para dizer o mínimo, discutível.

O fenômeno, não muito diferente do resto da nebulosa que envolve vários outros assassinatos políticos e análogos "mistérios da República", pode ser comparado à lenda que se criou em torno do atentado contra Hiparco (514 a.C.), que, cerca de um século antes, dera início à queda da tirania. Um episódio sobre o qual o próprio Tucídides conduziu intensas e rigorosas pesquisas, que o levaram a uma reformulação nitidamente revisionista da *vulgata* sobre o chamado ato fundador da democracia ateniense.

O nexo entre os dois "tiranicídios" já penetrara na retórica pública ateniense. Com efeito, pelo decreto de Erasínides ficamos sabendo[20] que, nas iminentes Grandes Dionisíacas de 409 — quando se teria dado a solene cerimônia do juramento coletivo de fidelidade à democracia, expresso na forma sanguinariamente antitirânica que conhecemos pelo decreto de Demofantos[21] —, "seriam publicamente proclamadas as razões pelas quais o demo decidira conceder uma coroa a Trasíbulo".[22]

Eis por que a única solução desaconselhável é a que, no entanto, tem domi-

---

20. *IG*, I² 110 (= I³ 102), linhas 12-4.
21. Andócides, I, 98: "Se alguém matar quem atenta contra a democracia, eu o honrarei e concederei benefícios a ele e a seus filhos, como Harmódio, Aristogíton e seus descendentes".
22. O nexo deliberado entre os dois "tiranicídios" por meio da cerimônia das Grandes Dionisíacas de 409 é exposto com clareza por B. Bleckmann em *Athens Weg in die Niederloage* (Stuttgart/Leipzig: Teubner, 1998, p. 380).

nado a crítica histórica moderna. Ela consiste em se livrar de Tucídides, talvez lastimando-o como exilado desinformado, e em se concentrar na frágil e, no fundo, arbitrária *combinação* entre a facciosa "fala" de Lísias e o decreto de Erasínides, deixando na sombra, é óbvio, os detalhes que não se encaixam,[23] e de fato ignorando todas as outras fontes cujas contradições, no entanto, são no mínimo instrutivas. Isso porque um acontecimento se reconstitui não montando uma combinatória ou dando sumiço às peças disponíveis, mas sim tentando reconstruir as camadas, as progressivas distorções, em suma, a história de um processo tradicional — desde os possíveis núcleos de verdade às deformações extremas, que só conseguiremos tratar se procurarmos entender seu sentido.

Isso significa, para voltar ao caso controverso do assassinato de Frínico, que convém retornar mais a Tucídides do que às "verdades" que se foram construindo nos meses e anos seguintes.

Não se deve esquecer que o decreto de Erasínides, várias vezes aqui lembrado, "atesta", mesmo que de modo muito genérico, os méritos de Trasíbulo de Cálidon diante do "povo de Atenas" (subentendendo-o sem especificá-lo), mas parece pressupor uma longa gestação antes dessa deliberação pública: os fatos são do verão de 411, o decreto é de fevereiro/março de 409 (na iminência das Grandes Dionisíacas). Além do mais, em sua última parte, o decreto mostra que há uma discussão em aberto sobre o papel efetivamente desempenhado por Apolodoro e sobre seus méritos, e as dúvidas são tamanhas que se faz necessária uma comissão de investigação. Mas a lenda patriótica de um novo tiranicídio como sinete da nova restauração democrática era, de todo modo, necessária. A retórica cívica precisa de mitos, símbolos, certezas e, às vezes, também de monumentos, ainda que impróprios, desde que produtivos em termos políticos.[24]

Quem e por que liquidou Frínico nos convulsos meses do rixento poder oligárquico dos Quatrocentos não estava claro para os protagonistas diretos do caso. Pisandro o odiava e procurava prejudicá-lo de todas as maneiras, isso é sabido; é também sabido que a disputa pela primazia explodira de pronto entre

---

23. Exemplo insigne é o artigo de I. M. J. Valeton "De inscriptions Phrynicheae partis ultimae lacunis explendis" (*Hermes*, v. 43, pp. 483-510, 1908), em que se conjectura que Tucídides recebeu imediatamente as informações "espremidas" ao argivo torturado, mas depois não teve como se atualizar sobre todos os acontecimentos após a queda dos Quatrocentos!

24. Um refinado exemplo literário encontra-se no relato de G. De Bruyn *Um eroe del Brandeburgo* (1978) (trad. ital. Gênova: Costa & Nolan, 1990).

os líderes da oligarquia.[25] Agora, que entre aqueles que podiam alardear ter prestado algum auxílio ao atentado estivesse também uma figura de origem obscura como Agorato — que encerrara sua carreira como *killer* a serviço dos Trinta[26] — lança uma luz inquietante sobre a ocorrência do atentado contra Frínico. No codicilo de Diocles ao decreto de Erasínides,[27] chega-se a reconhecer Agorato, entre outros, como "benfeitor do povo de Atenas", recebendo não pequenos privilégios.

O verdadeiro problema é que Frínico, depois de morto, quem quer que tenha tomado a iniciativa de liquidá-lo, tornava-se um excelente bode expiatório para o grupo oligárquico pronto a se reciclar e a entrar em acordo com a frota democrática de Samos. E foi Terâmenes o grande responsável pela desejada mudança indolor, que, nas intenções do ambidestro "coturno",[28] deveria ser quase apenas aparente.

III

Também desconcertante é a sequência da reevocação a que se entrega Licurgo em *Contra Leócrates*. Antes de mais nada, ele apresenta uma notícia: foi Crítias que agiu como acusador no monstruoso processo instaurado contra o cadáver de Frínico, desenterrado e processado por "traição". Sabemos que fora Pisandro a martelar a tecla "Frínico é um traidor". Mas Frínico defendera com habilidade o golpe e conseguira reverter a situação. Depois, todos juntos tomaram o poder. A seguir houve a ruptura com Samos, as derrotas em campo, a tentativa de serem ouvidos por Esparta; e Frínico e Antifonte foram enviados a Esparta, na esperança de conseguirem no mínimo o resultado de uma paz mais ou menos honrosa. Mas, tão logo retornou dessa missão, Frínico, como sabemos, foi assassinado. No que, então, consistia a "traição"? E, sobretudo: quando exatamente foi acionado o grotesco cenário póstumo? Licurgo dá essas notícias:

---

25. Tucídides, VIII, 89, 3.
26. O discurso XIII de Lísias versa precisamente sobre isso.
27. Inscrito no mesmo documento (*IG*, I² 110, 16-38).
28. Apelido com o qual Terâmenes, como sabemos, era geralmente designado: cf. Aristófanes, *As rãs*, 967-70, e Xenofonte, *Helênicas*, II, 3, 31 (discurso de acusação de Crítias contra ele). O coturno é o calçado que se adapta a ambos os pés.

[Uma vez evidenciado que Frínico era um traidor e que os que cometeram o atentado foram injustamente encarcerados] *o povo decretou*,[29] sob proposta de Crítias, que se processasse o morto[30] por traição e que, caso se demonstrasse verdadeiro que, mesmo tendo traído, ele fora sepultado em solo ático, seus ossos seriam desenterrados e removidos da Ática, para que não jazessem em solo ático sequer os ossos de quem traíra a cidade.

Se tal linguagem não for apenas aproximada, mas em termos técnicos correta, infere-se daí que foi a assembleia popular que decidiu reabrir o caso Frínico. Estamos, portanto, em 410/409, restabelecidos o quadro e a prática democráticos.

Licurgo prossegue: "Acrescentaram mais uma deliberação: se o morto fosse declarado culpado, os que testemunharam em seu favor incorreriam no mesmo tipo de pena".[31]

O inflexível acusador de Leócrates, nesse ponto, reforça: consideravam traidor, portanto, também quem ajudasse um traidor! E, lido o decreto de Crítias,[32] ele comenta, fornecendo outras informações sobre o desfecho do processo: "Portanto, desenterraram e expulsaram da Ática os ossos do traidor e condenaram à morte também os que falaram em sua defesa, Aristarco e Aléxicles, e tampouco a eles foi permitida a sepultura na Ática".[33]

Veremos no próximo capítulo qual era o público desses processos e em qual situação política eles ocorreram. Sem dúvida, a encenação do processo contra o morto ("tirano" e "traidor"), com a consequente cerimônia fúnebre de exumação e dispersão dos ossos, pretendia impressionar uma massa popular não apenas suscetível à mobilização, ao ser manipulada pelo jargão dos políticos, mas também sensível ao aspecto sacro e macabro da sepultura negada.

---

29. *Contra Leócrates*, 113: ψηφίζεται ὁ δῆμος.
30. Não diz τὸν τεθνεῶτα, mas τὸν νεκρόν [= o cadáver], porém a exumação dos ossos deveria ser posterior ao veredito de culpa.
31. *Contra Leócrates*.
32. Mas que se trate de Crítias não lhe cria nenhum incômodo.
33. *Contra Leócrates*, 115.

IV

Eis a reconstrução patriótico-democrática: 1) abre-se uma investigação sobre o assassinato de Frínico; 2) revela-se que Frínico estava prestes a trair Atenas; 3) seus assassinos são libertados e homenageados; 4) retorna a democracia.

Eis a reconstrução verídica fornecida por Tucídides: 1) um dos realizadores do atentado (um argivo) revela que há "reuniões na cidade" em ambientes da oposição; 2) Terâmenes e Aristócrates veem que Antifonte e seus adeptos não empreendem uma reação séria e efetiva ao atentado contra Frínico; 3) portanto, "passam à ação" abertamente; 4) tentam surpreender no ato os que estão erguendo os muros do molhe de Eezioneia; 5) seguem-se confrontos de uma pré-guerra civil; 6) nesse clima, cai feito um raio a notícia da deserção de Eubeia; 7) Terâmenes faz "depor os Quatrocentos" (ou melhor, decapita aquela Boulé oligárquica e relança os Cinco Mil). E é nessa guinada que Crítias se salva colocando-se a serviço de Terâmenes, prestando-se de maneira cínica inclusive ao processo póstumo contra Frínico e à invenção dos "verdadeiros" perpetradores do atentado tiranicida.

Evidentemente, essa segunda sequência de fatos é a correta, enquanto a patriótica — que se tornou dominante no século IV —, reconstruída a partir dos decretos de Trasíbulo de Cálidon, é insustentável, cheia de lacunas, incoerente e "manipulada".

Os oradores (e talvez já a historiografia sobre a qual se detém Diodoro) seguem a versão "patriótica". A reconstrução tucidideana permanece isolada e vencida (não recebendo crédito) também por causa da desconfiança frente a um autor (Tucídides) explicitamente não "patriótico", e porque é posta em circulação por outro (Xenofonte), ainda por cima exilado devido a seu grave comprometimento político.

22. O processo de Antifonte

Sob o arconte Teopompo [411-0 a.C.]. Decreto do Conselho. Vigésimo primeiro dia da pritania. Demônico de Alopeces era o secretário. Filóstrato de Palenes, presidente. Proposta de Ândron em relação aos homens que, segundo a denúncia dos estrategos, foram em embaixada a Esparta para prejudicar Atenas e o Exército,[1] embarcando num navio inimigo e passando por Deceleia: Arqueptolomeu, Onômacles, Antifonte. São presos e trazidos perante o tribunal, para que sejam punidos. Que os estrategos e os membros do Conselho que os estrategos decidirem escolher (até um máximo de dez) os entreguem à justiça para que o julgamento se dê na presença dos acusados. Os tesmotetas[2] os citarão para comparecer ao julgamento amanhã e, transcorrido o prazo regulamentar,[3] que sejam trazidos perante o tribunal com a acusação de traição. Que a acusação seja sustentada por advogados públicos, pelos estrategos e por quem mais quiser. Que cada um que for reconhecido como culpado seja tratado de acordo com a lei em vigor sobre os traidores.

---

1. Prefiro ler, com Reiske, καὶ τοῦ στρατοπέδου, não καὶ ἐκ τοῦ στρατοπέδου.
2. Os seis arcontes mais jovens, encarregados de funções judiciais.
3. Quatro dias.

A condenação foi expressa nesses termos:

> Foram reconhecidos como culpados de traição: Arqueptolomeu, filho de Hipódamo, do demo de Agriles, presente ao processo; Antifonte, filho de Sófilo, do demo de Ramnunte, presente ao processo. As penas estabelecidas são as seguintes: sejam entregues aos Onze;[4] seus bens, confiscados e a décima parte depositada no tesouro da Deusa; suas casas, destruídas e no terreno onde estavam sejam erguidas estelas com a inscrição *de Arqueptolomeu e de Antifonte, traidores*. Os dois demarcos lerão a lista de seus bens. Não seja permitido sepultar Arqueptolomeu e Antifonte em solo ático ou em terra sobre as quais governem os atenienses. Arqueptolomeu e Antifonte sejam declarados *atimoi*, bem como seus descendentes legítimos e também os bastardos. E se alguém adotar um dos descendentes de Arqueptolomeu ou de Antifonte, a condenação de *atimia* se estenda a ele também. Esta sentença seja escrita numa estela de bronze. E também seja colocada onde estão os decretos referentes a Frínico.

Quem era Ândron? Platão fala dele em *Górgias*[5] e em *Protágoras*.[6] Era filho de um certo Andrótion e pai do Andrótion discípulo de Isócrates e aditógrafo, que influenciou a historiografia sobre Atenas para um lado, por assim dizer, "terameniano".[7] Em *Protágoras*, Ândron aparece reunido com outros, em respeitoso silêncio, ao redor de Ípias de Élides, que pontifica. Em *Górgias*, Platão atribui a Sócrates um curioso e jocoso retrato de Ândron, empenhado em discutir com Cálicles, Tisandro e outros sobre o tema: "Até que ponto se deve praticar o conhecimento?".[8] "A opinião que predominou entre vós", prossegue Sócrates, "foi que não era preciso praticar a filosofia até o fim e com rigor absoluto; trocastes mútuos conselhos para prestardes atenção e não vos estragardes sem perceber, tornando-vos mais sábios do que se deve". Compreende-se que Ândron não tenha se prestado como *longa manus* de Terâmenes no processo contra Antifonte, isto é, contra a parte mais importante dos Quatrocentos

---

4. Encarregados das execuções.
5. *Górgias*, 487c.
6. *Protágoras*, 315c.
7. Cf. infra, cap. 28.
8. Mas σοφία é *sabedoria*, e também *destreza*, bem como, no fundo, sinônimo de *filosofia* (como, aliás, fica claro pelas palavras subsequentes de Sócrates).

(assim como Crítias no processo-farsa contra Frínico), à luz dos laços clânicos e familiares bem representados por Andrótion. Sua *História ática* (*Atthis*) é considerada uma das fontes em que Aristóteles se abeberou para a *Constituição de Atenas*. Isso explica a enfática defesa de Terâmenes como protótipo do "bom cidadão", que lemos no opúsculo aristotélico.[9]

I

Esses dois documentos de fundamental importância foram incluídos por Crátero da Macedônia[10] em sua *Coletânea dos decretos áticos*.[11] Cecílio de Calacte, o hebreu liberto, mestre de retórica, que teve relação com o processo contra Verre, copiou-os em seu tratado *Sobre os oradores áticos*; e o anônimo autor do pequeno tratado de mesmo nome que foi incluído no *mare magnum* dos *Moralia*, de Plutarco, copiou-os, como ele mesmo diz, de Cecílio.[12] E assim se salvaram.

Eles nos fornecem informações de todos os gêneros. Antes de mais nada, que havia "estrategos" entre os acusadores. E, como o arconte citado no início do decreto é Teopompo, isto é, o arconte de 411-0, que entrou no lugar de Mnesíloco, epônimo sob os Quatrocentos e deposto com eles,[13] é evidente que o estratego efetivamente atuante era Terâmenes (ademais, estratego já sob os Quatrocentos, mas principal artífice de sua queda),[14] talvez junto com Timócares, ele também facilmente substituível tanto sob os Quatrocentos[15] quanto após sua queda.[16] Os outros — Trasíbulo, Alcibíades, Trasilo, Cónon — estavam em Samos, enquanto devagar se sanava a duplicidade que se criara com a rebelião da frota contra o governo oligárquico estabelecido em Atenas. Algumas anomalias, como sempre em épocas de revolução, complicavam o

---

9. *Constituição de Atenas*, 28 (sobre a qual ver mais adiante).
10. Habitualmente identificado com o filho do homônimo general de Alexandre.
11. Cf. Arpocrátion, *Léxico dos dez oradores*, no verbete Ἄνδρων.
12. [Plutarco], *Vidas dos dez oradores*, 833 E-834 B.
13. Aristóteles, *Constituição de Atenas*, 33, 1.
14. Tucídides, VIII, 92, 9.
15. Id., VIII, 95, 2.
16. *Helênicas*, I, 1, 1.

quadro: a eleição dos estrategos "da frota" decerto não dispunha de todos os crismas da legalidade, visto o modo como se dera,[17] para não falar do "caso" Alcibíades, eleito estratego da frota, mas para todos os efeitos exilado, bem como condenado por crimes da maior gravidade! Porém, naquele momento, os trunfos estavam nas mãos de Terâmenes. E foi ele quem sustentou de maneira mais encarniçada a acusação contra Antifonte e os outros.[18] Onômacles fugira. Ele também integrara a embaixada de alto nível enviada a Esparta, tendo à frente Antifonte e Frínico. Ao todo, eram doze:[19] mas a acusação formalizada com o decreto de Ândron dizia respeito a esses três. O finado Frínico fora "processado" à parte, com Crítias no papel de acusador: é óbvio que, para Frínico, era necessário um procedimento separado, por várias razões, não sendo a menor delas a cláusula prevista, em prejuízo de Antifonte, Onômacles e Arqueptolomeu, da "presença dos acusados".[20] Quando foi proferida a condenação de Antifonte e Arqueptolomeu, o processo contra Frínico já se encerrara: com efeito, a disposição final da sentença prevê que a estela com o dispositivo da condenação seja colocada "onde já estão os decretos referentes a Frínico".[21] À diferença de Aristarco, que retornou e foi processado, Onômacles evitou voltar a Atenas e depois, em 404, foi incluído no conselho dos Trinta, bem como Aristóteles, aliás, que fora antes incumbido — em 411 — de uma missão em Esparta.

O decreto de Ândron e a consequente sentença ajudam a determinar a cronologia. A grotesca encenação judicial contra o finado Frínico já ocorreu; quando Ândron apresenta o decreto, estamos na fase restante de 411-0 ("sob o arconte Teopompo"); isso confirma, entre outras coisas, que a especificação de Trasíbulo de Cálidon e Apolodoro de Mégara como perpetradores do atentado tiranicida a Frínico ocorreu (409)[22] bem depois do processo contra ele. Frínico foi processado enquanto integrante daquela embaixada, independentemente

---

17. Mas está implícito um saneamento no que escreve Tucídides, VIII, 97, 3: os novos senhores em Atenas enviaram mensageiros à frota de Samos, com o convite de "operar ativamente" [ἀνθάπτεσθαι τῶν πραγμάτων].
18. Lísias, XII, 67: Ἀντιφῶντα καὶ Ἀρχεπτόλεμον φιλτάτους ὄντας αὐτῷ κατηγορῶν ἀπέκτεινεν.
19. Tucídides, VIII, 90, 2: "Mandaram Antifonte, Frínico e outros dez".
20. περὶ παρόντων (837 F).
21. 834 B.
22. *IG*, II² 110.

de qualquer verificação quanto à matriz do atentado. Ademais, nas cláusulas do decreto de Ândron consta apenas "decisão do Conselho",[23] ao passo que no decreto para Trasíbulo de Cálidon já consta "decisão do Conselho e da assembleia popular".[24]

II

A acusação foi de traição e por isso a sentença estabeleceu a forma mais grave e arcaica de *atimia*: não apenas a privação dos direitos políticos imposta àqueles que, concluiu-se, haviam "colaborado" por várias razões com os Quatrocentos.[25] É aquela outra que tanto excitava os oradores no século seguinte, quando apontavam aos ouvintes a epígrafe com o decreto contra Ártmio de Zeleia, suposto agente do rei da Pérsia no Peloponeso, interceptado e processado em Atenas,[26] condenado justamente à *atimia*: "Não a que se costuma entender por *atimia*", especifica Demóstenes, "mas aquela pela qual se estipula, nas leis sobre crimes de sangue, que *E muoia atimos*, o que significa *que não é culpado quem matar um deles*".[27] Portanto, a acusação foi de traição e de entendimentos com o inimigo (tal como fora para Ártmio, em sua época), não de "derrubada da democracia" [δήμου καταλύσεως]: Antifonte e os outros foram a Esparta "para prejudicar a cidade" (isto é, para oferecer uma hipótese de paz prejudicial à cidade) e, além do mais, "em navio inimigo" e "atravessando território inimigo" (Deceleia). Sobre a natureza da acusação, não há dúvidas: o decreto de Ândron é claro, detalhado, inequívoco. Portanto, é fácil imaginar que a apologia apresentada por Antifonte teria se concentrado na reconstitui-

---

23. Ἔδοξε τῇ βουλῇ. A pertença de presidente e secretário à mesma tribo confirma que estão ainda sob os Cinco Mil, e não sob a democracia restaurada, quando tal coincidência seria inadmissível (cf. C. Hignett, *A History of the Athenian Constitution*, p. 376).
24. Ἔδοξε τῇ βουλῇ καὶ τῷ δήμῳ.
25. Aristófanes fala com sucesso a respeito desses *atimoi* em *As rãs*, 689-92 (março-abril de 405). A posição deles só foi restabelecida com o decreto de Patrocleides (Andócides, I, 80) no início do cerco espartano (setembro de 405?).
26. Demóstenes, IX, 41-4; XIX, 271; Ésquines, III, 258; Dinarco, *Contra Aristogíton*, 24. Mas o decreto era uma falsificação forjada no século IV: cf. Ch. Habicht (*Hermes*, v. 89, pp. 23-5, 1961).
27. Demóstenes, IX, 44.

ção daquela embaixada e na minuciosa refutação da acusação de "traição". E Antifonte teria um bom trunfo relembrando aos acusadores, *in primis* Terâmenes, que desde o primeiro momento, *unanimemente, todos os Quatrocentos, Terâmenes incluído*, tinham apostado num rápido acordo com Esparta.[28] Mas a questão do molhe de Eezioneia pesaria muito. Antifonte não teve como evitar o tema.

O que, porém, dificilmente Antifonte pode ter feito, mesmo porque incorreria na pecha (sempre terrível no tribunal) de falar "fora do assunto" [ἔξω τοῦ πράγματος], seria se pôr a alegar sua propensão à democracia! Num momento em que a democracia ainda não fora em absoluto restaurada, reinava aquele "bom governo" de tipo misto que recebe efusivos elogios de Tucídides[29] e, por fim, governavam os "Cinco Mil" (e nos termos dos autos públicos ainda não se utiliza a detestada fórmula καὶ τῷ δήμῳ, mas escreve-se apenas ἔδοξε τῇ βουλῇ),[30] não teria sentido, fosse para Terâmenes, fosse para os acusadores, denunciar Antifonte por um "atentado à democracia" nem, para Antifonte, defender-se (além do mais, com um efeito um tanto cômico) de uma acusação dessas. *Justamente como necessária alternativa à democracia* é que tinham feito o demo engolir, de muita má vontade, um regime baseado na restrição da cidadania a 5 mil abastados.[31] E a contraposição entre democracia e "regime dos Cinco Mil" retornara continuamente em todas as fases do *golpe*. É, portanto, ridículo pensar que, uma vez concretizado esse regime dos Cinco Mil, que eliminava os vícios radicais da democracia (e aos quais, por motivos contrários, os extremistas entre os Quatrocentos tinham se oposto), os líderes de tal regime fossem se referir a ele como uma democracia restaurada ou, pior, fossem acusar seu antagonista Antifonte de ter *atentado contra a democracia*!

Essas considerações palmares tornam inviável a hipotética e reiterada atribuição do chamado "papiro Nicole" à *apologia de Antifonte*, só porque quem fala nesse fragmento diz que seu acusador é Terâmenes. Quem fala nesse fragmento não só expõe de modo reiterado sua propensão à democracia e sua

---

28. Tucídides, VIII, 70, 2. Mas são instrutivas, a esse propósito, as palavras do próprio Terâmenes (Xenofonte, *Helênicas*, II, 3, 45): "O demo fora induzido a renunciar à democracia com o argumento de que assim os espartanos aceitariam negociações de paz".
29. Tucídides, VIII, 97, 2.
30. É o caso, justamente, do decreto de Ândron.
31. Tucídides, VIII, 53, 1-2; 67, 3; 72, 1.

conveniência em viver na democracia (utiliza várias vezes esse termo notoriamente desprezado pelos oligarcas e entendido como *violência, opressão popular*) como até afirma: "É inconcebível que eu deseje um governo oligárquico!".

As razões pelas quais o papiro de Genebra editado por J. Nicole foi atribuído à apologia de Antifonte são desprovidas de fundamento. Trata-se da seguinte cadeia de ilações:

a) trata-se de uma oração ática;

b) quem fala foi acusado por Terâmenes de ter contribuído para derrubar a democracia;

c) no fragmento menciona-se Frínico;

d) portanto, quem fala *deve* ser Antifonte!

Se essa tolice não tivesse se tornado quase moeda corrente, nem valeria a pena mencioná-la. E talvez bastasse apenas observar que os próprios argumentos que o presumido Antifonte desenvolve no início do fragmento sobrevivente ("Terei eu realizado malversações? Terei eu sido *atimos*? Havia contra mim um iminente processo? Pois são essas as razões pelas quais se aspira a uma mudança de regime") são os mesmos que desenvolve o defensor de Polístrato (Lísias, XX), processado por ser, também ele, membro dos Quatrocentos, no início da oração: "E por quais razões, ademais, haveria de desejar a oligarquia? Talvez a idade não lhe permitisse atingir o sucesso como orador? [...] Era talvez *atimos*? Cometera algum crime? Decerto, os que estão em tais condições desejam uma mudança de regime".[32]

III

Podemos observar que, antes da descoberta do papiro genebrino chamado de *Apologia de Antifonte* (1907),[33] o maior conhecedor da oratória ática, Friedrich Blass, tanto na primeira como na segunda edição de *Die attische Beredsamkeit* [A oratória ática], indicara com lucidez o possível conteúdo do

---

32. A aproximação entre os dois textos já fora sugerida por G. Pasquali em "Antifonte?" (*Rivista Storica per l'Antichità*, v. 1, pp. 46-57: 51-2, 1908). Cf. infra, § VII, p. 358.

33. J. Nicole, *L'Apologie d'Antiphon*. Genebra/Basileia: Librairie Georg, 1907. Genebra inv. 264bis+267.

discurso apologético de Antifonte.[34] Baseava-se, antes de mais nada, no auto de acusação e, marginalmente, em dois fragmentos citados pelo lexicógrafo Arpocrátion: aquele, sarcástico, com que Antifonte replicou a Apoléxis, e aquele outro, ainda mais depreciativo, com que zombava de quem advertira os juízes para não se deixarem comover pelas (eventuais) lágrimas do acusado.[35] Concluía Blass que Antifonte

> teria falado de Eezioneia e do passado de sua família [em réplica à insinuação de Apoléxis]; e deve *ter se apoiado sobretudo no fato de que não agira de maneira em nada diversa da de todos os outros integrantes do Conselho dos Quatrocentos, em especial seus acusadores*. E com altivez rechaçara, ao que parece, a mera possibilidade de querer impressionar o sentimento [dos juízes] com preces e lágrimas.

Assim que apareceu o papiro adquirido no Cairo por Jules Nicole (1907), foi quase unânime sua atribuição, justificada às pressas e com ingenuidade, à *apologia de Antifonte*. A coisa se explica, pelo menos em parte, pelo ardente desejo dos estudiosos da Antiguidade de poder dizer que tinham encontrado o que a voracidade do tempo e a destrutividade dos homens haviam arrebatado. É quase incrível que o próprio Wilamowitz tenha acreditado,[36] mesmo que com uma leve alfinetada crítica de sua parte, confiada a um rápido e desiludido comentário: "Não é reanimador constatar, com base no único fragmento de sentido completo [do papiro Nicole], que Antifonte não teve a coragem de proclamar suas ideias, mas procurou se livrar com sofismas"! As palavras a que se refere Wilamowitz são as que o falante, depois de enumerar as situações incômodas que poderiam levar a conspirar (ter ocupado uma magistratura e temer a prestação de contas; ser *atimos*; ter feito uma afronta à cidade; temer um processo iminente) e de declarar que não se encontrava em nenhuma dessas situações, passa a definir quais seriam os motivos que fariam desejar uma mudança de regime: tendo cometido crimes, não querer se submeter à máquina judiciária ou querer se vingar de uma afronta sofrida sem, porém, expor-se a represálias. E comenta: "Tampouco este era meu caso, eu não me encontrava

---

34. *Die attische Beredsmakeit*. Leipzig: Teubner, 1873, v. I, p. 89; 1872², v. I, pp. 100-1.
35. Suidas, s.v. ἱκετεύω: mas não se diz a que discurso pertenciam essas palavras.
36. *Deutsche Literaturzeitung*, 3 out. 1907, col. 2521.

em nenhuma dessas situações". Então observa: "Meus acusadores, porém, dizem que eu elaborava contestações de defesa em favor de terceiros e auferia ganhos dessas atividades. Muito bem, em regime oligárquico [ἐν μὲν τῇ ὀλιγαρχίᾳ] isso não me seria possível. Pelo contrário, em regime democrático [ἐν δὲ τῇ δημοκρατίᾳ], eu disponho de mim sem vínculos [?] [ὁ κρ(ατῶν?) εἰμι ἐγώ]". E logo a seguir há uma declaração ainda mais desconcertante: "Em regime oligárquico, eu não teria sido digno de nenhuma consideração; na democracia, pelo contrário, eu o era, e de muita". Conclusão: "Enfim, como se pode pensar que eu desejasse um regime oligárquico? Não sei talvez fazer minhas contas? Só eu entre os atenienses não saberia calcular quanto ganho?".

Demanda certa coragem imaginar que Antifonte teria dito bobagens do gênero e, além do mais, teria mesmo esperado que acreditassem nele ao afirmar, diante de seus companheiros de aventura, que "nunca desejara um regime oligárquico"! O que, no máximo, parece legítimo conjecturar é que esse atrapalhado e inverossímil falatório poderia ser uma amplificação um tanto grotesca[37] da única notícia biográfica que Tucídides apresenta ao traçar a figura de Antifonte: era extraordinário em conceber e dar forma a seu pensamento; porém, não se apresentava em pessoa na tribuna nem no tribunal, *"mas era o mais capaz em prestar auxílio a quem estivesse combatendo diante da assembleia ou do tribunal"*.[38]

Há ainda outro elemento que merece reflexão. A acusação consolidada contra Antifonte, surgida das farpas da comédia, era precisamente sua ganância por dinheiro. Platão cômico o ataca por essa razão em *Pisandro*[39] e Filóstrato na *Vida de Antifonte* diz: "A comédia o atacava como extremamente bom [δεινοῦ][40] em matéria judicial e porque *em troca de muito dinheiro* compunha discursos aproveitando-se da justiça para clientes às voltas com processos arriscados".[41] Era um clichê hostil que lhe fora afixado.[42] É cabível excluir que Antifonte, mesmo consciente, como é óbvio, dessas maledicências divulgadas

---

37. E se poderia dizer também: grosseiramente economicista...
38. Tucídides, VIII, 68, 1.
39. Fragmento 110 Kassel-Austin.
40. Está em *malam partem* a mesma δεινότης exaltada por Tucídides (VIII, 68, 1).
41. *Vidas dos sofistas*, I, 15, 2.
42. Tucídides dá a entender, porém, que se tratava de uma ajuda desinteressada a amigos políticos em dificuldades.

publicamente em seu prejuízo, *fosse alardear*, na situação extrema em que apresentou a apologia, *que, graças à democracia, ganhara muito dinheiro como logógrafo* e, por isso, era insuspeito de querer a oligarquia! Tudo isso para granjear a simpatia de um júri que não pretendia em absoluto restaurar a democracia e, de todo modo, estava a acusá-lo de uma coisa totalmente diferente. Quem fala no "papiro Nicole" parece juntar as notícias conhecidas por suas fontes e se apropriar (em prejuízo para si mesmo) do clichê do logógrafo ganancioso!

IV

Arpocrátion, na segunda metade do século II d.C., em sua coleção dos discursos de Antifonte, lia um escrito intitulado Περὶ τῆς μεταστάσεως [Sobre a revolução]. São fragmentos muito sugestivos: a fala "Eezioneia",[43] e é óbvio que Antifonte falasse dela; a fala "Quatrocentos";[44] a réplica ao insulto que lhe fizera Apoléxis ("faccioso, tu como teu avô"), ao que Antifonte teria respondido tomando o termo no sentido de "doríforo" (a guarda pessoal dos tiranos atenienses: "É impossível", teria rebatido Antifonte, "que nossos antepassados pudessem ter punido os tiranos, mas não tenham sido capazes de fazer o mesmo com os doríforos").[45]

Mas não há nenhuma razão que obrigue a imaginar que o texto contido no "papiro Nicole" e o presente na coletânea antifoniana[46] conhecida por Arpocrátion fossem a mesma coisa.

Além do mais, deveríamos fazer algumas perguntas básicas no caso do discurso proferido por Antifonte pouco antes de ser condenado à morte. Teria redigido sua própria defesa e o manuscrito só se salvou por acaso, apesar do confisco de todos os seus bens e até da destruição de sua casa, determinados pela sentença de condenação? E a despeito das graves ameaças a seus eventuais seguidores, que pretendessem cuidar de seus herdeiros? Se, pelo contrário, não procedera à elaboração escrita completa da apologia a ser apresentada depois

---

43. Arpocrátion, s.v.
44. Arpocrátion, s.v. τετρακόσιοι.
45. Arpocrátion, s.v. στασιώτης ["faccioso"]. O sentido exato dessa passagem nos escapa: cf. a propósito as tentativas de Nicole, *L'Apologie d'Antiphon*, p. 37.
46. Umas sessenta orações, segundo o Pseudo-Plutarco, das quais pelo menos 25 são falsas.

perante os juízes, dificilmente teria tido alguma maneira de fazê-lo enquanto os Onze "cuidavam" dele. A questão não escapou à perspicácia de alguns modernos. Michael Gagarin cogitou essa solução combinada: "Embora Antifonte tenha feito oralmente o discurso,[47] ele o confiou também à escrita, criando assim o primeiro (ao que sabemos) texto redigido de um discurso composto pela mesma pessoa que o proferiu"[48] (é como dizer que Antifonte realizou, na hora da morte, quase que uma revolução midiática). Se muitos discursos redigidos por Antifonte se conservaram em sua forma escrita, foi, é óbvio, porque se tratava de orações preparadas *para outros*. Conhecemos pouco sobre a prática de Antifonte na redação e na improvisação, ao passo que, de modo inverso, sabemos muito no que concerne a Demóstenes, que tinha como anômala peculiaridade, já apontada por seus contemporâneos e depois pelos críticos das gerações seguintes, o costume de pôr por escrito os discursos que pretendia apresentar. À exceção do imponente e magmático campo da logografia, a norma não parece ter sido a redação por escrito (a julgar, mas não só, por uma célebre passagem do *Fedro* platônico).[49]

Um dado certo é que o corpus dos escritos atribuídos a Antifonte foi se recheando com aportes inautênticos (cerca de metade da coletânea). Foi algo tão óbvio quanto o impulso de "completar" a coletânea que, a certa altura, levou à inclusão no corpus de um sucedâneo de seu último e memorável discurso:[50] sua *apologia*. Voltaremos em breve a essa possibilidade.

V

Aqui se faz oportuna uma distinção. Estamos, de fato, diante de dois títulos diferentes.

---

47. E como poderia ser de outra forma?
48. *Antiphon: The speeches*. Cambridge: Cambridge University Press, 1997, p. 248. Esse "pensamento", porém, desapareceu na edição mais popular do próprio Gagarin, *Antiphon and Andocide* (Austin: University of Texas Press, 1998, p. 90).
49. Platão, *Fedro*, 257d. Por isso é tão grande a escassez de discursos assembleares atenienses, observou agudamente Émile Egger em *Des Documents qui ont servi aux anciens historiens grecs* (Paris: Typographie Georges Chamerot, 1875).
50. Tucídides, VIII, 68, 2.

Arpocrátion, como sabemos, extrai suas citações de um escrito de Antifonte, intitulado Περὶ τῆς μεταστάσεως. No entanto, o anônimo autor de *Vidas dos dez oradores*, que diz de maneira explícita que se baseia na apologia, utiliza outro título: Περὶ τῆς εἰσαγγελίας [Sobre a acusação], "que compôs em sua própria defesa".[51] Leonhard Spengel, o Nestor dos estudos oitocentistas sobre a oratória grega, considerava que os fragmentos do discurso Περὶ τῆς μεταστάσεως não diziam respeito à apologia e, para isso, baseava-se na diferença dos acusadores: Terâmenes num caso, Apoléxis no outro.[52]

Com efeito, considerando que os títulos das orações não judiciárias em geral não são do próprio autor, por que a apologia *num processo por traição* teria sido intitulada[53] "Sobre a revolução" [Περὶ τῆς μεταστάσεως]? Em vez disso, é evidente que o fulcro de todo o discurso apologético de Antifonte devia consistir na *demolição da acusação de traição* e na restauração da verdade a propósito da embaixada a Esparta. Era exclusivamente disso que falava a acusação, como fica claro pelo decreto de Ândron. O processo não versava sobre a oportunidade ou não da "revolução" (de cujos efeitos positivos estavam igualmente convencidos e eram igualmente beneficiários tanto os acusadores quanto o acusado), e sim sobre o conteúdo da negociação urdida por Antifonte em Esparta.

Os poucos fragmentos de que dispomos graças a Arpocrátion devem ser avaliados à luz do único dado certo: o discurso do qual provêm dizia respeito à revolução oligárquica e por isso recebeu o título Περὶ τῆς μεταστάσεως. Baiter e Sauppe, que, no entanto, não partilhavam a observação de Spengel, escrevem que esses fragmentos podem pertencer a um discurso composto "*imperio Quadringentorum* vel durante vel everso".[54]

Com efeito, nada exclui que Antifonte, durante os meses do governo por ele encabeçado, dilacerado por agudos conflitos pessoais,[55] possa ter redigido um texto "Sobre a revolução", ou seja, sobre o que ocorrera e estava ocorrendo. Não admira que o texto mencionasse Eezioneia. E a frase "eliminastes aqueles que se interpunham"[56] parece não só adequada como sugestiva em várias dire-

---

51. *Vidas dos dez oradores*, 833 D.
52. L. Spengel, *Synagogè technôn*. Stuttgart: J. G. Cotta, 1828, pp. 113-4.
53. De Calímaco ou outros, antes ou depois dele.
54. J. G. Baiter; H. Sauppe, *Oratores Attici*. Zurique: Hoehr, 1850, v. II, p. 138.
55. Tucídides, VIII, 89, 3.
56. Arpocrátion, s.v. ἐμποδών: καὶ τοὺς ἐμποδὼν ἐκολάσατε.

ções. E inclusive a réplica a Apoléxis, o qual acusava Antifonte de ser um "revolucionário" [στασιώτης] por tradição familiar, a rigor poderia se referir a um momento em tudo diverso do processo. Apoléxis era um dos "legisladores" [συγγραφεῖς] que haviam posto em movimento todos os eventos que desembocaram na "revolução".[57] Torná-lo sem mais um dos acusadores no processo é *petitio principii*. Seria necessário antes *demonstrar* que o Περὶ τῆς μεταστάσεως era a apologia apresentada por Antifonte durante o processo. Apoléxis pode ter sido um dos dez *próbulos* (outro foi Sófocles) que depois vieram a integrar o conselho de trinta συγγραφεῖς. E os próbulos foram uma magistratura de emergência, mas não ainda subversiva, que, de todo modo, nasceu num quadro de legalidade. Não esqueçamos o desconforto de Sófocles quando lhe jogaram ao rosto que abrira caminho à oligarquia.[58] Portanto, o atrito entre Apoléxis e Antifonte poderia se referir a outras fases do episódio, e não é inevitável tomar o primeiro como um acusador no processo que condenou o segundo.

Há, em suma, três entidades distintas:

a) o escrito Περὶ τῆς μεταστάσεως conhecido por Arpocrátion;

b) a oração Περὶ τῆς εἰσαγγελίας, isto é, a apologia, mencionada pela *Vida* pseudoplutarquiana;

c) o "papiro Nicole".

Não há nenhuma razão imperiosa para associar o texto contido no papiro (c) a (a) ou a (b). Podemos até nos perguntar por que o réu que fala nesse papiro *teria* de ser Antifonte. A coleção dos discursos correntes sob o nome de Lísias (por exemplo, os discursos XX e XXV) demonstra que houve diversos processos em que o acusado comprometido em termos políticos devia explicar, esclarecer, justificar o que fizera durante as duas oligarquias em Atenas, processos nos quais se produziram os mais tortuosos raciocínios de autoabsolvição. O "papiro Nicole", a rigor, poderia se encaixar nesse mostruário de casos humanos. Mesclar o que Arpocrátion nos dá a partir do Περὶ τῆς μεταστάσεως, que encontrava na coletânea de Antifonte, com o "papiro Nicole" gerou apenas confusão.[59]

---

57. Arpocrátion, s.v. στασιώτης, cf. Tucídides, VIII, 67, 1.
58. Aristóteles, *Retórica*, 1419a 25-9.
59. Em favor da atribuição do "papiro Nicole" a Antifonte, adotou-se um argumento de aparência "filosófica": a) a argumentação fundada em εἰκός "muitas vezes explorada em sua [de Anti-

V BIS.

Se, porém, dermos relevo ao fato de que o falante do "papiro Nicole" parece pressupor (e usar de maneira paradoxalmente apologética) o clichê cômico da venalidade de Antifonte, mesclando-o com o célebre retrato tucidideano, não se poderá excluir outra possibilidade: que o papiro provenha de uma obra historiográfica. Parece, mas a notícia é confusa, que Teopompo falou da condenação à morte de Antifonte no livro xv das *Histórias filípicas*.[60] E sem dúvida seria uma fina iguaria para Teopompo, célebre depreciador dos políticos atenienses, aos quais dedicou o mortífero décimo livro das *Filípicas*, apresentar tais palavras de Antifonte, empenhado na hora da morte em enaltecer a fortuna que ganhava pela florescente atividade judicial na época da democracia. Mas poderia ser outro Antifonte, filho de Lisônides, que[61] Crátino — ademais em 423 a.C. — atacara na comédia *A batalha*. O outro Antifonte seria morto "sob os Trinta". Mas não se pode excluir uma confusão entre "tiranos", visto que Filóstrato, nas *Vidas dos sofistas*, afirma que foi o próprio Antifonte quem "impôs aos atenienses um povo de quatrocentos tiranos".[62]

Se ainda assim quisermos continuar aferrados à ideia *recepta* de que o "papiro Nicole" seja o Περὶ τῆς μεταστάσεως conhecido por Arpocrátion, deveríamos levar em conta um fenômeno que, como bem sabemos, ocorreu em outros casos: a "transmigração" de um discurso de proveniência historiográfica para o corpus de um orador. Isso se deu na coletânea demostênica já antes de Dídimo (século I a.C.).[63] Tais fenômenos devem ter sido mais frequentes do que

---

fonte] carreira de logógrafo"; b) do ponto de vista conceitual, remeteu-se ao que ele indicara, na *Verdade*, como móvel fundamental das ações humanas: a busca do útil" (F. Decleva Caizzi, *CPF*. Florença: Olschki, 1989, v. I, parte 1, p. 230). Ambos são elementos inconsistentes. Para (a) lembremos Ésquilo, *Agamêmnon*, 915; *As suplicantes*, 403 etc., além dos exuberantes exemplos de εἰκός e de εἰκότως em Demóstenes, os cinquenta e tantos de εἰκός em Tucídides, para não falar dos numerosos casos de εἰκός num *corpusculum* como o de Andócides e as efusões de εἰκότως em Isócrates (mas poderíamos seguir até Procópio de Gaza e tantos mais). Para (b), seria quase impossível assinalar as infinitas controvérsias sobre o útil e o correto que proliferam em toda a produção literária grega (a partir pelo menos do diálogo mélio-ateniense).
60. [Plutarco], *Vidas dos dez oradores*, 833 A-B. Cf. *FGrHist* 115 F 120.
61. Se era correta a identificação proposta nos repertórios de κωμῳδούμενοι.
62. *Vidas dos sofistas*, I, 15.
63. Cf. P. Berol. 9780, col. XI.

se pensa, a julgar pela presença sistemática, desde a Antiguidade, de metódicas *spuria* nas coletâneas dos oradores.[64] Na coletânea antifontiana, diz a *Vida* anônima, pelo menos 25 das sessenta peças eram suspeitas.

VI

O que é certo é que o Περὶ τῆς μεταστάσεως vem citado *unicamente* por Arpocrátion (século II d.C.). E o Περὶ τῆς εἰσαγγελίας unicamente pelo Pseudo-Plutarco. Nenhum outro os cita ou mostra conhecê-los.

Quem, como Aristóteles, fala da *Apologia* de Antifonte parece nem ter chegado a lê-la: com efeito, não manifesta sua avaliação pessoal sobre ela, mas se remete ao juízo de Tucídides, testemunha ocular.[65] É o que atesta Cícero, que assim traduz as palavras do filósofo: "[...] *quo* [de Antifonte] *neminem umquam melius ullam oravisse capitis causam, cum ipse defenderet, se audiente locuples autor scripsit Thucydides*".[66] Essas palavras foram assaltadas e maltratadas de várias maneiras pelos modernos. Elas significam, muito simplesmente, que Aristóteles *não lia uma "Apologia de Antifonte"*, mas se remetia a contemporâneos de Antifonte que o ouviram falar naquela memorável batalha. E, de fato, também quando alude a ele na Ética a Eudemo, remete-se ao juízo de terceiros: dessa vez, ao de Ágaton.[67] Ali afirma Aristóteles, para defender a tese de que "*um* juízo competente vale muito mais do que *muitos* juízos quaisquer", que "essas exatas palavras disse Antifonte, já condenado, a Ágaton, que havia elogiado sua apologia".

Cícero, como vimos, adota o juízo de Aristóteles, que por sua vez se remetia ao juízo de Tucídides. Quintiliano (século I d.C.), na *Institutio*, quando fala da *Ars rhetorica* [Τέχνη], de Antifonte, lembra que ele foi o primeiro a instaurar a prática do discurso escrito ("*orationem primus omnium scripsit*") e acrescenta: "E *considera-se* que também proferiu um excelente discurso em sua própria defesa" ("*et pro se dixisse optime* est creditus").[68] Assim, para concluir, parece

---

64. Seriam necessárias novas investigações sobre essa matéria.
65. Fragmento 137 Rose = 125 Gigon.
66. *Brutus*, 47.
67. 1232b 7-8.
68. *Institutio oratoria*, III, 1, 11.

que, *também para Quintiliano*, não só para Cícero, a apologia de Antifonte *não era um texto disponível*, mas um discurso que, segundo o que se *transmitia*, era de especial eficácia.[69] A base, claro, era o célebre juízo tucidideano e, a partir de Aristóteles, as retomadas daquele que formulara aquele juízo. Em tal situação, esboça-se também a possibilidade de que o "papiro Nicole", se de fato se referir a Antifonte, não passe de uma *declamatio*, ou seja, um discurso fictício, nascido mais tarde, como ocorria a título de reparação de célebres ἐλλείποντα.

VII

Em 1908, pouco depois da publicação do "papiro Nicole", Giorgio Pasquali levantou sólidas e fundadas dúvidas sobre a atribuição a Antifonte das infelizes frases contidas no manuscrito.[70] Suas perplexidades convenceram historiadores e helenistas de valor como Karl Julius Beloch[71] e Pierre Roussel, o grandioso editor das epígrafes de Delos.[72] E convenceram Julius Steup, que em 1919 e na reedição de 1922 de seu insuperado comentário ao oitavo livro de Tucídides, reconheceu a Pasquali a interpretação correta. Assim, sentimo-nos incrédulos ao ver que o artigo de Pasquali sobre o "papiro Nicole" chegou a ser excluído, em 1986, pelos organizadores de seus *Scritti filologici*, com o argumento anapodítico de que ali Pasquali "sustenta teses *completamente ou quase completamente* [sic] superadas" [p. v]. Seria como reimprimir *Storia della tradizione e critica del testo* eliminando o capítulo sobre as variantes do autor, porque muitos medíocres o consideram "ousado". Entrincheirar-se por trás do reconfortante advérbio "geralmente" é uma renúncia ao pensamento. O "princípio da maioria", já por si desprovido de fundamento lógico, decerto não deveria ter nenhum valor pelo menos no campo dos estudos e da pesquisa científica. No entanto, é divertido notar como há sempre uma espécie de "patrulha da *opinio communis*",

---

69. Quintiliano sabia muito bem (*Institutio oratoria*, II, 4, 41-2) que, a partir da época e do ambiente de Demétrio de Falero, fora criada "apud Graecos" uma quantidade imensa de oratória fictícia ambientada em situações históricas.
70. "Antifonte?", cit. supra, nota 32.
71. *Griechische Geschichte*. Estrasburgo: Trubner, 1914², v. II, parte 1, p. 392, nota 1.
72. "La Prétendue Défense d'Antiphon". *Revue des Études Anciennes*, v. 27, pp. 5-10, 1925.

que entra em ação quando ameaçamos enfraquecer certezas (erroneamente) consolidadas.

Assim, para voltar à questão — crucial — do peso a se atribuir ao relato tucidideano sobre a crise ateniense de 411, surpreende como são brutalizados os testemunhos externos (Aristóteles e outros) e internos (o tipo de informação que Tucídides possui) que impõem a conclusão de que Tucídides estava presente em Atenas durante aquela memorável crise, inclusive ao preço de qualificar Aristóteles ou Cícero de fantasioso conjecturador, e também ao preço de inventar um "duplo" (um clone) do historiador — mas, para sua sorte, não exilado por toda a vida! —, fonte de tudo aquilo que Tucídides sabe e revela. E como sua bem atestada presença ateniense levou um crítico atento e prudente como G. B. Alberti a considerar *suspectum* o dado do exílio ininterrupto de vinte anos (424-04 a.C.) que se lê no chamado "segundo proêmio" (v, 26),[73] é divertido observar que críticos imobilistas, como o voluntarioso Simon Hornblower em seu neocomentário a Tucídides, longe de refletirem sobre a óbvia dedução de que, se em 411 ele estava em Atenas, então aquele período não podia ser de vinte anos, preferem — em vez de se esforçarem em entender — recriminar Alberti por sua ousadia![74]

É realmente verdade que em nossos estudos, mais do que em outras disciplinas, há sempre espaço para os retrocessos.

VIII

Recapitulando. O dado de partida deve ser o que escreve Tucídides sobre aquele memorável processo, cujo veredito já está de antemão determinado. E Antifonte era o primeiro a ter consciência disso. Como pensar que iria desmentir de maneira pueril suas próprias ideias, que eram bem conhecidas por seus acusadores e visíveis a seus contemporâneos? Como pensar que Tucídides, se de fato teve diante de si uma apologia em que Antifonte tirava dos ombros qualquer responsabilidade no golpe de Estado e qualquer imputação de sentimento antidemocrático, chegaria, no mesmo contexto, a apontá-lo como o verdadeiro

---

73. *Thucydidis Historiae*. Roma: Istituto Poligrafico del Stato, 1992, v. II, p. 246.
74. *A Commentary on Thucydides*, v. III, p. 50.

artífice do golpe de Estado e a louvar sua apologia como "excelente" e até insuperada?

Aquela página de Tucídides está talvez, junto com a longa reflexão sobre o estilo de governo de Péricles e o fracasso de seus sucessores (II, 65), entre as mais importantes de toda a obra e, sem dúvida, entre as mais significativas também do ponto de vista da biografia do historiador.

23. Os outros processos

I

A assembleia, agora de volta a uma breve existência, dizimada e transtornada, não era mais a combativa, a onipotente, a temível assembleia do povo soberano. Era um instrumento dócil nas mãos de Terâmenes e a quem escolhera se alinhar com ele (talvez para salvar a vida). Funcionava uma Boulé: talvez o que restara da Boulé dos Quinhentos dispensada de modo brutal quatro meses antes,[1] visto que a dos Quatrocentos fora dissolvida. Ela também obedecia a Terâmenes, como se deduz, por exemplo, do decreto de Ândron, promulgado justo por uma Boulé.

Pelo decreto de Ândron, vê-se que Terâmenes desencadeara uma saraivada de processos e que a tentativa era pôr as mãos em *quem estava efetivamente presente* em Atenas.[2] O decreto fala de *três* acusados: Onômacles, Antifonte, Arqueptolomeu; mas a condenação se referia apenas a dois, Arqueptolomeu e Antifonte. Onômacles conseguira fugir e é provável que tenha sido condenado à revelia.

1. Tucídides, VIII, 69, 4-70, 1.
2. "Que o julgamento se dê na presença dos acusados", reza o decreto.

Onômacles manteve distância da Ática e dos territórios controlados por Atenas até a queda de 404, quando retornou no séquito dos espartanos. Nós o reencontramos na lista dos Trinta,[3] representando a tribo dos Cecrópides. Aristarco, Aléxicles e Pisandro fugiram de imediato para Deceleia, para o campo espartano comandado pelo rei Ágides, tão logo ocorreu a "reviravolta", a "mudança"[4] de que Terâmenes fora o grande responsável: revivificação da assembleia, deposição dos Quatrocentos, estabelecimento dos Cinco Mil, drástica reconfirmação da proibição de salário para cargos públicos, nomeação de uma nova comissão legislativa e chamada de alguns exilados, entre os quais Alcibíades.[5] A "mudança" não significava em absoluto um retorno à democracia; pelo contrário, os dois pontos definidores da nova situação estavam nos antípodas da democracia (apenas 5 mil cidadãos *pleno iure* e a proibição categórica, reafirmada com penas severíssimas para os transgressores, do "salário"). O "salário" era o próprio símbolo, o baluarte da democracia, que os velhos caricaturais do coro da *Lisístrata* juravam querer defender até com as armas.[6] Portanto, barreira absoluta contra o retorno ao "velho regime" democrático. E mesmo assim, para os líderes do grupo até então dominante — Antifonte, Pisandro, Arqueptolomeu, Onômacles, Aristarco, Aléxicles —, a única solução era fugir para Esparta. É evidente que temiam um acerto de contas em que, como sempre na luta política ateniense, não haveria meias medidas: ou matar ou ser morto.

Aristarco fez algo a mais. Quis prejudicar Atenas o máximo possível, enquanto fugia — ele, um estratego no cargo. Seguido por uma guarda pessoal composta de elementos "ultrabárbaros",[7] arqueiros iberos do Cáucaso, como ficamos sabendo por um fragmento de *Triphales*, de Aristófanes,[8] fez uma parada em Énoe, um fortim ateniense na fronteira com a Beócia. De Énoe, os atenienses faziam surtidas eficientes, mas agora o fortim estava sitiado por tropas coríntias e beócias que vieram em socorro. De acordo com os assedian-

---

3. Xenofonte, *Helênicas*, II, 3, 2.
4. ἐν τῇ μεταβολῇ, diz Tucídides, VIII, 98, 1.
5. Tucídides, VIII, 97.
6. Aristófanes, *Lisístrata*, 618-25.
7. Tucídides, VIII, 98, 1: τοξότας βαρβαρωτάτους. Guardas armados estavam a serviço dos Quatrocentos: cf. Tucídides, VIII, 69, 4.
8. Fragmento 564 Kassel-Austin.

tes, Aristarco enganou a guarnição ateniense: disse que a paz com Esparta já estava concluída e que os acordos previam a cessão do forte aos beócios. Assim, eles se renderam ao inimigo e entregaram o fortim, que passou para as mãos dos beócios.[9]

Mas logo Aristarco e Aléxicles voltam.[10] A serem exatas as notícias de Licurgo quando relembra o processo contra Frínico, os dois depuseram em favor do líder defunto.[11] Como a sentença contra Antifonte e Onômacles já se refere à condenação de Frínico, deve-se concluir que Aristarco e Aléxicles voltaram para Atenas ainda antes que se instaurasse o processo contra Antifonte. Aristarco voltou e foi processado e condenado, é o que diz Euritolemo com muitos detalhes, durante sua intervenção em favor dos estrategos vencedores nas Arginusas.[12]

Uma notícia que devemos a Aristóteles[13] parece indicar de maneira inequívoca que Pisandro também voltou. Foi processado, não sabemos com qual resultado, e também tentou envolver o velho ex-próbulo Sófocles no processo. Aristóteles parece até se basear numa fonte que conhecia os autos do interrogatório:

> Sófocles, à pergunta de Pisandro se também estava de acordo, como outros próbulos, com a instauração dos Quatrocentos, reconheceu que sim. Então Pisandro perguntou: "E como? Não te parece uma coisa péssima?". Sófocles admitiu isso também. E Pisandro: "Então admites ter participado desse péssimo empreendimento!". "Sim", respondeu Sófocles, porque naquele momento não havia nada melhor.

---

9. Tucídides, VIII, 98, 2-4.
10. W. Schmid, em *Geschichte der griechischen Literatur* (Munique: C. H. Beck, 1940, v. I, parte 3, p. 171), parece pensar que a "teatral" iniciativa de Crítias de mandar desenterrar o cadáver de Frínico se explica pelo clima de momentânea *Erregung des Volkes*, isto é, no calor imediato do atentado. *Engana-se*. O fato de que Aristarco e Aléxicles tenham sido testemunhas pró-Frínico e por sua vez sido processados e condenados à morte demonstra que tudo se passou quando Aristarco, depois de ter fugido, retornou a Atenas — portanto, bem depois do atentado contra Frínico.
11. *Contra Leócrates*, 115.
12. *Helênicas*, I, 7, 28. Cf. infra, cap. 27.
13. *Retórica*, 1419 em 25-9.

Pensar em outro Sófocles ou outro Pisandro não faz muito sentido. Pôr em dúvida a atestação de Aristóteles faz ainda menos.[14] O contexto em que se desenrolou esse colóquio tão dramático entre Pisandro e Sófocles só pode ser judicial. E é bastante fácil reconstituir seu sentido. Pisandro tentou se apoiar no fato de que os próbulos — e, portanto, também o popularíssimo Sófocles — tinham contribuído para o nascimento da oligarquia e, mais especificamente, para a constituição do Conselho dos Quatrocentos.[15] Incluir Sófocles para salvar a si mesmo: foi essa a tática processual adotada por Pisandro. E é claro que, pelo que conta Aristóteles, Sófocles não pôde fazer nada a não ser admitir a substancial validade da questão argumentativa de Pisandro, chegando até a uma admissão muito comprometedora: "Naquele momento não havia alternativas melhores". É impensável essa cena após 409 e após o solene juramento coletivo de "eliminar fisicamente todo aquele que tenha atentado ou pretenda atentar contra a democracia e todo aquele que tenha ocupado cargos[16] depois da derrubada da democracia".

Com uma premissa do gênero, o processo nem se teria iniciado e Pisandro seria simplesmente eliminado. Portanto, esse processo durante o qual ele tentou "encastoar" Sófocles para salvar a si mesmo[17] deve ser situado na mesma época dos processos contra Frínico (e suas testemunhas de defesa, Aristarco e Aléxicles) e Antifonte e Arqueptolomeu: entre a queda dos Quatrocentos e as Grandes Dionisíacas de 409. Supõe-se que a sentença foi a condenação.

A pergunta, portanto, é: por que Aristarco, que continuara a "trair" até o último instante entregando Énoe ao inimigo, por que Aléxicles e até Pisandro retornaram? Dois fatores pesaram: a) afinal de contas, ainda não retornara a democracia tradicional (como se poderia temer, quando Terâmenes a repôs em temporário funcionamento, convocando a assembleia para liquidar o Conselho dos Quatrocentos); b) os processos contra Frínico e contra Antifonte

---

14. Cf. *TrGF*, IV: *Sophocles*, p. 46 (nota 27 e aparato).
15. Os dez próbulos, junto com os vinte *syngrapheis*, convocaram a assembleia de Colono tendo como objetivo a mudança radical do regime político. E nessa assembleia foram dados passos decisivos (Tucídides, VIII, 67).
16. Decreto de Demofanto (Andócides, I, 96-8).
17. Mas onde Aristóteles encontrava um documento que trazia vestígios desse diálogo em tribunal? Teriam os cômicos, talvez, guardado tais rastros? Mas então Aristóteles não o apresentaria como um diálogo efetivamente ocorrido.

(Aqueptolomeu e Onômacles) foram "por traição", isto é, pela embaixada a Esparta "em navio espartano" e "passando por Deceleia"; assim, quem não fizera parte da embaixada[18] podia considerar que não precisava temer o pior.

Mas é provável que Terâmenes os tenha incentivado a voltar — deve ter lhes enviado algum tipo de mensagem tranquilizadora. Uma vez retornados, caíram na armadilha: urdiram-se processos que marcaram o fim deles. Como pode ter ocorrido que Aristarco e Aléxicles tenham sido levados a depor em favor de Frínico (se as notícias de Licurgo em *Leocrateia* forem corretas) é difícil dizer. O saldo para Terâmenes foi positivo: eliminou por via judicial uma série de adversários e rivais em potencial.

É claro que, diante de tais desfechos, Alcibíades decidiu não aproveitar, por ora, a possibilidade de retornar a Atenas. Tais precedentes decerto não eram encorajadores. Ele não podia se deixar prender por um Terâmenes sem desferir nenhum golpe, depois de se ter esquivado a todos os tipos de insídias entre Esparta e Tixafernes. E, acima de tudo, sobre ele pesava a condenação (em linha de princípio irreversível) por crimes sacros, a qual poderia voltar a valer apesar da permissão de retornar à cidade, como ocorreu alguns anos depois com Andócides. Quem poderia lhe garantir a "lealdade" de Terâmenes, que estava procedendo a uma chacina judicial tão sistemática contra seus companheiros de aventura? Era lógico que adiasse o retorno para um momento de maior força política pessoal e de enfraquecimento de Terâmenes. E isso só ocorreria após a restauração democrática de 409 e as grandes vitórias navais que, por algum tempo, inverteram o destino da guerra.

II

Houve, portanto, uma onda de processos além dos que deixaram rastros específicos nas fontes. Uma passagem melancólica do precioso capítulo-revelação de Tucídides diz: "As coisas dos Quatrocentos, depois de sua queda, *terminaram em processos*".[19] A fórmula ali utilizada dá a entender que vários outros

---

18. Evidentemente, nem Artistarco nem Pisandro fizeram parte dela.
19. VIII, 68, 2: ἐς ἀγῶνας κατέστη. As palavras "eram maltratados pelo povo" [ὑπὸ τοῦ δήμου ἐκακοῦτο] são provavelmente uma glosa inábil: o ajuste de contas com os líderes dos Quatrocen-

integrantes daquela mal-afamada Boulé tiveram de enfrentar um acerto de contas judicial. Terâmenes foi acusador público no processo contra Antifonte e Arqueptolomeu; Crítias, no processo-farsa contra Frínico, mas decerto também contra os dois que caíram na armadilha como testemunhas (Aristarco e Aléxicles). Quanto aos demais, contudo, nada sabemos de exato; em todo caso, é evidente que pelo menos os outros dez que foram a toda pressa, com Frínico e Antifonte, até Esparta[20] "num navio espartano", para obter uma paz *in extremis*, serão levados a juízo com a mesma acusação. Os acusadores terão sido outros, visto que Lísias parece apontar especificamente Antifonte e Arqueptolomeu, "mesmo muito amigos", como vítimas do vira-casaca Terâmenes, que passou de amigo a acusador público.[21]

Conhecemos bem o caso de um certo Polístrato, porque o discurso que um logógrafo preparou em sua defesa veio parar no corpus das orações de Lísias.[22] É um discurso de extraordinário interesse, como exemplo concreto dos métodos e argumentos destinados à salvação individual após uma mudança de regime, chegado o momento do ajuste de contas. Polístrato fora um dos Quatrocentos e, além do mais, encarregado de montar, com outros, a lista dos Cinco Mil. Ainda por cima, era do mesmo demo de Frínico, e tal fato lhe foi cobrado, visto que seu defensor toca vigorosamente nesse ponto. (Teria sido escolhido pelo próprio Frínico, mas decerto não gostava de admiti-lo; por isso, entrega-se a um exercício de "vidas paralelas", a sua e a do líder assassinado.) Em mérito de Polístrato, seu defensor registra que teria compilado uma lista de 9 mil nomes, enquanto a tarefa era de escolher 5 mil cidadãos de pleno direito.[23] Não são afirmações que se levem a sério: como poderia um mero "encarregado do catálogo" permitir-se quase duplicar a quantidade prevista pelos líderes? Esses números lançados de forma inconsequente e a confusão que se entrevê por trás dessas palavras (no máximo, Polístrato teria levantado a ques-

---

tos ocorreu *antes* da restauração democrática. Bom, a esse respeito, ver Hornblower (III, p. 957). Logo antes, o insustentável ἡ δημοκρατία é erro palmar para ἡ ὀλιγαρχία. É a oligarquia que "se transforma" com o advento dos Cinco Mil.
20. VIII, 90, 2 καὶ ἄλλους δέκα.
21. Lísias, XII, 67.
22. [Lísias], XX. Lísias começou mais tarde a carreira de logógrafo; por isso o discurso certamente não é dele.
23. Id., XX, 13.

tão se o número previsto não seria talvez restrito demais) parecem, em todo caso, confirmar a "revelação" de Tucídides de que a lista de que tanto se falava na verdade não existia.[24]

Polístrato afirmava que logo fora para Eubeia, para as operações militares, nas quais teria se coberto de glória e de feridas, e ter estado, portanto, apenas oito dias no Conselho.[25] (O que talvez ajude a compreender quão pouco séria era sua alegação de ter se batido para aumentar o "catálogo" para 9 mil nomes.) De fato, após seu retorno de Eubeia, houve um primeiro procedimento judicial contra ele, na época dos processos contra Antifonte e os outros líderes. E a pena que lhe foi imposta consistiu numa pesada multa.[26] Mas o defensor — que fala num segundo processo que transcorre quando os Cinco Mil também já acabaram e se está de volta à democracia — fornece importantes detalhes sobre a primeira onda de processos contra os Quatrocentos. E cita numerosas absolvições. Aqui também se deve suspender o juízo sobre sua credibilidade, visto que, além do mais, fala de um regime já caído; em todo caso, os detalhes que fornece parecem inquietantes. "Aqueles que pareciam ter cometido injustiça foram salvos pelos rogos de algum político que vos servira com zelo."[27] Frase enigmática, mas decerto decifrável com facilidade pelos presentes. Provavelmente refere-se a Terâmenes: fala, ao mesmo tempo, bem e mal dele (salvou quem não merecia, mas fora voluntarioso guia deles) e sem dúvida se refere a alguém que, naquele momento, possuía força política suficiente para influir no veredito. Terâmenes continua poderoso mesmo depois da liquidação do regime dos Cinco Mil, liderado por ele; também continuou firme após o solene e ameaçador juramento coletivo imposto pelo decreto de Demofantos; sustentou-se também sob a breve "ditadura de Alcibíades" (e logo trabalhou para dispersar seu clã).[28] Assim, não é prudente atacá-lo citando sem rodeios seu nome. Parece claro que Polístrato não era um despreparado.

Mais pesada é outra informação que ele nos fornece sobre tais processos:[29] "Quem se manchara de injustiça chegou a comprar os acusadores e assim saiu

---

24. VIII, 92, 11.
25. [Lísias], XX, 14.
26. Ibid.
27. [Lísias], XX, 15 ὑπὸ τῶν ὑμῖν προθύμων ἐν τοῖς πράγμασι γενομένων.
28. Cf. infra, cap. 27.
29. A certa altura de [Lísias], XX (a partir do parágrafo 11), o acusado fala em primeira pessoa. Wi-

inocente". A acusação é pesada. Não sabemos quem eram esses acusadores venais e quem foram os absolvidos. Mas decerto aqui Polístrato faz um bom jogo ao remeter a processos ocorridos sob o regime oligárquico (ou semioligárquico, se preferirmos) a típica acusação de venalidade que os adversários lançam aos tribunais ativos em tempo integral na democracia. Essa também é uma ótima jogada por parte da defesa de Polístrato, qualquer que seja a porcentagem de verdade contida em sua grave denúncia. Por isso, como mestre, seu passo seguinte: "A verdade é que os culpados não são eles, e sim os que vos enganaram",[30] e nesse ponto o orador pode também se permitir uma censura à corte (agora um tribunal popular, nesse segundo processo contra Polístrato): "Não esqueçais que fostes vós que entregastes (com decisão tomada em assembleia) o poder aos Cinco Mil!". (Pode-se falar — agora — contra os Cinco Mil, mas não contra Terâmenes.)

III

Que fim tiveram os estrategos da oligarquia? Além de *designados* de modo direto pelos Quatrocentos e, portanto, não mais *eleitos* como mandava a prática democrática, foram também dotados de poderes extraordinários.[31] Portanto, por isso mesmo eram os principais responsáveis pelos atos realizados nos primeiros quatro meses de governo. (E não por acaso, a cada vez que menciona um

---

lamowitz, em *Aristoteles und Athen* (v. II, pp. 357-67), demonstrou que são dois discursos fundidos num só, na tradição manuscrita. Caso análogo é o de Lísias XXXIV sobre o qual cf. infra, cap. 32.
30. Cito a partir da ótima tradução de Umberto Albini, *Lisia, I Discorsi* (Florença: Sansoni, 1955, p. 381). Albini, que foi grande conhecedor e intérprete da oratória e do teatro de Atenas, isto é, de suas formas cardeais de comunicação coletiva na conflituosa cidade democrática, depois escreveu obras importantes sobre Atenas (como, por exemplo, a mais recente, *Atene segreta* [Milão: Garzanti, 2002]), em que, entre outros aspectos, diz a coisa certa a respeito da morte de Frínico ("eliminado por sicários identificados e condenados; mas jamais surgirá o nome do mandante": p. 90). Aqui a tradução correta do "ataque" Ἀλλ'οὐχ οὗτοι ἀδικοῦσι etc. é precisamente "a verdade é que [...]".
31. Pode-se extrair do documento citado por Aristóteles, *Constituição de Atenas*, 31, 2, qualquer juízo que se queira formular sobre essa singular "Constituição": sobre isso, o mais do que exaustivo C. Hignett, *A History of Athenian Constitution*, pp. 367-78.

deles, Tucídides, em sua admirável exposição daqueles meses, assinala que cumpria aquelas determinadas ações "sendo estratego".)[32]

Se então consideramos os oito nomes conhecidos dos estrategos da oligarquia — Terâmenes, Diitrefes, Aristarco, Aristóteles, Aléxicles, Timócares, Melâncio e Aristócrates[33] —, podemos notar que, com certeza, foram condenados Aristarco e Aléxicles. Terâmenes e Aristócrates foram os promotores da inversão da situação e se manterão a títulos variados em posição de comando (enquanto Terâmenes não eliminar Aristócrates no processo contra os estrategos das Arginusas). Timócares continua a ocupar o comando da frota, mesmo depois da queda dos Quatrocentos. Não sabemos que fim teve Melâncio (que, com Aristóteles e Aristarco, estava envolvido na construção do molhe de Eezioneia). Aristóteles vamos reencontrar, em 404, no Conselho dos Trinta: o que significa que pode ter fugido a tempo, sem cair na armadilha de Terâmenes e, portanto, sem cometer o erro de voltar e enfrentar um processo. Menos provável é que tenha permanecido em Atenas escapando (talvez pelas razões indicadas por Polístrato) a uma sentença de condenação; em todo caso, seria difícil para ele conseguir safar-se dos efeitos do decreto de Demofanto.

Um caso limite poderia ser o de Diitrefes, o responsável pelo massacre de Micalessos (413 a.C.)[34] — uma carnificina horrenda apresentada em detalhes por Tucídides, inclusive a chacina de todas as crianças numa escola. Diitrefes, depois de apoiar desde o primeiro momento[35] a conspiração oligárquica, ocupou a estratégia com os Quatrocentos e participou de toda a sua trajetória. Mas em 408/407 — graças a uma lápide muito bem conservada — nós o encontramos em Atenas promovendo um decreto honorífico para certo Eníades de Palaiskiathos. Pausânias descreve uma estátua de Diitrefes, colocada na acrópole. Em suma, é evidente que Diitrefes exemplifica muito bem aqueles casos que Polístrato estigmatiza com ríspida secura em sua apologia.

---

32. VIII, 89, 2; 92, 4 e 9; 98, 3.
33. Não há motivo para expurgar a palavra στρατηγῶν em Tucídides, VIII, 89, 2. Pelo contrário, Tucídides é capaz de indicar que eram "os estrategos de maior destaque" entre os nomeados que integravam os Quatrocentos.
34. VIII, 29.
35. VIII, 64, 2. É ele que derruba o governo popular em Tasos e determina de fato sua defecção. Naquele momento era estratego τῶν ἐπὶ Θρᾴκης.

24. A comédia diante de 411

I

Platão cômico — que conquistou sua primeira vitória nas Dionisíacas depois de 414 —, na comédia intitulada *Festas*, definia Diitrefes como "estratego, cretense, mal e mal ático".[1] "Ganancioso, maldoso, abelhudo", definiam-no os cômicos, segundo um escólio de *Os pássaros*, de Aristófanes. Nessa peça (do ano 414), o coro de Aristófanes diz que Diitrefes "do nada transformou-se num figurão", porque "os atenienses o puseram no comando da cavalaria".[2] Não é improvável que *Festas* de Platão cômico também reflita, como *Os pássaros*, o desconforto da cidade transtornada pela crise dos Hermocópidas.[3] Diitrefes surge na política e abre rápido caminho nesse momento terrível. E a comédia o mantém sob vigilância. Do pouco material sobrevivente, não temos como inferir se sua espetacular travessia pelo golpe de Estado e pela restauração demo-

---

1. Fragmento 30 Kassel-Austin. Para os exórdios de Platão cômico, cf. S. Pirrotta, *Plato comicus* (Berlim: Verlag Antike, 2009, p. 22).
2. Aristófanes, *Os pássaros*, 798-800. Aqui o escólio citado acima.
3. O fragmento 33 Kassel-Austin em que se faz menção ao "leito com dois travesseiros" (um dos objetos confiscados de Alcibíades depois de sua condenação à revelia) o faria pensar.

crática também foi alvo de ataques da comédia. Tampouco sabemos muito sobre a reação da comédia à rápida queda da oligarquia e à saraivada de processos fratricidas entre oligarcas de diversas filiações, desencadeada pela vitória política de Terâmenes.

Alguns fragmentos do *Triphales*, de Aristófanes,[4] parecem pertencer a um contexto em que se tomava como alvo a figura de Aristarco com seu séquito de arqueiros "barbaríssimos". Dispomos de muito pouco para poder formular hipóteses seguras, mas a sugestão não parece negligenciável. "Sabendo que os iberos, aqueles que [estavam] havia muito tempo com Aristarco"; e, talvez, pouco depois: "Os iberos que me forneces[5] devem vir a toda a pressa".[6] É inevitável a comparação com a descrição de Tucídides sobre a fuga de Aristarco: "Tomando consigo a toda a pressa alguns arqueiros barbaríssimos, dirigiu-se para Énoe".[7] Parece razoável pensar que *Triphales* pressupõe o episódio clamoroso da fuga de Aristarco, que também causara alvoroço pela entrega de Énoe ao inimigo, e talvez também de seu processo. É, portanto, mais um vestígio do interesse com que Aristófanes esteve presente "na crônica" e teve voz na longa crise que desembocou no golpe de Estado e em seus demorados efeitos.

II

Sobre isso temos um documento decisivo, que remonta às semanas imediatamente anteriores à reviravolta institucional: *Lisístrata*, levada à cena em março-abril de 411.[8] *Lisístrata* não é senão a encenação quase "profética" de um

---

4. Fragmento 564 Kassel-Austin. Eles são transmitidos no cap. 23 de *De administrando imperio*, de Constantino VII (século X d.C.). Agradeço a Antonietta Russo — que prepara um comentário a esse árduo texto — por ter chamado minha atenção para essa passagem.
5. Οὓς χορηγεῖς. Ou: "que dirija".
6. Βοηθῆσαι δρόμῳ.
7. Tucídides, VIII, 98, 1: Λαβὼν κατὰ τάχος τοξότας τινὰς βαρβαρωτάτους.
8. Muitos argumentaram de maneira convincente que *Lisístrata* foi encenada nas Dionisíacas e não nas Leneias, desde Droysen a C. F. Russo e Thomas Gelzer. Os argumentos em favor das Leneias, expostos por Dover no volume V de *Historical Commentary on Thucydides* (1981), pp. 184--93, são robustos, mas não persuasivos. O ataque explícito a Pisandro (v. 490) envolve "todos os que aspiram aos cargos". É uma frase boa para qualquer estação.

golpe de Estado. E estamos logo antes de maio de 411,[9] quando os Quatrocentos tomam posse e executam seu plano já arquitetado havia algum tempo — pelo menos desde que o sistema político foi submetido a tutela com a nomeação dos dez próbulos, entre eles Sófocles e Ágnon, pai de Terâmenes, incumbidos, após o desastre na Sicília e a chegada a Atenas da terrível notícia, de tarefas no "comitê de saúde pública".[10] O "Próbulo" aparece em *Lisístrata* (a partir do v. 387) e tem uma ríspida altercação com a protagonista, que é a idealizadora e artífice do golpe de Estado. Além do mais, o coro dos velhos lança o alarme de uma iminente tentativa de subverter a democracia (vv. 618-9: "Sinto cheiro de Hípias"!). Poderíamos observar também que Lisístrata dá o golpe de Estado em conluio com mulheres espartanas; ocupa a acrópole e impõe a conclusão da paz. É exatamente o que o grupo mais restrito e decidido dos Quatrocentos pretendia realizar *quando pôs em movimento o golpe de Estado*. Para além das promessas de "vitória possível apenas com a ajuda de Alcibíades e da Pérsia", distribuídas à farta para obter a concordância da assembleia,[11] o verdadeiro propósito dos líderes da oligarquia era a paz imediata com Esparta. (E também nisso escorregaram.)

É interessante que Aristófanes "preveja" um cenário que se encaixa tão bem com a realidade de fatos iminentes. Jamais será possível entender como, em que ambientes, por meio de quais canais circularam os rumores da mudança na iminência do golpe de Estado, mas é preciso levar em conta a rede de ligações também pessoais no interior da elite ateniense. Sófocles, então com 85 anos, é ainda um dos próbulos naquela fase preparatória.

Além do tema da paz com rapidez e a qualquer preço, os líderes da oligarquia desde cedo visaram à reforma que, por si só, poderia esvaziar a democracia antes mesmo de suprimi-la no âmbito formal: a revogação do salário [μισθός]. Merece atenção a maneira como Tucídides apresenta a manifestação dos conjurados sobre esse ponto programático imperioso, decisivo e, para eles, irrenunciável: "A essa altura, *agora*[12] se dizia *abertamente*[13] que nenhuma magistratura

---

9. O cálculo exato é possível graças a Aristóteles, *Constituição de Atenas*, 33, 1.
10. Tucídides, VIII, 1, 3: οἵτινες περὶ τῶν παρόντων [...] προβουλεύσουσιν.
11. Id., VIII, 53 (foi sobretudo Pisandro quem se baseou nesses argumentos).
12. Isto é, na assembleia de Colono convocada conjuntamente por próbulos e *syngraphies* (VIII, 67, 3).
13. λαμπρῶς ἐλέγετο ἤδη.

deveria ser ocupada como no passado nem deveria haver salário para os diversos cargos". Dizia-se "agora abertamente" aquilo que, sem dúvida, já circulava como reivindicação vinda à tona para que a opinião pública, já acossada por atentados impunes,[14] pela censura prévia nas intervenções assembleares[15] e pelo monopólio das intervenções assembleares reservadas aos filiados à conspiração, se preparasse para sofrer o mais duro golpe. Aliás, é o próprio Tucídides, ciente da importância crucial de uma medida dessas, que revela que *a revogação do "salário"* [μισθός] *era o tema que as heterias, antes mesmo que Pisandro desembarcasse em Atenas, tinham posto em circulação.*[16] Assim, muito antes que se chegasse à assembleia de Colono, onde a decisão foi formalizada. Em suma, os velhos do coro de *Lisístrata*, declamando que "tenho medo que certos espartanos, reunidos na casa de Clístenes, aticem essas mulheres inimigas dos deuses a tomar nosso dinheiro, *o salário* que é minha vida",[17] não falam em vão: fazem uma referência precisa a uma ameaça que já está avultando.

São ridicularizados por Aristófanes, que os faz dizer com efeito cômico (visto o tipo de *golpe* que se desenrola em cena):

> É indigno que estas aqui nos preguem moral e queiram a paz com os espartanos (tão confiáveis quanto um lobo esfomeado). Tudo isso, cidadãos, é uma conspiração para a tirania. Mas não conseguirão! Ficarei em guarda. *Levarei a espada num ramo de mirto*, estarei em armas, perto da estátua de Aristogíton![18]

A pressa em chegar a um acordo com Esparta não é invenção deles. E, no entanto, é apresentada como um aspecto da insensata "mania de conspiração" democrática.

À diferença de tantos críticos modernos que se perderam um pouco no *plot* "feminista" de *Lisístrata*, Johann Gustav Droysen enxergou de pronto o essencial e, a respeito dessa explícita investida do coro dos anciãos, observou em suas admiráveis introduções às comédias de Aristófanes (1835-8): "Esta passa-

---

14. Tucídides, VIII, 66, 2.
15. Id., VIII, 66, 1.
16. Id., VIII, 65, 3.
17. *Lisístrata*, 620-5.
18. Ibid., 626-35.

gem *e todo o tom da comédia* parecem atestar que a encenação ocorreu em pleno auge daquele período convulso, poucas semanas antes da queda da Constituição, nas Dionisíacas".[19]

Droysen capta com grande perspicácia os vários aspectos e efeitos da comédia:

> O louco plano das mulheres, que planejam arrancar a paz recusando-se a cumprir o dever conjugal, e a exultação final quando se realiza a conciliação permitiram que o povo esquecesse por um momento as angústias do presente. Mas a comédia também se ressente da opressão sufocante que caracterizava o estado de ânimo da cidade. O poeta evita com cautela quase ansiosa o habitual excesso de ridicularização e sarcasmo contra as personalidades de ponta. Mesmo as situações realmente ridículas arranham apenas a superfície.[20]

É verdade. A alusão a Pisandro no v. 490 ("sempre existe sordidez, permitindo que Pisandro e os outros que aspiram aos cargos roubem")[21] está diluída num escárnio genérico, dirigido a todos os políticos; e, além do mais, a acusação de "roubar" é tão genérica e generalizada na usual antipolítica, utilizada à farta nas peças de comédia como hábil cobertura para desferir, quando necessário, ataques mais profundos e mais dirigidos, que as elucubrações fundadas nesse verso (que seria ousado demais se Pisandro já estivesse "no poder")[22] perdem significado. Ademais, estava bem claro que Pisandro continuava a ser a figura que ia à frente, por ser um demagogo de longo curso (o primeiro sinal de sua ganância venal já aparecia nos *Babilônicos*) e, portanto, capacitado para enfiar goela abaixo, em reiteradas assembleias, a iminente mudança.

Ademais, não se deve deixar de notar que, na altercação Próbulo-Lisístrata, aparece bem a propósito a questão do tesouro público a usar (ou deixar de usar) para a guerra (vv. 493-500), ou seja, um problema que, desde o verão de

---

19. Cito a partir da excelente tradução, provida de adequada introdução, realizada por G. Bonacina: J. G. Droysen, *Aristofane: Introduzione alle commedie* (Palermo: Sellerio, 1998, p. 212).
20. Droysen, *Aristofane*, trad. cit., p. 213.
21. Trad. ital. de Guido Paduano. Milão: Rizzoli, 1981.
22. Sobre isso, ver Bonacina em Droysen, *Aristofane*, p. 211, nota 116.

412, passara a ser lancinante, porque haviam posto a mão naqueles mil talentos que deveriam permanecer intactos durante todo o conflito.

III

É sábia a paródia, na verdade muito próxima do original, da linguagem política do período. Percebemos isso na discussão entre Próbulo e Lisístrata sobre a gestão do erário público e percebemos também no próprio ataque com que os velhos lançam seu grito de alarme: "Quem for homem livre não pode ficar a dormir!".[23] Não é por acaso, de forma nenhuma, que o coro dos anciãos utiliza um léxico político no qual *oligarquia* e *tirania* são sinônimos. Esse é um aspecto fundamental da linguagem democrática, da qual temos dois testemunhos capitais de Tucídides em passagens cruciais de sua narrativa, e que está relacionado com a construção ideológica mais forte da democracia ateniense: a autorrepresentação da democracia como antítese da tirania. Por isso a mentalidade e a prática oligárquica recaem, por assim dizer, no âmbito da "tirania", da aspiração à tirania. Isso, aliás, não está de todo desvinculado da dinâmica real da luta política. O próprio Tucídides sabe (e Aristóteles repete) que logo estoura entre os oligarcas a rivalidade, numa disputa em que "cada um quer ser o primeiro";[24] e o oligarca típico, delineado no célebre e percucientíssimo retrato feito por Teofrasto em *Caracteres*, circula repetindo sem cessar o verso homérico "Um seja o líder!", assim como, enquanto baluarte da própria política, repete o refrão: "Ou nós ou eles na cidade!".

Nas duas ocasiões em que fala de golpes de Estado em Atenas — aquele temido (e talvez abortado) de 415 e aquele efetivado em 411 —, Tucídides atribui à *consciência popular* ("o demo pensando que [...]", "o demo lembrando o que sabia por tradição oral [...]") o medo de uma "conspiração oligárquica e tirânica", como diz ele.[25] Neste caso, apresenta ideias correntes entre o demo. Mas, ao comentar o *exploit* dos três artífices da revolução oligárquica — e, neste caso, dando a impressão de falar em primeira pessoa —, ele observa que era um

---

23. *Lisístrata*, 614: ὅστις ἔστ᾽ ἐλεύθερος.
24. Tucídides, VIII, 89, 2.
25. VI, 60, 1.

grande empreendimento "retirar a liberdade do demo depois de cem anos desde a queda dos tiranos".[26] Neste segundo caso, ele parece adotar a equiparação oligarquia/tirania, que é a ideologia de base do demo ateniense, ademais confirmada e anualmente reforçada nos discursos fúnebres. Na verdade, examinando bem, a frase é intencionalmente ambígua. Há, de fato, outra maneira de utilizar o conceito de "liberdade do povo": é a acepção, bastante hostil, do opúsculo dialógico *Sobre o sistema político ateniense*, que denuncia como principal defeito do regime democrático o fato de que "o povo *quer ser livre*, em vez de se sujeitar à *eunomia*".[27] E fica de todo evidente, à luz dos outros explícitos juízos tucidideanos sobre a irresponsabilidade com que o povo utiliza sua ilimitada liberdade de ação na democracia [ποιεῖν ὅ τι βούλεται], que é exatamente disso que Tucídides pretende falar. A liberdade que "parecia impossível retirar ao demo depois de um século" é precisamente aquele ποιεῖν ὅ τι ἂν δοκῇ, aquele colocar-se acima das leis que *conota* o "poder popular".[28] É por isso que, como que complementando a reflexão sobre a liberdade/arbítrio que os conspiradores por fim eliminaram, Tucídides prossegue observando que essa "liberdade" do povo ateniense consistia essencialmente no domínio sobre os outros:[29] porque a liberdade do povo ateniense toma corpo com a tirania que ele exerce sobre os outros.

O coro dos velhos, por sua vez, lança o alarme com uma extraordinária investida oratória, apelando a "todos os que querem ser *livres*",[30] e logo declara temer a *tirania* ("cheiro de Hípias", "punhal no mirto", "estátua de Aristogíton"), para depois identificar de maneira concreta a liberdade no μισθός, que a tirania colocaria em perigo. É uma amostragem perfeita do jargão democrático. Continua sem resposta a legítima pergunta se Aristófanes está simplesmente descrevendo o alarmismo democrático ou aproveita o palco da comédia para lançar um alarme.

---

26. VIII, 68, 4.
27. [Xenofonte], *Sobre o sistema político ateniense*, I, 8: ἀλλ᾽ ἐλεύθερος εἶναι.
28. Explica Péricles ao jovem Alcibíades em Xenofonte, *Ditos e feitos memoráveis*, I, 2, 44.
29. Αὐτὸν ἄλλων ἄρχειν εἰωθότα.
30. *Lisístrata*, 614.

IV

Sabe-se que a data de representação de *As tesmoforiantes* é, segundo alguns, o ano de 411, segundo outros, o de 410. A datação em 411 depende de apenas um fio: 1) no v. 1060, Eco diz que colaborou "no ano passado neste mesmo lugar" (o teatro de Dioniso) com Eurípides; 2) logo a seguir, o "parente de Eurípides" começa a recitar sua *Andrômeda*, em que Eco figurava como personagem; 3) um escólio no v. 53 de *As rãs* (encenadas nas Leneias de 405) tenta explicar por que Dioniso, no prólogo dessa peça, afirma que esteve imerso na leitura de *Andrômeda* (quando se encontrava na nau vitoriosa que afundara doze navios inimigos), e não na leitura de tragédias apresentadas em tempos mais próximos, e especifica que "*Andrômeda*, por sua vez, era de oito anos antes" (referência que, fazendo a soma, deveria levar ao ano de 412).

Mas esse tênue fio (tudo depende da exatidão desse número "oito") pode ser contestado em vista das referências explícitas presentes na comédia — todas elas relativas, de uma maneira ou outra, aos eventos da oligarquia de 411.

Em seu belo livro *The Athenian Boule* (Oxford, 1985), P. J. Rhodes ressaltou que as referências da comédia aos poderes da Boulé (acima de tudo, o poder de impor sentenças capitais [vv. 943-4, mas também 76-80]) se explicam tomando a Boulé dos Quatrocentos, a qual, de fato, depois de ter expulsado a legítima Boulé dos Quinhentos, arrogou-se tais poderes e os exerceu de modo implacável (Tucídides, VIII, 67, 3 e 70, 2). E poderíamos acrescentar um dado, bastante sólido, sempre relativo a esse órgão.

Na parábase, quando a corifeia começa a enumerar e expor as razões que levam a afirmar a superioridade das mulheres sobre os homens, o jogo cômico consiste em utilizar nomes femininos falantes aos quais se contrapõem *défaillances* masculinas no campo evocado vez a vez por aqueles nomes. Assim, o nome Nausímaca serve para anunciar a inferioridade de Cármino, estratego sobrevivente de um insucesso naval (v. 805); o nome Eubules (v. 808) serve para ridicularizar "qualquer dos *buleutas do ano passado* que entregaram seu papel a outros [τὴν βουλείαν]". O escólio aqui declara não entender ("não está claro o que isso significa"). No entanto, é evidente a referência à Boulé "despejada" pelos Quatrocentos, como bem entenderam Le Paulmier, Rogers, Van Leeuwen e outros.

A hipótese de que a referência seja a um único buleuta mandrião (assim conjectura Enger, aprovado por Blaydes) não faz muito sentido. Para salvar a datação em 411, Colin Austin (comentário a *As tesmoforiantes*, Oxford, 2004, p. 269) pensa numa referência indireta aos próbulos nomeados em 413; imagina talvez que as palavras com que Tucídides (VIII, 1, 3) indica suas funções (οἵτινες περὶ τῶν παρόντων προβουλεύσουσιν) significam que os próbulos teriam subtraído essas funções à Boulé. Mas Hornblower (III, p. 752) alerta com justeza contra a atribuição de um valor técnico a essa expressão. Os próbulos tiravam espaço, se tanto, a helenotamos e estrategos. Em todo caso, em 413 não foi "vileza" da Boulé, e sim uma decisão que teve a concordância da assembleia popular e, portanto, foi precedida de um *probouleuma* da própria Boulé. É, pelo contrário, na incrível submissão e aquiescência perante a arbitrariedade dos Quatrocentos que resplandece a covardia dos buleutas.

Tucídides (VIII, 69) descreve a cena e, como sempre, conhece todos os detalhes preparatórios do episódio (inclusive a proveniência e o tipo de armamento dos "maceiros" que deviam se manter em prontidão, caso os buleutas opusessem resistência). Esse fato ainda não ocorrera durante a celebração das Dionisíacas de 411 e, portanto, devemos nos inclinar para o ano de 410. Pode-se acrescentar que essa comédia fala várias vezes da Boulé — da queda e dos poderes da nova —, o que bem se compreende ao se pensar no efeito que deve ter decorrido da liquidação indolor do órgão mais representativo da democracia: justamente a Boulé clistênica.

Mas o que mais urge ressaltar é o tom depreciativo de Aristófanes em relação à timorata Boulé democrática, que se deixou depor e desalojar sem esboçar qualquer reação. Nem os oligarcas esperavam que tudo ocorresse com tanta facilidade. Por isso, como informa Tucídides (VIII, 69), tinham deixado em alerta e em estado de prontidão um grande número de maceiros bem armados, cerca de trezentos provenientes de Andros, Teno e Caristo, além de um grupo de Egina e os 120 jovens apunhaladores "dos quais se serviam com regularidade quando era preciso passar às vias de fato", especifica Tucídides; ademais, eles próprios, os Quatrocentos, estavam armados com punhais ocultos sob as vestes. A Boulé no cargo não opôs nenhuma resistência, e assim a corifeia de Aristófanes diz com sarcasmo que esses "buleutas do ano passado" "tinham entregado a βουλεία a outros".

Pouco depois da dissolução da Boulé clistênica, ocorre em Samos um golpe oligárquico (que, porém, terá vida efêmera), em sincronia com o perpetrado em Atenas. Também aqui Pisandro tem um papel importante. Os conspiradores oligarcas, para selar o pacto de fidelidade entre eles, decidem cometer um delito em conjunto, como pacto de sangue recíproco. E matam Hipérbolo, o líder popular que seguira para o ostracismo graças à improvisada e instrumental aliança entre Nícias e Alcibíades poucos anos antes (Tucídides, VIII, 73, 2-3). Sabemos com quanto desprezo Tucídides fala de Hipérbolo, ao comentar seu assassinato a sangue-frio cometido pelos conjurados. Mas aqui cumpre notar o tom igualmente depreciativo e escarninho que adota Aristófanes em relação a Hipérbolo, assassinado pouco tempo antes, sempre pela boca da corifeia, alguns versos mais adiante. "Como se pode admitir", invectiva a corifeia, "que a mãe de Hipérbolo, vestida de branco e com a cabeleira solta, fique ao lado da de Lâmaco?" (vv. 839-41).

Parece claro que a intenção da corifeia, isto é, de Aristófanes, é criar um confronto entre duas mães de luto: a mãe de Lâmaco é a mãe do herói morto na Sicília, a mãe de Hipérbolo é a mãe do biltre; assim, não é justo que a segunda apareça em público nos mesmos trajes que cabem condignamente à primeira — em Atenas, o luto dura trinta dias (Lísias, I, 14); transcorrido esse prazo, as mulheres adotam roupas claras e deixam os cabelos soltos.

Mas, se é esse o sentido — e assim se afigurou a Rogers, Van Leeuwen e outros conceituados intérpretes — da iracunda comparação entre as duas mães, é evidente que tal passagem da parábase pressupõe que Hipérbolo já está morto. Assim, essa referência também nos leva além das Dionisíacas de 411. E, acima de tudo, é uma saída especialmente obsequiosa em relação aos novos senhores da cena política: lançar descrédito e desprezo sobre Hipérbolo já morto significa avalizar a legitimidade essencial daquela execução. Por outro lado, é evidente que se está falando de Hipérbolo, porque seu nome, depois de anos e anos de sumiço da cena ateniense devido ao ostracismo (418?-5? a.C.), voltou a ganhar atualidade, às avessas — e por isso faz sentido que seja objeto de uma comédia —, pois difundiu-se a notícia de sua morte. (E os nomes dos perpetradores de seu assassinato também eram conhecidos; pelo menos Tucídides [73, 3] os revela: um era exatamente aquele estratego Cármino, que assim tentara granjear a simpatia dos novos senhores, que a mesma corifeia citara com ironia alguns versos antes.)

Aquela cena, na parábase de *As tesmoforiantes*, é uma clara tomada de posição que contribui para lançar uma luz favorável sobre a liquidação física de Hipérbolo, executada pelos oligarcas.

V

Seis anos mais tarde, numa situação política e militar alterada por completo, Aristófanes retorna uma vez mais, na parábase de *As rãs* (março-abril de 405), aos efeitos da longa duração da crise de 411. Nesse ínterim, Alcibíades retornou (408) e de novo caiu (407); Atenas perdeu em Notium, mas venceu com sérios danos a maior batalha naval de toda a guerra nas ilhas Arginusas (406), e os estrategos vitoriosos foram liquidados por Terâmenes. Em *As rãs*, de fato brinca-se sobre as Arginusas,[31] mas não se faz nenhuma alusão ao alucinante processo,[32] ou seja, ao mais grave acontecimento político da crônica recente. No final, fala-se outra vez de Alcibíades, e Aristófanes faz com que Ésquilo, vencedor artístico e moral do ágon encenado na comédia, diga que é melhor chamar de volta "o filhote de leão", resignando-se a seus costumes. Mas o verdadeiro *comício*, confiado à parábase, refere-se mais uma vez "àqueles que foram apanhados numa armadilha pelos ardis de Frínico".[33] Volta-se, portanto, a 411. Por quê? Para formular uma proposta que talvez tenha determinado também o estrondoso sucesso da comédia, visto que uma notícia segura, que devemos a Dicearcos — que estudara "antiguidades" teatrais na escola de Aristóteles —, informa que foi autorizada uma nova encenação da comédia "por causa da parábase".[34] Portanto, Aristófanes dissera as palavras certas, que muitos esperavam: anistiar quem ainda sofria as consequências do comprometimento com o governo de 411. O "comício" é sabiamente construído e se inicia, como é normal e correto na oratória assemblear, com o anúncio de que o orador dirá "coisas úteis para a cidade". E logo aborda de frente a questão que lhe importa, com um argumento que sabe que terá um efeito certo, em nome de um valor caro ao demo: a "igualdade". "É preciso tratar os cidadãos de modo

---

31. *As rãs*, 191 (cf. 693).
32. Não é certamente o epíteto κομψός (hábil, sutil, de bem!) que Aristófanes aplica a Terâmenes por meio da frase de Eurípides (*As rãs*, 967). Jacques Le Paulmier, em *Exercitationes in optimos fere autores* (1668) (ed. Gronovio, 1687, pp. 774-5), identificava aqui uma alusão ao processo: não há razão.
33. *As rãs*, 689.
34. São as últimas palavras do *Argumento primeiro*, transmitido tanto no manuscrito ao qual devemos o que se salvou de Aristófanes (o Ravennate 137) quanto no Marciano grego 474.

igual";[35] mas fala de forma ainda mais radical: "É preciso tornar os cidadãos iguais" (fazer com que sejam iguais). *Ison* significa igual e justo: é um ponto cardeal da democracia antiga. E prossegue: "Se alguém errou, desencaminhado pelos ardis de Frínico, declaro que deve ser permitido àqueles que então caíram, uma vez expostas suas razões, apagar as culpas de outrora".[36] É notável que apenas o nome de Frínico seja apresentado como responsável-símbolo por esses acontecimentos. "Expor as razões" significa sem dúvida que ainda estão em curso os procedimentos (é o caso, por exemplo, do segundo processo contra Polístrato), os quais, porém, em geral não trazem um bom desfecho para os acusados. Daí o pedido formal aqui adiantado — na pausa muito séria de uma comédia — *de anular* a *atimia*[37] imposta na época a todos os que se "comprometeram" de alguma maneira com o governo oligárquico. Não deviam ser poucos. Daí a alguns meses, sob o golpe da inesperada derrota de Egospótamos e quando já iniciou o cerco, a mesma proposta será feita por um político, Patróclides, e a proposta será aprovada em assembleia[38] como procedimento extraordinário, na esperança de que sirva para contrabalançar a catástrofe iminente.[39] Apenas se se tratasse de um grupo importante de cidadãos é que essa proposta teria sentido, bem como sua adoção como medida defensiva no momento de perigo. Isso ajuda a entender quais eram as dimensões do apoio à oligarquia. Está claro, além disso, que as medidas punitivas teriam sido adotadas no espírito do decreto de Demofanto e do juramento prestado pelos cidadãos nas Dionisíacas de 409.[40]

Após as grandes vitórias navais devidas essencialmente a Alcibíades em 411-0 (Abidos, Cízico), quando Esparta chegou até a pedir a paz sem a obter,[41] o clima da democracia restaurada começava a ser o de acerto de contas.

Em seu hábil e feliz "comício", Aristófanes também explora outro tema, um daqueles que sempre podiam ter efeito certeiro sobre o demo cioso de seu

---

35. *As rãs*, 688: ἐξισῶσαι τοὺς πολίτας.
36. Ibid., 689-91.
37. Ibid., 692: ἄτιμόν φημι χρῆναι μηδέν᾽ εἶν᾽ ἐν τῇ πόλε.
38. Andócides, I, 80.
39. *Helênicas*, II, 2, 11.
40. Não deve passar despercebida a importância do que se diz no teatro, visto que o juramento de fidelidade à democracia foi feito nesse contexto.
41. Diodoro, XII, 52-3; Aristóteles, *Constituição de Atenas*, 34, 1, situa o pedido espartano após as Arginusas; talvez se trate da mesma proposta.

bem principal: a cidadania. Seria de fato vergonhoso — investe ele — que os escravos participantes das Arginusas tivessem obtido o *ius civitatis* equiparado ao que fora antes concedido aos plateenses[42] e assim "de servos passem a senhores",[43] e, no entanto, que não se perdoasse "esta única infelicidade" (μίαν συμφοράν: não diz mais "culpa") a quem lutou tantas vezes em vossa defesa, eles e os pais deles, e que são vossos parentes! O golpe é magistral porque o bom democrata ateniense não gosta que se dilua o bem da cidadania, e Aristófanes tem pleno conhecimento disso. E instiga seu público insinuando até que esses ex-escravos, que acabaram de se tornar cidadãos, já estão adotando atitude de senhores. Crítias, no diálogo *Sobre o sistema político ateniense*, chega a atribuir a um dos interlocutores a declaração de que, em Atenas, correm o risco, por culpa da democracia, de se tornarem "escravos dos escravos"![44] Aristófanes, tão sério, não ignorava de maneira nenhuma as linguagens políticas correntes. Por isso não hesita em concluir com uma peroração sedutora: "Vós, atenienses, que sois sábios por natureza,[45] abrandai vossa cólera!". E faz também um alerta que apenas a um olhar superficial pode parecer descabido depois das Arginusas: "Justo agora que a cidade está à mercê das tempestades;[46] se não formos sábios agora, no futuro seremos chamados de loucos".

VI

Mas essa "cólera" não se aplacou tão depressa. É claro que, após o juramento público exigido pelo decreto de Demofantos, o clima da cidade mudara. Assim, não deve surpreender que, a partir daquele exato momento, tenha começado a se dar um êxodo de diversas personalidades, cuja decisão ficou registrada nas fontes sobreviventes.

Houve quem soubesse sobreviver por mais tempo em termos políticos, como Crítias, o qual, quando a estrela de Terâmenes pareceu entrar em declí-

---

42. Em 427 a.C. depois do extermínio de Plateia por obra de Esparta.
43. *As rãs*, 694. Estocada de mestre.
44. [Xenofonte], *Sobre o sistema político ateniense*, I, 10-1.
45. *As rãs*, 700: ὦ σοφώτατοι φύσει!
46. Ibid., 704: κυμάτων ἐν ἀγκάλαις (que é citação de Arquíloco).

nio,⁴⁷ tentou se aproximar do novo senhor da cena política, Alcibíades.⁴⁸ E mais de um decidiu ir para a corte de Arquelau, o "Pedro, o Grande" da Macedônia, a cuja obra de modernização Tucídides — por tê-la visto com os próprios olhos — erigiu um monumento que apenas na aparência é infundado e pode parecer póstumo, ao falar dele um tanto de passagem no final do terceiro ano de guerra.⁴⁹

Ágaton, que cumprimentara Antifonte por sua magnífica e desventurada apologia, vai para a Macedônia.⁵⁰ Quando seu nome é evocado, no início de *As rãs*, no hilariante diálogo entre Héracles e Dioniso, o deus do teatro diz que Ágaton, "bom poeta, *pranteado*⁵¹ pelos amigos", foi "para o banquete dos beatos".⁵² O escólio⁵³ apresenta duas explicações para o "banquete dos beatos": ou é uma paráfrase para indicar sua morte (mas não teria sentido, devido à própria impostação da comédia motivada pela morte de Eurípides na Macedônia e pela ocasião de um debate além-túmulo com Ésquilo), ou é um modo indireto de se referir a seu exílio voluntário na Macedônia. Outro escólio se expressa de maneira ainda mais circunstanciada: "Foi *acusado* por ter *fugido* para junto de Arquelau, rei dos macedônios".⁵⁴ De tal vocabulário deveríamos inferir mais do que um autoexílio devido a fatores poéticos ou pessoais não facilmente identificáveis. Aqui se fala de uma *fuga* e de um *processo* (talvez à revelia) em que se formulava tal *acusação*. Ao mesmo tempo que Ágaton, também Eurípides vai para a Macedônia — e conhecemos a frágil lenda biográfica antiga segundo a qual Eurípides partiu por se sentir amargurado.⁵⁵

---

47. Que, em todo caso, nas Arginusas é trierarca, como Trasíbulo.
48. Ver infra, cap. 25.
49. II, 100, 1-2. Arquelau morreu em 399 a.C. e Tucídides afirma que ele construiu estradas e praças fortes "que ainda estão ali". Escreve, portanto, após a morte do rei. Essa dedução evidente também causa dor de cabeça a alguns modernos, demasiado afeitos às fábulas da tradição biográfica sobre Tucídides (*Thukydideslegende*, como foi corretamente definida por Wilamowitz aos 28 anos).
50. Eliano, *Varia historia*, XIII, 4; escólio a *As rãs*, 83-4.
51. *As rãs*, 84, ποθεινὸς τοῖς φίλοις: "objeto de desejo" é o sentido pleno do termo.
52. εἰς μακάρων εὐωχίαν.
53. Que confluiu também em Suidas (α 124).
54. *Scholia in Aristophanem*, ed. Dübner (Didot), p. 516, col. I (Ὁ Ἀγάθων οὗτος ποιητὴς ἦν κωμῳδίας δεξιός, καὶ τὸν τρόπον ἀγαθός. Κατηγορήθη δὲ ὅτι ἀπέδρασε πρὸς τὸν βασιλέα τῶν Μακεδόνων Ἀρχέλαον).
55. *Vida de Eurípides*, in: *TrGF* V.1, T 1, IB, 3.

Na mesma época, ou pouco depois, talvez acuado por um processo que lhe movia Cleofonte[56] — figura emergente da política democrática —, Crítias foge para a Tessália. Enquanto se realizava o processo contra os estrategos vitoriosos nas Arginusas (406), Crítias estava não mais em Atenas, e sim na Tessália, ajudando um certo "Prometeu" — talvez alcunha de Jasão de Feres — a aliciar, como anos antes já fizera Amínia,[57] os penestes (isto é, os hilotas da Tessália) "contra os senhores".[58] A aliança com Alcibíades não se sustentou ou nem mesmo conseguiu decolar.

Não se deve descurar que Cleofonte foi ao mesmo tempo o acusador de Alcibíades, depois do infeliz confronto de Notium (apenas indiretamente imputável a Alcibíades).[59]

Na mesma época Tucídides juntou-se à corte de Arquelau, deixando Atenas talvez depois dos processos aos líderes dos Quatrocentos. A atestação de Praxífanes a esse respeito é indiscutível.[60]

Aqui deve-se levar em consideração o importante testemunho do tratado (decerto dialógico) *Sobre a história* do peripatético Praxífanes, discípulo e amigo mais jovem de Teofrasto (ele também autor de um tratado de mesmo título). Praxífanes, que falava de Tucídides em relação a Arquelau ("Arquelau em vida quase não teve fama"), atestava um sincronismo entre Tucídides, de um lado, e, do outro, os seguintes poetas representantes dos diversos gêneros literários: Platão cômico, Ágaton, Nicérato e Quérilo, poetas épicos, e

---

56. Aristóteles, *Retórica*, 1375b 32.
57. Aristófanes, *As vespas*, 1270-5.
58. Terâmenes, em 404, no confronto oratório mortal com Crítias, dá essa notícia circunstanciada: Xenofonte, *Helênicas*, II, 3, 36.
59. Swoboda, *RE*, XI.1, 1921, s.v. *Kleophon*, col. 793, conjecturou que se tratava de uma "denúncia por traição" [γραφὴ προδοσίας]. A fonte é Imério (*Declamazioni*, 36, 15) citado por Fócio, *Biblioteca*, cap. 243, 337a 18. Cf. G. Gilbert, *Beiträge zur innern Geschichte Athens*. Leipzig: Teubner, 1877, p. 366. Ver boa discussão dos aspectos formais da denúncia em J. Hatzfeld, *Alcibiade* (Paris: PUF, 1940, p. 316, nota 2). W. Schmid, em *Griechische Literatur* (Munique: Beck, 1940, v. I, parte 3, p. 171, nota 11), tende a associar a segunda queda de Alcibíades e o exílio de Crítias. Cabe perguntar se Cleofonte já dispunha de força política para liquidar ambos, ou ao menos conjecturar se pôde contar com uma aliança política mais ampla — por exemplo, com Terâmenes, que dali a pouco iria se dedicar à liquidação dos amigos de Alcibíades. Cf. infra, cap. 27.
60. Praxífanes (fragmento 18 Wehrli = fragmento 10 Brink) em Marcelino, *Vida de Tucídides*, 29--30.

Melanípides, músico e ditirambógrafo. Parece evidente que, no diálogo *Sobre a história*, de Praxífanes, tratava-se do tema tipicamente aristotélico da relação história/poesia e por isso Tucídides dialogava com os representantes dos diversos gêneros poéticos, com uma peculiaridade, a saber, que Ágaton, Nicerato, Quérilo, Melanípides (além do próprio historiador) estavam, em determinado momento, na corte de Arquelau. É a essa espécie de "escola de Atenas no exílio" que Aristófanes se refere quando diz que Ágaton não está presente, pois foi para "o banquete dos beatos".[61] Em especial Quérilo de Samos e Nicérato de Heracleia tinham se exibido de maneira servil ao lado de Lisandro vencedor e, em sua infinita vaidade, promotor dos Λυσάνδρεια.[62] Depois se passaram para Arquelau.

Tudo leva a pensar que Praxífanes, escrevendo um século depois, mas abeberando-se na erudição literária acumulada no primeiro Perípato, reuniu em diálogo, na corte real na Macedônia, autores que de fato estiveram lá (talvez não todos na mesma época). Em todo caso, é difícil não pensar que se Platão cômico foi incluído no diálogo, também deve ter tido um período macedônio. Evidentemente, não somos capazes de situá-lo com precisão em algum dado momento. Mas é cabível pensar que, na Atenas de 407-5 dominada por Cleofonte, o autor de uma comédia intitulada *Cleofonte*[63] — em que a certa altura se dizia: "Libertemo-nos desse homem tão rapace" —, também tenha enfrentado alguns problemas.

E na mesma época — depois da representação de *Orestes* (408) — Eurípides, cuja colaboração dramatúrgica com Crítias já comentamos, deixa Atenas.[64] Claro que não podemos pretender ler nas entrelinhas de uma tradição biográfica tão contaminada como a que se sedimentou em torno da figura de Eurípides. Em relação a essa tradição, é mais importante o fato, por si só, de que Aristófanes o tenha visado ainda mais do que ao próprio Sócrates. Seria um

---

61. *As rãs*, 85.
62. Cf. Plutarco, *Vida de Lisandro*, 18, além de W. Schmid, *Griechische Literatur* (v. I, parte 2, p. 542) e E. Diehl, *RE*, XVIII, 1936, col. 313 (o melhor estudo sobre Nicérato).
63. Platão cômico, fragmento 58 Kassel-Austin. Platão tinha também um *Pisandro* e um *Hipérbolo*: não se pode em absoluto dizer que dirigisse suas simpatias para os líderes populares.
64. Cf. supra, Primeira parte, cap. 2.

desperdício de trabalho tentar enquadrar Eurípides numa das correntes democráticas atenienses, ao passo que tem mais sentido mostrar como o radicalismo de sua crítica dos costumes o insere naquela área intelectual de críticos radicais das convenções sobre as quais se alicerça a cidade democrática, que pôde ver a tomada do poder por doutrinários ao estilo de Antifonte e Crítias ou por descrentes da democracia como Terâmenes como um fato positivo. Salvo que se desiludiram, como diz Platão sobre si mesmo no início da *Carta VII*. Não pode ser mero acaso que, em *As rãs*, querendo apontar os "discípulos" de Eurípides, Aristófanes tenha indicado Terâmenes e Clitofonte.[65] Clitofonte — o qual dá título a um diálogo platônico tendo como objeto a justiça! — foi quem, em 411, tornou ainda mais pesado o decreto de Pitodoro que acionou o procedimento de nomeação dos Quatrocentos, acrescentando outro decreto que determinava o reexame das leis ditas de Clístenes enquanto a "verdadeira" Constituição de Clístenes não era democrática, mas, se tanto, soloniana.[66]

Crítias, Terâmenes, Clitofonte (que reaparecerá pontualmente em 404):[67] se tal é o *milieu* intelectual-político de Eurípides, não é difícil compreender por que a atmosfera da agressiva restauração democrática de 409 pode lhe ter parecido irrespirável.

Porém Aristófanes, apesar de tudo, pelo que sabemos, ficou. Os líderes democráticos lhe inspiravam antipatia; mas tampouco esses doutrinários, cuja "coerência" podia se tornar homicida, lhe eram muito queridos. Alguém que, depois do ano terrível dos escândalos sacros, das perseguições judiciais e das traições de todos contra todos, escreve *Os pássaros* (414) evidentemente não tem confiança nem nestes nem naqueles.[68]

---

65. *As rãs*, 967.
66. Aristóteles, *Constituição de Atenas*, 29, 3 (cf. 34, 3).
67. Ibid., 34, 3.
68. Escreveu Droysen, a propósito de *Os pássaros*, que a compreensão dessa comédia "depende, para o essencial, do conhecimento mais exato de fatos bem determinados, os quais, porém, nunca são mencionados" (trad. cit., p. 107).

QUINTA PARTE
Entre Alcibíades e Terâmenes

25. Uma verdade por trás de dois versos

"A proposta que te trouxe de volta à pátria, eu é que apresentei diante de todos e assim, formalizado o decreto, realizei essa obra."

Esses versos, um dístico elegíaco, são de Crítias. Este logo foi identificado como *gênio do mal*, e sua memória foi apagada o máximo possível, em especial seus escritos. Simbolicamente, os atenienses chegaram a apagar da lista dos arcontes o nome de Pitodoro, sob cujo arconato (404-3) Crítias governara: aquele ano foi denominado "anarquia".[1] Apesar de tudo, seus escritos não desapareceram por completo, como, aliás, quase nunca acontece, mesmo em épocas de férrea censura. Platão, sobrinho de Crítias e a princípio favorável ao seu governo, honrou sua memória. Xenofonte, em seu "diário da guerra civil",[2] narrou sem benevolência os atos de governo e, de forma indireta, também tentou se passar (como tantos fizeram, depois do fim do infausto regime) por adepto — a rigor — do antagonista de Crítias, Terâmenes, mas mesmo assim conservou e utilizou os escritos do *gênio do mal*: imitou sua *Constituição dos espartanos* e preservou o diálogo sobre o ordenamento ateniense[3] (que nos

---

1. *Helênicas*, II, 3, 1.
2. Ibid., II, 3 e 4.
3. Cf. supra, Introdução, cap. 1, nota 24.

chegou, não por acaso, entre as obras de Xenofonte). Sabe-se — já o lembramos — que no século II d.C. Herodes Ático, expoente de relevo da chamada "Segunda Sofística", "desenterrou" obras de Crítias consideradas perdidas e promoveu sua divulgação. Mas já Plutarco (século I d.C.) lia as elegias de Crítias e, no século seguinte, na época de Herodes Ático, sem dúvida elas já eram lidas também por Heféstion, o gramático (no capítulo "Sobre a sinizésis") e por Ateneu, que cita um bom trecho nos *Deipnosofistas*.

Devemos a Plutarco, em *Vida de Alcibíades* (cap. 33), estes dois versos provenientes de uma elegia de Crítias, visivelmente dirigida a Alcibíades:

"O decreto para o retorno de Alcibíades", escreve Plutarco, "fora aprovado anteriormente [isto é, antes que Alcibíades retornasse de fato a Atenas] e fora apresentado e posto em votação por Crítias, filho de Calescro, como ele mesmo disse em versos, nas elegias, ali onde relembra a Alcibíades o favor prestado e assim se expressa: *A proposta que te trouxe de volta à pátria* [...]".

Nesses versos, Crítias se dirige *diretamente* a Alcibíades ("A proposta que *te* trouxe de volta à pátria"): dirige-se a ele como figura presente. Assim, cumpre pensar que ambos estão em Atenas naquele momento e que a situação concreta em que um dirige tais palavras ao outro corresponderia ao contexto de um banquete? Ou, já no exílio, Crítias escreve de longe a Alcibíades já de volta a Atenas (408 a.C.)? Ou ambos estão fora, um porque já está exilado e o outro porque ainda não retornou? Talvez sirva de auxílio outro fragmento elegíaco de Crítias, também dirigido a Alcibíades, que devemos a Heféstion. É uma peculiaridade métrica que nos favorece. Com efeito, no capítulo "Sobre a sinizésis", Heféstion diz que o fenômeno em que duas sílabas breves valem por uma "é raro em versos hexâmetros, como em Crítias, *na Elegia a Alcibíades*".[4] E cita, nesse ponto, dois dísticos, o primeiro dos quais é: "E agora coroarei o filho de Clínias, ateniense, Alcibíades, glorificando-o de novos modos"; o segundo explica por que o dístico anterior não podia ser composto por um hexâmetro e um pentâmetro, mas foi composto, em caráter excepcional, por um hexâmetro e

---

4. Heféstion, 2, 3 (= 88B4 Diels-Kranz): ἐν τῇ εἰς Ἀλκιβιάδην ἐλεγείᾳ.

um trímetro jâmbico:[5] "Teu nome Ἀλκιβιάδης de fato não se adapta ao pentâmetro e, por isso, agora se encontrará, sem violar a métrica, num verso jâmbico".

Não entediaríamos o leitor com questões de prosódia e métrica grega se não tivéssemos aqui um precioso duplo testemunho. A cena aqui representada é, de fato, a do banquete, durante o qual Crítias se dirige aos presentes — entre os quais, claro, encontra-se Alcibíades — e anuncia que o "coroará". Além do mais, Heféstion cita com precisão "*na elegia* a Alcibíades" e, com isso, atesta que os dois fragmentos elegíacos de Crítias a ele dirigidos pertencem à mesma composição. Portanto, deduz-se que Crítias, com seus versos, dirige-se a Alcibíades retornado do exílio e o coroa (talvez no contexto de um banquete). Assim, Crítias está em Atenas em 408, tendo Alcibíades retornado — e é provável que a elegia tenha surgido no exato contexto do seu retorno e dos solenes festejos realizados naquela ocasião, que Plutarco apresenta no mesmo contexto.

Porém, dois anos mais tarde (406), quando ocorre o monstruoso processo contra os generais vencedores nas Arginusas, Crítias não se encontra mais em Atenas, está "no exílio" na Tessália, como o censura Terâmenes no duro, mas ineficaz, discurso que Xenofonte o faz proferir em seu *Diário da guerra civil*: "Quando ocorriam esses fatos [o processo], ele não estava aqui, mas na Tessália, a instaurar com Prometeu violências populares e a armar os penestes contra os senhores".[6] Ele seguiu para o exílio voluntário a fim de evitar o processo movido por Cleofonte (nesse meio-tempo, depois de Notium, Alcibíades também optou pelo autoexílio). Sem dúvida, Crítias desapareceu de Atenas após 408 e retornou apenas com a capitulação de abril de 404, quando uma das cláusulas impostas por Esparta foi, precisamente, "o retorno dos exilados", em sua maioria condenados ou fugidos à justiça por crimes políticos sob um ou outro aspecto.

Mas se Crítias, ao exaltar Alcibíades com a elegia, coroando-o, recorda-lhe que foi ele que apresentou o decreto para seu regresso, a que decreto se refere e quando conseguiu sua aprovação "na presença de todos" [ἐν ἅπασι]?

Crítias, que fora denunciado por Dióclides como um dos responsáveis pela mutilação das hermas, mas fora absolvido pela delação de Andócides e permanecera à margem da política, em 411 — agora com quarenta anos —

---

5. Primeiro exemplo de estrofe "pitijâmbica".
6. *Helênicas*, II, 3, 35-6.

esteve entre os líderes mais ativos da oligarquia dos Quatrocentos, junto com seu pai, Calescro.[7] E, apesar de tudo, mesmo suspeito de estar entre os que se preparavam para acolher os espartanos chegando de surpresa no molhe de Eezioneia, Crítias conseguiu não ser derrubado quando Terâmenes virou a casaca, descobriu-se patriota, liquidou os líderes abertamente filoespartanos dos Quatrocentos (Antifonte e Aristarco *in primis*), brandiu a lista dos Cinco Mil cidadãos de pleno direito e considerou que poderia exercer um comando duradouro de Atenas, sob um regime político oligárquico moderado ou, como diz Tucídides, "misto".[8] Foi desconcertante a reviravolta de Crítias, não menos imprevista que a guinada de Terâmenes. O filho de Calescro, o "terrorista" provável cúmplice de outrora na bravata das hermas mutiladas com o fito de escandalizar a carolice democrática, agora se colocava, de uma hora para outra, a serviço de Terâmenes. É a notícia contida *na elegia a Alcibíades* que nos permite entendê-lo. Com aqueles versos, Crítias reivindica ter sido ele que apresentou o decreto para o retorno de Alcibíades; e pelo relato tucidideano quase em estilo de crônica sobre o golpe de Estado de 411, também sabemos o momento preciso em que isso ocorreu: logo após a defecção de Eubeia e a consequente deposição dos Quatrocentos, no dia seguinte ao desmascaramento da manobra tramada em Eezioneia. Naqueles dias sucedeu-se uma série de assembleias, enquanto os líderes mais comprometidos fugiam; o poder passou para os Cinco Mil (que se tornaram o novo corpo de cidadãos, não mais os cerca de 30 mil) e "foi a primeira vez em minha vida", escreveu Tucídides, "que os atenienses foram bem governados",[9] porque o ordenamento político foi de tipo "misto" ("mescla [ξύγκρασις] entre o princípio oligárquico e o democrático", como diz ele). E naquele "feliz" momento, prossegue Tucídides, "deliberaram que Alcibíades e os outros exilados com ele retornassem" e chegaram a enviar mensageiros à frota ateniense estacionada em Samos, que permaneceu irredutivelmente hostil aos oligarcas, com o convite de "prosseguir com vigor as operações bélicas [ἀνθάπτεσθαι τῶν πραγμάτων]".

---

7. [Demóstenes], *Contra Teócrines*, 67: "Crítias e seus cúmplices preparavam-se para receber os espartanos no molhe de Eezioneia". É um erro dos modernos ignorar esse testemunho. Segundo Libânio (*Hypothesis*), "a maioria pensava que o autor do discurso era Dinarco".
8. Tucídides, VIII, 97, 2.
9. Id., VIII, 97.

Portanto, a partir desse momento, sob a égide de Terâmenes, novo senhor da situação em Atenas, Crítias apresenta a proposta, o decreto para o regresso de Alcibíades "e outros com ele".[10] Só pode ser o mesmo decreto de que ele se vangloria na *Elegia a Alcibíades*. Terá sido um decreto *ad personam* ou cumulativo (talvez para outros condenados pelos mesmos crimes sacros)? Que tenha sido o próprio Crítias — o qual, quatro anos antes, fora acusado dos mesmos crimes — a apresentar materialmente o decreto é mais uma das tantas "obras-primas" de Terâmenes (podia ser arriscado submeter à votação a anistia de uma condenação por crimes sacros). Onde ocorreu a votação? Na elegia, Crítias diz que foi "diante de todos" [ἐν ἅπασι], mas é óbvio que pode estar se referindo apenas aos Cinco Mil afinal reunidos em assembleia, como corpo cívico e como órgão deliberativo. Habilmente, em 408, quando a democracia tradicional já fora restaurada (410-09) e o corpo de cidadãos voltara a ser o habitual (os teóricos 30 mil cidadãos *pleno iure*), ele diz que foi "diante de todos", sem especificar nada mais — porque esse corpo cívico de Cinco Mil, em 408, já não era mais órgão legítimo. E, de todo modo, Crítias agira por ordens de Terâmenes,[11] o qual, com o regresso de Alcibíades, novo senhor da situação em Atenas, havia se deslocado para a segunda ou terceira fila.

---

10. Id., VIII, 97, 3: ἐψηφίσαντο δὲ καὶ Ἀλκιβιάδην καὶ ἄλλους μετ᾽ αὐτοῦ κατιέναι.
11. Diodoro, XIII, 42, 2 e Cornélio Nepos, *Vida de Alcibíades*, 5, 4, indicam unicamente Terâmenes como promotor do regresso de Alcibíades. Por trás de Diodoro, nesse livro, certamente está Éforo. As palavras que usa (muitas vezes Diodoro o transcreve ao pé da letra) são bem interessantes: "*Aconselhou* o povo a fazer regressar Alcibíades [τῷ δήμῳ συνεβούλευσε κατάγειν τὸν Ἀλκιβιάδην]". Portanto, apoiou na assembleia a proposta, evidentemente formalizada por outro, isto é, Crítias, o qual por isso diz na elegia que "sobre esta obra [o regresso de Alcibíades] há a σφραγίς [o sinete] da minha língua". *As palavras* do decreto eram suas, Terâmenes apoiara a coisa e isso fora decisivo. Por isso Cornélio Nepos diz, não menos pontualmente que Éforo-Diodoro: "*suffragante Theramene*". Todas as demais interpretações da palavra σφραγίς nesse verso de Crítias correm o risco de se extraviar. Por outro lado, é evidente a alusão culta (a referência é à σφραγίς de Teógnis), que um "grande senhor" como Alcibíades, instrumentalmente amigo do povo, mas no íntimo depreciador da democracia, podia com facilidade captar e avaliar.

26. O regresso de Alcibíades

I

Refugiado em Esparta após a fuga de Siracusa (415 a.C.), condenado à revelia, empenhado em combater sem trégua sua própria cidade, Alcibíades sugeriu a seus novos protetores espartanos a mais mortal das ações bélicas: a ocupação estável do demo ático de Deceleia, como base para uma pressão constante sobre Atenas. Foi um dos maiores danos que, tornando-se inimigo enquanto exilado, Alcibíades causou à sua cidade. A proximidade e a presença constante dos espartanos em solo ático, unidas à consternação pela derrota siciliana (413 a.C.), foram um fator não secundário na crise que, dentro em breve, se produziu em Atenas: os oligarcas ganharam alento também porque agora sabiam que estavam com seus queridos espartanos logo ao lado. Mas, no exato momento da crise constitucional (411 a.C.), Alcibíades — que nesse ínterim entrara em choque com os espartanos e se refugiara junto ao sátrapa persa Tixafernes — encontrava-se no lado oposto dos grupos que derrubaram a democracia. Curiosamente, foi o próprio alcmeônida vítima do alarmismo democrático (o exílio pelos supostos crimes sacros se explica pelo "pânico ao tirano") que se aproximou e depois se uniu à frota ateniense de Samos, comandada pelos paladinos da retomada democrática contra os Quatrocentos.

Com a queda dos Quatrocentos, aprovou-se de imediato o regresso de Alcibíades, mas o exilado preferiu não retornar. Apenas em 408, depois de muitas hesitações e, acima de tudo, depois de ter mais uma vez levado a frota ateniense à vitória, ele decidiu voltar a Atenas. Seu regresso é apresentado em tradições historiográficas romanescas (Durides, que pretendia ser descendente de Alcibíades) como uma verdadeira apoteose.[1]

Foi um regresso preparado com extrema cautela. Desde a queda dos Quatrocentos, seria possível retornar. A aprovação de um decreto para chamá-lo de volta (nesse ínterim, ele fora eleito estratego da frota de Samos) é uma das primeiras providências do novo regime, mas Alcibíades prefere não a aproveitar de imediato — isto é, não considera prudente retornar por "concessão" de Terâmenes numa Atenas sob domínio deste. Decide avaliar a questão de seu regresso apenas depois de ter conquistado uma série de brilhantes êxitos militares na guerra naval e quando os equilíbrios políticos já se alteraram ainda mais em seu favor. Quer retornar como triunfador e num contexto politicamente favorável. Tampouco lhe basta a garantia da eleição como estratego *in absentia*.[2] Mesmo depois dessa eleição, procede a uma cautelosa "marcha de aproximação": para chegar à Ática, parte de Samos passando antes — com algumas trirremes — por Paros, dali ruma para Gytheion (na Lacônia) para espreitar os movimentos da frota espartana, mas também "para entender melhor como a cidade se posicionava em relação a seu regresso".[3] Por fim desembarca no Pireu; encontra o terreno bem preparado; a acolhida é triunfal, em massa, mas não isenta de vozes discordantes. Todavia, ainda na iminência do desembarque, Alcibíades hesita: detém-se no convés do navio "para ver se seus parentes e amigos estavam ali para recebê-lo".[4] Apenas depois de avistar seu parente Euritolemo e outros "amigos e familiares", desce para a terra e se dirige à cidade acompanhado por uma escolta preparada, pronta para intervir no caso de algum atentado.[5] A cerimônia prossegue com uma dupla "apologia" — antes

1. *FGrHist*, 76 F 76.
2. *Helênicas*, i, 4, 10.
3. Ibid., i, 4, 11.
4. Ibid., i, 4, 18.
5. Ibid., i, 4, 19.

perante a assembleia, depois perante a Boulé: reparação não apenas formal da condenação à revelia que lhe foi imposta sem que, é óbvio, pudesse se defender.

Já nesses dois discursos, Alcibíades denuncia como inimigos pessoais aqueles que, pouco depois de condená-lo ao exílio, derrubaram a democracia em 411. Pelo menos a nos basear nos relatos remanescentes,[6] Alcibíades não cita nomes, mas sua alusão é clara a ponto de envolver também um Terâmenes, que foi protagonista daquela infausta experiência oligárquica. Acredito, aliás, que é possível perceber nas suas palavras uma penetrante referência a Terâmenes, quando afirma a respeito de seus inimigos, artífices do golpe de Estado: "Restando apenas eles, por isso mesmo foram apreciados pelos concidadãos, porque não tinham a quem mais se dirigir".[7]

II

O relato das declarações de Alcibíades em seu retorno, tal como nos foi transmitido,[8] apresenta algumas dificuldades. Antes de mais nada, há uma grande desproporção, até visual, entre o que deveria ser o pensamento de seus adeptos (13-6) e o pensamento de seus críticos (duas linhas no parágrafo 17). Mas, para que a extensa apresentação favorável possa ser entendida como posição de terceiros em torno de Alcibíades, foi preciso proceder a uma série de intervenções, ademais não conclusivas nem satisfatórias:

a) a supressão das palavras "defendeu-se", ἀπελογήθη ὡς, no 13 (palavras que já vêm remendadas de várias maneiras em alguns códices);

b) a modificação do transcrito ἑαυτῷ no 16 para αὐτῷ, justamente em favor da opinião de que, aqui, são outros falando de Alcibíades.

E, mesmo assim, a sintaxe e a sucessão dos pensamentos continuam insa-

---

6. Cf. Isócrates, *Sulla biga*, 4 e 19-20; *Helênicas*, I, 4, 16.
7. *Helênicas*, I, 4, 16.
8. Ibid., I, 4, 13-20. Transcrevemos aqui o confuso exórdio do trecho: καταπλέοντος δ' αὐτοῦ ὅ τε ἐκ τοῦ Πειραιῶς καὶ ὁ ἐκ τοῦ ἄστεως ὄχλος ἠθροίσθη πρὸς τὰς ναῦς, θαυμάζοντες καὶ ἰδεῖν βουλόμενοι τὸν Ἀλκιβιάδην, λέγοντες [ὅτι] οἱ μὲν ὡς κράτιστος εἴη τῶν πολιτῶν καὶ μόνος [ἀπελογήθη ὡς] οὐ δικαίως φύγοι, ἐπιβουλευθεὶς δὲ ὑπὸ τῶν ἔλαττον ἐκείνου δυναμένων μοχθηρότερά τε λεγόντων καὶ πρὸς τὸ αὐτῶν ἴδιον κέρδος πολιτευόντων. Daremos a tradução nas próximas páginas.

tisfatórias. É sintomático que as duas correções apresentem uma orientação precisa: eliminam um indício bem presente no texto, a saber, que aqui alguém (precisamente Alcibíades) está falando na primeira pessoa em sua própria defesa — um discurso apresentado em *oratio obliqua* e, de fato, antecedido pelas palavras "defendeu-se", ἀπελογήθη ὡς, as quais não faz sentido suprimir. São exatamente as palavras adequadas para anteceder e introduzir um discurso apologético, a apologia que Alcibíades, ao regresso, expôs perante o Conselho e a assembleia popular, segundo as modalidades e os conteúdos brevemente citados, logo adiante, no 20: "Defendeu-se diante da Boulé e diante da assembleia, sustentando não ter cometido sacrilégio e ter sido objeto de injustiça".

Assim, nesse ponto das *Helênicas* estamos diante da seguinte situação textual: uma moldura narrativa em que são expostas de maneira sucinta as posições favoráveis e contrárias a Alcibíades, a notícia de seu desembarque em Atenas, a notícia dos dois discursos que apresentou perante o Conselho e a assembleia (13 até καὶ μόνος mais 17-20); mal encaixado nesse quadro há um trecho (de 13 ἀπελογήθη ὡς ao final de 16 οὐκ εἶχον χρῆσθαι) que, na verdade, constitui um discurso apologético exposto em forma de *oratio obliqua*. Portanto, a "ficha" com o desenvolvimento do discurso em forma de *oratio obliqua* (do qual temos notícia no 20) foi inserida de modo tão canhestro por organizadores póstumos. Tal situação textual impõe algumas deduções: que o manuscrito dessa parte das *Helênicas* não estava de forma nenhuma acabado (coexistiam nele um contexto-rascunho e uma ficha apresentando o desenvolvimento, não ainda amalgamado ao contexto, de um discurso apenas mencionado pelo referido contexto), e que, além do mais, apresentava-se ainda em forma de fichas a serem reorganizadas. Em suma, é uma condição textual que nos remete àquelas cartas de Tucídides inéditas e também, aqui e ali, a informes de que Xenofonte devia dispor para essa parte de seu trabalho. E é exatamente um caso como esse que fortalece a tese segundo a qual *Helênicas*, I-II, 3, 10 são, na verdade, uma parte daqueles *Paralipômenos* tucidideanos que Xenofonte publicou, dando vida à edição "completa" da incompleta obra de seu predecessor.

Se tal hipótese estiver correta, temos aqui não apenas um exemplo concreto de como se apresentavam as "cartas inéditas" de Tucídides, mas também de sua maneira de trabalhar: uma atestação *objetiva* de uma fase de elaboração ainda anterior ao nível também provisório de elaboração, por exemplo, do livro VIII.

Tucídides partia do urdimento da narrativa; separadamente, em fichas independentes, elaborava alguns discursos, cujo relato de base era informado apenas de modo resumido — é o caso de I, 4, 13-20, no qual coexistem a sumária notícia de 20 (ἀπολογησάμενος ὡς οὐκ ἠσεβήκει) e o desenvolvimento desse discurso (13: ἀπελογήθη ὡς [...], até o fim do 16); depois inseria esses discursos, ainda elaborados em *oratio obliqua*, na trama narrativa — é justamente o nível do livro VIII. Naturalmente, tudo leva a pensar — e foi demonstrado várias vezes — que esse nível do livro VIII também era uma etapa provisória da escrita, cujo posterior e previsível aperfeiçoamento só poderia ser a elaboração em forma direta de alguns desses discursos, ainda apenas sintetizados na forma indireta. O discurso apologético que Alcibíades apresentava no regresso a Atenas — um dos principais momentos da guinada de sua carreira e de toda a guerra — devia estar, presume-se, destinado a essa elaboração posterior.

Tudo isso fica claro para nós em virtude daquela ficha posta fora de lugar. A pedra angular consiste precisamente nas palavras ἀπελογήθη ὡς, verdadeira "cruz" dos críticos. Vãs foram as tentativas de salvar o texto, tal como está, e lhe conferir um sentido. É impossível entender: "Dizendo que foi o único que se defendeu sustentando que fora injustamente exilado", não só porque seria uma afirmativa bastante engraçada e totalmente falsa, mas porque Alcibíades jamais pudera se defender em lugar algum, nem no tribunal nem na assembleia, tendo sido condenado à revelia. Mas, acima de tudo, o que se segue a ἀπελογήθη ὡς tem sentido apenas como apologia enunciada pelo próprio Alcibíades (por exemplo, a lembrança dos perigos pessoais que correu durante os difíceis anos do exílio, a impossibilidade de aconselhar os amigos, mesmo os mais próximos etc.). De modo inverso, se considerarmos que temos aqui a apologia apresentada por Alcibíades, para se justificar e esclarecer suas vicissitudes pessoais, todo o texto se torna aceitável e todas as intervenções conjecturadas pelos modernos parecem se tornar desnecessárias. É a pontuação que muda, num local: a frase inicial de 16 (οὐκ ἔφασαν [...] μεταστάσεως) é uma pergunta, feita por Alcibíades, na qual retoma (e logo refuta) a mais grave e persistente das acusações que lhe haviam sido feitas na época do episódio dos hermocópidas, qual seja, que pretendera preparar um violento golpe (cf. Tucídides, VI, 27: νεωτέρων πραγμάτων; 28 e 60-1). Aqui Alcibíades retoma aquela acusação, gravíssima — e que agora, mais do que nunca, estando ele de regresso e prestes a assumir novas e altíssimas responsabilidades políticas oficiais, é preciso anular por completo —, e replica observando que, pelo contrário, foi o próprio povo que lhe concedeu tradicionalmente uma condição de especial prestígio. Eis, portanto, a tradução do discurso apologético de Alcibíades (13-6):

> [13] Defendeu-se sustentando ter sido injustamente exilado, por insídias de gente que valia menos do que ele, que fazia discursos muito reprováveis, cuja ação política visava aos interesses pessoais, enquanto ele, pelo contrário, sempre fora útil à comunidade com seus próprios meios e com os da cidade. [14] E na época, quando ele quis ser julgado de imediato, tão logo foi formulada a acusação de impiedade em relação aos mistérios, seus inimigos — com a tática da delação — privaram-no da pátria em sua ausência; [15] durante esse período, numa situação sem saída, fora obrigado a entrar nas graças dos piores inimigos [Esparta], arriscando-se todos os dias a ser eliminado, e, mesmo vendo a cidade e os cidadãos e os parentes mais próximos errarem, não pudera ajudá-los, impedido por sua condição de exilado. [16] Não haviam dito que era típico de gente como ele querer revoluções — bem mais do que mudanças políticas? Mas o próprio povo lhe concedera ter maior peso do que seus coetâneos e não ser inferior aos políticos mais idosos [e, portanto, "um como ele" não precisava de καινὰ πράγματα]. Porém, coubera a seus inimigos aparecerem como aqueles que foram capazes de liquidar os melhores e — ficando como únicos remanescentes — foram aceitos pelos concidadãos pela única razão de não haver outros, melhores, aos quais recorrer.[9]

III

A assembleia tomou em favor de Alcibíades uma série de medidas extraordinárias, que anulavam o passado e assumiam compromissos para o futuro. A estela de *atimia* onde estava gravado seu nome foi solenemente lançada ao mar, segundo um antigo costume que, com tal gesto, sancionava a anulação religiosa de determinado fato [καταποντισμός]. Os colégios

---

9. Motivação mais analítica dessa restauração textual em *Revue des Études Grecques*, v. 95, pp. 140--4, 1982.

sacerdotais dos Eumólpidas e dos *Kerukes* tiveram de recitar uma fórmula que anulava a maldição lançada contra ele (Diodoro XIII, 69). Por fim, a assembleia quis reforçar em termos formais o voto com que as equipagens da frota de Samos haviam eleito Alcibíades como estratego. Com a especificação de que se tratava de um cargo extraordinário, de *plenos poderes*, ἁπάντων ἡγεμὼν αὐτοκράτωρ [*Helênicas* I, 4, 20].[10]

Tratou-se, portanto, de uma providência de todo inédita: plenos poderes que permitiam ao magistrado deles investido tomar em todos os âmbitos as medidas que considerasse indispensáveis para a segurança, sem precisar recorrer à assembleia ou à Boulé. A notícia que lemos nas *Helênicas* é certa e confirmada por fontes que têm origem independente: Diodoro, isto é, Éforo e Plutarco.[11] Entre as primeiras providências que Alcibíades tomou, investido já de plenos poderes, foi equipar cem trirremes e recrutar mais quinhentos hoplitas. Para demonstrar a renovada força de Atenas, além de sua *pietas* pessoal, da qual os colégios sacerdotais não estavam plenamente convencidos, organizou a procissão solene dos "Mistérios", desafiando a presença espartana em solo ático e evitando qualquer incidente com as tropas que ocupavam Deceleia. Desde que os espartanos haviam se instalado estavelmente na Ática, a procissão se fazia por mar; Alcibíades demonstrou que a situação mudara, realizando a procissão por terra, sob a escolta do Exército inteiro.[12]

O retorno da democracia devolveu ímpeto à cidade e, acima de tudo, marcou a reunificação da frota, já sob as ordens de Alcibíades, com os cidadãos, depois da divisão que se instaurara após a tomada de poder pelos Quatrocentos. Alcibíades, portanto, regressara em meio à convicção geral de que ele era o único restaurador possível do poder ateniense. Nas fontes que mencionam tais acontecimentos, é frequente o uso da expressão "o único" [μόνος].[13] Mas, como veremos, o acordo entre Alcibíades e seus concidadãos foi efêmero.

---

10. Hatzfeld, *Alcibiade*, p. 297.
11. Diodoro, XIII, 69; Plutarco, *Alcibíades*, 33 (que talvez dependa das *Helênicas* de Teopompo). Ambos falam de στρατηγὸς αὐτοκράτωρ.
12. *Helênicas*, I, 4, 20.
13. Ibid., I, 4, 13 e 17; ver também Tucídides, VIII, 53, 3.

IV

Por ora produzia-se um fenômeno tão inédito quanto a atribuição dos plenos poderes a Alcibíades. Gente humilde — "os pobres", conta Plutarco — ia com frequência à casa dele, pedindo-lhe que assumisse "a tirania". Plutarco, que nos dá essa importante notícia — ausente, é óbvio, das anotações de Tucídides organizadas por Xenofonte —, diz literalmente que essa massa de pobres "estava tomada pelo anseio incrível [ἐρᾶν ἔρωτα θαυμαστόν] de estar sob a sua tirania".[14] Não só: incentivavam-no a revogar leis e decretos e a destituir políticos profissionais (que definiam como "os tagarelas") responsáveis por "arruinar a cidade". Esse é um vislumbre de realidade que, sem a capacidade de Plutarco de anotar suas exaustivas leituras, se teria perdido. E é por demais instrutivo, pois demonstra mais uma vez, quase numa união ideal com a experiência de Pisístrato,[15] a proximidade, pelo menos do ponto de vista da base social, entre democracia e tirania. Mas há algo mais: esse ataque aos "tagarelas" funestos para a cidade indica que, a vinte anos da morte de Péricles (*princeps* segundo Tucídides e "tirano" segundo os cômicos), a confiança na classe política se desgastou. Pelo menos entre os estratos mais pobres: cientes do logro "democrático", de não contarem nada apesar do mecanismo na aparência igualitário da assembleia, agora eles tentam passar por cima da classe política que os desiludiu e querem um novo "tirano" de sua confiança.

Um ciclo da história política ateniense estava se fechando. Plutarco comenta com justeza (35, 1) que não conseguimos captar "o que Alcibíades de fato pensava a respeito da tirania". E se limita a notar a paralisia dos outros políticos diante de um triunfo tão perigoso, e por isso dispostos a se livrar dele: "Que retornasse ao mar o quanto antes"; e concederam-lhe também, coisa inaudita, mas que se encaixa nos "plenos poderes", "escolher os colegas que quisesse". E é por isso que, pouco tempo depois, o insucesso em Notium de um subordinado seu determinaria sua derrota na reeleição e sua nova retirada de cena.

Não ousara dar aquele passo de extrema audácia, talvez demasiado temerário, que lhe propunham; pensara em confiar no "método" de Péricles de visar

---

14. *Alcibíades*, 34, 7. Lembramos que Tucídides (VII, 1) falava de *eros* que instigava a massa dos atenienses a desejar a guerra contra Siracusa.
15. Aristóteles, *Constituição de Atenas*, 22, 3: "Pisístrato, sendo líder popular, fez-se tirano".

à reeleição anual: por isso, pôde ser atingido ao primeiro insucesso. Mas, por um tempo não muito curto, pareceu-lhe que atingira uma posição que não exigia assumir de modo explícito a tirania. Um grande polígrafo do século XIX que dedicou a Alcibíades uma admirável e apaixonada biografia, Henry Houssaye, descreveu bem essa perplexidade de Alcibíades:

> Nomeado general com plenos poderes sobre todo o Exército, tanto de mar como de terra, senhor da política interna e da política externa, aclamado na assembleia todas as vezes em que lá aparecia, idolatrado pelo povo, temido por toda a Grécia, tanto quanto pelo rei da Pérsia, já não tinha nas mãos poderes soberanos? Consagrado *ditador* [αὐτοκράτωρ] pela vontade popular, por que haveria de traí-la para se fazer tirano? Investido pelas leis de plenos poderes, por que haveria de violá-las?[16]

---

16. H. Houssaye, *Histoire d'Alcibíades et de la République Athénienne*. Paris: Didier, 1894⁴, v. II, pp. 336-7. Fritz Taeger, na reelaboração (Munique, 1943) de seu *Alcibiades*, de 1925, pensa que as invocações a Alcibíades para se fazer *Herrscher* eram orquestradas provocativamente por seus adversários "aristocratas" (p. 215). Não se vê a razão. Mas Taeger, em sua reconstituição histórica, é muito influenciado pelos fantasmas do presente.

27. O processo dos estrategos

I

Alcibíades, portanto, consegue seu objetivo: regressa não por concessão de Terâmenes, mas com base numa plena reparação da humilhação e da derrota que sofreu. E, como se viu, tampouco se abstém, no quadro do triunfal retorno, de denunciar em público seus "inimigos" (com certeza Terâmenes entre eles) como artífices do golpe de Estado.

Há entre ambos também uma oposição de linha política. Alcibíades visa sempre à vitória militar — daí sua complexa relação com Tixafernes a fim de criar uma separação entre o rei da Pérsia e Esparta —, e mira a vitória enquanto ela coincide com seu interesse pessoal (ou seja, quando se evidencia seu mérito como artífice da solução militar positiva do conflito), de onde decorre que o slogan que esteve na base de seu regresso foi, precisamente, que ele era o único capaz de reerguer os destinos da cidade; Terâmenes, ao contrário, visa à paz de compromisso, concebível, segundo sua opinião, apenas no quadro da consolidação de um poder moderado em Atenas, cujo epicentro, é evidente, seria ele. Também sob esse aspecto, o regresso de Alcibíades, tal como ocorreu, deu-se "contra" Terâmenes. E, não obstante, quatro meses depois do retorno triunfal, Alcibíades se vê ladeado, ainda que apenas como "estratego de terra", por

Aristócrates,[1] fiel seguidor de Terâmenes, personagem ativo na cena política desde a época da paz de Nícias (421 a.C.), da qual foi signatário, personagem que lhe manifestou hostilidade no momento em que os Quatrocentos estavam em declínio e ficou ao lado de Terâmenes ao pedir a efetiva instauração dos Cinco Mil.[2] E tampouco a designação do outro estratego ao lado de Alcibíades — Adimanto — parece isenta de significado. Com efeito, ele era um dos processados e exilados na época da profanação dos mistérios:[3] o que, se pensarmos no clima de delações mútuas que se deu naquela época, poderia sugerir um personagem não muito apreciado por Alcibíades. Assim, é evidente que a tensão prossegue, mesmo após o retorno triunfal de Alcibíades, e que cada grupo continua a inserir seus homens antes de mais nada no conselho dos estrategos.

É essa persistente tensão que explica por que o incidente de Notium — modesto do ponto de vista militar e, de todo modo, resultante da imprudência de Antíoco, oficial de posição subalterna — foi utilizado pelos grupos hostis a Alcibíades para removê-lo do comando.[4]

Não sendo reeleito estratego, acossado por uma campanha hostil, ele decide se retirar para Quersoneso, "em suas fortalezas".[5] Isso não impede que seu clã tenha forte presença no novo colegiado de estrategos. Destacam-se, antes de mais nada, três nomes: Péricles, o jovem, filho de Péricles e Aspásia, Diomedontes e Arquéstrato.[6] Quanto a este último, é o "contubernal" [συμβιωτής] de Péricles, o jovem, segundo uma notícia do malicioso Antístenes, retomada por Ateneu.[7]

Mesmo sem Alcibíades, os atenienses conseguem, graças ao novo conselho de estrategos, uma das mais brilhantes e acirradas vitórias navais de sua história, junto às ilhas Arginusas, entre Lesbos e a costa asiática (406). A descrição da

1. *Helênicas*, I, 4, 21.
2. Tucídides, VIII, 89, 2.
3. Andócides, I, 16: "Agariste, mulher de Alcmeônidas, denunciou que Alcibíades, Axíoco e Andimanto, na casa de Cármides, arremedavam os mistérios".
4. *Helênicas*, I, 5, 16.
5. Ibid., I, 5, 17.
6. Dos dois primeiros, no discurso em defesa dos estrategos, Euritolemo — o parente cuja simples visão bastara para tranquilizar Alcibíades em seu regresso — definirá precisamente o primeiro como "parente" e o segundo como "amigo" (*Helênicas*, I, 7, 16).
7. V, 220 d. Para a identificação deste Arquéstrato com o estratego das Arginusas, cf. Wilamowitz, *Aristoteles und Athen*, p. 69. Arquéstrato morre durante o cerco espartano e por isso não vê a conclusão da batalha — em seu lugar entra um Lísias (*Helênicas*, I, 6, 30).

refrega é um dos trechos mais elaborados dos chamados "paralipômenos".[8] Foi a mais candente batalha naval de todo o conflito, marcada por perdas consideráveis também da parte dos atenienses. Mas um temporal depois do combate impediu que os responsáveis da frota ateniense recuperassem eventuais náufragos e os cadáveres dos marinheiros. Essa omissão logo gerou uma controvérsia que teve um desfecho dramático. As diferentes versões se enfrentaram num processo que transcorreu inclusive perante a assembleia popular, em vista da gravidade do crime contestado. A recuperação deveria ter sido providenciada pelos trierarcas, entre os quais Terâmenes e Trasíbulo. Os estrategos, porém, abstiveram-se generosamente de comunicar por escrito à cidade que os trierarcas haviam falhado na missão, e essa ingenuidade lhes custou a vida. Acionada uma denúncia por "omissão de socorro", no inevitável processo os estrategos vitoriosos se viram no banco dos réus, enquanto Terâmenes, hábil orquestrador da indignação popular, mesmo responsável pela malograda recuperação, pôs-se entre os acusadores.

II

Com a sábia manipulação da emoção popular, Terâmenes pretendia liquidar os amigos de Alcibíades, presentes em número expressivo entre os estrategos daquele ano. Entre os condenados à morte estavam até Trásilo, o restaurador da democracia contra a efêmera experiência terameniana do governo dos Cinco Mil, e o filho de Péricles. O principal defensor de Alcibíades, Euritolemo, tentou em vão contrapor uma hábil defesa às maquinações e encenações de Terâmenes. Todas as exceções jurídicas levantadas para evitar o julgamento sumário e coletivo — o que constituía ilegalidade — foram rejeitadas. Apenas Sócrates, que naqueles dias era um dos prítanes, se opôs. E pouco faltou para que o brutalizassem arrancando-o de seu assento.[9] O triunfo do imbatível "coturno" foi completo.

---

8. Trata-se de todo o sexto capítulo do livro I das *Helênicas*.
9. *Helênicas*, I, 7, 51; Platão, *Apologia de Sócrates*, 32 b, descreve a cena especialmente colorida, em que alguns "políticos" gritam para arrancar Sócrates de seu assento; na *Apologia*, Sócrates reafirma que a ilegalidade do processo consistiu em julgar todos os réus em bloco [ἀθρόους κρίνειν].

Uma consideração à parte merece o caso de Erasínides. Ele é o primeiro a ser questionado, por obra de Arquedemos, "que era então o líder popular de mais destaque". Arquedemos acusa Erasínides, afirmando "que ele se apropriou de dinheiro que cabia ao demo, proveniente do Helesponto". Acusa-o também "pela gestão de seu comando".[10] Dessas palavras deduz-se que a acusação de enriquecimento ilícito se refere não à atividade de Erasínides como estratego, mas a uma atividade — talvez anterior — no Helesponto. Se considerarmos que a instalação ateniense de um posto de alfândega em Crisópolis, após a vitória de Cízico, para recolher o dízimo dos navios de saída do Ponto foi — como sabemos por Políbio[11] — uma iniciativa de Alcibíades, pode-se pensar que essa presumida apropriação de "receitas estatais do Helesponto" coloca Erasínides (desde 409 promotor de honrarias para os assassinos de Frínico)[12] em relação justamente com Alcibíades e com a organização econômico-militar que ele impôs no Helesponto após Cízico.[13] Cabe ainda dizer que a ação promovida contra Erasínides parece distinta daquela outra ação mais geral contra os estrategos: deve-se pensar, em suma, em duas ações diferentes, mas logo convergentes, a primeira promovida por Arquedemos no tribunal e dirigida contra Erasínides, a outra, inspirada por Terâmenes e referente à espinhosa questão da falta de socorro aos náufragos.

Sobre o episódio que foi objeto do processo, o relato das *Helênicas*, no início, não é totalmente claro.[14] Fala-se de imediato na deposição dos estrategos — que talvez seja melhor entender como não prorrogação —, sem esclarecer o motivo. A seguir, tem-se a notícia de um comunicado dos estrategos à Boulé "sobre a batalha e a tempestade", mas sem que se diga por que eles foram obrigados a se manifestar sobre esse ponto — a acusação de falta de socorro aos náufragos continua subentendida. Há, portanto, um hiato narrativo entre o elaborado e tenso relato da batalha e o não menos elaborado e dramático relato do processo; é como se nos encontrássemos diante de uma composição em blocos (que talvez ainda precisassem de uma ligação melhor). Surge uma dúvi-

10. *Helênicas*, I, 7, 2.
11. IV, 44, 4. Cf. *Helênicas*, I, 1, 22.
12. *IG*, I^2 110 = I^3 102 = *ML* 85.
13. Demétrio de Falero (*FGrHist* 228 F 31 ter = III B, p. 744) falava sem dúvida de uma acusação de furto contra Erasínides.
14. *Helênicas*, I, 7, 1-3.

da na comparação com o relato diodoreano: se o ataque partiu dos estrategos ou do trierarca Terâmenes. Segundo Diodoro, os estrategos teriam enviado de antemão uma mensagem ao povo, em que acusavam abertamente Terâmenes e Trasíbulo pelo fracassado socorro. Isso se explica: Diodoro segue Éforo e Éforo é filoterameniano, portanto propenso a absolver Terâmenes da acusação de ter sido ele a mover o processo.

Há também um nome muito significativo: Trasilo. Beloch deduz que ele chegava inclusive a ser o "presidente" do conselho dos estrategos no dia da batalha.[15] Trasilo é personagem de extremo relevo, pelo menos pelo papel desempenhado em Samos, como expoente de ponta da frota, junto com Trasíbulo. Sempre sustentou com firmeza, e ainda mais com a queda dos Quatrocentos, a linha de se prosseguir na guerra sem tréguas.[16] Era, portanto, uma linha política duplamente malvista por Terâmenes: tanto no que se refere à liquidação dos Cinco Mil e à restauração, propugnada por Trasilo, da democracia radical quanto no que se refere ao prosseguimento indefinido da guerra. Para Terâmenes, atingir Trasilo, envolvendo-o na condenação em bloco dos estrategos, é uma jogada não só hábil como também necessária: assim ele consegue, com uma tacada só, levar à ruína política tanto o clã de Alcibíades quanto o principal expoente da democracia radical.

Trasíbulo, porém, encontrou-se do lado oposto: junto a Terâmenes, contra Trasilo. A posição assumida por Trasíbulo exige um esclarecimento. Nesse processo, ele, que liderara, ao lado de Trasilo, a resistência antioligárquica em Samos, age a reboque de Terâmenes: ambos trierarcas, ambos descumpriram a ordem dos estrategos de salvar os náufragos. Assim Trasíbulo fica enredado no jogo de Terâmenes, ele também preso no dilema de ou se salvar afundando os estrategos ou ser derrubado em caso de absolvição deles.

Mas, mais uma vez (como no momento do regresso de Alcibíades), a figura-chave é justo Euritolemo, o fiduciário de Alcibíades, seu lugar-tenente na paz da Calcedônia.[17] É Euritolemo quem assume o papel principal na defesa dos

---

15. De Lísias, XXI, 7.
16. Walther Schwahn relaciona a estada de Trasilo em Atenas no inverno de 411 com a recusa, na primavera de 410, das propostas espartanas de paz após Cízico: *RE*, s.v. *Thrasyllos* (1936), col. 579, 15-29.
17. *Helênicas*, I, 3, 12.

estrategos. Naturalmente tem o maior apreço por Péricles e Diomedontes, como explica desde as primeiras palavras. Sua insistência em pedir julgamentos "individuais" para os estrategos mostra a intenção de lutar pela salvação, em separado, de cada um deles. Não apenas se empenha a fundo como corre ele próprio riscos consideráveis, acima de tudo o de opor ao *probouleuma* de Calixeno (que propunha um julgamento sumário de todos os estrategos em bloco) a mais eficaz e perigosa arma que a legislação ateniense oferece, a "exceção de ilegalidade".[18] Arma perigosa, porque em caso de derrota pode se voltar contra quem a utiliza — é raro que um chefe se exponha levantando tal exceção em primeira pessoa, que costuma ser uma arma usada pelos sequazes. Assim, é por si sintomático que Euritolemo lance mão pessoalmente desse recurso (é claro que se expôs ao risco para que, dando-lhe máximo relevo, tal jogada pudesse ganhar peso), embora depois decida renunciar a ele,[19] talvez pelo receio de vir a perder tudo, em caso de derrota nessa disputa processual. Seja como for, prefere enfrentar o mérito em batalha política aberta. Retirada a exceção de ilegalidade e tendo a oposição de Sócrates no conselho dos prítanes se demonstrado infrutífera,[20] Euritolemo tenta, num longo e complexo discurso, encaminhar o processo para trilhos mais favoráveis.[21]

O confronto tem como vencedor Terâmenes, que decapita o "partido da guerra" golpeando suas duas almas: a democrático-radical representada por Trasilo e a alcibidiana. A derrota do clã de Alcibíades é patente, não só porque Diomedontes e o filho de Péricles são condenados à morte, mas, não menos, porque o hábil e sempre atento Euritolemo sofre um xeque desastroso.

No novo colegiado dos estrategos, que substitui o anterior que foi deposto[22] e submetido a processo, destaca-se um personagem como Adimanto, que já vimos ao lado de Alcibíades. Sobre ele — prisioneiro inesperadamente poupado por Lisandro — pesa a suspeita de ter "traído a frota" em Egospótamos

---

18. Ibid., I, 7, 12.
19. Ibid., I, 7, 13.
20. Ibid., I, 7, 15. Também Sócrates, "pai espiritual" de Alcibíades, veio a campo em defesa desses estrategos.
21. Não é desprovido de significado o fato de que, no relato diodoreano do processo (um relato decerto independente do das *Helênicas*, I, 7), tenha sido confiado precisamente a Diomedontes um papel central na autodefesa dos estrategos.
22. *Helênicas*, I, 7, 1.

(setembro de 405).[23] Tal suspeita é apresentada como um dado de fato por Lísias,[24] e parece encontrar confirmação numa alusão de Demóstenes.[25] Compreende-se assim o pleno significado do diagnóstico tucidideano segundo o qual as destrutivas "rivalidades internas" levaram à derrota na guerra.[26] A traição de Adimanto se enquadra na luta de facção e poderia ter sido uma jogada extrema do partido da paz a qualquer preço.

Quanto aos demais estrategos do colegiado que substitui os desventurados vencedores das Arginusas, é sintomático o episódio que ocorre na iminência de Egospótamos. Alarmado pela desatinada conduta de guerra dos novos estrategos, Alcibíades deixa por algum tempo seus "castelos" e se apresenta em campo ateniense para dissuadi-los de acampar nos arredores de Sesto; mas Tideu e Menandro — dois estrategos especialmente hostis a ele — o expulsam, proclamando que "agora eles mandavam, e não mais ele".[27] Assim, Tideu e Menandro parecem ter clara consciência da mudança resultante do colegiado anterior. As ríspidas palavras que dirigem a Alcibíades significam em essência não o óbvio, isto é, que Alcibíades não é mais estratego, mas que seus homens já não estão mais no poder.

Portanto, é uma vitória completa que Terâmenes obtém com o processo contra os estrategos. Mesmo no momento em que vier o "arrependimento" e o demo decidir punir aqueles que o "enganaram" na época do processo, a vítima do ressentimento popular será Calixeno, não Terâmenes.[28] No curso do processo Terâmenes soube conduzir a indignação popular pela trilha de seus objetivos políticos, ademais mantendo-se protegido dos contragolpes do novo clima político (se excetuarmos a *apodokimasia* — de incerta datação — que frustrará, no tribunal, sua reeleição como estratego).

A identidade política de Calixeno é controversa. Tanto Diodoro (XIII, 103, 2) quanto as *Helênicas* (I, 7, 35) nos apresentam, em paráfrase fiel, o texto do decreto que atingiu "Calixeno e os outros que tinham enganado o povo". Há, no entanto, divergências sobre o destino que coube a esse personagem. A nos

---

23. Ibid., II, 1, 32.
24. XIV, 38.
25. Cf. infra, cap. 28, § IV, p. 415.
26. Tucídides, II, 65, 12.
27. *Helênicas*, II, 1, 25-6.
28. Ibid., I, 7, 35; Diodoro, XIII, 103, 2; cf. Aristóteles, *Constituição de Atenas*, 34, 1.

basearmos nas *Helênicas*, Calixeno, encarcerado, consegue fugir durante a comoção em que morreu Cleofonte; volta "quando retornaram os dos Pireu" (isto é, Trasíbulo e os seus); depois morre "odiado por todos". Diodoro, porém, sabe apenas que ele foi preso e fugiu "para junto dos inimigos, em Deceleia". Essa notícia levou alguns a pensarem que Calixeno era o homem das heterias oligárquicas.[29] Na verdade, quem foge de Atenas durante a ocupação de Deceleia (e de Eubeia) dificilmente teria outra escolha.[30] O que se lê no trecho ora lembrado das *Helênicas*, isto é, que Calixeno voltou a Atenas "quando retornaram os do Pireu", permite pensar que ele teria combatido ao lado de Trasíbulo pela restauração democrática? E que até possa ser definido como um "líder da maioria radical" da Boulé?[31] Talvez, muito mais simplesmente, Calixeno tenha aproveitado o clima de reconciliação que se seguiu à anistia de 403. Foi a escassez de dados que levou a duas imagens opostas: a de Calixeno como homem das heterias e a de Calixeno como seguidor de Trasíbulo. Talvez, muito mais simplesmente, tenha sido homem de Terâmenes.

---

29. P. Cloché, "L'Affaire des Arginuses", *Revue Historique*, v. 130, pp. 50-1, 1919.
30. Também os 20 mil escravos de Tucídides, VII, 27, 5 reaparecem em Deceleia.
31. Como J. Beloch, em *Die Attische Politik seit Perikles* (Leipzig: Teubner, 1884, p. 88, nota 4), que é obrigado a sustentar, porém, que a notícia seguinte, "morreu de fome", não deve ser levada ao pé da letra.

28. Terâmenes um e dois

I

A esta altura, começa a ficar evidente para o leitor que se abriu em torno da figura de Terâmenes uma batalha política e depois historiográfica, que teve início ainda em sua vida e prosseguiu pelo menos até a "codificação" aristotélica da história constitucional de Atenas, onde desponta aquele inquietante 28º capítulo que culmina numa espécie de *plaidoyer* de Aristóteles em defesa desse personagem, "modelo do bom cidadão". O capítulo é inquietante por várias razões, não sendo a menor delas a exclusão de Péricles da categoria dos "bons políticos" e, por outro lado, a inclusão de Tucídides filho de Melésias, seu desventurado adversário, entre os três melhores em termos absolutos [βέλτιστοι], ao lado de Nícias e Terâmenes. Nessa escolha, há de ter pesado, pelo menos em parte, a influência da dura avaliação platônica em relação a Péricles. Mas isso não basta para explicar a singularidade desse capítulo. Entre outras coisas, Terâmenes está de todo ausente do "mundo de Platão" e, aliás, surpreenderia encontrá-lo, em vista da ligação nunca renegada — aliás, explícita e valorizada num diálogo que traz seu nome — de Platão com Crítias.

O fato é que Aristóteles olha para Atenas, para sua história política, do exterior, como não ateniense. Ele é atraído, mas se reserva necessariamente um juízo em nada condicionado por paixões "citadinas". Coloca-se como um "entomólogo" diante de seus insetos frente à realidade das πόλεις gregas e sobretudo de Atenas. São para ele preciosos objetos de análise, em especial por sua *tipologia constitucional*, dissecada em *A política*. Nada mais, nada menos. O súdito do rei da Macedônia e filho de seu médico parte da intenção de fundar a análise sobre a mais ampla base documental. Apenas estudando a luta política das πόλεις gregas pode obter material suficiente para sua tipologia.[1] Se, além da ateniense, dispuséssemos de suas muitas outras πολιτεῖαι, veríamos que Aristóteles dedica igual interesse, atenção e energia exegética a tantas outras "constituições" (de Cartago a Siracusa, Esparta, Beócia, Argos etc.). Portanto, é certo falar em atitude de "entomólogo". Uma vez entendido isso, é evidente que não se pode comparar o caso de Aristóteles analista da política ateniense ao de Platão mergulhado no conflito por razões pessoais, afetivas (relação com Sócrates), familiares (clã de Crítias etc.). *A visão de Platão desce para o confronto e persegue objetivos utopistas* (como aliás Crítias, a seu modo, durante seu breve governo). A visão de Aristóteles, muito crítica em relação ao mestre sobretudo no terreno político, é tão isenta de alinhamentos e paixões que beira a incompreensão. Isso talvez também explique o sucesso da *medietas* aristotélica junto a outros observadores "externos", como foram os pensadores e politólogos romanos (Cícero) ou os que adotaram o ponto de vista dos romanos (Políbio).

II

Mas retornemos ao capítulo XXVIII da *Constituição de Atenas* e a seu *plaidoyer* por Terâmenes. Aristóteles escreve que, enquanto o juízo sobre a primazia de Nícias e de Tucídides filho de Melésias é "quase universalmente partilhado",[2] sobre Terâmenes há discussão porque as circunstâncias políticas em que teve de agir foram "turbulentas" [ταραχώδεις] — daí "a controvérsia no juízo sobre ele". E aqui Aristóteles se expressa com intensidade na

---

1. Como recolheu uma grande quantidade de orações áticas para dar vida à *Retórica* e de tragédias para dar vida à *Poética*.
2. *Constituição de Atenas*, 28, 5: πάντες σχεδὸν ὁμολογοῦσιν.

primeira pessoa — coisa que não gosta de fazer quando narra os acontecimentos atenienses:

> Quem não julga às pressas ou com desatenção não pensa de maneira nenhuma que Terâmenes liquidara de modo indiscriminado todos os sistemas políticos [fossem democráticos ou oligárquicos] — acusação que lhe é dirigida com frequência. Pelo contrário: quem julga corretamente considera que ele oferecera apoio a todos os sistemas políticos, desde que não fossem maculados pela ilegalidade. Com isso, demonstrava que podia fazer política indistintamente no interior de qualquer sistema político, como deve fazer todo bom cidadão. Mas, quando esses sistemas recaíam na ilegalidade, ele manifestava discordância e os combatia.[3]

Essa página muito calculada contém, é óbvio, algumas leves fissuras. Por exemplo: as palavras "acusação que lhe é dirigida com frequência"[4] dão a entender que as vozes contrárias, ou críticas, a Terâmenes eram na verdade muitas difundidas, e que na "discussão" [ἀμφισβήτησις] — ainda acesa, ao que parece, setenta anos após os fatos — a posição dos filoteramenianos estava longe de predominar. Mas Aristóteles — que, quando se trata dos processos dos estrategos, evita apontar as responsabilidades de Terâmenes na condenação[5] — avança muito no esforço apologético e passa a uma reconstituição dos fatos que inverte em sentido indevidamente "patriótico" a ação de Terâmenes no momento da capitulação de Atenas e da formação do conselho dos Trinta. Aliás, ele opta por confiar em fontes maciçamente manipuladoras, como se infere também da inclusão, por ele dada como certa, da *patrios politeia* entre as cláusulas da rendição.[6] Mas não se trata de manipulação de pouca monta. É a premissa para pôr a uma luz positiva a decisão de Terâmenes de fazer parte dos Trinta. Aristóteles chega a imaginar, sempre na esteira de suas fontes, um "partido" da *patrios politeia* liderado pelo próprio Terâmenes e ilustrado pela pre-

---

3. Ibid., 28, 5.
4. ὡς αὐτὸν διαβάλλουσι: que seja uma acusação *corrente* deduzimos precisamente da expressão ὡς διαβάλλουσι (não ὡς ἔνιοι διαβάλλουσι).
5. Aristóteles, *Constituição de Atenas*, 34, 1: os estrategos foram enviados à morte por culpa de "instigadores do povo", sem maior identificação.
6. *Constituição de Atenas*, 34, 3.

sença de Anito (o posterior acusador de Sócrates) e Arquino (o "moderado" por excelência), e a sustentar que a oligarquia, desvio indevido da *patrios politeia*, foi um rumo forçado, imposto por Lisandro.[7] Naturalmente abstêm-se de lembrar que, em combate com Lisandro, Terâmenes dobrou as resistências atenienses durante os longos meses do terrível cerco espartano e venceu tomando os atenienses pela fome.[8]

Uma narrativa similar se apresenta também nas páginas em que Diodoro Sículo — na esteira de Éforo de Cuma — narra esses acontecimentos.[9] Encontramos igualmente aqui a inverossímil cláusula de capitulação que teria incluído a adoção da *patrios politeia*, além de uma página inteira (de pura fantasia) em que Terâmenes se bate como um leão, numa assembleia reunida sob a ameaça das tropas espartanas ocupantes e com a presença e intervenções diretas de Lisandro, em defesa da *patrios politeia* e da "liberdade" e contra a instauração da oligarquia — à qual, aterrorizado, é obrigado a se resignar, sob a investida das ameaças e chantagens das palavras de Lisandro.

Portanto, é evidente que, na base da reconstrução adotada por Aristóteles está Éforo. E a obra historiográfica de Éforo — com admissão dos próprios hipercríticos — remete de modo direto a Isócrates, seu mestre, como bem sabia Cícero.[10] Assim, não é de admirar que encontremos no último Isócrates, já nonagenário, e de forma especialmente explícita em seus juízos históricos e políticos, ou seja, no *Panatenaico*, uma afirmativa sobre a perfeita adaptação do bom cidadão a qualquer sistema político desde que não desviante,[11] análoga à que Aristóteles utiliza para pontuar sua *Rettung* de Terâmenes.

Isócrates, em idade muito avançada, já tendendo a buscar a solução da crise política endêmica das cidades gregas fora de Atenas, com olhos favoráveis justamente ao soberano macedônio que confiou a Aristóteles a educação de seu herdeiro, parece se aproximar daquele olhar de "entomólogo" da política que permite a esse filósofo expressar-se atenuando e quase anulando as lancinantes contraposições entre sistemas políticos.

7. Ibid.
8. *Helênicas*, II, 2, 16.
9. *Biblioteca histórica*, XIV, 3.
10. *Brutus*, 204 etc.
11. *Panatemaico*, 132.

III

Terâmenes, portanto, esteve no centro de uma discussão político-historiográfica de enorme relevância — que atingia os momentos decisivos do drama ateniense (a paz por coação transformada em rendição condicional, a segunda oligarquia e a guerra civil) —, como demonstra a diametral oposição entre os dois retratos dele que surgem das fontes, bem como da violência polêmica dos defensores dos dois perfis contrários. Violento é o detalhado retrato que Lísias inseriu em *Contra Eratóstenes*; apaixonada e bem distante da habitual frieza é a apologia feita por Aristóteles (e, antes dele, por Éforo). E fontes que voltaram a surgir por acaso do naufrágio das literaturas antigas, por exemplo o chamado "Papiro Michigan de Terâmenes", permitem-nos constatar que temas de acirrada polêmica presentes nas palavras de uma testemunha ocular como Lísias ("Os outros usam o segredo contra o inimigo, Terâmenes o utilizou contra vós")[12] retornavam na historiografia: com efeito, é de uma obra de história que provém esse fragmento de papiro.[13] Ali se dava a palavra a Terâmenes, que defendia sua posição com argumentos vigorosos: conduzir uma negociação ocultando seu conteúdo aos concidadãos. Mas, para ele, era difícil subtrair-se à pecha de ter simulado uma confiança irrestrita[14] para depois levar à ruína a cidade que, em desespero de causa, se colocara em suas mãos.[15] Lísias é peremptório sobre esse ponto, mas ainda mais duro — mesmo sem o recurso a tons excessivos e, sim, pelo contrário, em estilo seco e objetivo — é o relato da conduta de Terâmenes naqueles meses, contido no segundo livro das *Helênicas*.

IV

Em tal narrativa, o ponto de partida é a desastrosa batalha naval de Egospótamos (verão de 405), o ponto de chegada é a capitulação de Atenas e a

---

12. Lísias, XII, 69.
13. Talvez as *Helênicas* de Teopompo, que sabia muitíssimo sobre esses acontecimentos pelo seu mestre Isócrates.
14. Lísias, XII, 68: ἐκέλευσε αὐτῷ πιστεύειν.
15. Ibid.: ἐπαγγειλάμενος σώσειν τὴν πόλιν αὐτὸς ἀπώλεσε.

destruição das muralhas (abril de 404), e no meio estão o cerco e a encarniçada resistência de Atenas — que durou quase nove meses — ao cerco espartano após a perda da última frota.

O clima de feroz ajuste de contas em que a guerra chega ao fim já está claro no modo como Lisandro, vencedor em Egospótamos talvez graças à traição, trata os vencidos: à exceção do general traidor, Adimanto, único prisioneiro poupado por ele, todos os outros são passados pelas armas. A traição, como se sabe, faz parte essencial da guerra. Só as "belas almas" se horrorizam diante da necessária desconfiança de grandes líderes que precisam acertar contas com a obsessão da traição. "Não há ocorrência que não exija a utilização de espiões", ensina o mestre Sun Tzu no capítulo XIII de *A arte da guerra*.

Desde o começo, "alguns"[16] sustentaram que Adimanto havia "traído os navios". O autor de *Acusação contra o filho de Alcibíades*[17] — que talvez não seja Lísias — dá por assente que Adimanto "traiu nos navios" e de maneira facciosa atribui-lhe como cúmplice[18] Alcibíades (pai do acusado).

Na verdade, como bem sabemos, Alcibíades, mesmo se autoexilando pela segunda vez e, portanto, estando fora do jogo político, tentara advertir Adimanto, Filocles e os outros estrategos sobre o erro tático que cometiam ao aceitar combater em Egospótamos, mas fora rechaçado com desprezo.[19] Em essência, Alcibíades percebera neles uma espécie de vontade de perder, o que na guerra beira a traição: colocar em campo e aceitar uma batalha em posição tão desfavorável. Mas, da parte de Adimanto, houve mais do que mera irresponsabilidade. De fato, anos depois, Cónon o levou a tribunal por aqueles acontecimentos.[20] De todo modo, Lisandro em Egospótamos venceu sem esforço e liquidou a última frota de que Atenas podia dispor. E Adimanto foi o único ateniense cuja vida foi poupada na feroz hecatombe, realizada em represália, de milhares de prisioneiros.[21]

---

16. *Helênicas*, II, 1, 32.
17. É o discurso XIV do corpus lisíaco.
18. Lísias, XIV, 38.
19. *Helênicas*, II, 1, 28.
20. Demóstenes, XIX, 191. A. Kirchoff, em *Jahrbücher für classische Philologie*, v. 6.1, p. 240, 1860, sugeriu que Cónon jamais levou Adimanto ao tribunal, mas simplesmente acusou-o num despacho.
21. *Helênicas*, II, 1, 32: Filocles mandara jogar os prisioneiros de um navio coríntio num precipício (sepultados em vala comum, diríamos hoje). Sobre Filocles há também uma tradição, que re-

Quando o navio *Páralo*[22] chegou a Atenas, difundia-se a notícia do desastre, e o pranto, desde o Pireu e passando pelas Grandes Muralhas, chegou até a cidade, conforme um passava a notícia ao outro. Naquela noite ninguém dormiu.[23] Não se compadeciam apenas dos inúmeros mortos,[24] mas muito mais de si mesmos, *convencidos de que agora teriam de sofrer o que haviam infligido aos mélios, que são colonos espartanos*,[25] bem como aos istieus, aos escioneses, aos toroneus, aos eginenses e a muitos outros gregos.

No dia seguinte reuniram a assembleia. Decidiu-se que, improvisando barreiras, bloqueariam a atracação nos portos, exceto em um, e preparariam as muralhas, além de colocar postos de guarda e de tomar todas as outras providências para proteção da cidade, em vista do previsível cerco iminente.[26]

Lisandro, porém, não ataca de imediato; em vez disso, dedica-se à metódica demolição do que restava do império: intervém em pessoa em Lesbos e Mitilene; envia Eteônico para a Trácia, com a missão de obter a defecção dos que ainda estavam com Atenas. "Em pouco tempo, todo o restante da Grécia desertara de Atenas, menos os sâmios. Estes, pelo contrário, liquidados os senhores, mantinham solidamente a cidade nas mãos."[27] A esse ponto, recebidos os mensageiros de Lisandro (que haviam alcançado Ágidas em Deceleia e Pausânias em Esparta), os espartanos iniciaram a mobilização geral de todos os peloponesos para invadir a Ática. Apenas os argivos não se uniram. "O Exército

---

monta a Teofrasto e registrada por Plutarco (*Lisandro*, 13, 2), que tende a apresentá-lo a uma luz heroicizante. Lisandro, antes de passar pelas armas os 3 mil prisioneiros atenienses capturados após Egospótamos, "chamou o estratego Filocles e lhe perguntou qual seria a punição a que ele próprio se condenaria [...]. Filocles, não se deixando fraquejar pela desventura, disse-lhe que deixasse de lado o papel de acusador em ausência de um juiz. Como era o vencedor, devia apenas infligir aos vencidos o tratamento que teria sofrido se tivesse sido ele o vencido. Depois disso, lavando-se e vestindo um manto suntuoso, pôs-se à frente dos demais prisioneiros para ser degolado, como narra Teofrasto".
22. O navio sagrado, portador das notícias oficiais.
23. César (*De bello civili*, I, 21, 5-6) quis parafrasear essas célebres palavras sobre a angústia dos habitantes de Corfinio na noite anterior à rendição. Indício não pequeno do amor-próprio do ditador.
24. No extermínio dos prisioneiros atenienses pretendido por Lisandro (*Helênicas*, II, 1, 32).
25. Assinale-se aqui a retomada, como epíteto, das palavras com que Tucídides "apresenta" os mélios no preâmbulo do diálogo (V, 84, 2). Sobre isso cf. supra, cap. 10.
26. *Helênicas*, II, 2, 3-4.
27. Ibid., II, 2, 5-6.

peloponésio acampou junto à cidade, fora das muralhas, onde ficava o ginásio chamado Academia." Enquanto isso, o cerco se apertava.

Lisandro[28] desembarcou em Egina e restituiu a ilha aos eginenses, todos os que conseguira reunir. *E o mesmo fez com os mélios* e todos os demais que foram privados de suas terras. Depois disso, devastada e saqueada Salamina, ancorou nada menos que 150 navios na frente do Pireu, impedindo assim o acesso aos navios que queriam entrar.[29]

Os atenienses, sitiados por terra e por mar, não sabiam o que fazer: não tinham mais navios, nem aliados, nem trigo. Pensavam que não havia escapatória, ou seja, que agora era *inevitável sofrer o mesmo que haviam feito — e não para puni-los por alguma afronta sofrida, mas por puro espírito de dominação — a habitantes de pequenas comunidades* cuja única culpa fora [não] querer combater ao lado deles.[30]

Por isso tomaram a decisão de restituir os direitos políticos aos *atimoi*. E se mantiveram firmes. Muita gente na cidade já morria de fome, mas eles não pretendiam abrir negociações de paz com o inimigo. Quando, porém, o trigo se acabou completamente,[31] enviaram embaixadores a Ágides.[32] A proposta era que Atenas pretendia ser aliada [sic] dos espartanos, porém mantendo as muralhas e o Pireu — sob essas condições, estavam dispostos a assinar um tratado de paz. Ágides respondeu: "Ide a Esparta, não tenho poderes para tomar tal decisão". Os emissários informaram a resposta a Atenas e então os atenienses os enviaram a Esparta. Quando chegaram em Selásia, na fronteira da Lacônia, e os éforos souberam que traziam as mesmas propostas apresentadas a Ágides, receberam ordens de ir embora com a especificação: "Se de fato quereis a paz, voltai após ter tomado

---

28. Que movia uma frota de duzentos navios (*Helênicas*, II, 2, 7).
29. *Helênicas*, II, 2, 8-9.
30. Ibid., II, 2, 10. Para a integração, paleograficamente óbvia e indolor, de um *não* [οὐ] antes de συνεμάχουν, cf. L. Canfora, "Per uma storia del dialogo dei Melii e degli Ateniesi" (*Belfagor*, v. 26, p. 426, 1971). Para ἐκείνοις com valor reflexivo [ἑαυτοῖς], cf. R. Kühner, B. Gerth, *Satzlehre* (Hannover: [s.n], 1898, v. I, p. 649).
31. *Helênicas*, II, 2, 11: παντελῶς ἐπελελοίπει. Aqui se nota muito bem o caráter de anotação não revista dessas páginas. De fato, logo adiante (II, 2, 16) diz-se que Terâmenes deixou passar bem mais de três meses, "à espera de que os estoques de trigo terminassem". Portanto, παντελῶς ἐπελελοίπει deveria ser modificado.
32. O rei de Esparta que comandava as tropas espartanas que ocupavam Deceleia.

decisões melhores". Tão logo chegaram a Atenas, informaram a resposta à cidade. Todos se desalentaram. Agora pensavam que seriam reduzidos à escravidão: enquanto enviassem novos embaixadores, muitos morreriam de fome. Mas ninguém queria sugerir que se discutisse a questão da demolição das muralhas. Isso porque Arquéstrato, que numa sessão da Boulé dissera que a melhor coisa era aceitar a paz sob as condições propostas, foi preso.[33] A proposta era derrubar um trecho de dez estádios da longa muralha, tanto de um lado quanto do outro.[34] Então foi aprovado um decreto que proibia discutirem o tema das muralhas.

Nessa situação, Terâmenes declarou em assembleia que, se os atenienses concordassem em enviá-lo até Lisandro, ele poderia voltar tendo apurado se a intenção espartana era *reduzir Atenas à escravidão* e por isso insistiam na questão das muralhas ou se, pelo contrário, insistiam apenas para ter uma sólida garantia. Enviaram-no.[35] Ele permaneceu junto a Lisandro *por mais de três meses, aguardando o momento em que os atenienses estariam prontos a aceitar qualquer proposta, tendo terminado seus estoques de trigo.*

No quarto mês retornou a Atenas e *declarou que fora Lisandro que o retivera* e que, mesmo assim, insistia que fosse direto a Esparta, pois ele *não estava autorizado a tomar uma decisão* sobre as questões apresentadas, mas apenas os éforos.

---

33. Notar a gravidade da providência: Arquéstrato é preso por ter dito algo na sessão do Conselho, não por uma proposta formalizada como decreto nem por ter apresentado um *probouleuma*.
34. Esta notícia é um tanto surpreendente: com base no relato contido nas *Helênicas*, não se entende quando essas propostas espartanas teriam tomado forma, pois os legados enviados a Esparta, de que se fala pouco antes, nem sequer foram recebidos pelo rei espartano. Consegue-se entender grande parte desse relato salteado — pouco mais do que um alinhavamento de notas em seguida — recorrendo à reconstrução dos fatos contida em *Contra Agorato*, de Lísias (5-10). Ali, fala-se em emissários espartanos que levaram a Atenas o pedido a que se refere Arquéstrato.
35. Deve-se destacar que Terâmenes se empenha em confirmar, indo diretamente à fonte, se os espartanos pretendiam proceder ao *andrapodismòs* de Atenas. *Andrapodismòs* significa destruição da cidade e escravização dos habitantes. Tal era, aliás, o principal receio dos atenienses desde o momento em que receberam a notícia do desastre de Egospótamos ("temiam sofrer o fim dos mélios": II, 2, 3). Como seria possível uma solução tão extrema se explica indiretamente: Atenas impôs esse tratamento feroz às cidades (Melos, Escione etc.) e, além do mais, adotou na guerra condutas inaceitáveis em relação aos prisioneiros gregos. Em II, 1, 32 lemos com algum desconforto que o estratego ateniense Filocles, feito prisioneiro, é degolado no local, logo após Egospótamos, porque "começara a adotar condutas ilegais em relação aos gregos", como o acusa Lisandro no interrogatório que antecede a degola. Tucídides (I, 23, 2) aponta a ferocidade extrema das destruições de cidades, inclusive gregas, ocorridas durante a guerra.

Então Terâmenes foi enviado a Esparta, com plenos poderes, com mais nove embaixadores. Nesse ínterim, Lisandro enviava Aristóteles, um trânsfuga ateniense,[36] a toda pressa até Esparta, para informar aos éforos a resposta que ele dera a Terâmenes: que cabia a eles o poder de decidir sobre a paz e a guerra.

Terâmenes e os outros, assim que chegaram à Selásia, receberam a pergunta enviada pelos éforos — "Com que *logos* estão aqui?" — e responderam que tinham plenos poderes em matéria de tratados de paz.

Só então os éforos determinaram que fossem convocados.

Quando se apresentaram, os éforos convocaram uma assembleia em que sobretudo os coríntios e tebanos, mas também muitos outros gregos, reivindicavam que não se aceitasse nenhuma proposta de acordo com os atenienses, e sim que fossem eliminados. Os espartanos responderam que não reduziriam à escravidão uma cidade grega que muito fizera durante os maiores perigos enfrentados pela Grécia. E por isso estipularam um acordo com base nas seguintes cláusulas: *derrubar as grandes muralhas e o Pireu; entregar todos os navios, menos doze; chamar os exilados de volta; ter os mesmos amigos e os mesmos inimigos dos espartanos; aceitar sua orientação por terra e por mar onde quer que quisessem guiá-los.*

Terâmenes e os outros nove embaixadores levaram a resposta a Atenas. Enquanto entravam na cidade, uma grande multidão se apinhou em torno deles: temiam que tivessem voltado de mãos vazias! Pois sem dúvida não era possível se delongarem mais, *devido à multidão de gente que morrera de fome.*

No dia seguinte, os embaixadores anunciaram as condições de paz ditadas pelos espartanos. *O primeiro a falar foi Terâmenes.* Disse: "É preciso obedecer aos espartanos e destruir as muralhas". Alguns se levantaram para se opor, mas o número dos que falaram a favor foi muito maior. Deliberou-se que aprovariam as condições de paz.

Com isso, Lisandro desembarcava no Pireu, os exilados voltavam e [eles] derrubavam as muralhas ao som das flautistas, com grande zelo e muito alento, considerando que naquele dia tinha início a liberdade para a Grécia.[37]

36. Esse oligarca ateniense refugiado junto a Lisandro é certamente o Aristóteles que aparece em II, 3, 2 na lista dos Trinta. É também o Aristóteles que, junto com Melâncio e Aristarco, componentes da Boulé dos Quatrocentos, empenhara-se muito, em 411, na construção do molhe de Eezioneia. É o mesmo Aristóteles que os Trinta mandaram a Esparta para convencer Lisandro a instalar uma guarnição espartana em Atenas, para melhor proteger os Trinta (II, 3, 13).
37. *Helênicas*, II, 2, 1-23.

V

O Terâmenes das páginas finais sobre o cerco e a rendição de Atenas é um político frio, com bom acesso à cúpula espartana, que decide se apoiar no crescimento exponencial das mortes por fome em Atenas a fim de enfraquecer uma democracia imperial que, de outra forma e apesar de tudo, era indômita. Por isso se demora de propósito junto a Lisandro, sem fazer nada, durante três meses; só depois dessa implacável delonga é que decide ir, em entendimento com Lisandro, para levar a cidade insubmissa à rendição e sobretudo à destruição das muralhas — o principal objetivo espartano. Não se pode esquecer que ele faz com que a assembleia lhe confie a missão de sondar os espartanos sobre a questão crucial: se pretendem tratar Atenas seguindo a linha destrutiva da submissão total ou se estipulavam a destruição das muralhas como condição imprescindível apenas para ter uma garantia certa [πίστις] contra qualquer veleidade de reação dos atenienses.

Esse Terâmenes é coerente com o Terâmenes manipulador de assembleias e pérfido orquestrador da eliminação física dos generais vitoriosos nas Arginusas, como vem representado com riqueza de detalhes no capítulo VII do livro I das *Helênicas*. Se todas essas páginas são a herança de Tucídides que Xenofonte simplesmente "preparou" para a circulação em livro, esse é, então, o Terâmenes de Tucídides: o mesmo que aparece no capítulo-revelação do livro VIII, em antítese à lealdade de Frínico e depois descrito como hábil vira-casaca em relação aos mais próximos companheiros de aventura na primeira oligarquia, a de 411. O Terâmenes do livro VIII e o Terâmenes da herança tucidideana incluído nas *Helênicas*[38] são congruentes. E sem dúvida não se pode dizer que Tucídides tenha abrandado o tom ao descrever suas insídias, que se destinavam exclusivamente a fortalecer sua própria posição.

Muito diferente é o Terâmenes heroicizado e *libertatis vindex* do *Diário* xenofonteano da guerra civil.

Em toda a sua hábil reconstrução dos acontecimentos dos Trinta, desde o início Xenofonte faz questão de afirmar a legitimidade da ascensão deles ao poder. Assim, estão ausentes de sua narrativa aqueles detalhes embaraçosos sobre as condições forçadas em que nascera o regime, sobre a pressão da pre-

---

38. Ibid., I-II, 2, 23 (ou seja, I-II, 3, 10).

sença de Lisandro e do Exército espartano, expostas de forma clara por Plutarco na *Vida de Lisandro*. Ao mesmo tempo, Xenofonte quer estabelecer uma distinção, desde as primeiras fases, entre a conduta correta de Terâmenes e o estilo de governo de Crítias. O programa de governo era bom — esta é a formulação xenofonteana —, mas o desempenho logo falhou e se desviou: "Estavam *sempre a ponto* de redigir as novas leis (mas não o faziam)".[39]

Outro traço típico desse relato xenofonteano (que teve influência também sobre a historiografia romana) é o juízo sobre os *bona initia*[40] do governo oligárquico:

> Mandaram prender e executar todos os que constava terem vivido, durante o regime democrático, da atividade de sicofantas ou que pesavam ameaçadores sobre os senhores. A Boulé os condenava de bom grado, e os outros, que sabiam não ser assim, não encontravam nada a objetar.

Logo a seguir, começa a guinada para as condutas opressoras. Mas Xenofonte também diferencia as responsabilidades a esse respeito: a partir do momento em que os homens no poder começam a querer ordenar a cidade segundo suas vontades, enviam uma delegação a Esparta, liderada por aquele Aristóteles que já tivera seu papel sob a oligarquia anterior, para pedir o envio de uma guarnição e de um armosta.[41]

E aqui, quase que de imediato, Xenofonte apresenta a discórdia crescente entre Crítias e Terâmenes. Ele adota uma formulação análoga no primeiro livro dos *Ditos e feitos memoráveis*, para expor a discórdia que se manifestou quase de pronto entre Crítias e Sócrates.[42] E aqui também não se trata de defender o bom nome do filósofo (talvez deixando à sombra que, de todo modo, ele estava entre os que "permaneceram na cidade"), mas também de salvar a si mesmo enquanto integrante daquele círculo.

Tão logo se instalou a guarnição espartana, começaram as prisões ilegais.

---

39. Ibid., II, 3, 11.
40. Cf. a retomada dessas palavras de Salústio, *Catilina*, 51, 29.
41. *Helênicas*, II, 3, 13.
42. *Ditos e feitos memoráveis*, I, 2. As duas *Rettungen* permanecem rigorosamente separadas: Terâmenes nas *Helênicas*, Sócrates nos *Ditos e feitos memoráveis*.

Terâmenes se separa dos outros,[43] e Xenofonte registra passo a passo todas as suas polêmicas tomadas de posição, e até frases e afirmativas avulsas, para indicar de maneira implícita sua constante proximidade com aquele que em breve — no grande duelo oratório com Crítias e no imediato desenrolar dos eventos — se torna o herói positivo de todo o episódio. Está claro que a reconstituição do complexo episódio e dos respectivos papéis se tornou muito árdua, em vista da densa camada de manipulações e de supressões. Por um lado, Crítias é *damnatus* e por isso nega-se a verdade sobre ele: à exceção de Platão, os outros não falam a seu respeito. Por outro lado, Terâmenes é heroicizado (pelas razões já citadas) e, portanto, a tradição que lhe diz respeito tampouco é confiável.

A impressão que se extrai, em todo caso, é que, ao regresso de Crítias, junto com os exilados que voltaram à cidade pelas cláusulas de rendição, Terâmenes teve de constatar que não dispunha mais do dócil instrumento que agira sob suas diretrizes em 411-0,[44] mas um líder — endurecido pelo exílio e pela experiência na Tessália — decidido a não ceder o comando, dessa vez, ao mais idoso e consumado politiqueiro. É sintomática a frase de Terâmenes a Crítias, que Xenofonte registra como testemunha ocular: "Lembra-te de que tu e eu também falamos e agimos em muitas ocasiões com intenção demagógica!".[45] É evidente a referência à sua colaboração durante o chamado período dos Cinco Mil. Mas agora Crítias o enfrentava e não hesitava em ostentar seu método *realpolitik*: "Quem quer dominar não pode renunciar a eliminar aqueles que seriam os mais capazes de lhe barrar o caminho".[46] Uma referência dirigida precisamente a Terâmenes.

Enquanto isso, era grande o número de execuções, sem nenhum motivo justo.[47] E agora estava claro que muitos estavam se organizando e perguntando aonde iria acabar a *politeia*. De seu lado, Terâmenes discordava dizendo: "Se não envolvermos um número suficiente de pessoas em nosso regime, a oligarquia não pode durar". Era a premissa para contestar, logo a seguir, a lista dos 3 mil

---

43. *Helênicas*, ii, 3, 15.
44. Processo póstumo a Frínico, convocação de Alcibíades.
45. *Helênicas*, ii, 3, 15: τοῦ ἀρέσκειν ἕνεκα τῇ πόλει.
46. Ibid., ii, 3, 16.
47. Ibid., ii, 3, 17.

cidadãos *pleno iure* apresentada por Crítias. E também sobre esse ponto Xenofonte é pródigo em *dicta Theramenis*. Dizia:

> Queríamos os melhores a nosso lado; então como é possível que sejam em número exato de 3 mil? É como se tivéssemos de acreditar que esse número indica que os *bons* são exatamente estes, e que, fora desse número, não existe nenhuma pessoa de bem e, inversamente, nenhum tratante [*ponerós*] está entre esses 3 mil.

E acrescentava: "Parece-me que estamos perseguindo dois objetivos que se digladiam entre si: um poder forte, mas também um número de dominantes inferior ao de dominados!".[48] Se essa informação fosse válida, deveríamos deduzir que a decisão de restringir a cidadania a 3 mil se manifestou mais tarde, não no início; e que agora Terâmenes contestava os próprios pressupostos que alicerçavam a experiência oligárquica. A oposição de Terâmenes logo iria se exacerbar, quando começaram as prisões arbitrárias de gente abastada: "Não me parece bonito", teria dito ele, "proclamarem-se *melhores* e, no entanto, agirem pior do que os sicofantas. Eles, pelo menos, deixavam vivas as pessoas cujas riquezas depredavam; ao passo que nós mataremos quem não fez nada apenas para pegar seu dinheiro?".[49]

A esse ponto, depois de se patentear uma discordância tão radical, a armadilha seria acionada. Em primeiro lugar, desacreditaram-no junto a todos os buleutas, afirmando que ele pretendia derrubar o governo. A seguir armaram um grupo de beleguins prontos a intervir durante a reunião da Boulé, quando Crítias desferisse o ataque. O ataque de Crítias[50] não deixa espaço para compromissos: o pedido é a eliminação física do potencial traidor. Talvez tenhamos nessa enfática reescrita um pouco do Crítias essencialmente autêntico: não se pode dizer o mesmo da réplica de Terâmenes,[51] em que algumas passagens visam de maneira clara completar o retrato do "mártir" e remodelar todo o perfil de sua carreira.

---

48. Ibid., II, 3, 19.
49. Ibid., II, 3, 22.
50. Ibid., II, 3, 24-34.
51. Ibid., II, 3, 25-49.

VI

Com efeito, segundo o relato xenofonteano, a certa altura de sua "apologia" em réplica ao ataque dirigido por Crítias, Terâmenes teria dito:

> Quanto à acusação que ele me fez, segundo a qual eu seria capaz de mudar de posição com frequência, considerai o que vos direi. Quanto ao regime dos Quatrocentos foi o próprio povo, a assembleia popular [ὁ δῆμος], que o aprovou depois de ouvir os espartanos dizerem e repetirem que estariam dispostos a confiar em qualquer regime que não fosse a democracia. Mas quando se viu que eles não abrandaram em nada sua atitude e, por outro lado, Aristóteles, Melâncio, Aristarco, que além do mais eram estrategos, e seus cúmplices então já estavam claramente construindo o atracadouro por onde queriam acolher o inimigo na cidade e submetê-la a seu poder exclusivo, se, apercebendo-me disso, vim a impedi-lo, poderá isso ser porventura definido como uma traição aos amigos?[52]

Nessas palavras que Xenofonte atribui a Terâmenes, há um elemento de flagrante inverossimilhança. Terâmenes, acusado por Crítias de ter traído os "amigos" (os eteros) na época da primeira oligarquia, iria se defender confirmando a acusação perante uma assembleia que condenava a ação com que ele, antes, facilitara a queda dos Quatrocentos. E o faria, além do mais, acusando Aristóteles, um dos Trinta, ali presente a ouvir a apologia do acusado! Ademais, creditaria a Aristóteles e aos outros (Melâncio e Aristarco) a construção daquele molhe com o propósito de dar entrada "aos inimigos"! Isto é, os espartanos que naquele momento eram aliados de Atenas e protetores dos Trinta (bem como, até algumas semanas antes, interlocutores privilegiados do próprio Terâmenes). Ainda por cima, tornaria a acusação ainda mais pesada especificando que Aristóteles (ali presente), Melâncio e os outros pretendiam, depois de introduzir os "inimigos" em Atenas, impor à cidade o domínio dos "eteros" — aqueles que o próprio Terâmenes levara ao poder sete anos antes e que agora tinham retornado ao poder com sua cumplicidade direta.

Enfim — como já se viu por outros indícios —, é evidente que o discurso (xenofonteano) de Terâmenes não tem a menor chance de ser uma paráfrase

---

52. Ibid., II, 3, 45-6.

plausível das palavras de fato ditas por ele — que, é óbvio, estava jogando para ganhar, não para perder. E que, portanto, não pode ter falado de modo a atrair contra si a hostilidade dos presentes, em especial dos mais influentes. (No máximo, podemos considerar plausível a parte em que o ataque se concentra apenas sobre Crítias e pretende denunciar os comportamentos filo-"populares" na Tessália, não necessariamente conhecidos aos outros e que, de todo modo, incomodariam e despertariam muitas suspeitas nos oligarcas estritos.)

Portanto, o problema é: por que Xenofonte o faz falar dessa maneira? Porque, fazendo-o falar assim, contribui para a criação da imagem positiva de Terâmenes: o Terâmenes destinado em breve a um fim socrático, intrépido defensor da verdade mesmo diante de um auditório hostil. Quanto a Xenofonte, pode-se dizer que sua *apologia de Sócrates* saiu bem ruinzinha, mas, em compensação, essa (inverossímil) *apologia de Terâmenes* ficou bastante boa. Essa apologia lhe importava muito mais do que a outra, porque a recuperação do intrépido Terâmenes a uma luz heroico-positiva reverberava de maneira indireta também sobre sua pessoa, como sobre todos os que *a posteriori*, após o fato consumado, queriam se apoiar na distinção entre linhas políticas diferentes (uma, perdedora mas nobre, tendo no comando Terâmenes) dentro do governo dos Trinta.

VII

Outro elemento que parecia ligar idealmente Terâmenes a Sócrates, ambos alvos dos Trinta, é a pormenorizada referência de Terâmenes à morte de Leon de Salamina,[53] episódio ao qual está ligada a clamorosa "desobediência" de Sócrates aos Trinta.[54]

Aqui também Xenofonte parece querer embelezar a figura de Terâmenes com outro elemento socrático, talvez ausente do "verdadeiro" discurso do personagem. Disso derivou também um anacronismo. Terâmenes fala da morte de Leão como fato passado e, aliás, coloca-o como o primeiro dos episódios que

---

53. Ibid., II, 3, 39.
54. Platão, *Apologia*, 32c. Queriam comprometê-lo encarregando-o também da prisão de Leão, mas ele se recusou. Cf. também a *Carta VII*, 324e; 325c.

criaram as premissas para a formação de uma oposição; depois vieram os casos de Nicérato filho de Nícias e de um Antifonte, e por fim o ataque aos metecos. No entanto, na *Apologia*, Sócrates diz que, para sua sorte, os Trinta tinham caído *pouco depois* de sua desobediência; do contrário, teriam-no feito pagar por ela. As duas cronologias parecem incompatíveis. A de Sócrates parece a mais plausível. O Terâmenes xenofonteano, por sua vez, está procedendo a uma acusação em que reúne uma série de episódios, sem se preocupar muito com a cronologia exata. É mais um indício da finalidade de Xenofonte ao remodelar o discurso de Terâmenes.

VIII

A operação de recuperação de Terâmenes culmina no anedotário sobre as intervenções em seu favor no momento em que está para ser condenado. Em Éforo (isto é, Diodoro, XIV, 4-5) foi "Sócrates, o filósofo, com dois amigos seus", quem tentou arrancar Terâmenes das mãos dos servidores dos Onze.[55] Na tradição biográfica sobre Isócrates, no entanto, é este quem se adianta para salvar Terâmenes (*Vidas dos dez oradores*, 836f-837a).[56] O restante da tradição sobre Sócrates ignora o episódio. Difícil acompanhar ou imaginar as distorções que levaram à divisão (Sócrates-Isócrates) dessa tradição evidentemente fantasiosa, talvez por "culpa" de uma variante gráfica.

---

55. Encarregados das sentenças capitais.
56. E assim também na *Vida anônima* (p. XXXIV, ed. Mathieu-Brémond).

INTERLÚDIO

29. Os espartanos não exportaram a liberdade: Isócrates contra Tucídides

> *Pensando que naquele dia se iniciava a liberdade para a Grécia.*
> Helênicas, II, 2, 23

I

Essa frase epigraficamente conclusiva é contestada de forma frontal e dura por Isócrates no *Panegírico*, que, como se disse, é uma réplica à recente difusão da obra completa de Tucídides a cargo de Xenofonte. (Isócrates começou o *Panegírico* por volta de 392 e deu o acabamento em 380 a.C.) Isócrates, de fato, afirma sem rodeios (parágrafo 119) que "o fim do império de Atenas *foi a causa de todos os males para os gregos*", e pouco antes: "Nada de liberdade e autonomia!" (parágrafo 117). A polêmica é evidente, ainda mais se considerarmos a extrema ênfase dessa frase final da narrativa tucidideana da guerra.[1] Diga-se aqui também que a relevância daquela conclusão, contra a qual Isócrates investe com tanto ardor, é ainda mais evidente se considerarmos a divisão mais

---

1. Sobre tudo isso, ver supra, cap. 10.

antiga das *Helênicas* em livros (primeiro livro até I, 5, 7;[2] segundo livro até II, 2, 23, mas aqui incluída a amorfa série de notas não desenvolvidas, até II, 3, 9;[3] terceiro livro de II, 3, 10 a II, 4, 43).[4] Entre esses três livros (equivalente aos livros I-II da divisão que veio a se afirmar mais tarde), os dois primeiros são herança tucidideana (o que mostra, portanto, que Tucídides registrava *também a ascensão dos Trinta ao poder*, enquanto em Samos ainda se prolongava por mais seis meses a desesperada resistência dos democratas convertidos em bloco, por uma extraordinária concessão de Atenas já debilitada, em cidadãos atenienses), e o terceiro é o *Diário da guerra civil*, de Xenofonte.

II

A frase conclusiva de *Helênicas*, II, 2, 23, muito lida e muito admirada, é também bastante obscura. Trata-se de um apontamento braquilógico, a menos que se trate de uma ambiguidade intencional e especialmente pérfida. Os próprios atenienses é que foram obrigados a derrubar as muralhas, como se deduz de maneira muito nítida de Plutarco (*Vida de Lisandro*, 15). Com efeito, Plutarco conta que Lisandro, como arma de vingança contra os atenienses para lhes impor também a mudança do regime político, sacou de uma acusação mortal: "Os atenienses tinham violado os termos da rendição porque ainda não haviam providenciado a derrubada das muralhas, mesmo já transcorridos os dias em que deveriam tê-la providenciado". Sob a pressão da ameaça adicional de sujeição total como represália, os atenienses procederam à referida destruição. Lisandro "mandou vir da cidade muitas flautistas e, reunidas também todas as que estavam em seu acampamento, ao som da flauta *mandava derrubar as muralhas*". Κατέσκαπτε: à luz do que vem logo antes, o verbo só pode significar "mandar derrubar". A incerteza dos modernos diante de τὰ τείχη κατέσκαπτον, sem um sujeito claro e explícito, no final das *Helênicas*, II, 2, 23, é plenamente compreensível. Busolt acrescenta por iniciativa própria que "*die*

---

2. Cf. P. Vindob. Gr. 24568 (Papiro Ranier).
3. Cf. Arpocrátion, s.v. Θέογνις.
4. Cf. Arpocrátion, s.v. Πενέσται. Sobre tudo isso, ver a conclusiva reconstrução de R. Otranto, "La più antica edizione superstite delle Elleniche" (*Quaderni di storia*, v. 62, pp. 167-91, 2005).

Verbündeten", os aliados de Esparta e os próprios espartanos, ajudaram na destruição dos muros.[5] Assim também interpretam outros. Mais prudente, Jean Hatzfeld se sai com uma forma impessoal: "*Et l'on commença à démolir les murailles*".[6] Ludwig Breitenbach, em seu comentário alemão (1884,[2]) adota um misterioso "Eles começaram a destruir as muralhas".[7]

Esclarecido que foram os próprios atenienses forçados à humilhante operação, o problema da frase final sobre a qual estamos nos detendo deriva do particípio conjunto "*pensando* que naquele dia se iniciava a liberdade para os gregos". Portanto, eram aqueles que *derrubavam* que assim *pensavam*. A ambiguidade do escrevente seria extrema caso pretendesse dizer que os atenienses pensavam isso mesmo — entregando-se a uma afetuosa solicitude pelos outros gregos enfim livres! — enquanto destruíam, sob ameaça premente, suas próprias muralhas defendidas de forma tão árdua até o fim. É claro que quem *pensava* que "naquele dia se iniciava a liberdade para os gregos" eram os ex-aliados e ex-súditos de Atenas, que agora assistiam à demolição do instrumento que, por mais de setenta anos, tornara Atenas temível e imbatível: as muralhas, precisamente.

Mas talvez essa frase conclusiva seja apenas mais um indício da redação inacabada, do caráter de anotações nem sempre completas ou redigidas em versão final, das páginas das *Helênicas* sobre os últimos anos da guerra.

III

Esse final memorável, ademais, remete-se de modo circular ao ultimato espartano, anunciado com pompa a Atenas no início do conflito (se não "*deixardes livres os gregos*", tereis guerra). Tucídides lhe dá grande destaque no início de sua narrativa,[8] e o retoma logo adiante, de modo ainda mais enfático, com a profecia de Melesipo, o portador rechaçado daquele ultimato.[9] Não há

---

5. *Griechische Geschichte*. Gotha: Perthes, 1904, v. III, parte 2, p. 1638.
6. *Xénophon. Helléniques*. Paris: Les Belles Lettres, 1949, v. I, p. 82. Collection Budé.
7. *Xenophons. Hellenika*. Berlim: Weidmann, 1884[2], v. I, p. 185: "*Sie fingen an*" etc.
8. Tucídides, I, 139, 3.
9. Id., II, 12, 3: "*Este dia* trará grandes males aos gregos". A retomada no final do relato que lemos

dúvida de que há um nexo deliberado entre os dois textos, o ultimato e a glosa com que se encerra a narrativa da guerra. E isso torna ainda mais compreensível a ríspida réplica de Isócrates.

---

nas *Helênicas* é: "Pensando que *aquele dia* [da destruição das muralhas] dava início à liberdade para a Grécia".

SEXTA PARTE
A guerra civil

E esse é o círculo em que, girando, todas as repúblicas foram e são governadas — mas raras vezes retornam nos mesmos governos, porque quase nenhuma república pode durar tanto que consiga passar muitas vezes por tais mudanças e continuar de pé.
N. Maquiavel, *Discurso sobre a primeira década de Tito Lívio*, I, 2, 4

30. Atenas, ano zero.
Como se sai da guerra civil

I

Em Atenas, foi uma assembleia popular que, mais uma vez, derrubou a democracia. Sob os olhos de Lisandro e tendo os espartanos em armas dentro da cidade, a assembleia elegeu os Trinta — uma magistratura extraordinária que tinha a incumbência de redigir uma nova Constituição. Foram escolhidos os oligarcas de mais destaque. Entre eles estava Terâmenes, o qual, segundo Lísias, foi inclusive quem apresentou a proposta. Mas dessa vez o "coturno" logo seria liquidado por homens mais ousados, como Crítias, e talvez mais propensos, à diferença de Terâmenes, a uma possível ruptura com o passado de Atenas. Assim teve início o sanguinário regime dos Trinta.

O que sabemos sobre a rápida e traumática experiência que Atenas viveu sob os Trinta deve-se a uma testemunha que foi também protagonista, mas empenhou-se ao máximo para excluir sua pessoa da crônica desse governo calamitoso: Xenofonte, cavaleiro sob os Trinta e também, como Crítias, próximo do entourage de Sócrates. Talvez Xenofonte, junto com um certo Lisímaco, tenha ocupado também o comando da cavalaria, antes sob os Trinta e depois sob os chamados Dez, a magistratura extraordinária que se sucedeu à retirada dos Trinta em Elêusis.

Nessa crônica, como sabemos, Xenofonte nunca cita o próprio nome; é compreensível, pois não devia ser agradável lembrar que militara junto com os Trinta, talvez em cargos importantes como o comando da cavalaria, mesmo que dividido com o outro hiparco, o único que o cronista cita, para falar o pior possível dele. Por outro lado, anos depois Xenofonte escreveu um pequeno tratado sobre o *Comandante da cavalaria* ideal, em que discorre como alguém conhecedor do cargo. E é curioso que, nos *Ditos e feitos memoráveis*, ele coloque Sócrates em diálogo com um hiparco, porém sem citar seu nome. Em todo caso, seu relato é visivelmente construído "do ponto de vista" da cavalaria dos Trinta: aquele que sabe inclusive que ela fora colhida de surpresa ao amanhecer, enquanto os cavaleiros se levantavam e os servos "faziam um grande barulho escovando os cavalos", só pode ser uma testemunha ocular e participante dos acontecimentos. E, além do mais, os únicos combates que ele menciona são, precisamente, aqueles em que a cavalaria esteve envolvida.

A cavalaria foi a força militar que os Trinta mais quiseram comprometer, talvez também pela origem social de seus componentes. Quando Crítias, em sua ferocidade carregada de consequências, concebeu o massacre de Elêusis, foram os cavaleiros — e em especial, nota Xenofonte, o hiparco Lisímaco — que se encarregaram de executar esse serviço sujo. Os habitantes de Elêusis foram obrigados a sair em fila por uma portinha nas muralhas da cidade que dava para a praia, e ali, fora dos muros, estavam os cavaleiros alinhados em duas filas: um corredor humano mortífero ao qual ninguém escapou. Crítias falou claro ao se dirigir aos cavaleiros: "Se este regime vos agrada, precisais compartilhar também os riscos"; dito isto, obrigou-os, em presença da guarnição espartana, a votar a favor ou contra a execução dos prisioneiros. Xenofonte registra detalhes miúdos sobre os cavaleiros: que "os escudeiros escovavam os cavalos fazendo alarido" (*Helênicas*, II, 4, 6) e que nos primeiros confrontos com Trasíbulo foi morto um cavaleiro de nome Nicóstrato, que tinha o apelido de "o belo" (II, 4, 6); que, depois da queda do Pireu em mãos rebeldes, "os cavaleiros dormiam no Odeon ao lado de seus cavalos e escudos" (II, 4, 24); que Lisímaco, um dos dois hiparcos, mandou matar alguns camponeses durante um ataque sem se deixar comover com seus protestos, mas que "muitos cavaleiros protestaram" (II, 4, 26); que, num ataque, os homens de Trasíbulo, por sua vez, "capturaram um cavaleiro, Calístrato, da tribo leôntida, e o mataram" (II, 4, 27), e assim por diante. Dos dois hiparcos, ambos ladeando os Trinta no comando,

Xenofonte sempre dá o nome apenas de um, Lisímaco, e lhe credita as mais cruéis ferocidades com um tom vagamente delator — desde a prisão dos cidadãos de Elêusis ao massacre dos camponeses indefesos (II, 4, 26), "foi Lisímaco, o hiparco, que os matou".

Crítias morreu num confronto com os homens de Trasíbulo, o antigo adversário de 411, saído mais uma vez a campo contra a oligarquia com um exército de exilados. A inesperada derrota e a perda do verdadeiro líder do regime dispersaram os sobreviventes dos Trinta. Ao descrever a cena do "dia seguinte", à qual decerto assistiu, Xenofonte parece imitar uma cena análoga do relato de Tucídides, a dos Quatrocentos "no dia seguinte" à destruição de Eezioneia. Abandonados e depostos por seus apoiadores, os sobreviventes dos Trinta se refugiaram em Elêusis. Em Atenas, foram eleitos os Dez, aos quais se juntaram no comando os dois hiparcos. A fiel cavalaria, portanto, não seguiu os Trinta: o cruel Lisímaco também continuou com os Dez. E assim também a narrativa de Xenofonte, nesse momento, abandona os Trinta a seu destino e prossegue narrando como se conduziram os Dez, como os próprios espartanos, em particular o rei Pausânias por rivalidade com Lisandro, levaram-nos a uma pacificação com Trasíbulo e os seus; mas, acima de tudo — é esse, mais uma vez, o fio condutor —, o que os cavaleiros fizeram nessa última e difícil fase da guerra civil. Xenofonte nos conta todos os detalhes a respeito. Dormiam ao relento, junto dos cavalos e dos escudos. Não confiando em ninguém, faziam turnos contínuos de guarda. O que temiam, claro, era um ataque surpresa por parte dos homens de Trasíbulo, já instalados no Pireu. Os cavaleiros, prossegue Xenofonte, eram os únicos que ousavam realizar ataques armados fora da cidade e, de vez em quando, conseguiam surpreender algum adversário que pilhava os campos. Certa vez, depararam-se com um grupo de camponeses do demo de Exones; o hiparco Lisímaco mandou matá-los também, apesar de implorarem que lhes poupasse a vida. Foi uma cena dolorosíssima, conta ele, "e muitos cavaleiros protestaram pelo ocorrido". Em outra ocasião, um cavaleiro caiu numa emboscada dos homens de Trasíbulo e foi morto: chamava-se Calístratos e era da tribo leôntida. Essa crônica é talvez o único relato que narra até a emboscada a um só cavaleiro, citando nome e tribo. Pior do que aquelas monografias que, dirá Políbio, inevitavelmente aumentam os fatos e narram também episódios acessórios e insignificantes, "como confrontos e combates em que morreram talvez uns dez soldados, ou mesmo menos, e um número ainda menor de cavaleiros" (XXIX, 12, 2-3).

O fim dos Dez ocorreu por vontade do rei espartano Pausânias, que fora, sim, chamado em auxílio deles, mas que era claramente favorável a Trasíbulo e à restauração da democracia em Atenas. Xenofonte, que esteve talvez entre esses cavaleiros atenienses que Pausânias uniu a suas tropas, diz de maneira explícita: "Procurava não demonstrar ser favorável aos do Pireu", mas até "mandava lhes dizer em segredo quais eram as propostas que lhe deviam enviar". Pausânias detestava Lisandro, o qual, se tomasse o controle de Atenas, faria dela a base para um perigoso poder pessoal.

A pacificação imposta por Pausânias favorecia de forma substancial os democratas, que, com efeito, obtiveram o controle da cidade, enquanto reservava aos irredutíveis seguidores dos Trinta e dos Dez a possibilidade de se retirarem para Elêusis, sem ser incomodados. Por cerca de três anos, Elêusis funcionou como uma pequena república oligárquica independente, até o momento em que, segundo o que narra Xenofonte sem muitos detalhes nas últimas linhas de sua crônica, os democratas a liquidaram à traição.

Com o retorno de Trasíbulo e seu célebre discurso de pacificação, a crônica de Xenofonte se interrompe.[1] O discurso que Trasíbulo profere logo que retorna a Atenas com os seus, depois de ter subido à acrópole para realizar os sacrifícios a Atena, é talvez o testemunho direto mais importante sobre a complexa conclusão da guerra civil.[2] Destino singular da página final das *Helênicas* xenofonteanas: o duríssimo discurso de Trasíbulo acabou por parecer, na interpretação moderna, uma tranquilizadora intervenção pacificadora.

II

A cena em que Trasíbulo fala perante a assembleia se dá depois que os "libertadores" em armas subiram à acrópole. A única intervenção apresentada

---

1. Aliás, nesse ponto, na passagem do segundo para o terceiro livro das *Helênicas*, há um verdadeiro hiato. Xenofonte se sai com um rápido resumo de outro livro seu, *Anábase*, que finge atribuir a um imaginário "Temistógenes Siracusano", e depois passa para as campanhas espartanas na Ásia, das quais, como veremos, foi, mais uma vez, testemunha direta.
2. Xenofonte, *Helênicas*, II, 4, 39-42.

na narrativa é a do próprio orador: "Quando desceram e foi montada uma assembleia [não está claro por quem, pois nesse ponto o texto é discutível], Trasíbulo falou". Suas palavras são apresentadas pelos modernos à luz exclusiva do necessário cumprimento das cláusulas de paz.

Sabe-se como terminou a guerra civil. Apesar da versão "patriótica", bastante presente na oratória do século IV a.C., fica claro, sobretudo a partir da minuciosa crônica xenofonteana, que o peso militar exercido pela potência vencedora, isto é, Esparta, e em especial a divergência entre Pausânias e Lisandro (o primeiro, adversário, o segundo, apoiador dos Trinta) acabaram por determinar a derrota dos Trinta e dos Dez. Trasíbulo e os seus, portanto, não vencem no campo de batalha, embora tenham conquistado significativos sucessos parciais: retornam à cidade com todas as honras porque Pausânias decidiu abandonar os Trinta a seu destino (mas, em todo caso, reservou-lhes um pequeno território autônomo, em Elêusis, subtraído à autoridade ateniense). Assim, o eixo da pacificação, isto é, a "anistia" (= "esquecer os males sofridos e infligidos"), é apenas o resultado previsível desse equilíbrio das forças, desse acordo em conduzir a guerra civil ao fim. A anistia é coerente com o modo como se encerrou a guerra civil, mas está no extremo oposto daquilo que, terminada a cerimônia na acrópole, Trasíbulo diz aos adversários e aos adeptos, em seu comício improvisado.

"A vós da cidade [ὑμῖν ἐκ τοῦ ἄστεως]", expressão que, na época, conota os apoiadores ativos ou mesmo meros "acompanhantes" da ditadura, "dou um conselho: conhecei a vós mesmos [γνῶναι ὑμᾶς αὐτούς]". Parece quase uma reutilização (ou uma distorção?) do conhecido preceito socrático. Também Sócrates, como se sabe, "permanecera na cidade". Prossegue ele:

> E o melhor modo de conhecerdes a vós mesmos é começar a vos perguntar sobre o que se funda vosso indisfarçado senso de superioridade, que vos leva a pretender nos governar. Talvez porque sejais mais justos? Mas não é assim: o povo, que também é mais pobre do que vós, jamais vos tomou injustamente como alvo por razões econômicas. Pelo contrário, sois vós que, mesmo sendo muito mais ricos, realizastes ações piores apenas por cobiça. Então, deixemos de lado a justiça, na qual sem dúvida não sois fortes. Vejamos se vossa presunção nasce do fato de terdes maior coragem. Mas aqui também o desmentido é imediato, bastando ver como cada uma das duas partes combateu nessa guerra!

Derrubada também essa pretensão, imagino que direis que é por sabedoria política [a γνώμη!, palavra típica da orgulhosa reivindicação oligárquica] que superais a todos nós. E vós seríeis dotados de γνώμη, vós que, mesmo dispondo de superioridade de recursos e da aliança espartana, fostes derrotados por nós, que não tínhamos nada disso.

Falso: Xenofonte reforçou ainda mais o impacto, porque o relato imediatamente anterior mostra com clareza que o rei espartano Pausânias teve papel decisivo em favorecer a vitória de Trasíbulo e seus seguidores.

Ou será talvez sobre os espartanos que fundais vossa pretensão de superioridade? Mas não vedes que fizeram convosco como se faz com os cães raivosos amarrados a uma corrente? Assim eles fizeram convosco: deixaram-vos à mercê de vossas vítimas, à mercê nossa, nós, que sofremos vossa injustiça, e foram embora!

Fala ameaçadora, na qual se entrevê que os oligarcas ainda alimentam objetivos hegemônicos, contando com um pretenso apoio espartano, e em que a verdade histórica sobre o papel de Esparta é trazida à tona, porém do modo mais polêmico possível — a ponto de obscurecer o fato de que a saída dos espartanos da Ática poderia, apesar das cláusulas da anistia, abrir amplo espaço a vinganças e à punição pessoal dos homens comprometidos com o regime anterior. Mas logo a seguir Trasíbulo se refreia. Acrescenta, de fato: "E apesar de tudo, a vós, meus amigos [fala a seus adeptos, dividindo o auditório em dois], a vós peço que não violeis os juramentos feitos; peço que mostreis que, além das outras virtudes, possuís também a de respeitar honestamente os pactos e os juramentos".

Discurso provavelmente autêntico, que Xenofonte teria ouvido com os próprios ouvidos, decerto com a trepidação de quem estivera com os Trinta e depois com os Dez. Discurso duríssimo e ameaçador, apesar da conclusão destinada, em termos políticos, a conter seus seguidores, que vinha açulando até aquele momento.

Xenofonte relatou as palavras do adversário naquela passagem que mais se chocava com o clima de reconciliação. Ele quis dar o relevo da *oractio recta* à passagem polêmica, que não dava a entrever nada de bom. A segunda parte do discurso de Trasíbulo, recheada com as palavras de ordem do momento,

Xenofonte a resume em duas frases, que na verdade podem parecer quase escarninhas depois do que acabamos de ouvir. Eis como o cronista parafraseia esse final: "Depois disso, acrescentou frases como 'É preciso evitar desordens' ou 'É preciso voltar às leis de outrora', e dissolveu a assembleia".

Mas é a continuação imediata da narrativa que torna essa reconstrução historiográfico-memorialística especialmente venenosa e polêmica. Com efeito, encurtando os tempos e falseando de modo radical a cronologia, Xenofonte faz com que a feroz e inesperada agressão contra "aqueles de Elêusis" (isto é, contra os seguidores dos Trinta que não tinham aceitado continuar na cidade após a pacificação) — agressão que terá lugar quase três anos mais tarde — seja aqui posta na sequência imediata das palavras de Trasíbulo. Assim segue o relato xenofonteano:

> Então, eleitos os magistrados, retomaram a rotina habitual, mas depois, espalhado o rumor de que estavam recrutando mercenários em Elêusis, atacaram com vigor; atraíram os líderes de Elêusis para uma conversa e, quando eles se apresentaram, mataram-nos. Depois disso, enviaram aos parentes e amigos dos mortos a ordem de aceitar a reconciliação.

É evidente que, dessa maneira, o discurso de Trasíbulo assume uma luz especialmente sinistra; e o encurtamento da cronologia se afigura ainda mais deliberado. Como dizer: o massacre à traição dos chefes de Elêusis — violando a pacificação e pelo pretexto de meros "rumores" [ἀκούσαντες] de recrutamento de mercenários! — não é senão a materialização daquela ameaça que Trasíbulo insinuara com suas palavras: "Os espartanos vos deixaram à nossa mercê, como cães raivosos tornados impotentes porque amarrados numa corrente". Sem dúvida, Trasíbulo repetira na conclusão as habituais frases em uso nos meses da pacificação (que era preciso não criar desordens etc.), mas depois agiu de acordo com seu verdadeiro e radical entendimento, demonstrado de maneira dramática na emboscada de Elêusis. É por isso que Xenofonte reproduz as palavras ameaçadoras *in extenso* como as ouviu, ao passo que apenas parafraseia as outras, puramente propagandísticas, com sarcástico destaque.

III

Tal operação lhe dá um bom resultado, e pode parecer convincente para o leitor que não dispõe de outras fontes de informação, na medida em que os dois episódios são apresentados em sucessão imediata. É só com a descoberta da *Constituição de Atenas*, de Aristóteles, que se revela essa jogada facciosa. Com efeito, por Aristóteles ficamos sabendo que é "sob o arconato de Xenainetos (= 401-0)" que ocorre a emboscada de Elêusis, ou seja, cerca de três anos mais tarde,[3] em concomitância, poderíamos dizer, com recrutamentos de mercenários que o próprio Xenofonte comenta em outra obra sua; por exemplo, aqueles recrutamentos que levaram o mesmo Xenofonte à Ásia, por sugestão, ao que parece, do tebano Próxeno.

Mas a errônea cronologia criada por Xenofonte encontrou aceitação na tradição historiográfica. Era a antiquária atidográfica do século seguinte, conhecida por Aristóteles, que recolocava as datas em ordem e anulava o engano faccioso. Mas a antiquária tem uma tradição distinta da historiográfica e uma influência menor. Assim, por exemplo, Justino (v, 10, 8-10), embora refletindo uma tradição em tudo contrária aos Trinta e aos Dez, repetiu a cronologia oferecida pelas *Helênicas*. Mesmo creditando de maneira direta a responsabilidade pela nova ruptura "àqueles de Elêusis", Justino admite, de fato, que esta se deu logo após a pacificação.

> Assim estabelecida a paz, *apenas poucos dias depois* [*interiectis diebus*], os tiranos se enfurecem, indignados com o regresso dos exilados, tanto quanto pelo fato de serem relegados ao exílio quase como se a liberdade dos outros fosse escravidão para eles! *E agridem os atenienses* [*bellum inferunt*]. Mas, encaminhando-se para o colóquio com o ânimo de quem se prepara para lhe ver restituído o poder, apanhados numa cilada [*per insidias*], são trucidados como vítimas sacrificiais da pacificação.

Mas a vontade de apresentar os sobreviventes dos Trinta como sem dúvida culpados leva o autor (ou sua fonte) a imaginar que esses oligarcas derrotados tinham chegado a retomar as hostilidades.

3. Aristóteles, *Constituição de Atenas*, 40, 4.

O elemento *per insidias* não pode desaparecer, claro; além disso, fica obscuro, no relato de Justino, por que iriam a um encontro no qual poderiam ocorrer tais *insidiae*, se de fato já tivessem retomado as armas e já *inferebant bellum*...

Na verdade, aqui uma fonte "filodemocrática" elucubrou sobre o dado corrompido de Xenofonte, sobre sua cronologia tendenciosa, desmascarada (se assim pudermos dizer) pela antiquária à qual recorreu o opúsculo de Aristóteles, afortunadamente salvo. A tendenciosa cronologia xenofonteana tem talvez um fim mais pessoal, o de ocultar um dado que, para seus contemporâneos e concidadãos, era evidente: que a questão dos "recrutamentos mercenários", apontada como um dos fatores decisivos da crise de 401, envolvia a ele também, se veio a se aproveitar desses alistamentos ao aceitar, apesar da prudência aconselhada por Sócrates, embarcar com Próxeno e Ciro, para desaparecer de Atenas.

Sem dúvida mais atento a Justino (ou a sua fonte), George Grote — que escreve antes da descoberta do *Athenaion Politeia* — ainda segue Xenofonte passo a passo, aqui e ali harmonizando-o com sua orientação historiográfica própria. E assim o discurso de Trasíbulo, traduzido por Grote na íntegra (v, p. 598), torna-se, em sua conclusiva avaliação, um "convite a seus homens para respeitar o juramento que acabavam de realizar, e manter uma harmonia sem reservas em relação aos concidadãos recém-adquiridos". Além do mais, a emboscada de Elêusis (na mesma página) segue logo após o discurso de Trasíbulo. E é apresentada como natural punição infligida aos insubmissos Trinta, os quais, com sua tentativa de arregimentar "*a mercenary force at Eleusis*" (dado que, além do mais, Xenofonte apresentava como um simples rumor, ἀκούσαντες, e que aqui se torna um dado de fato!), foram — escreve Grote — eles próprios "causa de sua ruína". Exemplo insigne de como os modernos são muitas vezes levados a mesclar suas simpatias e posições extemporâneas às escassas notícias de fontes unilaterais e parciais.

Quanto a Xenofonte, a malícia de sua operação ganha pleno acabamento, por assim dizer, com a frase final. É a célebre frase com que se encerra o livro e com que se encerrava toda a obra, antes que a narrativa fosse retomada, anos depois, com o atual livro III, introduzido, como se sabe, por um rápido resumo da *Anábase*. A frase final diz, de modo telegráfico e aparentemente impessoal, uma coisa terrível: que, logo após o massacre, os apavorados sobreviventes de Elêusis foram obrigados a prestar juramento "de não guardar rancor"! Então acrescenta: "E ainda hoje convivem politicamente na cidade e o povo guarda fé aos juramentos". O amargo sarcasmo desse fecho não passa despercebido, ainda que se tenha afigurado a Gaetano De Sanctis e a outros como a frase de um Xenofonte já pacificado com a cidade, de um Xenofonte que presta solene testemunho sobre a lealdade do demo.

No relato xenofonteano, portanto, Trasíbulo aparece (como, aliás, foi na verdade) como o homem de ponta da democracia radical, o político disposto a cortar pela raiz o mal de onde nasceu a tirania oligárquica. Todo o seu discurso na acrópole, proferido diante de seus seguidores ainda em armas, soa como uma reflexão sobre os traços profundos do adversário: sobre as características econômicas e culturais do tradicional comportamento antipopular dessa classe, que encontrara imprevista e cruenta materialização no feroz governo de 404-3. E é por isso que Trasíbulo propugna um radical *repulisti* (realizado apenas em parte, com a violenta reunificação de Elêusis à Ática em 401-0).

Apesar da emboscada de Elêusis, esse "corte pela raiz", que Trasíbulo deu a vislumbrar, não se realizou. E a "democracia restaurada", tal como a conhecemos pelas numerosas fontes do século IV, *in primis* a oratória, foi muito diferente da *politeia* radical do final do século V, então enfrentada pelos oligarcas com a conspiração secreta e o golpe de Estado. Na democracia restaurada, a expressiva minoria dos despossuídos, dos que tinham conseguido se reencontrar no Pireu com Trasíbulo, sempre terá peso menor. Muito menor do que nos anos em que Cléon e Cleofonte dirigiram a cidade pós-pericleana, deparando-se com a oposição incondicional dos bem pensantes, de Tucídides a Aristófanes.

31. Depois da guerra civil: a salvação individual (401-399 a.C.)

I

A "pacificação" foi bastante atormentada. Sabemos disso por Aristóteles. Este, antes de mais nada, informa — o que Xenofonte se abstém de dizer — que não só os sobreviventes dos Trinta, mas também os Dez (e assim, é evidente, também os hiparcos que tinham dividido o poder com os Dez) foram excluídos da anistia e tiveram de sofrer processos — como um certo Rinão,[1] que aliás, garante Aristóteles, saiu-se muito bem. E informa também que nem mesmo entre os democratas havia tanta unanimidade; que Trasíbulo — o qual, pode-se dizer, passou para a história como o homem da "anistia"[2] —, o próprio

---

1. Aristóteles, *Constituição de Atenas*, 38, 3-4.
2. A apresentação mais vivamente orientada nesse sentido é a que se lê na curta e interessantíssima "Vida de Trasíbulo", de Cornélio Nepos, oitava vida do livro remanescente *Sobre os generais estrangeiros*. O tom de Cornélio parece tão convincente que o humanista Denis Lambin construiu todo um comentário às *Vidas* de Cornélio em função desta, de Trasíbulo (1569), como instrumento para exaltar a pacificação entre alinhamentos opostos no calor da guerra de religião na França. E por isso foi duramente criticado por influentes doutos católicos, tanto que morreu de susto após a noite de São Bartolomeu. Sobre esse episódio, ver L. Canfora, *Le vie del classicismo* (Roma/Bari: Laterza, 1997, pp. 18-43, v. 2: *Classicismo e libertà*).

Trasíbulo, incentivara as vinganças, que, de fato, não tardaram a se manifestar; que ainda Trasíbulo queria conceder a cidadania a todos os que haviam combatido com ele, "até para alguns que eram visivelmente escravos";[3] e, em suma, se não fosse pela sabedoria do moderado Arquino, também retornado com os democratas, todos os bons propósitos da restauração democrática teriam malogrado. Mas o próprio Arquino não hesitara em determinar a execução no ato — e sem processo — de um dos "retornados" do Pireu, que ameaçara querer acertar as contas com alguns expoentes do regime anterior.[4] De resto, o processo que Lísias instaurou contra Eratóstenes (que não acompanhara os outros sobreviventes dos Trinta a Elêusis, após a morte de Crítias) é um indício do clima nada "pacificado". Naquele discurso, Lísias pede com insistência que se ataque Elêusis — o que logo em breve ocorreria,[5] de modo um tanto traiçoeiro. Depois, em especial os cavaleiros "que serviram sob os Trinta" (inclusive Mantiteu, defendido por Lísias) continuaram a ser considerados como grupo separado: em 399, quando os espartanos, engajados numa guerra de desgaste na Ásia como consequência de seu apoio à desafortunada rebelião de Ciro contra Artaxerxes, pediram tropas a Atenas (em nome do tratado de 404, que impunha a Atenas "os mesmos amigos e os mesmos inimigos" de Esparta), os atenienses, observa Xenofonte, se limitaram a mandar "alguns daqueles que tinham sido cavaleiros sob os Trinta, pensando que, para o povo, seria uma grande vantagem tirá-los do caminho, e talvez lá deixassem o couro".[6]

II

Para o cavaleiro Xenofonte, o clima de Atenas não era dos melhores. Além disso, ele era amigo de Sócrates, censurado por ter formado Crítias e também Alcibíades ("culpa" da qual o próprio Xenofonte tentará eximi-lo em *Ditos e feitos memoráveis*).[7] E foi se aconselhar com Sócrates. Um velho amigo tebano,

3. Aristóteles, *Constituição de Atenas*, 40, 2.
4. Ibid.
5. Cf. supra, cap. 30, § III, p. 444.
6. Xenofonte, *Helênicas*, III, 1, 4.
7. Ver supra, Introdução, cap. 5.

Próxeno, convidara-o a participar de uma misteriosa expedição e prometera lhe apresentar ninguém menos que Ciro, o filho do finado rei da Pérsia e irmão do atual soberano. Aquele mesmo Ciro que, durante os últimos anos de guerra, ajudara os espartanos pagando generoso soldo a seus marinheiros — intervenção fatídica, que retirara a Atenas sua única verdadeira arma, a supremacia no mar. Próxeno, amigo de Ciro, estava na verdade angariando adesões para a expedição que o príncipe pretendia conduzir contra o irmão, mas não podia revelar seus objetivos; assim, mencionava uma expedição a Pisídia. É este, talvez, o recrutamento dos mercenários que desencadeou a emboscada de Elêusis.

Sabe-se que, nessa ocasião, Xenofonte "desobedeceu" a Sócrates. Este o aconselhara, de modo um tanto banal, é verdade, a consultar o oráculo de Delfos sobre a eventual viagem, e não deixou de lhe apontar os riscos de se alistar com Ciro, de quem os atenienses guardavam uma lembrança tão ruim. Mas Xenofonte já decidira sair de Atenas de qualquer modo e se limitou a consultar o oráculo sobre um detalhe pontual: a quais deuses deveria oferecer sacrifícios para ter uma boa viagem.[8] Assim, em 401, talvez pouco depois da liquidação de Elêusis, Xenofonte desaparece de Atenas para uma ausência bem mais prolongada do que deixava entrever o curto diálogo com Sócrates.

Também na *Anábase* — em que o episódio é narrado com certa ênfase e na qual, aliás, Xenofonte fala sem cessar sobre si mesmo — a reticência é grande, sobretudo em relação ao ponto principal: por que o cronista decidiu desaparecer de Atenas. Somente quase ao final do extenso relato, tomamos conhecimento de que pendia uma acusação sobre ele (o que significa que embarcara clandestino em Atenas para alcançar Próxeno e Ciro em Sárdis); e ficamos sabendo também que em 399, quando já, concluída a extenuante e tortuosa retirada, Xenofonte se preparava para retornar a Atenas, a notícia de que fora condenado à revelia ao exílio fez com que permanecesse na Ásia, a serviço do novo comandante espartano, Tríbon — aquele Tríbon a quem os atenienses, no mesmo momento em que condenavam Xenofonte ao exílio, tinham enviado de bom grado alguns cavaleiros da época dos Trinta, esperando livrar-se deles em definitivo. Que a condenação à revelia lhe tenha caído de repente naquele exato momento explica por que Xenofonte permaneceu a serviço não só de Tríbon, mas também de seus sucessores, Dercílides e em especial Agesilau. Com efeito,

---

8. Xenofonte, *Anábase*, III, 1, 4-7.

como que para assinalar, como sempre de maneira críptica, sua própria presença, Xenofonte introduz nas *Helênicas* um personagem identificado apenas como "líder dos homens que militaram com Ciro" (dos *Cireus*), o qual não é senão o próprio cronista, que conversa com altivez e dignidade com Dercílides, comandante espartano.

Na verdade, Xenofonte sabia que lhe seria impossível retornar a Atenas. Por isso, durante a retirada dos "Dez Mil" apenas tentou expedientes, fez experiências para reiniciar a vida: daí a ideia — que desagradava a seus homens — de fundar uma colônia no mar Negro e lá se estabelecer; daí a aventura na Trácia. Quando, atravessado o estreito de Dardanelos, retornou à Europa, evitou propor um retorno a Atenas, mas se engajou, ocupando o comando dos "Dez Mil" (já reduzidos quase à metade), numa campanha na Trácia, com a perspectiva de lá ficar, talvez estreitando ligações familiares com o príncipe Seutes. Apenas os atritos com Seutes e sobretudo a insatisfação crescente de seus homens o levaram a renunciar ao projeto. Mas, a essa altura, numa iniciativa inexplicável se não soubéssemos o que o aguardava em Atenas, Xenofonte cruzou o estreito de volta e, por terra, atravessando a Trôade, desceu de Lâmpsaco até Pérgamo para entregar os remanescentes da armada ao novo comandante espartano e se pôr ele próprio a seu serviço. Sensato, dá-nos a notícia de que era iminente sua condenação ao exílio[9] em que se prepara, "por insistência das tropas", a voltar da Europa para a Ásia.

Em suma, Xenofonte deixara Atenas em 401 por estar envolvido num processo. Não é difícil imaginar que se tratava de algo ocorrido na época em que ele combatia na guerra civil com a cavalaria dos Trinta.

III

Começamos a conhecer Xenofonte, a segui-lo onde se esconde, em sua obra, e dissemina pegadas que talvez também sejam, de seu ponto de vista, "imprudentes". É a parte de sua vida que ele menos preza, cuja lembrança gostaria talvez de apagar: são os episódios seguintes — dos quais quer falar e sobre os quais quer dizer algumas verdades — que o obrigam a fazer pelo menos algumas

---

9. Ibid., VII, 7, 57.

alusões a tal parte de sua biografia. Quantos modernos sobreviventes a seu envolvimento com regimes "malditos" não passaram pela mesma experiência?

É a grande aventura na Ásia a inesperada oportunidade de sua vida, a *akmé* de que está ansioso em falar e, para narrá-la, inventa um novo gênero: o diário de guerra. A marcha pelo coração da Ásia até as portas da Babilônia, a batalha de Cunassa — uma batalha de dimensões ciclópicas pela quantidade de homens envolvidos e pela extensão do front —, a retirada, a ascensão a um comando conjunto (ele, que se alistara a título privado, com o ar de um "jornalista" grego curioso) e, por fim, a ascensão ao comando individual dos mercenários vindos da Ásia para a Trácia, para conduzi-los numa campanha que Xenofonte tende a narrar como uma epopeia. E, acima de tudo, o grande encontro de sua vida: a amizade com Agesilau, o rei de Esparta. Xenofonte se manterá em definitivo no séquito do soberano e lhe dedicará uma biografia encomiástica na qual reutiliza passagens inteiras das *Helênicas*. Com Agesilau, voltará à Grécia em 394,[10] uma Grécia muito diferente da que deixou sete anos antes: os atenienses e os espartanos estão, mais uma vez, combatendo em campos opostos e em Coroneia Xenofonte (que, aliás, nem era mais cidadão ateniense, devido ao exílio) estará com o rei no campo espartano; voltando ao Peloponeso, dos espartanos receberá a mais preciosa das dádivas: uma espécie de segunda pátria, uma propriedade em Scilunte, na Élida, onde ficará até o momento em que novas crises, agora no interior do Peloponeso, venham a obrigá-lo a se refugiar em Corinto. Nesse meio-tempo, porém, o exílio — agora ligado a acontecimentos remotos e, por assim dizer, pertencentes a outra época — foi revogado. A data certa não é clara: o certo é que seus filhos — Grilo e Diodoro — também foram cavaleiros atenienses, e Grilo morreu em Mantineia em 362 combatendo por Atenas. Segundo Aristóteles, naquela época a autoridade do velho Xenofonte já era tão grande em Atenas que se multiplicaram os encômios à morte de seu filho.

Sobre essa segunda fase de sua vida Xenofonte escreveu uma página autobiográfica de rara serenidade: uma espécie de novo proêmio no coração da *Anábase*, indicando talvez que ali se inicia uma segunda parte, escrita em época diversa. Em tom idílico, ele descreve nessa página sua vida na propriedade de Scilunte. Mas aqui também, onde tudo parece radioso e tranquilo ou pacificado, há algumas singulares obscuridades: fica-se com a impressão de que uma

---

10. Xenofonte, *Helênicas*, IV, 3, 3.

das razões, e não a mais insignificante, dessa passagem autobiográfica é explicar de alguma maneira as origens de uma fortuna econômica.

Xenofonte conta uma história tortuosa de dons votivos e butins,[11] a qual, no entanto, parece destoar da extrema pobreza em que, nas últimas páginas da *Anábase*, afirma viver.

Em seus últimos anos, Xenofonte morou em Corinto, onde morreu "velhíssimo". Esta e outras notícias temos por meio do orador Dinarco, que ali nascera pouco antes da morte de Xenofonte e lá passara a juventude, até ir para Atenas estudar retórica e exercer a profissão de advogado.

IV

Xenofonte não esteve presente ao processo de Sócrates. Eclipsara-se dois anos antes para se unir ao exército de mercenários gregos recrutados pelo jovem Ciro, em sua insurreição contra o irmão Artaxerxes. No exército do usurpador, foi testemunha de uma história e de um mundo de dimensões maiores. A morte em batalha de Ciro, a consequente derrota de sua armada e, por fim, o assassinato dos líderes mercenários numa emboscada arquitetada pelo sátrapa Tixafernes lançaram Xenofonte a uma situação totalmente nova: de correspondente de guerra individual a comandante de um contingente de soldados. Assim, viu-se a comandar, junto com outros líderes improvisados, a retirada dos "Dez Mil".

A responsabilidade por um comando naquela estranha guerra dos mercenários gregos em fuga contra os persas vencedores, mas temerosos e por fim fugitivos, e depois contra inúmeras populações encontradas ao longo do caminho, foi a experiência central de sua vida. Se ele apresentou na *Anábase* uma narrativa minuciosa e enfática, não foi apenas pela vontade apologética de defender sua verdade: também queria documentar e fixar por escrito o que vira e entendera como exilado. Isso porque aquele episódio dos mercenários correndo pelas satrapias do império revelara, entre outras coisas — como repetirá várias vezes Isócrates, o qual decerto não nutria simpatias por Xenofonte —, a íntima fragilidade do império persa. De todo modo, a finalidade apologética

11. Id., *Anábase*, v, 3, 4-13.

era importante. O livro pretendia esclarecer muitos pontos obscuros da vida do autor. Além do mais, também circulavam outras *Anábases*, de outros participantes do empreendimento, o que impedia que Xenofonte se calasse. E, em especial, sobre um ponto: o propósito, segundo ele jamais abandonado, de "retornar" à pátria. Este é quase o fio condutor do relato. Percebe-se isso na sutileza com que o autor faz deslizar um tanto inadvertido o dado de maior relevância biográfica: ter ficado com Ciro, qualquer que fosse e qualquer que viesse a se revelar a misteriosa finalidade daquela viagem. Depois, durante a retirada, deram-se episódios clamorosos: Xenofonte tentara convencer os mercenários a se estabelecer no Ponto, fundar ali uma colônia, mas tal iniciativa não fora acolhida de maneira favorável. No relato da *Anábase*, as coisas são apresentadas de forma bem diferente: "Alguns ousavam dizer que Xenofonte induzira o adivinho a declarar desfavoráveis os augúrios à partida e assim fizera porque pretendia fundar uma colônia em Calpe" (VI, 4, 14). E no livro anterior ele é obrigado a lembrar, para desmenti-las, as acusações que lhe foram dirigidas pelos comandantes aqueus: "Que Xenofonte em privado convence os soldados a ficar e faz sacrifícios com essa finalidade, enquanto em público não revela sua intenção" (V, 6, 27). Há também a digressão talvez mais impressionante, lancinante e imotivada, e talvez por isso mesmo apresentada sem qualquer esclarecimento que ilumine seu sentido: a longa etapa na Trácia, quando, chegados à Europa, os agora 6 mil sobreviventes da longa marcha, comandados apenas por Xenofonte (tendo morrido o espartano Quirísofo), em vez de voltarem para suas respectivas cidades, põem-se a serviço de Seutes, soberano-bandido local; e o narrador quase chega a criar uma relação de parentesco com ele, para assim se estabelecer na Trácia. E reaflora mais uma vez a acusação recorrente — "Xenofonte não quer regressar" (VII, 6, 9) —, a qual ele se apressa em contestar num imenso discurso (VII, 6, 11-38).

E há por fim, perto da conclusão, uma frase reveladora — e é reveladora exatamente porque, à primeira vista, parece supérflua. Xenofonte foi alcançado na Trácia pelos mensageiros de Tíbron, o general que Esparta enviara à Ásia para combater já abertamente os sátrapas do Grande Rei. Para Tíbron, Xenofonte e seus homens são um exército mercenário disponível na praça; por isso, lá da Ásia convoca-os com ofertas atrativas. Por si só, esse episódio revela no que haviam se transformado os "Dez Mil": um exército mercenário pronto a aceitar a melhor oferta (e Tíbron era mais atraente do que Seutes). Aqui também, a narrativa, vivaz e em tom de crônica, com sua rápida e colorida sucessão de eventos apresentados como numa concatenação óbvia e natural, deixa na sombra o sentido do que vem ali relatado. Para Xenofonte, não é fácil conciliar a escolha, já então consumada, de se passar ao soldo de Tíbron com a pretensão, tantas vezes reiterada, de jamais ter abandonado a intenção de voltar a Atenas. Por isso ele se sai com o que poderíamos definir *o relato de um fato não ocorrido*.

Eis o relato. Recebendo o que lhe devia Seutes, superadas as inevitáveis reclamações dos soldados quanto à partilha do butim, o cronista se mantém de lado. "Xenofonte não aparece em campo; aliás, estava claro que se preparava para regressar à pátria, já que seu exílio ainda não fora votado em Atenas." Seus amigos, em todo caso, se aproximaram "e lhe pediram que não partisse sem antes retirar seus homens da Trácia e entregá-los a Tíbron [na Ásia]" (VII, 7, 57). Xenofonte não diz explicitamente que cedeu ao pedido, mas na linha seguinte ele e seus homens já estão no mar, diante de Lâmpsaco, o porto no lado asiático dos Dardanelos. Nada se diz sobre o frete dos navios que possibilitaram a travessia imediata, mas a conversa de Xenofonte com o adivinho Euclides, a bordo, é narrada em muitos detalhes. Ela versa sobre a dificuldade de Xenofonte em retornar, pois "não pode pagar sua viagem", e seria forçado a vender seu amadíssimo cavalo. Pouco depois, vem-se a saber que o cavalo foi vendido por cinquenta daríios e que alguns amigos o compraram de volta e o devolveram a ele (VII, 8, 6), ao que a dificuldade material que impedia o regresso parece superada. A cena se transfere de imediato para Lâmpsaco, em Pérgamo. Aqui uma mulher afável acolhe Xenofonte e lhe sugere um lucrativo assalto; ele aceita de imediato e, na última página de seu relato, assistimos a um ataque noturno que lhe rende duzentos escravos e inúmeras ovelhas. A última notícia é que, dessa vez, Xenofonte reserva para si uma boa fatia do butim, embora o diga com um eufemismo. Tíbron chega e recebe as tropas. Fim da história. Onde está Xenofonte?

Nós o entrevemos, sem que cite seu nome, no livro III das *Helênicas* e entendemos que, afinal, não deixou a Ásia. Tíbron já foi substituído por outro comandante espartano, Dercílides, "Sísifo" para os soldados. As operações, as palavras, as conversas de Dercílides na Ásia são narradas nos mínimos detalhes. A conduta desse comandante é do grande agrado de Xenofonte. Quando os mensageiros dos éforos chegam de Esparta para prorrogar o comando de Dercílides, elogiar sua conduta e recriminar os soldados pelos ataques realizados sob Tíbron, ergue-se para falar "o líder dos cireus" (isto é, dos mercenários que combateram com Ciro) e diz poucas e espirituosas palavras: "Espartanos, nós somos sempre os mesmos, são os chefes que mudam: o de agora é bem diferente do anterior. Creio que assim vos fique claro por que nossa conduta mudou" (III, 2, 7). "O líder dos cireus" é, sem dúvida, o próprio Xenofonte. Assim, apenas de maneira velada ficamos sabendo que aquela intenção de regressar jamais se realizou: Xenofonte — o qual na Trácia, no momento da despedida de Seutes, "estava claro que se preparava para regressar à pátria" — permaneceu na Ásia com Tíbron e depois com Dercílides, e lá continuará com Agesilau.

A dosagem das notícias é sábia. Divididas entre duas obras diferentes, elas podem passar inadvertidas. Nada, a rigor, é omitido: basta saber dizer. Ficamos sabendo que, já antes da partida, pesava sobre Xenofonte uma "votação" que decidiria seu "exílio" apenas no final da *Anábase*, num inciso que quase se perde, por estar ao lado da notícia que pareceria mais importante ("estava claro que Xenofonte se preparava para regressar"), a qual, porém, diz respeito a algo que nunca aconteceu. Nada mais natural do que deduzir que foi precisamente aquela iminente "votação", isto é, o procedimento a seu respeito que já se iniciara antes que Xenofonte fosse para a Ásia, que constituiu o *primum movens* de todo o desenrolar dos episódios: a decisão de partir de qualquer maneira, a contínua tentação de se estabelecer em outro lugar, até entre os bárbaros trácios, por fim a passagem ao serviço dos líderes espartanos que se sucederam na Ásia, nos cinco anos posteriores à conclusão das peripécias dos "Dez Mil".

Foi por isso que Xenofonte não esteve presente no processo de Sócrates. Tampouco surpreende que o filósofo o tivesse desaconselhado a deixar Atenas. Pois foi assim que Sócrates, chegada sua vez, decidiu agir: não se salvar saindo de Atenas, o que, como sabemos pelo *Críton* platônico, até o final lhe teria sido possível. Xenofonte, portanto, desobedecendo a Sócrates, fez o que este não quisera fazer: subtraiu-se à justiça de sua cidade. Decerto sua situação devia ser bastante grave: como a sentença foi o exílio, o crime devia ter sido de sangue; e sabemos que a anistia de 403 não se aplicava a tais crimes (Aristóteles, *Constituição de Atenas*, 39, 5). Isso explicaria a decisão de se retirar para Elêusis e a decisão seguinte de desaparecer no exército de Ciro, quando a república oligárquica de Elêusis foi eliminada à traição. Também para Sócrates tratava-se de um contragolpe tardio da guerra civil, pois "permanecera na cidade", como então se designavam aqueles que não se uniram aos democratas do Pireu, e, acima de tudo, era conhecido por ter "educado" Crítias, como lhe foi censurado post mortem num libelo de sucesso e, ainda muitos anos depois, por Ésquines num discurso judicial de grande repercussão (I, 173). Sua memória não nos terá sido conservada talvez por aqueles jovens "riquíssimos" de cujo convívio ele se gaba na *Apologia* platônica (23c)? Portanto, o processo contra ele em 399, ano repleto de processos que destoavam de maneira flagrante da letra e do espírito da anistia, reentrava naquele acerto de contas que, amiúde, é o prolongamento mais penoso da guerra civil.

Xenofonte não soube calar esse dilema e assim, depois de muitos anos, escreveu uma *Apologia* de Sócrates, na qual afirma que, na verdade, o filósofo já desejava morrer e por isso enfrentara o processo daquela forma. "Outros já escreveram sobre tais acontecimentos", assim começa a *Apologia*, "e todos notaram a intrepidez de suas palavras [...]. Mas não revelaram que ele já considerava preferível morrer a viver, e por isso sua intrepidez perante os juízes acaba por parecer insensata." Essa premissa, de modo geral, tem sido entendida como um desatino, a ponto de levar mais de um crítico a supor que o opúsculo é espúrio (todavia, encontra-se uma ideia semelhante no final de *Ditos e feitos memoráveis*): é, pelo contrário, a justificativa que Xenofonte excogitou diante do desfecho trágico a que Sócrates foi de encontro, desfecho a que ele, inversamente, se subtraíra.

32. Após a guerra civil: o debate constitucional

I

Em sua história da Constituição ateniense, Aristóteles dedica o máximo espaço às duas crises que interromperam a continuidade do ordenamento democrático.[1] Naturalmente, não acompanha passo a passo todo o desenrolar dos acontecimentos, embora reserve algum espaço aos aspectos militares da guerra civil. O que lhe interessa são os atos referentes à modificação e restauração do ordenamento e, portanto, também as estipulações (cap. 39) e a engenharia institucional (caps. 30 e 31). Não menor interesse dedica ao confronto entre as facções e a suas tendências político-constitucionais: apresenta as diversas posições que, segundo seus conhecimentos, enfrentaram-se no momento da capitulação (34, 3) e indica o papel de freio que Arquino exerceu em relação às ameaças de excessos e vinganças após a restauração democrática (40). Não fala de maneira explícita dos debates sobre o tipo de ordenamento a ser adotado, quando "aqueles do Pireu" retornaram à cidade. Mas diz que "o povo, voltando a ser senhor [κύριος] da vida pública [τῶν πραγμάτων], instaurou o ordenamento atual vigente" (41, 1). E assinala que isso se deu após uma deliberação.

1. *Constituição de Atenas*, 29-41.

Faz a afirmação com uma frase que, embora esteja um pouco falha no papiro, soa nitidamente assim: "Pareceu justo[2] que o povo retomasse a *politeia* [= ordenamento estatal em seus aspectos institucionais e prático-políticos] porque o povo conseguira retornar *graças a suas próprias forças* [δι'αὑτοῦ]". E especifica também, nessa mesma passagem, que tal *decisão* foi tomada "quando o arconte ainda era Pitodoro", ou seja, o arconte de 404-3 cujo nome foi apagado quando da restauração democrática e substituído, como sabemos por Xenofonte,[3] pela indicação de "nenhum arconte" (ἀναρχία), isso porque Pitodoro ocupara o cargo sob o regime dos Trinta e depois dos Dez.

A informação é preciosa. No curto lapso de tempo entre o regresso em armas de Trasíbulo e dos seus (cerimônia na acrópole e discurso sobre os "cães acorrentados")[4] e a remoção do nome de Pitodoro da sancionada e formalizada restauração democrática, houve uma discussão sobre a oportunidade ou não de restaurar *sic et simpliciter* o ordenamento preexistente *restituindo ao demo o domínio da politeia*.[5] E no decorrer e por efeito dessa discussão *pareceu justo* que isso assim fosse porque — foi esse o argumento absolutamente parcial, se não francamente falso — "o povo retornara à cidade contando (apenas) com suas próprias forças".

Objeta-se que, pouco antes, Aristóteles afirmara[6] que o pacto de pacificação ocorrera "sob Euclides", isto é, o arconte de 403-2. Não há motivo para intervir modificando o texto.[7] Deve-se, pelo contrário, compreender e avaliar a informação.[8] Aristóteles refere-se, com muita probabilidade, a uma discussão ocorrida *logo depois do regresso*, talvez, pode-se dizer, imediatamente depois do discurso de Trasíbulo.

Além do mais, cabe lembrar que Euclides deve ter assumido o cargo tar-

---

2. Δοκοῦντος δικαίως (ou talvez δικαίου).
3. *Helênicas*, II, 3, 1. Viram corretamente Wilamowitz e Kaibel (na edição do papiro aristotélico) quando propuseram que também aqui deveria haver, após o nome de Pitodoro, uma alusão à sua posterior *damnatio*.
4. Cf. supra, cap. 30.
5. A expressão-chave é κύριος τῶν πραγμάτων γενόμενος.
6. *Constituição de Atenas*, 39, 1.
7. Blass propunha colocar o nome de Euclides no lugar de Pitodoro também em 41, 1.
8. As considerações mais sensatas são as de J. P. Rhodes em *A Commentary on the Aristotelean Athenaion Politeia* (Oxford: Oxford University Press, 1981, pp. 481-2) e principalmente as de Mortimer Chambers em *Aristoteles, Staat der Athener* (Berlim: Akademie Verlag, 1990, pp. 323-4).

diamente, visto que a capitulação dos Dez e a entrada de Trasíbulo na cidade ocorrem em setembro de 403.⁹ Portanto, *retroativamente*, e por pura *fictio iuris*, Euclides recobre o ano todo,¹⁰ e é apenas por causa dessa *fictio* que se pode dizer (como estará escrito no documento oficial) que a pacificação (αἱ διαλύσεις) ocorrera sob ele.¹¹ É, pois, bastante lógico que Aristóteles diga que a deliberação basilar, necessariamente tomada logo após o "retorno à cidade", sobre a restauração do regime preexistente ocorreu "ainda sob Pitodoro".

II

A preciosa notícia aristotélica, relativa a uma discussão pública na qual se impôs o princípio de que o povo se libertara *com suas forças* e, portanto, merecia a restituição do *pleno poder* de que gozava antes do advento dos Trinta, liga-se bem às informações com que Dionísio de Halicarnasso introduz a longa citação de um discurso de Lísias, que se costuma intitular *Contra a revogação da Constituição original em Atenas*, o chamado discurso XXXIV.¹² Diz, de fato, Dionísio naquela página introdutória:

> O tema deste discurso é que não se deve derrubar a *patrios politeia* em Atenas. De fato, quando o povo [= a parte popular politicamente ativa e reunida sob o comando de Trasíbulo] retornou à cidade e votou aceitar a pacificação e aprovou as propostas de anistia, surgiu o temor de que a massa popular voltasse a se endurecer contra os ricos, caso recuperasse o excessivo poder anterior. *Houve muitas discussões.*¹³ E um certo Formísio, que também regressara à cidade com a parte

---

9. Cf. Bengston, *Griechische Geschichte* (Munique: Beck, 1977⁵, p. 260).
10. O ano ático começava em junho-julho. O arconte da oligarquia, Pitodoro, ficará no cargo por *prorogatio*, mas é claro que isso foi também formalmente apagado com a própria cassação de seu nome. Bom comentário de Mortimer Chambers a respeito (op. cit., p. 324).
11. Ademais, Xenofonte (*Helênicas*, II, 4, 38), quando apresenta os termos da pacificação, não diz que ocorreu "sob Euclides".
12. *Sobre Lísias*, 31-2. Os três discursos de que Dionísio fornece *exempla* no final de seu pequeno tratado sobre Lísias estão situados no final do corpus transmitido pelo Códex Palatino, de Heidelberg, gr. 88.
13. Καὶ πολλῶν ὑπὲρ τούτου γενομένων λόγων.

popular, apresentou uma proposta cujo cerne era: tudo bem com o regresso dos exilados, mas que a cidadania [= a plenitude dos direitos políticos] não fosse concedida a todos, apenas a quem fosse proprietário de terras; e acrescentava que esse era também o desejo dos espartanos.

Se essa proposta fosse aprovada, cerca de 5 mil atenienses estariam excluídos da participação na vida pública.

Para que isso não aconteça, Lísias escreve este discurso por conta de um destacado político.

Se o discurso foi de fato proferido, não se sabe: em todo caso, é totalmente adequado, em sua composição, a um debate real.

O dado mais evidente que se extrai dessa página, e coincide com o que se extrai da passagem de Aristóteles, é que: 1) logo depois do "retorno à cidade", houve um período de incerteza sobre o ordenamento a ser adotado; 2) desenvolveram-se debates sobre o assunto; 3) alguns tentaram propor restrições para o acesso à cidadania, como meio para tranquilizar "os ricos". Quem deu forma a tal gênero de proposta foi Formísio. Como Dionísio recorre com frequência à atidografia para comentar a oratória,[14] tudo leva a pensar que aqui também há na base uma fonte atidográfica.

III

Em todo caso, deduz-se claramente que a restauração dos ordenamentos preexistentes ocorrera não de uma vez só, mas como efeito de um não curto processo político-legislativo, tomando-se a pormenorizada informação de Andócides sobre o procedimento com o qual se chegou, sob Euclides (403-2), ao decreto de Tisameno.[15] Estipulado o acordo de pacificação — lembra pontualmente Andócides —, "elegestes um comitê de vinte pessoas com o encargo de cuidar da cidade enquanto não se estabelecessem outras leis" e "basear-se, por ora, apenas nas de Sólon e Drácon"; mas, "depois que sorteastes a nova Boulé dos Quinhentos, percebestes que muitíssimos, pelo que haviam feito em data recen-

---

14. Cf. *Primeira carta a Ameu*, 9 e *Dinarco*, 3.
15. Andócides, *Sobre os mistérios*, 81-4.

te, seriam passíveis de processo tanto no sentido das leis solonianas quanto no das draconianas";[16] e então "convocastes uma assembleia que determinou um reexame de todos os textos de lei e a exposição na *stoá* dos textos que passassem pelo exame". (É o próprio decreto de Tisameno que assim estabelece e Andócides o transcreve na íntegra.) Vê-se, assim, como foi acidentado o processo de restauração democrática, desde aquela discussão de base, à qual se refere Aristóteles, sobre o próprio fato de proceder a tal restauração plena.

Mas é claro que nem todos os que, num ou noutro momento, estiveram com Trasíbulo estavam de acordo sobre esse ponto basilar — o afluxo dos "teramenianos" como Formísio ao campo dos "libertadores", como então foram chamados, introduzia outra vez um elemento de freio.

IV

Formísio é um personagem que Aristóteles conhecia bem: segundo uma famosa passagem da *Constituição de Atenas*, era um expoente da facção teramenianos, junto com Arquino, Anito e Clitofonte.[17] Assim, é mais do que provável que, após a ruína de Terâmenes, Formísio tenha se dirigido a Trasíbulo para voltar com ele à cidade mais tarde. É também compreensível que, depois de retornar, tenha apresentado propostas para evitar que se recaísse na antiga prática democrática ("no excessivo poder anterior popular", diz Dionísio). E assim podia ser dele a proposta, citada por Dionísio, que poderia levar à exclusão de uma parcela não insignificante da população mais pobre do direito de cidadania. (Se eram mesmo 5 mil, número que reaparece várias vezes com outro sentido, não sabemos.) A peculiaridade da proposta — pelo que Dionísio depreendeu — consistia em fundar a cidadania na propriedade de terra (evidentemente, não importa em que medida). É um *unicum* na história ateniense. Se Dionísio apresenta de maneira exata o que encontrou em suas fontes (ou mesmo nas partes do discurso

---

16. Basta pensar quantos crimes de sangue criavam embaraços.
17. *Constituição de Atenas*, 34, 3. Formísio era também motivo de escárnio dos cômicos por fatos não políticos, por exemplo, uma barba especialmente exuberante (Aristófanes, *Ecclesiazuse*, 95--7). Em *As rãs* Aristófanes inclui Formísio entre os "discípulos" de Ésquilo (965) e Terâmenes entre os de Eurípides (967). Isso diverge do que constava a Aristóteles.

que não chegou a transcrever), cabe concluir que os tetas (despossuídos) e o povo que gravitava ao redor da Marinha estariam excluídos. Há quem tenha pensado que a medida tinha como alvo sobretudo os clerucos[18] atenienses que retornavam em massa, agora que o império terminara e já eram de fato "sem-terra".[19] Mas a documentação disponível leva a duvidar que em 404, no momento da capitulação, os clerucos obrigados a regressar fossem em número tão elevado. Essa cifra (5 mil) reaparece, nos acontecimentos atenienses do final do século V, nas mais variadas funções: desde os 5 mil abastados que formariam o corpo restrito de cidadãos em 411 aos 5 mil expulsos pelos Trinta em 404, mencionados por Isócrates quando relembra no *Areopagítico* os erros daquele governo.[20]

Mas é a própria cifra "5 mil" que, no caso que aqui nos interessa, não se encaixa se for entendida como a entendeu Dionísio. Por volta do ano 400, calcula-se que os "tetas" (despossuídos) estavam na faixa de 11 mil indivíduos (Gomme, *The Population of Athens*). Cinco mil é uma quantidade impossível em relação aos habitantes despossuídos da Ática. Por isso Gomme, em seu célebre estudo demográfico (p. 27), sugeriu que havia na base das notícias fornecidas por Dionísio uma confusão com os 5 mil *best citizens* das Constituições preferidas pelos oligarcas.

V

O discurso que Dionísio considerava redigido por Lísias, mas proferido por algum político de destaque,[21] teria sido, pelo que ele lia em suas fontes, a

---

18. Cidadãos instalados nas ilhas dominadas por Atenas, mas que conservam a cidadania ateniense.
19. Wilamowitz, *Aristoteles und Athen* (v. I, p. 228). Sobre essa hipótese, manifestaram perplexidade A. W. Gomme, em *The Population of Athens in the Fifth and Forth Centuries B.C.* (Oxford: Blackwell, 1933, p. 27), e M. Finley, em *Studies in Land and Credit in Ancient Athens* (Nova York: Rutgers University Press, 1951).
20. *Areopagítico*, 67: "Mandaram à morte sem processo 1500 cidadãos, exilaram no Pireu mais de 5 mil".
21. Mas tão inexperiente em matéria de oratória assemblear que encomendou o discurso a um logógrafo. O próprio Dionísio, porém, considerou isso não muito plausível e por isso conjectura que esse discurso de Lísias era fictício ("não sabemos se foi realmente proferido"): talvez um *pamphlet* em forma de discurso na assembleia.

intervenção que detivera a tentativa restritiva de Formísio. Mas o texto que Dionísio transcreve logo depois de sua preciosa introdução apresenta alguns problemas sérios.

Dionísio considera que se trata de *um único discurso*. Como veremos, porém, é possível que ele tenha transcrito o começo de uma intervenção e o final de outra, que talvez se encontrassem no mesmo rolo. Mas se são dois discursos e, como parece claro, de orientações opostas, altera-se de forma radical a interpretação de ambos, em especial do primeiro.

Que Dionísio tenha alguma incerteza na interpretação dos acontecimentos já se entrevê no próprio "título" (ou melhor, resumo sintético) que criou para esse discurso: *Contra a derrubada da patrios politeia em Atenas*. Essa formulação é uma tentativa aproximada de abranger o objeto da disputa em que interviria o "político importante" com o discurso preparado para ele por Lísias. E o pressuposto é que *patrios politeia* é a democracia. Na verdade, *patrios politeia* ("ordenamento tradicional") era uma expressão utilizada com significado diferente por forças bastante diferentes entre si.

É possível, claro, que quem estava defendendo a plena restauração democrática naquele debate tenha definido tal ordenamento como *patrios politeia*. Segundo Diodoro, o próprio Trasíbulo teria proclamado que não deixaria de combater os Trinta "enquanto o demo não recuperasse a *patrios politeia*":[22] mas Diodoro, isto é, Éforo, é sempre suspeito de ter desejado "teramenizar" a restauração democrática e seus artífices. Em todo caso, não aparece nenhuma referência ou remissão à *patrios politeia* no discurso que Dionísio transcreve e, portanto, é lícito perguntarmo-nos por que ele chegou a formular aquele título-resumo: *Contra a derrubada da patrios politeia em Atenas*. É o próprio Dionísio, ademais, que conserva no tratado *Sobre Demóstenes* (*Opuscula*, I, pp. 132-4, Usener-Radermacher) um trecho de Trasímaco da Calcedônia que mostrava a presença da fórmula *patrios politeia* na eloquência e nos programas de oradores de tendências opostas. Escrevia Trasímaco:

> Em primeiro lugar, demonstrarei que todos aqueles que, entre os oradores políticos e todos os demais, estão em oposição entre si, quando falam, devem se submeter ao que forçosamente cabe aos que debatem sem razão: de fato, na convicção de estarem

22. Diodoro, XIV, 32, 6.

sustentando argumentos contrários aos dos outros, não percebem que visam a um mesmo resultado e que a tese do adversário está incluída em seu próprio discurso. Examinai desde o início o que tanto uns quanto outros procuram: antes de mais nada, o que lhes dá motivo de discórdia é a Constituição dos pais (*patrios politeia*), embora seja bastante acessível ao conhecimento e posse comum de todos.[23]

Mas não há apenas a ambiguidade do "título", ou melhor, da definição dada por Dionísio ao assunto tratado. Há também uma substancial contradição entre a primeira e a segunda parte. Na primeira (parágrafos 1-5), quem fala parece combater uma proposta de limitação da cidadania *em prejuízo dos proprietários*, com o argumento, entre outras coisas, de que não se deve desagradar aos espartanos (parágrafo 4: "Sereis mais agradáveis aos aliados"). Na segunda, o orador combate com ardor a posição daqueles que se perguntam: "Que salvação teremos nós se não fizermos o que pedem os espartanos?", e revida com vigor, propondo-lhes que reformulem a questão assim: "O que acontecerá com o povo se fizermos o que eles pretendem?"; depois, prossegue incentivando com ímpeto patriótico a resistência contra os espartanos, como já fizeram os argivos e os mantineus (parágrafos 6-7).

É bastante claro que 1-5 e 6-11 são intervenções de duas pessoas diferentes: a primeira, pacata e acomodatícia com a situação concreta (solicitando que não se mostrem desagradáveis aos "aliados", isto é, em 403, os espartanos); a outra, apaixonadamente patriótico-retórica (que não recua diante da hipótese bastante irreal de um confronto com os espartanos). Dionísio deve ter lido o início do primeiro e o final do segundo discurso, e pensou que fossem o início e o final do mesmo discurso; por isso deu uma súmula inadequada.

O primeiro discurso se abre observando habilmente que aqueles que apresentaram a proposta em discussão colaboraram, sim, com "os do Pireu", mas têm um hábito mental similar ao daqueles "da cidade" (isto é, os Trinta e seus seguidores): têm, com efeito, um hábito mental proscricionista. E a quem pretendem proscrever, excluir da cidadania? Os proprietários de terra. Por isso o orador passa a desenvolver seus argumentos *em defesa* dos proprietários ameaçados de exclusão da cidadania: a) vós vos privais de hoplitas e cavaleiros preciosos para a democracia, bem como dos navios; b) não é verdade que,

---

23. Trad. ital. de Mario Untersteiner, *Sofisti* (Florença: La Nuova Italia, 1954. v. III, p. 29).

durante as duas oligarquias, os proprietários tenham estado no poder junto com os oligarcas; aliás, alguns deles foram perseguidos (e, de fato, o povo os reintegrara a suas posses). Tais argumentos só podem ser desenvolvidos contra um projeto que pretenda excluir os proprietários da plena cidadania, não, como crê Dionísio, contra um projeto que pretenda restringir a plena cidadania apenas aos proprietários. O orador fala por aqueles proprietários que se alinharam contra os Trinta na guerra civil e, assim, com uma medida dessas, seriam injustamente "punidos"; por isso ele recorre a um argumento mostrando a divisão que subsiste no interior da classe proprietária: os oligarcas, diz ele, ficariam felizes com uma providência do gênero, porque assim poderiam pegá-los "sem aliados" (e estes são justamente aqueles proprietários que, na guerra civil, colocaram-se contra a oligarquia).

A proposta em discussão, punitiva em relação aos proprietários em geral, aparece, portanto, como uma réplica radical — típica do imediato pós-guerra civil — da saraivada de *atimias* infligidas a quem, em 411, de alguma maneira colaborara com os Quatrocentos.

VI

Se assim se passaram as coisas, vários pontos ficam esclarecidos. Antes de mais nada, desaparece a ideia de que teria havido uma proposta restritiva da cidadania, baseada no requisito de "possuir terra". Na longa história ateniense da luta pela posse da cidadania, isso seria um *unicum* contrastante com o critério básico reproposto a cada vez, qual seja, o censitário. Em vez disso, uma vez que se compreenda de forma correta o sentido do primeiro discurso, entende-se que, naquelas assembleias a que se refere Aristóteles, fora apresentada alguma proposta punitiva ultrademocrática para excluir os grandes proprietários de terra, isto é, a classe mais rica (no espírito do discurso sobre os "cães acorrentados"), e que o primeiro orador dessa dupla de discursos foi contrário à iniciativa, argumentando que também havia proprietários ricos "patriotas". E, nesse caso, o orador poderia ser precisamente Formísio, cujo nome Dionísio considerava comprovado como protagonista desse episódio.

Da mesma forma, compreende-se melhor a referência, que não pode ser mera invenção de Dionísio, mas que falta nas páginas que transcreve, à *patrios politeia*. É exatamente ao falar de Formísio que Aristóteles diz, ao incluí-lo entre os teramenianos empenhados em contestar Lisandro, o qual estava decidido a impor o governo de Crítias, que aquele grupo, no momento da derrota e da capitulação, "visava à *patrios politeia*".[24] É evidente que o primeiro orador (talvez Formísio) tentou se opor à proposta antiplutocrático-radical, que pretendia excluir os grandes proprietários da democracia restaurada, argumentando que assim se feria mortalmente a *patrios politeia*.

Naturalmente não sabemos por que esse discurso de Formísio ficava, no rolo de que dispunha Dionísio, junto com outro texto, de orientação contrária, atribuído a Lísias. Talvez Lísias tivesse se expressado em forma de *pamphlet* ou com uma verdadeira demegoria (nos primeiros dias após o regresso dos exilados, ninguém podia impedir que um dos financiadores de Trasíbulo falasse na assembleia, mesmo sendo meteco, qualquer que seja a data exata do decreto de Trasíbulo, estendendo a cidadania) e desenvolvido esses argumentos patriótico-radicais que lemos nos parágrafos 6-7. E como seu alvo era o discurso moderadíssimo e subordinado aos espartanos que Formísio proferira naquela ocasião, os dois textos foram, a certa altura, unificados. O discurso do segundo orador (isto é, Lísias), replicando à outra intervenção (Formísio), parece versar não tanto sobre o mérito da proposta a que Formísio se opõe, mas sobre a posição subalterna em relação aos espartanos — os quais Formísio sabia muito bem que tinham sido, pelo ódio de Pausânias a Lisandro, artífices da liquidação do governo oligárquico e, portanto, da restauração do ordenamento preexistente. (Mas talvez agradasse a Pausânias uma *patrios politeia* moderada,[25] enquanto Trasíbulo, Lísias e muitos outros queriam a democracia plenamente restaurada.)

Por isso os argumentos desenvolvidos pelo segundo orador têm como núcleo: *não devemos aceitar nenhuma tutela espartana* e, se necessário, estamos prontos a enfrentá-los também (insensatez extremista evidente). Mas tal colocação não é porventura a mesma que Aristóteles, em sua breve alusão, declara que foi assentada e tomada como premissa para a plena restauração democrática? "O povo se libertou apenas com suas próprias forças", portanto, nada devemos a Pausânias e aos espartanos. É esta a colocação do segundo orador, é este

---

24. *Constituição de Atenas*, 34, 3.
25. Não esqueçamos que, nos primeiros tempos, ativeram-se às "leis de Sólon" (Andócides, *Sobre os mistérios*, 81).

seu ponto forte: facilitou nitidamente a restauração democrática, embora, sem dúvida, a proposta de reduzir à *atimia* os proprietários, por serem tradicionais apoiadores da oligarquia, tenha sido deixada de lado. E talvez também por mérito de Formísio.

SÉTIMA PARTE
Um olhar sobre o século IV a.C.

33. Corrupção política

I

Como a maior parte da oratória ática remanescente pertence ao século IV, é compreensível que estejamos amplamente informados sobre o fenômeno da corrupção política naquela época, em todos os seus aspectos. Grandes oradores, monumentos da retórica e protagonistas da política trocam as acusações mais pesadas nesse terreno, numa trama de verdades e falsidades que, para nós, muitas vezes é inextricável. E, claro, o alinhamento, o ponto de vista é determinante.

Do ponto de vista dos grupos políticos favoráveis ao predomínio macedônio, a política demostênica está "a soldo da Pérsia". Ésquines (*Contra Ctesifonte*, 156 e 239) e Dinarco (*Contra Demóstenes*, 10 e 18) são explícitos, embora se refiram à época posterior a Queroneia (338 a.C.). Mas nada autoriza pensar que as coisas caminhassem de outra maneira antes da derrota de Queroneia. Uma tradição historiográfica, sem dúvida filomacedônica, oferecia também os detalhes sobre a questão: Alexandre, após a queda do império persa e a conquista dos arquivos persas, teria encontrado em Sárdis as cartas do rei da Pérsia, nas quais os sátrapas da Jônia recebiam a ordem de apoiar Demóstenes de todas as formas e lhe depositar valores colossais (Plutarco, *Vida de Demóstenes*, 20, 4-5). O rei da Pérsia estava consciente da ameaça representada pelos intuitos macedônios e pela agressividade de Filipe e, por isso, pagava Demóstenes para fomentar a oposição a Filipe na Grécia.

Plutarco, que aqui pode ter se baseado em Teopompo, talvez em seu duríssimo e implacável livro sobre os "demagogos atenienses", inserido como digressão nas *Histórias filípicas*, especifica também que Alexandre encontrou uma documentação completa nos arquivos persas — não apenas as cartas do rei da Pérsia aos sátrapas, mas também as cartas de Demóstenes, evidentemente endereçadas a seus interlocutores persas, e até as prestações de contas dos sátrapas, atestando o grande vulto das somas pagas ao orador ateniense.

Não temos indícios tão pormenorizados da análoga relação existente entre o rei da Macedônia e os adversários de Demóstenes: aqueles adversários — Ésquines e Filócrates, por exemplo — que Demóstenes critica o tempo inteiro por serem "pagos" pelo soberano macedônio e agirem na cena política ateniense, portanto, sempre e apenas no interesse deste. Mas não temos razão para duvidar que Demóstenes também esteja dizendo a verdade ao bater de maneira obsessiva nessa tecla. É evidente que nenhum dos dois alinhamentos age às claras, como representante dos interesses de uma ou outra grande potência; o apoio é dado de modo indireto. A tarefa de Ésquines e de seus amigos é abafar o alarme que Demóstenes e os seus lançam sem cessar contra os objetivos macedônios: Ésquines e seus adeptos fazem com que o alarmismo de Demóstenes pareça infundado; quando o atrito se torna evidente e é impossível negar a hostilidade de Filipe frente a Atenas, tendem a demonstrar de todas as formas que foi a política de provocação de Demóstenes e seus seguidores que levou a situação a ponto de ruptura. Ao mesmo tempo, empenham-se ao máximo possível em mostrar que Demóstenes, enquanto isso, é favorável ao rompimento total e frontal das relações com a Macedônia, enquanto trabalha para o rei da Pérsia, e não, portanto, por causa daquele exacerbado patriotismo que sempre ostenta e ocupa uma parcela tão grande de seus discursos.

II

Não é uma novidade do final do século IV. As chamadas *Helênicas de Oxirinco* (isto é, com toda a probabilidade, as *Helênicas* de Teopompo), descobertas por Grenfell e Hunt em 1906 (papiro de Oxirinco 842), começam, no fragmento sobrevivente, com a descrição das manobras que antecederam a chamada "guerra coríntia", instigada pelo rei da Pérsia na Grécia, por trás de Agesilau, engajado na campanha da Ásia em 395. E no centro dessas manobras está o envio de um fiduciário, Timócrates de Rodes, encarregado de comprar políticos na Grécia, em especial em Atenas. Timócrates em Atenas paga Epícrates e Céfalo, e os dois criam uma ampla manobra de ligações ocultas entre Atenas, a Beócia e as outras cidades, a qual em breve desembocará no conflito que obrigará Agesilau a voltar para a Grécia, renunciando em definitivo ao propósito de atingir o coração do império persa.

Mas pode-se recuar ainda mais e observar outros aspectos da influência decisiva do dinheiro na política. Uma página da *Vida de Péricles*, de Plutarco (cap. 9), descreve e compara dois modos diferentes de obter consenso: o de Péricles, precisamente, pelo menos no início de sua carreira, e o de Címon, seu adversário mais tarde derrotado. Escreve Plutarco:

> No início, Péricles, tendo de enfrentar o prestígio de que gozava Címon, tentou angariar as simpatias do povo. Mas Címon o superava com o grande vulto de suas posses e fortuna, que utilizava para trazer para seu lado os indigentes, diariamente oferecendo refeição a quem pedisse, provendo roupas para os idosos e derrubando as cercas que delimitavam seus campos, para permitir a todos que o desejassem colher seus frutos.

Aqui se trata, como está claro, de outro gênero de interferência do "dinheiro" na política: a conquista do consenso. É óbvio que o fenômeno não está de todo dissociado do anterior, pois o dinheiro que Demóstenes e Ésquines recebiam dos respectivos pontos de referência "externos" *também* servia para permitir que ambos ganhassem consenso dentro da cidade. Apesar disso, Plutarco vê o caso de Péricles/Címon não tanto como exemplo de conquista do consenso por meio de generosas distribuições (o que não lhe parece nada perturbador), e sim pelo aspecto da *proveniência* do dinheiro e das riquezas utilizadas tanto por Péricles quanto por Címon para ganhar o consenso.

Enquanto Címon usava seus recursos, "Péricles, aproveitando as artes da demagogia, passou a decretar subsídios em dinheiro, tirados ao erário". "Assim corrompida a multidão, em curto prazo, com remuneração para os espetáculos, para os júris e com outros pagamentos, além das festas, Péricles usou sua força contra o Areópago."

Portanto, nessa reconstrução, Péricles aparece como aquele que dissipa os recursos do Estado para conquistar popularidade. A fonte a que Plutarco recorre, para essa parte de sua narrativa, é de inspiração hostil a Péricles e à sua política "filopopular". Por isso, logo a seguir, estabelece uma relação entre a política "social" de Péricles e o risco que o surgimento de um tenaz opositor como Tucídides de Melésia representou para Péricles:

> Os aristocratas, percebendo que Péricles já se tornara poderosíssimo e superava em prestígio todos os cidadãos, queriam que houvesse alguém na cidade capaz de lhe fazer frente. Assim, contrapuseram-lhe Tucídides do demo de Alopece, o qual [...] mesmo sendo menos hábil do que Címon, [...] conseguiu inverter a situação com rapidez. Com efeito, ele não permitiu que os aristocratas, que eram denominados *belos e bons*, ficassem desunidos entre si, dispersos e misturados ao povo, e tivessem sua dignidade ofuscada pela multidão, mas os separou e, canalizando para um único bloco a potência de todos eles, que assim se tornou poderosa, restabeleceu de modo adequado o equilíbrio das forças, que se contrabalançaram como no jogo de uma balança. [...] Nessa difícil situação, Péricles afrouxou ainda mais as rédeas com que segurava a multidão e orientou sua política para uma franca demagogia, não só providenciando que sempre houvesse na cidade alguma festa solene, algum banquete ou alguma procissão, e entretendo o povo com divertimentos fáceis, como também pondo ao mar a cada ano sessenta trirremes, onde embarcavam por oito meses muitos cidadãos que recebiam pagamento e, ao mesmo tempo, praticavam e treinavam a arte náutica.

Plutarco prossegue e observa que, de todo modo, assim Péricles libertava a cidade de uma perigosa "massa ociosa", e inclui entre as iniciativas "demagógicas" do grande político o início da célebre política de edificações, que adornou Atenas de monumentos destinados a uma fama duradoura.

É evidente a ótica facciosa com que a fonte de Plutarco apresenta o fenômeno Péricles. Uma política de obras públicas que tem como finalidade "social" um salário para os despossuídos torna-se, sob essa ótica, um instrumento de corrupção generalizada. E agrupam-se fenômenos diferentes entre si: a política de obras públicas, a vontade de enriquecer dos arquitetos que dirigiram essas obras, o "salário" aos frequentadores do teatro, a multiplicação das ocasiões festivas enquanto ocasiões "demagógicas". Também o diálogo *Sobre o sistema político ateniense* deplora: "Os atenienses celebram o dobro de festas em comparação aos outros" (III, 8). E as festas são ocasiões demagógicas por serem, além do mais, o momento adequado para o consumo gratuito de carne: alimento caro para os não abastados.

III

O local "clássico" da "corrupção" democrática em Atenas é o tribunal. Aliás, o tribunal ocupa na sociedade ateniense dos séculos V e IV uma posição central equivalente e talvez superior à da assembleia e do teatro. É no tribunal que desembocam as infinitas controvérsias possíveis referentes à propriedade: a luta sobre a propriedade, sobre os modos de exercício dos cargos públicos, em especial quando incluem a administração de dinheiro, as controvérsias sobre o montante das despesas com que os ricos devem arcar em prol da comunidade (as chamadas "liturgias"), tudo isso tem como arena diária o tribunal. Por isso Aristófanes dedica uma parte tão grande de suas comédias à sátira da mania ateniense pelos tribunais. Os jurados, que são várias centenas, são escolhidos por sorteio: todo cidadão pode ser juiz (não é preciso ter nenhuma qualificação específica) e, além da vantagem de receber um salário por esse seu serviço de utilidade pública, está numa posição em que, julgando controvérsias que em geral envolvem disputas de propriedade, pode ser subornado (conseguindo assim um ganho suplementar) por atores e participantes que estão dispostos a tudo para vencer.

O diálogo *Sobre o sistema político ateniense* dedica uma parte extensa à corrupção nos tribunais. No quadro ali apresentado, toda a máquina administrativa e política da cidade aparece e se revela extremamente corruptível ("Basta se apresentar com uma boa quantia de dinheiro no Conselho ou na assembleia e se recebe satisfação", III, 3), mas o principal objeto de reflexão é o tribunal. O autor chega à conclusão de que o volume de controvérsias que aflui aos tribunais é tão grande que, em todo caso, o mecanismo irá fatalmente se emperrar, *qualquer que seja o grau de corrupção* a que se possa chegar. "Em Atenas, pode-se fazer muito com o dinheiro e se poderia fazer ainda mais se se tivesse mais. [É interessante essa avaliação da corrupção como veículo de *celeridade* na vida pública.] Porém, bem sei que a cidade tampouco seria capaz de dar andamento aos assuntos de todos os postulantes, qualquer que seja o valor de prata ou de ouro que alguém eventualmente ofereça." E passa à exemplificação dos "tipos de ações":

> Se alguém não consertou o navio, ou se está construindo em terreno público; e depois é preciso dirimir os litígios para a distribuição da montagem dos coros para as várias festas (Dionisíacas, Targélias, Panateneias, Prometeias, Heféstias) — tudo isso anualmente. A cada ano são eleitos quatrocentos trierarcas e todo ano é preciso dirimir as eventuais controvérsias também entre eles. E depois os magistrados precisam ser submetidos a exame e distribuir os respectivos processos; fazer o exame dos órfãos; nomear os guardas das prisões. Isso também anualmente.

A enumeração prossegue até que se abre um singular debate entre os dois interlocutores, um dos quais sugere utilizar "menos juízes a cada vez" (em cada processo) enquanto o outro objeta dizendo que, com "poucos juízes para cada tribunal", "seria mais fácil trapacear e corromper os juízes" (III, 3-7).

IV

Um âmbito em geral pouco comentado, mesmo porque são escassos os estudos a respeito, é o da espionagem. Espionagem dentro da cidade, onde opera uma densa rede de informantes de diversos tipos, a serviço de particulares, de grupos influentes, de magistrados; e espionagem em relação ao exterior (*intelligence*). Em ambos os casos, o veículo mais usual para obter o serviço desses informantes é o dinheiro.

Conhecemos circunstâncias e situações concretas, que remetem a fenômenos mais gerais. Acima de tudo, os processos, mais uma vez: em primeiro lugar, sem dúvida, os grandes processos, aqueles em que os litigantes contam com grupos mais ou menos organizados, colaboradores etc. Aí se incluem tanto os processos políticos de certa relevância quanto processos em que estão em jogo fortunas inteiras. Já se observou que, nos discursos remanescentes (os casos em que temos tanto a acusação quanto a defesa não são muitos, mas são sem dúvida significativos), é frequente que as partes mostrem mútuo conhecimento de argumentações que, a rigor, só poderiam vir a conhecer no decurso do processo. Essas "antecipações de argumentos", como são chamadas (Dorjahn), têm origem em várias fontes de informação. Mas, quando são muito pormenorizadas, não podem ser reconduzidas a momentos oficiais (e necessariamente muito sumários), como a chamada *anákrisis* (uma espécie de processo preliminar que se dá na data marcada para que a acusação apresente a denúncia). É mais provável que remontem a *informantes*. Estes, às vezes, apresentam-se espontaneamente: são inimigos pessoais de uma das partes e aproveitam a ocasião do processo para "se colocar à disposição" da outra parte, decerto contando com algum pagamento. Em seu discurso *Contra Mídias* — rico e violento personagem com quem se confrontou por uma questão referente a despesas teatrais —, Demóstenes nos informa que alguns inimigos de Mídias se apresentaram a ele por vontade própria e lhe deram ajuda (XXI, 23; 25; 26). Em outra ocasião, dá a conhecer os nomes dos informantes que, segundo diz, colaboraram com Ésquines em seu prejuízo. De todo modo, numa sociedade pequena — que, exagerando, alguns sociólogos anglo-saxões gostariam de classificar inclusive como *face-to-face* —, não todos, mas sem dúvida muitos e muitos se conhecem e *sabem* inúmeras coisas uns dos outros. É uma sociedade, a ateniense, onde os indivíduos não só vivem muito "na praça" como todos ou a grande maioria está a par da "vida dos outros" — desde os escravos, que têm o hábito de entreouvir as coisas e "vendem" pequenas informações do cotidiano, aos sicofantas e bisbilhoteiros profissionais, como os diversos Escafontes e Pitangelos, conhecidos por estarem a serviço de um temível denunciante como o chamado "cão do povo" Aristogíton.

Em momentos altamente dramáticos, como os processos de 415 pela mutilação das hermas e profanação dos mistérios, as fontes (Tucídides e Andócides em primeiro lugar), mesmo cautelosas e reticentes, fornecem um quadro fervilhante de delatores, caluniadores, espiões. Em casos do gênero, mesmo porque continuam envolvidos por amplas zonas de sombra, podemos apenas supor que havia o mecanismo da espionagem a soldo. Há indícios, por exemplo, que captamos indiretamente nos relatos de algumas operações militares. Luis Losada estudou *The Fifth Column in the Peloponnesian War* [A quinta-coluna na Guerra do Peloponeso] (1972). Muitos séculos antes dele,

Onaxandros, escritor tático, observava em seu tratado: "Não existe exército em que escravos e homens livres não desertem passando-se para o outro lado, nas inúmeras ocasiões que a guerra inevitavelmente oferece" (x, 24). Há também a curiosa informação dada pelo tardio biógrafo de Tucídides, Marcelino, segundo o qual o historiador pagava soldados de ambos os lados para obter informações para sua narrativa (*Vida de Tucídides*, 21), que serve para comprovar o costume de obter informações por meio de pagamentos. O tardio biógrafo, não sem uma ponta de *pruderie*, pergunta-se qual seria a necessidade de pagar também a informantes espartanos, mas logo retruca a si mesmo que Tucídides assim procedia por amor à verdade, para ter as versões dos fatos de ambos os lados.

V

A magistratura de conduta perscrutada e submetida a exame com mais frequência era, compreensivelmente, aquela da qual mais dependiam os destinos da cidade: a estratégia. Magistratura eletiva (junto com a hiparquia), a estratégia era, de fato, reservada a expoentes das classes patrimoniais mais elevadas (pentacosiomedimnos, cavaleiros). Isso explica por que essas duas magistraturas estão "sob observação" constante: não só por causa de seu papel delicado ao extremo e do enorme poder exercido, mas também pelo tipo de pessoas, sempre suspeitas aos olhos populares, que desempenham tais funções.

Embora os estrategos sejam em geral indivíduos ricos, uma das suspeitas que pesam sobre eles é que se deixam corromper. Ademais, todos os meses sua conduta é fiscalizada, submetida ao crivo [*epicheirotonia*] e, se aparece algo de errado na gestão de algum deles, ele é chamado de volta [*apocheirotonia*] a Atenas e processado, afora os casos em que as reservas sobre o comportamento de um ou de outro estratego são levantadas no momento da prestação final de contas. É o caso, por exemplo, da pesada condenação de nada menos que três estrategos do colegiado em exercício em 425-4 (Pitodoro, Sófocles e Eurimedonte), todos eles condenados, quando voltaram a Atenas após uma acusação de corrupção [*graphè doron*]. Segundo Tucídides, Sófocles e Pitodoro foram condenados "ao exílio" (a sentença mais grave depois da pena capital) e Eurimedonte, a uma pena pecuniária. A acusação, considerada válida, foi a seguinte: "Mesmo sendo-lhes possível tomar sob controle a situação na Sicília, recuaram deixando-se corromper com presentes" (IV, 65).[1]

Do ponto de vista lexical, é interessante notar que a noção de "corromper" é indicada pelo uso do verbo "persuadir" [*peisthéntes*]. Do ponto de vista político, é interessante notar que a motivação da sentença — citada ao pé da letra por Tucídides — põe de maneira brutal às claras que o objetivo que os três generais deviam ter cumprido na Sicília não era aquele, formalmente confiado a eles, de "levar ajuda a Leontini" (como diz Filocoro, *FGrHist* 328 F 127), e sim o objetivo meramente imperialista de "tomar sob controle" [*katastrépsasthai*] a situação na Sicília. O demo (com efeito, o processo deve ter ocorrido perante a assembleia, e não num tribunal ordinário, visto que a acusação era basicamente de traição) não hesita em expressar com clareza suas ambições imperialistas. Por isso considera óbvio (e registrável em documento) que uma missão formalmente destinada a "levar ajuda" a uma cidade devia, na verdade, impor maior controle ateniense sobre a política siciliana. Os três estrategos interpretaram — talvez de fato mediante pagamento — seu mandato no sentido mais restrito e por isso foram condenados, entende-se que "por corrupção".

---

[1]. Se, como sugeriu D. L. Drew (*Classical Review*, v. 42, pp. 56-7, 1928), o Sófocles que "por sede de lucro se poria ao mar até numa esteira de vime", ridicularizado por Aristófanes (*A paz*, 695-699), é o estratego de 425-4 (e não o poeta Sófocles, como normalmente se considera), é de pensar que o processo do verão de 424 continuava a repercutir dois anos depois, quando o comediógrafo compõe e encena *A paz*.

34. Demóstenes

> *Está convicto de que tem razão e não admite que ninguém prejudique seu trabalho. Sua sede de poder emana da imensa convicção de que seus princípios são corretos e talvez da incapacidade — muito útil para um político — de se colocar no lugar do adversário.*
>
> Lunatchárski sobre Lênin

I

Filhos de industriais começam a se tornar advogados (*logógrafos*) na Atenas do século IV. Nos casos que conhecemos, a escolha de tal atividade foi decorrência da ruína econômica da família. Lísias e Isócrates, pelo efeito da devastadora guerra civil. Lísias, além do mais, era meteco, e as fábricas herdadas de seu pai, Céfalo, foram depredadas pelos beleguins dos Trinta; usufruiu da cidadania ateniense apenas por brevíssimo tempo e se dedicou ao exercício da advocacia, coisa que, na cidade que se enxameava de processos, era muito rentável. Isócrates teve de fazer a mesma escolha, mas procurou se desvincular da atividade o mais rápido que pôde: preferiu receber proventos com o ensino, e seus alunos ricos pagavam bem. Tentou apagar na medida do possível esse parêntese advocatício de sua vida. Demóstenes, nascido muito antes deles, por volta do ano 384, coetâneo de Aristóteles, alguns anos mais jovem do que advogados como Hipérides, também era filho de um rico industrial, proprietário de duas fábricas (de armas e de móveis), que rendiam, respectivamente, trinta e doze minas anuais.

Se o pai não tivesse morrido quando ele tinha apenas sete anos e seus tutores não tivessem dilapidado seu patrimônio, do qual conseguiu recuperar apenas uma pequena parte após cansativos processos, Demóstenes talvez tivesse escolhido outra atividade na vida. Ganhar domínio da oratória e do conhecimento jurídico foi uma necessidade imperiosa, visto que a lei o obrigava a instaurar e seguir em pessoa o processo contra seus tutores. A tradição biográfica antiga apresenta Iseo como seu "mestre" e sem dúvida — se assim foram as coisas de fato — ele não poderia ter feito escolha melhor. Por sua vez, o caminho da advocacia, ao qual se dedicou por longo tempo, como atesta a grande coletânea sobrevivente de seus discursos, desembocava na política. E ele veio a ingressar na política por meio de uma série de grandes processos de relevância pública, que, da mesma forma, serviram-lhe de degraus na escada que o conduziu gradualmente ao papel de líder reconhecido e cada vez mais respeitável: *Contra Andrócion* (355), *Contra a lei de Leptines* (354), este último apresentado por ele próprio no tribunal, *Contra Timócrates* e *Contra Aristócrates* (352).

Se considerarmos qual era a sequência que, no século anterior, levava ao escalão mais alto da cidade — no contexto da Atenas imperial governada pelos expoentes das grandes famílias, hábeis tanto no discurso quanto na arte da guerra —, compreendemos bem a mudança de época: a transformação estrutural, o diferente mecanismo de recrutamento do pessoal político e, sobretudo, a divisão nítida dos papéis. A imagem sarcástica da *Advokatenrepublik*, sugerida por um grande estudioso alemão, Engelbert Drerup (1916), demasiado indulgente com a propaganda de guerra antifrancesa, não é de forma alguma infundada. Mas, em relação à "república dos advogados", Demóstenes se coloca num nível mental mais profundo. Ele concebeu um *projeto político* de dimensão internacional, fundado sobre uma visão da história de Atenas, bem como sobre a análise da *realpolitik*, necessariamente isenta de preconceitos, das grandes potências presentes em cena. Nos anos (351-48) em que Demóstenes alcança o topo da política ateniense — em concomitância com a irrupção de Filipe na área geopolítica até então de influência ateniense (Anfípolis, Olinto) —, as outras cidades, antes rivais na luta pela hegemonia, estão à margem. Atenas, mesmo depois da infausta guerra "social" que encerra mal o declínio do segundo império, é a única potência grega que tem relevância e pode interessar ou preocupar as grandes potências banhadas pelo Egeu. O que — com o beneplácito de seus depreciadores — faz de Demóstenes um político de estatura pericleana, numa situação bem diferente, é sua capacidade de dar corpo a um projeto, de embuti-lo numa estratégia e jamais o perder de vista, por maiores que sejam as concessões táticas que venham a ser necessárias (até negociar com o traidor Hárpalo e sujar as próprias mãos). Cabe-lhe legitimamente a célebre fórmula de Péricles, orgulhosa e incisiva: "Sou sempre, atenienses, da mesma opinião de que não se deve ceder".[1] Tucídides, como se pode demonstrar de modo analítico e como bem compreendera a doutrina literária antiga, foi uma das leituras formadoras de Demóstenes.

II

Mas, na Atenas sem império, conduzir uma política de grande fôlego, uma política "de potência", significa arriscar-se todos os dias entre as tensões internas da cidade, a mais lancinante delas entre pobres e proprietários. E os escritos remanescentes de Demóstenes atestam de maneira ampla seu empenho diante dos conflitos sociais da época. O panorama da política interna ateniense é inflamado e repleto de insídias: um líder não pode se queimar e, por isso, vemos formar-se ao seu redor um grupo político que deixou traços no corpus sobrevivente de seus escritos, mas que tampouco pode se esquivar ao grande confronto que divide a cidade, não mais dotada de fáceis e constantes recursos externos. E além dos "advogados" há também os "cães", cães de guarda dos interesses populares, como eles mesmos se proclamam, que têm mais facilidade em mobilizar consensos. A assembleia continua a ser o órgão decisório soberano — pode-se manobrá-la e até manipulá-la, se o líder estiver bem equipado; mas não se pode prescindir dela: é preciso se acertar com aquele mecanismo paralisante e arcaico numa época de política rápida e de "guerra de movimento" contínua, como a

1. Tucídides, I, 140, 1.

instaurada e habilmente conduzida por Filipe da Macedônia. Daí o tom às vezes duro, mas jamais demagógico, que Demóstenes imprime em sua oratória, desde, é evidente, que se afirmou como liderança, à frente de um grupo político influente. Não se deve esquecer que, como já mencionamos, esses políticos importantes da segunda metade do século IV (da Atenas sem império) não precisam, para ter influência, conseguir se eleger como estrategos, não precisam ganhar a aprovação dos eleitores, imprevisível e necessária a cada vez. Para exercer sua influência, dialogam com a assembleia ou com a Boulé; tratam, com embaixadas frequentes, da política externa da cidade. De todo modo, para terem peso político, é muito mais significativos conseguir vitórias importantes nas disputas judiciais. À assembleia destinam-se intervenções bem distribuídas ao longo do tempo, mais a título de diretriz do que como proposta imediata; esta, por prudência, deixa-se aos sequazes.

III

O tom das demegorias demostênicas, escreveu Wilamowitz, mostra que eram destinadas não ao "populacho soberano da Pnyx", mas a um povo ateniense ideal — o que confirmaria, desse ponto de vista, que não se tratava de demegorias reais. Todavia, aquele tom admoestador e de contínua reprimenda a "vós que estais sentados" é um traço característico da política de Demóstenes. Aliás, onde o tom se faz severo e admoestador adensam-se também ingredientes patrióticos; e de tal mistura linguístico-política nasce a impressão de que está falando a um "povo ideal".

As advertências ao demo para que faça "aquilo que se deve" são, em certo sentido, a própria antítese do programa popular, que um historiador oligarca resume na fórmula: "Que o povo faça o que lhe apetece",[2] e são inerentes à própria categoria do *rhétor*, separado do demo, acima do demo. Assim, configuram-se duas atitudes: a admoestadora (Demóstenes, Licurgo e outros *rhétores*) e a dos "cães", ou seja, daqueles que, por princípio ou por instinto, estão sempre do lado do demo, mesmo quando se trata de apoiar surtos obscurantistas ou de exclusivismo de casta (processo de Aristogíton contra Hipérides, que

2. *Helênicas*, I, 7, 12.

propusera a cidadania para os metecos e a liberdade para os escravos, logo depois de Queroneia). Exclusivismo de casta, pois o demo — mesmo o demo empobrecido e turbulento do final do século IV —, se não é mais a weberiana "guilda que reparte o butim", pois com o fim do império não há mais "butim", continua a ser "uma classe dominante excepcionalmente vasta e diversificada",[3] propensa a viver de subvenções.

Demóstenes não faz segredo de sua aversão à propaganda e aos programas da democracia radical. Tampouco o entusiasma o governo popular, a cuja morosidade e publicidade não hesita em contrapor a liberdade de ação e a agilidade de que goza um Filipe.[4]

"Chegaremos sempre tarde demais!", protesta na *Primeira filípica* (32). E ao compilador de um discurso "demostênico" como a *Resposta à carta de Filipe* não passa inadvertido este componente: "Ele [Filipe] enfrenta os perigos sem deixar escapar nenhuma ocasião e em qualquer estação do ano, vós ficais aí sentados [...]" (XI, 17). É o tema da inferioridade dos regimes democráticos, obstruídos por seu próprio mecanismo de funcionamento.

Para Demóstenes, ademais, impõe-se a contínua comparação com os êxitos de Filipe. E não esconde uma espécie de admiração por ele: por sua carreira meteórica, pelo elemento voluntarista da sua atividade político-militar (I, 14: "Visa sempre além do que já possui"), pela rapidez de ação (VIII, 11: a razão do seu sucesso é que é o primeiro a se mover).

No discurso *Sobre a paz* (c. 356), Isócrates imagina dirigir a seguinte censura à assembleia: "Bem sei que não adianta vos contrariar e que no regime democrático não há *parrhesia* a não ser para os mais insolentes, que vêm à tribuna para vos falar" (parágrafo 14). Demóstenes também deplora isso, e num proêmio sustenta que o "estrépito" da assembleia impossibilita as boas decisões (proêmio IV), com uma fraseologia antipopular de tipo platônico.[5] E, aliás, Demóstenes deplora de forma sistemática, nos mesmos termos de Isócrates, a falta de *parrhesia* — desde os primeiros discursos (XV, 1; XIII, 15; III, 32: "Não há *parrhesia* em nenhum assunto nessa assembleia e até me surpreende se houve

---

3. V. Gordon Childe, *What Happened in History* (1941), trad. ital. *Il progresso nel mondo antico*. Turim: Einaudi, 1949, p. 225.
4. I, 4; II, 23; IV, 36; VIII, 11, 32-3; XVIII, 235.
5. *A República*, VI 492 b-c, "estrépito" da assembleia redobrado pelo eco.

nessa ocasião") aos mais maduros (VIII, 32; IX, 3). Na *Terceira filípica*, ele desfere o ataque contra o próprio costume democrático: "Em todos os outros campos, estendestes a *parrhesia* a todos os que estão na cidade, concederam-na também aos escravos e aos estrangeiros — muitos escravos aqui entre nós têm mais liberdade de expressão do que os cidadãos em outras cidades[6] —, mas banistes a *parrhesia* da assembleia!" (IX, 3).

Demóstenes — que com a fortuna paterna herdara duas fábricas com 52 escravos (XXVII, 9) — teoriza que as surras, a violência física, se destinam aos escravos, não aos livres (VIII, 51). No entanto, um orador do lado popular, o autor do discurso *Sobre o tratado com Alexandre*, expressa-se de outra maneira: "Nenhum de vós gostaria de ver sequer um escravo enviado à morte!" (XVII, 3).

Uma característica da política demostênica, segundo Plutarco, é a orientação antipopular (ἀριστοκρατικὸν πολίτευμα: *Vida de Demóstenes*, 14, 5); como contraprova, o biógrafo cita a acusação que ele dirigiu à sacerdotisa Teorides, culpada de "instigar os escravos". Os modernos se perguntam se foi o próprio Demóstenes em pessoa que fez a acusação contra Teorides e observam ainda que o termo "sacerdotisa", utilizado por Plutarco, é a rigor inadequado:[7] em todo caso, é interessante observar que, feiticeira ou sacerdotisa, Teorides faz parte do ambiente do "cão" Aristogíton; aliás, segundo Demóstenes, o irmão de Aristogíton recorreu justamente à escrava Teorides para conseguir venenos e sortilégios (XXV, 80). Ambiente de escravos, "feitiçaria" ou talvez apenas religião popular, o "cão" andrajoso hóspede habitual das prisões de Atenas: todo um mundo repugnante para um *rhetor* de boa família.

Naturalmente, a reivindicação demostênica de *parrhesia* também é intolerante quanto ao "estrépito" da assembleia; afirma ele num momento muito favorável: "É escandaloso que em Atenas se possa falar impunemente em favor de Filipe!" (VIII, 66). Aliás, a feroz exigência do emprego de violência física contra os adversários políticos (VIII, 61) é um traço desconcertante da oratória demostênica, tomado à oratória judiciária. Nos dois discursos de 341, a ameaça vem reforçada quase com as mesmas palavras: é preciso "espancar até a morte"

---

6. Sobre as normas de lei para o tratamento dos escravos, cf. Demóstenes, XXI, 46.
7. L. Ziehen, *RE*, V. A., 1934, s.v. *Theoris*, n. 1, cols. 2237-8.

os vendidos a Filipe (VIII, 61), só é possível vencer os inimigos externos depois de exterminar os internos (VIII, 61 e IX, 53). É provável que fosse nesse tipo de política terrorista que pensava Platão quando comparou os *rhetores* aos tiranos, porque mandam à morte, exilam, tomam os bens que querem (*Górgias*, 466d). Eram, no fundo, os mesmos modos dos odiados "cães": Aristogíton, segundo Demóstenes, também costumava atacar os adversários com tais ameaças ("gritando a plenos pulmões que era preciso submetê-los à tortura").[8]

IV

Na primeira demegoria sobrevivente, *Sobre as simorias*, de 354 — que é talvez também sua primeira intervenção na assembleia —, Demóstenes mostra desde já "no interesse de quem fala" ao advertir:[9] "As riquezas, é preciso deixá-las aos ricos; não há lugar melhor para guardá-las para a cidade" (XIV, 28). É um traço duradouro de sua política, não apenas no início. Nesse sentido, as alegações de coerência são fundamentadas: "Permaneceu com firmeza no lado que escolhera desde o primeiro momento", notava Plutarco (*Demóstenes*, 13, 2) em polêmica com Teopompo, o qual, talvez no *excursus Sobre os demagogos atenienses*, acusava Demóstenes de "instabilidade".[10]

Um dos trechos incluídos na *Quarta filípica*, talvez um dos menos recentes, é significativo sob esse aspecto. Trata-se de uma proposta de "trégua social", sem dúvida num momento de especial tensão: Demóstenes começa habilmente criticando os detratores do *theorikón*, uma caixa, segundo ele, útil aos mais pobres e que, portanto, deve ser defendida, mas, como contrapartida, pede maiores garantias para os proprietários; pois, especifica, não é aceitável a prática dos confiscos sistemáticos com que se atemorizam os proprietários (X, 35-45). No epílogo da *Primeira olintíaca*, sua ideia é que os ricos devem pagar "aquele pouco" que serve para "lhes garantir que poderão usufruir de todo o restante sem preocupações" (I, 28). E num discurso por volta da mesma época, *Sobre o ordenamento do Estado*, o alvo é explícito; é um ataque direto contra a

---

8. *Contra Aristogíton*, 47.
9. E. Schwartz, *Demosthenes: Erste Philippika*. Marburgo: Elert, 1893, p. 44.
10. *FGrHist* 115 F 326. Mas cf. Demóstenes, VIII, 71.

propaganda popular: é preciso "curar os ouvidos dos atenienses", é preciso deixar de gritar a cada vez, mesmo por ocorrências modestas, "se se quiser derrubar a democracia!", é preciso rechaçar palavras de ordem como "A democracia se salva nos tribunais" ou "Com o voto [isto é, do cidadão no papel de juiz] defende-se a Constituição" (XIII, 13-6). A pretexto de atacar o alarmismo popular — mas a vigilância era tudo, menos injustificada —, assim se volta ao tema habitual: a odiada onipotência dos tribunais populares, verdadeiro terror dos proprietários. E a aversão retorna inalterada anos depois: em 341, no discurso *Sobre os fatos do Quersoneso*, Demóstenes traça um balanço retrospectivo de sua conduta política, ou melhor, faz com que surja por contraste, ao traçar a figura do "mau cidadão", mostrando como está distante de uma imagem dessas: a característica primária do "mau cidadão" é que "instaura processos, confisca patrimônios, propõe sua distribuição" (VIII, 69).

Em geral, observa Aristóteles que, entre os cinco temas usuais nos debates populares, o primeiro são "os recursos", o segundo, "a paz e a guerra" (*Retórica*, 1359b 19-21). Depois de 354, escreve Rostovcev, "o interesse de Atenas começou a se transferir para as questões puramente econômicas".[11] Em tal clima, os debates na assembleia também vêm a se concentrar sobre esse tema.

O colapso financeiro do Estado ateniense após a guerra social evidencia-se por alguns números: o total das entradas soma 130 talentos (*Quarta filípica*, 37), ao passo que seriam necessários pelo menos trezentos. Por isso, na última fase da guerra, tinham recorrido a providências extremas, embora não muito eficazes, como a lei de Leptine para a revogação do privilégio de imunidade ou a tentativa de cobrança de tributos atrasados dos últimos vinte anos (que rendeu apenas catorze talentos).[12] O declínio demográfico, a concentração fundiária (Demóstenes, XIII, 30: "Possuem tantas terras quanto jamais sonharam"), a decadência do trabalho livre e o aumento da mão de obra servil, períodos de carestia (alguns catastróficos, como o que se prolongou de 331 a 324), a dificuldade no reabastecimento de trigo, o desemprego — reservatório inesgotável de mercenários[13] — tornam ainda mais áspero o confronto entre demo e pro-

---

11. M. I. Rostovcev, *Social and Economic History of the Hellenistic World*. Oxford: Oxford University Press, 1953²; trad. ital. Florença: La Nuova Italia, 1966, p. 90, nota 28.
12. Demóstenes, *Contra Andrócion*, 44.
13. Isócrates, *Filipe*, 102-21; Demóstenes, XIV, 31.

prietários. Estes recorrem a todas as formas de resistência contra confiscos, expropriações, processos, *antidoseis* (troca de patrimônio em caso de recusa a patrocinar uma liturgia); por exemplo, escondem os capitais, como evidenciam — entre outras coisas — alguns testemunhos demostênicos, como a exortação a deixar os capitais "em custódia" com os ricos (XIV, 28) ou a confiante e alusiva declaração, no mesmo discurso, de que, quando for preciso, os capitais, que são enormes ("mais do que todas as cidades juntas"), aparecerão sem necessidade de medidas coercitivas (XIV, 25-6). Naturalmente, tal fenômeno freava os investimentos, ou seja, aprofundava a crise e os conflitos de classe.[14]

Mas uma "trégua social" os proprietários só vieram a obter sob a dominação macedônia: uma das cláusulas principais da "paz comum" estipulada entre Filipe e os Estados gregos (338), confirmada por Alexandre em 336,[15] estabelecia que todos os Estados e cidades contraentes impediriam "exílios, confiscos de bens, subdivisões de terras, anistias de dívidas, libertação de escravos para fins sediciosos".[16] Aliás, o tratado de 338 foi tomado como base não só em 336, mas também em 319, por iniciativa de Filipe III e Poliperconte, e em 302 com Demétrio Poliorcete e Antígono Monoftalmo.[17] E é interessante observar o tom de grande respeito com que Filipe, na *Carta aos atenienses* transmitida na coletânea demostênica, fala dos "cidadãos mais distintos" [*gnorimótatoi*] das cidades gregas, perseguidos pelos sicofantas que querem cair nas graças do demo (XII, 19) — aliás, pode-se observar que aqui Filipe utiliza termos técnicos da luta político-social dos Estados gregos.

V

Que na época de Demóstenes a principal oposição se desse entre apoiadores e adversários do predomínio macedônio é, claro, um ponto de vista dele. Porém,

---

14. G. Bodei Giglioni, *Xenophontis de vectigalibus*. Florença: La Nuova Italia, 1970, p. XVIII, nota 19.
15. H. H. Schmitt, *Die Staatsverträge des Altertums*. Munique: Beck, 1969, v. III, p. 10, linhas 31-2.
16. Pseudo-Demóstenes, *Sobre o tratado com Alexandre*, 15.
17. Schmitt, *Die Staatsverträge des Altertums*, nota 446. Mas, para a novidade deste último tratado em relação à "paz comum" de 338, cf. L. Moretti, *Iscrizioni storiche ellenistiche* (Florença: La Nouva Italia, 1967, v. I, p. 117). Para Filipe III, cf. Diodoro, XVIII, 56.

são os próprios testemunhos demostênicos que permitem entrever a indiferença do demo a tal ponto de vista: Demóstenes se esforça em provar que o "verdadeiro inimigo" é Filipe a um público que, é evidente, não está persuadido por completo e que, quando manifesta hostilidade em relação a Filipe, limita-se a explosões de cólera puramente assemblear. Além disso, um fiel "cão do povo" como Aristogíton atacava de modo indiscriminado o filomacedônio Demades e os antimacedônios Demóstenes e Hipérides.[18] É provável que, para o demo, o mais importante fosse o conflito político e econômico com os proprietários — daí o sucesso de um Aristogíton e a indiferença deplorada por Demóstenes.[19] É por isso que se costuma criticar o demo ateniense por seu egoísmo obtuso e provinciano, absorvido em seus interesses (em seus privilégios), mas indiferente à política de grande potência sugerida por Demóstenes. Esquece-se, porém, que este é péssimo propagandista quando corrobora a imagem deformada da Macedônia como Estado bárbaro (IX, 31) e "secundário" (II, 14).

O trecho da *Quarta filípica*, datável da época em que era iminente o conflito, é bastante revelador: não só Demóstenes se mostra muito bem informado sobre os acontecimentos internos da Pérsia (prisão de Hérmias, o "tirano" de Atarneu, amigo de Filipe e de Aristóteles)[20] como também agora ataca às claras as usuais fórmulas políticas antipersas, que, anos antes, mesmo redimensionando-as, tratara com respeito:

> Temos de abandonar essa atitude fátua devido à qual tantas vezes acabastes sendo derrotados: "o bárbaro", "o inimigo comum" e assim por diante. Pois eu, quando vejo alguém que teme aquele que está em Susa e Ecbatana e sai dizendo que é hostil à cidade — contudo, na época ele a reergueu e mesmo agora prometeu fazê-lo (se não aceitastes, a culpa não é dele) — e inversamente formula sobre o

---

18. Cf. Demóstenes, XXV, 47; [Plutarco], *Vidas dos dez oradores*, 848F-849A.
19. Os termos com que se refere ao demo são sempre estes: ῥαθυμία, ῥαθυμεῖτε, μαλακία, ἀπράγμονες.
20. Ele até prevê a confissão de Hérmias. Também Filipe está muito bem informado sobre os fatos e sobre a luta política em Atenas: na *Carta*, cita "especialistas de vossa política" (parágrafo 19); da mesma maneira, Demóstenes cita "amigos confiáveis" que fizeram relatos ao vivo sobre o descontentamento na Macedônia contra Filipe (cf. também VIII, 14-15, a propósito de Bizâncio). Se essa rede, como aparece na *Quarta filípica*, também se estendia até a Pérsia, podia facilmente ser apresentada sob uma luz facciosa ou distorcida.

bandido depredador dos gregos, que de maneira tão despudorada se engrandece nas portas de nossa casa, bem no centro da Grécia, um juízo muito diferente, eu me surpreendo e eu mesmo o temo, quem quer que seja ele, porque não teme Filipe! [x, 33-4].

Esse trecho de demegoria, de cerca de 340, parece dito na iminência do envio à Pérsia de uma embaixada ateniense, à qual Demóstenes parece dar instruções (parágrafo 33: "Tudo isso considero que os embaixadores devem tratar com o rei"); e talvez seja a embaixada proposta em 341 na conclusão da *Terceira filípica* (70-1: aqui também insistia nos tradicionais lugares-comuns patrióticos).

Desde a primeira demegoria, Demóstenes tem ideias muito claras sobre o papel da Pérsia na política grega e rechaça com brio os bordões patrióticos (xiv, 3: "Eu também sei muito bem que o rei é o 'inimigo comum' de todos os gregos, mas [...]"). E essa lúcida visão, fundada na experiência do século v sentida como passado ainda vivo, Demóstenes apresentou numa síntese que, em certo sentido, fornece uma "chave" de sua política: "O Grande Rei, enquanto tal, era visto com suspeita por todos, mas, se se aliava aos que estavam perdendo, conquistava sua confiança até levá-los à posição de adversários; depois, aqueles a quem salvara passavam a odiá-lo, não menos do que aos que tinham sido seus inimigos" (*Quarta filípica*, 51).[21] A referência, claro, é à política persa de apoio a Esparta contra Atenas na guerra deceleica, depois antiespartana e filoateniense na época de Cónon (Cnido, reconstrução das muralhas). *E, precisamente à luz dessas sugestões explícitas, a política demostênica se configura como uma tentativa de repetir contra Filipe o jogo das alianças, experimentado nas lutas pela supremacia, em especial contra Esparta*: e é por isso que os pontos de referência constantes da política demostênica são as maiores potências — Tebas, de início aliada de Filipe, mas que não podia sê-lo por muito tempo, como Demóstenes logo compreendera; e a Pérsia, tradicional dominadora da política grega e com a qual Filipe mais cedo ou mais tarde se confrontaria. É nesse sentido que a política demostênica pode ser entendida como filopersa: não à luz denegridora a que quiseram reduzi-la seus adversários, mas na autêntica tradição dos políti-

---

21. Demóstenes prossegue aludindo mais uma vez à desavença com a Pérsia: "Agora, pelo contrário, ninguém estando em boas relações, menos ainda conosco, a menos que façamos algo para melhorar a situação" (parágrafo 52).

cos atenienses de Alcibíades a Cónon. Nesse sentido, a experiência do século v é determinante, é um ponto de referência constante para a política demostênica: não é apenas para agradar ao grande público com bordões sobre os "antepassados" que Demóstenes amiúde retorna aos grandes políticos do passado, mas para reconduzir sua própria política a modelos conhecidos e traduzi-la em fórmulas acessíveis.

No entanto, essa mesma formulação exclusivamente histórico-política constitui um limite, sobretudo no que se refere à crise do império persa, às diversas relações de força, ao sucesso da penetração macedônia nos Estados gregos. Tudo o que, em suma, se resume no brutal desapreço da historiografia "prussiana" pelo advogado incapaz de compreender a nova época que nascia ao seu redor — desapreço que, porém, ao fim e ao cabo, é incapacidade de compreender o *lúcido tradicionalismo* da política demostênica, de situar e avaliar Demóstenes *dentro da história política ateniense* (também Tucídides se manteve "pericleano" até o fim).

Portanto, depois de Queroneia, Demóstenes não "sobreviveu a si mesmo"; ou melhor, pôde de modo coerente considerar que não sobrevivera e pôde tentar reestruturar outra vez a mesma trama: já antes da morte de Filipe (se tiverem algum fundamento os dados conhecidos por Plutarco, *Demóstenes*, 20, 4-5) e ainda mais após 336 (*Demóstenes*, 23, 2). Aliás, é possível notar que só quando o império persa se desmanchou — "de maneira inesperada", como reconhecia o próprio Ésquines (*Contra Ctesifonte*, 132) — percebe-se uma espécie de "cansaço" demostênico, isto é, uma falta de confiança na possibilidade de uma efetiva inversão dos equilíbrios.

VI

Quarenta anos antes que Demóstenes declamasse a *Quarta filípica*, Isócrates, nas partes finais do *Panegírico* (380 a.C.), apontava a seu público "pan-helênico" a fragilidade estatal e militar do império persa: dela deduzia a vulnerabilidade e, portanto, a oportunidade para os gregos moverem guerra da Europa em direção à Ásia. O *Panegírico* não é de forma nenhuma um exercício retórico que pretende exaltar um programa patriótico genérico e vazio. Quando se entra no cerne da argumentação política, superadas as areias movediças dos clichês do grande epidítico (da "autoctonia" ateniense ao tema do inigualável crédito conquistado com a vitória sobre os persas), o *Panegírico* se mostra como aquilo que é: um duro discurso partidário, escrito com a consciência dos crimes "imperiais" cometidos por Atenas e, por isso, montado em torno do motivo apologético tópico nesses casos: nossos adversários fizeram pior do que nós. Ao argumentar dessa forma, Isócrates mostra pleno conhecimento da política do final do século v e das primeiras décadas do iv — época de que é testemunha e, a seu modo, também historiador, tanto quanto seu rival Xenofonte.[22] Sua polêmica defesa do império passado de Atenas é tão áspera que o induz a uma espécie de palinodia: "Relembrei esses acontecimentos com excessiva aspereza, mesmo tendo anunciado que pretendia expor um discurso de reconciliação" (parágrafo 129).

Depois disso, reequilibrada a balança propagandística, Isócrates aborda o tema que lhe parece operacional em termos políticos: a Pérsia. Diz ele que um observador externo, chegando entre nós, só poderia considerar insensatos tanto os espartanos quanto os atenienses, que, com seus conflitos e rivalidades, causam dano à sua própria terra enquanto "deixam de aproveitar a Ásia" (parágrafo 133). Assim, enquanto os gregos disputam entre si alguma ilhota das Cíclades, o rei da Pérsia domina Chipre e chega-lhe a ser unanimemente reconhecido por espartanos e atenienses aquilo que nunca antes fora concedido a nenhum de seus antepassados (parágrafo 137):[23] o domínio inconteste sobre as cidades gregas da Ásia. Mas, acrescenta ele, isso acontece não pela força do rei da Pérsia, mas por causa da loucura dos gregos. Assim, depois de evocar o tema da problemática força do Grande Rei, passa ao tema ao qual considera que pode trazer uma contribuição não mais genericamente politológica, e sim científica, de melhor conhecimento: a Ásia — tal é sua tese — é mais fraca do que imaginam os gregos, o império persa é vulnerável (parágrafos 138-56).

Antes de entrar no cerne da demonstração, Isócrates tira de campo o argumento que mais pareceria refutar sua convicção sobre a essencial fraqueza da Ásia. E é precisamente o argumento que ainda será utilizado quarenta anos depois por Demóstenes (*Quarta filípica*, 51) para fundamentar sua ideia da

---

22. Cf. supra, Introdução, cap. 6.
23. Fraseio que Demóstenes retomará, falando de Filipe, na *Terceira filípica* (parágrafo 22).

centralidade da Pérsia. Objeta Isócrates: se, na época de nossas rivalidades, o rei da Pérsia pôde fortalecer ora um, ora outro simplesmente trocando de aliança, "isso não constitui prova de sua força; em situações do gênero, de fato, mesmo modestos aportes de força costumam determinar grandes desequilíbrios" (parágrafo 139).

Aqui, por fim, desenvolve sua tese. E anuncia várias vezes seu alvo polêmico: são "aqueles que sustentam que o rei da Pérsia é imbatível" (parágrafo 138), ou "aqueles que jamais deixam de exaltar o mundo dos bárbaros" (parágrafo 143), ou ainda "aqueles que têm o hábito de exaltar a coragem dos persas" (parágrafo 146). Pois bem, mesmo as ações tão engrandecidas do rei da Pérsia — o cerco de Evagora, a vitória naval de Cnido —, se olharmos bem, estão longe de ser sucessos triunfais (parágrafos 141-3); acima de tudo, uma ação como a dos mercenários pagos por Ciro (os célebres "Dez Mil" de Xenofonte), que enfrentaram com tenacidade as melhores tropas de elite do inimigo e, depois da morte de Ciro, até "todos os habitantes da Ásia" (parágrafo 146), é suficiente para "retirar qualquer argumento aos habituais enaltecedores da coragem dos persas". A passagem toda é muito estudada e não isenta de perfídia, se notarmos que o juízo rispidamente depreciativo e quase desdenhoso sobre os mercenários ("gente que vale pouco, que em sua cidade não teria do que viver" — e a estocada diz respeito ao próprio Xenofonte) é, *nos termos em que ele se exprimiu*, parte essencial do raciocínio: os persas não são temíveis, justamente porque foram derrotados por tal miscelânea de gente.

É muito provável que a *Anábase* xenofonteana seja o alvo colateral desse trecho, que não por acaso se encerra com uma alusão — há tempo reconhecida — à obra: ἐνικῶμεν τὸν βασιλέα ἐπὶ ταῖς θύραις αὐτοῦ καὶ καταγελάσαντες ἀπήλθομεν de *Anábase*, II, 4, 4, retomada por *Panegírico*, 149: ὑπ'αὐτοῖς τοῖς βασιλείοις καταγέλαστοι γεγόνασιν (isto é: os combatentes persas). Referência a Xenofonte que de fato parece correta, se considerarmos que Isócrates prossegue refutando a eficiência do "sistema educacional" persa (parágrafo 150), sobretudo no que se refere à formação militar (parágrafo 151) — o exato contrário do que afirma Xenofonte no primeiro livro da *Ciropedia*.

A *Anábase* e a *Ciropedia* (como, é óbvio, as *Helênicas*, nas quais os indícios internos são mais evidentes) foram obras que se formaram no tempo e com certeza ganharam difusões provisórias e parciais. Daí a grande probabilidade de que Isócrates também esteja discutindo aqui, polemicamente, com Xenofonte, tal como nos parágrafos 100-14 havia repelido suas "lamúrias"[24] sobre o triste destino dos mélios (parágrafo 110: τὰς Μηλίων ὀδυρόμενοι συμφοράς).

VII

A precoce previsão anunciada por Isócrates no *Panegírico*, quase meio século antes da derrocada do império por obra de Alexandre, demonstrou-se, portanto, inteiramente fundada e clarividente. Demóstenes, ainda em 341-0, continua a raciocinar segundo um cenário tradicional — como se estivesse fazendo política em plena guerra deceleica. Para ele a Pérsia — que na verdade iria desmoronar apenas cinco ou seis anos mais tarde — ainda é a árbitra da política grega, a "grande potência" inconteste na cena mundial.

Desse ponto de vista, portanto, Isócrates está muito mais à frente; e, acima de tudo, revela-se "bom político" enquanto capaz de fazer previsões corretas (segundo um critério de avaliação do bom político caro a Tucídides, I, 138). Está mais à frente do que Demóstenes, a quem também leu e cuja obra escrita utilizou algumas vezes, e está mais à frente de seu quase coetâneo Xenofonte, o qual também tivera noção e experiência direta daquela "fraqueza" do império persa, mas que ainda assim continuava a idealizar esse mundo e sua *paideia*. Apenas no último capítulo tardio da *Ciropedia* Xenofonte mostrará preocupação com as fissuras que surgem nas companhias do antigo império asiático. E então estabelecerá, ele também, como Isócrates no *Panegírico*, um nexo entre a aventura dos "Dez Mil" e a crise do império, mas em termos politicamente pouco incisivos. Com efeito, identificará no ardil montado em prejuízo dos líderes mercenários, mortos à traição por Tixafernes, a prova da crise moral e, por conseguinte, da decadência da Pérsia, assim sintetizada por ele: "Tais governantes, tais governados", singular diagnóstico que lhe permite — talvez também por influência de um novo clima no qual Isócrates tem participação não insignificante — modificar, anos depois, seu antigo elogio do "modelo persa".

24. Cf. supra, cap. 10.

VIII

O juízo dos modernos sobre o anacronismo da política internacional de Demóstenes se funda essencialmente sobre esse diagnóstico, desmentido pelos fatos, da ocupação e do duradouro papel do império persa. Por isso, numa de suas afirmativas inflamadas, Drerup declara no livro de guerra, *Advokatenrepublik*: "As ideias políticas de Demóstenes estavam em oposição às forças reais da vida política de seu tempo"; e ainda: "Não podemos não lembrar, em sua natureza, o advogado que equipara o bem público ao interesse de partido, a pátria à ambição de poder pessoal" (p. 187).

Seria fácil objetar que todo político de categoria está ferreamente persuadido de que seu primado coincide com o interesse geral, num sentido mais profundo do que o que se costuma entender, pensando-se no politiqueiro mediano. O contraste reside antes na clarividência das escolhas, mas mesmo a pericleana também se demonstrou fatal para a grandeza de Atenas.

Voz mais aguda, que se eleva sobre a banalidade do antidemostenismo dos pósteros, é a de Políbio. Ele se lança a um problema que, na verdade, atinge-o e envolve-o de maneira direta: por que Demóstenes adotou, sem jamais baixar o tom, a linha de ataque pela qual se define como "traidor" todo aquele que se afastava de sua política ou se opunha a ele? A resposta do historiador de Megalópolis que, derrotado pelos romanos, escolheu os romanos e, com um fatalismo historicista, justificou o domínio romano sobre, por exemplo, seu próprio país é quase uma apologia de si mesmo: depende — tal é sua réplica — do ponto de observação. A ótica de Demóstenes, observa Políbio, foi apenas ateniense ("Estava convencido de que os gregos deviam voltar os olhos para Atenas; caso contrário, deviam ser chamados de traidores") e sob tal ótica (e aqui retorna a sabedoria dos pósteros sobre a questão da clarividência) "maltratou a verdade, pois o que ocorreu então aos gregos prova que ele não soube prever bem o futuro" (XVIII, 14). Curiosa censura a Demóstenes por não ter aceitado a supremacia macedônia, por parte de um historiador que insere na lógica imanente da história, sem qualquer incerteza, a supremacia conquistada pelos romanos sobre os macedônios, até então invencíveis. De acordo com tal lógica, pareceria suma clarividência adaptar-se vez a vez à irresistível vitória dos mais fortes.

IX

Poderíamos talhar rente esse tipo de observação com a seca réplica de um grande historiador liberal, George Macaulay Trevelyan, às críticas jamais aplacadas contra a Grande Rebelião puritana: "Os homens eram o que eram, não influenciados pelo conhecimento ulterior dos pósteros, e assim agiram".[25] É um juízo tanto mais significativo por vir de um convicto admirador da "revolução gloriosa" de 1688.

Mas o que chama a atenção no caso de Demóstenes é a candente discussão sobre sua pessoa e suas ações, que se inicia durante sua vida e que ainda hoje não se extinguiu. Nem sobre o governo mais do que controverso de Péricles teve-se tanto encarniçamento. Pode-se procurar a razão em vários fatores — não por último o fato de que Péricles, tendo desaparecido devido a um fator externo imprevisto, não assistiu ao fracasso de sua política, ao passo que Demóstenes, sim. Mas isso não basta. É o tipo de sociedade política, tão diferente da do século anterior, tão especializada no sentido da *política como profissão*, tão densamente povoada por protagonistas e aspirantes a protagonista em constante rivalidade mútua, que explica o encarniçamento: a rivalidade ininterrupta, o contínuo risco de mudança e redimensionamento dos alinhamentos, a necessidade de se precaver contra os aliados, tanto quanto contra os adversários, e muitas outras coisas que a tradição sobrevivente (oratória, historiográfica e erudita) deixa entrever.

É emblemático o caso do processo harpálico. Que Demóstenes tenha se arruinado em termos políticos não por ter conduzido a cidade e os aliados à derrota de Queroneia, mas pela suspeita de ter aceitado uma grande soma do tesoureiro de Alexandre, Hárpalo, "que fugiu com o caixa", é um sinal claro da mudança dos próprios fundamentos da política, dos novos parâmetros mentais do "profissionalismo político" da Atenas da segunda metade do século IV.

Em agosto de 338, em Queroneia, desmorona um projeto diplomático-militar concebido e preparado por anos. A derrota não estava predeterminada desde o início, como mostra a desmedida exultação de Filipe.[26] Mas o veredito das armas foi irreversível: era a típica guerra na qual uma única batalha decidia

---

25. *England under Queen Anne*. Londres: Longman, 1930, cap. III.
26. Cf. supra, Introdução, cap. 2.

tudo. E também porque às costas dos vencidos havia um front interno dilacerado, com uma parcela não pequena da classe política pronta para festejar a vitória macedônia e acertar as contas com o obstinado líder que não hesitara diante de nada, a fim de levar a cidade a arriscar aquela tremenda aposta. E a perder o jogo. Contudo, a cidade confiou ao próprio Demóstenes a tarefa de declamar o discurso fúnebre para os mortos de Queroneia — ou seja, a tarefa de declarar oficialmente, em nome da cidade, diante dos tombados e de seus parentes, que "tínhamos razão, mesmo que tenhamos perdido". Jamais um líder derrotado recebera um reconhecimento tão grande. Isso explica, mais do que qualquer outra coisa, o tom e o conteúdo do discurso *Para a coroa* culminando no juramento que, em nome dos mortos de Maratona, Plateia, Salamina e Artemísio, reitera: "Nossa escolha foi a correta".[27] E, anos depois, a esmagadora vitória naquele processo foi a melhor confirmação disso.

Mas em 324, quando Hárpalo ancora em Atenas com seus tesouros e seus trinta navios, fugindo de um Alexandre cada vez mais indecifrável mesmo para um velho contubernal como Hárpalo,[28] a cena muda. Eclode a suspeita de todos contra todos. Não houve político que não "pusesse os olhos" naquelas riquezas — assim se expressa Plutarco — e não aprovasse a decisão de acolher o fugitivo na cidade, desafiando Alexandre a tão grande distância. Nesse ponto, as notícias, de fontes tardias ou de contemporâneos hostis, sobre a conduta de Demóstenes se tornam contraditórias. Mesmo baseada numa tradição hostil, a narrativa plutarquiana dá a entender que Demóstenes passou de uma inicial hostilidade às aberturas em relação ao inesperado fugitivo para uma posição possibilista. Segundo a tradição que Plutarco toma, sem dúvida, como correta, a mudança resultou de uma doação esplendorosa: "Hárpalo foi muito hábil em adivinhar pela expressão do rosto e pelos olhares [de Demóstenes] o caráter de um homem apaixonado pelo ouro". Daí a mudança de atitude e a penosa cena de um Demóstenes que comparece à assembleia, mas não se manifesta, alegando o desairado pretexto de um mal-estar que o deixou afônico. Seguiu-se um humilhante processo, uma condenação desmedida (cinquenta talentos),[29] a fuga do cárcere, o exílio.

---

27. Demóstenes, XVIII, 208.
28. Plutarco, *Vida de Demóstenes*, 25.
29. No tesouro do Estado não restavam nem 130 ao todo, depois da guerra social (*Quarta filípica*, 37).

No lado contrário está a tradição conhecida a Pausânias periegeta, segundo a qual o administrador do dinheiro por conta de Hárpalo, mesmo sob tortura, forneceu muitos nomes de políticos "comprados" pelo tesoureiro, mas não o de Demóstenes (II, 33, 4-5). A crítica moderna não tem condições de proferir um veredito. O que se pode observar é o fogo concêntrico que se desencadeia sobre Demóstenes: "Este homem é um vendido, atenienses, um vendido de velha data. Não absolvais aquele a quem devem ser imputadas todas as desventuras da cidade", grita o cliente para quem Dinarco escreveu *Contra Demóstenes* (parágrafos 28-9). A alusão às desventuras passadas, isto é, a Queroneia, indica a orientação tomada pelo acusador. No lado oposto está Hipérides, que não poupa golpes ao ex-líder da facção antimacedônia e o censura por não ter aproveitado de imediato a ocasião do desembarque de Hárpalo em Atenas![30] É impossível deixar de ver nesse ataque de Hipérides a vontade de se alçar ao topo, como diríamos em linguagem moderna, "do partido".[31]

Fez-se com que Hárpalo fugisse escondido, com todas as garantias necessárias. Dentro em pouco, seu dinheiro foi preciso para pagar os mercenários que formaram o núcleo do Exército na nova guerra contra a Macedônia. Tão logo chegou a notícia da morte de Alexandre (323 a.C.), Atenas, agora guiada pelo próprio Hipérides e por Leóstenes, grande frequentador do mundo dos mercenários, despertou a revolta antimacedônica, conhecida como "guerra lamíaca" (323-2 a.C.). Demóstenes deu seu apoio, primeiro no exílio e depois em Atenas, para onde regressou pouco antes da derrota. Bem a tempo de ser entregue ao vencedor e se salvar com o suicídio. "Se para um grego havia uma causa pela qual valia a pena combater, era sobretudo aquela pela qual Demóstenes combateu e morreu" — tal é o veredito de um pacato estudioso britânico, enunciado no mesmo ano em que a Europa decretava seu fim.[32]

---

30. *Contra Demóstenes*, col. XVII, 1-6 (p. 12 Jensen): "Fingindo falar em defesa do povo, falavas na realidade em favor de Alexandre!".
31. Muito bom, a esse respeito, W. Eder, "Die Harpalos-Affäre" (*Grosse Prozesse im antiken Athen*, pp. 214-5).
32. A. W. Pickard-Cambridge, *Demosthenes and the Last Days of Greek Freedom: 384-322 B.C.* Londres: G. P. Putman's Sons, 1914, p. 489.

35. Epílogo. Da democracia à utopia

I

A democracia e o império nasceram juntos. Temístocles, que leva Atenas à vitória em Salamina, gera ambos: sua intuição de prover a cidade com um poderoso sistema de muralhas, vencendo com o engano as resistências e a oposição espartana, sela o êxito obtido com o necessário instrumento defensivo e estabelece as premissas para o futuro conflito com Esparta. Essas muralhas constituem o "paládio" tanto da democracia quanto do império e formalizam a ruptura dos equilíbrios, até então centrados na indiscutida hegemonia espartana sobre todo o mundo grego. Aliás, a pretensão espartana de impedir que outra cidade, Atenas, se municie com muralhas aponta por si só que de fato a predominância de Esparta interfere até na vida interna das outras comunidades. O conflito começa imediatamente. É formalista delimitar o período de guerra aos trinta anos finais do século V: esse conflito segue num *crescendo*, tendo início com o próprio nascimento das muralhas. As muralhas, no momento da capitulação de Atenas (404), serão o principal alvo dos vencedores e o objeto de vã e desesperada defesa por parte dos vencidos. E o renascimento dessas muralhas em 394 assinalará o novo início de uma segunda aventura imperial — menos duradoura, mas, a seu modo, também produtiva.

Assim, império e democracia caminham juntos: é o império que permite o compartilhamento de substanciais benefícios materiais entre o demo. O povo — deplora Platão — agora "bebeu vinho sem mistura" (*A República*, 562c-d) e por isso, ensandecido e desenfreado, "abocanha Eubeia e se lança sobre as ilhas", segundo a dura denúncia de um cômico que poderia ser Teleclides.[1] Na *Athenaion Politeia*, Crítias o diz sem rodeios e por isso, quando esteve no poder, mandou girar a *bema*, a rudimentar tribuna de onde os oradores falavam ao povo reunido na Pnyx, "para que não olhassem o mar" enquanto falavam ao povo.[2] A democracia funciona porque "se reparte o butim", isto é, as entradas imperiais. Findo o império, os conflitos sociais se tornam endêmicos e se desenha no horizonte — tanto nas escolas de filosofia quanto no palco teatral — a utopia social.

II

Se olharmos bem, toda a obra de Platão, quando enfrenta diretamente o problema político (*A República* é o maior documento, mas com certeza não o único), pressupõe que o império não existe mais e que o conflito social não conhece pausa, atingindo os píncaros da aspereza — daí a necessidade de encontrar uma solução totalmente nova, mais profunda, do problema político, que se entrelaça de maneira indissolúvel com a conflitualidade social. Levando a questão às consequências extremas, Aristóteles, no terceiro e no quarto livros de *A política*, chegará à plena equiparação entre formas políticas e grupos sociais e formulará a equiparação rematada entre democracia = domínio (governo) dos pobres versus oligarquia = domínio (governo) dos ricos, independentemente da densidade numérica dos dois grupos contrapostos.[3]

1. *PCG*, VIII, p. 195, n. 700.
2. Plutarco, *Vida de Temístocles*, 19, 5-6: "Desse modo ele [Temístocles] veio a aumentar o poder do povo sobre os aristocratas e a lhe infundir ousadia, pois a força passara para as mãos dos marinheiros, dos capitães e dos pilotos. Por essa razão, mais tarde os Trinta determinaram que aquela tribuna que fora construída sobre a Pnyx fosse virada para o lado da terra, para que se olhasse em direção ao mar: pensavam que o império fundado no poder marítimo havia gerado a democracia e que os camponeses, inversamente, eram menos hostis à oligarquia".
3. Aristóteles, *A política*, IV, 3 (1290a-b); 6-7.

A concepção platônica em *A República*, diante de um quadro de conflitos político-sociais insanáveis e violentos, de um governo confiado a uma elite selecionada por meio da experiência filosófica da busca do sumo bem, desvinculada da busca empírica da riqueza por meio da solução comunista de eliminação da propriedade (bem entendido, no interior daquela elite não hereditária e tampouco menos plutocrática), é a resposta ao problema insolúvel da convivência constantemente assediada pelo conflito. Não escapará à atenção que tal construção, quando chega a se materializar na terra, acaba por se parecer de maneira indiscutível com a estrutura piramidal do modelo espartano. Sem dúvida, o ponto de força e o elemento de novidade radical dessa utopia consistem precisamente na complexa característica dos "reis filósofos", que não podem se reduzir a uma variante intelectualizada da *gerusia* espartana.

Na ausência de dados certos, é ocioso discutir contra ou a favor da hipótese de um vínculo entre *A República*, de Platão (que contempla o compartilhamento das mulheres entre as características "comunistas" da elite dirigente), e *A revolução das mulheres*, de Aristófanes (392 a.C.), na qual esse tema se converte de modo pesado e até obsessivo em objeto de zombaria. Imaginar que Aristófanes pretendia zombar da ideia platônica comportaria uma cronologia muito alta — talvez demais — de *A República* (ou de partes dela). A hipótese contrária, isto é, que Platão tenha se inspirado na comédia de Aristófanes, despertou a indignada repulsa de Wilamowitz ("Envergonho-me de ter de desperdiçar uma palavra sequer sobre essa loucura").[4] O preferível é pensar que circulavam temas de utopia social, temas comunistas: e assim, por um lado, não é arriscado pensar que, junto com muitos outros elementos, eles constituem o pano de fundo da visão platônica, tal como é apresentada em *A República*, e, por outro lado, é necessário pensar que apenas a circulação de tais temas naquela época explica a decisão de Aristófanes de tomá-los como objeto de sátira tão feroz. Esta pôde ser acolhida e eventualmente apreciada, em especial se o público já conhecesse propostas e "programas" desse gênero, ou seja, se eles já estivessem em circulação, graças também, pode-se supor, a atitudes filosófico-populares que podiam ter como uma de suas matrizes a diáspora do socratismo.

Programas utopistas e empobrecimento das camadas mais fracas costumam caminhar juntos. E por certo é um fato significativo em si mesmo que o

---

4. U. von Wilamowitz-Moellendorff, *Platon*. Berlim: Weidmann, 1919, v. II, p. 199.

último Aristófanes que conhecemos — *A revolução das mulheres* e *Pluto ou Um deus chamado dinheiro* — guarde relação, de um modo ou de outro, com o problema da justiça social — seja na forma grotesca de *A revolução das mulheres* (zombaria das instâncias de igualdade compulsória), seja na forma, agora não zombeteira mas compreensiva, como *Pluto ou Um deus chamado dinheiro* (388 a.C.) põe em cena o problema da pobreza, em posição central. A primeira termina sem redenção, com a extrema vulgaridade da cena com a refeição coletiva, à qual acorrem ativamente todos os aproveitadores (mesmo os menos convictos da nova moral social) aos brados de "É a república que chama!"; a outra, porém, termina com Pluto (a riqueza) recuperando a vista e uma ampla prosperidade retornando.[5]

III

Por volta dos mesmos anos, Faleia da Calcedônia formulava seus programas igualitários de reforma da vida citadina como "único remédio possível às revoluções", provocadas pela desigualdade das fortunas. Temos notícia dele apenas por meio da não equânime paráfrase que Aristóteles faz de seu pensamento.[6] Não é fácil, por exemplo, entender a quem se dirigia Faleia e se pretendia propor uma solução válida para todas as comunidades. Sem dúvida, seu escrito político deve ter tido repercussão, visto que Aristóteles lhe dedica uma contestação específica.

A expressão utilizada por Aristóteles (τοῦτ'εἰσήνεγκε) pode significar tanto "*fez essas propostas*" quanto "*introduziu essas reformas*". Os intérpretes se dividem,[7] mas a segunda interpretação parece mais razoável: provavelmente

---

5. Quanto a uma comédia aristofaniana também chamada *Pluto*, que remonta a 408, não sabemos qual seria o conteúdo, pois só se conhece seu título. É provavelmente injustificada a hipótese de Kaibel, adotada por Kassel e Austin (*PCG*, III.2, p. 244), segundo a qual o tema era igual ao do segundo *Pluto*, mas com *tractatio* diferente.
6. Aristóteles, *A política*, 1266a 39-1276b 21, 1274b 9.
7. Exempli gratia: Jean Aubonnet, na edição de *Politique* (Paris: Les Belles Lettres, 1968, v. I, p. 69), traduz "*introduit cette réglementation*" (acompanhado por C. A. Viano, trad. Utet e BUR); Robert Pöhlmann, em *Geschichte des antiken Sozialismus und Kommunismus* (Munique: Beck, 1893, p. 265), considera que Faleia era, mais provavelmente, o autor de um tratado sobre a *Politeia*.

Faleia escreveu uma *Politeia* em que propunha "que as propriedades fossem iguais entre os cidadãos" e, considerada a dificuldade de uma redistribuição igualitária das fortunas numa comunidade já estruturada, ele propôs, com inspiração gradualista, várias saídas (por exemplo, em relação ao mecanismo do "dote" em caso de matrimônios entre ricos e pobres) e, acima de tudo, lançou a ideia de "nacionalizar" os artesãos convertendo-os em "funcionários públicos".[8] Tal informação tem sido objeto de discussão. Aqui também a única fonte é Aristóteles, que nesse caso (bem mais do que quando se empenha em demolir as teorias políticas de Platão) tem o mau hábito de prevalecer com suas próprias críticas sobre o pensamento que está criticando. Com isso, torna-se árduo o esforço de entender o que Faleia pretendia de fato dizer com *demosioi*, admitindo-se que usara mesmo esse termo.

Em todo caso, a interpretação predominante ("*escravos* públicos")[9] não satisfaz. A rigor, *demosios* significa "pertinente ao Estado" (funcionário público).[10] É preferível pensar que Faleia sugeria uma "estatização" de todas as atividades artesanais — em essência, o monopólio estatal da produção de bens e a regulamentação oficial desse setor.

Um brilhante polígrafo francês que publicou, no início dos anos 1930, um importante ensaio sobre as "origens" judaicas, cristãs e clássicas do comunismo, Gérard Walter, trouxe bons argumentos em apoio à interpretação, que parece a mais correta,[11] de um "monopólio estatal da indústria". Ademais, não se diz de forma alguma que a continuação da frase com que Aristóteles resume o projeto reformador de Faleia ("e que os artesãos não constituíssem um *complemento* [πλήρωμα] *da cidade*") significa a exclusão dos artesãos do corpo cívico; poderia significar exatamente o contrário.[12] Walter recorre a uma analogia histórica sugestiva. Pode-se pensar, observa ele, que Faleia projetava um "poder ilimitado do Estado sobre todos os que exerciam ofícios manuais": estes não se beneficia-

---

8. Aristóteles, *A política*, 1267b 15: δημόσιοι. Em geral entende-se "escravos públicos".
9. Pöhlmann chega a dizer que a reforma de Faleia era no fundo ultraelitista.
10. Cf., por exemplo, P. Fayoûm 12, 34.
11. Cf. também K. Ziegler, s.v. *Phaleas*, em *Kleine Pauly*, IV, 1975, col. 699.
12. W. L. Newman, *The Politics of Aristotle* (Oxford: Clarendon Press, 1887, v. II, p. 293), e, em sua esteira, Aubonnet (I, p. 152) acham que "Faleia era desfavorável aos artesãos". Mas não explicam πλήρωμα de modo satisfatório.

vam com a nova ordem, ao contrário dos pequenos proprietários (beneficiários da prevista redistribuição das propriedades). Comenta Walter:

> A situação imaginada por Faleia lembra de perto os resultados obtidos na Rússia em 1917 pela política agrária do governo, que trouxe efetivos benefícios aos camponeses pobres, mas não alterou em nada a penosa situação da classe operária urbana, esmagada por programas de trabalho sobre-humanos.[13]

Uma leitura totalmente diferente das reformas projetadas por Faleia vê nele o expoente de uma reação aristocrático-dórica ao retorno da democracia de tipo ateniense, primeiro em Bizâncio depois na própria Calcedônia, após a ruína da frota espartana em Cnidos (394 a.C.). Disso fala Teopompo nas *Filípicas* com certo horror.[14] Assim, o programa de Faleia seria uma resposta igual à contida no projeto platônico, que condenava os *banausoi*, isto é, os trabalhadores manuais, a uma absoluta marginalidade e subalternidade. Essa interpretação também é compatível com as parcas e polêmicas notícias que nos fornece Aristóteles. Ela é partilhada por muitos, de Hermann Henkel[15] a Robert Pöhlmann,[16] de Newman[17] a Guthrie.[18] Mas também levou a analogias militantes com as lutas sociais e a engenharia social dos modernos. Na reelaboração do grande livro de Pöhlmann, nos anos 1920, Friedrich Oertel acrescentou um parágrafo ao capítulo sobre Faleia, no qual afirma que ele, precisamente pela condição de "objetos nas mãos do Estado" a que pretendia reduzir os produtores (os *technitai*), antecipava a social-democracia moderna.[19] Curiosa tomada de posição — que chega a conclusões parecidas com as de G. Walter — em anos de feroz oposição entre social-democracia e sovietismo. Mas, para compreender melhor a força de

13. G. Walter, *Les Origines du communisme*. Paris: Payot, 1931, pp. 316-7.
14. *FGrHist* 115 F 62.
15. H. Henkel, *Studien zur Geschichte der griechischen Lehre vom Staat*. Leipzig: Teubener, 1872, p. 165.
16. R. Pöhlmann, *Geschichte des antiken Kommunismus und Sozialismus*. Munique: Beck, 1893. v. I, pp. 266-7.
17. Newman, *The Politics of Aristotle*, p. 293 (muito prudente).
18. W. K. C. Guthrie, *A History of Greek Philosophy*. Cambridge: Cambridge University Press, 1969, v. III, p. 152 e nota 1.
19. *Geschichte der sozialen Frage und des Sozialismus in der antiken Welt*. Munique: Beck, 1925³, v. II, p. 8.

sugestão, naquelas décadas, da analogia com os candentes conflitos sociais do mundo circundante, basta lembrar a tentativa wilamowitziana de relacionar a engenharia social projetada por Platão em *A República* com uma "autêntica" e não demagógica social-democracia.[20]

IV

As afinidades entre o projeto de Faleia e a engenharia social platônica, provavelmente contemporâneos — que Aristóteles critica com rispidez no mesmo contexto do livro II de *A política* —, foram apontadas várias vezes pelos modernos. O precioso testemunho de Teopompo no livro VIII das *Histórias filípicas* ajuda a enquadrar concretamente tais projetos palingenéticos. Não deve passar inadvertido que ambos nascem quando a conflitualidade social, tanto em Atenas quanto nas cidades dos estreitos (Calcedônia em especial, pelo que conta Teopompo), tinha se aguçado: em Atenas com o "retorno do demo", após a guerra civil, numa cidade rebaixada ao nível de ex-grande potência, agora desprovida do império, fonte de bem-estar para todas as classes, e obrigada a contar apenas com seus próprios recursos; na Calcedônia, quando, após Cnidos, as massas despossuídas voltavam a ter peso e a pretender sua parcela de riqueza.

Um programa sob certos aspectos similar ao de Faleia, quanto à "nacionalização" dos artesãos, é o que Xenofonte traça para Atenas, no opúsculo sobre os *Recursos estatais* (Πόροι). Aqui também se trata de uma reforma "do alto", concebida "na prancheta", que visa ao uso racional e socialmente "otimizado" da massa escrava, a partir de um recurso que outros não têm, as minas de prata do Láurion.

V

Não era a primeira vez que Xenofonte se entregava à reflexão sobre o melhor ordenamento. Durante grande parte de sua vida, ele tivera a firme con-

---

20. U. von Wilamowitz, *Der griechische und der platonische Staatsgedanke*. Berlim: Weidmann, 1919.

vicção da superioridade da *eunomia* espartana em relação a qualquer outra forma de ordenamento político e social. E havia conformado, coisa rara, suas escolhas de vida a essas convicções. Se, até as guerras persas, Esparta fora sem sombra de dúvida *a* grande potência, além de modelo de comunidade centrada no exército terrestre e na identidade cidadão-guerreiro (não diferente é a Atenas de Milcíades), com o irromper da frota ateniense e, portanto, do império e, portanto, da democracia, esse *kosmos* espartanocêntrico se despedaçara. Partira-se e produzira uma sucessão de guerras e conflitos: até aquele conflito feroz e interminável e a catástrofe final. Tudo isso se afigurara a muitos, e a Xenofonte *in primis*, uma confirmação da gravidade do erro inicial: ter se afastado da *eunomia*. O "credo" xenofonteano desses anos, culminando em sua participação direta na guerra civil do lado oligárquico, está contido e retrospectivamente reafirmado em sua *Constituição dos espartanos*. Em Esparta, observa ele, é proibido até possuir ouro, e o principal valor é a obediência aos magistrados — também os poderosos se adequam (cap. 8)!

O caso de Xenofonte é extremo. Todo o opúsculo apresenta um tom de plena adesão aos ordenamentos e estilos vigentes em Esparta. Aliás, perto do final, traz uma página,[21] na qual os espartanos "da época atual" (mas não sabemos a época exata em que Xenofonte escreveu essas palavras) são censurados por terem se afastado, na prática, dos sacros ditames de Licurgo. Se olharmos com atenção, Xenofonte é o único ateniense, entre os hostis ao ordenamento democrático de sua cidade, que fizera corresponder à sua admiração por Esparta e pelo *kosmos* espartano — difundida, de resto, no ambiente socrático — a decisão prática de ir morar lá, em Esparta. Também Alcibíades, quando entrou em rota de colisão com a democracia ateniense depois de ter tentado conduzi-la tal como fizera seu parente Péricles, passara a viver em Esparta e também adotara seus costumes exteriores mais rigorosos (inclusive o drástico corte dos cabelos e o "caldo negro"), mas não resistira por muito tempo. Sócrates, que todos eles haviam frequentado e era pessoalmente um admirador de Esparta,[22] quando se encontrou sob o governo de Crítias, que pretendia instaurar na Ática um regime aos moldes espartanos, *desobedeceu* — mesmo sob risco de vida. E Crítias, que declarava ser "belíssima" a Constituição espar-

---

21. Cap. XIV da subdivisão moderna.
22. Platão, *Críton*, 52e.

tana,[23] morreu combatendo contra um improvisado exército de tropas irregulares, que tentava derrubar o novo governo e restaurar o antigo.

Xenofonte combateu sob Crítias na guerra civil: ele *obedeceu* àquele governo. E se, em seu "diário" escrito em data bem posterior, tomou distância do líder, mesmo assim se manteve na firme convicção da superioridade do ordenamento espartano em relação a todos os outros. O opúsculo é uma declaração inequívoca de seu credo político, tanto mais clara ao censurar os espartanos de época mais recente por terem degenerado aquele modelo. E no opúsculo ele enaltece precisamente o valor da obediência àquele tipo de governo. Mostra-se também polêmico e se refere de maneira explícita a Atenas, quando escreve, no mesmo contexto: "No entanto, nas outras cidades *os cidadãos mais poderosos não querem dar a impressão de temer os magistrados*, considerando tal atitude indigna de homens livres"!

Ele escreve em ático, num límpido dialeto ático, já pelos antigos considerado exemplar. Então, *para quem* escreve ele aquela defesa irrestrita da superioridade dos ordenamentos espartanos? Decerto não para os próprios espartanos, cuja elite dirigente não precisou ser persuadida de sua própria superioridade (e que, de qualquer forma, não se deixaria advertir por um exilado para "retornar ao antigo"). Escreve talvez para um público pan-helênico, mas, em primeiro lugar, quer instruir aqueles que o exilaram, seus concidadãos de novo à mercê do velho sistema, mais uma vez dilacerado pela eterna tensão entre pulsões populares e ambições de liderança, com a habitual bagagem de corrupção política, ganância, excessos judiciários. Esse opúsculo é, portanto e talvez sobretudo, uma defesa implícita da correção de suas próprias escolhas.

VI

No entanto, em dado momento, Xenofonte escreve outro opúsculo para seus concidadãos, os *Poroi* (os *Recursos estatais*). Dessa vez, os destinatários são apenas os atenienses, e ele apresenta um projeto de reforma econômica com uma pretensão quase palingenética, se não utopista.

---

23. Xenofonte, *Helênicas*, II, 3, 34.

O que aconteceu nesse meio-tempo? O que há na base dessa mudança? Para tentar entender as razões da mudança de atitude de um personagem-chave como Xenofonte, é preciso recuar algumas décadas e considerar, do ponto de vista dos equilíbrios sociais, a Atenas do século IV, a Atenas sem império.

O índice de aspereza do conflito social após a restauração democrática está bem representado naquele fragmento de oratória assemblear que Dionísio de Halicarnasso encontrava em sua coletânea lisíaca.[24] Dionísio, que lia a íntegra da qual retirou aqueles excertos, comenta que essas alarmantes propostas de limitação do direito de cidadania nasciam num clima em que, tão logo se restaurou a democracia, já se temia que "o povo voltasse à antiga licenciosidade". E o quadro que Aristóteles traça com satisfação na *Constituição de Atenas*, sobre a dureza com que os moderados ao estilo de Arquino tiveram de refrear os extremistas democratas como Trasíbulo (cap. 40), sugere que o retorno ao ordenamento anterior foi não apenas traumático, mas também conflituoso. É talvez sintomático, para se ter uma ideia da situação em meados do século IV, um trecho do *Arquídamo*, de Isócrates (366 a.C.). Aqui o soberano espartano, dirigindo-se aos seus após a catástrofe de Leutra, diz (entenda-se, assim Isócrates o faz dizer) mais ou menos o seguinte: agora terminamos *como as outras cidades gregas*. E traça este quadro:

> Temem mais os próprios concidadãos do que os inimigos externos. Em lugar da antiga concórdia, chegou-se a tal nível de incompreensão mútua que os ricos estão mais dispostos a lançar suas riquezas ao mar do que colocá-las à disposição dos indigentes [parágrafo 67].

Nessa época, Xenofonte vive no Peloponeso, em Élida, ainda hóspede de seus protetores espartanos; mas tem sob as vistas esse quadro. É um tremendo golpe em suas convicções, se o Peloponeso agora se assemelha ao restante da Grécia. Dentro em breve, em Mantineia (362 a.C.), onde seu filho, que se tornou cavaleiro ateniense, encontrará a morte, soçobrará qualquer esperança de uma nova ordem internacional (*Helênicas*, VII, 5, 27). A reconciliação espartano--ateniense, que provavelmente acarretou sua reintegração ao corpo cívico de sua cidade natal, decerto não soluciona, a não ser num plano pessoal, a desor-

---

24. Cf. supra, cap. 32.

dem generalizada e a falta de perspectivas. E, mais do que tudo, sobrevém uma nova guerra — a de Atenas contra seus aliados membros da renovada liga marítima — que põe fim a qualquer ilusão (357-5 a.C.).

A segunda liga surgira em 378 a.C., com solenes compromissos de não repetir as prepotências do passado, mas já em meados dos anos 360 a imposição de milhares de colonos (*clerucos*) às cidades aliadas (2 mil só em Samos em 365)[25] retomava o esquema de exploração e de aliança desigual que afundara o primeiro império. Consumado o fato, a guerra já perdida, a justificativa alegada pelos políticos atenienses para explicar a retomada do antigo cenário imperialista foi muito crua e instrutiva. Encontra-se nas primeiras palavras com que Xenofonte aborda o assunto, no início dos *Poroi*: "Alguns líderes atenienses[26] disseram que sabem muito bem, tanto quanto todos os outros seres humanos, o que é a justiça, mas que *a pobreza das massas*[27] os obrigara[28] a comportamentos injustos em relação às cidades aliadas". A "pobreza das massas" é, portanto, o motor que, mais uma vez, levou a utilizar o império em proveito próprio.

É aqui que Xenofonte crê que deve falar à sua cidade, agora que, depois da "guerra social", também o segundo império se desvaneceu. Exatamente porque a questão é "a pobreza das massas", argumenta ele, "tentei ver *se os atenienses podem encontrar uma maneira de se manter com seus próprios recursos*". Seria, acrescenta, a solução mais correta e, ao mesmo tempo, evitaria que os atenienses viessem a "parecer suspeitos aos outros gregos". E seu projeto de reforma tem um epicentro: as minas de Láurion e o uso sistemático de milhares de escravos públicos para explorá-las (cap. 4). "Minha proposta", escreve Xenofonte, "é que a cidade, a partir do exemplo dos particulares, que garantiram para si uma renda perene com a posse de escravos, adquira ela também escravos públicos até alcançar o número de três para cada ateniense" (4, 17); "o tesouro público pode providenciar dinheiro para a compra de homens com mais facilidade do que os particulares"; "em cinco ou seis anos, alcançaríamos um teto de 6 mil escravos públicos; cada um rendendo um óbolo ao dia, teríamos uma renda de

---

25. Diodoro, XVIII, 18, 9.
26. E provavelmente refere-se aos diversos Aristófanes e Caretes.
27. διὰ τὴν τοῦ πλήθους πενίαν.
28. ἀναγκάζεσθαι.

sessenta talentos" (4, 23); "e, alcançado o número de 10 mil escravos públicos, a renda será de cem talentos" (4, 24).

A atenção de Xenofonte aos mecanismos econômicos é uma marca distintiva sua que os letrados modernos desconsideram ou ignoram. Mas ele é o autor do *Econômico* e, nos *Ditos e feitos memoráveis*, também fala de economia e dos escravos que traziam renda a Nícias alugando-os aos empresários das minas. E destas Tucídides era grande conhecedor, tendo a concessão para explorar as minas de ouro no Pangeu e ali granjeando seu prestígio naquela região — esse é mais um importante elemento que liga estreitamente Xenofonte a Tucídides. Assim, se o equivalente xenofonteano d'*A República* platônica é a *Constituição dos espartanos*, o equivalente das *Leis* são os *Poroi*. Vidas paralelas dos dois maiores socráticos. Ambos responderam com a engenharia social à primeira e à segunda catástrofe, à crise social ateniense que se aguçou após o colapso do primeiro e se agravou ainda mais com a ruína do segundo império. A resposta platônica, na verdade, não parece visar especificamente Atenas (a qual, aliás, desde muito cedo deve ter se afigurado ao desventurado hóspede dos tiranos siracusanos um sistema irreformável); a resposta de Xenofonte, nostálgica no que ainda apontava o modelo de Licurgo "em estado puro", tornou-se concreta e ligada à práxis e aos recursos reais e possíveis na prosa enxuta e incisiva dos *Poroi*.

VII

O caráter utópico desse projeto, lançado por um grande sobrevivente à Atenas dos novos políticos, não deve passar despercebido. Consiste não tanto em subestimar a impermeabilidade a toda engenharia social por parte da classe política, de qualquer classe política, que funciona como classe e visa antes de mais nada à autopreservação, mas na dificuldade de penetrar no egoísmo refratário dos proprietários. Quase da mesma época, se não contemporânea à proposta minerária de Xenofonte, é a primeira apresentação assemblear de Demóstenes: o discurso *Sobre as simorias* (355/354 a.C.). Ele também tem uma proposta: elevar o número dos cidadãos engajados na preparação da frota. Mas Demóstenes, filho de um industrial, porém reduzido à advocacia por ter ficado órfão em idade precoce e ver seu patrimônio dilapidado pelos tutores, sabe como funcionam as duas cidades contrapostas que vivem dentro dos mesmos muros, a cidade dos ricos e a cidade dos despossuídos. A dos ricos ele conhece por dentro. Assim, diante do clássico e experimentado instrumento de um "imposto patrimonial" sobre a riqueza (a "duodécima", que em teoria poderia render cerca de quinhentos talentos), ele objeta:

> Atenienses! Na cidade há riquezas, ousaria dizer, em montante igual ao de todas as outras cidades reunidas. Mas se também todos os oradores se esforçassem em amedrontar os ricos, dizendo que o rei da Pérsia está para chegar, ou melhor, já chegou, e se com os oradores também interviessem os adivinhos, fazendo a mesma previsão, os ricos não só não entregariam nada como nem sequer dariam a ver suas riquezas, aliás, nem reconheceriam possuí-las! [*Sobre as simorias*, 25].

E por isso arremata sem rodeios: "Quanto ao dinheiro, por ora deixemo-lo nas mãos de quem o possui: é o melhor cofre para a cidade" (28).

A questão social domina o século IV, como domina a oratória demostênica, inclusive quando o orador parece falar de outra coisa. Quando havia o império, o conflito se dava no interior da "guilda", para dizê-lo de novo com Weber, e o que estava em jogo era a repartição do butim. Perdido o império uma e outra vez, a reação imediata das classes mais fortes foi tentar restringir a cidadania. Nos anos entre a decolagem da aventura política de Demóstenes, empenhado em encontrar para sua cidade espaço para uma terceira "hegemonia" (talvez na órbita da Pérsia), e a derrota definitiva de 322, ou seja, num leque de trinta anos, tem-se mais uma vez um confronto social que não conhece tréguas. E quando os abastados tiverem os macedônios como garantes da derrota da última reencarnação da democracia imperial, como primeira coisa restringirão o corpo cívico a 9 mil cidadãos, com base censitária e por explícita solicitação de Antípatros.[29] É a Atenas de Fócion com soberania limitada. E é o início de um declínio que será irrefreável.

Na época de Cícero e de Possidônio de Apameia, na época de Silas em guerra contra Mitrídates, o último estertor de Atenas, alinhada com Mitrídates, será o governo do filósofo e político Atênion. Possidônio, de quem se salvou uma página que narra tais fatos, não hesita em reduzir, com inusitada ferocida-

---

29. Diodoro, XVIII, 18, 4-5.

de, o mito da grande Atenas — que fala na voz de Atênion, caricatura de Demóstenes — a uma farsa: "Chega de templos trancados, de ginásios abandonados, do teatro deserto, de tribunais mudos e da Pnyx, consagrada aos deuses, esvaziada do demo!". Isso diz o demagogo, na sardônica paráfrase do filósofo de Apameia,[30] cliente dos poderosos romanos. Atenas agora é para ele, tal como para Cícero, o lugar da "*nimia libertas*", convertida em farsa. E por causa dela, segundo o juízo de ambos, Atenas chegou ao fim.

---

30. *FGrHist* 87 F 36.

Bibliografia selecionada*

> *A crítica histórica é representada por uma literatura quase infinita, em que cada autor apresenta suas afirmações como frutos da verdadeira crítica histórica e, de modo geral, essas afirmações são em tudo concordantes ou em tudo divergentes das dos outros. [...] Seria muito prático e cômodo pegar as obras mais recentes e acreditar nelas; mas nem sempre o livro mais recente nos traz os melhores resultados: falar por último não significa ter razão; para citar um exemplo adequado a nosso caso, o pequeno livro já semissecular de Tocqueville sobre* L'Ancien Régime et la Révolution *contém tantos resultados sólidos e incontroversos, alcançados por meio de pesquisas amplas e profundas e iluminados por uma admirável genialidade, quanto os que se encontram em centenas de volumes publicados mais tarde. Para poder aceitar com plena segurança as afirmações de um autor de preferência às de outros, seria necessário sempre remontar às fontes e refazer por conta própria o trabalho crítico já feito por outros sobre cada notícia contestada; aliás, para sermos rigorosos, seria preciso refazer esse trabalho mesmo sobre as notícias incontroversas, enquanto não se estabelecer que a concordância universal é prova de verdade.*
>
> G. Salvemini, *La Rivoluzione Francese*, 1907, pp. VIII-IX

---

* A seleção foi feita em função dos temas tratados no volume.

APRESENTAÇÃO

Quando na Europa oitocentista, encerrada desde longa data a experiência jacobina, vem a nascer um modelo "democrático" resultante do encontro-confronto entre instâncias populares e predomínio parlamentar de elites proprietárias, e à medida que esse modelo se materializa com a ampliação do direito de voto, a historiografia liberal "progressista" (George Grote) mostra viva simpatia por Atenas, na qual identifica seu modelo distante, enquanto a historiografia conservadora (Eduard Meyer, Wilamowitz, Beloch, Bogner) se opõe a ele como antecedente remoto do modelo "Terceira República francesa".

Na segunda parte (cap. XLVI) de *History of Greece* (Londres, [1849] 1862²), George Grote descreve o funcionamento da democracia ateniense com adesão favorável a ela e em viva oposição às críticas tradicionais (antigas, mas também modernas). Começa pela descrição dos "partidos": "Péricles e Efialtes democráticos; Címon oligárquico e conservador" (p. 101). Já aqui se percebe uma distorção, pois dificilmente se poderia definir como "oligárquico" um político que, como Címon, aceita o jogo político assemblear (inclusive o ostracismo). Não passa despercebida, é óbvio, a brilhante atualização, como ocorre em alguma medida em toda a historiografia oitocentista sobre a antiga Grécia, que leva Grote a falar de "partidos", com o interessante detalhe de atribuir precisamente a Címon um comportamento "demagógico" (p. 108) — referindo-se, claro, à sua "generosidade", comentada por Plutarco, de colocar seus jardins e pomares à disposição dos cidadãos. Grote concentra corretamente sua atenção no funcionamento dos tribunais populares e na derrubada do poder do Areópago, cujos poderes foram redimensionados pela reforma de Efialtes. Defende o bom nome dos tribunais populares atenienses, em geral considerados o ponto forte do predomínio popular contra as classes abastadas. E invoca em defesa deles dois argumentos: a) o elevado número dos integrantes de cada corte foi "fundamental para excluir a corrupção" (pp. 123-6); b) os tribunais não eram compostos apenas de pobres, mas também de cidadãos pertencentes às classes médias (p. 143). Em muitos outros pontos, Grote segue uma direção apologética, em prosa ao mesmo tempo ágil e erudita, repleta de comparações modernas (sobretudo com a situação inglesa e americana). Além disso, afirma que a democracia ateniense teria se mantido inalterada até a instauração da hegemonia macedônia no final do século IV (pp. 121-2). Isso, porém, significa subestimar a mudança gradual que se deu após a guerra civil de 404-3: na democracia restaurada, acentua-se a profissionalização da classe política (cf. ensaio de W. Pilz, *Der Rhetor im attischen Staat*, diss., Leipzig, 1934) e deixa de existir a indistinção entre papel político e papel militar (característica do século V, desde quase o final do grande conflito com Esparta). Ademais, Grote atenua muito a dura realidade da indisposição dos aliados, agora súditos, em relação a Atenas. E isso, embora o próprio Péricles tenha definido o império como "tirania", num discurso que Tucídides lhe atribui (II, 63, 2). Para Grote, tratava-se antes de "indiferença ou aquiescência, e não de sentimentos de ódio" (p. 172). Ele sem dúvida conhece o célebre juízo de Tucídides sobre Péricles como líder de uma "democracia que o era apenas nas palavras" (p. 293), mas aproveita outras partes dessa importante página (em especial o elogio de Péricles como incorruptível). À luz disso tudo, não surpreenderá o olhar positivo que dirige também a uma figura tradicionalmente malvista (desde seu contemporâneo Aristófanes e depois por Aristóteles) como Cléon (pp. 356-8, 434-5 e 538). Nisso Grote foi precedido por Johann Gustav Droysen, no ensaio sobre *Os cavaleiros* (1835, 1838²). É notável que Droysen tenha chegado em alguns casos a conclusões parecidas, sendo de formação totalmente diferente, não estranha ao pensamento histórico de Hegel. Este, em *Filosofia da história*, definiu a democracia grega como "a obra-prima política" (parte II, cap. III) e Péricles como "o estadista mais profundamente culto, autêntico e nobre" (Introdução).

O cenário em ambiente alemão, na época guilhermina (final do século XIX), é completamente distinto. O nome mais importante (muito além do âmbito germânico) é o de Eduard Meyer. Ao contrário de Grote, Meyer, na monumental e infelizmente inacabada *Geschichte des Altertums* (IV.1, Stuttgart, 1911²; 1939³, org. de Hans Stier), põe no centro de sua reconstituição justamente a desmesurada e incongruente posição de Péricles dentro de um ordenamento "democrático" (pp. 695-702). No entanto, nem mesmo Meyer, embora tão distante de Grote e influenciado pelo pensamento conservador do final do século (como se evidencia em sua publicística, de alto nível, desfraldada durante o primeiro conflito mundial contra a "democracia de tipo ocidental"), explora a intuição hobbesiana sobre a verdadeira natureza do poder de Péricles, preferindo enfocar as falhas estruturais da democracia antiga (grega), precursora, precisamente, da "ocidental". Apesar de tudo, Péricles lhe parece voltado cada vez mais para uma atitude "conservadora" depois, e por causa, da conquista do poder absoluto (p. 696). É uma avaliação histórico-política que não se deve subestimar, na qual se pode talvez reconhecer a influência do diagnóstico plutarquiano, segundo o qual o governo de Péricles se demonstrou "aristocrático" *enquanto fundado sobre sua posição de* princeps (*Vida de Péricles*, 9, 1). Assim Plutarco interpretava Tucídides, II, 65, 9, e assim Meyer, provavelmente, interpreta e valoriza Plutarco.

Em todo caso, é digno de nota como também Meyer continuou aferrado, pelo menos em parte, à aplicação da noção moderna de *partido político* ao mundo grego.

Nesse sentido, uma terminologia explicitamente modernizante está presente no ensaio quase coetâneo de Maurice Croiset, *Aristophane et les partis à Athènes* (Paris: Fontemoing, 1906), em que se fala repetidas vezes em "partido oligárquico", "democrático", "moderado", mesmo com a dificuldade de encontrar uma colocação que, num panorama desses, pudesse atribuir a Aristófanes. Bem mais pertinentes a esse respeito são as páginas de G. E. M. de Ste. Croix (*The Origins of the Peloponesian War*, Londres: Duckworth, 1972, Apêndice 29) sobre a "política" de Aristófanes, corretamente definida pelo historiador marxista inglês como de inspiração "cimoniana" (pp. 355-71).

Em vez de acompanhar em separado a constante bifurcação da avaliação dos modernos perante o fenômeno da democracia grega, assinalaríamos alguns momentos significativos, indicando-os com estudos emblemáticos das orientações opostas: o primeiro conflito mundial, a primeira república alemã, a época dos fascismos, a segunda metade do século xx.

A) A partir de 1914, durante a chamada "guerra dos espíritos" [*Krieg der Geister*] deflagrada pelo conflito mundial entre estudiosos alemães e a intelectualidade da *Entente*, está em jogo a imagem da Atenas de Demóstenes. Cabe lembrar dois livros em especial: *Aus einer alten Advocatenrepublik*, de Engelbert Drerup (1916) — em que a "antiga república dos advogados" é a Atenas de Demóstenes, identificada por meio dessa fórmula com a inimiga França "democrática" —, e, pouco depois do conflito, *Démosthène*, de Georges Clemenceau, o vencedor do lado francês contra a Macedônia-Prússia do kaiser Guilherme II. A identificação de Clemenceau com seu herói positivo é total e se refere também ao destino pessoal — marcado pela ingratidão dos concidadãos — tanto do antigo quanto do moderno paladino da democracia.

B) Para os anos da República de Weimar, lembraremos duas obras "menores", mas muito explícitas: de um lado, *Demokratie und Klassenkampft im Altertum*, de Arthur Rosenberg (Bielefeld: Velhagen & Klasing, 1921) e, do lado oposto, *Die verwirklichte Demokratie*, de Hans Bogner (Hamburgo/Berlim/Leipzig: Hanseatische Verlagsanstalt, 1930). Rosenberg é um dos maiores historiadores alemães da época weimariana, discípulo de Eduard Meyer e docente de história antiga em Berlim, parlamentar pelo Partido Comunista Alemão, exilado em 1933, refugiado nos Estados Unidos, onde faleceu em idade prematura em 1939, plenamente conquistado pelas razões do New Deal rooseveltiano. Bogner é um culto publicista de direita (nascido em 1895) ativo no início do regime nacional-socialista, tradutor de autores clássicos. Para Rosenberg, a experiência democrática ateniense constitui uma espécie de "Estado social" *in nuce*. Para Bogner, o sistema ateniense, a "democracia realizada", como ele o chama, não é senão o antecedente da moderna "ditadura do proletariado"; a fim de evidenciar quão condenável é esse sistema, Borger traduz (pp. 96-107) toda a *Athenaion Politeia* pseudoxenofonteana, definindo-a como "incomparável, imediata e vívida" descrição desse sistema — com a especificação de que é com a saída de cena de Péricles ("*der heimliche Monarch*": eco hobbesiano?) que o sistema se mostra em toda a sua negatividade.

C) Na época nazista manifesta-se, por exemplo por obra de Helmut Berve, um dos maiores expoentes da geração que predominou nas universidades durante o Terceiro Reich, a tentativa de estabelecer uma continuidade que, partindo do Péricles tucidideano, chega ao Führer. Beat Näf escreveu um livro importante sobre o tema, *Von Perikles zu Hitler?* (Berna/Frankfurt/Nova York: Lang, 1986), que traça também um perfil essencial do debate historiográfico anterior sobre a democracia ateniense (pp. 14-91). Ao lado desse inquietante filão, também se desenvolve, ou melhor, se reacende a discussão sobre Demóstenes. Malvisto já na época guilhermina por estudiosos de primeira ordem como Beloch e Wilamowitz (mas caro a professores do nobre e ativo "Ginásio humanista"), Demóstenes retorna à discussão por mérito do livro de Werner Jaeger *Demosthenes: The Origin and Growth of His Policy*), que é publicado primeiro nos Estados Unidos (1938) e logo a seguir na Alemanha (1939).

D) Nos anos 1960, uma importante novidade começou a abrir caminho também nos estudos sobre o mundo grego. Referimo-nos àquela orientação de estudos dita "prosopográfica", que, muito antes, influenciara os estudos de história romana. Essa orientação dá destaque às ligações pessoais, familiares e clânicas vigentes mesmo num mundo politicamente evoluído como o ateniense dos séculos v e iv a.C. Um fruto importante é o ensaio de J. K. Davies *Athenian Propertied Families, 600-300 B.C.* (Oxford: Clarendon Press, 1971). O resultado é um profundo redimensionamento da visão oitocentista demasiado modernizante e demasiado propensa a reconhecer nos grupos políticos da Atenas da época clássica verdadeiras agremiações partidárias. Essa sadia reação pode se enquadrar não só na corrente tipicamente anglo-saxônica dita prosopográfica, como também no confronto mais geral entre "primitivistas" e "modernistas" que afetou sobretudo a interpretação da história econômica e social do mundo antigo.

Isso não impediu que a interpretação tradicional dos conflitos políticos atenienses retomasse alento em vastos afrescos histórico-políticos. Assim se percebe a adesão emocional à democracia ática em estudos como *La Démocratie athénienne*, de Paul Cloché (Paris: PUF, 1951), assinalando-se suas páginas finais, pela nobre ingenuidade e embaraçosa defesa da gestão ateniense do império. Um propósito análogo aflora também num trabalho muito engajado, que por vezes transpira paixão, como *Democrazia* (Roma/Bari: Laterza, 1995), de Domenico Musti. Para uma colocação ponderada, que é também uma eficaz reconstrução crítica e documentada dos acontecimentos que levaram da "tirania" à reforma clistênica, pode-se recorrer ao ensaio de Giorgio Camassa (*Atene: La costruzione della democrazia*. Roma: "L'Erma" di Bretschneider, 2007). Tampouco são de negligenciar as tentativas de leitura não demonizante, mas política, dos acontecimentos dos "Trinta": *The Thirty of Athens*, de Peter Krentz (Ithaca: Cornell University Press, 1982). Este livro tem o mérito de perguntar seriamente qual seria o *programa* dos "Trinta" (e de Crítias em especial) e chega à sensata conclusão de que seu projeto era, com métodos violentos, remodelar Atenas "*on the lines of the Spartan Constitution*" (p. 127). Naturalmente, a experiência da história viva pode levar a ardorosas e sugestivas analogias — por exemplo, a leitura do episódio dos Trinta proposta por Jules Isaac (*Les Oligarques* [escrito em 1942]. Pref. de Pascal. Ory, Paris: Calmann-Lévy, 1989), em que se lê em filigrana o nascimento, sob o impacto da vitória alemã, do regime de Vichy (1940-5).

ABREVIATURAS

ATL   MERITT, B. D.; WADE-GERY, H. T.; MCGREGOR, M. F. *The Athenian Tribute Lists*. Princeton: The American School of Classical Studies at Athens, 1950. v. III.

CAH   *The Cambridge Ancient History*. Org. de D. M. Lewis, J. Boardman, J. K. Davies, M. Ostwald. Cambridge: Cambridge University Press, 1992. v. v: *The Fifth Century B.C.*

FGrHist   *Die Fragmente der griechischen Historiker*. Berlim/Leiden: Weidmann/Brill, 1923- (prossegue atualmente com org. de G. Schepens e outros).
IG   *Inscriptiones Graecae* (mas ver adiante Instrumentos, 3).
LSJ   LIDDEL, H. G.; SCOTT, R. *A Greek-English Lexicon*. Nova edição revista e ampliada por H. S. Jones [1940⁹], com acréscimo de novo Suplemento. Oxford: Clarendon Press, 1996.
ML   MEIGGS, R.; LEWIS, D. *A Selection of Greek Historical Inscriptions to the End of the Fifth Century B.C.* Oxford: Clarendon Press, 1988².
PA   KIRCHNER, J. *Prosopographia Attica*. v. I-II. Berlim: Typis et impensis G. Reineri, 1901-3.
PCG   *Poetae comici Graeci*. Org. de R. Kassel e C. Austin. Berlim/Nova York: De Gruyter, 1983--2001 (atualmente oito tomos).
RE   *Paulys Realencyclopädie der klassischen Altertumswissenschaft.* neue Bearbeitung unter Mitwirkung zahlreicher Fachgenossen. Org. de G. Wissowa, W. Kroll, K. Witte e K. Ziegler, I-XXIV, I.A-X.A, Supl. I-XV, Register, Stuttgart/Munique: Metzler-Druckenmüller, 1893-1980. (Especialmente valiosos os verbetes sobre Aristófanes, Isócrates, Xenofonte, *Triakonta* e Tucídides.)
Syll.³   *Sylloge inscriptionum Graecarum*. Org. de G. Dittenberger. Leipzig: Hirzel, 1915-24.
TrGF   *Tragicorum Graecorum fragmenta*. Org. de R. Kannicht, S. Radt e B. Snell. v. I-V. Göttingen: Vandenhoeck und Ruprecht, 1971-2007.
VS   DIELS, H.; KRANZ, W. *Die Fragmente der Vorsokratiker* [1934-1937], v. I-III. Berlim: Weidmann, 1952⁶ (última revisão).

INSTRUMENTOS

1) Prosopografia

BERVE, H. *Das Alexanderreich auf prosopographischer Grundlage*. v. I-II. Munique: Beck, 1926.
COBET, C. G. *Commentatio, qua continetur Prosopographia Xenophontea*. [s.l.]: Luchtmans/Lugduni Batavorum, 1836.
DAVIES, J. K. *Athenian Propertied Families (600-300 B. C.)*. Oxford: Clarendon Press, 1971.
FORNARA, C. W. *The Athenian Board of Generals from 501 to 404*. Wiesbaden: Steiner, 1971.
HOLDEN, H. A. *Onomasticon Aristophaneum sive Index nomimim quae apud Aristophanem leguntur*. Cambridge: Cambridge University Press, 1902².
KIRCHNER, J. *Prosopographia Attica*. v. I-II. Berlim: Typis et impensis G. Reimeri, 1901-3 (= *PA*).
NAILS, D. *The People of Plato: A Prosopography of Plato and Other Socratics*. Indianapolis: Hackett, 2002.
PORALLA, P. *Prosopographie der Lakedaimonier bis auf die Zeit Alexanders des Grossen*. Breslávia: Max, 1913; *A Prosopography of Lacedaemonians from the Earliest Times to the Death of Alexander the Great (X-323 B. C.)*. 2 ed. Intr., adendos e correções de A. S. Bradford. Chicago: Ares, 1985.
TRAILL, J. S. *Persons of Ancient Athens*. Toronto: Athenians, 1994- (atualmente dezenove volumes).

2) Historiadores gregos em fragmentos

JACOBY, F. *Atthis: The Local Chronicles of Ancient Athens.* Oxford: Clarendon Press, 1949.
_____. *Die Fragmente der griechischen Historiker.* Berlim/Leiden: Weidmann/Brill, 1923-58 (= *FGrHist*).
MARINCOLA, J. (Org.). *A Companion to Greek and Roman Historiography.* 2 v. Malden: Blackwell, 2007.
_____. *Greek and Roman Historiography.* Oxford: Oxford University Press, 2011. Oxford Readings in Classical Studies

3) Inscrições

DITTENBERGER, W. *Sylloge Inscriptionum Graecarum.* v. I-IV. Leipzig: Hirzel, 1915-24 (= *Syll.*[3]).
Inscriptiones Atticae Euclidis anno anteriores. Org. de F. Hiller von Gaertringen. Berlim: De Gruyter, 1924. (Fornece uma valiosa cronologia no final do volume.) (= *IG*, I²).
Inscriptiones Atticae Euclidis anno anteriores. I: *Decreta et tabulae magistratuum.* Org. de D. Lewis. Berlim: De Gruyter, 1981; II: *Dedicationes. Catalogi. Termini. Tituli sepulcrales. Varia. Tituli extra Atticam reperti.* Org. de D. Lewis e L. Jeffery. Berlim: De Gruyter, 1994; III: *Indices.* Org. de D. Lewis, E. Erxleben e K. Hallof. Berlim: De Gruyter, 1998 (= *IG*, I³).
Inscriptiones Atticae Euclidis anno posteriores. Org. de J. Kirchner. Berlim: De Gruyter, 1913-40 (= *IG*, II² e III²).
MEIGGS, R.; LEWIS, D. *A Selection of Greek Historical Inscriptions to the End of the Fifth Century B. C.* Oxford: Clarendon Press, 1988² (= *ML*).
MERITT, B. D.; WADE-GERY, H. T.; MCGREGOR, M. F. *The Athenian Tribute Lists.* Princeton: The American School of Classical Studies at Athens, 1950. v. III.
TOD, M. N. *A Selection of Greek Historical Inscriptions.* v. I-II. Oxford: Clarendon Press, 1933--48.

4) História geral

BELOCH, K. J. *Griechische Geschichte.* Estrasburgo: Trübner; Berlim/Leipzig: De Gruyter, 1912--27².
BENGTSON, H. *Griechische Geschichte.* Munique: Beck, 1977[5]; trad. ital. Il Mulino, Bolonha, 1985.
BERVE, H. *Storia greca* [1931-3[1], 1951-2²]. Bari: Laterza, 1966, 1976², 1983³.
BURCKHARDT, J. *Griechische Kulturgeschichte.* Berlim: Spemann, 1898-1902; trad. ital. *Storia della civiltà greca.* Florença: Sansoni, 1955, 1974².
BUSOLT, G. *Griechische Geschichte bis zur Schlacht bei Chaeroneia.* v. I-III. Gotha: Perthes, 1893--1904².
_____. *Griechische Staatskunde.* Org. de H. Swoboda. Munique: Beck, 1920-6. Handbuch der Altertumswissenschaft 4/1. v. 1: *Allgemeine Darstellung des Griechischen Staates*; v. 2: *Darstellung einzelner Staaten und der Zwischenstaatlichen Beziehungen.*
DE SANCTIS, G. *Storia dei Greci.* v. I-II. Florença: La Nuova Italia, 1939.

GLOTZ, G.; COHEN, R. *Histoire Grecque*. v. I-IV. Paris: PUF, 1925-38.
GROTE, G. *A History of Greece*. v. I-VIII. Londres: J. Murray, 1846-56[1], 1862[2].
MEYER, E. *Geschichte des Altertums*. 2 ed. v. I (1907-9), v. II (1928-31, org. de H. E. Stier), v. III (1915, 1937, org. de H. E. Stier), v. IV (1915), v. V (1913). Stuttgart/Berlim: Cotta.
MITFORD, W. *History of Greece*. v. I-V. Londres: Murray and Robson, 1784-1810.
The Cambridge Ancient History. Org. de D. M. Lewis, J. Boardman, J. K. Davies e M. Ostwald. Cambridge: Cambridge University Press, 1992. v. V: *The Fifth Century B. C.*
WEBER, M. *Economia e società* [*Wirtschaft und Gesellschaft*, 1922]. Trad. ital. de P. Rossi. Milão: Comunità, 1974. (A parte intitulada "La città".). [Ed. bras.: *Economia e sociedade*. Brasília: UnB, 1999. v. II.]
_____. *Storia economica: linee di una storia universale dell'economia e della società* [*Wirtschafisgeschichte*, 1923]. Roma: Donzelli, 1993. [Ed. bras.: *História geral da economia*. São Paulo: Centauro, 2008.]
WILAMOWITZ-MOELLENDORFF, U. von; NIESE, B. *Staat und Gesellschaft der Griechen und Römer*. Berlim/Leipzig: Teubner, 1910 ("Die Kultur der Gegenwart" II, IV.1), 1923[2].

ESTUDOS

5) Sobre Atenas

ACCAME, S. *La lega ateniese del sec. IV a.C*. Roma: Signorelli, 1941.
ANDREADES, A. M. *Storia delle finanze greche dai tempi eroici fino all'inizio dell'età greco-macedonica*. Pádua: Cedam, 1961.
BEARD, M. *Il Partenone* [2002]. Trad. ital. de B. Gregori. Roma/Bari: Laterza, 2004.
BELOCH, J. *Die Attische Politik seit Perikles*. Leipzig: Teubner, 1884.
BERVE, H. *Die Tyrannis bei den Griechen*. Munique: Beck, 1967.
BLASS, F. *Die attische Beredsamkeit*. v. I-III.2. Leipzig: Teubner, 1887-98[2].
BLECKMANN, B. *Athens Weg in die Niederlage: Die letzten Jahre des Pelopnnesischen Kriegs*. Stuttgart/Leipzig: Teubner, 1998.
BOECKH, A. *Die Staatshaushaltung der Athener*. v. I-II. Berlim: Reimer, 1817[1]. [Em 1817 apareceu pela primeira vez esta obra fundamental, ao mesmo tempo que Letronne preparava na França um trabalho similar, que permaneceu inédito. Eram os efeitos da instauração de um estudo sistemático da documentação epigráfica. Nos mesmos anos, de fato, Boeckh preparava o *Corpus Inscriptionium Graecarum*, com o apoio da Academia de Ciências de Berlim. Em 1834 apareceu um terceiro volume de *Die Staatshaushaltung der Athener*, contendo a documentação epigráfica sobre a Marinha ateniense; em 1851, a segunda edição com novo material sobre as finanças atenienses; a terceira edição, póstuma — Boeckh morreu em 1867 —, apareceu em 1886 a cargo de M. Fraenkel e foi traduzida para o italiano por Ciccotti [1899-1902]. Em 1828 aparecera a tradução francesa. O tradutor, A. Laligant, nota em seu prefácio que a peculiaridade deste grande livro não consistia simplesmente na reunião e interligação dos *débris épars* da documentação, mas sobretudo na capacidade reconstrutiva de resgatar o funcionamento do *sistema financeiro ateniense*.]

CAMASSA, G. *Atene: La costruzione della democrazia*. Roma: "L'Erma" di Bretschneider, 2007.

CAMBIANO, G. *Polis: Un modello per la cultura europea*. Roma/Bari: Laterza, 2000. (Muito importante pelas imagens modernas de Atenas.)

CARCOPINO, J. *L'Ostracisme athénien*. 2 ed. Paris: Félix Alcan, 1935.

CARPENTER, R. *Gli architetti del Partenone* [1970]. Turim: Einaudi, 1979.

CHANKOWSKI, V. *Athènes et Délos à l'époque classique: Recherches sur l'administration du sanctuaire d'Apollon délien*. Atenas: Ecole Française d'Athènes, 2008.

CLOCHÉ, P. *La Démocratie athénienne*. Paris: PUF, 1951.

DOVER, K. J. *Greek Popular Morality in the Time of Plato and Aristotle*. Berkeley: University of California Press, 1974; trad. ital. Paideia, Brescia, 1983.

_____. "The Freedom of the Intellectual in Greek Society". *Talanta*, v. 7, pp. 24-54, 1976. (Otimista demais: não esqueçamos que Meleto pediu a pena de morte para Sócrates.)

FILON, C. A. D. *Histoire de la démocratie athénienne*. Paris: Durand, 1854.

GERA, G. *L'imposizione progressiva nell'antica Atene*. Roma: Bretschneider, 1975.

GERNET, L. *L'approvisionnement d'Athènes en blé au Ve et au IVe siècle*. Paris: Alcan, 1909. Mélanges d'histoire ancienne.

GILBERT, G. *Beiträge zur innern Geschichte Athens im Zeitalter des Peloponnesischen Krieges*. Leipzig: Teubner, 1877.

GROSSI, G. *Frinico tra propaganda democratica e giudizio tucidideo*. Roma: "L'Erma" di Bretschneider, 1984.

HANSEN, M. H. *The Athenian Ecclesia*. v. I-II. Copenhague: Museum Tusculanum Press, 1983-9.

_____. *The Athenian Democracy in the Age of Demosthenes: Structure, Principles and Ideology*. Oxford: Blackwell, 1991; trad. ital. Led, Milão, 2003.

HARRISON, A. R. W. *The Law of Athens*. Oxford: Clarendon Press, 1968; 1971. v. 2: *The Family and Property*.

HIGNETT, C. *A History of the Athenian Constitution to the End of the Fifth Century B.C.* Oxford: Clarendon Press, 1952.

HURNI, F. *Théramène ne plaidera pas coupable: Un homme politique engagé dans les révolutions athéniennes de la fin du Ve siècle av. J.-C*. Basileia: Schwabe, 2010. (Livro ingenuamente concentrado no propósito de "salvar" a reputação de Terâmenes, operação já tentada por Aristóteles.)

LINTOTT, A. W. *Violence, Civil Strife and Revolution in the Classical City (750-330 B.C.)*. Londres: Croom Helm, 1982. (Traz útil bibliografia.)

MANSOURI, S. *Athènes vue par ses métèques. V^e-IVe siècle av. J.-C*. Paris: Tallandier, 2001.

MARASCO, G. *Democare di Leuconoe. Politica e cultura in Atene fra IV e III sec. a.C*. Florença: Dipartimento di Scienze dell'Antichità "Giorgio Pasquali", Università di Firenze, 1984.

MEIER, C. *Athen: Ein Neubeginn der Weltgeschichte*. Berlim: Siedler, 1993; trad. ital. Garzanti, Milão, 1996.

MEIGGS, R. *The Athenian Empire*. Oxford: Clarendon Press, 1972.

MOMIGLIANO, A. *Filippo il Macedone*. Florença: Le Monnier, 1934.

MOSSÉ, C. *Au Nom de la loi: Justice et politique à Athènes à l'époque classique*. Paris: Payot, 2010.

NOUSSIA, M. "The Language of Tyranny in Cratinus", PCG 258, *Proceedings of the Cambridge Philological Society*, v. 49, pp. 74-88, 2003.

NOUSSIA-FANTUZZI, M. *Solon the Athenian, the Poetic Fragments*. Leiden/Boston: Brill, 2010.

POHLENZ, M., resenha de WILAMOWITZ-MOELLENDORFF, U. von. *Platon* (1919). *Göttingische Gelehrte Anzeigen*, v. 183, pp. 1-30, 1921 (= *Kleine Schriften*. v. I. Hildesheim: Olms, 1965, pp. 559-88).

RHODES, P. J. *The Athenian Boule*. Oxford: Clarendon Press, 1972[1], 1985[2].

SCHVARCZ, J. *Die Demokratie von Athen*. Leipzig: E. Avenarius, 1901. (Violentíssima denúncia contra a democracia ateniense do ponto de vista rigorosamente reacionário.)

DE STE. CROIX, G. E. M. *The Origins of the Peloponnesian War*. Londres: Duckworth, 1972.

_____. *The Class Struggle in the Ancient Greek World from the Archaic Age to the Arab Conquest*. Londres: Duckworth, 1981.

WÜST, F. R. *Philipp II. von Makedonien und Griechenland in den Jahren von 346 bis 338*. Munique: Beck, 1938.

6) Sobre Péricles

AZOULAY, V. *Périclès: La démocratie athénienne à l'épreuve du grand homme*. Paris: Colin, 2010.

SCHACHERMEYR, F. *Perikles*. Stuttgart: Kohlhammer, 1969; trad. ital. Pericle, Salerno editrice, Roma, 1985.

STADTER, P. A. *A Commentary on Plutarch's Pericles*. Chapel Hill/Londres: University of North Carolina Press, 1989.

7) Sobre Alcibíades

DELEBECQUE, E. *Thucydicle et Alcibiade*. Paris: Ophrys, 1965.

HATZFELD, J. *Alcibiade: Étude sur l'histoire d'Athènes à la fin du Vème siècle*. Paris: PUF, 1940, 1951[2].

HOUSSAYE, H. *Histoire d'Alcibiade et de la République athénienne depuis la mort de Périclès jusqu'à l'avénement des trente tyrans*. Paris: Didier, 1873.

ROMILLY, J. de. *Alcibiade, ou les dangers de l'ambition*. Paris: Fallois, 1995.

TAEGER, F. *Alkibiades*. Gotha/Stuttgart: Perthes, 1925; Munique: Bruckmann, 1943[2].

WEIL, H. "Les hermocopides et le peuple d'Athènes" [1891]. In: _____. *Études sur l'antiquité grecque*. Paris: Hachette, 1900, pp. 285-8.

8) Aspectos militares da Guerra do Peloponeso

HANSON, V. D. *A War Like No Other*. Nova York: Random House, 2005. [Ed. bras.: *Uma guerra sem igual*. Rio de Janeiro: Record, 2012.]

LAZENBY, J. F. *The Peloponnesian War: A Military Study*. Londres: Routledge, 2004.

9) Sobre Tucídides

Comentários:
CLASSEN, J. ; STEUP, J. *Thucydides*. v. I-VIII. Berlim: Weidmann, 1879-1922³.
GINZBURG, C. *Rapporti di forza: storia, retorica, prova*. Milão: Feltrinelli, 2000, pp. 15-22 (capítulo sobre os mélios).
GOMME, A. W.; ANDREWS, A.; DOVER, K. J. *A Historical Commentary on Thucydides*. v. I-V. Oxford: Clarendon Press, 1945-81.
GOODHART, H. T. *The Eighth Book of Thucydides*. Londres: Macmillan, 1893.
HORNBLOWER, S. *A Commentary on Thucydides*. v. I-III. Oxford: Clarendon Press, 1991-2008.
_____. *Thucydidean Themes*. Oxford: Oxford University Press, 2011.
KRÜGER, K. W. ΘΟΥΚΥΔΙΔΟΥ ΣΥΓΓΡΑΦΗ. v. I-III. Berlim: [s.n.], 1846¹, 1858-61², 1860³.
POPPO, E. F.; STAHL, I. M. *Thucydidis de bello Peloponnesiaco libri octo*. v. I-IV. Leipzig: Teubner, 1875-89.

Ensaios:
ARON, R. "Thucydide et le récit des événements". *History and Theory*, v. 1, pp. 103-28, 1961.
HAMMOND, N. G. L. "The Meaning and Significance of the Reported Speech of Phrynichus in Thucidydes 8, 48". In: KINZL, K. H. (Org.). *Greece and the Eastern Mediterranean in Ancient History and Prehistory: Studies Presented to Fritz Schachermeyr*. Berlim/Nova York: De Gruyter, pp. 147-57, 1977. (Valioso pela lucidez com que ressalta as simpatias oligárquicas de Tucídides, e em especial por Frínico.)
HEGEL, G. W. F. *Vorlesungen über die Philosophie der Weltgeschichte* [1837]. Org. de K. Hegel. Berlim: Dunker und Humblot, 1840; trad. ital. de G. Bonacina e L. Sichirollo, Laterza, Roma/Bari, 2008³. [Ed. bras.: *Filosofia da história*. Brasília: UnB, 1999.]
HOBBES, T. *The History of the Grecian War Written by Thucydides*. In: *The English Works of Thomas Hobbes of Malmesbury*. v. VIII, Londres, 1843; Aalen: Scientia, 1966; trad. ital. *Introduzione a "La guerra del Peloponneso" di Tucidide*. Org. de G. Borrelli. Nápoles: Bibliopolis, 1984.
KALLET-MARX, L. *Money, Expense, and Naval Power in Thucydides' History 1-5.24*. Berkeley: University of California Press, 1993.
KRÜGER, K. W. *Untersuchungen über das Leben des Thukydides*. Berlim: Kruger, 1832.
MAQUIAVEL, N. *Discorsi sopra la prima deca di Tito Livio*. v. III, cap. 16. (Sobre o qual ver MARTELLI, M. *Machiavelli e gli storici antichi: osservazioni su alcuni luoghi dei discorsi sopra la prima deca di Tito Livio*. Roma: Salerno, 1998.)
RECHENAUER, G.; POTHOU, V. (Orgs.). *Thucydides — a Violent Teacher? History and Its Representations*. Göttingen: V&R Unipress, 2011.
RENGAKOS, A.; TSAKMAKIS, A. (Orgs.). *Brill's Companion to Thucydides*. Leiden: Brill, 2006.
ROSCHER, W. *Leben, Werk und Zeitalter des Thukydides*. Göttingen: Vandenhoeck und Ruprecht, 1842.
RUSTEN, J. S. (Org.). *Thucydides*. Oxford: Oxford University Press, 2009. Oxford Readings in Classical Studies.
SCHWARTZ, E. *Das Geschichtswerk des Thukydides*. Bonn: Cohen, 1919.

STRAUSS, L. *La città e l'uomo: Saggi su Aristotele, Platone, Tucidide* [1964]. Gênova/Milão: Marietti, 2010.

ULLRICH, F. W. *Beiträge zur Erklarung des Thukydides*. Hamburgo: Perthes-Besser und Mauke, 1846.

10) Sobre Pseudo-Xenofonte, *Athenaion Politeia*

BOWERSOCK, G. W. "Pseudo-Xenophon". *Harvard Studies in Classical Philology*, v. 71, pp. 33-55, 1966.

DEGANI, E., resenha de CANFORA, L. "Studi sull'Athenaion Politeia pseudosenofontea (1980)". *Atene e Roma*, v. 29, pp. 186-7, 1984.

FORREST, W. G. "An Athenian Generation Gap". *Yale Classical Studies*, v. 24, pp. 37-52, 1975. (Inteligente retomada da hipótese dialógica apresentada por C. G. Cobet.)

FRISCH, H. *The Constitution of the Athenians*. Copenhague: Gyldendal, 1942.

KALINKA, E. *Die pseudoxenophontische Athenaion Politeia*. Intr., trad. e comentário. Leipzig/Berlim: Teubner, 1913. (Continua a ser o comentário mais completo.)

LAPINI, W. *Commento all'Athenaion Politeia dello pseudo-Senofonte*. Florença: Dipartimento di Scienze dell'Antichita "Giorgio Pasquali", Università di Firenze, 1997.

SERRA, G. *La costituzione degli Ateniesi dello pseudo-Senofonte*. Roma: "L'Erma" di Bretschneider, 1979. (Valioso o *index verborum*.)

WEBER, G. *Pseudo-Xenophon: Die Verfassung der Athener*. Darmstadt: Wissenschaftlische Buchgesellschaft, 2010. (Boa atualização, inclusive bibliográfica.)

11) Sobre Xenofonte

BODEI GIGLIONI, G. *Xenophon: De vectigalibus*. Intr., texto crítico e trad. Florença: La Nuova Italia, 1970.

COLIN, G. *Xénophon Historien d'après le livre II des Helléniques (hiver 406/5 à 401/0)*. Paris: Les Belles Lettres, 1933.

DELEBECQUE, É. *Essai sur la vie de Xénophon*. Paris: Klincksieck, 1957.

KAPPEHNACHER, A. "Xenophon und Isokrates". *Wiener Studien*, v. 43, pp. 212-3, 1992.

KRENTZ, P. *The Thirty at Athens*. Ithaca/Londres: Cornell University Press, 1982.

LUPI, M. "Tibrone, Senofonte e le *Lakedaimonion politeiai* del IV secolo". In: POLITO, M.; TALAMO, C. (Orgs.). *La Politica di Aristotele e la storiografia locale: Atti della giornata di studio (Fisciano, 12-13 giugno 2008)*. Tivoli: Tored, 2010, pp. 149-55.

NUSSBAUM, G. B. *The Ten Thousand: A Study in Social Organization and Action in Xenophon's Anabasis*. Leiden: Brill, 1967.

PROIETTI, G. *Xenophon's Sparta: An Introduction*. Leiden/Nova York/Copenhague/Colônia: Brill, 1987.

ROSCALLA, F. *Biaios didaskalos: Rappresentazioni della crisi di Atene della fine V secolo*. Pisa: ETS, 2005.

USHER, S. "Xenophon, Critias and Theramenes". *Journal of Hellenic Studies*, v. 88, pp. 128-35, 1968.

12) Sobre Aristófanes

DROYSEN, J. G. *Aristofane. Introduzione alle commedie*. Org. de G. Bonacina. Palermo: Sellerio, 1998.
EHRENBERG, V. *The People of Aristophanes*. Oxford: Blackwell, 1951²; trad. ital. *L'Atene di Aristofane*. Florença: La Nuova Italia, 1957.
MASTROMARCO, G. *Commedie di Aristofane*. v. I-II. Turim: UTET, 1983-2006.
RUSSO, C. F. *Aristofane autore di teatro*. Florença: Sansoni, 1962; trad. ingl. Routledge, Londres, 1994.
THIERCY, P. *Aristophane: Théâtre complet*. Paris: Gallimard, 1997.
As vespas: W. J. M. Starkie (Londres: Macmillan, 1897).
A paz: S. Douglas Olson (Oxford: Clarendon Press, 1998); M. Platnauer (Oxford: Clarendon Press, 1964).
Lisístrata: S. Halliwell (Oxford: Clarendon Press, 1997); J. Henderson (Londres: Loeb Classical Library, 2000); A. H. Sommerstein (Warminster: Aris&Phillips, 1990); Wilamowitz (Berlim: Weidmann, 1927).
As tesmoforiantes: C. Austin, S. Douglas Olson (Oxford: Oxford University Press, 2004); F. H. M. Blaydes ("in Orphanotrophei Libraria", Halle, 1880); R. Enger (Bonn: Konig, 1844); J. Henderson (Londres: Loeb Classical Library, 2000); J. van Leeuwen (Leiden: Sijthoff, 1904); C. Prato, D. Del Corno (Milão: Mondadori/Fondazione Lorenzo Valla, 2001); B. B. Rogers, G. Murray (Londres: G. Bell and Sons, 1920); MASTROMARCO, G. "La parodia dell'Andromeda euripidea nelle *Tesmoforiazuse* di Aristofane". *Cuadernos de Filología Clásica. Estudios griegos e indoeuropeos*, v. 18, pp. 177-88, 2008.
As rãs: K. J. Dover (Oxford: Clarendon Press, 1993).

13) Sobre Lísias

DOVER, K. J. *Lysias and the Corpus Lysiacum*. Berkeley/Los Angeles: University of California Press, 1968.
PIOVAN, D. (Org.). *Lisia: Difesa dall'accusa di attentato alla demacrazia*. Roma/Pádua: Antenore, 2009.
PIOVAN, D. *Memoria e oblio della guerra civile: Strategie giudiziarie e racconto del passato in Lisia*. Pisa: ETS, 2011.

14) Sobre Isócrates

Estudos gerais:
BRINGMANN, K. *Studien zu den politischen Ideen des Isokrates*. Göttingen: Vandenhoeck & Ruprecht, 1965.
BUCHNER, E. *Die politischen Ideen im Panegyrikos des Isokrates*. Diss. Erlangen, 1952.
CLOCHÉ, P. *Isocrate et son temps*. Paris: Les Belles Lettres, 1963.

KOCH, H. *Quomodo Isocrates saeculi quinti res enarraverit.* Diss. Giessen, 1914.
MATHIEU, G. "Isocrate et Thucydide". *Revue de Philologie*, v. 42, pp. 122-9, 1918.
_____. *Les idées politiques d'Isocrate.* Paris: Les Belles Lettres, 1925.
PÖHLMANN, R. von. *Isokrates und das Problem der Demokratie.* Munique, 1913.

Sobre *Panegírico* e *Panatenaico*:
BUCHNER, E. *Der Panegyrikos des Isokrates: Eine historisch-philologische Untersuchung.* Wiesbaden: Steiner, 1958.
"DER Panathenaikos des Isokrates". Trad. e comentário de P. Roth. *Beiträge zur Altertumskunde*, v. 196, Saur, Munique, 2003.
EUCKEN, C. "Der platonische *Menexenos* und der *Panegyrikos* des Isokrates". *Museum Helveticum*, v. 67, pp. 131-45, 2010. (Considera o *Panegírico* como uma resposta ao *Menexeno* e data este último em 387/386.)
MÜLLER, C. W. "Platon und der *Panegyrikos* des Isokratest Überlegungen zum platonischen *Menexenos*". *Philologus*, v. 135, pp. 140-56, 1991; HEITSCH, E. "Zur Datierung des "*Menexenos*". *Philologus*, v. 152, pp. 183-90, 2008. (Consideram o *Menexeno* uma réplica ao *Panegírico* posta em circulação tão logo este foi publicado por Isócrates em 380; mas sobre isso ver supra, Introdução, cap. 6.)

15) Sobre Aristóteles, *Constituição de Atenas* (*Athenaion Politeia*)

CHAMBERS, M. *Aristoteles: Staat der Athener*, übersetzt und erläutert. Berlim: Akademia Verlag, 1990.
RHODES, P. J. *A Commentary on the Aristotelian Athenaion Politeia.* Oxford: Clarendon Press, 1981.
WILAMOWITZ-MOELLENDORLF, U. von. *Aristoteles und Athen.* v. I-II. Berlim: Weidmann, 1893.

16) Sobre Demóstenes

CARLIER, P. *Démosthène.* Paris: Fayard, 1990.
CLEMENCEAU, G. *Démosthène.* Paris: Librairie Plon, 1926. (Obra em grande medida de Robert Cohen: cf. B. Hemmerdinger, *Quaderni di storia*, v. 36, pp. 149-52, 1992.)
CLOCHÉ, P. *Démosthènes et la fin de la démocratie athénienne.* Paris: Payot, 1937.
EDER, W. "Die Harpalos-Affäre". In: BURCKHARDT, L. A.; VON UNGERN-STERNBERG, J. (Orgs.). *Grosse Prozesse im antiken Athen.* Munique: Beck, 2000, pp. 201-15. (Importante balanço político--jurídico dos acontecimentos; útil avaliação sobre o papel de Hipérides.)
JAEGER, W. *Demosthenes, der Staatsmann und sein Werden.* Berlim: De Gruyter, 1939.
KNIPFING, J. R. "German Historians and Macedonian Imperialism". *American Historical Review*, v. 26, pp. 657-71, 1921.
LEHMANN, G. A. *Demosthenes von Athen: Ein Lebenf ür die Freiheit.* Munique: Beck, 2004.
MOMIGLIANO, A. "Contributi alla caratteristica di Demostene". *Civiltà moderna*, v. 3, pp. 711-44, 975-6, 1931. (= *Quinto contributo.* Roma: Edizioni di storia e letteratura, 1975, pp. 235-66.)

SCHAEFER, A. *Demosthenes und seine Zeit.* v. I-III. Leipzig: Teubner, 1856-8[1]; 1885-7[2]. (A primeira edição tem sobre a segunda a vantagem de um volume III.2 com discussões histórico--antiquárias e textuais de grande valor.)
WANKEL, H. *Demosthenes: Rede für Ktesiphon über den Kranz.* v. I-II. Heidelberg: Winter, 1976.

17) Sobre a democracia siracusana

ASMONTI, L. "Diodoro e la democrazia di Siracusa (Diod. 13.20-32)". *Aristonothos. Scritti per il Mediterraneo antico*, v. 2, pp. 79-91, 2008.
FREEMAN, E. A. *The History of Sicily from the Earliest Times.* Oxford: Clarendon Press, 1891. v. 2: *From the Beginning of Greek Settlement to the Beginning of Athenian Intervention*; trad. alemã de B. Lupus. Leipzig: Teubner, 1897.
WENTKER, H. *Sizilien und Athen: die Begegnung der attischen Macht mit den Westgriechen.* Heidelberg: Quelle & Meyer, 1956.

Cronologia[*]

561-27	Pisístrato tirano de Atenas	
559-30	Reino de Ciro, o Grande	
c. 550	Tirania de Teágenes de Megara	
547	Queda de Sárdis	
c. 540		*Acmè*, de Teógnis
539	Ciro, o Grande conquista a Babilônia	
535		Instituição sob égide estatal das representações de tragédias na festa das Dionisíacas
533-22	Polícrates, tirano de Samos	
530-22	Reino de Cambises	
528/527	Morte de Pisístrato; início da tirania de Hípias e Hiparco	
525		Nascimento de Ésquilo
523/520		Primeira representação do poeta trágico ateniense Quérilo

[*] Organizada por Elisabetta Grisanzio.

522	Assassinato de Polícrates de Samos	Anacreonte vai a Atenas a convite de Hiparco
522-486	Dario I, rei dos persas	
514	Assassinato de Hiparco durante as Grandes Panateneias	Anacreonte se retira para a Tessália; Simônides deixa Atenas e passa ao serviço da família dos Scopadas de Cránon na Tessália
513/512	Expedição de Dario I contra os citas; Milcíades vassalo do rei persa	
511/510	Crotona destrói Síbaris	
511-08	LXVII Olimpíada	Primeira vitória do poeta trágico Frínico
510	Hípias se retira para o Sigeu	
508/507	Reforma de Clítenes	
506	Vitória dos atenienses sobre os beócios e calcideus	
500 (ou 499)-494	Revolta jônica	
c. 500	Istieu de Mileto, retido na corte do Grande Rei, envia a Aristágoras a mensagem que convida à revolta; Aristágoras se dirige a Esparta pelo rei Cleomenes	Hecateu de Mileto redige um catálogo dos povos governados por Dario
498	Jônios conquistam Sárdis	
497/496	Nascimento de Péricles	
494	Queda de Mileto; fim da revolta jônica	
493-2	Arconato de Temístocles	Frínico encena a *Tomada de Mileto*
492	Expedição de Mardônio na Trácia	
490	Primeira guerra persa; expedição por mar de Datos e Arafernes; destruição de Erétria; batalha de Maratona	
490 (pouco depois)		Simônides regressa a Atenas

488/487(?)	Guerra entre Atenas e Egina	Instituição dos ágons cômicos nas festas das Dionisíacas
487/486	Reforma constitucional em Atenas: os arcontes são escolhidos por sorteio; Mégacles, depois banido de Atenas, vence a corrida de bigas nas festas Píticas	Píndaro dedica a Mégacles a *Pítica VII*
486-65/484	Reino de Xerxes	
485/484		Ésquilo conquista a primeira vitória nos concursos trágicos; nascimento de Heródoto de Halicarnasso
482	Temístocles começa a construção da frota de Atenas	
481	Proclamação da paz geral na Grécia	
480	Segunda guerra persa; batalhas das Termópilas e de Artemísio; vitória de Salamina; Gélon de Siracusa derrota os cartagineses em Imera	
479	Batalhas de Plateia e Micales; os jônios se separam dos persas	
479/480-31	*Pentecontaetia*: cinquentenário da vitória sobre Xerxes e a eclosão da guerra entre Esparta e Atenas	
479/480	Vitória ateniense de Sesto; construção das muralhas de Atenas; Hierão torna-se tirano de Siracusa após a morte de Gélon	
478/477	Fundação da liga délio-ática; Leotíquidas na Tessália; Pausânias é chamado de volta à pátria	

476	Bizâncio se liberta de Pausânias	Frínico vence nos ágons trágicos com *Fenícias*, cujo corego é Temístocles; Simônides e o sobrinho Baquílides vão para Siracusa, junto ao tirano Hierão; Píndaro se muda para Siracusa e escreve para Hierão a *Olímpica I*
476/475	Címon vence a cidade de Eion sobre o rio Estrimão	
475	Címon conquista Esquiro e Caristo	
474 (ou 472?)	Temístocles é banido	
472		Péricles é corego de Ésquilo, que apresenta a tetratologia que compreende *Os persas* e conquista a vitória; Magneto vence nos ágons cômicos
471/470	Temístocles exilado em Argos	Nascimento de Tucídides (segundo Apolodoro de Atenas; mas é provável que essa data seja alta demais)
470	Inauguração de Etna, cidade fundada por Hierão de Siracusa e confiada ao filho Dimomenes; Hierão vence com a quadriga em Delfos	Primeira viagem de Ésquilo à Sicília por ocasião da fundação de Etna e representação das *Etneias*; Píndaro compõe em honra de Hierão a *Pítica I*; Baquílides compõe para Hierão a ode IV; nascimento de Sócrates
468	Hierão alcança a vitória em Olímpia na corrida de cavalos; Címon vence no Eurimedontes	Baquílides é convidado por Hierão para celebrar a vitória olímpica; Píndaro escreve a *Pítica II* para Hierão e a *Olímpica VI* para um amigo de Hierão; rompimento das relações entre Píndaro e Hierão; morte de Simônides de Céos
467	Os oligarcas tomam o poder em Argos; morte de Pausânias	Ésquilo vence com a trilogia *Laio*, *Édipo*, *Sete contra Tebas* e o drama satírico *A esfinge*
466 (?)	Temístocles condenado à revelia por "alta traição"	
465-4	Conflito entre Atenas e Tasos	

464	Os atenienses derrotados em Darabesco; rendição de Tasos; terremoto no Peloponeso; revolta dos hilotas, terceira guerra messênica	
463	Címon absolvido da acusação de corrupção do Areópago	Ésquilo vence nos ágons trágicos com uma tetralogia que compreende *As suplicantes*
462/461	Campanha de Címon em Itomes; Efialtes, com o apoio de Péricles, reduz o poder do Areópago	
461	Assassinato de Efialtes; ostracismo de Címon	
460-54	Revolta no Egito	
460	Expedição ateniense no Egito	
459/458	Fim da terceira guerra messênica	
458		Ésquilo representa com sucesso a *Oresteia* (*Agamêmnon, Coéforas, Eumênides*) e o drama satírico *Proteu*
457	Campanha de Tanagra; batalha de Enofita; Atenas reforça sua supremacia na Beócia	
456	Capitulação de Egina; os atenienses instalados na ilha Prosopitides, no Nilo, são derrotados pelos persas	Segunda viagem de Ésquilo para a Sicília; morte de Ésquilo
455		Estreia de Eurípides nos concursos trágicos com *Políades*, que conquistaram o terceiro lugar
454	Halicarnasso começa a pagar tributo a Atenas; o tesouro da liga délio-ática é transferido para Atenas	
453 (?)	Paz de cinco anos entre Atenas e Esparta	
453		O comediógrafo Cratino vence pela primeira vez nas Dionisíacas

451/450	Paz de trinta anos entre Esparta e Argos	
c. 450	Parmênides redige o código das leis para a cidade de Eleia	
450	Vitória naval de Atenas sobre os persas em Salamina de Chipre	
449/448	Paz de Cálias	
447/446	Revolta da Beócia e de Eubeia	
446	Invasão da Ática por Plistionates; reconquista de Eubeia; paz de trinta anos entre Esparta e Atenas	
444/443	Fundação da colônia pan-helênica de Turi; ostracismo de Tucídides de Melésia	Protágoras redige a Constituição de Turi, Hipódamo dispõe o plano urbanista e Heródoto adota a cidadania da colônia
c. 444-1		Nascimento de Xenofonte (data conhecida pela biografia antiga)
443/442	Ano dos dois secretários do colégio dos helenotames; Sófocles é presidente do colégio; nova valorização dos tributos da liga délio-ática	
442		Sófocles escreve uma ode de despedida a Heródoto, que parte para Turi; vitória de Sófocles com *Antígona*
441/440	Melisso, aluno de Parmênides, estratego e antagonista de Péricles; Sófocles e Péricles estrategos	Primeira vitória de Eurípides
440	Defecção de Samos, Sófocles e Péricles participam da repressão; "Decreto de Moriquides", com que Péricles limita a liberdade de expressão do teatro cômico	
438		Morte de Píndaro; Eurípides conquista o segundo lugar, atrás de Sófocles, com *Cretenses, Alcméon em Psofides, Telefu* e *Alceste*

436		Nascimento de Isócrates
434	Turi tira de Atenas o grau de "metrópole"	
432	Campanha ateniense em Potideia	
432/431	Congresso de Esparta; processo contra Fídias, Anaxágoras e Aspásia	
431-399	Arquelau rei da Macedônia	
431-21	Guerra arquidâmica	
431	Guerra do Peloponeso: invasão espartana da Ática; ataque tebano contra Palateia	*Acmè*, de Tucídides (segundo Apolodoro de Atenas)
431/430	Péricles profere o discurso fúnebre para os mortos do primeiro ano de guerra	O filocleoniano Hermipo ataca Péricles
430	Segunda invasão espartana da Ática; peste em Atenas; os atenienses matam os embaixadores peloponésios em trânsito da Trácia para a Pérsia	
430/429 (?)		Morte de Heródoto
429	Peste de Atenas; morte de Péricles	
428	Terceira invasão da Ática pelos espartanos; processo para "troca" tentado por Higiénon contra Eurípides; Sófocles participa como estratego da campanha contra os aneus, ao lado de Nícias	
427	Rebelião de Mitilene; recrudescimento da peste em Atenas; Górgias de Leontines está em missão em Atenas; capitulação de Plateia; primeira expedição ateniense na Sicília (comandada por Laques)	Nascimento de Platão; Aristófanes apresenta *Os banqueteadores*, Eupoles representa *Os taxiarcos* (paródia de Péricles)
426	Cléon ataca Aristófanes	Aristófanes com *Os babilônios*, encenados por Calístrato, vence nas Dionisíacas

425	Quarta invasão da Ática; capitulação dos espartanos em Esfactéria; Cléon aumenta a remuneração dos juízes populares de dois para três óbolos; triplica o tributo elevando-o a 1460 talentos	Aristófanes vence nas Leneias com *Os acarnianos*, ficando na frente de Êupolis (*Lua nova*) e Crátino (*Os atingidos*)
424	Sócrates toma parte na batalha de Délion entre atenienses e beócios	Aristófanes vence com *Os cavaleiros* nas Leneias; Êupolis ataca Cléon na comédia *A idade de ouro*
424/423	Tucídides, estratego na Trácia, com sede em Tasos; ataque espartano a Anfípolis; intervenção de Tucídides com sete trirremes para salvar Anfípolis; salva Eione	
423		Crátino vence pela última vez nas Dionisíacas, com a comédia *A batalha,* ficando na frente de Amípsia (*Cono*) e Aristófanes (*As nuvens*)
423/422	"Trégua de um ano" de Laques	
422	Morte de Brásidas e de Cléon em Anfípolis	
421	Paz de Nícias	
421-14	"Paz insegura"	
420	Tratado entre Atenas, Argo, Mantineia e Élida; aliança entre Esparta e Beócia; introdução do culto de Asclépio em Atenas	
419/418		Platão cômico ataca Hipérbolo com a comédia homônima
418	Batalha de Mantineia	
418-5 (?)	Ostracismo de Hipérbolo	
417	Nícias na Trácia	

416		Os atenienses atacam Melos; os espartanos são expulsos dos jogos olímpicos; Alcibíades vence em Olímpia	Eurípides escreve um epinício em honra a Alcibíades, vencedor das competições de quadrigas na Olimpíada
415		Mutilação das hermas; partida da frota ateniense para a Sicília, comandada por Nícias, Lâmaco e Alcibíades; denúncias contra Alcibíades; Crítias, por denúncia de um primo de Alcibíades, está entre os acusados pela mutilação das hermas	Eurípides conquista o segundo lugar nas Dionisíacas, atrás de Xênocles, com a trilogia *Alexandre, Palamedes* e *As troianas* e o drama satírico *Sísifo* (cujo autor é quase certamente Crítias)
415-3		Guerra de Atenas contra Siracusa	
415/414		Decreto de Siracósio: proíbe atacar nominalmente personalidades políticas	Diágoras de Melos é condenado à morte por ateísmo
414		Cerco de Siracusa; chegada de Gilipo em socorro de Siracusa; retomada da guerra entre Atenas e Esparta	Platão cômico vence nas Dionisíacas; Aristófanes conquista o segundo lugar com *Os pássaros*
413-04		Guerra "deceleica"	
413		Os espartanos ocupam Deceleia; fracasso da expedição ateniense na Sicília; em Atenas é instituída a magistratura dos próbolos	No final do verão Sófocles aceita participar do colégio dos dez próbolos
412		Acordo entre Esparta e Pérsia	Eupoles apresenta a comédia *Os demos*; Eurípides apresenta as tragédias *Helena* e *Andrômeda*

411	Novo tratado espartano-persa; governo dos Quatrocentos; estão envolvidos no golpe de Estado: Antifonte, Terâmenes, Pisandro, Frínico, Calescro, seu filho Crítias; os Quatrocentos revogam os salários para os cargos públicos e "os processos por ilegalidade"; queda do governo dos Quatrocentos; Constituição de Terâmenes; governo moderado dos "Cinco Mil"; Antifonte é condenado à morte; os democratas de Samos chamam de volta Alcibíades; batalha de Erétria; vitórias atenienses em Cinoxerma e Abidos	Representação de *Ifigênia em Táurides*, de Eurípides; Aristófanes apresenta *Lisístrata* e Platão cômico, *Pisandro*; Eurípides está presente nas Dionisíacas com *Íon*; Andócides, libertado, abandona Atenas
411/410		*As tesmoforiantes*, de Aristófanes
410	Vitória ateniense em Cízico; queda do governo dos "Cinco Mil"	
410/409	Acordo de trégua entre Atenas e Farnabazo; Alcibíades entra triunfalmente em Bizâncio	
409	Pisandro, um dos maiores responsáveis pelo golpe de Estado dos Quatrocentos, é processado; Trasíbulo da Calidônia, suposto assassino de Frínico, é coroado por ocasião das Dionisíacas	Sófocles vence nas Dionisíacas com *Filoctetes*; é envolvido no processo contra Pisandro
408	Alcibíades, mesmo ausente, é eleito estratego; regressa a Atenas	
408/407		Ágaton e Eurípides vão a Peles, na corte de Arquelau; Sófocles e Sócrates recusam o convite de Arquelau
407	Vitória de Lisandro em Nócion; novo autoexílio de Alcibíades	Para escapar ao processo movido por Cleofonte, Crítias foge para a Tessália
407/406		Morte de Eurípides

406	Vitória ateniense nas ilhas Arginusas; processo contra os estrategos vencedores nas Arginusas	Morte de Sófocles
406/405	Agrigento cai em mãos cartaginesas	Aristófanes vence nos concursos lenaicos com *As rãs*, ficando na frente de Frínico (*As musas*) e Platão cômico (*Cleofonte*)
405	Derrota ateniense em Egospótamos; decreto de Patrocleides com que são restituídos os direitos aos *atimoi*	
404	Após a rendição, Atenas é governada por cinco éforos, entre eles Crítias; Crítias pede a Lisandro o fim de Alcibíades; Lisandro entra em Atenas e condiciona a assembleia popular que decreta o fim da democracia	
404/403	Governo dos Trinta; Lísias foge para Mégara, de onde ajuda Trasíbulo, que está em Files; Eucrates, irmão de Nícias, e Polemarco, irmão de Lísias, estão entre as vítimas dos Trinta; os Trinta redigem a lista dos 3 mil cidadãos; o Egito se separa do império persa	Platão adere ao governo dos Trinta, "identifica-se com eles"; Xenofonte é cavaleiro com os Trinta; os Trinta proíbem Sócrates de ensinar
403	Confronto entre as forças de Trasíbulo e as dos Trinta; morte em batalha de Cármides e Crítias; governo dos Dez; Pausânias impõe o decreto de pacificação; anistia geral, ficam excluídos os Trinta e os Dez; criação do Estado oligárquico de Elêusis; restauração da democracia em Atenas	Regresso de Andócides
403/402	Arquino denuncia Trasíbulo "por ilegalidade", por ter apresentado um decreto concedendo cidadania a todos os retornados a Atenas, entre os quais há escravos	

401/400	Próxeno recruta mercenários para enviar auxílio a Ciro contra Artaxerxes; Esparta pede a Atenas trezentos cavaleiros para enviar na expedição à Ásia; fim da política de compromisso em Atenas; ataque de Elêusis e morte dos oligarcas	
401	Batalha de Cunassa; morte de Ciro, o Jovem	
400/399		Andócides é de novo arrastado ao tribunal pelo escândalo dos hermocópidas: Andócides faz o discurso *Sobre os mistérios*
399	Processo e condenação à morte de Sócrates	Xenofonte na Ásia é atingido pela condenação ao exílio e passa ao serviço do espartano Tíbron; após a morte de Sócrates, Platão deixa Atenas e faz viagens talvez a Cirene, na Magna Grécia, e a Mégara, no Egito
396-4	Agesilau conduz uma campanha contra Tixafernes	Xenofonte participa da campanha de Agesilau
395	Eclosão da guerra entre Corinto e Esparta; batalha de Aliarto	
394	Agesilau retorna à Grécia; a frota espartana é derrotada em Cnidos pela frota persa comandada por Cónon; Atenas reconstrói as grandes muralhas com o dinheiro persa	Xenofonte combate contra Atenas em Coroneia; pelos serviços recebe uma casa e uma propriedade em Scilunte, em Élida.
392		*A revolução das mulheres*, Aristófanes
392-1	Tentativas de paz entre Esparta e Atenas; Andócides, após o fracasso da embaixada a Esparta, da qual participara, vai de novo para o exílio	
388		Aristófanes, *Pluto II*
388/387		Primeira estada de Platão em Siracusa

387		O espartiata Polides, a conselho do tirano Dionísio, vende Platão como escravo aos eginetas em guerra contra Atenas
386	Paz de Antálcidas	Platão funda a Academia
c. 385		Morte de Aristófanes
382	Guerra entre Esparta e Olinto; o espartano Fébida ocupa a Cadmeia de Tebas	
380		*Panegírico*, de Isócrates
380/379 (?)		Revogação da sentença de exílio de Xenofonte, mas o ex-cavaleiro não retorna a Atenas
após 380		Morte de Lísias
379	Libertação de Tebas, expulsão da tropa espartana de Cadmeia	
378/377	Fundação da segunda liga ática (decreto de Aristóteles), à qual adere Tebas, mesmo que nominalmente	
376	O ateniense Cábria derrota a frota peloponésia em Naxos	
375/374	Congresso de paz em Esparta	
374/373	Tebas ocupa Plateia, aliada de Atenas; Timóteo, filho de Cónon, conquista a Córcira; acusado por Ifícrates, é deposto do comando	Isócrates, em entendimento com Timóteo, pede, com *Plataico*, que Tebas seja punida
372	Unificação da Tessália sob Jasão de Feres	
371	Epaminondas tebano derrota os espartanos em Leutra	Xenofonte deixa Scilunte e se refugia com a família em Lepreu e depois em Corinto
371-62	Hegemonia tebana	
370	Primeira expedição de Epaminondas no Peloponeso	
369	Epaminondas, com a segunda expedição no Peloponeso, liberta Messênia; criação de um Estado messênico independente	

368	Congresso de paz em Delfos	
367/366	Morte de Dionísio I; Dionísio II, tirano de Siracusa	
367-47		Aristóteles frequenta a Academia
366		Platão retorna a Siracusa
365	Timóteo conquista Samos	Isócrates colabora com Timóteo
364/363	Timóteo reconquista Potideia; morte de Pelópidas na batalha de Cinoscéfales num confronto com Alexandre de Feres	
362	Batalha de Mantineia; morte de Epaminondas	Os filhos de Xenofonte combatem em Mantineia na cavalaria ateniense; um deles, Grilo, morre
362/361	Paz geral na Grécia, excluída Esparta	
361/360		Terceira estada de Platão em Siracusa
360	Morte de Agesilau; Platão foge de Siracusa por intervenção de Arquita de Táranto	Xenofonte escreve *Agesilau*
359/358	Com a morte de Perdica III, Filipe II torna-se rei dos macedônios e derrota os ilírios; Demóstenes em Atenas ocupa a trieraquia	
358	Artaxerxes III Ocos torna-se rei da Pérsia	
357	Filipe II conquista Anfípolis e Pidna; Díon expulsa Dionísio II do trono de Siracusa	Isócrates discursa *Areopagítico*
357-5	Guerra dos aliados contra Atenas ("guerra social")	
356-46	Guerra sacra	
356	Filipe conquista e destrói Potideia; nasce Alexandre, filho de Filipe; Timóteo é removido em definitivo	
356/355	Fim da guerra social; Êubulo toma o poder em Atenas	Isócrates faz sugestões programáticas a Êubulo com o discurso *Sobre a paz*

542

355-1	Demóstenes se separa de Êubulo; campanha do orador pela conversão do *theorikón* para fins militares	
355/354	Leptines pede o fim de qualquer forma de isenção dos impostos; Demóstenes declama *Contra Leptines*	
354	Êubulo encabeça a comissão que administra o caixa do *theorikón*; Díon é morto em Siracusa num complô de mercenários, liderado pelo ateniense Calipo	Morte de Xenofonte; Demóstenes profere e divulga o discurso *Sobre as simorias*; Platão sugere (*Carta VIII*) para Siracusa uma monarquia constitucional e colegiada com três reis, Hiparino, Dionísio II e o filho de Díon
353/352		Isócrates publica o discurso *Sobre a troca*
352	Pela primeira vez Demóstenes lança o alarme contra as intenções de Filipe, no discurso judiciário *Contra Aristócrates*	
351	*Primeira Filípica* e *Pela liberdade dos ródios*, de Demóstenes	
349/348		*Olintíacas*, de Demóstenes
348	Atenas envia ajuda a Olinto, epicentro da liga calcidiana, contra Filipe; Fócion, expoente moderado filomacedônico, estratego contra Filipe em Eubeia; Apolodoro se faz porta-voz de Demóstenes e propõe na assembleia o uso do *theorikón* por necessidades militares; mas, depois de conseguir aprovar sua tese, enfrentará acusação de "ilegalidade" apresentada por Estéfano	
347		Morte de Platão; Espeusipo, seu sobrinho, torna-se escolarca da Academia; Aristóteles abandona Atenas e vai para Atarneu

347-5	Hérmias funda o reino de Axos, satélite da Macedônia; Aristóteles hóspede de Hérmias em Axos, onde se forma uma "Academia no exílio"	
346	Atenas estipula com Filipe a paz de Filócrates; a Fócia se rende, Filipe II substitui os fócios na Anficiônia délfica; Filipe assume a presidência dos jogos píticos	Isócrates escreve *Filipe*, Demóstenes, *Sobre a paz*
345/344		Aristóteles deixa Hérmia e vai para Mitilene
344	*Segunda Filípica*, de Demóstenes	
343/342	Em Atenas encontram-se embaixadores macedônios e persas; Licurgo e Demóstenes tomam parte em embaixadas ao Peloponeso; Artaxerxes Ocos organiza a reconquista do Egito; decreto ático com que a Boulé propõe um "exame" para premiar o melhor político	Aristóteles deixa Mitilene e vai para a Macedônia, na corte de Filipe; Isócrates começa a escrever *Pantemaico*
342-39		*Pantemaico*, de Isócrates
341	Fócion estratego contra Filipe em Mégara; Eubeia é libertada do controle macedônio; Demóstenes pronuncia a oração *Sobre os fatos do Quersoneso* e a *Terceira Filípica*	
340	Hérmias, aliado de Filipe, é capturado e crucificado em Susa; rompimento da paz de Filócrates; Filipe ataca Perinto	Aristóteles compõe um hino em honra a Hérmias, o *Hino à virtude*
340/339	Constituição de uma liga helênica por iniciativa de Demóstenes	
339	Fócion estratego contra Filipe em Bizâncio; Demóstenes consegue destinar o *theorikón* para as despesas militares	

339/338		Licurgo assume a direção das finaças em Atenas	Morte de Espeusipo, a direção da Academia passa para as mãos de Xenócrates; Aristóteles funda o Liceu
338		2 de agosto, vitória macedônia em Queroneia; Hipérides propõe libertar 150 mil escravos, mas é de imediato processado "por ilegalidade"; a liga de Corinto concede a *prostasía* a Filipe; "paz comum"; Demóstenes fica incumbido do discurso fúnebre para os mortos de Queroneia	(Após Queroneia) Isócrates escreve a *III Carta* a Filipe; morre em setembro, depois de catorze dias de jejum
337		Ctesifonte propõe a coroação de Demóstenes nas Dionisíacas, por suas benemerências em relação ao Estado; Demóstenes fica encarregado da defesa das muralhas; o Congresso de Corinto vota guerra contra a Pérsia	
336		Assassinato de Filipe II; revolta antimacedônia com epicentro em Tebas; destruição de Tebas; Alexandre confirma a "paz comum" de 338	Ésquines ataca Ctesifonte (*Contra Ctesifonte*) por ter proposto a coroa para um magistrado no cargo, Demóstenes; Demóstenes defende Ctesifonte com a oração *Sobre a coroa*; Ésquines, derrotado, retira-se para Rodes
335			Aristóteles retorna a Atenas
334		Alexandre parte para a Ásia; vitória em Granico	
333		Batalha de Isso	
331		Fundação de Alexandria; vitória macedônica em Gaugamela; Alexandre assume o título de "rei da Ásia"	
330		Ágides, rei de Esparta, é derrotado em Megalópolis por Antipatros; incêndio de Persépolis; morte de Dario III	Eumenes de Cárdia redige as *Efemérides*

328	Demóstenes administra o orçamento para a compra de cereais	
327-5	Expedição de Alexandre para a Índia	
327	Conspiração dos "pagens" contra Alexandre	
324	Alexandre em Pasárgada; núpcias em massa em Susa; Alexandre pede a apoteose por parte dos gregos; Hárpalo se apresenta no Pireu; Atenas o detém; fuga de Hárpalo para Creta, sua morte	Morte de Licurgo; Hipérides declama, no processo harpálico, a oração *Contra Demóstenes*
323	Morte de Alexandre	Hipérides e Leóstenes reúnem mercenários para o líder Tenaro; reintegração de Demóstenes; Aristóteles abandona Atenas e retira-se para Calcides de Eubeia
323/322	Guerra lamíaca; as cidades gregas se rebelam, enquanto Antipatros é sitiado em Lâmias por Leóstenes	
322	Definitiva vitória macedônia; morte de Demóstenes e Hipérides	

Glossário*

ANÁKRISIS: fase preliminar da instrução de um processo realizada pelo magistrado que depois presidiria ao processo.

ANDRAPODISMÓS: destruição de uma cidade e escravização de seus habitantes.

ANTIDOSEIS: *troca de patrimônios*. Instituição por meio da qual quem era obrigado a custear uma liturgia podia pedir que o encargo fosse assumido por outro de maior riqueza.

APOCHEIROTONIA: votação na assembleia, levantando a mão, sobre os magistrados acusados de abusos, que acarretava a suspensão do cargo e instauração de processo.

APODOKIMASIA: declaração de inadmissibilidade depois de exame para verificar as qualidades políticas de um candidato a uma magistratura [ver *dokimasia*].

APOPHORÀ: dinheiro pago ao próprio dono pelos escravos cedidos em aluguel, pelos rendimentos obtidos com o trabalho junto a terceiros.

ARCONTE: o mais alto magistrado, que dava seu nome ao ano em curso.

AREÓPAGO: a colina de Ares ao sul da Ágora, entre a Acrópole e a Pnyx, onde ficava o tribunal mais antigo de Atenas, assembleia vitalícia composta por ex-arcontes, que passavam a integrá-la depois do ano de arconato.

* Organizado por Antonietta Russo.

ARMOSTA: chefe do destacamento militar espartano encarregado do controle das cidades "aliadas".

ATIMIA: pena que consistia na privação dos direitos políticos para quem não tivesse cumprido determinadas obrigações em relação ao Estado. Foi aplicada também a cidadãos considerados cúmplices da oligarquia.

BANAUSOI: trabalhadores manuais.

BEMA: a tribuna do orador.

BOULÉ: designa em geral o Conselho dos Quinhentos, instituído por Clístenes, que compreendia cinquenta buleutas para cada uma das dez tribos, escolhidos por sorteio, a quem cabia a iniciativa legislativa. Após o golpe de Estado oligárquico de 411 a.C., o número dos membros foi reduzido para quatrocentos.

BOULEUTERION: a sala das reuniões do Conselho.

CLERUCO: cidadão ateniense, habitualmente de baixa extração social, convidado a administrar um lote de terreno em território aliado (*cleruquia*), escolhido por sorteio, com a finalidade de controlá-lo de maneira mais eficaz. Isso não acarretava a perda da cidadania de origem.

COREGIA: liturgia que consistia na montagem de espetáculos teatrais.

DEMARCO: magistrado encarregado da administração do demo. Tinha como função convocar e presidir à assembleia da comunidade, manter sob sua guarda os registros dos cidadãos e receber novos membros no demo, com o beneplácito da comunidade.

DEMEGORIA: discurso pronunciado por um orador ao povo na assembleia.

DEMOSIOS: escravo público.

DIONISÍACAS: festividades em honra a Dioniso Eleutheros. As Grandes Dionisíacas aconteciam na primavera, no mês de Elafebólion, e, além das procissões litúrgicas, previam encenações de tragédias, comédias e ditirambos.

DOKIMASIA: exame diante do Conselho dos Quinhentos e do tribunal popular, para verificar a idoneidade de um candidato a uma magistratura, antes da obtenção do cargo.

EPICHEIROTONI: crivo ao qual eram submetidos periodicamente os magistrados suspeitos de abuso no exercício do cargo.

ESTRATÉGIA: comando do exército confiado a um colégio de dez estrategos (um para cada uma das dez tribos territoriais) eleitos anualmente, a quem cabia o comando do exército e da frota.

GERUSIA: conselho dos anciãos de Esparta, com funções legislativas e judiciárias.

GRAPHÈ DORON: acusação de corrupção.

GRAPHÈ PARANOMON: acusação pública de quem tivesse proposto um decreto considerado "contrário à lei" ou desvantajoso. O proponente era punido e o decreto, revogado.

GRAPHÈ PRODOSIAS: acusação de traição.

HELENOTAMIA: colégio dos dez e depois vinte tesoureiros encarregados de coletar o tributo da confederação e de administrar o caixa conjunto da liga délio-ática.

HELIEIA: tribunal popular constituído por 6 mil heliastas, cidadãos com mais de trinta anos.

HETERIA: liga de caráter político entre nobres gregos.

HILOTA: no sistema social de Esparta, aquele que vivia em condição de escravidão.

HIPARCO: comandante da cavalaria.

LIGA DÉLIO-ÁTICA: aliança dos Estados ligados política e militarmente a Atenas, formada em 478-7 a.C.

LENEIAS: festividades em honra a Dioniso Leneu. Ocorriam no inverno, no mês de Gamélion, e previam a encenação de ágons teatrais.

LITURGIA: encargo econômico de duração anual assumido por um cidadão abastado para financiar um serviço público.

MEDIMNO: unidade de medida de capacidade de secos (= 52,40 litros = 2 *amphorae*).

METECO: estrangeiro de condição livre residente em Atenas por um período de tempo determinado, sem direitos políticos, sob tutela de um patrono (*prostates*) e obrigado a depositar uma taxa anual (*metoikion*).

METRETA: unidade de medida de capacidade de líquidos (= 39,39 litros).

MISTHOS: retribuição aos cidadãos que ocupavam cargos públicos, instituída por Péricles para incentivar a participação ativa na vida pública mesmo daqueles que viviam em condições econômicas modestas.

NOMOTETAS: comissão legislativa, composta por quinhentas a mil pessoas escolhidas entre os juízes por sorteio, encarregada durante um único dia de aprovar a instituição de uma lei, erguendo a mão.

ÓBOLO: medida de peso e moeda divisional equivalente a 1/6 de dracma.

OSTRACISMO: medida instituída por Clístenes e em vigor por todo o século V, que estipulava um exílio de dez anos para a figura política cujo nome, após uma votação, figurasse com maior frequência num total de 6 mil conchas (*ostraka*), por ser considerada perigosa para a estabilidade do Estado.

PATRIOS POLITEIA: suposta "Constituição original" de Atenas: noção vaga, utilizada instrumentalmente por diversos alinhamentos políticos.

PENESTES: braçais da Tessália, de condição não livre, comparáveis aos hilotas de Esparta.

PENTACOSIOMEDIMNOS: membros da mais elevada das quatro classes censitárias instituídas por Sólon. Estavam incluídos os cidadãos com renda anual equivalente a quinhentos medimnos de cereais [ver *medimno*], ou quinhentos metretas de vinho ou óleo [ver *metreta*]. Era-lhes permitido o acesso aos mais altos cargos do Estado.

PNYX: colina a sudoeste da ágora, sede da assembleia ateniense (*ekklesia*).

PRITANIA: período que corresponde à décima parte do ano (35/36 dias), durante o qual cinquenta cidadãos (prítanes), escolhidos vez a vez entre os membros da Boulé dos Quinhentos, presidiam ao Conselho e à assembleia popular.

PROBOULEUMA: resolução preliminar do Conselho dos Quinhentos, depois da qual a assembleia popular podia discutir uma questão geral ou ratificar uma proposta específica do Conselho.

PRÓBOLO: membro de um colégio de dez, instituído após a derrota na Sicília, a quem cabia o poder executivo.

PRÓXENO: cidadão eminente da pólis que, em troca de títulos honorários recebidos do Estado, se encarregava com seus recursos próprios da acolhida e proteção de embaixadores estrangeiros.

PROSTASIA: patronato ao qual era obrigado um estrangeiro que se tornava meteco. O *prostates* por ele escolhido providenciava o registro do meteco no demo de pertença e garantia o pagamento da taxa anual (*metoikion*).

SEISACHTHEIA: literalmente "remoção dos pesos". Providência instituída por Sólon, que previa a anistia das dívidas, tanto públicas como privadas.

SICOFANTA: em origem designava o encarregado de denunciar o furto de figos nos bosques sagrados. Depois passou a indicar aquele que, sendo pago, sustentava denúncias, mesmo que falsas.

SIMMORIA: grupo constituído por cidadãos abastados que partilhavam o ônus da contribuição para o pagamento da *eisphorà* ou da *proeisphorà*, para a preparação de uma liturgia, ou para a realização da trierarquia.

SYNGRAPHEUS: membro de uma comissão de especialistas, encarregados de formular propostas para questões especialmente complexas.

TAXIARCO: comandante de uma formação de hoplitas (*taxis*), a serviço do estratego. Eram em número de dez, um para cada tribo territorial.

TESMOTETA: título de seis dos nove arcontes escolhidos anualmente por sorteio (os três restantes eram o arconte epônimo, o rei e o polemarco), encarregados de instruir os processos.

TETAS: membros da quarta e última classe censitária instituída por Sólon, cuja renda era inferior a duzentos medimnos ou a duzentos metretas, ou mesmo despossuídos. Gozavam do direito de voto ativo, mas não lhes era permitido o acesso às magistraturas.

THEORIKÓN: fundo para os espetáculos teatrais, com o qual se garantia aos cidadãos mais pobres uma subvenção especial de dois óbolos pela participação nas apresentações cênicas.

THESEION: assim chamado por ser considerado o local em que estava sepultado Teseu. Mais tarde, foi identificado como o templo de Hefesto (*Hephaisteion*), situado no alto do *Kolonos Agoraios*, no lado ocidental da ágora.

THOLOS: edifício de forma circular situado na ágora, sede dos prítanes.

TRIERARCA: magistrado ao qual era confiado o aprestamento de uma trirreme (*trieres*), da qual assumia o comando.

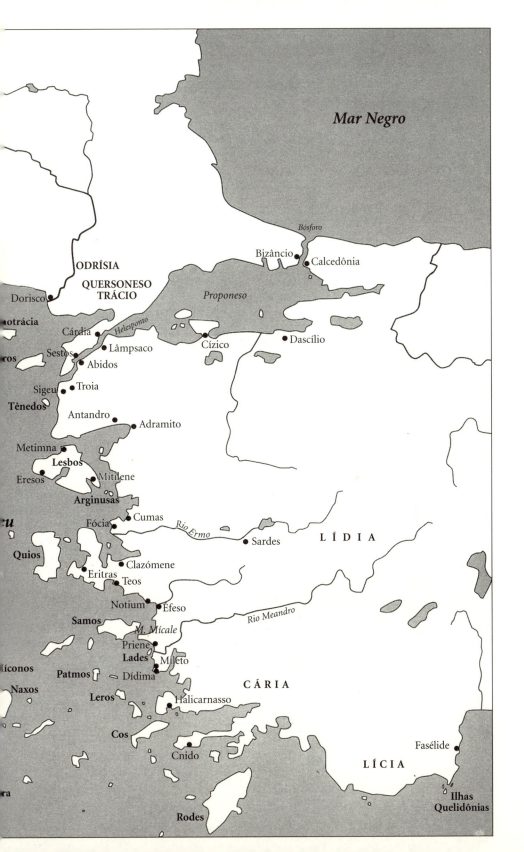

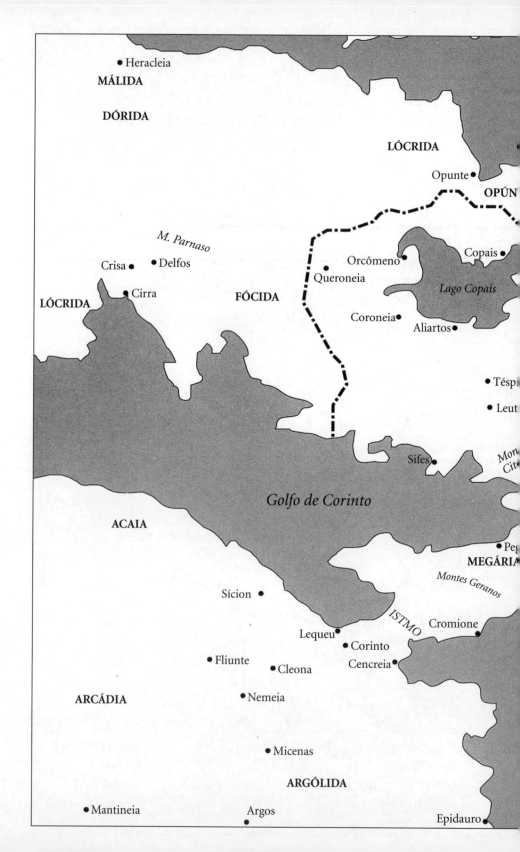

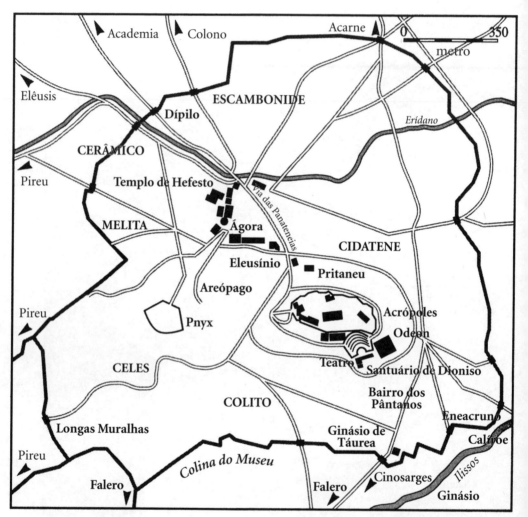
Planta de Atenas

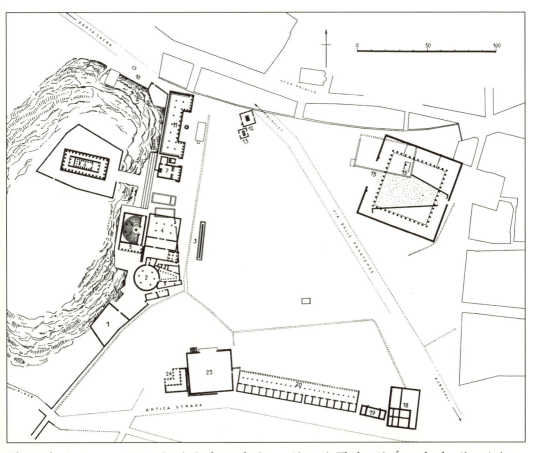

Planta da ágora em c. 300 a.C.: 1) *O chamado Strategèion;* 2) *Thòlos;* 3) *Área dos heróis epônimos;* 4) *Metròon;* 5) *Bouleuterion;* 6) *Hephaistèion;* 7) *Templo de Apolo Patròos;* 10) *Horos do Cerâmico;* 11) *Stoà de Zeus Eleuthèrios (Basìleios?);* 12) *Altar dos doze deuses;* 13) *Área com eschàra (Aiàkeion?);* 15) *Peristilo;* 15') *Tribunal;* 18) *Casa da Moeda;* 19) *Fonte sudeste;* 20) *Stoà sul I;* 23) *A chamada Heltaia;* 24) *Fonte sudoeste (de Hespéria).*

Índice onomástico

Accame, Silvio, 26
Acquafredda, Maria Rosaria, 9
Adimanto, estratego ateniense, 404, 408-9, 416
Adriano, Públio Élio Trajano, imperador romano, 64, 81
Aécio, filósofo, 113-5, 203
Agariste, mãe de Péricles, 74, 128
Agariste, mulher de Alcmeônidas, 404
Ágaton, poeta e dramaturgo, 101, 118, 357, 383-5
Agesândrida, comandante espartano, 287
Agesilau II, rei de Esparta, 27, 88, 157, 449, 451, 455, 473
Ágides II, rei de Esparta, 330, 362, 418
Agorato, sicário dos Trinta, 334-6, 340, 419
Alberti, Giovan Battista, 359
Albini, Umberto, 159, 204, 368
Alceu, 267
Alcibíades, 20, 22, 43, 44, 77, 80-2, 85, 137, 139-40, 144-5, 159, 165-8, 171, 192-3, 199-202, 204, 216-8, 222-6, 230, 233-6, 242, 247-9, 253-5, 257-8, 260, 266, 271, 282-3, 291, 296, 306-7, 310, 312, 314, 319-30, 335, 345-6, 362, 365, 367, 370, 372, 376, 379-81, 383-4, 387, 390-409, 416, 423, 448, 491, 506
Alcibíades de Fegunte, 253
Alcidamantes, retor e sofista, 173
Alcístenes, hermocópida, 238
Alcméon, pai de Cálias, hermocópida, 241
Alcmeônidas, marido de Agariste, 404
Alexandre Magno, 37, 59, 62-4, 141, 195, 345, 471-2, 485, 488, 494, 496-8
Aléxicles, estratego da oligarquia, 286, 291, 298, 307, 341, 362-6, 369
Alvoni, Giovanna, 114
Aly, Wolf, 183, 187
Amianto de Egina, 253
Amínia, filho de Pronapo, ateniense, 175, 384
Ammendola, Giuseppe, 303
Ampolo, Carmine, 49, 179
Anaxágoras de Clazômenas, 16, 20, 137, 170
Andócides, 69, 179, 193, 199-201, 223-5, 234-9, 241-3, 246-56, 258-61, 314, 338, 347, 356, 364-5, 381, 391, 404, 460-1, 466, 477
Andrews, Antony, 72, 184, 261, 298, 316

Ândrocles, político ateniense, 77, 224, 258, 282, 284, 289, 325

Ândron, filho de Andrótion, político ateniense, 343-4, 346-8, 354, 361

Andrótion, atidógrafo, 344

Andrótion, pai de Ândron, 344

Aníbal, general cartaginês, 63, 276

Anito, político ateniense, 76, 414, 461

Antidoro, hermocópida, 238

Antifonte de Ramnunte, 77, 79-80, 106-13, 115, 117, 135-6, 166, 173-4, 259, 293-5, 297-8, 302, 304-6, 316, 327, 330-1, 333, 340, 342-4, 346-67, 383, 386, 392, 427

Antifonte, filho de Lisônides, 356

Antígono I Monoftalmo, 488

Antíoco, estratego ateniense, 404

Antipatros, general macedônio, 511

Antístenes, filósofo, 404

Apoléxis, ateniense, acusador de Antifonte, 350, 352, 354-5

Apolodoro de Mégara, autor do atentado a Frínico, 334-9, 346

Apsefíon, buleuta, hermocópida, 237, 240

Aristarco, estratego da oligarquia, 286, 295, 298, 316, 330, 341, 346, 362-6, 369, 371, 392, 420, 425

Aristides, político ateniense chamado de "o justo", 44, 74, 142

Aristides, Públio Élio, 19, 84

Aristócrates, estratego da oligarquia, 290-1, 331, 342, 369, 404, 481

Aristódico de Tanagra, assassino de Efialtes, 134, 135

Aristófanes, 16, 20-1, 24, 42-3, 45, 48, 65, 74, 80, 84-5, 95-6, 98-100, 118-9, 125, 133, 137, 140-1, 144, 145, 147, 156, 159, 170, 175, 177, 202, 226, 259, 267, 296, 302-3, 311, 340, 347, 362, 370-3, 376, 378-82, 384-6, 446, 461, 475, 479, 501-2, 509

Aristogíton, orador e político ateniense, 477, 483, 485-6, 489

Aristogíton, tiranicida, 225, 337, 338, 347, 373

Aristóteles de Estagira, filósofo, 18, 21, 40-1, 44-5, 69, 72, 74, 78, 81, 90, 102, 106-10, 112, 117, 124, 133-4, 136, 144-6, 155, 158, 168-70, 173, 176, 178, 270-1, 283, 292, 296, 304, 317, 329, 333, 345, 355, 357-9, 363-4, 368-9, 372, 375, 380-1, 384, 386, 401, 409, 411-5, 444-5, 447-8, 451, 455, 457-61, 465-6, 481, 487, 489, 500, 502-5, 508

Aristóteles de Maratona, político ateniense, 26, 28

Aristóteles, estratego da oligarquia, 346, 369, 420, 422, 425

Aristóteles, pai de Cármides, primo de Andócides, 241

Arnold, Thomas, 265

Arpocrátion, Valério, lexicógrafo, 136, 345, 350, 352, 354-7, 432

Arquedemos, político ateniense, 406

Arquelau I da Macedônia, 35, 116-8, 159, 305, 383-5

Arqueptolomeu, político ateniense, 344, 346, 361-2, 364, 366

Arquéstrato, estratego ateniense, 404, 419

Arquídamo, hermocópida, 508

Arquíloco de Paros, 66, 382

Arquino, político ateniense, 414, 448, 457, 461, 508

Arriano de Nicomédia, 80

Artaxerxes II, rei da Pérsia, 448, 452

Ártmio de Zeleia, agente do rei da Pérsia, 347

Aspásia, 15-8, 20, 44, 127, 137, 404

Astíoco, navarco espartano, 289, 320, 328-9

Atenágoras siracusano, político e orador, 171, 257, 262-6, 269

Ateneu de Naucrates, 16, 20, 45, 114, 203, 390, 404

Atênion, filósofo e político ateniense, 511-2

Aubonnet, Jean, 502-3

Augusto, Caio Júlio César Otaviano, imperador romano, 34, 63, 138

Austin, Colin, 84, 116, 137, 140, 351, 362, 370-1, 378, 385, 502

Axíoco, tio de Alcibíades, 404

Baiter, Johann Georg, 354
Beazley, John Davidson, 74
Beloch, Karl Julius, 45, 49, 59-61, 72, 160, 184, 191, 407, 410
Belot, Emile, 157
Bengston, Hermann, 459
Bentham, Jeremy, 47
Berve, Helmut, 59-60
Blass, Friedrich, 183, 255, 349-50, 458
Blaydes, Frederick Henry Marvell, 377
Bleckmann, Bruno, 338
Bodei Giglioni, Gabriella, 155, 488
Boeckh, August, 18
Bogner, Hans, 50, 117, 122-4, 163
Bonacina, Giovanni, 297, 374
Bonaparte, Napoleão, 58-9
Borgia, César, 181
Bossina, Luciano, 9
Bottai, Giuseppe, 61
Brandt, Willy, 33
Brásidas, 273-4, 296
Breitenbach, Ludwig, 210, 433
Brejnev, Leonid, 33
Bruto, Marco Júnio, cesaricida, 63
Budge, Ernest Alfred Thompson Wallis, 40
Burckhardt, Jacob, 88, 157
Burckhardt, Leonhard, 260
Busolt, Georg, 69, 137, 142, 184, 263, 432

Cábria, general ateniense, 38
Calder, William Musgrave, 63
Calescro, pai de Crítias, 115, 303, 390, 392
Calhoun, John Caldwell, 57
Cálias, comediógrafo, 84
Cálias, filho de Alcméon, 241
Cálias, filho de Télocles, hermocópida, 237-41
Cálias, político ateniense, 142-3
Calíbio, armosta, 208
Cálicles, sofista, 173, 344
Calímaco, poeta, 117, 202-3, 354
Calino, poeta, 66
Calístenes de Olinto, historiador, 142-3
Calístrato, cavaleiro ateniense, 438

Calixeno, político ateniense, 408-10
Calogero, Guido, 61
Camassa, Giorgio, 31
Cambises II, rei da Pérsia, 131, 139, 169
Canfora, Luciano, 54, 57, 116, 206, 418, 447
Caretes, estratego ateniense, 509
Cáricles, político ateniense, 238
Caripos, hermocópida, 238
Carlucci, Giuseppe, 9
Cármides, filho de Aristóteles, primo de Andócides, hermocópida, 238, 241, 243-4, 249, 251, 255, 404
Cármides, filho de Gláucon, político ateniense, 20, 80-1, 112, 241
Cármino, estratego ateniense, 377, 379
Catão, Marco Pórcio, "o velho", 153-4
Cecílio de Calacte, 259, 345
Céfalo, pai de Lísias, 268, 480
Céfalo, político ateniense, 473
Cefísio, acusador de Andócides, 235
Cerri, Giovanni, 122
César, Caio Júlio, imperador romano, 64, 417
Chambers, Mortimer, 458-9
Cícero, Marco Túlio, 24, 48, 64, 83, 87, 130, 209, 296, 304, 333, 357-9, 412, 414, 511-2
Cílon, atleta golpista, 33
Címon, 31, 73-4, 102-3, 131-3, 142-3, 154-5, 159, 473-4
Cirno, jovem amado por Teogonides, 157
Ciro, o jovem, 85, 88, 208, 445, 448-50, 452-3, 455, 493
Classen, Johannes, 40, 299
Cláudio, imperador romano, 68
Cleipides, estratego ateniense, 22
Clemenceau, Georges, 58
Cleofonte, político ateniense, 21, 77, 146, 384-5, 391, 410, 446
Cléon, político ateniense, 21-2, 44, 47, 97-9, 125, 140-2, 146-7, 155, 165, 192, 202, 209, 273, 296, 446
Cleópatra, 64
Clínias, pai de Alcibíades, 137, 193, 390
Clístenes, 31, 70-4, 168, 172, 266, 373, 386

Clitofonte, 20, 71-2, 81, 386, 461
Cloché, Paul, 410
Cobet, Carel Gabriel, 18, 154
Comones, autor do atentado a Frínico, 334
Cónon, estratego ateniense, 26-7, 87, 217, 345, 416, 490-1
Constant, Benjamin, 47-8, 83
Constantino VII Porfirogênito, 371
Cornélio Nepos, 73, 307, 393, 447
Cratero, o macedônio, 143, 259-60
Crátino, comediógrafo, 137, 356
Crátipos, historiador, 259, 297
Crítias Maior, 131
Crítias, oligarca, 18, 20-1, 24, 27, 47, 80-3, 85-6, 91, 106, 111-6, 123, 125, 131, 160, 165, 174-6, 186, 203, 208, 238, 241, 258-9, 303, 307-9, 314, 325, 329, 337, 340-2, 345-6, 363, 366, 382, 384-6, 389, 390-3, 411-2, 422-6, 437-9, 448, 456, 466, 500, 506-7
Croce, Benedetto, 317
Ctésicles, cronógrafo, 45
Ctesifonte, ateniense, 36
Cuomo, Valentina, 55

Damônides de Oia, conselheiro de Péricles, 155
Dario I, rei da Pérsia, 139
Daux, Georges, 22
Davies, John Kenyon, 175
De Bruyn, Günter, 339
De Robertis, Francesca, 9
De Sanctis, Gaetano, 191
Debrunner, Albert, 167
Decleva Caizzi, Fernanda, 356
Degani, Enzo, 18
Delebecque, Édouard, 208
Dêmades, orador e político ateniense, 489
Demétrio de Falero, 45, 358, 406
Demétrio de Magnésia, gramático, 26
Demétrio Poliorcete, 488
Demócares, político, sobrinho de Demóstenes, 83
Demócrates de Sícion, tragediógrafo, 203

Demócrito de Abdera, 150, 174
Demofantos, político ateniense, 338, 367, 382
Demônico de Alopeces, político ateniense, 343
Demóstenes, 26, 28, 31, 35-7, 50, 58-63, 69, 75, 82-3, 90, 125-6, 144, 148, 157, 177, 179, 217, 325-6, 347, 353, 356, 392, 409, 416, 463, 471-3, 477, 480-98, 510-2
Demóstenes, Pseudo-, 488
Dercílides, comandante espartano, 449-50, 454-55
Di Benedetto, Vincenzo, 121
Diácrito, hermocópida, 244
Dicearcos, filósofo, 380
Dídimo Calcenteros, 356
Diehl, Erika, 385
Diitrefes, estratego da oligarquia, 369-70
Diller, Hans, 165
Dinarco, 144, 347, 392, 452, 460, 471, 498
Dindorf, Ludwig August, 210-1
Diocles, político ateniense, 270, 340
Dióclides, ateniense, acusador de Andócides, 235-8, 240-2, 244-6, 252-4, 391
Diodoro Sículo, 87, 136, 266, 270, 342, 381, 393, 400, 407, 409-10, 414, 427, 463, 488, 509, 511
Diodoro, filho de Xenofonte, 451
Diógenes Laércio, 26, 80, 82, 116, 209
Diomedontes, estratego ateniense, 404, 408
Dionísio de Halicarnasso, 34, 185, 209, 231, 274, 297, 459
Dionísio I, tirano de Siracusa, 107, 266, 268
Diópites, adivinho, 15
Dorjahn, Alfred Paul, 477
Dover, Kenneth James, 170, 261, 316, 371
Drácon, legislador, 460
Drerup, Engelbert, 50, 160, 481, 495
Drew, Douglas Laurel, 479
Droysen, Johann Gustav, 59-64, 72, 141, 371, 373-4, 386
Durides de Samos, 395
Duruy, Victor, 49

Eder, Walter, 498

Efialtes, 19, 52, 77, 90, 133-7, 142-3, 145, 168
Éforo de Cumas, 87, 136, 230, 393, 400, 407, 414-5, 427, 463
Egger, Émile, 353
Ehrenberg, Victor, 167, 267
Eliano, Claudio, 142-3, 383
Enger, Robert, 377
Eníades de Palaiskiathos, destinatário de decreto honorífico, 369
Epicares, acusador de Andócides, 235
Epícrates, político ateniense, 473
Epicteto, 81
Epicuro de Samos, 134
Erasínides, estratego ateniense, 333, 336, 338-40, 406
Erasmo de Roterdã, 83
Eratóstenes, político ateniense, um dos Trinta, 307-8, 415, 448
Escafonte, sicofanta, 477
Escamândrio, arconte, 237, 240
Ésquilo, 31, 65-6, 77-8, 102-3, 119, 168, 356, 380, 383, 461
Ésquines, 36, 82-4, 146, 177, 258, 347, 456, 471-3, 477, 491
Estesimbroto de Tasos, 44, 134
Estratônides, pai de Frínico, 310
Eteônico, comandante espartano, 417
Euclides, adivinho, 454
Euclides, arconte, 458-60
Eucrates, irmão de Nícias, hermocópida, 238, 241
Euctêmon, hermocópida, 238
Eudico, 334
Eufemo, emissário ateniense, 34
Eufemo, irmão de Cálias, filho de Télocles, hermocópida, 237-9, 241
Eufileto, hermocópida, 235, 238, 244-6, 249-54, 258
Eurímaco, hermocópida, 238
Eurimedonte, hermocópida, 238, 478
Eurípides, 9, 14, 24, 81, 84, 104, 109, 113-21, 123-7, 150, 170, 173, 193, 195-8, 200-4, 268, 377, 380, 383, 385-6, 461

Euritolemo, parente de Alcibíades, 363, 395, 404-5, 407-8
Euriximaco, hermocópida, 238
Evagora, rei de Salamina e Chipre, 493

Fábio Máximo Quinto, "o contemporizador", 140
Faleia da Calcedônia, reformador social, 175, 502-5
Feácio, político ateniense, 193, 269-70
Fedro, hermocópida, 80, 118
Férecles, hermocópida, 238
Fichte, Johann Gottlieb, 58, 59
Fídias, 16, 137
Filino, autor do atentado a Frínico, 334
Filipe II da Macedônia, 35-8, 58-62, 64, 75, 179, 472, 481, 483-92, 496
Filipe III da Macedônia, 488
Filocles, 416-7, 419
Filocoro, atidógrafo, 479
Filócrates, político ateniense, 36, 472
Filócrates, prítane, 241
Filóstrato de Palene, político ateniense, 343
Filóstrato, Flávio, sofista, 18, 24, 160, 351, 356
Finley, Moses, 45-6, 56-7, 229, 313, 462
Fócio, patriarca de Constantinopla e literato, 259, 384
Fócion, 176, 511
Formísio, político ateniense, 459-61, 463, 465-7
Forrest, William George Grieve, 154
Forster Smith, Charles, 332
Fränkel, Hermann, 162
Frínico, chamado "o bailarino", primo de Andócides, hermocópida, 238, 241
Frínico, político ateniense, 77, 117, 119, 166, 285-6, 289-90, 294, 301-3, 306-7, 310-21, 324, 326-9, 331-2, 334-42, 344-6, 349, 363-6, 368, 380-1, 406, 421, 423
Frínico, tragediógrafo, 77, 103, 184
Frisch, Hartvig, 150-1, 162, 179
Fritz, Karl Albert Kurt von, 59-61, 184
Fustel de Coulanges, Numa Denis, 90

Gagarin, Michael, 353
Garnsey, Peter David Arthur, 313
Gelzer, Karl Ital, 162, 165
Gelzer, Thomas, 371
Gerth, Bernhard, 418
Gianotti, Gian Franco, 57
Gilbert, Gustav, 384
Glaucipo, hermocópida, 238
Gláucon, 241
Glícon, acusador de Fídias, 16
Glotz, Gustave, 49
Goethe, Johann Wolfgang, 93
Gomme, Arnold Wycombe, 153, 178, 261, 298, 316, 462
Goossens, Roger, 124
Gordon Childe, Vere, 484
Górgias de Leontine, sofista, 173
Graco, Caio Semprônio, 302
Graf, Fritz, 260, 261
Grenfell, Berard Pyne, 472
Grilo, filho de Xenofonte, 451
Grisanzio, Elisabetta, 9
Grote, George, 11, 24, 47-9, 183-4, 191, 263, 265, 445
Guicciardini, Francesco, 41
Guilherme II da Alemanha, 62
Guizot, Guillaume, 319
Guthrie, William Keith Chambers, 504

Haacke, Christoph Friedrich Ferdinand, 210
Haarhoff, Theodore Johannes, 57-8
Habicht, Christian, 136, 336, 347
Hágnon, pai de Terâmenes, 303, 307
Hanson, Victor Davis, 275-6
Harmódio, tiranicida, 225, 337-8
Hárpalo, tesoureiro de Alexandre, 482, 496-8
Hatzfeld, Jean, 145, 384, 400, 433
Heféstion, gramático, 390-1
Hegel, Georg Wilhelm Friedrich, 297
Helânico de Lesbos, 248
Hemmerdinger, Bertrand, 73, 177
Henderson, Jeffrey, 101

Henkel, Hermann, 504
Hérmias, tirano de Atarneu, 489
Hermipo, comediógrafo, 15, 137, 140
Hermócrates de Siracusa, 34, 262, 266, 326
Hérmon, guarda de fronteira, 335
Herodes Ático, orador, 159-60, 259, 390
Herodes, cleruco ateniense, 135
Heródoto, 28-32, 70, 73-4, 103, 123, 126, 128, 131, 138-9, 168-9, 172, 266, 299
Hesíodo, 55
Hignett, Charles, 142, 309, 347, 368
Hiparco, "o belo", 74
Hiparco, filho de Pisístrato, 71, 226, 338
Hipérbolo, político ateniense, 22, 74, 193, 379, 385
Hipérides, 22, 45, 96, 481, 483, 489, 498
Hípias, filho de Pisístrato, 31, 74, 225, 372, 376
Hipódamo de Mileto, 138
Hipódamo, pai de Arqueptolomeu, do demo de Agriles, 344
Hipônico, rico ateniense, 179
Hirzel, Rudolf, 158
Hitler, Adolf, 35, 57
Hobbes, Thomas, 130, 292
Holm, Adolf, 263
Homero, 89
Horácio Flaco, Quinto, 63
Hornblower, Simon, 260, 299, 302, 304, 359, 366, 378
Houssaye, Henry, 402
Hume, David, 45
Hunt, Arthur Surridge, 472

Ictino de Mileto, arquiteto, 137
Idomeneu de Lâmpsaco, 19, 134
Imério, 384
Ínaro, líder egípcio da revolta antipersa, 139
Íon de Quios, 134
Ípias de Élides, filósofo e matemático, 344
Iságoras, político ateniense, 31, 71, 266
Iseo, 481
Isócrates, 16-7, 27-8, 37, 39, 86-90, 100, 125-6, 139, 189-92, 202, 206-8, 264, 268, 344, 356,

396, 414-5, 427, 431, 434, 452, 462, 480, 484, 487, 491-4, 508
Isotímides, político ateniense, 235, 252

Jacobs, Christian Friedrich Wilhelm, 58-9
Jacoby, Felix, 72
Jaeger, Werner, 59-61, 208
Jasão de Feres, "tirano", 384
Jefferson, Thomas, 110
Jensen, Christina, 45, 498
Judeich, Wilhelm, 143
Justino, Marco Juniano, historiador romano, 18, 444-5

Kagan, Donald, 22
Kaibel, Georg, 40, 458, 502
Kalinka, Ernst, 151, 165
Kassel, Rudolf, 84, 116, 137, 140, 351, 362, 370-1, 385, 502
Kenyon, Frederic George, 40
Kinzl, Konrad Heinrich, 168
Kirchner, Johannes Ernst, 107, 142
Kirchoff, Johann Wilhelm Adolf, 416
Krüger, Karl Wilhelm, 305
Kühner, Raphael, 418
Kuiper, Koenraad, 114
Kupferschmid, Margot, 163

Lacedemônio, filho de Címon, 132
Lafayette, marquês Gilbert de, 319
Lâmaco, general ateniense, 144-5, 217, 379
Lambin, Denis, 447
Landmann, Georg Peter, 171
Lapini, Walter, 162
Le Paulmier, Jacques, 377, 380
Lênin, Vladimir, 480
Leócrates, cidadão ateniense acusado por Licurgo, 337, 340-1, 363
Leógoras, pai de Andócides, 237-9
Leon de Salamina, vítima dos Trinta, 81, 426
Leóstenes, estratego ateniense, 498
Leptines, político ateniense, 481
Lesky, Albin, 159

Letronne, Jean-Antoine, 45
Lévêque, Pierre, 172
Lewis, David, 22
Lewis, George Cornewall, 210
Libânio, 83, 392
Lícon, 76
Licurgo, orador, 57, 337-8, 340-1, 363, 365, 483, 506, 510
Liddell, Henry George, 196
Lipsius, Justus Hermann, 177
Lisandro, navarco espartano, 67-8, 87, 205, 208, 274, 276, 385, 408, 414, 416-7, 419-22, 432, 437, 439-41, 466
Lísias, 16, 20, 23, 71, 80, 89, 123, 125, 145, 230, 236, 247, 268, 296, 306-8, 311, 334, 336-7, 339-40, 346, 349, 355, 366-8, 379, 404, 407, 409, 415-6, 419, 437, 448, 459-60, 462-3, 466, 480
Lísias, Pseudo-, 243, 251
Lisímaco, hiparco ateniense, 299, 437-9
Lisístrato, hermocópida, 244
Lisônides, pai de Antifonte, 356
Lívio Druso, Marco, 302
Lo Re, Franco, 54
Losada, Luis, 477
Luciano, Pseudo-, 16
Luciano de Samósata, 23, 274
Lucrécio Caro, Tito, 307
Luís Filipe, rei da França, 319
Luís XVIII de Bourbon, 49
Lunatchárski, Anatoli, 480
Luzerne, César Henri, conde de, 18

Maas, Paul, 23
Mably, Gabriel Bonnot de, 48, 57
Macdowell, Douglas Maurice, 257
Mantiteu, buleuta, hermocópida, 237, 240, 448
Maquiavel, Nicolau, 181, 199, 232, 279, 435
Maraglino, Vanna, 9
Marcelino, biógrafo de Tucídides, 117-8, 384, 478
Marchant, Edgar Cardew, 153
Marco Antônio, triúnviro, 64

Mardônio, general persa, 168
Mário, Caio, 141
Marx, Karl, 46
Maurras, Charles, 176
Mazzarino, Santo, 267-8
Meder, Anton, 121
Megabizo, general persa, 150
Meier, Christian, 167
Meiggs, Russell, 22
Meister, Klaus, 143
Melâncio, estratego da oligarquia, 369, 420, 425
Melanípides, músico e ditirambógrafo, 385
Melésias, filho de Tucídides, adversário de Péricles, 156
Melésias, pai de Tucídides, adversário de Péricles, 74, 156-7, 411-2, 474
Melesipo, espartano, 433
Meleto, hermocópida, 76, 235, 238
Menandro, estratego ateniense, 409
Menestratos, hermocópida, 238
Mênon, escultor, discípulo e acusador de Fídias, 16
Mênon, téssalo, discípulo de Górgias, 20, 81
Méridier, Louis, 203
Meyer, Eduard, 24, 49-50, 54, 138, 160, 163, 255
Michels, Robert, 141
Micunco, Stefano, 9
Mídias, cidadão ateniense, 477
Milcíades, pai de Címon, 31, 73-4, 131-2, 154, 506
Mill, James, 47
Mill, John Stuart, 11, 47
Mitford, William, 46-8, 50
Mitrídates VI Eupátor, "o Grande", 64, 511
Mnesíloco, arconte, 345
Momigliano, Arnaldo, 46, 61, 268
Mommsen, Theodor, 113
Montesquieu, Charles-Louis de Secondat, barão de, 48
Moretti, Luigi, 488
Mosca, Gaetano, 109

Müller, Karl Otfried, 57, 265
Müller-Strübing, Hermann, 163
Murray, Gilbert, 153, 184, 196
Musca, Giosuè, 24

Nails, Debra, 72
Necker, Jacques, 100
Nenci, Giuseppe, 31
Nerva, Marco Cocceio, imperador romano, 18, 259
Nestle, Wilhelm Albrecht, 152-3
Newman, William Lambert, 503-4
Nicérato de Heracleia, poeta épico, 384-5
Nicérato, filho de Nícias, 427
Nícias, 21-2, 91, 98-9, 144, 179, 183, 189-90, 198-9, 203, 217-8, 229-30, 232-3, 241, 269, 296, 319, 379, 404, 411-2, 427, 510
Nicole, Jules, 348, 349, 350, 352, 355, 356, 358
Nicóstrato, cavaleiro ateniense, 438
Niebuhr, Barthold Georg, 187, 210-1
Nietzsche, Friedrich Wilhelm, 13, 20, 176, 202
Niseu, filho de Táurea, hermocópida, 238, 241
Norwood, Gilbert, 196
Nouhaud, Michel, 89

Oertel, Friedrich, 504
Onaxandros, escritor tático, 478
Onômacles, político ateniense, 343, 346, 361-3, 365
Orsi, Domenica Paola, 266
Otanes, persa propugnador da democracia, 29, 123, 169
Otranto, Rosa, 9, 432

Paduano, Guido, 9, 374
Panécio, hermocópida, 244
Pareti, Luigi, 72
Pasquali, Giorgio, 349, 358
Patrick, Henry N., 150
Patróclides, político ateniense, 381
Pausânias, 274, 369, 417, 439-42, 466, 498
Péricles, 13-24, 27, 29, 31-3, 36, 47-9, 51, 56, 58, 67, 73-4, 77, 84, 88-9, 91, 95-8, 100, 103,

108, 112, 121-6, 128-47, 155-6, 165-6, 168, 170-1, 173, 217-8, 258, 263-4, 267, 269, 274, 275, 292-3, 296-7, 304-5, 327, 360, 376, 401, 404-5, 408, 411, 473-4, 482, 496, 506
Péricles, o jovem, 404
Perrotta, Gennaro, 61
Pickard-Cambridge, Arthur Wallace, 498
Píndaro, 101
Pinto, Massimo, 9
Pirrotta, Serena, 370
Pisandro, político ateniense, 74, 117, 237-8, 240, 302, 311, 318, 320-30, 339-40, 362-5, 371-4, 379, 385
Piscator, Erwin, 120
Pisístrato, 31, 70-2, 74, 130-2, 225, 401
Pitangelo, sicofanta, 477
Pitodoro, arconte, 386, 389, 458-9, 478
Platão, 15-20, 23, 44, 57, 66, 76, 79-82, 84-90, 100-2, 105, 112, 118, 123, 125, 127, 131, 138, 159, 162, 168, 170, 176, 230, 268, 293, 305, 314-5, 325, 344, 353, 385-6, 389, 405, 411-2, 423, 426, 486, 500-1, 503, 505-6
Platão, cômico, 351, 370, 384-5
Platão, hermocópida, 238
Plauto, Tito Mácio, 48
Plutarco, Pseudo-, 107, 259-61, 352, 355, 357
Plutarco de Queroneia, 16-20, 24, 27, 35-6, 51, 74, 103, 132, 134, 137, 139-40, 142-4, 155, 168, 176, 193, 200-1, 216, 242, 248-9, 251-2, 255-6, 258-60, 274, 296, 314, 335-6, 345, 356, 385, 390-1, 400-1, 417, 422, 432, 471-4, 485-6, 489, 491, 497, 500
Pohlenz, Max, 49, 268
Pöhlmann, Robert, 502-4
Polemarco, irmão de Lísias, 307
Políbio, 64, 81, 90, 406, 412, 439, 495
Polícrates, orador, 82, 85
Poliperconte, general de Alexandre, 488
Polístrato, político ateniense, 311, 349, 366-9, 381
Poppo, Ernst Friedrich, 196
Possidônio, 174, 511
Pouilloux, Jean, 305

Praxífanes de Mitilene, filósofo, 117-8, 384-5
Procópio de Gaza, 356
Prometeu, téssalo, 384, 391
Protágoras de Abdera, filósofo, 116, 138
Próxeno, tebano, amigo de Xenofonte, 444-5, 449

Queredemo, hermocópida, 244
Quérilo de Samos, 385
Quintiliano, Marco Fábio, 357-8
Quirísofo, comandante espartano, 453

Ranke, Leopold von, 187
Reiske, Johann Jacob, 343
Rhodes, Peter John, 44, 72-3, 143, 377, 458
Rinão, estratego ateniense, 447
Ritter, Carl, 187
Robert, Jeanne, 305
Robert, Louis, 305
Robespierre, Maximilien, 110, 134, 141
Rogers, Benjamin Bickley, 377, 379
Romilly, Jacqueline de, 191
Roscher, Wilhelm, 153, 187, 297
Rosenberg, Arthur, 50, 54, 101, 104
Rostovcev, Mikhail Ivanovich, 487
Roussel, Denis, 302
Roussel, Pierre, 358
Russo, Antonietta, 9, 371
Russo, Carlo Ferdinando, 371

Sallustio, Maria Chiara, 9
Salústio Crispo, Caio, 422
Salvadori, Massimo, 57
Salviat, François, 305
Sargent, Rachel Louisa, 179
Sauppe, Hermann, 354
Schiano, Claudio, 9
Schimdt, Moritz, 165
Schirollo, Livio, 297
Schmid, Wilhelm, 120, 183, 363, 384-5
Schmidt, Helmut, 33
Schmitt, Hatto Herbert, 179, 488
Schneider, Johann Gottlob, 162

Schoeffer, Valerian von, 168
Schütrumpf, Eckart, 162
Schwahn, Walther, 407
Schwartz, Eduard, 211, 300, 486
Scott, Robert, 196
Sealey, Raphael, 153, 167
Sêneca, Lúcio Aneu, 174, 302
Sêneca, Lúcio Aneu, o Velho, 64
Serra, Giuseppe, 149
Seutes II, soberano dos odrísios, 450
Sexto Empírico, 113-4, 203
Sherwin-White, Susan, 266
Sila, Lúcio Cornélio, 64, 511
Simônides de Ceos, 101
Simos, autor do atentado a Frínico, 334
Snell, Bruno, 108-9
Sócrates, 14-5, 21, 48-9, 57, 75-7, 79-86, 107, 110, 112, 115-6, 127, 131, 170, 186, 235, 293, 305, 344, 385, 405, 408, 412, 414, 422, 426-7, 437-8, 441, 445, 448-9, 452, 455-6, 506
Sófilo, pai de Antifonte de Ramunte, 344
Sófocles, estratego, 67, 478, 479
Sófocles, filho de Anfíclides, 83
Sófocles, tragediógrafo, 78, 80, 102, 115, 117-8, 157, 333, 355, 363-4, 372, 479
Sola, Giorgio, 109
Sólon, 71-2, 111, 131, 144, 150, 168, 460, 466
Spengel, Leonhard, 354
Stadter, Philip Austin, 16
Staël, Anne-Louise Germaine Necker, Madame de, 48, 100, 112
Stählin, Otto, 120
Starkie, William Joseph Myles, 175
Stein, Heinrich, 263
Steup, Julius, 40, 299, 358
Stier, Hans Erich, 255
Stone, Isidor Feinstein, 84, 110
Sun Tzu, 416
Swoboda, Heinrich, 69, 142-3, 145, 384
Syme, Ronald, 301

Tácito, Públio Cornélio, 68

Taeger, Fritz, 61, 402
Táureas, primo do pai de Andócides, hermocópida, 241
Teleclides, poeta cômico, 116, 500
Telênico, hermocópida, 238
Télocles, pai de Eufemo e Cálias, 237, 241
Temístocles, 25, 74, 77-8, 84, 88, 131, 134-5, 165, 258, 305, 314, 336, 499-500
Teodoro, hermocópida, 238
Teofrasto, 375, 384, 417
Teógnis, arconte dos Trinta, 106, 157, 172-4, 393
Teopompo de Quios, historiador, 19, 44, 59, 64, 87, 143, 230, 356, 400, 415, 472, 486, 504-5
Teopompo, arconte, 343, 345-6
Teorides, sacerdotisa, 485
Terâmenes, político ateniense, 80-1, 85, 175-6, 209, 286-7, 290-1, 294, 298-9, 302-4, 306-9, 327-8, 331, 340, 342, 344-6, 348-9, 354, 361-2, 364-9, 371-2, 380, 382, 384, 386-7, 389, 391-3, 395-6, 403-15, 418-27, 437, 461
Téssalo, filho de Címon, 132
Teucro, meteco, 238, 244-5, 249, 251, 253
Thompson, Wesley E., 143
Tíbron, general espartano, 453-5
Tideu, estratego, 409
Timante, hermocópida, 238
Timeu, companheiro de prisão de Andócides, 249, 251, 255
Timócares, estratego da oligarquia, 345, 369
Timócrates de Rodes, 473
Timócrates, poeta argivo, 203
Timóteo, filho de Cónon, 27, 87
Tirteu, 66
Tisameno, político ateniense, 460-1
Tisandro de Afidna, 344
Tissafernes, general persa, 217, 319
Tocqueville, Alexis de, 45, 54
Tod, Marcus Niebuhr, 26
Traill, John, 107, 142, 240
Trajano, Marco Úlpio Nerva, imperador romano, 18, 259

Trasíbulo de Cálidon, autor do atentado a Frínico, 333-9, 342, 345-7
Trasíbulo, político ateniense, 333, 383, 405, 407, 410, 438-48, 458-9, 461, 463, 466, 508
Trasilo, político ateniense, 345, 407-8
Trasímaco da Calcedônia, orador e político, 156, 463
Treu, Max, 18, 82, 147, 151, 163, 216
Trevelyan, George Macaulay, 496
Treves, Piero, 61
Trogo, Pompeu, historiador romano, 18, 64
Tucídides de Farsalo, próxeno de Atenas, 286, 290, 298
Tucídides, filho de Melésias, 74, 156-7, 165, 411-2, 474
Tucídides, historiador, 13-5, 17, 20, 23-4, 26-7, 29-30, 32-4, 36, 40-1, 43, 55-6, 67, 73-4, 77-8, 80-2, 86-91, 95, 100, 105-9, 112, 117-8, 123-4, 127-31, 134, 137-9, 143, 147, 153-5, 161-2, 165-8, 171, 173, 177-9, 184-200, 202, 205, 207-10, 215-26, 229-34, 236, 247-8, 250-2, 254-7, 260-4, 267, 269-70, 272-5, 281-7, 289-99, 301-8, 310-7, 319-28, 330, 332-5, 337-40, 342, 345-6, 348, 351, 353-65, 367, 369, 371-3, 375-9, 383-5, 392, 397-8, 400-1, 404, 409-10, 417, 419, 421, 431-3, 439, 446, 477-9, 482, 491, 494, 510

Ullrich, Franz Wolfgang, 210, 305
Ungern-Sternberg, Jürgen, 260
Untersteiner, Mario, 464
Usher, Stephen, 308

Valeton, Isaacus Marinus Jozua, 339
Valla, Lorenzo, 295
Van Erp Taalman, Anna Maria, 196
Van Leeuwen, Jan, 377, 379

Vanderpool, Eugene, 22
Verre, Caio Licínio, 345
Viano, Carlo Augusto, 502
Vidal-Naquet, Pierre, 303
Vogt, Joseph, 46
Volieucto, hermocópida, 238
Volney, Constantin François, 45-6, 48, 54
Voltaire, François-Marie Arouet, dito, 14, 24, 83, 276

Wachsmuth, Kurt, 165
Wade-Gery, Henry Theodore, 72, 156
Walter, Gérard, 503
Weber, Max, 44, 49, 54-6, 511
Weil, Henri, 38, 257
Westlake, Henry Dickinson, 184
Whittaker, Charles Richard, 313
Wilamowitz-Moellendorff, Ulrich von, 24, 40, 49-50, 55, 57-9, 62-3, 72, 101, 107, 110, 113-5, 117, 153, 163, 202-3, 207-8, 268, 350, 383, 404, 458, 462, 483, 501, 505
Wilson, John Richard, 197
Wirszubski, Chaim, 24
Wüst, Fritz Rudolf, 61

Xantipo, pai de Péricles, 73-4
Xenainetos, arconte ateniense, 444
Xenofonte, 17-8, 21, 27, 35, 42, 80-2, 85-9, 91, 99, 106-7, 112, 145, 157, 176, 179, 186-7, 197, 202, 205, 207-11, 261, 281, 299, 305, 307-9, 313, 329, 340, 342, 348, 362, 376, 382, 384, 389-91, 397, 401, 421-7, 431-2, 437-40, 442-56, 458-9, 492-4, 505-10
Xenofonte, Pseudo-, 55, 69, 162, 194, 268
Xerxes I, rei da Pérsia, 29-30, 139, 232, 272

Ziegler, Konrat, 503
Ziehen, Ludwig, 485

ESTA OBRA FOI COMPOSTA PELA SPRESS EM MINION E IMPRESSA EM OFSETE
PELA PROL EDITORA GRÁFICA SOBRE PAPEL PÓLEN SOFT DA SUZANO PAPEL E CELULOSE
PARA A EDITORA SCHWARCZ EM MARÇO DE 2015